"十二五"普通高等教育本科国家级规划教材

21世纪国际经济与贸易专业系列教材

Worldwide Carriage of Goods

国际货物运输

（第五版）

李勤昌　主编

U0674726

东北财经大学出版社
Dongbei University of Finance & Economics Press

大连

112B

图书在版编目（CIP）数据

国际货物运输/李勤昌主编. —5版. —大连：东北财经大学出版社，2018.5（2021.7重印）

（21世纪国际经济与贸易专业系列教材）

ISBN 978—7—5654—3105—0

Ⅰ．国… Ⅱ．李… Ⅲ．国际货运-高等学校-教材 Ⅳ．F511.41

中国版本图书馆CIP数据核字（2018）第036972号

东北财经大学出版社出版

（大连市黑石礁尖山街217号 邮政编码 116025）

网   址：http://www.dufep.cn

读者信箱：dufep@dufe.edu.cn

大连永发彩色广告印刷有限公司印刷 东北财经大学出版社发行

幅面尺寸：170mm×240mm   字数：714千字   印张：34.25   插页：1

2018年5月第5版   2021年7月第13次印刷

责任编辑：李 彬 王芃南   责任校对：周佳威

封面设计：冀贵收   版式设计：钟福建

定价：56.00元

教学支持 售后服务   联系电话：（0411）84710309
版权所有 侵权必究   举报电话：（0411）84710523
如有印装质量问题，请联系营销部：（0411）84710711

21世纪国际经济与贸易专业系列教材编委会

总　序

国际经贸活动是在原始社会末期和奴隶社会初期随着阶级和国家的出现而产生的，直至资本主义生产方式确立后才获得了广泛的发展，才真正具有了世界性。对国际经贸活动的系统研究始于15世纪的重商主义学派，至今已形成涉及领域广泛、结构完整的学科知识体系。

与一国国内经济不同，国际经贸活动要涉及两个或两个以上国家（或地区）的当事人，而全球范围内又不存在一个超国家的权力机构对这些活动进行规范和管理，因此国际经贸活动的习惯做法及各种规则往往是先发国家国内做法和规则的延伸，由此决定了先发国家和后发国家在国际经贸人才培养方面的差异：先发国家由于国内外经贸活动的做法和规则差异不大，因此很少专门设立国际经贸类专业，而是将其内容分散在相关专业的课程中进行介绍；后发国家由于国内外经贸活动的做法和规则差异很大，因此往往专门设立国际经贸类专业。

中华人民共和国成立后，在计划经济体制下，国际经贸本科层次人才的培养主要集中在少数几个财经类院校。改革开放以后，国内各类高校在本科层次纷纷设立了名称各异的外经贸相关专业或方向，包括对外贸易、国际贸易、国际经济、世界经济、国际经济合作、工业外贸等。1993年国家教委印发了《普通高等学校本科专业目录》，将国际经贸本科层次专业规范为3个，即经济学学科门类下的"国际经济"专业和"国际贸易"专业、工学学科门类下的"工业外贸"专业。2012年《普通高等学校本科专业目录》中，"国际经济与贸易"专业没有调整，是经济学学科门类下的"经济与贸易类"专业之一。

最先在国家（或地区）之间发生的经贸活动是货物贸易，至今仍是国际经贸领域的重要内容。关于国际货物贸易的教学与研究起步早、成果多、课程体系完整，主要包括理论、实务与惯例、专业外语3类课程。随着国际经贸活动领域的不断拓展，国际经贸类专业的课程体系也随之完善，增加了诸如"国际技术贸易""国际经济合作""国际投资""国际服务贸易""国际物流"等课程，国内部分院校还基于这些领域设立了专业方向，细化了课程体系。

21世纪是一个催人奋进的时代，科技革命迅猛发展，知识更替日新月异，国际竞争日趋激烈。从国际经济环境看，跨国投资飞速发展，世界各国和地区间的经济依赖程度不断加深，经济全球化和区域经济一体化趋势不断增强，国际经济协调日显重要，经济集团内部以及经济集团之间的合作与竞争日益成为关注的焦点。

从国内经济环境看，社会主义市场经济体制的建立与不断完善改善了我国企业参与国际竞争的条件，加入世界贸易组织承诺的逐步履行、我国产业结构和贸易结构的调整也为我国企业参与国际竞争提供了机遇和挑战。

为了培养熟悉国际经济运行规则、符合社会主义市场经济建设需要的人才，优化人才的知识结构，我们组织国际经济贸易学院的专业骨干教师编写了 21 世纪国际经济与贸易专业系列教材。这套教材在保留原有教材体系优点的同时，结合教师多年教学的经验，尽可能地反映本学科领域最新的研究成果和最新的发展趋势。

我们深知，教材从出版的那一天起就已经"过时"了，这就需要教师在讲授过程中不断充实、调整有关授课内容，我们也将根据国内外经济环境的变化适时修订本系列教材。为了便于读者深入理解相关知识和在教材更新期间及时更新信息，我们在部分教材（尤其是理论类教材）中设计了"延伸阅读"栏目，提供相关章节的主要数据来源和建议阅读的书目。

本系列教材是专门为国际经济与贸易专业本科生课程编写的，同时也适用于其他经济类专业和有兴趣学习、更新国际经济与贸易知识的人士使用。

由于作者学识和资料所限，本系列教材难免有不足之处，敬请广大读者批评指正。

21 世纪国际经济与贸易专业系列教材编委会

第五版前言

本教材自2005年出版以来，经过2008年、2012年、2015年三次修订，2014年入选"十二五"普通高等教育本科国家级规划教材，全国有50多所院校选用。根据深化教育领域供给侧改革的总体要求，为落实满足经济社会需要的实践型人才培养目标，反映近年来国际货物运输领域形势、法律、惯例的新变化，特对教材做本次修订。

本次修订的主要内容包括：

第一，对第一章中的国际航运市场运力结构、货物结构和地理方向根据权威资料做了更新；在班轮货物运输合同和航次租船合同两章中，反映了提单条款的最新变化和英美普通法对某些合同细节的最新解释。

第二，对定期租船合同一章做了全面更新。2015年10月，波罗的海国际航运公会（The Baltic and International Maritime Council，BIMCO）、美国船舶经纪人和代理人协会（ASBA）和新加坡海事基金会（SMF）历时3年，在广泛征询船东及货主意见基础上，对全球广泛使用了23年的1993年纽约土产交易所（NYPE）定期租船格式合同做了大幅度修订，"NYPE 2015"由此问世。"NYPE 2015"除了对"NYPE 93"45个条款做了调整外，还新增了12个条款。新版格式合同反映了国际航运法律环境、业务环境的新变化，对业务中常见的主要附加条款做了统一规定，充分考虑了出租人和承租人的利益平衡。尤其是BIMCO和SMF的加入，使该格式合同的国际性进一步提高。这些新变化在本次修订中都得到了准确反映和解释。

第三，对国际铁路货物运输一章的结构和内容做了大幅调整、更新和补充，反映了在"一带一路"倡仪背景下我国国际铁路货物联运形势和铁路货运组织的新变化，增加了两座亚欧大陆桥上集装箱中欧班列的运输实务等新内容。

第四，在国际航空货物运输一章中，增加了航空货运基础知识、航空运单的操作技术等新内容。在国际道路货物运输一章中，反映了近年来在"一带一路"倡仪背景下，跨国道路货物运输口岸、线路、公铁联运等新变化，特别新增了内地与中国香港以及新疆各口岸对中亚、西亚、俄罗斯等地区的道路货物运输新变化和实务技能等内容。

第五，进一步完善了全书的文字表述和整体编排逻辑结构。

本次修订团队具有丰富的教学和实践经验。其中，主编具有15年的本领域教学与研究经历和10余年的国际贸易和国际海运企业管理经验，其他成员均来自物流企业，具有多年的国际海上运输、铁路运输、航空运输、道路运输、多式联运的从业和管理经验，从而保持和增强了原教材的如下特点：

1.知识全面，重点突出

教材涵盖了国际海上、陆上和航空货物运输领域，从理论和实践两个方面阐述了海上班轮货物运输合同、航次租船合同、定期租船合同、集装箱多式联运合同、国际铁路货物联运合同、国际航空货物运输合同和国际道路货物运输合同的基本概念、合同条款、法律规则、货物索赔、合同草拟与履行技能等内容，其中对承担国际货物运输任务80%以上的海上货物运输不惜笔墨，用大量的篇幅对相关知识做了全面、翔实的介绍。

2.尊重科学，阐述准确

各种国际货物运输合同涉及纷繁复杂的法律规则和具体的履行技能，为科学、准确地传播知识，编者在修订过程中阅读了大量的英美国家权威之作，跟踪国际规则、英美判例和我国相关法律的最新发展，借鉴了国内教材的合理内容，修正了国内教材的不当之处，保证了本教材内容的科学性、准确性和权威性。各类合同条款解释严格按照法律原则，结合编写者的实践经验，保证了理论与实践的准确对接。

3.体例合理，注重应用

本教材编写主要采用解释标准合同和业务实际程序的方法，在对各类合同条款解释的过程中阐述基本概念、法律规则、草拟技能和履行技能，学习后能够达到立竿见影的应用效果。各章前后设有学习目标和复习思考题，权威案例穿插在相关知识讲授之中。

4.语言通俗，深入浅出

国际货物运输合同条款和法律规则用词严谨、晦涩难懂，我们在编写过程中力求使用通俗的语言，结合生动的案例和作者从业经验讲解相关知识，使复杂的知识简单化，易学好懂，便于调动学生学习的主动性和积极性。

5.中西合璧，洋为中用

各类国际货物运输标准合同及其相关法律规则主要源于西方（特别是英美），迄今为止我们仍然在大量使用这些标准合同，采用西方的法律规则解释合同和解决争议。因此，研究国际货物运输而不研究国际公约和英美法律是很难想象的。本书除了介绍我国的有关法律规则外，还重点讲述有关国际公约和英美普通法对各类合同义务的规定和各类合同条款的解释规则，以培养学生从事国际货物运输的实践能力。

第五版教材仍由东北财经大学国际经济贸易学院李勤昌教授主编，特别感谢Swire Pacific Offshore Operations（Pte）Ltd的Li Ang（Lyon）先生对第3、4、5章修订的贡献，大连港务集团子公司大连集益物流有限公司副总经理窦广鹏先生对第7章修订的贡献，宇航国际物流（大连）有限公司杨秀梅女士对第8章修订的贡献，新疆中航兴国际物流有限公司总经理田志云先生对第9章修订的贡献。本书修订过程中参考了国内外有关书籍和研究成果，谨向这些书籍和文章的作者表示诚挚的谢意。

　　囿于作者水平，不妥之处在所难免，恳请专家学者及广大读者批评指正。

　　　　　　　　　　　　　　　　　　　　　　　　　　　　李勤昌

　　　　　　　　　　　　　　　　2018年1月于东北财经大学师贤居

目　　录

第1章 / 绪 论

———— 学习目标 ————

了解国际货物运输的性质与特点、运输对于贸易合同履行的重要作用、国际货物运输研究的对象和主要内容，重点掌握各类国际货物运输市场的特点、各种国际货物运输合同的形式与洽商。

1.1　国际货物运输的产业性质与作用

1.1.1　国际货物运输的产业性质与特点

1.国际货物运输的演进

人类的生存发展与运输息息相关。在人类创造世界和改造世界的过程中，劳动者、劳动工具、劳动对象必然要发生位移。这种人类在生产过程中使用各种工具和通过不同方式实现人与物的位移活动就是运输。从运输对象上分，运输可分为客运和货运，从运量上看，世界上绝大部分运输对象是货物。例如，人类早期通过人挑肩扛将劳动产品从野外运回部落；现代人使用轮船将生产原料或产成品从一个大洲运到另一个大洲，用飞机将高价值中间品或鲜活食品从中国运到世界各地等，都是货物运输活动。从运输区域上分，运输又可分为国内运输和国际运输。顾名思义，国内运输是指发生在一国或地区境内的运输，其始发站、经停站和终到站均未超出该国或地区的边境。大多数国家对国内运输实行区别于国际运输的法律制度。国际运输是指跨越边境的运输，其始发站、经停站或终到站位于不同国家或地区。其中，国际货物运输包括贸易商品运输和非贸易商品运输。贸易商品运输是实现国际货物贸易的重要手段，它是国际货物运输的主要内容。非贸易商品（例如，展览品、个人物品、援助物资等）运输在国际货物运输中占极小部分。国际货物运输大多受相关国际公约或他国的法律制度的制约或影响。从运输方式上分，运输又可分为公路运输、铁路运输、海上运输、航空运输或联合运输等。考虑到运输方式的特殊性，不同运输方式均制定有各自的国际公约或国内立法。

随着社会生产力的不断发展和科技进步，社会分工不断深化，运量在不断增加，运输工具也在不断革新，运输逐步形成了一个独立的物质生产部门。运输本身承担着两大任务：一是实现生产资料在生产过程中的位置移动；二是实现产品从生产领域进入消费领域，后者具有强烈的社会化特征。

20世纪中后期，人们运用管理学理论，开始从产品的生产效率、销售效率以及运输效率角度研究货物运输问题，逐步形成了物流学这一新兴学科。但究其本质而言，其研究对象还是货物的运输问题，区别在于，传统的货物运输学主要从运输实务角度，即从运输合同及其法律制度角度研究运输问题，而物流学主要从管理学角度，即从如何提高运输效率角度研究运输问题。

2.国际货物运输的本质属性

运输是一个独立的特殊物质生产部门。马克思指出："除了采矿工业、农业和加工制造业以外，还有第四个物质生产部门，它也经过手工业生产、工场手工业生产和机器生产三个不同阶段。这就是运输业，不论它是客运还是货运。"①运输业作为特殊的独立生产部门，它所生产的东西是商品的场所变动，这就是运输的生产过程。人们通过运输实现了商品使用价值的位移，使商品的交换价值增大，从而可以按照高于原来产地的价格出售。由运输追加到商品中去的价值等于使商品的使用价值发生位移所需要的劳动量，其中一部分是物化劳动量（即运输工具的价值转移），另一部分是活劳动量（即运输劳动的价值追加），这同其他一切商品的价值增加过程是一样的。

然而，作为一个独立的物质生产部门，国际货物运输同国内货物运输一样，有着自己的特殊性。这种特殊性主要体现在如下三个方面：

（1）物质产品的生产是运输生产的基础，运输生产是物质产品生产过程在流通领域中的继续。没有物质产品生产就没有运输生产，反过来，没有运输把生产的产品运到消费地点，产品的使用价值就无法实现，物质产品的生产就没有意义。

（2）运输业生产的产品是无形的。在运送商品的过程中，运输不能改变劳动对象（即商品）的形状和性质，也不能生产出独立形态的产品。因此，运输在国际贸易中被划为服务贸易范畴。

（3）国际货物运输增加了商品的价值。国际贸易商品价格中包含了商品的运输价值，即运价，其在商品价格中所占比重一般取决于商品的价值。运价从根本上说是由运输成本决定的，与运输距离和运输量相关，与商品的价值关系不大，同时又受运力供求状况的直接影响。运价在低价值商品价格中所占比重大一些，如在原料性商品的价格中会占到50%甚至100%以上，而在高价值的制成品中一般只占10%~40%。因此，从事商品贸易的人不得不重视运输在商品中的增加价值。

认识国际货物运输的本质属性很重要。它可以提示人们重视国际货物运输业的发展，从宏观上加强对其发展的规划和指导，从微观上加强投资和技术改造，使国

---

① 马克思.资本论：第四卷（第一册）[M].中共中央马克思恩格斯列宁斯大林著作编译局，译.北京：人民出版社，1975：444.

际货物运输及相关产业成为国民经济发展的重要产业，同时也为国际分工提供运输保障。实践证明，世界主要航运大国多集中在发达国家，航运业已成为这些国家的重要产业。

3.国际货物运输的特点

国际货物运输与国内货物运输相比具有以下显著特点：

（1）运输环节多。这些环节主要包括：货物输出国和输入国的内陆存储、运输和装卸，进出口港或陆上口岸的存储和装卸，国际中途港转运的存储和装卸以及这些环节中间不同运输方式的转换等。

（2）运输合同关系复杂。货物运输的基本法律关系是货方和承运人之间的运输合同关系。货方包括发货人和收货人，因此，同一运输过程既包括了发货人与承运人的运输合同关系，又包括了收货人与承运人的运输合同关系。在海上货物运输中，还包括提单持有人与承运人的运输合同关系，以及在确定承运人过程中存在的定期租船合同与航次租船合同和提单合同之间的关系问题。在上述基本合同关系之外，还存在着为履行基本运输合同义务而形成的诸如运输代理合同关系，装卸合同关系，短途运输、仓储、包装、绑扎等附属性服务合同关系。另外，货主、承运人因为货物进出口，还会与进出口国的不同行政当局形成一定的管理关系，例如交通主管部门、商品检验机构、海关、移民局、卫生检疫等，这些都会对货物运输产生影响。

（3）时间性强。当今的国际市场竞争异常激烈，商品价格瞬息万变，安全、快捷的运输已成为贸易竞争的重要手段。各国的合同法及有关国际公约几乎都把及时交付货物作为合同的重要义务，货物出口人及承运人如不能及时交付货物将承担法律责任；某些季节性商品、易腐烂商品、鲜活商品如果不能及时运送到目的地，将产生重大经济损失；能否及时交货还影响到商人的信誉。因此，国际货物运输必须重视时间性，承运人因自己的过失导致货物延迟抵达需要承担法律后果。

（4）政治、法律环境复杂。由于各国的法律制度不同，国际货物运输又涉及众多的关系人，同一运输事件可能会面临不同的法律结果；跨国运输还涉及政治问题以及由政治问题引发的社会问题，它们都会对货物的安全与快捷运输产生影响。

（5）风险大。国际货物运输环节多，运输线路长，经常穿越不同的气候带，运输工具停靠不同国家和地区，使得国际货物运输必然面临相对大的自然风险和政治风险，因此，投保国际货物运输险对于国际货物买卖非常重要。

1.1.2　国际货物运输对国际贸易的作用

国际货物运输对国际贸易的作用可从宏观经济发展与微观贸易实践两个角度来观察。

从宏观经济发展上看，国际货物流通是为满足生产国际性布局的需要，而国际货物运输正是为满足国际货物流通的需要。国际分工和国际贸易的发展要求运输业的规模与之相适应，运输业的发展又有力地促进了国际分工和国际贸易的发展，两者的关系是相辅相成的。

从国际贸易的发展历史看，国际分工使全球成为一个统一的大市场，使货物的国际流通成为必然，而连接这个大市场的最现实的纽带是国际运输。运输工具的技术革命及运用使得需要交换的商品在很短的时间里实现了国际转移，郑和下西洋需要几个月的时间，使用当今的运输工具则只需十几天，大型航空货物运输机的使用可在一天的时间内将东半球的货物运送至西半球。可以这样说，没有国际分工和国际贸易就没有国际货物运输，而没有国际货物运输的国际分工和国际贸易也是不可想象的。因此，要大力发展国际分工和国际贸易就要大力发展国际货物运输。此外，国际货物运输的发展对于一国的经济发展带动作用也越来越明显，建立国际航运中心，发展临港产业，带动腹地经济发展，已成为当今贸易大国经济发展规划的重要内容。

从微观贸易实践上看，货物运输合同与货物买卖合同有着非常密切的联系，国际货物买卖商必须充分了解这种联系，不仅要熟练掌握买卖合同相关法律和技能，而且必须熟练掌握运输合同的相关法律和技能，否则将无法实现货物买卖。具体地说，货物买卖合同中的标的物品种、数量、包装、交货期、装卸责任与费用，甚至货款的支付等均与运输合同相关，因此这两个合同的协调至关重要。

1.2   国际货物运输的研究对象

1.2.1   国际货物运输研究的主要内容

国际货物运输是研究货物跨国运输的形式、方法及相关法律问题的一门实务性学科。国际货物运输总体上分为陆路运输、海上运输和航空运输三种形式，每种形式下根据运输组织方式不同又可具体划分不同的运输方式。根据贸易实践的需要，还可以将陆海空三种运输方式任意组成多式联合运输。但不论采用何种运输形式，托运人都是通过与承运人签订运输合同的方法完成货物运输的。在国际货物运输的长期实践中，不同的运输形式下逐渐形成了较为固定的托运人与承运人义务划分方式，其表现形式便是种类繁多的格式合同。许多国家或通过缔结相关国际公约或通过国内立法，来规范各种运输合同双方权利义务等法律关系，使得各种运输合同的订立和履行有了可以依赖的法律基础。

各种运输形式及组织方法、运输合同条款、相关法律与惯例构成了本学科最基本的研究对象。又因为海上运输是国际货物运输的最主要形式，因此，海上运输合同解释是本学科的重点内容。

运输形式及其组织形式是国际货物运输中首先需要考虑的问题，不同的运输形式具有不同的特点，托运人只有掌握了它们，才能根据自己的运输需要确定运输形式。运输合同条款确定了货物运输中托运人、收货人和承运人各自的权利义务，只有掌握了各类运输合同应当包含哪些具体内容，以及实践中具体的操作方法，才能够正确地确定和履行合同义务，从而保证货物运输的顺利进行。相关法律法规是制定与履行运输合同、解释争议条款、确定违约后果的准则，是维护货物运输秩序的根本性保障。

根据上述研究对象，本书按照国际货物运输的不同形式以及不同形式下的格式合同条款解释为编写体例，分为以下几个部分：

第一部分为基础知识介绍，包括第 1、2 章，主要介绍与国际货物运输相关的基础知识。

第二部分是关于海上货物运输合同的，包括第 3、4、5 章，主要解释国际海上货物运输中的班轮货物运输合同、航次租船合同以及定期租船合同的相关法律原则以及合同条款。

第三部分是关于其他货物运输合同的，包括第 6、7、8、9、10 章，主要介绍集装箱运输、国际铁路货物联运合同、国际航空货物运输合同、国际道路货物运输合同、国际货物多式联运合同的相关法律原则以及合同条款等相关知识。

第四部分包括第 11、12 章，讲解国际货物运输索赔和国际货物运输代理的相关知识。

1.2.2 国际货物运输的复杂法律环境

国际货物运输是在一定的法律框架下进行的。随着国际货物运输的不断发展，世界各国围绕着运输的立法不断完善，但仍存在很大差异，使国际货物运输面临着复杂的法律环境。有关货物运输法律是国际货物运输学科的重点学习内容之一。

1.国际性立法

国际货物运输法律制度由国际立法、国内立法和国际惯例三个层面构成。国际性的立法在国际货物运输法律制度中占有重要地位。例如，海上运输方面有 1924 年《关于统一提单若干法律规定的国际公约》（简称《海牙规则》）、1968 年修订《海牙规则》形成的《海牙–维斯比规则》、联合国 1978 年制定的《联合国海上货物运输公约》（简称《汉堡规则》）、《联合国国际货物多式联运公约》、2008 年的《联合国全程或部分海上国际货物运输合同公约》等。航空运输方面有"华沙体系"（由 1929 年《统一国际航空运输某些规则的公约》，简称《华沙公约》及其后来的多项修订议定书构成），以及 1999 年意在取代"华沙体系"的《统一国际航空运输某些规则的公约》（1999 年《蒙特利尔公约》）。铁路运输方面主要包括由西方国家于 1975 年修订生效的新《国际铁路货物运送公约》（简称《国际货约》）、由东欧国家于 1998 年修订生效的新《国际铁路货物联运协定》（简称《国际货协》）、《国际铁路货物联运统一过境运价规程》等。国际铁路合作组织和国际铁路联盟两大组织近些年来也一直在为完善《国际铁路直通联运公约》草案而努力，2017 年 11 月 27 日举行的第三次国际会议已对草案文本部分内容取得了一致。一旦该草案通过，将形成真正意义上的国际铁路运输公约。道路运输方面有 1956 年由欧洲17个国家签订的《国际道路货物运输合同公约》。

2.国内立法

各国的国内立法，特别是主要运输大国和贸易大国的国内立法在国际货物运输法律制度中也占有重要地位。如英国1855年的《提单法》及1992年的《海上货物运输法》、美国1893年的《哈特法》以及1936年的《海上货物运输法》、其他一些主要国家的有关货物运输立法、我国的《中华人民共和国合同法》、《中华人民共和国海商法》（以下简称《海商法》）、《中华人民共和国民用航空法》、《中国民用航空货物国际运输规则》、《铁路货物运价规则》、《铁路货物运输合同实施细则》、《中华人民共和国道路运输条例》、《汽车货物运输规则》以及各国海关关于跨境货物运输的相关规定等。

3.国际惯例

除上述立法外，在国际货物运输中，特别是国际海上货物运输中，还存在着许多航运惯例。如GENCON1994格式合同，"NYPE 93"与"NYPE 2015"格式合同，BIMCO等组织共同颁布的《1993年航次租船合同装卸时间解释规则》，BIMCO关于航次租船合同的VOYWAR 1993战争条款和关于定期租船的CONWARTIME 2013战争条款、海盗条款等，这些格式合同和条款在国际航运界被广泛引用，成为解释国际海上货物运输合同的参照。

4.法律差异

世界上的法律制度存在着很大的差异，立法的目的也有所不同。例如，以英美为代表的普通法（也称判例法）和以主要欧洲大陆国家为代表的大陆法（也称成文法）差异很大；英国运输立法倾向于保护承运人的利益，美国则倾向于保护货主的利益。在研究国际货物运输法律制度时应当注意研究不同法律制度之间的差异，以便更好地维护合同利益。例如，在诉讼中学会利用法律差异，可以进行择地诉讼（forum shopping），寻求利己的法律管辖。

5.英国法律的重要影响

由于早期英国殖民地体系在世界范围内的建立，及英国在世界海上货物运输的霸主地位，英国有关海上货物运输法律，如1855年的《提单法》及现行的《海上货物运输法》对国际海上货物运输有着极其重要的影响，伦敦仍然是当今重要的国际航运中心之一，也是解决航运纠纷的重要中心。如果我们去查看海上货物运输合同，大多数合同当事人会选择适用英国法律，或规定在伦敦仲裁。英国普通法中的众多判例成为解释合同的法律原则或其他国家法院或仲裁员审案的重要参考。因此，我们研究国际货物运输时就不能不去研究英国的有关法律制度，这也是为什么本书的有关章节中经常介绍英国法律立场的原因。

6.直接性规则与间接性规则

有关国际货物运输的法律规则，有的是直接性的，有的是间接性的。直接性规则指的是专门为规范货物运输合同法律关系而制定的，如前面提到的《海牙规则》《蒙特利尔公约》《国际货协》《海商法》等；间接性规则指的是非为调解国际货物运输合同关系而制定的，但却是在国际货物运输合同履行中必须遵守的有关规则，如国际海事组织（International Maritime Organization，IMO）关于海上人命和船舶安全的《1974年国际海上人命安全公约》，各国有关货物和运输工具进出口管制的或与卫生、动植物检疫、环境、保安相关的法律规章等。我们在重点学习有关运输合同的直接性法律规则的同时，也必须了解间接性法律规则，以保证国际货物运输在法律框架内正常运行。

1.3　国际货物运输市场分类及经营方式

国际货物运输市场是指为了货物在不同国家或地区间的流通，运输服务的供给方和需求方进行交易的活动场所。这些交易场所有的有固定地点，更多的则是以现代电子通信手段建立起来的全球交易网络。

1.3.1　国际货物运输市场基本分类

根据运输方式不同，国际货物运输市场总体上可以分为国际海上货物运输市场、国际航空货物运输市场和国际陆上货物运输市场。其中，国际海上货物运输市场又可细分为班轮市场和租船市场；国际陆上货物运输市场可分为国际铁路货运市场和国际道路货运市场，但国际道路货物运输市场规模相对而言非常小，国际铁路货物运输由于运输线路的限制和铁路的国家垄断性也很难形成有效的竞争市场，货物托运人基本处于价格接受者的地位，因此，国际货物托运人应当主要研究国际海上货物运输市场和国际航空货物运输市场。

由于国际货物运输主要通过海运来完成，大量的海上不同类型的运力供给者形成充分的竞争状态，即使是班轮运输也处于垄断竞争状态，因此，国际海上货物运输市场是国际货物运输市场中最活跃的市场。这些市场的交易活动具体体现在班轮市场上的舱位订购和租船市场上的船舶或船舶货舱的租用交易活动上。国际海上货物运输市场的形态基本是"有市无场"，除了伦敦的"波罗的海交易所"为有形的市场外（现在基本上演化为以发布国际运价指数为主），其余均为无形的市场，运力供需双方基本上是通过互联网等电子、电信手段进行交易活动。

国际航空货物运输主要通过全货物运输飞机或客货混运飞机来完成，与海上运力供给相比，航空运力供给具有较强的垄断性，但近些年来各航空公司开始注意参与航空货运市场的竞争，运力供给有所增加，导致该市场呈现一定的竞争性。

1.3.2　国际商船队、航线与物流的分布

1.世界商船队的国家分布

世界商船队在国家和地区间的分布是很不平衡的。据联合国贸易和发展会议（以下简称联合国贸发会，UNCTAD）统计，截至2016年1月，世界商船队总规模

达17.9亿载重吨。其中，世界排名前10位国家（或地区）的商船队的总载重吨达12亿吨以上，占世界商船队总载重吨的65%以上（见表1-1）。

表1-1　　　　　2016年世界商船队排名前10位国家（或地区）的载重吨　　单位：百万公吨

	希腊	日本	中国	德国	新加坡	中国香港	韩国	美国	英国	百慕大
总吨位	293.1	229.0	158.9	119.2	95.31	87.35	78.83	60.28	51.44	48.45
世界占比	16.36	12.78	8.87	6.65	5.32	4.88	4.40	3.36	2.87	2.70
本国籍	64.70	28.77	74.10	11.32	61.76	67.52	16.11	8.15	5.25	0.51
外国籍（占比）	228.4 (77.9)	200.2 (87.4)	84.77 (53.4)	107.8 (90.5)	33.54 (35.2)	19.85 (22.7)	62.72 (79.6)	52.12 (86.5)	46.19 (89.8)	47.95 (99.0)

资料来源　联合国贸发会.Review of Maritime Transport 2016［EB/OL］.［2017-07-15］. http：//unctad.org/en/Pages/Home.aspx.

说明：统计范围为1 000注册总吨及以上船舶。

2.国际海上航线分布

从航线上看，世界商船队主要分布在以下几大航线上：

（1）北大西洋航线：这条航线连接着欧洲和北美自由贸易区两个世界上发达的工业区。该航线上船舶多，运量大，船舶现代化程度高。

（2）地中海-美洲东海岸航线：它将地中海沿岸国家（包括黑海沿岸国家）通过直布罗陀海峡，横渡大西洋与北美、南美东岸国家联系起来，进行工业品和工业原料的互换运输。

（3）西欧-加勒比航线：这条航线横跨大西洋，将西欧国家与加勒比地区各国联系起来，或者通过巴拿马运河到达美洲西岸各港口。

（4）苏伊士运河航线：这条航线起自北美西岸，经西欧到达波斯湾各港口，或远东各港口，或东南亚及澳洲各港口。它是连接东西方最便捷的航线，也是世界上最繁忙的航线之一。

（5）好望角航线：在苏伊士运河开通之前，该航线是连接东西方的唯一航线。现在，特大型船舶仍需通过此航线航行，但是因为苏伊士运河的允许吃水约为19米，只能通过20万载重吨以内的船舶。

（6）北太平洋航线：它连接着远东到北美西海岸各港口，以及经过巴拿马运河进入加勒比海沿岸及北美东海岸各港口（巴拿马运河旧船闸限制船舶的吃水为12米，船舶载重吨在65 000吨左右。2016年6月新建成的三级船闸长427米、宽55米，可用深度18.3米，可通过1万标准箱的现代化大型集装箱船舶、13万吨级的散货轮和10万吨～16万吨的阿芙拉和苏伊士型油轮）。由于中国、韩国、日本、中国香港、中国台湾等国家和地区的经济快速发展，这条航线已经成为较繁忙的航线之一。

（7）南太平洋航线：这条航线主要连接着澳大利亚、新西兰等国与北美各港口。

（8）远东-澳新航线：它连接着远东、东南亚与澳大利亚及新西兰各港口，主要承担农产品和矿产品的运输任务。

（9）远东-波斯湾航线：这条航线主要从事石油运输任务，也是沿途地区间工业品和农产品贸易的运输线路（马六甲海峡的通航能力限制在25万载重吨左右）。

3.世界海运货物规模与流向分布

据联合国贸发会统计，2015年世界海运货物总量超过100亿公吨，并一直保持增长态势。在海运货物三大类别中，液体货物运量增长相对平稳，干货运量的增长高于液体散货，近些年来，其他干货运量增长快于大宗干散货。海运货物量的快速增长带来了国际海运船队规模的不断扩张，带动了造船业、修船业、港口、船员、货运代理业等海运业务的高速发展。部分年份国际海运装载货物量的变化见表1-2。

表1-2　　　　　　　　　　部分年份国际海运装载货物量　　　　　　　　单位：百万吨

年份	大宗干散货	其他干货	油、气及制品	全部货物
1970	448	717	1 440	2 605
1980	608	1 225	1 871	3 704
1990	988	1 265	1 755	4 008
2000	1 295	2 526	2 163	5 984
2013	2 923	3 762	2 829	9 514
2014	2 985	4 033	2 825	9 843
2015	2 951	4 150	2 947	10 048

资料来源　联合国贸发会.Review of Maritime Transport 2016［EB/OL］.［2017-07-15］. http://unctad.org/en/Pages/Home.aspx.

世界海运货物流向的分布是不均衡的，这主要是由海运货物的生产和消费基本态势所决定的，特别是不可再生能源、原料和钢铁业在国别分布上的相对集中，导致这类货物成为海运的主体。根据联合国贸发会统计，2015年主要大宗商品的货物流向如下：

石油及天然气主要来自西亚、北美、转轨国家、拉美、非洲、亚太地区，主要进口地区为亚太、北美、欧洲、西亚、拉美、转轨国家，其中日本、中国、印度为亚太主要进口国。

铁矿主要来自澳大利亚（55%）、巴西（27%）、南非、加拿大等国家，主要进口地区为中国（70%）、日本（10%）、欧盟（8%）、韩国（5%）。

煤炭主要来自澳大利亚（33%）、印度尼西亚（32%）、俄罗斯（9%）、哥伦比亚（7%）、南非（7%）、美国（7%），主要进口地区为印度（19%）、日本（16%）、欧洲（15%）、中国（14%）、韩国（11%）、中国台湾（5%）。

粮谷主要来自美国（22%）、俄罗斯（19%）、欧盟（14%）、乌克兰（11%）、阿根廷（9%）、加拿大（8%），主要进口地区为亚洲（33%）、非洲（22%）、南美（19%）、西亚（16%）和欧洲（7%）。

钢材主要生产国为中国（50%）、日本（6%）、印度（6%）美国（5%）、俄罗斯（4%）、韩国（4%）、德国（3%）等，消费国主要为中国（46%）、美国（7%）、印度（5%）、日本（4%）、韩国（4%）等。

集装箱货流方面，2016年，全球集装箱船舶总载重吨为2.28亿吨，占全球商船队总载重吨的13.5%，货运量达1.75亿标准箱。其中，太平洋双向占24%，欧亚双向占21.7%，大西洋双向占6.8%。集装箱运量是海运货物中增长最快的。

1.3.3 不定期船市场的特点与分类

不定期船市场（tramping market）是世界上出现最早的海运市场。它是从古老的海商贸易中分化出来的，以不定期船提供货物运输服务的市场。不定期船市场是国际海上货物运输中最大的市场，据联合国贸发会统计，目前油轮、干散货船舶、件杂货船舶、液化气船舶和化学品船舶的总载重吨位约占全球商船队总载重吨的80%。

1.不定期船市场的特点

不定期船运输的基本特点是：船东可依据租船合同提供任意航线的运输服务，以满足不规则的运输需求；船期灵活，运费随行就市。

不定期船市场主要是为大宗干散货和液体货物提供运输服务的。大宗干散货和液体货物运输具有以下特点：第一，货物价值较低，运费承受能力较差，要求运输价格低廉；第二，运量和批量都很大，需要提供整船运输；第三，货源流向和时间规律性差，不适合组织定期船运输。因此，全球大部分货物是由不定期船运输的，它是一个范围广、地位重要的航运市场。

2.不定期船市场的细分

不定期船市场可以分为油轮市场、干散货市场和专用船市场。

油轮市场是在不断扩大的石油国际贸易中孕育出来的。第一次世界大战以后，随着世界经济的恢复和发展，对石油及其产品的需求迅速增长。由于石油资源在世界上分布严重不均匀，石油及其产品的贸易量和海运量与日俱增。为了适应石油运输需要，人们开始建造大规模的石油运输船舶，单船运量可达30万吨以上，总运输能力不断扩大。这些都有利地促进了油轮市场的形成和发展。截至2016年年底，全球油轮商船队总载重吨位约5.03亿吨，约占全球商船队总载重吨位的28%。

油轮市场中的货物主要是原油，也包括成品油、液化天然气和液体石油化工原料等。这些货物统称为液体散货（liquid bulk）。原油运输船舶（Crude oil tankers）根据载重吨大小通常被分为以下几组：200 000载重吨以上的被称为超大型油轮（Very large crude carrier，VLCC），120 000～200 000载重吨的被称为苏伊士型油轮（Suezmax crude tanker），80 000～119 999载重吨的被称为阿芙拉型油轮（Aframax crude tanker），60 000～79 999载重吨的被称为巴拿马型油轮（Panamax crude tanker），60 000载重吨以下的被称为灵便型油轮（Handysize crude tanker）。

干散货市场是不定期船市场的重要组成部分，它运输的货物被统称为干散货。在干散货中，铁矿石、煤炭、粮谷、铝矾土、磷灰石等属大宗干散货，而木材、钢铁、其他农产品、水泥、非黑金属矿石属小宗干散货，不定期船运输的包装货物称为件杂货。截至2016年年底，全球干散货商船队总载重吨位达到8.54亿吨，占全球商船队总载重吨位的约47.3%。

干散货船市场上的船舶吨位差异很大，小到几百载重吨，大到二十几万载重吨，少数矿石船大到四十万载重吨。根据载重吨及船舶结构的不同，人们赋予其不同的称谓。

带有纵向贯通二层甲板的船舶被称为双甲板船（tween decker），这类船通常自己配有吊杆或吊车，载重吨在10 000～20 000吨，主要用于件杂货运输。

专门用于运输干散货的船舶都是单甲板的，被称为散货船（bulker）。它们被分为几组，载重吨在10 000～39 999吨的被称为灵便型（handysize），其中一些船舶自己配有重吊，用于原木运输；载重吨在40 000～59 999吨的被称为大灵便型（handymax）；载重吨在60 000～99 999吨的被称为巴拿马型（Panamax），它们在船舶尺度上能通过巴拿马运河（2016年新船闸开通后，长、宽限制分别增加到约420米和53米，预计尺度更大的新巴拿马型船舶将很快诞生），主要用于粮谷、煤炭及矿产品运输；载重吨在100 000吨以上的被称为好望角型（Capesize），主要用于矿石、矿粉和煤炭运输，较大好望角型船舶满载时无法通过巴拿马运河和苏伊士运河，只能绕道好望角航行，由此得名。

大型散货船因船舶大型化降低了建造成本，在市场上具有较强的竞争力。但若遇到市场波动，货源不足，经营便发生困难。所以，大型散货船的运费率起伏很大。船东也倾向于采用长期运输合同方式来经营，以减少市场波动带来的风险。

专用船市场在不定期船市场中所占比重较小。专用船是为了运输特种货物建造的，它们在结构、尺度、吊货能力上有别于普通船舶。例如，专门用于运输汽车的滚上滚下船（roll on/roll off，RO/RO，也称汽车运输船，Pure Car and Truch Carrier，PCTC），汽车可以直接开上或开下船舶；冷藏船（reefer ship）配有制冷设备，用于运输冷冻或冷藏货物；重大件运输船（heavy lift carrier）建有加厚甲板，并配有重吊，用于运输火车头及大型设备等重大件货物。

专用船在载重量、舱容、结构及强度上都是专门设计建造的，对特种货物运输营运效率很高。但由于受货物品种限制，丧失了不定期船的灵活性，而且，专用船多是单程载货，回程空载浪费运力，所以这种船的运费很高。

1.3.4 不定期船的经营方式

在不定期船运输市场上，运输的经营人笼统地被称为船东或船舶出租人（owners），泛指有权出租船舶的人（仅涉及财产权中的使用权），包括注册船东（registered owners，法律上真正的船舶拥有者）、二船东（disponent owners，受委托的船舶经营管理者）和期租船东（time charterers，具有合同转租权的期租承租人，也称转租出租人）或者是光船租赁人（bare boat charterers）。自有船舶的所有人及光租船的经营人对船舶具有占有权和支配权，而期租租船人对船舶只有使用权和调度权。这些不同船舶出租人对船舶适航性的保证及对第三人的责任是不同的。

由于不像班轮运输那样固定，不定期船舶经营人需要对全球的货运市场具有丰富的知识和信息来源，以便最大限度地保证船舶的运营效益。根据对货源的掌握及市场需求的不同，他们常采用下述方式经营船舶。

1.航次租船

（1）航次租船的概念

航次租船（voyage charter），简称程租船，它是由出租人负责提供船舶，承租人支付运费，在承租人（charterer）指定的港口间进行一次或多次运输的租船运输方式。航次租船中的船舶出租人可以是船舶所有人、二船东、期租租赁人或是光船租赁人。

（2）航次租船的特点

第一，出租人根据租船合同负责船舶的营运调度、船舶的固定成本及所有航次营运成本，包括燃料费、港口使费等。承租人负责按照租船合同支付运费及相关费用。

第二，航次租船的"租金"称作运费（freight），它是依据同类船舶市场租金水平、预计总航次时间、下航次货载是否便利，及货物的特点等因素由合同双方商定的。也有的实行包干运价（freight in lump sum），即规定租用船舶的总运价。

第三，每一个航次的"租期"取决于完成该航次所需要的时间，航次结束，"租期"终止。因此，在航次总运费收入既定的条件下，航次所用时间越短，对出租人越有利。所以，航次租船合同中一般都有装卸时间及滞期费的相关约定。

（3）航次租船的方式

①单航次租船，即只租用一个单航次的租船方式。船舶出租人负责将指定的货物由装运港运到目的港，在目的港卸完货后航次即告结束。大多数航次租船采用的都是单航次租船。

②往返航次租船，即只租用一个往返航次的租船方式。船舶在完成一个单航次后，紧接着上一航次再在卸货港或其附近港口装货运回原装运港或其附近港口，租船合同才告结束。承租人在有返程货物情况下常会采用这种租船方式。

③连续单航次或连续往返航次租船，即连续若干个单航次或若干个往返航次的租船方式，在完成规定的航次后租船合同即告结束。

在上述租船方式下，可以按每一个单航次或往返航次各订立一个租船合同，也可以只订立一个包括了全部航次的租船合同。合同中只需订明第一个航次的受载期和航次次数，而无须订明以后各航次的受载期。在连续单航次租船合同下，经承租人同意，船东可为各回程航次自己揽货，否则，必须自费空驶回原装运港，装运下一航次货物。

包运合同（contract of affreightment，COA）是指包运人承诺将一批货物分期、分批包运至指定目的港，由承租人支付运费的合同。

包运合同与航次租船有所不同，它适用于大批货物的运输。合同中只规定货物品种和数量、装卸港口、装卸速度、承运期限、具体的航次数、运费等。它一般不限制具体的船舶，承包人可以选择合适的船舶来完成包运任务。承包人可以是船东，也可以是期租租船人或是货运公司，货运公司靠在租船市场上租船完成承包任务。承包人必须将每一航次使用的具体船舶事先通知货方。包运合同类似连续单航次租船，但区别在于承包人可以使用不同的船舶来运输。它的优点是承运人能在一定时期内获得充分的货源，对托运人或收货人来说，也具有舱位确定、运价低廉等好处。

2.定期租船

（1）定期租船的概念。

定期租船（time charter）简称期租船，它是船舶出租人向承租人提供约定的配备船员的船舶，由承租人在约定的期间内调度使用并支付租金的租船方式。

与航次租船相比，定期租船除船舶经营管理方式存在差异外，在费用分摊上也存在很大差别。船舶经营中的成本有固定成本和变动成本两项。固定成本主要包括：船员工资、津贴及伙食费、船舶折旧费、为维持船舶所需修理费、船舶物料及润滑油、船舶保险费、出租人的企业管理费和税金等。变动成本主要包括：燃油费、港口使费、货物装卸费、运河费、其他航次费用等。

（2）定期租船的特点。

定期租船与其他租船方式相比具有以下特点（见表1-3）：

表1-3　　　　　　　　不同租船方式下船东承担费用

航 次 租 船		
定 期 租 船		
光 船 租 赁		
船舶建造成本（或购买成本）	航次固定费用	航次变动费用
购船成本利息 船舶税费	船员费用 保险费 保赔保险费 润滑油费 备件、物料 船舶维修、管理费	装卸费 燃料费 港口使费 运河费 运费税

第一，出租人负责船舶适航、维修保养、配备船员、船舶航行及船舶内务，以及为此所支付的各项费用。

第二，出租人负责航次中的各种润滑油、淡水的供应及费用。

第三，承租人负责船舶的营运，支付燃料费、港口使费、运河费、货物装卸费及航次其他费用。

第四，租金根据船舶装载能力和租用时间，由双方结合市场水平约定。

3.光船租赁

（1）光船租赁的概念。

光船租赁（demise charter; bare boat charter）又称光船租船或船壳租船，它是指船舶出租人向承租人提供不配备船员的船舶，在约定的期间内由承租人占有、调度使用，并向出租人支付租金的合同。

采用这种租船方式的主要原因是，一些发达国家由于工资上涨等原因，船东支付的船舶营运成本增加，而一些发展中国家拥有丰富的劳动力资源，船员工资低，又掌握一定的货源，但缺乏资金建造或购买船舶。这样，二者便建立起光船租赁关系互补长短。

（2）光船租赁的特点。

光船租赁具有财产租赁性质。船舶所有人只向承租人收取租金，不负责船舶的营运，更不负担任何费用，甚至船舶在出租期间的正常维修保养费用都是由承租人负担的。在这种租赁关系下，船长、船员都由承租人雇用，承租人掌握对船舶的实际占有权和支配权。光船租赁导致船舶对第三者责任关系发生了变化，承租人，而不是原船东，以船东的名义承担船舶对第三人责任的赔偿责任。例如，如果领航员、船员过失导致船舶碰撞，造成第三者损失，赔偿责任应当由承租人而不是船东承担。

以上是不定期租船运输的三大基本形式。承租人通过上述三种方式租入船舶后，一般都在租船合同中规定允许承租人转租（subletting）。我们将从这类承租人手中再租船的承租人称为转租租船人或再租船人（sub-charterer）。转租与正常租船一样，也需签订租船合同。承租人与转租租船人签订的租船合同称为转租租船合同（sub-charter）。在发生船东责任索赔时，转租租船人不但可以向二船东索赔，而且可以直接向原船东索赔，但原船东所负责任只以原租船合同规定或由其签发的提单为限。光船租赁方式下原船东的责任非常有限。如合同允许，转租船还可以再转租，这会在同一船舶上产生多个运输合同关系。

1.3.5　定期船运输市场及特征

1.定期船运输市场

定期船运输市场又称班轮市场，它是指在特定的港口间按照固定的船期表和固定的运费率组织规则的运输所形成的运输市场。传统上有一定包装的件杂货运输主要通过班轮市场来实现，如今已基本被现代的集装箱班轮运输取代。

定期船运输市场是随着世界经济和国际贸易的发展而发展起来的。19世纪初，国际贸易已发展到了相当的规模，工业制成品、半制成品、食品和其他高价值商品所构成的件杂货运输量迅速增加。这些货物不仅要求快捷运输，而且还要求规则、不间断运输，以适应消费者需要，定期船运输便应运而生。

定期船运输市场上运输的货物价值一般都很高，主要为工业品，在其售价中，运输成本所占比重比较小，货物承担运费能力较强，因此船东可以收取较高的运费来购买技术先进的船舶，维持航线船舶密度，保证运输的连续性。可以说，定期船运输市场就是工业品的运输市场。虽然目前全球集装箱船的总载重吨在全球商船队总载重吨中所占比重只有13%左右，集装箱船货运量接近全部海上干散货运量的24%，但它所承运的货物价值却相当高。

2.定期船运输市场的特征

（1）市场具有垄断性，为少数规模较大的班轮公司把持。为了保证工业品的高质量运输，班轮公司首先要保证提供高质量的船舶。为此，班轮公司需要投入大规模资金，购买和更新船舶。再者，为维持规则运输，班轮公司必须保有一定的发船密度，保持一定的船队规模。为保证能提供船舶到港后可及时靠泊和快速装卸，班轮公司还需投入巨额资金建造自己的码头或租用码头。为了保证能提供全面、周到的服务，班轮公司还需在港口周围建立营业机构和服务网络。所有这些巨额资金的投入，对小公司来说是很难做到的。因此，长期以来世界上主要班轮航线被少数大公司垄断。目前世界排名前五大集装箱船队货运量占据了全球集装箱船队的30%多，他们分别是马士基集团/汉堡南美、地中海航运、达飞轮船/美国总统轮船、中远海运集团、赫伯罗特。商船三井、日本邮船和川崎汽船刚刚合并组建的新集运公司（Ocean Network Express，ONE LINE）排名第六。

大的班轮公司在经营中又组成行业联盟，对货载进行内部分配、舱位分配、运价协调，更加剧了班轮市场的垄断性，这些战略联盟一直处在不断调整中。目前，全球集装箱运输大部分被三大联盟所垄断，它们分别是2M联盟（马士基航运与地中海航运）、大洋联盟（Ocean Alliance，由达飞轮船、中远海运、长荣海运和东方海外组成）、The Alliance联盟（赫伯罗特、韩进海运、阳明海运、商船三井、日本邮船和川崎汽船），排名前14位的班轮公司均为三大联盟的成员或合作者，使它们在全球市场中的份额分别达35.3%、26.1%和16.9%。

（2）缺乏改变经营目标的灵活性。建立全套班轮运输服务体系需要投入巨额资金，沉淀成本很高，整个服务体系建立后，还要投入资金去维持，因此，班轮运输服务体系建立后，如果改变服务航线，将损失巨大，而且，建立新的航线服务体系也需要巨额投资。

（3）运价具有统一性。在班轮运输的垄断体制下，为了避免在激烈的竞争中两败俱伤，班轮联盟统一制定航线运价。

1.3.6 国际航空货运市场概况与特点

1.国际航空货运市场概况

国际航空货物运输是指按照当事人的合同约定，始发地和目的地在两个不同国家或地区领土内，或虽然始发地和目的地在同一国家或地区领土内，但在另一个国家或地区的领土内有一个经停点的使用全货机或客机腹舱进行的货物或邮件运输。

航空货物运输最早始于20世纪初,但真正意义上的国际航空货物运输业的发展始于第二次世界大战后。为了适应国际货物贸易规模不断扩大的需要,经济发达国家开始大力发展航空工业,开辟国际航线,逐步建立起了全球性的航空运输网络,特别是20世纪70年代大型宽体货机问世后,航空货运完全结束了从属于客运的地位,全球各大航空公司纷纷把货运业务分拆成独立运作的货运航空公司,并建立航空物流中心,提供配套、增值服务,最终使航空货运演变成为一个独立的产业。为适应需求和提高竞争能力,各大航空公司加强了全货机的投资。例如,截至2017年5月31日,中国国际货运航空拥有747全货机3架,777全货机8架,757全货机4架,总计15架全货机承接国际主要航线的货运业务。

根据航空货物周转量,世界排名在前的航空公司主要有:大韩航空、国泰航空、新加坡航空、汉莎货运、联合包裹、法国航空、日本全日空、英国航空、中华航空、荷兰皇家航空、卢森堡货运、澳洲航空、长荣航空等。世界排名靠前的主要货运机场有:美国的孟菲斯国际机场、中国香港国际机场、美国的泰德·史蒂文斯安克雷奇国际机场、仁川国际机场、上海浦东国际机场、东京成田国际机场、法兰克福国际机场、美国的路易斯维尔国际机场、戴高乐国际机场、迈阿密国际机场等。

2.航空货物运输的特点

航空货物运输是现代国际贸易货物运输中历史最短、发展最快的一种高速运输方式。与其他运输方式相比,航空货物运输具有以下特点:

(1)运送速度快。随着航空运输技术的迅速发展,机型一代接着一代地更新,除恶劣天气外,严格的飞行时间表保证了货物的快速到达。航空快速运输保证了货主能够抢占市场,提高竞争能力;能够满足货主的急需;能够缩小时间成本,加快资金周转,也减少了包装费用、利息支出、保险费和仓储费等费用。

(2)运送质量高。航空运输的组织比较严格,运输工具的安全性能高,飞行平稳,从而能够保持较低的货物破损率,这对高价值的货物运送非常重要,比如急需物资、贵重货物、鲜活易腐货物等。

(3)运价高、运量低。由于航空货运的技术要求很高,运输成本很高,导致它的运价高于其他形式的货物运输。又由于飞机载重和容积的限制,空运的航次货运量都比较小。

(4)货运代理人集中度高。国际航空货运中,货运代理人(forwarder)扮演着重要角色。航空货运的服务链较长,需要订舱、配货、货物跟踪、货物交接、两端机场的货物仓储和车辆运输等,航空货运代理人能够提供货物运输的全程服务,起着物流计划者的作用,而航空公司则可成为专门的航空运输承运人。

在国际航空货物运输中,大量的客户实际上掌握在代理人手中,航空公司无法绕开代理人,与客户建立直接的运输关系。美国Merge Global咨询公司的研究表明,15家顶级代理商控制了61%的国际航空货运市场,而且这种趋势还在加强,因为近年来国际货运代理商的合并频频发生，使本来已经很高的国际货运业务的集中度进一步提高。

1.4　　　　　　　　国际货物运输合同形式

国际货物运输的实施是通过签订运输合同进行的，不同的运输方式采用不同的合同形式。总体上，运输合同形式可分为托运运输合同和租用运输合同，前者表现形式为托运单和运输单据，适用于部分货物的运输，如铁路、航空货物托运和海上班轮货物托运；后者表现形式为运输工具租用合同，适用于大宗整批货物的运输，如航次租船运输和航空包机运输。不同运输合同的签订方式、合同内容、适用法律均不同。

1.4.1　托运合同的表现形式

国际货物运输中常见的托运合同主要有班轮货物托运合同、航空托运合同和铁路托运合同。

1.班轮货物托运合同的表现形式

班轮货物托运合同的表现形式主要为经承运人确认的订舱单和提单。班轮货物托运合同成立于托运单被班轮公司确认之时。货物托运人根据贸易合同装运条款的约定，将货物类型、数量、包装、装运期、启运地和目的地、收货人等运输信息填入订舱单交给承运人或其代理人申请托运，经承运人审核接受托运后，向托运人发出配舱回执以示确认托运，此时托运合同即告成立。具体运输条款体现在货物装运后承运人签发的提单当中。

2.航空托运合同的表现形式

航空货物运输主要分为托运、包机两种形式，其中大量是以托运形式进行的，包括集中托运。国际航空货物托运合同的表现形式是航空货运单。航空托运合同成立于航空订舱单被航空承运人确认之时。托运人向航空承运人交付货物后，承托双方共同签署航空货运单，航空货运单除了载明货物信息、启运地空港和目的地空港外，还载明了托运人和承运人的义务、除外责任、赔偿标准和法律适用等运输合同条款。

3.铁路托运合同和道路货物托运合同的表现形式

国际铁路货物运输主要是以托运形式进行的，其合同的表现形式为国际铁路运单。铁路货物托运人托运货物时，需要将托运人和收货人，货物种类、数量、包装，始发站和终到站等运输信息按照铁路承运人的要求填入铁路运单，然后提交给铁路部门申请货物托运，铁路运单经铁路承运人签字盖章确认同意后，铁路托运合同即告成立。铁路运单中除了载明货物运输信息外，还载明了托运人和承运人的义务、免责事项、赔偿标准和法律适用等运输合同条款。

道路货物运输分为包车和托运两种形式，包车运输合同如同航次运输合同，由车辆出租人与承租人平等协商运输条件后签字形成正式的道路货物运输合同；托运合同则类似铁路托运和航空托运，托运合同由道路运单来体现。

1.4.2 租船合同的表现形式

1.航次租船的合同格式

航次租船合同（Voyage Charter Party）是关于航次租船运输方式的运输协议。根据我国法律，航次租船合同应当以书面形式订立。由于海上运输的复杂性和航次租船的特点，合同的内容较多。为规范和方便合同的订立，国际上一些民间商业机构组织制定了多种标准租船合同格式，也称格式合同，这些格式合同经过历年的修订又有不同的版本。在国际租船运输实践中，运输合同一般都是船舶承租人和出租人选用适当的格式合同，经一定的修改及添加后签订的。

目前，世界上最常用的航次租船合同格式为《统一杂货租船合同》（Uniform General Charter），租约代号为"金康"（GENCON）。此格式由波罗的海国际航运公会制定，并经过1922年、1976年和1994年三次修订。早期的"金康"格式合同比较明显地维护船舶出租人的利益，但如今BIMCO的态度也有所改变，一方面是因为如今许多船东经常租船使用，另一方面是因为也要考虑格式合同被接受的广泛性。格式合同拟定后会主动与代表租船人的商业机构反复磋商，互相让步。因此，不能再说BIMCO的格式合同就是偏袒船东的了。如今，BIMCO所制定的"金康"合同在世界上使用相当广泛。

此外，还有许多商会编制的适用于不同商品运输的格式合同。例如，适用于粮食运输的 Baltimore Berth Grain Charterparty（Form C 1976）、Southgrain、Norgrain、Australian Wheat Charterparty（租约代号为"AUSTWHEAT"）；适用于食糖运输的 Sugar Charterparty，1977；适于装运矿砂的 C（Ore）7、Orevoy；适用于化肥运输的 Ferticon、Fertivoy；适用于煤炭运输的 Medcon、Welcon 等几十种。

选择使用格式合同时，需要根据航次的具体情况对格式合同进行修改或追加一些条款，一些未明确事项还需要根据有关法律或国际惯例对合同作出解释。因此，欲制定和解释一份完整的航次租船合同，需要掌握丰富的法律及航运知识，掌握航次租船合同的主要内容及制定的方法和注意事项。

2.定期租船合同格式

定期租船合同因涉及事项很多，一般都以书面形式订立，我国《海商法》明确要求应以书面形式订立。定期租船合同也是在双方选定的格式合同基础上进行适当修改、增删而达成的。

同航次租船合同一样，为方便、统一，国际上一些商业组织制定许多定期租船格式合同，常用的有：

（1）《统一定期租船合同》（Uniform Time Charter）。该格式合同的代号为"波尔的姆"（BALTIME），它是由BIMCO制定的。BIMCO是世界上著名的国际船东组织，因此，这一格式合同有偏袒出租人的倾向。近几十年，世界商船队增长速度快于世界经济增长，运力过剩，出租人处在不利地位，所以，已很少有人使用BALTIME了。

（2）《定期租船合同》（Time Charter）。它最初是由美国纽约土产交易所（New York Produce Exchange，NYPE）于1913年制定的，所以常被称为"纽约土产格式"，后经过1921年、1931年、1946年、1981年、1993年和2015年六次修订。此格式经过美国政府批准，故又称为"政府格式"。该格式合同的最新版本代号为"NYPE 2015"，由BIMCO、美国船舶经纪人和代理人协会（ASBA）和新加坡海运基金会（SMF）历经三年联合修订。该格式合同被认为是比较公平的期租合同，所以在当今国际租船市场上被广泛采用。

此外，还有中国租船公司制定的《定期租船合同》，代号为"SINOTIME 1980"；由BIMCO制定的《集装箱船期租合同》（代号为"BOXTIME"）、专为运载散装化工品制定的《散装化工品船期租合同》（代号为"BIMCHEMTIME"）、GENTIME等。

此外，一些大的货主还制定有自己的期租船合同格式。

3.租船合同的法律适用

目前，国际上没有专门的关于船舶租用合同的国际公约，英美法系和大陆法系国家在《海上货物运输法》中只作原则规定，细节问题由合同双方当事人完全依据"合同自治"原则商定。对两者都没有规定的，适用合同法或民法规定。我国《海商法》采用国际上的通常做法，首先肯定"合同自治"原则，允许合同内容由双方自由商订，如合同没有规定，才适用《海商法》有关规定。

1.5　　国际货物运输合同洽商

1.5.1　托运合同的洽商

托运合同的承运人具有显著的"公共承运人"特征，具有垄断特征的承运人面对的是众多的中小托运人，这些分散的托运人与承运人相比，在合同洽商中的谈判力量处于绝对的劣势。由"公共运输"的业务特点决定，承运人也无法与每一个托运人就一项货物托运业务展开合同谈判。因此，为方便业务，公共承运人只能根据相关法律单方拟就固定的合同条款，托运人托运货物时，被默示地认为自动地接受了这些合同条款。这些条款具体体现在班轮提单、航空货运单、铁路运单等货物运输单证中。尽管理论上托运人对运单中的某些条款有权提出修改，但实践中很难实施这一权利。

基于上述原因，货物的托运合同的洽商过程十分简单，洽商的内容也只涉及承运人能否接受特定航线或线路上的特定货物运输。洽商的方式一般都是托运人或其代理人根据承运人公开发布的班期表填写托运单提交给合适的承运人，由该承运人根据运力情况决定是否接受托运。一旦该承运人对托运申请确认接受，运输合同便达成了。

1.5.2　租船合同的洽商

租船运输属于私人运输，运输合同的洽商是在船舶承租人和出租人两个人之间展开的，在通常情况下，谈判双方处于相对平等的谈判地位，具有相对均衡的谈判能力，加之租船合同涉及的事项也比较多，因此，租船合同的洽商是一个比较复杂、相对漫长的过程。由于不定期船运输的承运人无法发布固定的船期表，导致运力供给信息相对闭塞，同时他们也无法掌握全面的运力需求信息，因此，在租船市场上租船经纪人便应运而生。

1.租船经纪人

在租船业务中，一些租船合同是直接由出租人与承租人签订的，但更多的租船合同是通过租船经纪人的搭桥牵线而签订的。

租船经纪人（chartering broker）是在租船业务中代表船舶出租人或承租人进行磋商租船业务的人。他们通常拥有丰富的国际海运知识，拥有灵敏的租船信息网络，与船东或货主保持密切的联系且具有良好的商业信誉。

租船经纪是国际海运业中一个专门的行业，在国际海运市场上起着重要的作用。他们有的受船东委托，代表船东进行交易，被称作船东经纪人（owner's broker）；有的受承租人委托，代表承租人进行交易，称作承租人经纪人（charterer's broker）。但由于经纪人业务属居间性质，故常常有出租人和承租人只委托一个经纪人的情况。

许多大的贸易商充分利用租船经纪人的专业知识，常常委托一个或几个固定的经纪人。他们在需要运力时，将贸易合同有关条款交给这些经纪人，委托他们去租船，并具体洽商租船合同条款，这些经纪人被称为固定经纪人（host broker）。也有的大贸易商在本集团内部成立租船公司，专司租船业务，这类公司有的以承租人代理名义出现，也有的以自己名义签订租船合同。对于后者，船东应加以注意。

租船经纪人代办租船交易所得到的报酬被称为佣金（commission）。佣金通常为运费或租金的1.25%或其倍数，由船东支付。但若双方都委托经纪人时，船东就要支付更高的佣金。在租船市场上，有时由于信息不畅，会涉及多个经纪人，这时船东支付的佣金可高达5%或更多。船东也会以提高运价或租金的办法来弥补支付高额佣金的损失。

2.租船合同洽商程序

租船合同洽商一般都经经纪人来完成，合同条款确立后，最后由出租人和承租人或经由他们授权的代理签字确认。同国际货物买卖合同的洽商相似，租船合同的洽商一般也要经过询盘、报盘、还盘、接受四个环节，定期租船合同、航次租船合同、光船租赁合同的洽商都是如此。以下以航次租船合同的洽商为例，介绍租船合同的洽商程序。

（1）询盘（enquiry）。

询盘可由出租人发出，也可由承租人发出。出租人将船舶主要规范及计划行走的航线（包括装卸港口范围）、预计受载时间，或者计划期租的租期和航行范围交给经纪人，由经纪人向租船市场发布，寻找合适的租船人。承租人询盘时则是将货物的有关信息，包括货物品种、数量、装卸港、装运时间等交由其经纪人向租船市场发布，寻找合适的船舶。

按照合同法的规定，询盘可向多个人发出，对发盘人没有约束力。

（2）报盘（offer）。

出租人或承租人在获得询盘信息后，经过比较分析向询盘人发出明确、具体的成交条件，称为报盘，合同法中称为"要约"。

根据合同法，报盘一般只能向一个人发出，报盘人受报出的条件约束，原则上不得中途更改或撤销。因此，报盘常带有有效期规定。

有的报盘带有"先决条件"限制，称为有条件的报盘，这种报盘的性质视同询价。有条件的报盘多由承租人发出，主要是由于贸易合同中有类似限制性规定。如："以发货人/收货人批准为准（subject to the approval of shippers/receivers）；以货物备好为准（subject to cargo stem，which means that the contract is conditional upon the charterers obtaining cargo for the agreed loading period，such failure to obtain it relieves both parties of their obligations conditionally agreed）"；还有的在报盘中提出主要条件后，限制"以细节谈妥为准"（subject to details）。对这种限制，英国法律视为有条件的报盘，只要细节事后没有达成一致意见，合同就没有成立。但美国法律则认为，合同主要条款谈妥，合同即告成立。根据我国的法律制度，特别是《合同法》中的要约与承诺制度，有条件的要约具有不确定性，应视其为询盘。

还有一类附带"后续条件"的报盘，如经常见到的"细节以金康格式合同为准"（details subject to GENCON C/P）、"以对×××格式合同合理更改为准"（subject to logical amendment /alterations of ××× C/P），这类后续条件通常被认为不影响要约或承诺的有效性。因为，不同于"细节待定"，格式合同或某一指定合同的细节是双方所共知的，"以某一合同细节为准"表明双方同意这些细节，无须在谈判时再去谈及；而"合理更改"是指根据谈妥的主要条款对格式合同或某一指定合同中某些不适应的条款作出改动，它被严格限制在与谈妥主条款相冲突或不适合的范围内，所以，不影响已谈妥的合同成立。

在期租合同谈判中，还有一种"以对船舶检验满意为准"（subject to satisfactory survey），或"以复查背靠背租约是否满意为准"（subject to reviewing back to back chaterparty）的条件。因为船舶状况好坏直接影响合同的履行，而转租租约是否满意直接影响二船东的义务，所以，这种条件应属先决条件，应被认为是有条件的报盘或承诺，条件未被满足，合同也不成立。

在租船合同洽商过程中还会遇有其他限制条件，如"以政府批准为准"（subject to government permission）、"战争条款待定"等，这些规定对合同的影响应根据具体情况而定。如果前者规定明显会影响合同的成立，而后者只涉及选用什么样的战争条款，不影响合同的根基，因而不应视为先决条件。

（3）还盘（counter offer）。

还盘是对报盘中某些条件的更改，或增加某些条件，因此，还盘在本质上是一个新的报盘。

由于租船合同涉及的双方权利义务很多，因此，一个租船合同往往需要多次还盘才能最终达成一致。在实践中，为节省时间，还盘只对不同意的条件或提出的新条件进行还盘。

（4）接受（acceptance）。

接受在《合同法》中被称作承诺，具有特定的含义。它是指在经过双方反复磋商后，一方对另一方提出的全部条款明确表示无条件地接受并愿意与其达成交易的表示。接受必须是无条件的，如果附带了前面提到的那些附带条件，将限制有效合同成立。

（5）签订订租确认书。

由于租船合同条款复杂，洽谈时又往往经过多次往复，为准确起见，在双方就全部条款达成一致后，通常对已谈妥的条款做"要点重述"（recapitulation或fixture recap），将谈妥的合同主要条款一一列出。有无这个过程不影响合同的成立。

在双方对"要点重述"无异议后，习惯上先签订一个"订租确认书"（fixture note），并由出租人和承租人签字，作为履行合同的书面依据。之后双方便可以按"订租确认书"履行各自的义务了。

航次租船订租确认书范例如下：

FIXTURE NOTE

It is on this day of 25th April 2017 that the undersigned mutually agreed that

—Cargo and quantity：10 000 metric tons of general cargo SF 1.8 wog.

—Ldport/disport：1 sb 1sp Xingang/2 sb 1sp Surabaya.

—Laycan：20–30th May，2017.

—Ld/disch rate：3 000 mt per WWD SHEX UU/2 000 mt per WWD SHEX UU.

—Demurrage：USD 6 000 per day pro rata with DHD. Laytime to commence as GENCON，WWWW.

—Detention charge of USD 7 000 per day pro rata to be paid by the charterers if cargo/documents not ready upon vessel arrival at loading/discharging ports.

—Freight rate：USD 28 per mt foist.

—Full freight to be paid to owners nominated bank acct within 5 bank working days after completion of loading and signing and releasing the bill of lading.

—Dunnage/lashing/unlashing/securing to be at chrts time and for chrts acct.

—All taxes/due on cargo to be for chrts acct，same on vsl to be for owners acct.

—Shipside tally to be for owners acct，same ashore to be for chrts acct.

—Comm.：3.75% inclusive 1.25% address comm..

—Arbitration to be in London with English law to apply.

—Other details sub to GENCON 1994.

—Performing vessel：see particulars attached.

For and on behalf of Owners：   For and on behalf of Charterers：

（signature）   （signature）

3.正式租船合同的编制

如前所述，租船合同在一方有效的要约（报盘）被另一方有效地承诺（接受）时即告成立。因此，合同的实际履行可以在"订租确认书"或"要点重述"签字后即开始执行。编制正式合同只是为了将双方的各项权利义务全部列入书面合同，以便为解决合同执行过程中产生争议提供依据。为规范业务，租船业务中应编制正式合同。

定期租船合同的谈判程序与航次租船合同的洽商过程基本一致，一般是首先找出一个格式合同或以前曾使用过的合同，然后双方，或通过经纪人，就租金、租期、航区、除外货物、交还船地点、船舶描述、仲裁等主要条款开展协商，达成协议作出 fixture recap 后，再就合同细节展开磋商，最后作出正式的合同。但从合同是否成立角度，英国法律下双方达成的 fixture 或 fixture recap 已视为合同成立，也无必须签字生效的要求，除非 fixture 中设置了前述先决条件。

1.5.3　包机与包车货物运输合同的洽商

包机与包车货物运输合同属于私人性质，如同租船合同，运输条款需要出租人与承租人平等协商确定，合同的订立过程也包括要约、反要约、接受的基本法律程序，在此不再赘述，洽商的内容参见本书相关章节。

□ 复习思考题

1.重要概念：择地诉讼　普通法　波罗的海航运交易所　BDI　航次租船定期租船　包运合同　光船租赁　定期船运输　GENCON　NYPE　sub to stem

2.学习国际货物运输对于国际货物买卖合同的履行的重要作用是什么？（1.1.2）

3.与国际海运、国际航空运输和国际铁路运输相关的主要法律有哪些？（1.2.2）

4.不定期船市场的特点是什么？（1.3.3）

5.国际上干散货船通常是如何分类的？（1.3.3）

6.航次租船、定期租船和光船租赁的特点各是什么？（1.3.4）

7.国际定期船运输市场的特征是什么？（1.3.5）

8.班轮货物运输合同、航空货物运输合同、铁路货物运输合同和道路货物托运合同的表现形式各是什么？（1.4.1）

9.租船运输合同洽商的基本程序是什么？（1.5.2）

10.英国法和美国法对于 sub to details 短语的立场有何区别？该短语与 details sub to GENCON 又有何区别？（1.5.2）

第2章 /海上货运基础知识

———— 学习目标 ————

掌握货船基础知识和与运输有关的货物基础知识，重点掌握船舶航次装载能力的核算方法及保障航次安全的重要原则。

2.1 货船基础知识

船舶是资本密集、技术密集的大型运输工具，它涉及材料学、力学、电学、机械、动力学、自动化控制等多种学科。我们要学习的是与货物运输操作及安全有关的船舶基础知识。

2.1.1 货船的基本结构

货船结构复杂，了解它的基本结构目的有二：一是为了安全地使用船舶；二是为了正确划分货物损失责任。因为，许多运输事故与船舶适航性有关。

现将主要类型货船的货舱、油水舱的布置等介绍如下：

1.杂货船的基本结构

杂货船的船体，前后分成若干段，上下分成若干层，这些段和层由横舱壁和甲板将船体全部空间分割成若干货舱和其他舱室，以适应件杂货种类多、性质杂、堆装高度有限等特性。

货舱自船艏向船艉依次称为第一货舱、第二货舱……，各货舱被2～3层全通甲板分为若干层。对于双层甲板船，最上层甲板称为主甲板（main deck）或露天甲板（weather deck），中间的称为二层甲板（tween deck），底层的称为底层甲板（bottom deck）。整个货舱被分为上下两层舱室，分别称为二层舱（upper hold）和底舱（lower hold）。有的船舶还根据需要设有深舱（deep tank）、冷藏舱（refrigerated space or refrigerated chamber）等特殊舱室。

各层甲板的安全负荷决定着重件货物的装载能力。

底舱高度较大，二层舱的高度较小，约为底舱高度的1/3～2/3。为充分利用船舶空间和便于货物装卸，现代船舶多为尾机型。一般情况下，船舶在首尾尖舱壁之间设有二层底（double bottom），二层底与外底之间的水密空间为底舱，用来存放燃油、淡水、压载水等。

　　船舶的舱口部分由舱口围和舱盖组成。舱口的大小会影响超大体积货物进出货舱，舱盖的水密性会影响货物运输安全。在各舱口之间通常安装吊货设备，它的类型、起吊能力会影响货物的装卸速度和能力。

　　2.散货船的基本结构

　　散装固体货船的结构为单甲板结构、大舱口，以方便散货装卸。其舱口围也较高，目的是减少自由液面面积。设有顶边水舱，以提高全船重心高度，减少摇晃。用于装载铁矿石和煤炭的散货船二层底也较高，目的也是提高全船重心高度，减少航行摇晃。散货船一般也不装配船吊。

　　3.液体船舶的基本结构

　　液体货船主要用于运输石油及其加工品、液体化工品、液化天然气等，根据各货种的不同具有不同的结构。为了运输安全和防止环境污染，它们多为双层体。货物经由不同类型的接驳口装卸。

　　4.集装箱船的基本结构

　　集装箱船是为在舱内和舱面专门运载集装箱而设计的，称为全集装箱船。其结构特点是单甲板、宽舱口（与货舱同宽）；舱内及甲板设有固定的箱格导轨，舱面设有集装箱系固设备；现代化全集装箱船多为双层体船壳结构，设置有大容量压载水舱，供空载和舱面装载大量集装箱时调整船舶重心高度之用。

　　为营运方便，船舶所有人会准备一份船舶规范（ship particulars），将与营运有关的船舶主要资料列入其中。船舶规范中一般列有船名、船旗、呼号、建造年限、总吨和净吨、载重吨及对应吃水、吊货设备描述、货舱数目和各舱口尺寸、包装舱容和散装舱容、主机功率、航速、油耗等。这种船舶描述通常是租船合同中的重要事项。

2.1.2　货船的载重性能

　　船舶装载货物重量的能力称为船舶的载重性能，它是船舶配载和货主租船时考量的重要指标之一。船舶的载重性能可以直接用船舶载重量这一指标来表示，分为总载重吨和净载重吨。

　　1.总载重吨（dead weight ton，DWT）

　　总载重吨，也称总载重量，是指船舶在一定吃水情况下船上所有装载物的总重量，通常用公吨来表示，为货物重量、总储备重量和船舶常数重量之和，即：

$$DWT=NDWT+\sum G + C \quad (MT)$$

　　总载重吨也等于该吃水时的装载排水量和空船排水量之差。

　　在考核某船的总载重量时，我们主要考察它在达到某一规定的满载吃水线时的最大装载能力。因为各满载吃水线是一个定值，所以该船舶的各对应总载重量也是定值。这些数值可在船舶资料中查得。我们通常说某船的总载重量有多大，如无特别说明，指的是船舶吃水达到夏季载重线时的总载重量。

船舶的满载总载重量的作用主要有：表示船舶的大小；统计一国或某船队的船舶拥有量；在定期租船合同中作为计算租金的依据；是班轮航线配船、货主订舱配载和船舶积载等项工作的重要依据。

2.净载重吨（net dead weight ton，NDWT）

净载重吨，也称净载重量，是指船舶某个具体航次中所能装载货物的最大重量，因此也称为净载货量（dead weight cargo capacity，DWCC），常用公吨来表示。它的数值等于总载重吨减去航次总储备重量和船舶常数，即：

NDWT=DWT−$\sum$ G − C　　（MT）

因同一船舶各航次的总储备不同，所以其各航次的净载重量是变化的。一旦航次确定，总储备量便可确定，因而净载重量，亦即最大载货量便可确定。可见，对于特定船舶，航次确定之后，净载货量的大小就取决于航次总储备量的大小。

2.1.3　船舶的载重表尺

上述各船舶载重性能指标需要在船舶资料中查找。为方便使用，船舶设计人员将这些资料编辑成表，并附上载重线标志，这个图表被称为船舶的载重表尺（dead weight scale）。它将船舶在静止正浮状态下从空船重量吃水线至满载吃水线之间的各吃水高度，标上与其对应的排水量、总载重量、厘米纵倾力矩、横稳心距基线高度等常用数值，如图2-1所示。

载重表尺中列出的不同水的密度下不同吃水时的总载重量是船舶驾驶员和船舶管理人员在船舶营运中常用的资料，其用途主要有两个方面：第一，通过吃水变化或载重线的变化，计算船舶载荷的变化。第二，通过船舶载荷的变化，计算船舶吃水变化或载重线的变化。船上载荷的变化包括货物、燃物料、淡水、压载水等的增减。

2.1.4　船舶干舷及载重线标志

1.船舶干舷

干舷（free board）是指在船长中点处从干舷甲板的上边缘向下量到有关载重线的上边缘的垂直距离。干舷甲板是指按国际载重线公约要求用以计算干舷的甲板，通常是最高一层的全通露天甲板。

为了保证船舶的安全，即保证船舶有足够的浮性、稳性、抗沉性，船舶必须保有一定的储备浮力（reserved buoyancy），即按国际载重线公约要求设计的载重线以上水密船体部分提供的浮力。

船舶储备浮力的大小可以用干舷的大小来衡量，干舷越大，储备浮力就越大。干舷的大小与船舶装载安全和航行安全关系密切。为了保证船舶安全和在发生海损事故时仍能保持一定的航行性能，船舶检验机构根据国际载重线公约的规定，要在船舶的舷侧勘划载重线标志，用以限制船舶的最大吃水，即规定船舶最小干舷。超过规定的最大吃水的任何载重都为违规超载，船舶安检部门对超载船舶不予放行。

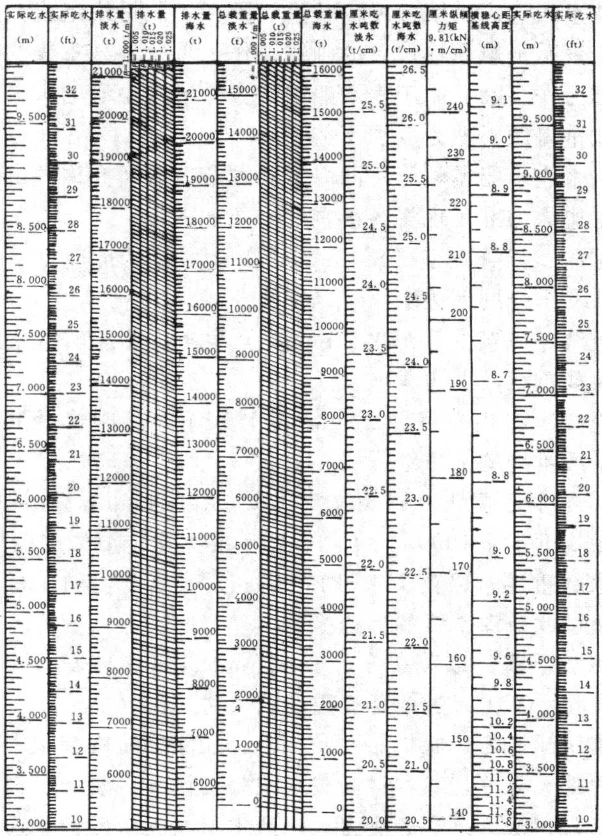

图 2-1　船舶的载重表尺

2.船舶载重线标志

　　船舶载重线标志（load line marks）是为表明船舶载重线位置，按照国际载重线公约规定的样式勘划于船中两舷的标志，如图 2-2 所示。

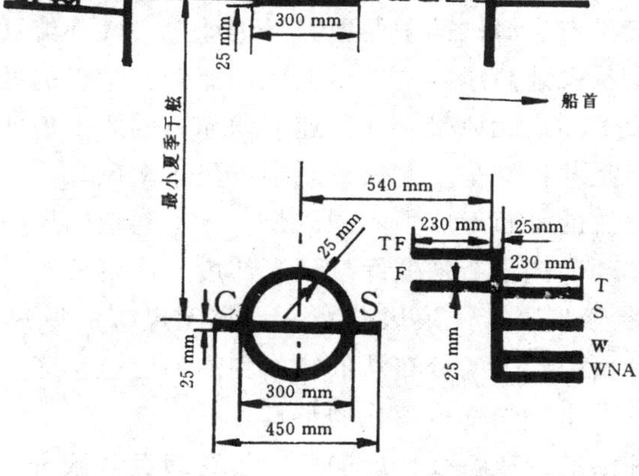

图 2-2　船舶载重线标志

货运船舶的载重线标志由甲板线、载重线圈和各载重线组成。

甲板线是用于表示干舷甲板位置的画线，作为量取各载重线的基准线。

载重线圈也称为安全圈，用于表示船中位置，过其中心的水平直线上边缘与夏季载线同高，从此量得的干舷为夏季干舷。

各载重线是用来表示船舶航行不同海区和季节区时所允许的最大装载吃水的限额，以各条线的上边缘为准。现将各载重线介绍如下：

（1）夏季载重线：以英文字母 S（summer）表示。船舶航行于夏季海区时最大吃水不得超过此条载重线的上边缘。

（2）热带载重线：以英文字母 T（tropical）表示。船舶航行于热带海区时最大吃水不得超过此条载重线的上边缘。

（3）冬季载重线：以英文字母 W（winter）表示。船舶航行于冬季海区时最大吃水不得超过此条载重线的上边缘。

（4）北大西洋冬季载重线：以英文字母 WNA（winter north atlantic）表示。此载重线适用于船舶长度小于100米的冬季航行于北大西洋海区的船舶。

（5）夏季淡水载重线：以英文字母 F（fresh）表示。船舶航行于夏季淡水海区时最大吃水不得超过此条载重线的上边缘。

（6）热带淡水载重线：以英文字母 TF（tropical fresh）表示。船舶航行于热带淡水海区时的最大吃水不得超过此条载重线的上边缘。

木材船的载重线标志与普通货船不同。木材船除货舱内装载木材外，还在露天甲板或上层建筑的露天部分装载木材。载重线公约认为，装于甲板部分的木材可以增加船舶的储备浮力和抵御海浪的能力，因此木材船的干舷比普通货船的干舷小。

船舶载重线的勘划正确与否由船舶检验机构检验，并签发有效期为5年的"国际船舶载重线证书"，每年检验一次。

3.海区的划分

上述各载重线的规定是为了船舶航行安全而设定的，那么，设定的依据是什么呢？我们知道，海洋上影响船舶航行安全的主要因素是风和浪。风是地球表面空气流动产生的，而风又是产生海浪的主要原因。地球上大气环流（地球上大气总的流动情况）总体趋势是从极地高压区向赤道低压区流动，两极的低层气流流到赤道附近后受热上升，形成了赤道无风带。从极地流向赤道的风受地球自转的影响会发生偏转，总的偏转趋势是北半球呈东北风，南半球呈东南风。

地球表面大气环流的分布形成了不同风带。赤道附近的风很小，越往极地方向风势越大，这种由小到大的分布从低纬度到高纬度呈区带分布。

地球表面的风带分布决定了浪区分布。赤道无风带的海浪很小，越往极地方向，海浪越大。这种由小到大的分布从低纬度到高纬度也呈区带分布。

南北半球风浪的大小还受季节变化的影响。

由于海洋上风和浪的分布特征，船舶航行于高纬度区域风浪就大一些，对船舶的安全破坏性就大，为抵御这种破坏，船舶的干舷就要大一些，即要多保留一些储备浮力；船舶航行于低纬度区域，风浪的这种破坏性就小一些，船舶的干舷就可以小一些，即不必保留太多的储备浮力。规定不同载重线的目的就是使船舶在不同的风浪条件下采用不同的载重线，以达到保证船舶在安全航行的前提下更多地载运货物。

长期观测积累的海洋资料表明，地球上不同的海区或同一海区在不同的季节期，风浪大小与频率不同，据此，将世界海区作如下划分：

（1）区带（zones）：指一年各季风浪变化不大，因此可终年采用同一载重线的海区。

世界上的海区区带分为两个：

①热带区带（tropical zone）：以赤道为中心的赤道无风带，在该区带内，航行的船舶允许终年使用热带载重线。

②夏季区带（summer zone）：位于热带区带南北两侧的两个区带，在该区带内，航行的船舶允许终年使用夏季载重线。

（2）季节区域（seasonal area）：指一年风浪随着季节的变化而变化较大的海区。在该类海区内航行的船舶应根据季节的不同而使用不同的载重线。

世界上季节区域也分为两个：

①热带季节区域（tropical seasonal area）：指要求在风浪较小的热带季节期内允许使用热带载重线，而在风浪较大的夏季季节期内允许使用夏季载重线的海区。热带季节区域主要位于夏季区带内。

②冬季季节区域（winter seasonal area）：指要求在风浪较小的夏季季节期内允许使用夏季载重线，而在风浪较大的冬季季节期内允许使用冬季载重线的海区。冬季季节区域比热带季节区域纬度更高一些。

船舶在河港时，应根据河港的位置和季节期决定使用热带淡水载重线还是夏季淡水载重线。

根据上面对于地球上大气环流的介绍可知，决定世界各海区的风浪大小的主要因素是风带的分布，而不是季节的变化。因此，上述所说的热带、夏季、冬季季节期等并非指通常所说的一年四季，而是根据各海区的风浪大小和频率来划分的。在冬季，船舶可能被允许使用夏季载重线；在夏季，可能被允许使用热带载重线。各海区区带和季节区域的划分、季节期的起讫时间可从《商船用区带、区域和季节期海图》上查到。

2.1.5　船舶的容积性能

不同货物的密度是不同的，因此，就船舶的载货能力来说，我们不但要研究它的载重能力，还要研究它的容积大小。对于密度小的货物而言尤其是这样。

船舶的容积性能包括货舱容积、舱容系数和船舶的登记吨位三个方面。

1.货舱容积（capacity of cargo holds）

船舶的货舱容积是指船舶各货舱的总容量或任一货舱的容量。船舶舱容又分为两种：

（1）散装舱容（grain capacity）：是指货舱能装载散货的容积。它丈量货舱内的所有空间，包括舱口围，扣除舱内各种骨架、支柱、通风筒等所占空间后得出的容积。

散装舱容适用于装运散装货时的容积计算。

（2）包装舱容（bale capacity）：是指货舱内能装载包装件货的容积。丈量包装舱容时，比散装舱容多扣除了舱内的各骨架、横梁、货舱护板之间的件装货无法使用的那部分容积，所以，量得的容积比散装舱容要小，一般为散装舱容的90%～95%。

包装舱容用于装载包装件货时的容积计算。

船舶的容积资料可以在船舶的舱容图、货舱容积表或液舱容积表中查得。这些资料中还提供了各舱的位置、形状、几何尺寸及几何中心的纵向（距船中）和垂向（距基线）位置。

2.舱容系数（coefficient of load）

舱容系数是指货舱总容积与净载重量之比，即每一净载重吨占有的货舱容积。货舱容积通常是指包装舱容。它是表征船舶适宜装载轻货还是重货的重要容积指标。

船舶资料中记载的舱容系数是指船舶在设计吃水下按最大续航能力装满总储备情况下的数值，它是一个定值。

一般杂货船的舱容系数平均在1.5以上，系数越大，表明该船更适合装载轻货；系数越小，说明该船更适合装载重货。所以，在运载轻货时，应挑选舱容系数较大的船舶，以便更好地利用船舶的载重能力。

3.船舶的登记吨位（register tonnage）

船舶的登记吨位也称注册吨位，是一种表示船舶容积的单位。它是根据《海船吨位丈量规范》丈量的容积除以100立方英尺或2.83立方米得出的登记吨位数。登记吨位分为登记总吨和登记净吨。

登记总吨（gross register tonnage，GRT）简称总吨，亦称注册总吨，是指船舶所有遮蔽处所的总容积除以100立方英尺或2.83立方米所得的登记吨数。

登记总吨的作用主要包括：统计商船队的拥有量、船舶的登记、计算港口使费、确定海损最高赔偿额等。

登记净吨（net register tonnage）简称净吨，亦称注册净吨，是指从登记总吨中减去不能用于装载客货部分容积后的余数，也就是船舶可以用于装载客货的容积除以100立方英尺或2.83立方米所得的登记吨数。

登记净吨的作用主要是用作计算各种港口使费的依据。

船舶登记吨位中还有一种常用的吨位——运河吨位（canal tonnage）。它是根据运河当局制定的丈量规范所丈量和核准的吨位，用来作为征收运河费的依据。全球航行的船舶一般都丈量苏伊士运河吨位和巴拿马运河吨位并取得相应的"苏伊士运河吨位证书"和"巴拿马运河吨位证书"，以便船舶通过运河时缴纳运河费。

2.2　海运货物基础知识

2.2.1　运输货物分类及注意事项

1.海运货物的基本分类

国际海运中将参与运输的货物分为3大类：

（1）液体散货（liquid bulk）：包括石油、成品油、液化燃气、液态化工品及其他液体货物。

（2）干散货（dry bulk）：包括各种初级产品、原材料。根据运输的批量大小，干散货又可分为大宗干散货和小宗干散货两类。

（3）杂货（general cargo）：包括机电、化工、纺织、服装及其他工业制成品，冷冻食品和一般食品等，这类货物一般都有包装。在集装箱出现后，杂货又可分为集装箱货物和件杂货。

联合国和一些主要航运国家的航运咨询机构每年都对世界海运货物进行统计，但由于统计口径不同，各类货物运量统计存在差异。

各类统计对大宗干散货的分类基本是一致的，分为铁矿（包括团矿（lump ore）、精矿（fines）和球团矿（pellets）、其他金属矿）、煤炭、粮谷、铝矾土、磷矿石五大类。大宗干散货占全部干散货运量的60%多，而铁矿石、煤炭、粮谷三大散货约占大宗干散货的90%，因而对干散货市场有重要影响，这3种货物贸易量的变化会导致巴拿马型船舶和好望角型船舶运价或租金的大幅波动。

英国德鲁里航运咨询公司将小宗干散货划分为7类：

①农产品：包括原糖、大米、木薯、油料作物种子，如向日葵籽、油菜籽、花生、大豆，以及其他油料作物。

②林产品：包括原木、木材、成组锯木（sawnwood）、造纸木材（pulpwood）、木屑（wood chip）、胶合板（plywood）、纸版、纸及印刷品。

③肥料：包括原料硫磺和磷酸钾及最终产品。

④矿产品：包括除铁矿石外的金属矿石（锰、镍、铬矿）、盐和石膏。

⑤钢铁：包括废金属、全部钢半成品和钢材、生铁。

⑥加工产品：包括水泥、石油焦（petrocoke）。

⑦其他散杂货：包括小批量的化工原料、建材原料、其他类饲料，如稀有金属矿砂、重晶石、纯碱、菱镁石、硼砂、氟石、珍珠岩、陶土、玉米、鱼粉等。

2.为运输安全管理的分类

海上运输的货物品种繁多，性质、规格、包装也各不相同。为保证运输与保管中的货物安全，根据货物的一般通性及其对运输、保管的要求，运输实践中通常将货物作如下分类。

（1）危险货物（dangerous cargo）：是指具有燃烧、爆炸、腐蚀、毒害、放射性等性质，在装卸、储存或运输过程中，如果处理不当，可能会引起人身伤亡、财产毁损的物品。

为妥善处理危险品，国际海事组织组织制定了《国际海运危险货物规则》（International Maritime Dangerous Goods Code，IMDG Code），简称《国际危规》。《国际危规》将危险品分为爆炸品、气体、易燃液体、易燃固体、氧化剂和有机氧化物、有毒和有感染性物质、放射性物品、腐蚀性物品和其他危险品共九大类，并详细地规定了运输操作中应当注意的问题。托运人在托运危险品时，必须严格按照《国际危规》的规定向承运人申报、包装和标记，否则，将承担由此产生的一切后果。

（2）重大长件货物（awkward and lengthy cargo）：是指单件货物尺寸超长、超高、超宽和超重的货物。这类货物在装载时受到一定限制，例如，舱口尺寸限制、货舱内尺度限制、甲板安全负荷限制、起货设备安全负荷限制等。常见的这类货物有机车、车辆、推土机、起重设备、高压容器、成套设备、大型集装箱等。

（3）散装货物（bulk cargo）：是指没有包装就投入运输的块、粒、粉状干散货，如各种矿石，煤炭，不加包装的粮谷、盐、糖等。

（4）液体货物（liquid cargo）：包括散装的和桶装的石油产品、植物油、化工原料、农药、饮料等。大批量的散装液体货物通常使用专用散装液体船运输，如原油运输船（tanker）、成品油船、化学品船等，小批量的液体货物通常装在金属容器、塑料容器或木制容器中由杂货船运输。

（5）气味货物（smelling cargo）：指散发香气、臭气、刺激性及特殊气味的货物，如生皮、猪鬃、樟脑、烟叶、鱼粉、化肥、农药、化妆品等。

（6）食品货物（food stuffs）：指供人们食用的货物。这类货物有散装的，更多是包装的，主要注意事项是防止污染和运输安全。

（7）扬尘污染货物（dusty and dirty cargo）：指易扬尘并污染其他货物的货物，如煤炭、各类矿粉、水泥、膨润土、镁砂等。对于这类货物应注意防止污染，应先装后卸，注意苫盖、清扫。

（8）清洁货物（clean cargo）：指不能混入杂质或被污染的货物。多数货物属清洁货物。清洁货物并不是指货物本身清洁干净不能被污染，一些本身属扬尘污染的货物也要求不能被污染，它们也属清洁货物类，如散装镁砂、有色金属矿粉等。

（9）冷藏货物（refrigerated cargo）：也称易腐货物（perishable cargo），指常温下易变质，在运输、保管中必须保持低温，以防止腐败变质的货物，如各种肉类、蛋类、乳制品、水产品、蔬菜、水果等。

运输冷藏货物需要制冷设备，如冷藏船、杂货船的冷藏舱、冷藏集装箱等。各类冷藏货物的保管温度是不同的，如蔬菜水果类不可冻坏，肉类、鱼类需深冻、速冻，故需要严格控制冷藏温度。为防止制冷设备故障，运输保管中应按时检查冷室内温度并做好记录。

（10）易碎货物（fragile cargo）：指受撞击、挤压易破损的货物，如玻璃及玻璃制品、陶瓷制品、各种瓶装货物等。易碎货物外包装应有指示性标志，除轻拿轻放外，配积载时上面不应配装其他货物。

（11）活牲畜货物（live stock）：指活的动物。一般情况下，活牲畜运输中承运人的义务有不同的规定。

（12）贵重货物（valuable cargo）：指价值昂贵或有特殊使用价值的货物。托运此类货物，托运人应申报价值。

（13）普通货物（general cargo）：指运输保管中无特殊要求的货物。

2.2.2　货物的包装

从国际贸易角度看，货物包装分为销售包装和运输包装，此处讨论的是运输包装问题。发货人对货物进行适当的运输包装，涉及两个合同项下义务：一是在买卖合同项下，发货人必须按照合同规定对货物进行包装，否则将构成对买卖合同的严重违约；二是在运输合同项下，发货人必须对运输货物进行适当包装，使之适合运输，否则，如因包装不当，导致货物灭失或损坏，承运人将不负赔偿责任；如果导致运输工具或其他货物灭失损坏，发货人将承担赔偿责任，即使托运人为收货人，发货人也需要与托运人一起承担连带责任。应当注意，上述两个合同项下对货物的适当包装义务是独立的，因此，发货人按照买卖合同对货物进行了包装，并不一定意味着它已经履行了运输合同下对货物的适当包装义务，尤其是在买卖合同对货物包装无要求的情形下，发货人仍需履行运输合同下对货物的适当包装义务。

何谓包装适当，无统一固定标准，包装适当与否需要考虑货物的特性、运输工具的特点、运输航线的特征、运输季节、装卸方式与积载方式等因素。这些因素中任一因素的变化都可能要求改变包装方式，例如同一货物，近洋运输和远洋运输、夏季运输和冬季运输都可能要求改变包装方式。因此，检验运输包装是否适当的最恰当标准应当为在正常情况下，包装是否保证了货物安全，是否保证了运输及有关环节顺利进行。危险品货物的包装需严格按照 IMO 的《国际危规》要求进行包装和标记。

2.2.3　货物的自然减量

在货物的短量中，有人为因素导致的，也有非人为因素导致的。我们把因货物本身性质、自然条件及运输技术等因素影响而产生的货物重量上的不可避免的减少称为货物的自然减量，也称自然损耗。

引起货物自然减量的主要原因有：干耗（蒸发、挥发）、散失（飞扬、撒落）、流失（溢渗、漏失）等。

自然减量与原货物总重之比称为自然损耗率。自然损耗率的大小除与货物本身性质、状态有关外，还与货物的包装、装卸方式、装卸次数、气候条件、运输时间等因素有关。为减少自然损耗，应在以上诸多环节做好预防工作。

国际上对运输货物的自然减量在行业内均有公认的自然损耗率，对在公认的或合同规定的自然损耗率内的减量，承运人不负赔偿责任。在既有人为因素又有自然损耗因素的货物短少事故处理过程中，应首先扣除自然损耗量，然后再就短少部分索赔。

2.2.4 货物的亏舱率和积载因素

1.货物的亏舱率（ratio of broken space）

在向货舱积载时，由于货物的包装形状和大小，货舱的几何形状以及装货技术等原因，货舱内总有部分位置（或称容积）因不便使用而浪费掉。对装货时货舱内无法使用的空间称作亏舱（broken space）。不同种货物、不同的货舱结构以及几何尺寸导致的亏舱程度是不同的，我们用亏舱率来表示这种差异。

亏舱率是指亏舱容积与船舶货舱舱容的比值，用公式表示为：

$$C_{b.s} = \frac{V_{c.h} - V_c}{V_{c.h}}$$

式中：$C_{b.s}$ 为亏舱率；$V_{c.h}$ 为货舱的容积；V_c 为货物的最外轮廓体积。

常见货物亏舱率见表2-1。

表2-1　　　　　　　　　　　　　**常见货物亏舱率**

货物的包装	亏舱率
各种包装杂货（general cargo）	10%～20%
规格同一的箱装货（case）	4%～20%
规格同一的袋装货（bags）	0～20%
规格同一的小袋货（sacks）	0～12%
规格同一的捆装货（bales）	5%～20%
规格同一的鼓型桶（barrel）	15%～30%
规格同一的铁桶（drums）	8%～25%
散装煤炭（coal）	0～10%
散装谷物（grain）	2%～10%
散装盐（salt）	0～10%
散装矿砂（ore）	0～20%
木材（timber）	5%～50%

在航次租船中，租船人实际提供的货物数量少于合同约定的部分，也称为亏舱，租船人需要按照合同费率支付亏舱部分的运费，补偿承运人损失，该部分运费称为亏舱费（dead freight）。

2.货物的积载因素（stowage factor，S.F）

货物的积载因素是指货物的单位重量所占的单位体积。货物积载因素分为两种：一种是不包括正常亏舱的；另一种是包括正常亏舱的。区分这两种不同的积载因素在运输业务中非常重要。

（1）不包括正常亏舱的积载因素。

它是指单位重量货物最外轮廓所具有的体积，通常以立方米/公吨表示。用公式表示为：

$$S.F_1 = \frac{V_c}{P} \quad (CBM/MT)$$

式中：$S.F_1$ 表示不包括亏舱的积载因素；P 表示货物的重量。

（2）包括亏舱的积载因素。

它是指单位货物重量最外轮廓所占据的货舱舱容，通常以立方米/公吨表示。用公式表示为：

$$S.F_2 = \frac{V_{c.h}}{P} \quad (CBM/MT)$$

式中：$S.F_2$ 表示包括亏舱的积载因素。

货物积载因素是货方租船订舱、船方配载时的重要参考资料。对积载因素较大的货物租船订舱或配载时，除考虑载重能力外，更应考虑舱容问题。货方一般提供的是不包括亏舱的积载因素。在实际业务中，计算包括亏舱的积载因素才更有意义，包括亏舱的货物积载因素可通过货物积载因素表查得。

货方提供积载因素应当准确，如果货物实际积载因素大于合同提供的，一方面会导致货方无法完成运输计划，从而导致买卖合同违约；另一方面会导致承运人运输收入减少，从而导致亏舱费索赔。承运人因虚报积载因素索赔应以货方提供的不包括亏舱的积载因素为依据，因配载或积载不当导致货物少装或退关，承运人非但无权索赔亏舱费，还应承担托运人因此导致的损失，因为，承运人在运输合同下有妥善配载和积载或监督积载的义务。因提供积载因素不当索赔亏舱费的计算方法为：

$$积载因素虚报率 = \frac{S.F_{实际} - S.F_{合同}}{S.F_{实际}}$$

亏舱索赔金额＝合同运费总额×积载因素虚报率

或者：

$$亏舱重量 = \frac{计划舱容}{S.F_{合同}} - \frac{计划舱容}{S.F_{实际}}$$

亏舱索赔金额＝亏舱重量×合同运费率

3.亏舱率和货物积载因素的应用

（1）区分货物轻重。

从船舶配载角度考虑，可将货物分为重货和轻货。所谓重货和轻货，是指货物积载因素与船舶舱容系数相对比而言，当货物积载因素小于船舶舱容系数时，我们称该货物为重货；当货物积载因素大于船舶舱容系数时，我们称该货物为轻货。

（2）配载的依据。

向货舱配载时，积载因素和亏舱率可用于以下两个方面：

①已知货舱舱容、货物积载因素和亏舱率，确定某货舱所能装载的货物重量。

②已知货物重量、积载因素和亏舱率，确定货物所需舱容。

例题：A 轮某货舱欲装一票 400 吨货物，不包括亏舱的积载因素为 2.55 CBM/MT，亏舱率为 10%，试计算该票货物所需舱容。

解：根据积载因素概念和亏舱率计算公式：

$$C_{b.s} = \frac{V_{c.h} - V_c}{V_{c.h}}$$

可得：

$$V_{c.h} - V_c = C_{b.s} \times V_{c.h}$$

$$V_c = V_{c.h} - C_{b.s} \times V_{c.h}$$

$$= V_{c.h}(1 - C_{b.s})$$

$$V_{c.h} = \frac{V_c}{1 - C_{b.c}} = \frac{P \times S.F_1}{1 - C_{b.c}} = \frac{400 \times 2.55}{1 - 10\%} = 1\ 133\ (CBM)$$

2.3　船舶航次装载能力的核算

2.3.1　船舶航次装载能力概述

船舶航次装载能力是指在特定航次中，船舶所能装运的货物品种和数量的最大限额。

1.船舶自身装载能力的考核内容

船舶自身装载能力包括航次载重能力、航次容积能力和航次其他装载能力。

航次载重能力主要考核船舶在特定航次中能够装载货物的最大量，即船舶的净载重量。

航次容积能力主要考核船舶在具体航次中能提供使用的最大货舱舱容。对件杂货运输，应考核船舶能够提供的包装舱容；对散装货运输，应考核船舶所能提供的散装舱容；对液体货物运输，应考核船舶能够提供的液体舱容。

航次其他装载能力主要考核在装载特殊货物时船舶的舱内尺寸、结构、舱口尺寸、甲板安全负荷和吊货能力等。

2.船舶之外影响因素的考核内容

对船舶航次装载能力进行考核时，除考核船舶自身条件限制外，还应对航线、港口的限制因素予以考核，如航行海区的载重线变化、航线及港口的水深限制、航区风浪、气温限制、港口国检查等。

3.航次装载能力的考核目的

考核船舶航次装载能力的目的，一是保证充分利用船舶的装载能力，赢得最佳经济效益；二是要确定能否完成航次装载任务；三是要保证航行安全。

2.3.2　航次净载重量的核算

由于具体航次的航行海区、港口、里程等要素不同，导致可使用的总载重量和总储备量不同，因此需要对各航次的净载重量进行核算。

根据 NDWT=DWT$-\sum$G$-$C 这一表达式，计算航次净载重量就是要对该式中的总载重量和总储备量进行核算。

1. 航次总载重量的确定

船舶的航次总载重量取决于使用何种载重线（或称装载吃水），确定总载重量就是要确定使用何种载重线和航线、港口有无吃水限制。

（1）当航线无吃水限制时，应根据本航次船舶经过的海区和季节期，从载重线海图中查得应该使用的载重线，并据此查得总载重量。在跨越不同海区时，应按以下原则计算：

①若船舶由低载重线海区驶往高载重线海区，例如从夏季海区驶往热带海区，应采用低载重线对应的总载重量，以保证船舶驶离装货港口时不超载。

②若船舶从高载重线海区驶往低载重线海区，例如从热带海区驶往夏季海区，也应采用低载重线对应的总载重量，但装载时的吃水可以加上船舶从装货港到进入低载重线海区之间所消耗的总储备而减少的吃水数，以保证既充分利用船舶的载重能力，又使船舶在不同海区时都不超载。

（2）当船舶必经航线上某个点有吃水限制时，应采用航线最浅处吃水对应的总载重量为计算基础，再考虑其他因素引起的吃水变化量对总载重量的影响。这些因素包括潮汐、总储备的消耗、水的密度、保留的富裕水深。在此条件下，船舶的装载吃水可通过下式求得：

$$D=D_s+H_w+\triangle D_g+\triangle D_d-D_r$$

式中：D 为安全的装载吃水；D_s 为航线最浅处基准水深；H_w 为过浅点时可利用的潮高；$\triangle D_g$ 为从装货港到浅点处消耗的总储备带来的吃水减小量；$\triangle D_d$ 为浅点处水的密度对吃水的影响量；D_r 为浅点处应保留的富裕水深。

富裕水深保留多少与船舶大小和航速等因素有关，万吨船一般取 0.5 米 ~ 0.7 米。

2. 航次总储备量的确定

航次总储备量是一个变量，航线越长、越复杂，总储备量就越大；反之，就越小。在总储备量中，有的变化很大，如燃料、淡水；有的变化较小，如船员的食品、供应品等。为方便计算，我们可根据这个特点把总储备分为以下两类：

（1）近似不变的航次储备。船员及船员使用的粮食、供应品、行李，船用的备品等储备重量很小，变化量不大，所以，不论航次时间长短，可以近似地视其不变而取一个定值以方便计算。我们用 G_1 来表示。

（2）可变的航次储备。主机使用的燃料油、发电机使用的柴油、各类润滑油、淡水在航次中变化很大，对航次中船舶的载重量影响很大，不同的补给方案会产生不同的航次储备量。对这类储备应本着安全、经济的原则，首先确定最佳的补给方案，然后进行核算。我们用G_2来表示可变储备。

确定补给方案时需要考虑两个因素：一是航行途中是否有油料和淡水供应港口，中途添加次数越多，航次储备就越少，净载重量就越大；二是中途添加油料和淡水的成本，即船舶挂靠加油港的港口使费和船期的浪费。这是两个矛盾的因素，确定补给方案就是在这两个矛盾的因素中寻找经济平衡。

补给方案有两种情形：一是在装货港一次加满可变储备；二是在中途港添加可变储备。各情形下航次可变储备计算方法如下：

①在装货港一次性加足可变储备。船上的可变储备就是添加后船上存油和存水的重量，即可变储备等于船驶离最后装货港时的燃油重量、柴油重量、滑油重量和淡水重量之和。

②在中途港添加。此时，G_2的确定应以最大那段航程消耗量为准。这段航程的可变储备消耗量计算方法是：以航程及待泊天数分别乘以每天耗量，再加上适当的安全储备量。安全储备量应视航线距离和航线天气而定。一般情况下，中国北方港口至东南亚各港的安全储备量应按5~7天计算。G_2的计算可按下式求得：

G_2＝（航行天数＋安全储备天数）×日消耗量＋待泊天数×日消耗量

计算出可变储备量后，再加上近似不变储备量即为总储备量。

3.船舶常数的确定

船舶常数是指船舶经过一段时间营运后的空船重量与出厂时的空船重量的差值。船舶常数产生的原因大体上有：船体和机械的定期修理和局部改装；货舱和机舱内增加的残余物；各液体舱内排不出的油、水、沉淀污泥及保留的污油等；船上库存的破损机件、器材，及其他废旧物料、船体附着物等。

船舶常数实际上也是一个变量，只是它的变化时间较长，在一段时间里我们可以近似把它当作固定量处理。在船舶年度修理完工后，一般都需要测定船舶常数，它的数量可达几十甚至几百吨以上。船舶常数占用了总载重量，因而减少了载货量。为此，应经常清除这些废物，提高船舶载货能力。

2.3.3 充分利用船舶航次装载能力，提高经济效益

我们知道，船舶的固定成本和变动成本都很高，所以，不论是自营船舶还是租用船舶，都必须认真考虑船舶营运的经济效益。在件杂货运输的特定航次中充分利用船舶的装载能力主要是解决如何充分利用船舶的载重能力和载货容积。一般情况下，特定航次中的配载，能做到货物既用尽载重能力，又用尽可用舱容，即所谓的满舱满载，方可取得最大经济效益。在货载有选择余地时，可用一次方程组求得两种不同积载因素货物的装载重量。

2.4　　　　　船舶配载的安全保障

船舶是由钢架和钢板构成的。在装满货物后，船体结构和应力会发生变化。当

这种变化超过船体所能承受的极限时，船体就会受到破坏，甚至折断垮塌；要保证安全航行，船舶必须保有适当的稳性，稳性不足，当受到一定的外力作用时船舶会发生倾覆（capsize）；要保证航行顺利，船舶还必须保有一定的吃水差。以上这些都是在载配时必须考虑的。

2.4.1　船舶强度保障

船舶的强度（strength）是指船舶结构抵抗船体发生极度变形和损坏的能力。它分为总体强度（纵向强度、横向强度和扭转强度）和局部强度。保证船舶强度不受损伤是指保证船体不受损伤和不使其发生过大的变形。由于船舶的横向强度和扭转强度一般不会因为载荷的变化而遭到破坏，故一般只考核纵向强度和局部强度即可。

1.船舶纵向强度的保障

（1）船舶纵向强度的概念。纵向强度（longitudinal strength）是指船舶抵抗船体沿船长方向产生剪切变形及弯曲变形的能力。船舶漂浮在水面上，受到浮力与重力的作用，当船舶的总重力与总浮力大小相等时，船舶处于平衡漂浮状态。但实际上船体长度的每一段上所受的重力与浮力是不平衡的。每一段船体的重力与浮力的差值就是作用在船体上的负荷，这种负荷的作用产生剪力和弯矩。

不均匀的载荷分布是加剧剪力和弯矩常见的主要原因，航行中的波浪是产生船舶过大弯矩的另一个重要原因。

（2）校核纵向强度的经验方法。船舶受载后船体纵向强度能否得到保证可通过计算得知，但这种计算是很复杂的。建造船舶时，纵向强度是严格按照建造衡准设计的，因此，船舶本身都具有一定的纵向强度，可以满足正常的载货要求，只要货物配载合理，是不会损坏船舶纵向强度的。这样，根据经验方法校核纵向强度通常也可以保证纵向强度不受损坏。具体方法如下：

①按舱容比分配各货舱的装货量。在向船舶配载时，应尽量使船体各段所受的重力与浮力分布一致，各货舱装载应均衡，以利于减少船体各段所受的剪力和弯矩。经验方法是：按照船舶各舱容积的大小成正比例分配货物重量，即容积较大的货舱应多装货，容积较小的货舱应少装货。

②装卸货物时应均匀装卸。为保证不损坏船舶的纵向强度，在装卸货物时应保证船舶在纵向上的载荷均匀，避免对某一货舱集中装卸货物，以防止在装卸货物过程中出现过大剪切变形和弯曲变形。

2.船舶局部强度的保障

（1）船舶局部强度的概念。船舶局部强度是指船体结构抵抗船体局部极度变形和破坏的能力。船体局部变形是由外力对船体局部结构，如甲板、平台、船底、舷侧等产生压力造成的。局部变形超过一定限度同样会造成结构损坏，同时，该结构损坏使所在范围内横剖面上抵抗剪切力和弯矩的有效构件数量减少，从而使船体的纵向强度全面恶化。

保证船舶局部强度不受损坏主要是指船舶各层甲板单位面积上的装货重量不超过其安全负荷。有关各甲板的安全负荷编在船舶的"局部强度计算书"中，也有的标记在船舶总布置图中或舱容图中。

（2）维持船舶局部强度的措施。①应考虑老龄船甲板变薄、强度变低的情况，根据具体情况决定允许的最大安全负荷。②在堆装重大件时，应在货件下进行衬垫以扩大承载面积，降低单位面积的实际负荷和甲板下的骨材所分担的重量。衬垫应横跨相应骨材，配在二层舱或上甲板的重大件应选择甲板下有支柱的部位放置，必要时可临时加装支撑。铺垫面积等于货物重量除以甲板允许的安全负荷。③除集装箱船外，露天舱盖不允许装重货，以防止舱口盖受力过重变形而破坏舱盖水密性。④货舱内重货应在舱内均匀分布，如需集中堆装，应对甲板局部受力进行校核。

不仅船长要掌握船舶强度有关知识，货方也应掌握。杂货船运输中常出现多港装货或多港卸货问题，有时为保证卸货港序，会出现在前面装港或后面卸港船舶载货分布不均的现象，为保证船舶纵向强度，可能会无法正常配载；在局部强度方面，还会产生铺垫料的费用争议问题；还可能因配载不当，严重破坏了船舶的纵向强度或局部强度，从而造成船货损坏或灭失。掌握这方面知识有利于避免恶性事故发生，或在发生事故时区分事故责任。

2.4.2　船舶的稳性

船舶的稳性（stability）是指船舶受外力作用发生倾斜，当外力消失后能够回到原来平衡位置的能力，国际上用 GM 值来表示船舶稳性的大小。船舶稳性分为纵稳性和横稳性，因横稳性与航行安全关系更密切，所以我们应着重掌握有关船舶横稳性的相关知识，我们平时所说的船舶稳性好坏通常是指横稳性。

船舶稳性的好与坏实质是船舶总重心的高度问题。船舶总重心距船舶基线高度越低，船舶恢复原来平衡位置的能力越强，船舶越不容易倾覆；相反，船舶总重心距船舶基线高度越高，船舶恢复原来平衡位置的能力越弱，船舶越容易在外力作用下倾覆。稳性的调整是通过轻重货物在货舱的高度上的合理配置实现的，在货物配置调整困难时，如条件允许，还可以通过调整压载水来调整稳性。

为防止船舶倾覆，船舶必须保持足够的稳性。国际海事组织对不同类型船舶规定了不同的稳性最低标准，船舶在作出确定的配载计划后必须进行稳性计算，保证船舶在整个运输航程中的稳性满足稳性最低标准。特别是在多港装卸情况下，除了考虑在各港口货物顺利装卸因素外，更应注意稳性计算，以保证在每一个港口船舶载荷变动后，船舶的稳性均符合最低要求。另一方面，为避免剧烈的横摇对船舶结构和舱内货物产生不利影响，稳性也不宜过大。

2.4.3   船舶的吃水差

船舶的吃水差（trim）是指船舶首吃水与尾吃水的差值。当首尾吃水相等时，称为平吃水（even keel）；尾吃水大于首吃水时，称为尾倾（trim by stern）；首吃水大于尾吃水时，称为首倾（trim by head），俗称拱头。

船舶的吃水差会影响船舶的操纵性、快速性、适航性及抗风能力。吃水差大小对上述各种性能的影响主要来自推进器（propeller）和舵（rudder）的进水深度。尾倾过大，船舶操纵性变差，易偏离航向，船首底板易受到波浪拍击，损坏船舶，并不利于瞭望；首倾过大，会降低航速，操纵失灵，首甲板大量上浪，推进器时而浸入水中，时而露出水面，使主机负荷不均。

船舶航行时要求有一定的尾倾，可避免上述不利现象。一般来说，满载时尾倾 0.3 ~ 0.5 米为好，半载时 0.6 ~ 0.8 米为好，空载时约 1 米为好。大吨位船舶在过浅水区时，应尽量保持平吃水，以便安全通过。有的港口费用以吃水计算，这时也应尽量保持平吃水，以降低费用。

2.5   货船积载基础知识

海运货物品种繁多、包装各异，运输船舶航次装载能力也不同，加之各航线影响船货安全的因素不同，这样，为顺利完成特定航次运输任务，就必须在装货之前，根据装货清单及船舶技术性能，按照货物积载的基本原则，制订一个周密合理的货物装载配置计划。用以表示航次货物装载配置计划的船舶侧面图称作积载图（stowage plan）。

船舶货物积载图一般由大副负责编制，但是对于货方来说，积载图编制得合理与否，不但直接影响货物运输安全，还会影响货物运输任务能否全部完成。对于大宗货物的租船运输，货方需总体把握航次运输任务和合理地向港内调集货物，因此也必须掌握一定的货物配载知识。在英国法下，承运人配载不当构成船舶不适航，须承担由此导致的货物损失责任。本节有关知识同样适用于集装箱内的货物积载。

2.5.1   货物积载的基本原则

为了货物及运输安全，加快周转，货物积载应遵守以下基本原则。

1.合理安排配载顺序

在货物种类多、包装规格繁杂、批量大小不一、有多个装卸港的情况下，配置货物时，必须按合理顺序配载，保证货物装卸顺利，避免因配载顺序不合理导致装卸延迟、倒载及由此产生的货损、货差。

2.合理安排货物舱位

除满足卸货港序要求外，配舱时还应考虑各类货物的性质、包装情况，从而为货物安排一个合理的舱位。舱位安排应当按照以下原则：上轻、清，下重、污；上脆弱，下牢固；包装小、软的货物配在舱的艏艉，大、硬、坚的货配在中部；考虑装卸条件和工艺。

3.合理隔离忌装货物

所谓忌装货物，是指那些因理化性质相互抵触，或对运输条件有不同的特殊要求，不宜混装在同一货舱，或者不能相邻堆积的货物。违反忌装原则，轻者会降低或丧失其使用价值，严重者还会引起燃烧、爆炸等重大事故。

4.合理堆码

合理堆码对保证货运质量意义重大。不同货物堆码时应遵守以下原则。

（1）袋装货物。袋装货物堆码时应注意：第一，货物通风。对大宗粮食等需通风的货物，在堆码时应根据需要打通风道，以利于通风。第二，货垛稳固。为防止倒垛，可采用压缝堆码或纵横压缝方式。必要时还可采用每隔若干层加夹木板勾垛的方法。对吨袋货物必要时还应适当绑扎。第三，充分利用舱容。小袋货物堆码时可不必考虑货垛的整齐规范，尽量填充不规则舱位，吨袋货物则应尽量放置在规则的舱位，垂直堆码，避免浪费舱容。

（2）箱装、桶装货物的堆码。箱装、桶装货物堆码时应注意：第一，货堆稳固。为使货堆稳固，底部应平整，垛码应压缝，必要时使用木板勾垛或进行绑扎。第二，防止压损。大、重箱应置于底部，小、轻箱置于上部，必要时应使用木板铺垫以使下层箱受力均匀。注意货物堆高限制，特别是桶装货物。第三，注意"请勿倒置"、吊装点等警告标志。

（3）捆包货物的堆码。捆包货物种类很多，性质各异，应分情况合理堆码。捆装钢材、金属锭类，单件重，又不怕挤压，应平铺舱底，但不能横向堆码，以免船舶横摇时撞坏船体。卷钢、盘圆、电缆等捆卷货物应使其滚动方向与船舶艏艉方向一致地靠紧堆码并固定塞紧；其他不怕挤压的轻捆包货物可放在不规则的舱位。

（4）大型机械、设备、车辆的堆码。拖拉机、推土机、载重车、汽车、机车、重件容器等堆码时应注意：第一，舱位尺寸足够。第二，安全负荷足够。第三，绑扎足够。

5.合理衬垫

合理衬垫是保证船货安全的重要措施之一，承运人需对衬垫不当导致的货物损失承担责任。衬垫材料和衬垫方法应根据货物品种、包装性质、航线条件等情况确定。

6.合理隔票

隔票是为加快装卸速度、防止错卸漏卸事故而对不同卸港、不同提单下的同种包装货物采取的分割措施。隔票可以使用绳网、帆布、草席或其他标记方法。

2.5.2 积载图的编制原则

货物积载图编制的基本原则是根据安全、优质、快速、经济原则，在保证船货安全的前提下，加速船舶周转，提高船舶经济效益。具体要求如下：

（1）充分利用船舶的装载能力。

（2）保证船体强度不受损伤。

（3）保证船舶稳性、吃水差适当。

（4）保证货物运输质量。

（5）保证正确的装卸港序。

（6）便于货物装卸，缩短船舶在港停留时间。

（7）合理利用舱面装载。

2.5.3 积载图的内容与作用

1. 积载图的内容

积载图中应包括以下内容：航次的启运港、中途港、目的港；各港装卸货物后船舶吃水变化状况；航次货运总量；各装卸港货物数量；各票货物在各货舱的具体数量和位置；对各票货物的装卸、隔票、衬垫、绑扎特殊要求等项。

2. 积载图的作用

积载图是船舶和港口部门执行运输任务的指导性文件，积载图经船长批准后，船方、港方、货方、理货方等与货物装卸有关各方必须严格按照积载图实施货物的装卸任务，未经船长或大副的同意，任何人不得更改。积载图还是发生货物损失时查证事故原因和分清事故责任的原始证据。

2.5.4 积载图的编制程序

积载图一般按以下程序编制：

（1）核定航次总装载能力和净装载能力，确定装货清单中所列货物能否全部装船。

（2）确定各货舱应分配的装货数量。

（3）为货物选配装载舱位和货位。

（4）校核船舶强度、稳性、吃水差。

（5）绘制积载图。

2.5.5 积载图的表示方法

为使与货物有关人员都能看懂积载图，统一积载图的绘制方法很有必要。由于杂货运输票数较多，不可能把每票货物都用文字在图中表示出来。在实际工作中，要求使用国际上统一规定的方法将所装的货物在图中表示出来。具体的表示方法如

图2-3所示。

尾 首

二层舱标示法（a）
- A 货在二层舱前部的左舷
- B 货在二层舱前部的右舷
- C 货在二层舱的中部
- D 货在二层舱后部的上层
- E 货在二层舱后部的下层

底舱标示法

（b）
- A 货在底舱的下层
- B 货在底舱上层的前半舱
- C 货在底舱上层的后半舱

（c）
- A 货在底舱的下层
- B 货在底舱上层的左舷
- C 货在底舱上层的右舷

（d）
- A 货在底舱的下层
- B 货在底舱上层的中部
- C 货在底舱上层的两舷

（e）
- A 货在底舱的下层
- B 货在底舱上层的舱口位
- C 货在底舱上层的舱口位四周

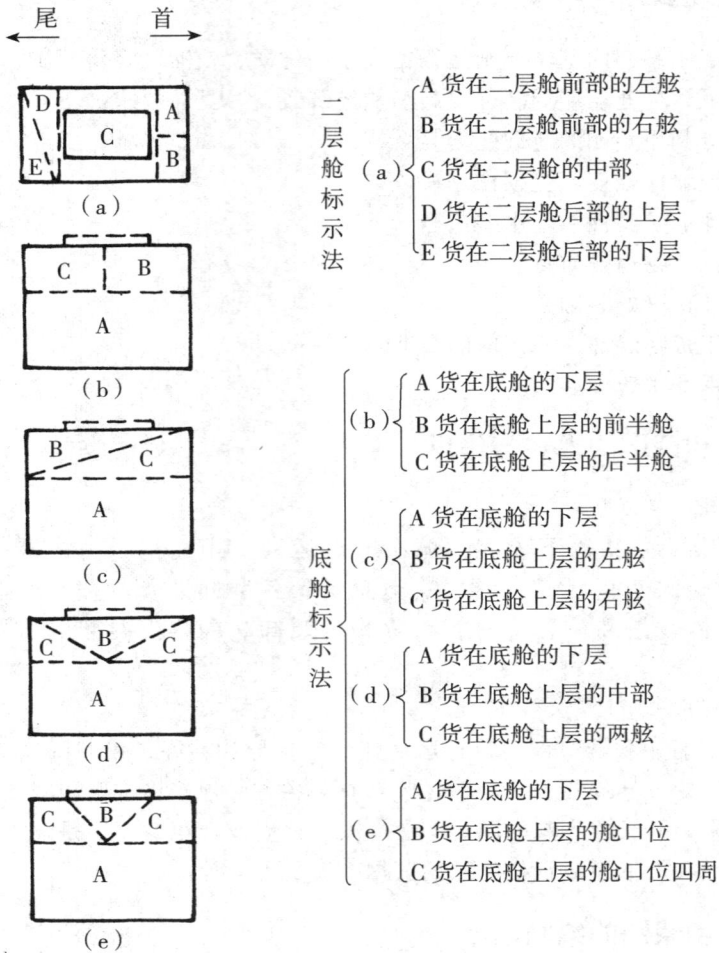

图2-3 积载图的表示方法

□ 复习思考题

1.重要概念：总载重量 净载重量 散装舱容 包装舱容 登记总吨 登记净吨 运河吨位 船舶载重线 载重线海区 积载因素 亏舱率 船舶强度 船舶稳性 积载图

2.货船各主要结构对货运安全有何影响？（2.1.1）

3.如何使用船舶载重表尺？（2.1.3）

4.船舶载重线主要有哪几条？与海区区带有何联系？（2.1.4）

5.货物积载因素大小对于履行运输合同有何影响？（2.2.4）

6.如何计算亏舱费？（2.2.4）

7.船舶航次装载能力考核包括哪些内容？（2.3.1）

8. 如何计算特定航次的净载货量？（2.3.2）
9. 如何保证船舶强度不受损伤？（2.4.1）
10. 积载图的作用是什么？（2.5.3）

第3章 /班轮货物运输合同

── 学习目标 ──

　　了解班轮货物运输合同订立的过程及有关提单的国际公约、主要国家国内法的基本内容，重点掌握承运人和托运人的法定义务和责任豁免、提单的功能及其法律意义、班轮合同条款、主要提单种类与运用。

3.1　　　　　　　　合同双方的法定权利与义务

　　班轮货物运输是传统海上件杂货运输的主要形式，故被称为杂货运输。由于班轮货物运输合同常以提单为表现形式，因此也被称为提单运输。班轮货物运输是承运人接受托运人的委托，在固定的航线及固定的港口顺序上按固定的船期及固定的运费率提供货物运输服务的一种运输形式。现代集装箱班轮运输就是从件杂货班轮运输形式上发展起来的，在运输的组织方式、运输合同形式和合同双方权利义务上与件杂货班轮运输基本一致。

　　班轮货物运输属于公共运输性质，因此，合同当事人的主要权利义务由诸如《海牙规则》、《海牙–维斯比规则》、《汉堡规则》、《2008年联合国全程或部分海上国际货物运输合同公约》、我国《海商法》和《合同法》的相关部分、英国及美国的《海上货物运输法》等强制性法律来约束。

3.1.1　班轮货物运输合同的订立

　　班轮货物运输合同的订立与航次租船合同等其他运输合同的订立有很大差别。在班轮货物运输中，承运人接受众多不特定货主的委托从事货物运输工作，承运人很难就每一票货物运输同托运人商谈合同条款，于是便在长期运输实践中形成了承运人通过网络或纸媒公开发布船期表向货主公布各航线的船期，各托运人根据船期表向承运人或其代理人递交货物托运申请，承运人确认托运的业务程序。班轮货物运输合同就是通过承运人发出船期表要约邀请，对托运人递交托运单这一要约确认接受的程序达成的。托运单中含有托运人、收货人、承运人、船名、货物描述、装卸港、装运日期等项内容，是班轮货物运输合同的简单形式。班轮运价表中的班轮运价由承运人公示于众，托运人也可向承运人索要。多数提单背面条款规定，运价表为提单条款的组成部分。承托双方的权利义务、责任豁免、责任限制、法律管辖等详细内容，则由承运人在货物装船后签发的提单条款来体现。因此，托运单、船期表、运价表、班轮提单共同构成班轮货物运输合同的基本内容。

3.1.2 承运人的法定义务

由于海上货物运输的复杂性，海上货物运输合同中双方当事人的权利义务所包含的内容很多，前述相关法律通过规定承运人最低义务的方式确立海上货物运输合同中承运人的基本义务，主要包括：保证船舶适航、管理货物、避免不合理绕航、承运人责任期间、货物延迟交付、活动物及舱面货物运输、货物灭失与损坏的通知及赔偿等。需要指出的是，这些法律规定不仅适用于班轮货物运输合同，也适用于租船合同下的提单合同。

1.谨慎处理保证船舶适航

承运人谨慎处理保证船舶适航义务可简称为承运人的"适航义务"，它是承运人的首要义务，违反该首要义务，视为严重违反合同，承运人将承担严格的法律责任，有关国际公约和主要航运国家的法律对此都有严格规定。我国《海商法》第47条规定："承运人在船舶开航前和开航当时，应当谨慎处理，使船舶处于适航状态，妥善配备船员、装备船舶和配备供应品，并使货舱、冷藏舱、冷气舱和其他载货处所适于并能安全收受、载运和保管货物。"

（1）船舶适航的含义。

船舶适航（seaworthiness）有狭义和广义之分。狭义的船舶适航是指船舶的船体、机器、设备在设计、结构、性能和状态等方面能够抵御航次中通常出现的或能够合理预见的风险。它不要求船舶能够抵御航次中遇到的一切风险，所以，适航要求是相对的。

广义的船舶适航是指在船舶本身适航基础上，还要求配备充足适任的船员、谨慎装备和供应船舶，保证货舱适货。相关法律要求承运人必须保证船舶广义上的适航。

妥善配备船员义务包括配备船员的数量和质量两个方面：在数量上，应能满足船舶正常航行和作业需要。国际上，各国船舶注册机构都根据国际海事组织有关决议，为注册船舶核定最低配员数量并记载于其颁发的船舶最低配员证书。一般情况下，船上配员少于最低配员要求即可视为船舶不适航。在质量上，要求配备的船员应能胜任本职工作，具有通常要求的知识和技能。凡登轮工作的船员必须持有有关部门签发的相应技术证书，该证书需在船员按照国际海事组织的《1978年海员培训、发证和值班标准国际公约》（International Convention on Standards of Training, Certification and Watchkeeping for Seafarers, 1978）要求，参加培训考试合格后才能获得。

妥善装备船舶是指船舶在各方面装备完善，如船舶的灭火系统和货舱的通风系统；雷达、罗经、卫星定位仪、海图及航路指南等助航仪器和航行资料；锚、缆绳及缆车等系泊设备；各种通信设备和气象信息接收设备等。船舶的装备是随着科学进步而不断完善的，其具体要求由国际海事组织统一强制规定。

妥善供应船舶是指为完成船舶特定航次任务妥善地供应所需一切供应品，如添加充足的燃料、润料、物料、淡水和食品等。所谓妥善，是指供应的数量充足、质量符合要求。

船舶适货（cargo worthiness）是指货舱及其设备能够满足装运货物要求，如货舱清洁、干燥、无味，污水沟畅通，通风设备处于有效工作状态，舱盖水密，吊杆或吊机及其索具充足且处于有效状态等。

（2）适航义务的标准。

根据有关法律，承运人承担的适航义务是相对的，即承运人只要谨慎处理（with due diligence）使船舶适航即可。"谨慎处理"，也有人译成"恪尽职守"，是要求承运人在保证船舶适航方面以通常的技能谨慎行事，采取各种特定情况合理要求的措施。如果承运人已尽谨慎责任，船舶仍存在不能发现的潜在缺陷（latent defect），也视为承运人履行了谨慎处理使船舶适航的义务。

（3）适航义务的责任期间。

根据《海牙规则》和有关国内法，承运人履行保证船舶适航义务的责任期间是在"船舶开航前和开航当时"（before and at the beginning of the voyage）。关于该英文词语的解释，应当指从预备航次开始之时（可能在运输合同生效之前）到船舶在装货港离泊之时，但从实际意义出发，更多的是指在装货阶段。[①]在"The Maurienne"案中，Maurienne轮在装货港哈利法斯特开航前，舷侧排水管被冻，船员使用乙炔灯烘烤时致使保暖材料起火，火势蔓延最后导致全船沉没。承运人以火灾免责为由拒绝赔偿货物损失，被英国枢密院司法委员会拒绝。司法委员会判决："开航前和开航当时，意味着至少从装货时开始，到船舶开航时结束。"从实务上看，船舶开航应当指船舶解缆离泊时。

根据承运人保证适航责任期间的上述规定，船舶装货驶离泊位后，承运人的保证适航义务便终止了。承运人对航行途中船舶发生的事故是否采取措施恢复船舶的适航性，包括船舶在正常的途中在加油港口添加燃油，属于承运人管理船舶义务范畴，而与适航义务无关。在"The Makedonia"案中，由于轮机员素质低，致使该轮在驳油过程中使压载水混进燃油舱导致燃油无法使用，在大西洋的航程中被迫请求拖带服务。二审法官判决，该轮在开航前和开航当时没有履行谨慎处理妥善配备称职船员的义务，构成船舶不适航，但在两个中途港口添加燃油属于正常行为。[②]承运人的管理船舶义务和保证适航义务性质不同，履行保证适航义务是承运人主张法定免责权利和享受责任限制权利的前提条件，而违反管理船舶义务不影响其享受法定免责权利和责任限制权利。

---

① . Per Wright J. in W. angliss & Co. Pty v. Peninsular and Oriental Steam Navigation Co. ［1927］ 2 K.B. 456, at p. 463;The "Maurienne"（［1959］ A.C. 589.）. 参见：COOKE, KIMBALL, YOUNG, et al.Voyage Charters ［M］. second edition.London：LLP limited，2001：922.
② The Makedonia ［1962］ 1 Lloyd's Rep 316.

（4）承运人对第三方责任人过失的责任。

第三方责任人，也称独立合同人，是指在运输合同关系之外为履行承运人保证船舶适航义务与承运人订立合同的人，通常包括船舶修理人、船舶检验人、船舶供应人等。根据英国上议院1961年的"The Muncaster Castle"（［1961］1 Lloyd's Rep.57）案，[①]承运人需对验船师和修理工人疏忽造成的船舶不适航对货方承担责任。该案中，验船师和修理工打开31个防浪阀检验后对其中两个检查帽没有拧紧，导致该轮从悉尼回航伦敦时海水通过防浪阀进入第5舱，使113箱罐装牛舌受损。

2.妥善和谨慎地管理货物

承运人的妥善和谨慎地管理货物义务可简称为承运人的"管货义务"。《海牙规则》和各国法律一般都规定："承运人应当妥善地（properly）、谨慎地（carefully）装载（loading）、搬移（handling）、积载（stowage）、保管（custody）、照料（care for）、运输（carry）和卸载（discharge）所运货物。"这7位承运人管理货物的环节，包括货物从装船至卸船的全部过程。

确定承运人是否履行了管货义务的关键是看其在管理货物过程中是否做到了"妥善"与"谨慎"。所谓妥善是指技术上的要求。它要求承运人、船员或其他受雇人员或代理人在管理货物各个环节的过程中，应发挥通常要求的或所运货物特殊要求的知识和技能。所谓谨慎，是指责任心上的要求。它要求承运人、船员或其他受雇人员或代理人在管理货物的各个环节中，发挥作为一名能胜任海上货物运输工作的人可预期表现出来的合理谨慎程度。

在班轮运输中，承运人须负责货物的装载、搬运、积载及卸载，并承担费用和风险，但实践中他通常雇用装卸工人来完成，根据雇用、委托关系，承运人仍应对装卸工人造成的货物灭失或损害承担责任。如果按照承运人与托运人或收货人之间的协议，货物的装卸、搬移、积载或卸载作业由托运人或收货人负责，而装卸工人由托运人或收货人雇用，则承运人只需对装卸工人的工作进行合理的指导监督。但就货物的积载而言，例如因积载不当，影响船舶的稳性和操纵性，因而构成船舶不适航，承运人仍应对此负责，因为承运人谨慎处理使船舶适航的义务，并不因为装卸工人由托运人雇用而免除。

3.保证避免不合理绕航（unreasonable deviation）

不合理绕航的概念源自早期的保险法，规定如果船舶发生绕航，即终止保险责任，目前各国保险法仍保留这项规定。运输法规定的承运人避免不合理绕航义务扩大到两部分内容：一是不得无故偏离航线；二是不得无故拖延或中断航程，即应当尽快速遣船舶（reasonable dispatch）。

（1）不合理绕航的狭义概念及承运人法定义务。

不合理绕航也称非法绕航（unlawful deviation），是指除法律规定的情形外，船

① COOKE, KIMBALL, YOUNG, et al.Voyage Charters [M]. 3rd ed.London: LLP limited, 2007: 920.

舶驶离承运人和托运人事先约定的或者习惯的或者地理上的航线。我国《海商法》第49条第1款规定："承运人应当按照约定的或者习惯的或者地理上的航线将货物运往卸货港。"如果承运人与托运人事先对航线有约定，船舶应航行该约定的路线。没有此种约定时，船舶应航行装卸两港之间的习惯航线。如果既无此种约定，又无习惯航线，船舶应该航行地理上的航线，即在保证船舶及货物运输安全的前提下，装卸两港之间最近的路线。

（2）不合理绕航的广义概念及承运人法定义务。

广义的不合理绕航还包括承运人未尽速派遣船舶。尽速派遣船舶义务是指承运人应当保证在合同航次的预备航次、装货、载货航行及卸货的各环节中应尽快完成航次，不应有任何不合理的延误。《汉堡规则》和我国《海商法》都是通过"关于延迟交付货物的规定"的方式来规定承运人尽速派遣船舶义务的。按上述法律规定，承运人应当在约定的时间，或在没有约定时，在合理的时间内交付货物。由于承运人的过失延迟交付货物，应对延迟交付引起的货物灭失或损坏，以及因延迟交付造成的经济损失，承担赔偿责任。但应注意，我国《海商法》中规定的延迟交付仅限于承运人未能在与托运人明确约定的时间内在规定的卸货港口交付货物，《汉堡规则》中的延迟交付还包括未在合理的时间内在规定的卸货港口交付货物，后者更为合理地保护收货人的利益。《鹿特丹规则》的此项规定又取消了"合理时间"内的规定，留给各国国内法解决。

（3）不合理绕航的法律后果。

违反法定绕航义务的后果是：第一，承运人需对因不合理绕航导致的货物灭失或损坏承担责任，除非承运人能够证明，即使不发生绕航，损失也将发生；第二，承运人需对不合理绕航使货物延迟抵达导致的货方经济损失承担责任；第三，在英国法下，承运人可能丧失适用法律规定的承运人免责和赔偿责任限制规定的权利，能否丧失取决于绕航导致损失的程度，因此，英国法院将关于绕航的规定视为"中间性条款"。但我国法律规定，承运人对因不合理绕航导致损失的赔偿仍可援用免责和赔偿责任限制的法律规定（《海商法》第50条），除非索赔人能够证明该种损失是由于承运人的故意或轻率造成的（《海商法》第59条）。

美国法院判例：Indrapura轮在中国香港装完货物后准备去美国，船主命令该轮前往中国香港的一个干坞油漆船底。两天后，由于船主和船员过失，船舶发生了火灾，大部分货物被烧毁。货方主张船舶不合理绕航，要求赔偿，船主根据1851年的《火灾法》和1851年的《船舶所有人责任限制法》主张火灾免责和赔偿责任限制。美国联邦地区法院判决称"只要表明承运人存在绕航行为而且上述绕航途中发生了损失，或者损失在绕航后的航行中发生，我们就可以推定上述损失就是绕航造成的，船主要想逃脱责任就必须证明，即使不发生绕航的情况，损失也一定发生，而不仅是可能会发生"，于是推翻了初审法院的判决，判决承运人承担绕航导致货损的赔偿责任。①

（4）避免绕航义务的例外。

该项义务的例外是指合理或合法绕航事项，包括法律规定的与合同约定的可绕航事项。

法律一般规定，为了海上救助或者企图救助人命或者财产，或者有其他合理要求，船舶可以驶离预定航线，即可以合理绕航。合理绕航，一般是指为了船货双方的共同利益，或者存在其他合理需要驶离预定航线的行为，如在海上躲避台风或战争风险，送病危船员上岸治疗等。

合同约定的可绕航事项一般包括在"自由条款"中，承运人合理地根据"自由条款"改变了航线或卸货港口，不应视为不合理绕航。提单中或租船合同中往往订有一条自由航行条款，规定承运人或出租人因该条款规定的原因偏离航线或挂靠任何港口。例如规定：船长认为在发生战争、罢工、停工等情况时，使船舶进入卸货港不安全，船长有权决定以任何直接或间接的航线航行，或偏离航线驶往他认为安全的港口，由此产生的风险和费用由货主承担。有的租船合同甚至规定了更加广泛的自由航行事项，对此，应以偏离的理由是否合理进行解释（参见4.13.3）。

4.承运人的责任期间

承运人的责任期间（period of responsibility）是指承运人应对货物负责的期间。承运人应对在此期间发生的不能免责的货物灭失或损坏承担责任，而对责任期间之外的任何货物灭失或损坏不承担责任。

关于承运人的责任期间，各国法律规定存在差别。《海牙规则》和多数国家的相关法律规定，承运人的责任期间为：从货物装上船时起至卸下船时止的处于其掌管之下的全部期间；《汉堡规则》和有的国家规定：承运人的责任期间为从装货港接收货物时起至在目的港交货时止的货物处于其掌管之下的全部期间，承托双方另有协议的除外。我国《海商法》对非集装箱货物运输下承运人责任期间采纳《海牙规则》的规定；对集装箱货物运输，采纳《汉堡规则》的规定。

3.1.3　承运人的法定权利

1.对运费和其他费用的请求权

运费是对运输服务的报酬，承运人履行了合同义务就享有运费请求权。运费的支付有预付和到付两种形式。如无其他规定，预付运费应在货物装船后签发提单时付清。运费支付后，如遇货物灭失或损坏，国际上通行做法是通过合同约定不予退还（prepaid freight are non-refundable, whether cargo lost or not），但这需要通过合同条款来确定。但如果这种灭失或损坏是承运人的责任，托运人可将已付运费作为其损失的一部分向承运人索赔。运费到付应在卸货港收货人提取货物之前付清。正常情况下，只有提单或其他运输单证上注明运费到付，并且货物运抵卸货港，承运人

① The "Indrapura", United States District Court for the District of Oregon, 1909.171 F.929.

才有权向收货人收取运费。

对于应收的其他费用，诸如亏舱费、滞期费、共同海损分摊、各种垫付费用（如货物整理费和垫料费等），承运人有权按合同、提单或其他约定收取。

2.货物留置权

货物留置权是指当债务人未支付或未完全支付应付运费或其他应付费用，又未提供适当担保时，承运人可以留置相应的船载货物，用以担保其请求权实现的权利。

我国《海商法》第88条规定，货物被留置后的次日起60天内仍无人支付欠费并提取货物，承运人可向法院申请拍卖货物；对易腐烂变质货物可提前申请法院拍卖。拍卖所得用于偿还欠费，剩余部分返还托运人。不足偿还的，承运人有权向托运人追偿。

3.法定责任免除权

有关国际公约和相关国内法都对在承运人责任期间发生的货物灭失或损坏规定了承运人免责事项。《海牙规则》规定的承运人免责事项有17项，我国《海商法》归纳为12项，现分述如下。

（1）驾驶或管理船舶过失。即规定对船长、船员、引航员或其他承运人的受雇人在驾驶船舶或管理船舶中存在过失导致货物灭失或损坏，承运人不承担赔偿责任。

在援引该项法律规定时，应当严格区分管理船舶过失与管理货物过失，因为法律规定承运人管理货物过失不可免责，而管理船舶过失与管理货物过失又容易混淆，在发生因管理货物过失而导致货物灭失或损坏事故时，承运人也往往以管理船舶过失免责抗辩来逃避赔偿责任。那么，如何区分两种不同性质的过失呢？实践中通常以过失行为对象和目的为区分标准。如果过失行为是直接针对货物的，其目的是管理货物，则该过失行为应属于管理货物过失；如果过失行为是针对船舶的，过失行为目的是管理船舶，则该过失行为应属于管理船舶过失。

（2）火灾。即规定除承运人本人故意或过失（design or actual fault）外，由于船长、船员、承运人的其他受雇人或代理人的过失发生火灾，造成货物灭失或损坏，承运人可以免除赔偿责任。火灾造成的损失，除直接被烧损或被熏损外，还包括救火过程中水湿、践踏等造成的损失。承运人本人除法定代表人外，还包括公司中具体负责人。

本条规定是考虑到船舶在海上失火自救的实际困难，并且与其他免责事项不同的是，举证责任恢复到谁主张谁举证原则上。因此，火灾导致的货物索赔的举证程序是：货方证明货物损失；承运人证明货物损失是由于火灾造成的；货方证明火灾是由于承运人的故意或过失引起的，如果举证不能，必须依法判定承运人免责。

美国1851年的《火灾法》有关船舶火灾免责的规定对《海牙规则》本条规定的制定产生了很大影响，该法规定：任何货物被装上任何船舶运输时，任何船主对船上发生的火灾导致的货物任何损坏，均不承担责任，除非火灾是该承运人故意或过失造成的。美国的 COGSA 继承了这一规定。所以，在 1932 年美国联邦最高法院审理 Galileo 轮火灾案时认为，虽然该轮火灾是由于燃料舱的煤发生自燃，导致船舶和货物沉入海底，但造成燃料煤自燃的原因是轮机长将新煤加在正在加热的旧煤上面，这属于船员过失，而非承运人本人故意或过失，因此，判决货物索赔人败诉。[①]同样，美国联邦上诉法院 1982 年在审理 S.S.Eurypylus 轮因焊接用乙炔气连接管路渗漏导致大爆炸烧毁大部分货物一案时认为，船舶乙炔气罐及连接管路经过劳氏船级社的合格检验，不应当认为船舶不适航，也没有证据显示承运人本人故意或过失，故判决货物索赔人败诉。[②]

（3）天灾、海上或者其他可航水域的危险或意外事故。天灾（act of god）是指完全来自自然界的破坏力量，如突然的巨大风浪、海啸、地震、雷击和突然冰冻等。海上或其他可航水域的危险或意外事故包括暴风雨、浓雾、暗礁、浅滩、水下障碍物等对船舶或货物形成的危险以及因这些危险发生的意外事故。

天灾、危险、意外事故必须是承运人或船长无法合理预见的，或者是采取了合理措施仍不能避免的。如果上述海难是可以合理预见的或者是可以合理采取措施避免的，而承运人未能这样做，则承运人不能主张此项免责。

（4）战争、武装冲突、类战争行为，包括海盗和恐怖主义行为。

（5）政府的限制行为或依法扣押。它是指政府或者主管部门禁止装卸货物、禁运、封港、扣押、没收和检疫限制等行为。依法扣押不包括因债权债务纠纷引起的司法扣押，也不包括船舶因未满足港口国安全检查要求引起的船舶留置。检疫限制是政府的检疫当局发现来港船舶有疫情，或船舶来自疫情国家，而禁止船舶进港装卸货物，或对船舶进行熏蒸。对此类原因导致的货物灭失或损坏承运人可以免责。

（6）罢工、停工、禁止工作。它是指因劳资纠纷或工潮引起的船舶无法装卸货物，或者无法正常管理货物。对此种原因引起的承运人无法正常履行运输合同义务，承运人可以免责。罢工、停工包括船员行为，但此种事件如果是承运人的不法行为引起的，如克扣船员工资引起停工，则承运人不得主张此项免责。

（7）海上救助或者企图救助人命和财产。

（8）托运人或其代理人行为。托运人或其代理人行为指托运人或其代理人对货物有关资料未如实申报或故意隐瞒，致使承运人错误积载、不当管理造成货物灭失或损坏，则承运人不承担责任。

（9）货物的自然特性或固有缺陷。它是指货物的自然减量和自然变质等，如散装货物的水分蒸发、飘散，水果蔬菜的正常腐烂变质，活动物运输途中的正常死亡等，但自然减量或变质、死亡必须在合理的范围内。如因承运人管理货物不当原因导致的货物灭失、短量或损坏，承运人不得主张此项免责。

（10）货物包装不良或标志不清。货物包装不良是指包装的方式、强度、状态

---

① The "Carlileo", Supreme Court of the United States, 1932.287 U.S.420, 53 S.Ct.200, 77 L.Ed.403, 1933 AMC 2.
② The "Uurypylus", United States Court of Appeals for the Second Circuit, 1982. 677 F. 2d 225, 1982 AMC 1710.

不能承受货物装卸和运送中的正常风险。货物标志包括运输标志和警告性标志。不良的包装、不清的警告性标志会导致货物在装卸或运输途中损坏，不清的运输标志会导致错运事故。承运人对此类事故不承担责任，但在清洁提单下，承运人不得援引此项免责对抗善意提单持有人。

（11）经谨慎处理仍未发现的船舶缺陷。此项免责是对承运人保证船舶相对适航义务的补充，再次说明承运人的保证船舶适航义务是相对的。例如，承运人按照规定安排船壳板测厚检查，但仍未发现某处超薄或裂缝，结果航行中海水进入货舱造成货损；刚完成年度检验的船舶，航行途中主机减速齿轮突然断裂，船被迫被拖进避难港修理，产生共同海损分摊；对此类事故责任承运人就可以援引此项免责。但承运人需证明，即使他谨慎处理，也不能发现该潜在缺陷。

（12）非承运人或者承运人受雇人、代理人过失造成的其他原因导致的货物灭失或损坏。本项概括性免责应解释为与第（1）～（11）项免责事项相同或相似的事项，在英美法中被称为"同类规则"（ejusdem generis）。根据这一规则，在援引这一免责事项时不得任意扩大"其他原因"的范围。

此外，根据国际运输习惯和有关法律规定（如我国《海商法》第52、53条），运输活动物时，对此种运输中的固有特殊风险造成的货物灭失或损坏，承运人不承担责任。但承运人得证明已按托运人特别要求履行了管理货物义务以及货物损失是由此种固有风险造成的；对于装于舱面的货物的灭失或损坏，如果是由于此种装载的特殊风险造成的，承运人无须承担责任。但承运人必须保证此种装载是应托运人要求或是按照航运惯例进行的。承运人擅自将货物装于甲板，须对其后果负责。在发生货物灭失或损坏，承运人试图援引上述免责事项免除赔偿责任时，需举证证明该货物损失系免责事项造成的。如果产生货物损失的原因是承运人应承担责任事件和可免责事件共同造成的，则应分清原因，承运人只对应负责部分进行赔偿。

4.法定单位赔偿责任限制权（limitation of liability）

它是指对承运人不能免责的原因造成的货物灭失或损坏或延迟交付，对其单位赔偿责任限制在一定的范围之内，而无须全部赔偿的法律制度。它是在上述承运人责任免除事项之外，对承运人赔偿责任的又一种保护措施。国际上对承运人责任限额的规定略有不同，但都限于以下两类责任。

（1）对货物灭失或损坏的责任限制。《海牙规则》规定，承运人对每件货物或其他货运单位的最高赔偿额为100英镑，但未规定每重量单位的赔偿限额；《海牙-维斯比规则》对上述规定作出改进，即规定承运人对每件货物或其他货运单位的最高赔偿额为666.67特别提款权，或按货物每千克毛重2特别提款权，二者中以较高者为准；《汉堡规则》规定为每件或每货运单位835特别提款权，或每千克毛重2.5特别提款权；我国《海商法》规定每件或每货运单位为666.67特别提款权，或每千克毛重2特别提款权。其他货运单位是指运费单位，如每台、每吨等。当采用集装箱、托盘等装运工具集装时，如果运输单证中载明了货物件数，则以此件数为准，否则，只视为一件，如果此种装运工具系货主提供，此装运工具也视为一件。

对托运人在装运前申明了货物价值，并在运输单证中载明，或托运人与承运人另行约定了最高赔偿限额的，则以申明价值或约定限额为准，上述责任限制不适用。

此外，此种责任限制只是规定了赔偿的最高限额，低于限额的，按实际损失额赔偿。我国《海商法》第55条规定，货物灭失的金额按货物的实际价值计算；货物损失的金额按照其损失前后的实际差额，或其修复费用计算。货物的实际价值按CIF价值计算，并应减去货方因货物灭失或损坏而少支付的费用。因此，可得利润损失不得在此索赔。

（2）对延迟交付货物赔偿责任的限制。根据《汉堡规则》和我国《海商法》第57条规定，对因货物延迟交付造成的经济损失，例如市场跌价带来的利润损失，承运人的赔偿限额为延迟交付货物的运费数额；如同一货物的延迟交付还伴有货物损坏的，则适用货物灭失或损坏时的责任限额，但计算中应包括因延迟交付造成的经济损失。

经证明，货物的灭失、损坏或者延迟交付是由于承运人或者承运人的受雇人、代理人故意或明知可能造成损失而轻率地作为或不作为造成的，则各自丧失援引上述责任限制权利。

5.非合同之诉下的承运人及其受雇人或代理人的免责权和赔偿责任限制权

非合同之诉是指当发生货物灭失、损坏或延迟交付时，海事请求人不是海上运输合同的一方当事人，或者海事请求人不是根据运输合同而是以侵权行为提起的民事诉讼。

我国《海商法》第58条规定，对上述两种诉讼，承运人及其受雇人、代理人均可援引承运人免责等抗辩理由和赔偿责任限制，但承运人的受雇人或代理人必须是在授权的范围内行事，并且无故意或疏忽行为。

3.1.4 托运人的法定义务与权利

根据相关法律，班轮货物运输合同下托运人的主要义务包括提供约定货物、妥善包装货物、正确申报货物、及时支付运费和其他费用、及时接收货物等。

1.及时提供约定货物

这是指按约定的时间和地点，将约定的货物交付给承运人。托运人未按合同约定提供货物造成损失的，应负赔偿责任；造成损失严重的，承运人可以解除合同。及时提供还包括办妥货物出口手续。

2.妥善申报货物

妥善申报货物是指完整、准确地向承运人提供货物的品种、性质、数量、包装、危险品特性等与货物安全运输相关的重要资料。不如实申报货物数量会导致承运人运费收入减少，有的提单规定可处以未申报部分货物运费的两倍罚款；不如实申报货物性质会导致货运安全事故，托运人须对由此产生的一切后果承担责任。尤其对危险品，有关法律和运输合同中都有规定：如果托运人瞒报托运危险品，承运人有权在任何时间、任何地点根据需要将货物卸下、销毁，或者使之不能产生危害，而无须对其后果负责。托运人须对承运人采取的上述安全措施产生的费用或导致的损失负责。法律甚至规定，即使是托运人已经如实申报了，承运人也可以采取上述措施而无须负赔偿责任。但许多情况下这种措施可能归为共同海损，承运人应参加共同海损分摊。

3.支付运费和其他费用

托运人应当按照约定向承运人支付运费和亏舱费、滞期费、共同海损分摊费用以及承运人为其垫付的各种其他费用。按照我国《海商法》第69条第2款的规定，如欲向收货人收取上述费用，需在运输单证中注明。如果托运人拖欠应付费用，承运人可通过行使货物留置权维护权利。

4.及时接收货物

收货人在货物运抵目的港时应当及时在船边，或承运人指定的地点接收货物。不接收货物或延迟接收货物时，船长有权将货物卸在仓库或其他适当场所，由此产生的风险和费用由收货人承担。

收货人不得因货物损坏而不收取货物，但可以在规定的时间内提出索赔。我国《海商法》第81条规定，货物灭失或损坏是明显的，收货人应在交货当时提出通知；对不明显的，普通货物应在交付货物次日起连续7天内提出通知，集装箱货物应在15天内提出。如果收货人未在规定时间内提出上述通知，此种交付则视为承运人已按运输单证记载交付的初步证据。托运人在提取货物之前已会同承运人对货物状况进行了检验，则无须提出上述通知。

我国《海商法》第82条规定，对延迟交付导致的经济损失，收货人应当在承运人交付货物的次日起60天内提出；否则，承运人不负赔偿责任。

5.托运人及其受雇人、代理人的免责

我国《海商法》第70条规定，托运人及其受雇人、代理人对他们非过失原因导致的承运人遭受的损失或船舶损坏不负责任。船舶在海上遇到的风险很多，随时可能导致承运人损失或船舶损坏，但只要不是托运人或其受雇人、代理人过失导致的，则无须承担赔偿责任。

6.托运人的运输途中货物控制权

托运人的运输途中货物控制权，也称中途停运权（right to stop in transit），是法律赋予托运人（特别是买卖合同中的卖方）的一种权利。它是指货物在运输途中，托运人可以要求承运人改变货物运输路线、中止运输等处理货物的权利。在卖方发现买方无力支付或者表示将不履行支付货款义务时，此种权利是非常重要的一种补救手段。

《联合国国际货物销售合同公约》，现行的航空、铁路、道路货物运输国际公约以及主要国家的商法都赋予托运人运输途中的控制货物权利。我国《合同法》第308条规定："在承运人将货物交付收货人之前，托运人可以要求承运人中止运输、返还货物、变更到达地或者将货物交给其他收货人，但应当赔偿承运人因此受到的损失。"

3.1.5　海上货物运输合同的解除

海上货物运输合同（包括班轮货物运输合同和航次租船合同）的解除是指对合同效力的提前终止。合同解除的原因不同，其法律后果也不同。海上货物运输合同的解除常有以下几种形式。

1.托运人违约

托运人违约是指在合同有效期内托运人因故无法提供合同约定货物而单方面提出解除合同的情形。托运人单方面提出解除合同属违约行为，根据民法的一般原则，合同一方当事人违约造成另一方损失的，应承担赔偿责任。但由于海上货物运输合同下被违约方的实际损失很难计算，一些国家对此作出了特别规定。我国《海商法》第89条规定："船舶在装货港开航前，托运人可以要求解除合同，但是，除合同另有约定外，托运人应当向承运人支付约定运费的一半；货物已装船的，并应负担装货、卸货和其他与此有关的费用。"

2.承运人违约

承运人违约是指承运人在合同有效期内因故无法在约定的装运期内提供约定的船舶，承租人要求解除合同的情形。

在班轮货物运输合同情况下，如果托运人在订舱单中作出解约特别约定，承运船舶未能在规定的时间内装运货物，托运人可以解除合同；如无此类特别约定，当承运人未能在约定的装运期过后合理的时间内提供约定船舶，托运人也有权解除合同并依法索赔相应损失。

在航次租船合同情况下，如果出租人未能使船舶在合同规定的解约日之前到达装货港，承租人有权解除合同。如果船舶的延误是出租人不能免责所致，承租人在解除合同后还可以就因此遭受的损失向出租人索赔。出租人提供船舶严重不符合同规定的，承租人也可依法解除合同。

3.发生不可抗力事件

发生不可抗力事件是指船方或货方的任何一方因不可抗力事件导致合同无法履行，双方均有权解除合同，并且互不承担赔偿责任。常见的这类不可抗力事件为：装货港或卸货港被宣布封锁；船舶或货物有被战争或类似战争行为破坏的严重威胁；船舶被政府扣押或征用；船舶或货物因非合同一方当事人原因灭失等。

除合同另有约定外，合同解除后，承运人应退还已收取的运费，如果货物已装船，装卸费由托运人承担；如果承运人已签发了提单，托运人应当退还。如因不可抗力事件使船舶无法抵达合同规定的目的港，除合同另有规定外，船长有权将货物卸于邻近的安全港口或地点，但船长应及时通知托运人或收货人。

3.2 班轮货物运输合同条款

如前所述，班轮货物运输合同条款主要体现在提单上，因此，学习班轮货物运输合同条款主要是学习班轮提单内容与条款。班轮提单的内容、条款是由班轮公司根据相关法律规定和长期实践经验而编制的。班轮提单与租船合同提单不同，前者有很完整的条款，是班轮货物运输合同的重要组成部分，而后者内容及条款通常较为简单，需合并租船合同才构成完整的提单合同，但对其条款的法律解释与班轮提单基本相同。因此，理解和掌握班轮提单内容与条款十分重要。

3.2.1 提单的正面内容及条款

在提单的正面内容及条款中，有的是需要根据托运单提供的信息填制的，有的与背面条款一样是事先印制好的，但不论是事先印制的还是托运后填制的，都构成提单运输合同的内容与条款，对合同双方具有相应的约束力。对于提单正面的各项填制内容，如果贸易结算中的信用证或买卖合同存在具体要求，则这些内容必须保持与信用证或买卖合同规定一致。

1.承运人（carrier）

承运人是指与托运人订立海上货物运输合同的人，它可以是船舶所有人（也称原船东）、船舶经营人、租船人（包括光船租船人、定期租船人、航次租船人，也称二船东），也可以是没有船舶的无船承运人（non-vessel operating common carrier，NVOCC），承运人需对货物的运输承担责任。

一般来说，班轮承运人都拥有自己的船舶，印制自己的提单。承运人提单上通常印有班轮公司的抬头，货物装船后由船长或其委托人签字。此时，提单上的班轮公司就是承运人。

有时，班轮公司为了调整运力，会以期租方式租入船舶编入班轮船队，但签发班轮公司自己的提单。班轮公司提单中常订有一条"租赁条款"（demise clause），大意是如果船舶是租来的，该提单合同视为与船舶所有人签订，提单上载明的班轮公司只是船舶所有人的代理。根据我国法律，这种条款应视为无效，因为海上货物运输合同是由班轮公司同托运人缔结的，放任班轮公司逃避合同义务，违背法律的基本精神。但是，英国法律却承认这种"租赁条款"的效力。

集装箱运输的发展孕育了"契约承运人"，即"无船承运人"。在我国，无船承运人是由国际货运代理人发展而来的。他们根据法律规定，取得无船承运人资格，以承运人身份从事班轮运输业务。这类公司多数没有运输船舶，但却以承运人名义向托运人签发自己的提单，该提单被称为"运输行提单"（house bill of lading）或"货运代理提单"（forwarder's bill of lading）。根据相关法律规定，无船承运人应以承运人的身份对运输货物承担承运人责任。但是，目前国际货运代理人提单背面的承运人义务条款很不统一，有的规定不承担货物在实际承运人控制期间的灭失或损坏责任，有的规定虽然签发提单，但只承担代理人责任，有的规定了低于法律规定的赔偿责任，这给承运人的认定带来困难。

那么，契约承运人在提单合同中的法律地位究竟应当如何确定呢？根据相关法律和长期的司法实践，我们认为，应当根据它们与托运人签订的运输合同、所签发出的提单条款和有关法律规定综合起来进行认定。

如果无船承运人在与其签订运输合同时，明确双方为代理关系，托运人知道货物将由代理人委托他人实施运输，则双方所签订的合同应当认定为代理合同。即使该代理人签发了自己的运输行提单或货运代理提单，提单上表明该代理人为承运人，双方的代理关系仍未改变，该代理人仍不能被认定为法律上的承运人，其行为也不能依据《海商法》的规定来规范，只能依据代理关系的法律来调整。当发生海上货物索赔时，托运人除依据有关代理法律向代理人，即无船承运人索赔外，还可以委托该代理人，或在该代理人不予配合时，根据我国《合同法》有关规定，行使受托人对第三人的权利，向实际承运人索赔。如果订立合同时，双方没有明确代理关系，托运人也不知道货物将被另一承运人运输，无船承运人又签发了自己的提单，该无船承运人应当认定为承运人，应依法承担承运人义务。这时，《海商法》应适用，提单中任何违反法律规定的承运人义务减免规定应视为无效。

对于托运人以外的无船承运人提单持有人而言，无船承运人应被视为承运人，必须依法承担承运人义务。

在提单合同关系中，与承运人一方相对应的是"货方"（merchant），包括托运人、收货人（consignee or receiver）、提单持有人、货物所有人或其他货物利益人（包括货物合法占有人或未来的货物被转让人等），这些关系人除共同或单独享有提单货物权利外，还应共同或单独承担提单下对承运人的应付费用的支付义务以及提单下对承运人的其他义务。

2. 托运人（shipper）

根据我国《海商法》，托运人分为契约托运人和实际托运人两类。前者为我国《海商法》第42条第3款第1项规定的"本人或者委托他人以本人名义或者委托他人为本人与承运人订立海上货物运输合同的人。"例如CFR、CIF条件下的卖方，或者FOB条件下的买方。他还可能是无船承运人，即"为本人与承运人订立海上货物运输合同的人"。后者为我国《海商法》第42条第3款第2项规定的"本人或者委托他人以本人名义或者委托他人为本人将货物交给与海上货物运输合同有关的承运人的人"。这类托运人也称发货人（consigner），在绝大多数情况下，他是买卖合同中的卖方或其受托人。在个别情况下，也可能是买方，例如，买方租船或订舱退运货物。

由于实际托运人和契约托运人在同一提单法律关系中可能同时存在，在两种托运人权利主张发生冲突时会产生处理困难，为保护实际托运人的利益，提单中的托运人最好记为实际托运人。当发货人委托代理人托运货物时，也应当以发货人名义托运，以避免提单关系人混乱。

3.收货人（consignee）

收货人是指有权提取货物的人。如果提单收货人一栏中指定了具体的收货人，则收货人即为该指定人。因为大多数国家法律规定记名提单不得转让，所以，承运人需保证在目的港向提单上的记名收货人交付货物；如果提单的收货人一栏中没有指定具体的收货人，而是记载为"凭指示"，则：如果提单被记名背书，该被背书人即为收货人，如果提单被空白背书，提单持有人即为收货人。此种情况下，承运人须保证向提单持有人交付货物。

在买卖合同凭信用证支付条件下，开证银行兑付信用证款项后如遇买方无力或者拒绝付款赎单而导致银行持有提单时，则银行作为提单持有人有权向承运人主张货物。多数国家法律承认可转让提单的合法持有人拥有提单合同权利（例如主张货物权和索赔权），同时承担提单合同义务（例如支付运费和其他应付费用等）。但根据英国法律，作为非货物买受人的银行只有在向承运人主张货物时才须承担提单合同义务，否则，承运人不得因为银行持有提单而要求其履行提单合同义务。

4.被通知人（notify party）

被通知人是指在目的港接收承运人有关货物到达信息的人，通常是货物的买受人或其代理人。提单中载入"被通知人"的目的是为了方便承运人履行通知义务，被通知人不是提单合同的当事人，不享受提单合同权利也不承担提单合同义务，被通知人收取货物时须出示记名收货人的正式委托或出示正本提单，否则，承运人有权拒绝交付货物。

承运人须及时向被通知人发出货物抵达信息，以便收货人履行及时收取货物义务。虽然我国《海商法》没有明文规定承运人的通知义务，但我国《合同法》第309条规定："……承运人知道收货人的，应当及时通知收货人……"。许多班轮提单中规定：提单中被通知人一项仅为承运人提供信息，承运人对没有向该被通知人发出信息不承担责任，也不免除提单持有人本提单义务（Any mention in this bill of lading of parties to be notified of the arrival of cargo is solely for information of the carrier and failure to give such notification shall not involve the carrier in any liability, nor relieve the merchant of their obligation hereunder.）"。此种规定违背法律规定，应视为无效。

另外，虽然我国《海商法》未将"收货人"这一重要信息人列入托运人申报义务中，但我国《合同法》在第304条规定："托运人办理货物运输，应当向承运人准确表明收货人的名称或者姓名或者凭指示的收货人……"。据此，在可转让的提单中，托运人如未能表明收货人或未能通过其他途径就收货人资料通知承运人，在提单中准确填写"被通知人"就非常重要。

5.船名（vessel）

从法律意义上说，船名载入提单中即将船舶特定化（ascertained or specified），应被视为约定的船舶。承运人未经托运人同意更换船舶属违约行为。因此，多数提单背面订有"自由更换船舶"条款，规定当因故无法提供约定船舶时，允许承运人安排替代船舶完成运输任务。但此种情况下承运人有义务保证船舶的适航性和适货性。

6.装卸港口（loading /discharging ports）

装卸港口是提单中的重要事项，必须准确填写。提单签发后，未经合同双方同意不得变更。在班轮运输中，遇有货主要求船舶加挂非基本港口的，承运人应谨慎对待，以防对其他货物构成不合理绕航。装卸港口是运输合同的履行地，还会涉及法院的管辖权和法律适用问题。

7.货物描述（cargo description）

该项目包括货物名称、标志、数量、重量、体积以及船长对货物外表状况的批注等。

根据有关法律规定，托运人必须准确填写货物信息，否则应当承担由此导致的任何责任。但此种规定并不免除承运人保证对提单持有人按照提单记载交付货物的义务，因为《海牙-维斯比规则》《汉堡规则》及多数国家的相关法律都规定，提单中记载事项对于提单持有人构成"结论性证据"或称"最终证据"，若因提单记载与实际交货情况不符，造成收货人损失的，承运人需要承担责任。

根据上述法律规定，承运人应当对装船货物进行妥当的核对，对货物的外表状况如实批注。提单中加注的或印有的诸如"细节由托运人提供（particulars furnished by shipper）""据称（said to be）""承运人对货物的质量、数量、内容不知（quanlity，quantity，contents unknown）"或类似条款不能免除承运人对收货人、提单持有人的责任。承运人接受托运人的保函，不实地签发清洁提单构成对提单持有人的欺骗，须承担由此产生的一切后果。

8.运费及其他费用

提单中一般只记载运费和其他应付费用的支付方式，此种记载应符合运输合同约定。运费预付的，提单中只注明"freight prepaid"即可，不必注明金额；在卸货港收取运费的，应在提单中注明"freight collect"或"freight payable at destination"，原则上应注明运费金额或以其他方式表明运费金额。应向收货人收取的其他费用，也应在提单中注明。

9.提单的签发（issue and release）

提单的签发涉及以下问题：

（1）签发人。只有承运人才有权签发提单。船舶所有人、光船租赁人本人以及代表船舶所有人、光船租赁人的船长是法定的提单签发人。船舶所有人、光船租赁人、船长可以授权船舶代理人、期租租船人或其代理人（租船合同授予的权利）代其签发提单，但代理人应严格按照授权范围签发提单并标明其代理身份和被代理人身份。标准的签发方式应为："ABC as agent for and on behalf of DEF as carrier"。承运人应对代理人签发提单的后果负责，即使代理人不当签发提单也一样，但承运人承担责任后，可依据代理协议向代理人追偿。

因为提单是一种重要运输单证，未经授权的其他人签发提单属严重的违法行为。通常，未经授权的人签发提单的原因主要有：船长拒绝签发清洁提单；交换提单情况下原始提单尚未到手；买方暂无财力赎单但急于提货；船长拒绝签发倒签提单、预借提单；不法商人诈骗等。因此，承运人在交付货物前，应谨慎审查提单的真实性，在委托他人签发提单情况下尤其是这样。鉴于提单的真伪较难识别，提单最好由船长自己签发。

（2）签发时间。它涉及两个问题：一是提单的签发日期（issuing date）。国际贸易中将提单的签发日视为卖方完成交货义务的日期，它是判断卖方是否按期履行交货义务的最重要依据。因此，提单签发日必须与实际装货完毕日一致。实际业务中，提单的签发日期并不一定代表货物装载完毕的日期，如果提单中加注装船标注（on board notation），装货完毕日期应以该装船标注中表明的日期为准。提单签发日与事实不符的，不论是倒签还是顺签，都是对提单持有人的欺诈行为。二是提单应何时签发给托运人（time of releasing）。这也涉及两个问题：一是要不要签发；二是何时签发给发货人。关于第一个问题，根据法律规定（如我国《海商法》第72条规定），应托运人要求，装货后承运人必须签发提单。承运人以任何理由拒绝签发或扣发提单均属违法行为。关于第二个问题，世界上只有少数国家规定提单应当签发的具体时间，如法国规定，提单最迟应当在货物装船后24小时内签发（1966年第66-1078号令第37条），多数国家规定，提单应当在货物装船后的合理时间内签发。在装运多票货物时，船长应在每一票货物装完后的合理时间内签发提单，而不能等所有货物装完后再签发。

（3）签发地点。提单通常在装货港签发，但也可以在承运人的办公地点签发。提单的签发地点表明了运输合同的履行地点，涉及法院的管辖权和法律适用问题。

（4）签发份数。很早以前，国际航运中形成一种习惯，为每票货物签发一式数份提单，一般为一式三份，一份留给船长，以备在目的港核对；一份留在托运人手中，作为留底；一份寄给收货人，用以向船长提取货物。签发多份提单也可以解决在提单的处理、邮递过程中丢失，收货人无法提货问题。提单除正本外，还附有若干副本，目的是为有关方面提供货运信息。正本提单正面注有"original"或"negotiable"字样，背面印有提单条款；副本提单正面的记载与正本相同但载有"副本"字样，背面为空白。每份正本提单都注明签发份数。如今，因为提单具有物权凭证功能，因此转让时一般都要求提交全套正本提单。为防止提单转让中一物多卖，提单中都规定：其中一份提单提取了货物，其余的失效（In witness whereof, the carrier or his agents has signed the full set of Bills of Lading, all of this tenor and date, one of which being accomplished, the others to stand void）或类似文句。

（5）更正与换发。当托运人取得提单后发现填制的内容有误、提单遗失或需要中途改变卸货港时，可以要求更正或换发提单。在核对情况真实并收回原提单后，承运人可予以更正或换发。承运人应将提单更正或换发情况通知船长。提单已经转让的，不得更正或换发。另外，当实际托运人没有获得货款的支付时，根据法定的"中途停运权"可以变更提单的记名收货人、被背书人。

10.邻近条款（near clause）

提单正面一般都印有 "...for carriage to the port of discharge or so near thereto as the vessel may safely get and lie always afloat..." 这类条款，被称为邻近条款。根据有关运输法律，装卸港口一经列名指定，就构成承运人的一项承诺，船舶必须驶往列名港口卸货，除非发生不可抗力事件或英美法中的 "合同受阻" 事件（frustration）。所以，虽然邻近条款中使用了 "or" 一词，表面上看承运人可以选择在邻近港口卸货，但实际上承运人首先应当选择在列名港口卸货。只有当列名港口发生阻碍事件（hindrance）使船舶无法在合理的时间内安全进入列名港口，承运人才有权选择到合理的邻近港口卸货。

对于什么情况才构成 "阻碍事件" 没有严格的界限，应根据合理原则确定。判断时应考虑延误的时间长短、花费的费用多少、临近港口的距离等因素。从英国的判例看，严重的阻碍事件已构成 "合同受阻"，如战争、持续的罢工等自不用说，未构成 "合同受阻" 的一些严重事件也允许承运人选择邻近港口。短期的阻碍，例如几天的航道堵塞、半个月的等候大潮都不应视为严重阻碍事件，港口拥挤造成的较长时间等待更属于商业风险，但江河里的港口遇到枯水期需等候几个月船舶才有足够水深进港，便是严重阻碍事件（但不一定构成合同受阻），允许承运人选择邻近港口卸货。因此，承运人在依赖邻近条款时，应充分考虑各种因素，避免滥用权力。

3.2.2　贸易背景下的提单内容填制方法

绝大多数的海上货物运输是为进出口贸易服务的。为货物的顺利交付、结算和控制物权，买卖合同以及信用证中对提单内容如何填制往往会作出规定。此时，提单正面各项内容的填制就必须保证与此类规定保持一致。现将提单正面内容的填制方法归纳在表3-1中。

表3-1   提单正面内容的填制方法

项目	填写内容	要点提示
1.托运人 Shipper	托运人全称和地址	A.应根据信用证规定填写，如无规定，通常为受益人 B.托收项下为合同买方
2.收货人 Consignee	根据信用证或买卖合同规定填写	A.根据信用证规定填写，分为：记名收货人、凭指示、记名指示 B.托收项下填写 "to order" 或 "to order of shipper"，避免做成以买方为抬头人的提单
3.被通知人 Notify Party	目的港的到货通知对象	A.根据信用证规定填写 B.若信用证未作规定，填写申请人全称、地址及电话等 C.托收项下依据买卖合同规定填写
4.收货地点 Place of Receipt	收货的港口名称或地点	根据信用证或买卖合同规定填写

项 目	填写内容	要点提示
5.船名 Vessel 6.航次 Voy No.	按托运单上的船名、航次填写	A.如需转船,需列明以符号"/"间隔、顺序列出各程船名 B.如为预定船只,装船时发生变化,应在单据上作相应修改或待装船时填写该栏
7.装运港 Port of Loading	货物实际装船港口名称	根据信用证或买卖合同规定填写
8.卸货港 Port of Discharge	货物实际卸下的港口名称,一般为目的港	A.与信用证描述一致,如有同名港口,需注明国家、地区或州、城市;如经转船,应在卸货港名称后加注转船港名称 B.如信用证规定目的港为选择港,则应是同一航线上的,同一航次挂靠的基本港
9.交货地点 Place of Delivery	最终目的地名称	根据信用证或买卖合同规定填写
10.提单号码 B/L NO.	按承运人分配的号码填写	必须注明,否则提单无效
11.唛头 Marks	填写信用证或买卖合同规定的唛头	A.与信用证的规定形式完全一致 B.如信用证无唛头规定,与买卖合同规定一致。如也无规定,在该栏填注"No Marks(N/M)"
12.包装件数和种类 Nos.& Kinds of PKGS.	按照发票的有关栏目填写	A.散装货物,此栏目填写"IN BULK" B.提单应为清洁的 C.包装的数量应该大小写都有
13. 货描 Shipper's Description of Goods	根据情况填写	A.信用证下,应严格与信用证的货物描述一致 B.托收项下,可填写货物的大类名称
14.毛重 G.W.(kg)	货物的毛重总数	A.货物毛重以公吨或千克表示,公吨以下保留小数点后三位,千克以下四舍五入处理 B.如果为裸装货,应在净重前加注N.W C.与各单证保持一致
15.尺码 MEAS(m³)	货物的体积总数	与各单证保持一致
16.合同号 Contract No.	根据具体情况填写	A.与信用证规定一致 B.与合同规定一致
17.总的集装箱数或件数(大写) Total Number of Containers or Packages(In Words)	根据实际情况填写	A.整箱货物只填写集装箱数量,同时提单内要加注"shipper's load& count." B.如用托盘装运,本栏目可填写托盘数量,同时在括号内加注货物的包装件数

项目	填写内容	要点提示
18.运费 Freight & Charge	可空白	
19.计费吨 Revenue Tons	可空白	
20.费率 Rate	可空白	
21.预付 Prepaid		根据信用证或买卖合同规定填写
22.到付 Collect		同上
23.预付地点 Prepaid At	可空白	也可填写装货地点
24.运费到付地点 Payable At	可空白	也可填写卸货港口或交货地点
25.签单地点和日期 Place and Date of Issue	填写实际签发地点和日期	A.签发日期可为装运完毕日期或实际签发日期，如为后者，提单则应添加装船标注 B.如转船，填写一程船装货港地点
26.预付总金额 Total Prepaid	可空白	
27.正本提单数 Number of Origianl B（s）/L		A.与信用证和合同规定相符 B.承运人一般签发提单正本三份，签发的份数应用英文大写注明
28.署名 Signature	实际签署人	应根据 UCP 600 和 ISBP 745 规定签署
29.装船日期 Date	承运人接管货物的时间	不得晚于信用证或合同规定的最迟装运日期
30.承运人 By	一程承运人	根据信用证或实际情况填写

3.2.3　班轮提单的背面条款

1.背面条款概述

班轮提单的背面条款规定了承运人与货方（merchants）的权利义务、责任期间、责任限制、责任免除、法律适用、法律管辖和特殊货物运输等内容，是班轮货物运输合同的重要组成部分。

班轮提单背面条款的订立与租船合同相比有其特殊性。按照法律基本原则，本来合同条款是合同双方在自愿、平等基础上达成的意思一致的具体体现。但班轮提单条款却是由承运人单方面拟制，印制成格式合同，然后"强迫"货方接受，表面上看，班轮提单条款制定的单边性违背了平等、自愿的缔约法律原则，其实不然。

数百年来，提单条款一直是由班轮公司制定的，这种方式从未有过根本改变，提单作为国际贸易和国际货物运输中重要单证的地位也从未因此而发生根本改变。提单合同条款制定的单边性长期被广大货方所接受主要有以下几个原因：第一，班轮承运人面对众多的货主这一特性决定了班轮提单条款制定的单边性。第二，提单条款的制定不能违背有关法律的强制性规定。有关提单的国际公约和有关国内法都规定，提单中免除或降低承运人法定义务的条款无效。第三，在日益激烈的市场竞争中，承运人在制定提单条款时，不得不考虑提单条款的公正性和可接受性。第四，提单条款具有公开性，可视为托运人已知晓提单合同内容。因此，总体来说，提单条款制定的单边性并不一定破坏提单合同的公正性。

2.管辖权条款（jurisdiction clause）

管辖权在诉讼法中是指法院受理案件和审理案件的权限。因为不同国家法律规定存在差异，在争议解决的法律适用上发生冲突在所难免。为避免这类冲突，国际性商务合同一般都订有管辖权条款。

管辖权需要根据民法或合同法的规定来解释。基本的解释原则是：提单中有规定的，以提单规定为准；提单中无规定的，按承运人主营业地法、装卸港口地法、发货人主营业地法来考虑，视哪一因素具有"更密切联系"。为稳定管辖权，提单中一般都明确规定法院管辖权及法律适用，如英国船公司的提单一般都规定英国法院管辖，中国船公司的提单规定中国法院管辖，而国际性格式提单，如CONGENBILL则规定承运人主要营运地法院管辖。

由于国际航运中存在着期租、方便旗、船舶管理公司等复杂问题，即使提单中规定了"由承运人主要营业地法律及法院管辖"，问题仍比较复杂。例如，A船公司主要营业地在A国，期租了B公司的一条船，由船长授权签发提单，提单中有一条"DEMISE CLAUSE"，表示A船公司只是代理人，而承运人是B国的B公司，由C国的C公司管理，此种情况下应以哪个主营业地为准呢？哪国的法院有管辖权呢？处理这类问题的基本原则就是找出与案件"更具有密切联系"的营业地，即实际处理船舶日常业务地，以该地法律为准，并由当地法院管辖。

3.首要条款（paramount clause）

首要条款指合同中指明合同受某一国际公约或国内法制约的条款。提单中的首要条款一般都规定，本提单合并（incorporate）进《海牙规则》、《海牙-维斯比规则》和美国1936年《海上货物运输法》等国际公约或国家法律。其意义在于，合并进这些国际公约或法律后，提单中关于承运人和货方最低义务及责任豁免、责任限制等项规定低于首要条款中法律规定的，都应以这些法律规定为准；提单中其他条款与首要条款中法律规定相冲突的，也应以首要条款中的法律规定为准。非公约缔约国或其国内法无此类规定的，视其自愿接受这些法律规定。

首要条款中提及的相关法律规定了承运人最低的法定义务和承运人的免责权利

和赔偿责任限制，本来是为了防止承运人通过提单条款逃避或减少运输责任，但同时也保护承运人，避免承担过大的运输责任。承运人制定首要条款的目的则是为了保证在发生运输责任时，按照这些法律来免除或限制自己的赔偿责任。应当注意的是，如果提单中法律适用条款规定的准据法中关于承运人最低义务的规定比首要条款中的法律规定更加严格，仍应以该准据法为准。首要条款应被理解为合同条款，而不应视为法律选择条款。

4.承运人的责任与豁免（responsibility and immunity）

这些条款基本上是按照首要条款中规定的国内法或国际公约制定的，但有的规定可能不符合这些法律规定，应视为无效。

5.承运人责任期间（duration of liability）

对于杂货运输，实行"钩至钩"责任制度，即承运人责任从货物装上船时起到货物卸下船时止。对于集装箱运输，承运人的责任期间从收到货物时起到交出货物时止。

6.包装和标志（packing and marking）

此条主要规定托运人应妥善包装货物，正确、清晰标志货物的义务。

7.自由转运、换船、转船条款（liberty to tranship and substitue）

该条款一般规定，如有必要，承运人可任意使用自己的船舶、他人的船舶，或经铁路及其他运输工具，将货物直接或间接运往目的港。转船、驳运、卸岸、仓储、重装的费用由承运人承担，但风险由托运人承担，承运人只对自己完成的那部分运输承担责任。该条款表面上赋予承运人很大的自由，但如果承运人依据该条款行事，违反了与托运人的事先约定，或者违反了有关提单的国际公约或国内法的规定，此条款亦当视为无效。

8.托运人误述条款（inaccuracy in particulars）

此条款是约束托运人的，要求其对货物的种类、数量、重量、尺码申报要准确，否则造成的损失及责任应由托运人承担。

9.承运人赔偿责任限制条款（limit of liability）

该条款通常将承运人的单位赔偿责任限制在一定额度之内，超过部分免除赔偿责任，但如果规定的赔偿责任限制低于法律强制规定的，当属无效。

10.危险品、违禁品（dangerous，contraband cargo）

本条款要求托运人在托运危险品时应向承运人如实声明，并按照国际海事组织的《国际海运危险货物规则》要求，在货物外包装上做好标记，出具商品检验证书及运输说明等。如果托运人未履行上述义务，承运人在发现存在危险时，有权卸下或抛弃货物；如果托运违禁品，托运人承担由此产生的全部责任和费用。

11.共同海损及新杰森条款（general average&New Jason Clause）

此条款规定了共同海损理算规则及理算地。新杰森条款规定了在因承运人航行疏忽造成的共同海损事故中，承运人不仅可以免责，而且可以要求其他受益方参加共同海损分摊；承运人其他船舶参与救助的，可以像第三人一样获得救助报酬。新杰森条款是专门针对美国法律而订立的，只有美国法律不允许船东在存在航行疏忽情况下要求分摊共同海损。

12.留置权条款（lien clause）

该条款规定了在托运人、收货人未付清运费、滞期费、亏舱费及共同海损分摊时，承运人有权留置并处理货物，变卖所得不足时，仍有权索赔差额部分。

13.甲板货（on deck cargo）

由于《海牙规则》不适用于甲板货，故提单中专门订立此条款，规定承运人对甲板货物灭失及损坏免责，但此条规定并不免除承运人对甲板货的妥善照料职责。

14.互有责任碰撞条款（both-to-blame collision clause）

该条款规定，在发生两船互有责任碰撞时，如果他船在赔偿了本船货主后向本船索赔此项赔偿，本船货主应将此项赔偿转还本船。关于此条款的英文原文及详细解释，请见本书定期租船合同一章。

除上述条款外，提单背面还规定有战争条款、罢工条款、冰冻条款等。关于这些条款可参见本书航次租船一章有关内容。

3.3　　　　　　　　　　提单的功能及种类

3.3.1　提单的产生及概念

1.提单的产生

提单是国际货物贸易和国际海上货物运输中的重要单证之一，它是随着国际贸易的不断发展而产生的。14世纪，地中海一带的海上贸易日益繁荣，同一船上装有许多家货物，船长不得不对装船货物作必要登记。此种记录船长保留一份，另一份交给发货人，这种由船长签发的货物记录就是提单的雏形。到了16世纪晚期，国际贸易在地域和规模上进一步扩大，船舶航行能力和载货能力也在扩大，船舶运输已初步形成一个专门行业。为确定承运人和托运人之间的权利义务，解决日益增多的货损争议，客观上产生了订立运输合同的必要。由于同一航次中的发货人很多，实践中承运人很难做到与每一个托运人分别洽商运输合同条款。于是，承运人便单方拟定合同条款并印就在被称作"提单"的文件上，由此提单从形式到功能得到了完善。

2.提单概念的困惑

英国是世界上较早对提单立法的国家，1855年颁布了《提单法》，美国也在1893年制定了调整海上货物运输的《哈特法》，1916年又单独制定了《提单法》。1924年国际法协会为统一国际提单立法，制定了至今仍广泛适用的《海牙规则》。但这些法律都未对提单的定义作出界定。联合国1978年制定的《汉堡规则》首次对提单的定义作出规定。根据《汉堡规则》，提单是指用以证明海上货物运输合同和货物已由承运人接收或装船，以及承运人保证据以交付货物的单证。我国1992

年颁布的《海商法》也作出了类似规定，不同的是，《汉堡规则》定义的提单不包括记名提单，而《海商法》定义的提单包括了记名提单。

实际上，提单涉及两个领域，它既是运输单证，又是贸易单证。作为运输单证，它既涉及货物的接收与交付，又涉及运输合同义务；作为贸易单证，它既涉及物权的转让，又涉及贸易支付。因此，对提单的概念作出既能反映出提单全部本质属性，又符合语言形式逻辑的定义，实属不易。《汉堡规则》和我国《海商法》中的提单概念是从运输单证角度作出的，而且存在一定的片面性，更没有从提单的贸易单证功能角度考虑提单的本质属性。准确的提单概念应当从提单的属性去归纳。

3.3.2　提单的属性及概念界定

提单是国际海上货物运输中的重要单证，对其属性，在英国的 The "Berge Sisar" 一案中，法官总结如下："A bill of lading is a document issued by a carrier by sea to a shipper of goods acknowledging the receipt by the carrier on board a named vessel（or for subsequent shipment on board）of the goods described therein, and containing an undertaking to deliver the goods at the place of delivery to the shipper or named consignee, or to his order or assigns, subject to the terms and conditions set out in or incorporated into the document.It represent the right to possession of the goods and, therefore, if an order bill, allows traders to deal with the goods while they are at sea, the carrier automatically attorning（让渡权利）to the holder on the terms of the bill." [①]

提单的属性反映提单的本质特征[②]，根据提单功能的发展历程以及有关立法，提单的属性可以归纳为以下三个方面。

1.作为货物收据的属性

从提单的发展史看，提单首先是作为货物收据出现的。承运人通过向托运人签发提单，来证明承运人已收到并开始占有提单载明的货物。

提单作为货物收据，记载了托运货物的名称、数量或重量、体积及货物表面状况。它的法律意义是，承运人应当保证在运输期间履行妥善、谨慎地管理货物义务，并在目的港按照提单的记载向收货人交付货物，实际交付货物与提单不符造成收货人损失的，承运人应当按照提单合同规定予以赔偿。

2.作为运输合同的属性

海上货物运输合同是关于货物运输法律关系中合同双方权利义务、责任期间、责任限制、责任豁免、运输对象、法律运用等主要内容的协议。提单正面关于合同当事人、运输工具及运输线路、运输对象、签发时间与地点等内容的描述，以及背面关于合同双方权利义务、司法管辖、法律适用等问题的描述，构成了提单合同的全部内容。其法律意义在于，由提单货物运输引起的在托运人、提单持有人与承运人之间的任何纠纷都应按照该合同"约定"来解决。

---

① The "Berge Sisar"（2001）1 Lloyd's Rep.663.
② 有人将提单的属性称为提单的功能、提单的作用，指的都是提单的本质特征。

3.作为物权初步证据的属性

具有物权初步证据功能的提单仅指可转让的提单，即指示提单和不记名提单。物权法中的物权是指自然人、法人直接支配特定物的权利，包括对物的所有权、用益物权和担保物权。所有权包括对物的占有、使用、收益、处分权利，所有权是一种最充分的权利，也是一种绝对的权利。

提单的物权初步证据属性在运输合同关系中指的是初步证明货物的推定占有权，在货物买卖合同关系中指的是初步证明货物的所有权。其法律意义在于，在运输合同关系中，提单持有人出示了提单，承运人就应当向其交付货物，而无须考察提单持有人是否拥有货物的所有权。另一方面，承运人只能向提单持有人交付货物，向其他人交付货物构成"无单放货"，需对提单持有人承担侵权责任。我国《海商法》第71条规定，提单是"承运人保证据以交付货物的单证"，因此，有人认为提单还具有"货物交付单证"的属性。在货物买卖关系中，在无相反证据情况下，商人占有提单，应当认定其对货物的所有权，转让提单即转让了货物。

4.提单概念的界定

综上所述，关于提单本质属性的结论为：第一，提单是承运人接收货物或货物已装船的证明，即具有货物收据的属性，不论是班轮运输还是租船运输，都是如此。第二，提单是运输合同。在班轮运输形式下，这一运输合同分为两种情况：在承运人和与之订立运输合同的托运人之间，提单是运输合同的重要组成部分；在承运人和其他提单持有人之间，提单是唯一的完整的运输合同。在租船运输形式下，提单是非承租人的提单持有人与承运人之间的运输合同。第三，提单是特定物权的初步证据。

考虑到提单在运输和贸易两个领域中表现出的属性，可将提单定义为：提单是由承运人签发的表明海上运输合同关系和货物已由其承运至指定目的港，以及该项货物初步特定物权的单证。

关于提单属性的深入探讨，详见3.4节。

3.3.3　提单的种类

按照记载内容的不同，为了不同的目的，可将提单做多种分类，现将常见的分类分述如下。

1.按货物是否已装船划分

（1）已装船提单（on board B/L；shipped B/L），指通过预先印就或装船批注（on board notation）方式表明货物已经装于具名船舶的提单。根据有关法律，货物装船后，应托运人要求，承运人应当签发已装船提单。在国际贸易中，买方和开证银行一般也都要求卖方提供已装船提单。

（2）待运提单（received for shipment B/L），指承运人在收到货物等待装船时，向托运人签发的提单。这种提单没有表明货物已经装船，更没有装船日期，往往也不注明装运船舶的名称，将来货物能否装运不确定，对提单受让人无保障，因此，买方和开证银行一般都不接受这种提单。货物装船后，承运人在待运提单上加注装运船名和装船日期及准确装货数量并签字后，待运提单即变为已装船提单。待运提单同收货单一样，是货物收据和运输合同的证据，但它们不是物权凭证。

2.按收货人记载方式划分

（1）记名提单（straight B/L），指在"收货人"栏内填写具体收货人名称的提单。要求出具记名提单的本意是无意再转让货物，因此，多数国家法律规定，记名提单只能由提单上记载的收货人提货，不能通过背书转让，除非记名收货人与提单受让人另立转让协议，但少数国家，如日本、韩国的《商法典》规定，即使是记名提单，也可以背书转让。记名提单可避免提单转让可能带来的风险，但也丧失了它的可流通性。以往，根据一些国家的法律，尤以英国和美国为典型代表，规定记名提单下提取货物时无须出示提单，仅凭身份证明即可。但值得注意的是，新加坡上诉法院在2002年"Voss v.APL"一案中改变了法律立场，判决记名提单下交付货物时必须出示提单；英国上议院也在2005年"The Rafaela S"①一案审理中，改变了对记名提单下无须出示提单的一贯立场，判决记名提单适用《海牙规则》，收货人提取货物时，应当出示提单。根据我国《海商法》和最高法院判决，在我国，记名提单持有人提取货物时，必须出示提单。

（2）指示提单（order B/L），指在"收货人"栏内填写"凭指示"（to order）或"凭某人指示"（to order of×××）的提单。前者称为不记名指示，此种指示应由托运人背书指示；后者称为记名指示，此种指示应由记名人背书指示，承运人应当按照指示交付货物。指示提单是典型的可转让提单，由转让人通过背书行为转让给他人。

背书有"空白背书"（endorsement in blank）和"记名背书"（endorsement in full）两种。前者是指仅由背书人（endorser）在提单的背面签署自己的名字或盖章，而不注明被背书人（endorsee）；后者是指背书人除在提单的背面签字盖章外，还写明被背书人。指示提单在托运人（卖方）未指定收货人之前，卖方仍对货物具有所有权；提单经托运人空白背书后，即成为持有人提单，持有人可以不经背书转让提单；提单经托运人记名背书后，即成为记名提单，此种提单不能再转让。

（3）持有人提单（blank B/L；open B/L；bearer B/L），也称作不记名提单、空白提单，是指"收货人"栏填写"持有人"（bearer）的提单。这种提单不需任何背书手续，可以直接凭交付履行转让。

不记名提单的转让虽然极为简便，但如果提单遗失或被窃，然后被转让给善意第三人时极易引起纠纷。目前经过银行开出的信用证凭单付款的，或经银行议付的提单，几乎都不采用这种提单。

3.按对货物外表状况有无不良批注划分

（1）清洁提单（clean B/L），指未载有承运人对货物外表状况的任何不良批注

---

① The "Rafaela S"（2005）1 Lloys's Rep 347.

的提单。收货人和贸易结算中的信用证都要求卖方必须提交清洁提单。

需要指出的是，对于装运钢材或木材的提单，其背面的 RETLA 条款在美国法下可以免除承运人对钢材的实际表面锈损或木材湿损的责任，但英国普通法并不承认该条款的效力。①所谓 RETLA 条款，在涉及钢铁和木材运输的提单中经常会出现，它源于美国联邦第九巡回上诉法院 1970 年对 "Tokio Marine&Fire Insurance Company Ltdv Retla Steamship Company

［1970］2 Lloyd's Rep.91" 一案作出的判决。该案中的提单背面印有如下措辞："If the Goods as described by the Merchant are iron, steel...the phrase 'apparently good order and condition' ...does not mean the goods were received...free of visible rust or moisture...If the merchant so requests, a substitute Bill of Lading will be issued omitting this definition and setting forth any notations which may appear on the mate's or tally clerk's receipt." 法官最后判决承运人根据该条款无须承担钢材锈损的责任。但在 "The Saga Explorer ［2012］EWHC 3124（Comm）" 一案中，面临同样性质的问题，英国法官拒绝了该条款的效力，判决承运人承担钢材锈损责任。

（2）不清洁提单（foul B/L；unclean B/L），指载有承运人对货物外表状况的不良批注的提单。

承运人的不良批注包括对散装货或裸装货的外表缺陷的批注和对包装货物包装不良状况的批注。买方和开证银行一般都不接受不清洁提单。在装船货物存在外表不良状况时，为取得清洁提单，发货人往往出具保函，请求承运人签发清洁提单。这种做法对提单的持有人来说是一种欺骗行为，发货人、承运人都应对其后果负责，而且发货人保函的合法性也是不确定的。

4.按照签发人不同划分

（1）有船承运人提单（vessel carrier B/L），指以货物实际承运人的名义签发的提单。在该种提单下，承运人对运输的货物承担法定的承运人义务，享受法定的承运人权利。该种提单的特征是提单的抬头为承运人；由承运人签署或载货船舶的船长、代理人代为签署（for and on behalf of carrier）。国际商会制定的《跟单信用证统一惯例》（UCP600）第 20 条 a 款规定："提单，无论名称如何，必须看似：表明承运人名称，并由下列人员签署：承运人或其具名代理人；或者，船长或其具名代理人。承运人、船长或代理人的任何签字必须标明其承运人、船长或代理人的身份。代理人的任何签字必须标明其系代表承运人还是船长签字。"

（2）无船承运人提单（non - vessel carrier B / L），也称货运代理提单（Forwarding B/L，Logistic B/L 或 House B/L），指以货运代理公司名义签发的提单。该种提单的特征是提单的抬头为货运代理公司，并由货运代理公司或其代理人以其名义签署。

关于无船承运人提单的法律问题详见 3.4 节。

---

① The Saga Explorer ［2012］EWHC 3124（Comm）.

（3）租船人提单（charterer's B/L），指以期租承租人名义签发的提单。该种提单的特征是，提单的抬头为期租承租人，并由该承租人或其具名代理人签署，或由船长或其具名代理人代表该承租人签署。由于期租承租人是以二船东的名义在经营船舶，因此，租船人提单仍属于有船承运人提单。承租人提单下，期租承租人作为提单合同下的承运人，需对提单下的货物承担法定的承运人义务，而期租出租人不承担提单合同义务，除非他对货物灭失或损坏存在过错。

5.按运输方式划分

（1）直达提单（direct B/L），指保证货物在装货港装船后，中途不经过换船而直接运达卸货港的提单。

（2）转船提单（transshipment B/L；through B/L），指注明货物需在中途港换装另一船舶运往目的港的提单。

我国《海商法》第60条规定，承运人将货物运输或部分运输委托给实际承运人履行的，承运人仍然应当对全部运输负责。承运人与实际承运人都负有赔偿责任的，应当在此项责任范围内负连带责任。但运输合同可以明确规定，承运人对实际承运人掌管货物期间的货物灭失、损坏或延迟交付不负责任。所以，签发全程转船提单的承运人，其责任主要有两种：一种是如无特别规定，须对货物的全程运输负责。对货物的所有人来说，主张提单权利，提出赔偿和诉讼，均以签发全程提单的承运人为对象。另一种是承运人只对自己承担的运输路段负责。

许多班轮提单都规定："如有需要，承运人得将货物交由属于承运人或他人的其他船舶，或其他交通工具直接或间接地运往目的港，费用由承运人承担，但风险则由托运人或收货人承担。承运人只对自己的运输路段负责。"对这类规定是否构成上述《海商法》中所指的"明确规定"，在托运人不知实际承运人情况下，承运人能否免除对实际承运人运输期间的责任，存在不确定性，应根据具体情况确定。

直达提单根据"自由转船条款"有时也会发生转船，但一般仅限于在发生不可抗力事件时，承运人才能在中途港或原卸货港的临近港口转运，否则将构成承运人非法绕航行为。

（3）国际多式联运单据（multimodal transport document，MTD），指国际多式联运形式下由多式联运经营人签发的覆盖全程运输的具有提单性质的一种单据。有关内容详见本书有关章节。

6.倒签提单（predated B/L，anti-dated B/L，back dated B/L）

倒签提单指提单签发日期早于货物实际装船日期的提单。这种提单绝大多数是应托运人要求签发的，其目的是满足贸易合同或信用证的要求，其特征是提单记载的实际装船完毕日被虚假地提前。由于国际贸易中将提单日期视为卖方履行交货的日期，提单日期虚假，即卖方交货日期虚假。虚假的提单日期会严重伤害买方在买卖合同中拒收货物的权利，因此，倒签提单日期是严重的违法行为，承运人需承担由此导致的一切后果。

7.预借提单（advance B/L）

预借提单指在货物尚未装船，或装船尚未完毕情况下，预先签发的已装船提单。其特征是货物没装船，或没完全装船，但提单却表明货物已装船完毕。托运人要求签发这种提单的目的和法律性质与倒签提单相同。

8.交换提单（switch B/L）

交换提单指应托运人或承租人要求，以原提单为交换条件而签发的，变换了原提单中托运人和/或装货港的另一套提单。其特征是原提单中的托运人和/或装货港口被变更了，其他内容与原提单严格一致。签发交换提单的目的是中间贸易商为了商业信息的保密和赚取"无本"商业利润。

关于倒签提单、预借提单和交换提单的法律问题，详见3.4节。

9.分提单（separate B/L）

分提单指应托运人要求将同一装货单下的货物分票，分别为它们签发提单。提单被分割后，每份分提单都构成一份独立的合同，每一份分提单的义务不受其他分提单的影响。

对同一装货单下的货物进行分票有两种情况：一种是按不同货种、标志、等级分票，这种分票通常不会产生额外费用和责任；另一种是对大票的同种货物分票，理货分票时会产生额外费用和货差责任。所以，对托运人的第二种分票要求，承运人可以拒绝，或由托运人出具保函，承担费用和责任。分票和出具分提单目的是方便货物转售。

10.舱面货提单（on deck B/L）

舱面货提单也称甲板提单，指提单上注明"货装甲板"的提单。通常，货物是不能装于甲板上的，只有以下3种情况才可以将货物装于甲板：第一，承托双方同意的，对此，承运人应得到托运人的书面委托。承运人为自己的利益擅自将货物装于甲板的，即使为此购买舱面货险，也属违反妥善管理货物义务行为，需对其后果承担全部责任，而且不得享受赔偿责任限制。第二，符合航运习惯的。航运业务中，对如原木、锯木、部分桶装货物及其他不怕水湿的货物，习惯上可将它们装于甲板。第三，法律法规规定的，如部分危险品。

货物装于甲板时必须在提单上如实记载，标明"货物装于甲板"或类似记载，以便收货人、提单持有人了解货物装运情况，否则，视为承运人违反管理货物义务，托运人与承运人的有关协议不得对抗提单持有人。

根据有关法律，承运人对正常装于甲板上货物的风险免责，绝大多数提单条款也都有类似规定，但这类规定并不解除承运人妥善、谨慎管理货物的义务。如果货方能够举证证明承运人有管货过失，承运人仍需对因管货过失导致的货物灭失或损坏承担赔偿责任。承运人对甲板货物的妥善、谨慎管理义务主要包括：将货物置于适当的位置，对货物实施充分、合理的绑扎和苫盖，航行途中对货物实施检查和紧固（checking & securing），对遇险货物合理施救等。

11. 租船合同提单（charterparty B/L）

租船合同提单指表明合并有租船合同条款的提单。此种提单一般在航次租船形式下使用。使用租船合同提单时应注意：第一，租船合同并入提单，必须在提单中明确表示。例如，注明"某租船合同已合并进本提单"，BIMCO 编制的 CONGENBILL 提单上就印有"与租船合同一起使用"（to be used with charterparty）字句。第二，租船合同并入提单后，其有关条款便成为提单条款的组成部分。然而，当这些条款与关于提单的法律规则冲突时，应按以下原则处理：当该提单持有人为承租人时，应以船舶合同条款为准；当该提单持有人为非承租人时，应以提单条款及其法律准则为准，相冲突的租船合同条款不适用。第三，国际商会的"跟单信用证统一惯例"（UCP600）规定不接受租船合同提单，因此，只有当信用证规定可以接受时，提交租船合同提单才能被视为相符交单（UCP 第 19、20、21 条均规定运输单证须为"未注明受租船合同约束"的）。第四，在使用这种提单时，尽可能随附一份租船合同副本。关于租船合同合并后与提单原条款产生矛盾规定等问题，详见本书 4.12 节。

12. 运费预付提单和运费到付提单（freight prepaid B/L & freight collect B/L）

前者是指提单中注明"运费已付"的提单，后者指提单中注明"运费到付"的提单。对前者，不管承运人是否实际上已收到运费，提单持有人一般都无支付运费义务；对于后者，提单持有人承担在提取货物前付清运费义务，否则承运人有权留置货物。

13. 过期提单（stale B/L）

许多人将在贸易结算中向银行交单议付日超过信用证有效期或超过提单签发日 21 天的提单称为过期提单。请注意：第一，所谓过期提单与航运业务无关，而是指在贸易结算中因为迟期交单信用证已丧失效力，该提单在此信用证下已经没有意义，银行将不再接受该提单在此信用证下议付。第二，提单本身无是否过期之说，只有是否失效之说。提单在货物交付给提单持有人之前，总是有效的，一经"兑付"（being accomplished），即凭以提货，提单的物权初步证据功能便失去效力，交付货物后，在提单法定的诉讼时效到期时，提单的货物收据功能和运输合同功能也失去效力。因此，在提单分类中作此种定义，不但在逻辑上犯了偷换概念的错误，还容易导致对提单效力的误解。

3.4　　　　　　　　若干提单问题的深入讨论

3.4.1　无船承运人提单法律问题的深入探讨

目前，美国和我国已有明确的法律界定无船承运人的法律地位。根据《中华人民共和国国际海运条例》（2016 年 3 月 1 日第二次修订），货运代理人必须依法取得无船承运人资格，依法在提单运输合同下承担法定承运人义务。因此，无船承运人提单在本质上属于承运人提单。《UCP600》以及《关于审核跟单信用证项下单据的国际标准银行实务》（《ISBP745》）中提及的货运代理提单或运输行提单多指此类提单。在美国和我国，没有取得无船承运人资格的货运代理公司签发提单的行为应视为违法，因为从提单的定义或其属性看，提单只能由承运人或由其代理人以承运人的名义签发，而没有取得无船承运人资格的货运代理人是无权以承运人资格签发提单的。在其他国家，也存在货运代理公司签发提单的现象，由于各国的相关法律差异很大，此类货运代理提单的法律地位很不稳定。正是因为如此，《UCP600》以前的版本都规定货运代理提单不可接受，但现行的《UCP600》版本充分考虑到实践中大量存在的无船承运人提单现象，不再拒绝接受无船承运人提单。如果用于贸易结算的信用证中规定"货代提单不可接受"，《ISBP745》第E4段规定："当信用证规定货运代理人提单不可接受，或运输行提单不可接受类似措辞时，除非信用证对提单如何出具和签署作出明确要求，否则，该规定在提单名称、格式、内容或签署方面没有任何意义。当没有这些要求时，该规定将不予理会，提交的提单应按照《UCP600》第20条的要求予以审核。"

理论界存在"货运代理提单不具备物权凭证功能"的认识，对此有必要予以澄清。货运代理提单只要是由依法取得无船承运人资格的货运代理公司或其代理人签发，该提单就具有有船承运人提单所具有的全部属性，即货物收据、运输合同以及物权凭证属性。该结论第一可由提单定义来证明，第二可从无船承运人业务程序和国际货物买卖结算的实际流程来说明。在无船承运人业务中，货运代理公司以承运人名义与各个托运人签订运输合同并向其签发货运代理提单，然后货运代理公司再以总托运人身份向有船承运人（也称实际承运人）托运货物，有船承运人向无船承运人签发总提单（也可对不同的托运货物分别签发），并在目的港凭总提单向无船承运人的代理交付货物。

在国际货物买卖结算中，各个托运人向无船承运人托运货物并取得无船承运人提单后，通过银行向买方结算货款，主要就是向买方转让无船承运人提单中的物权。因此，如果认定无船承运人提单不具备物权凭证功能，将严重阻碍货物贸易的进行，特别是集装箱运输下贸易的开展。在这个过程中，恰恰是由实际承运人签发的提单不能彰显其物权凭证功能，因为贸易方不能允许无船承运人转让该提单下货物的所有权。

3.4.2 提单的属性

1.作为货物收据的属性

不同时期的立法对提单货物收据的证据效力规定不同。《海牙规则》规定，提单是承运人收到货物的初步证据（prima facie evidence），即提单的证据效力不是绝对的，如果事后承运人有证据证明提单记载的货物与实际不符，提单记载可被否定。在这种法律制度下，贸易中可转让提单持有者的利益无法得到全面保障，因为提单的转让依赖的完全是提单的表面记载。

为改变这种状况，《维斯比规则》《汉堡规则》将提单的证据效力确定为绝对证据（conclusive evidence），即承运人必须按照提单的记载交付货物，承运人对提单记载的相反举证不可对抗提单持有人。这意味着，相对于发货人而言，如果提单记载与货物实际不符，承运人可以举证否定提单记载，但对托运人以外的提单持有人，承运人则有绝对义务按照提单记载的内容向收货人交付货物。如果发生货物品种不符、数量短少、包装或货物损坏，承运人需负赔偿责任。在这种绝对责任制度下，承运人签发提单时应保证提单记载与实际相符，在运输过程中应谨慎、妥善地保管货物，以便在卸货港按照提单记载交付货物。

一般情况下，提单记载的货物信息由托运人提供，为保证提单记载与实际相符，《海牙规则》及一些国家法律规定，发货人应对其提供的货物信息的真实性负责。根据英国1992年《海上货物运输法》（代替原《1885年提单法》）关于发货人提单下的权利和义务随着提单的转让一并转让的规定，发货人的上述责任就应当转到提单受让人，即提单受让人，亦即提单持有人，需对提单记载不真实负责。这与国际公约的提单绝对证据效力的规定存在矛盾。考虑到承运人在接收货物时的谨慎核查责任及对无辜提单持有人的保护，即使有上述法律规定，从英国司法实践看，只有在托运人隐瞒危险品详情而造成货物损坏时，提单持有人才与托运人负连带责任，而与承运人无关。对其他与提单记载不符的交付，承运人仍需承担责任。

2.作为运输合同的属性

根据有关法律，提单运输合同关系有两种情况：第一种是建立在承运人和托运人之间的；第二种是在提单转让后建立在承运人和提单持有人之间的。

在第一种情况下，提单的运输合同属性在不同的运输形式下表现形式不同，因此导致人们对此认识不同。英国提单法承认提单具有运输合同的属性，我国法律界对此持有不同观点，以提单是运输合同证明的观点占上风，这一观点体现在《海商法》关于提单的定义中。

由于运输方式不同和提单流转程序及关系人的复杂性，提单运输合同与一般意义上的合同相比具有特殊性。

在班轮运输方式下，提单是运输合同最重要的组成部分，运输合同的绝大部分条款都体现在提单中。单从合同成立角度看，订舱单就是班轮货物运输合同。但如从业务实际考察，订舱单的内容非常简单，它只载明了货物资料、船名、装卸港口等几项内容；关于船期则体现在班轮船期表中；关于运价体现在班轮运价表中；关于合同双方的权利义务、责任期间、免责事项、法律适用等主要问题则印就在班轮提单中。船期表、运价本、提单是公开给所有发货人的，他们知道或应该知道其中的内容。因此，从整体看，订舱单、船期表、运价本、提单共同构成班轮货物运输合同，其中提单是最重要的组成部分，因此有人将其称为格式合同，订舱单只是表明运输合同关系确定的时间。所以，英国提单法中才有"提单所表明的运输合同"（contract of carriage evidenced by the B/L）、"提单所包含的运输合同"（contract of carriage contained in the B/L）之说。因此，不论发货人在 CFR、CIF 贸易条件下作为契约托运人，还是在 FOB 贸易条件下作为实际托运人，都与承运人存在运输合同关系，这种合同关系主要由提单体现。

在租船运输方式下，当承租人是发货人时（如在 CFR、CIF 贸易条件下），承运人与托运人的权利义务由租船合同约定，这时提单对于该发货人而言不具有运输合同属性；当承租人是贸易合同的买方时（如在 FOB 贸易条件下），提单对于该承租人不具有运输合同属性，但对于发货人而言具有特殊的运输合同属性。这种特殊的合同关系体现在：发货人向承运人实际交付了货物，由此成为提单合同的关系人，即我国《海商法》提及的实际托运人，此时，提单有关条款和相关法律规定约束该实际托运人和承运人之间的权利义务。

对于在上述两种运输形式下实际托运人与承运人的提单合同关系的正确理解，对于保护实际托运人的利益非常重要。例如，在买卖合同下发生买方破产、拒收货物或拒付货款时，实际托运人就不得不依据持有的提单或依法定的"中途停运权"，向承运人主张货物。如果承运人无单放货，或违反提单运输义务造成货物灭失或损坏，该实际托运人就有权依据提单运输合同追究承运人责任；在提单合同关系下，实际托运人在托运货物时，也必须依法向承运人履行一定的义务。

在第二种情况下，提单转让之后，不论在什么运输方式下，提单都是约束承运人与提单持有人的运输合同。将本非运输合同签约人的提单持有人认定为提单合同的一方当事人是法律强制规定的，目的是保护提单持有人的利益。英国《1855 年提单法》第 1 条规定："Every consignee of goods named in a bill of lading, and every endorsee of a bill of lading to whom the property in the goods therein mentioned shall pass, upon or by reason of such consignment or endorsement, shall have transferred to and vested in him all right of suit, and be subject to the same liabilities in respect of such goods as if the contract contained in the bill of lading had been made with himself." 英国 1992 年《海上货物运输法》第 2 条第 1 款也作了类似的规定。我国《海商法》第 78 条"承运人同收货人、提单持有人之间的权利、义务关系，依据提单的规定确定"的规定也源于同一思想。正是由于提单的运输合同属性，提单持有人才有权向承运人提出交付货物的要求（当然在物权凭证下他也有权这样做），在货物灭失、损坏或延迟交付时，才有权向承运人要求赔偿，但赔偿要求同时也要受到提单运输合同中的免责、责任限制、责任期间等规定的限制。

根据上述提单运输合同属性的讨论，我们认为将提单简单地定义为"运输合同的证明"是不准确的，至少是不完全的，也不符合英美有关法律规定原意，对此应做进一步研究。

3.作为物权初步证据的属性

在货物买卖合同关系中，当事人更关心货物的所有权，买方支付全部价款受让提单，其根本目的是受让全部货物权利，即货物的所有权。但是，在货物买卖关系中并不是所有的提单转让行为都意味着货物所有权的转让，持有提单也并不一定意味着持有人拥有货物的所有权，持有提单只是拥有提单货物所有权的初步证据。例如，在卖方保留货物所有权条件下，作为买方的提单受让人并没有取得货物所有权，参与货物买卖结算的银行持有提单时，他只是拥有货物的占有权，并不拥有货物的所有权。货物所有权的拥有和转让需要依据民法有关规定和合同约定来确定，不是提单法调整的范畴。

从历史上看，提单的物权凭证功能也是在国际贸易发展过程中，通过商人习惯进而通过立法赋予的。英国关于提单物权凭证的最早判例是1787年的"Lickbarrow v.mason"案。该案主审法官指出："By the custom of merchants, Bills of Lading for the delivery of goods to the order of the shipper or his assign are, after the shipment, and before the voyage performed, negotiable and transferable by the shipper's endorsement and delivering or transmitting of same to any other person; and that by such endorsement and delivery or transmission, the property in such goods is transferred to such other person." 英国的《1855年提单法》也规定 "By the custom of merchants, a bill of lading of goods being transferable by endorsement the property in the goods may thereby pass to the endorsee." 我国《海商法》第71条规定的 "提单中载明的向记名人交付货物，或者按指示人的指示交付货物，或者向提单持有人交付货物的条款构成承运人据以交付货物的保证"，考虑的只是运输关系中提单的货物占有权功能，并没涉及货物的所有权，因此，有人据此将提单的物权凭证功能称为"提货凭证"功能。

在提单转让过程中，其代表的货物所有权和占有权有时是分离的。从提单的转让流程看，当国际贸易中采用银行信用证结算方式时，发货人从承运人取得提单后首先将其背书转让给议付银行，议付银行再将提单转交给开证行，开证行在收货人付清货款后再将提单转交给收货人，收货人（提单受让人）可以将该提单再继续在商人之间转让，或到银行质押取得贷款。其中，提单在商人之间转让的多数是货物的所有权，包括卖方在无追索权的议付中向议付银行的转让，也包括开证银行作为提单的指示人时向收货人的转让。但其他情况下提单的转让通常只是转让货物的占有权，包括卖方在买卖合同中声明保留货物所有权条件下的转让、提单在议付银行和开证银行之间的传递等。这两种物权区分的必要性在于：其一，卖方在买方付清货款前可以继续控制货物所有权；其二，银行不必卷入商业合同关系中；其三，在托收、寄售等贸易方式下，可让买方先以提单提取货物转售，但卖方声明保留货物所有权，这样，买方转卖的货款就必须归还卖方。

在提单转让过程中，各关系人承担的责任与一般的票据流通不同，票据流通的法律关系只存在于债权人和债务人之间；流通票据是有价证券，可以多次转让，所有背书人均需承担连带责任，但提单的转让则不同。提单也可多次转让，但一经合法转让，背书人不承担连带责任，最后受让人只能向提单最初签发人——承运人主张提单权利。提单转让在时间上也是有限制的，即从提单签发之时起到货物交付时止。货物到达目的港后的一定时间内，提单持有人必须办理提货手续，否则会被当作无主货处理。收货人提货后，或货物被依法处理后，提单也就失去物权效力。非法获得的提单也不具有合法转让权利。

可转让提单的物权凭证特性要求承运人在目的港必须向提单持有人交付货物。如果承运人向提单持有人以外的人交付货物，从提单合同角度说是违约行为，从剥夺他人物权角度说，是侵权行为，因此承运人必须对此承担全部责任。

航运实务中由于提单周转时间长于货物运输时间，或由于买卖双方发生争议提单尚未转让，造成船舶抵达目的港后，提单仍未到达收货人手中，迫使收货人凭提单副本加上保函向承运人提货。这种承运人凭副本提单交付货物行为在业务中被称为"无单放货"。由于无单放货行为剥夺了提单持有人的货物占有权或所有权，既违约又违法，因而会招致包括银行在内的提单持有人的起诉（"The Erin Schulte"［2013］Vol.2，Lloyd's Rep.338），承运人应当避免这种做法。为避免船期损失，船东可以通过在运输合同中明确规定由于等待正本提单造成的船期损失由承租人负责，或在保留货物占有权的前提下将货卸进保税仓库。根据某些国家法律，在记名提单下，船东在验明收货人身份与提单记名人一致后，可在无正本提单情况下放货，但收货人应出具收货证明。但在我国现行法律下，仍为违法行为。

在许多教科书中，将提单定义为或解释为货物所有权凭证是不严谨的。事实上，古今中外，提单一直被作为物权的相对证据，没有发现一部法律明确地规定提单为绝对物权证据。在国际贸易领域，确定提单物权凭证的相对性或绝对性，不但具有理论意义，更具有现实意义，因为它涉及货物所有权的转移问题。

毋庸置疑，英国和美国对提单的立法可谓权威的鼻祖，有关的判例也颇丰富。但是如果我们认真地阅读这些单行法或判例，就会发现，其实在英国法律中并没有把提单认定为物权的绝对证据，而是将提单认定为具有财产权的性质以及作为该财产权的初步证据，如果存在相反的证据，该初步证据将归于无效。这一点早在"Sanders Brothers v.Madean & Co.（1883）11 QBD 327"中被确定，直到现在英国的《货物买卖法》仍然坚持这一立场①。美国的《统一商法典》对提单的物权凭证功能也是有限制性规定的，其立法思想与英国基本一致。

一个简单的推理也可以说明上述立场的正确性。我们知道，物权法中的货物所有权是一种绝对权利，所有权人可以对其拥有的财产任意使用、占有、收益和处置。如果提单绝对地代表了货物所有权，谁持有提单，谁就对提单下货物具有所有权，那么，岂不是说任何持有提单的人都可以任意使用、占有、收益和处置提单下的货物？这就会出现幼稚的笑话，因为很多时候，承运人、银行也持有提单，但事实上他们无权任意使用、处置提单下货物，充其量他们只是拥有提单下货物的占有权，而占有权只是所有权的一个方面。国际货物买卖合同中也常常规定货物所有权保留条款，约定货物出让人在未收到货款前，货物所有权仍归出让人所有。此时，提单与货物所有权分离。在这种情况下，把提单认定为物权的绝对证据就违反了货物出让人的本来意愿。所以，英美法将提单定性为物权的初步证据，既尊重了民法

---

① 杨大明，范崴，王泽庆，等.论无正本提单交付货物——潜在的各种危险［J］.中国海商法年刊，2000.

合同自治原则，又考虑到了商业实践。

提单的物权属性是个复杂的问题，我国法律对此也没有作出明确规定。从我国《海商法》规定看，①提单也只是"承运人据以交付货物的保证"，意即承运人必须向提单持有人交付货物，并没有涉及货物买卖中提单的货物所有权凭证属性。理论界依据《海商法》目前的提单定义，将其解释为物权凭证或货物所有权凭证也是不准确的。况且，在英国法下，也只有可转让提单被认定为具有财产权的初步证据，并不包括与物权毫无关系的记名提单，而我国《海商法》下的提单定义却包括了记名提单，我们教科书中的提单定义也是如此，这种笼统地把记名提单也认定为具有货物所有权功能的认识更是不妥。

3.4.3　倒签提单及其法律性质

1.倒签提单产生的原因

倒签提单是承运人、船长或其代理人在签发提单时，应托运人的要求，将提单的签发日期提前到信用证或合同规定的装船日期。其主要特征是，提单的签发日期早于货物实际装船日期。

倒签提单除极个别是由于承运人疏忽错签日期之外，绝大多数是应托运人要求而签发的。倒签提单的目的是贸易合同的卖方（实际托运人）为了使提单上载明的日期与贸易合同及信用证规定的日期保持一致，以便在表面上看来履行了合同的交货义务，以及能在信用证下顺利收回货款。《联合国国际货物销售合同公约》及各国的合同法都将交货义务视为合同的重要义务，卖方不能交货或不能按时交货构成根本性违约，买方可以索赔损失甚至取消合同。即使是在货物运抵目的港情况下，如果买方能证明卖方未在规定的装运期完成装货，也有权拒收货物。在信用证支付方式下，根据国际商会制定的《跟单信用证统一惯例》，卖方议付时所提交提单的签发日期必须与信用证规定的装运期一致，即所谓的"单证相符"。如果不符，银行将会拒绝接受该提单，信用证支付方式可能作废，银行信用将会变为商业信用，卖方回收货款的保障程度被降低。正是由于这种原因，卖方才在实际装船日晚于规定的交货期时，要求承运人违背事实地填写了提单签发日。

卖方不能及时交付货物主要有两种情形：一是在FOB条件下货没备妥，或由于装货港口拥挤或因天气等原因装货速度缓慢导致没能按时装完货物；二是在CFR、CIF条件下，发生了上述情形，或者没有及时租到船舶或订到舱位。因此，为避免倒签提单，卖方应在上述几个环节上做好工作。

2.倒签提单的法律性质

（1）确定倒签提单法律性质的意义。

确定倒签提单的法律性质无论在理论上还是在实践中都具有重要意义。在司法

---

①　《海商法》第71条规定："提单，是指用以证明海上货物运输合同和货物已经由承运人接收或者装船，以及承运人保证据以交付货物的单证。提单中载明的向记名人交付货物，或者按照指示人的指示交付货物，或者向提单持有人交付货物的条款，构成承运人据以交付货物的保证。"

实践中，确定海上货物运输中的违约责任，主要依据的是《海商法》或有关国际公约，如《海牙规则》《海牙-维斯比规则》《汉堡规则》《联合国国际货物多式联运公约》等。按照上述法律，即使承运人的行为构成了违约，承运人仍然可以享受某些免责及责任限制的权利和诉讼时效的保护。但是，如果倒签提单行为被定性为侵权行为，就超出了海上运输合同法的调整范围，而是由民法中关于侵权的有关规定来调整。一般情况下，民法中规定的侵权赔偿责任比合同法的规定要严格，赔偿范围更大一些。因此，对同一法律行为定性不同，会产生不同的法律后果。

（2）民事责任中的违约责任与侵权责任。

我国《民法通则》第106条规定："公民、法人违反合同或者不履行其他义务的，应当承担民事责任。公民、法人由于过错侵害国家的、集体的财产，侵害他人财产、人身的，应当承担民事责任。"可见，民事责任根据承担责任的原因不同可分为违约责任和侵权责任。违约责任也称为违反合同的民事行为，是指合同当事人因违反合同义务所应当承担的民事法律后果。侵权责任是指民事主体因实施侵权行为依法应当承担的民事法律后果。

民法学中违约责任和侵权责任的性质是不同的，这种区别主要有以下几个方面：

①被侵害的权利和利益性质不同。违约行为侵害的是特定人的合同债权，即合同当事人的合同利益，这种利益是基于合同产生的，而侵权行为侵害的是非特定人的生命权、健康权、人格权及财产权，这些权利是法律赋予的，而不是合同规定的。

②归责原则不同。归责原则指的是在民事责任中确定侵害人责任的原则。我国《海商法》对承运人责任采用的是不完全的过错原则，对承运人交付货物责任采用的是完全过错原则；我国《合同法》对违约人采用的是严格责任原则。对侵权责任，各国民法通常采用过错原则。

③举证责任不同。在违约责任的诉讼中，受害人一般不负举证责任，受害人只要证明损害事实，就推定合同的另一方存在过错，违约方通常需要举证证明自己没有过错。在侵权责任的诉讼中，受害人必须举证证明侵权行为人有过错并因此造成自己受到损害。

④责任构成要件和免责条件不同。违约责任中，一方只要存在违约行为，如无有效抗辩理由，就须承担违约责任，即责任要件存在违约行为；侵权责任中，侵害事实和损害结果是责任的要件，只有侵害事实，没有损害结果，侵害人无须承担赔偿责任。对于免责事项，违约责任中除法律规定的条件外，合同双方可以事先约定免责事项，但侵权责任中只能是法律规定的。

⑤赔偿范围不同。违约责任主要是财产责任，并通过法律规定的强制履行、支付违约金、赔偿损失等形式予以补救。侵权责任除财产责任外，还有非财产责任，如恢复名誉、精神损害赔偿等责任。对于赔偿范围，前者可以通过合同约定，没有

约定的，依据《合同法》的规定进行赔偿。后者则应严格按照实际损失进行赔偿，而不存在事先约定赔偿额问题。

⑥对第三人责任索赔形式不同。此处的第三人是指合同当事人的代理人或受雇人。对第三人过失导致合同另一方损失的，受害方应当向合同的债务方索赔，合同债务方作出赔偿后，再向第三人追偿，但受害人可以以侵权责任直接向第三人索赔。

⑦诉讼时效不同。世界上多数国家法律对侵权诉讼和违约诉讼规定了不同的索赔时效。

由于上述差异，不同的诉讼形式会有不同的诉讼结果。那么，倒签提单属于违约行为，还是属于侵权行为呢？还是两者兼而有之？对倒签提单行为究竟应该提起何种形式的诉讼呢？根据倒签提单行为的性质和特点，我们认为，倒签提单既具有违约的法律性质，又具有侵权的法律性质。

（3）倒签提单的违约责任。

根据有关法律，一项违约行为必须具备以下要件：第一，违约行为是以合同的有效存在为前提的，没有合同或当事人订立的合同无效，则不存在违约行为基础。第二，违约行为的当事人违反的是自己设立的，并针对特定当事人的义务，即违反的是约定义务。第三，违约行为侵害的对象是因合同产生的债权。第四，违约行为的主体是特定的，仅限于合同的当事人。

倒签提单违反的是买卖合同和提单合同约定的义务。就买卖合同而言，卖方有义务按合同及信用证规定的装运日期完成货物装运。《联合国国际货物销售合同公约》《合同法》都规定，卖方必须按合同规定的日期交货。如果卖方不履行按时交货义务，将构成根本性违约，买方可以解除合同，并索赔损失。倒签提单行为背后隐藏的是卖方迟期交货的事实。就提单合同而言，根据多数国家法律及有关国际公约，提单在转让后，构成承运人与提单持有人间的运输合同。根据《合同法》履行义务人应当遵守诚实信用原则的一般性规定，承运人作为合同一方当事人，应当按照货物装载完毕的日期签发提单。承运人违背事实，虚假签注提单日期，明显构成违约行为。上述两种合同下的违约，侵害了作为合同当事人的买方或提单持有人的合同债权。

倒签提单使买方丧失了撤销合同权利。因倒签提单，致使买方依据虚假的信息继续履行合同，使得卖方在单证相符形式下顺利收得货款，买方最终丧失了及时拒付权利及撤销合同的权利，丧失了对货款的所有权。因此，对造成此种损害的违约行为，应当追究当事人的违约责任。

（4）倒签提单的侵权性质。

根据民法一般原则，侵权行为的构成有四个要件，即：损害事实、行为的违法性、违法行为与损害事实有因果关系、行为人的主观性。承运人倒签提单构成侵权行为，因为：

第一，倒签提单行为下的损害事实是相当清楚的。倒签提单掩盖的是迟期交付货物，迟期交付货物必定导致货物迟期抵达目的港，要么导致买方延迟使用，要么导致其错过销售季节，要么导致其对分销合同违约，这都将最终导致买方经济损失。

第二，倒签提单行为也是违法行为。诚实、守信是民事行为的最基本原则之一。承运人与托运人合谋，罔顾事实，虚填提单日期，是对善意提单持有人的欺诈行为。

第三，在倒签提单下，买方的损失与倒签提单行为有直接关系。本来，在迟期交货情况下，买方有权拒绝接收货物。在市价下跌时，便可避免经济损失。但承运人倒签提单剥夺了买方拒收货物的权利，货款在信用证下被卖方议付，使买方承担了市场差价损失和其他风险。

第四，倒签提单是承运人主观有意的行为。承运人在倒签提单时，一般都知道这一行为的违法性及可能造成的不良后果，因而都会要求托运人向其出具保函，保证承运人因此遭受索赔时，托运人予以赔偿。由此可见，倒签提单属承运人主观故意犯错。

3.倒签提单的赔偿范围

承运人倒签提单的行为更接近于第三人侵害债权，因此承运人不得享受相关海商法的免责权和赔偿责任限制权。

就倒签提单导致的收货人损失范围的确定，根据因果关系原则和恢复原状原则，即恢复到买方不支付货款和不接受货物的状态，具体费用应当包括货物差价损失（进口合同价格与交货时的目的地价格之差）、卸货费、堆存费、关税与增值税和其他为了实现货物的变卖支出的检验费、检疫费等。

4.倒签提单的法律后果

就运输合同而言，倒签提单可导致承运人面临违约之诉或侵权之诉。我国《合同法》第122条规定："因当事人一方违约行为，侵害对方人身、财产权益的，受损害一方有权选择依据本法要求其承担违约责任或者依据其他法律要求其承担侵权责任。"受害人不论提起何种诉讼，倒签提单行为都会给承运人带来一系列严重的法律后果。

（1）承运人将丧失赔偿责任限制权利。

在提单合同下，承运人根据《海牙规则》或有关提单法律，享有赔偿责任限制权利。我国《海商法》第59条规定："经证明，货物的灭失、损坏或者延迟交付是由于承运人的故意或者明知可能造成损失而轻率地作为或者不作为造成的，承运人不得援用本法第56条或者第57条限制赔偿责任的规定。"可见，承运人主张赔偿责任限制权利是有前提条件的，即在其履行提单合同义务时不应存在过错。承运人倒签提单，明显属故意行为，该行为使其丧失了上述权利。

（2）承运人可能面临不同的赔偿责任。

由于倒签提单可以认定为侵权性质，而侵权责任与违约责任在现行法律制度下存在差别，诉权人就可能选择有利于自己的诉因提起诉讼，使得承运人面临不同的赔偿责任。例如，我国《合同法》第 113 条规定："当事人一方不履行合同义务或履行合同义务不符合合同规定，给对方造成损失的，损失赔偿额应当相当于因违约所造成的损失，包括合同履行后可以获得的利益，但不得超过违反合同一方订立合同时预见到或者应当预见到的因违反合同可能造成的损失。"该规定最后一句等于为责任人设置了最高赔偿限额，即对承运人无法预见到的损失，即使该损失是由倒签提单行为导致的，承运人也无须作出赔偿。这常常成为承运人的抗辩理由，使被害人无法获得全部损失赔偿。的确，实践中对"预见到或者应当预见到"较难确定。例如，对因货物迟期抵达，导致收货人对转售合同违约所承担的议定的违约赔偿及转售利润，承运人应否预见到？对转售利润应当预见到多少？如承运人主张无法预见，受害人很难对此作出相反举证。但在侵权责任下，当受害人举证证明自己的实际损失时，承运人则难以作出相反举证，因此，赔偿额很可能大于违约责任的赔偿额。

（3）托运人向承运人出具的保函对收货人无效。

托运人请求倒签提单时，一般需向承运人出具保函，保证由此引起的承运人任何损失，托运人都予以赔偿。但是，由于倒签提单属合谋欺骗行为，法律不会支持该保函对收货人的效力，承运人将无法得到保函的保障。

通过上述分析可见，倒签提单是一种欺诈的违约、违法行为，会给贸易合同的买方带来损失，也会使承运人背上沉重的法律责任。运输实务中存在着大量的倒签提单做法，应当改变。

3.4.4　预借提单及其法律性质

1. 预借提单产生的原因及风险

提单具有货物收据的作用，因而，只有在承运人收到货物并将其装上船以后，承运人才能签发提单。此种提单被称作已装船提单，托运人只有凭已装船提单才能去银行办理结汇。但是，实践中有时会出现这样的情况，即船舶无法按时到达港口受载，或船舶虽然已经到达港口准备装货，但托运人尚未备好货物，或虽然已开始装货，但因货源不够充足，装货不得不暂停。诸如此类，都使得发货人无法按时获取已装船提单。如果等待货物装完以后再签发提单，就会错过信用证规定的结汇日期。在上述情况下，托运人往往请求承运人或其代理人先行签发已装船提单，以便凭此提单去银行结汇。

承运人签发预借提单要承担很大的法律风险，其原因有以下三点：

首先，签发预借提单，极有可能增加承运人的赔偿责任。我们知道，提单有货物收据的作用，它是在货物装船以后，由托运人凭收货单（大副收据 mates receipt）向船公司或其代理换取的。船公司或其代理签发提单时，如果发现大副收据上载有货物状况的不良批注，就应如实地将此种批注转注到提单上，以此作为日后免除货损责任的证明。但是，在签发预借提单的情况下，由于承运人尚未见到货物，就为托运人签发了清洁的已装船提单，日后货物实际状况与提单记载可能不符，承运人则必将因此承担交货不符责任。

其次，承运人可能承担货物落空的赔偿责任。即使托运人请求签发预借提单的行为是善意的，但在实践中发货人可能无货可交。例如，在签发了预借提单以后，货物在码头或仓库内发生了灭失、损坏或被海关退关，发货人又无其他货物可以替代。这样，尽管货物没有装船，收货人却支付了货款，取得了无法兑现的已装船提单，承运人对此需要承担责任。

最后，签发预借提单属承运人欺诈行为。无论何种原因，签发预借提单都是一种违背客观事实的行为，即使在提单签发以后，货物完整无损地装到了船上，提单的签发日期与货物实际装船日期也一定不符，其性质与倒签提单没有差别。收货人有权就预借提单行为向承运人提出索赔。

2.预借提单的法律性质

同倒签提单一样，预借提单行为具有双重法律性质，承运人签发预借提单行为既具有违约性，又具有侵权性。其违约性表现为，诚实签发提单是海上货物运输合同中承运人基本义务之一，承运人违反提单合同相关法律规定，违反事实，出具虚假提单，掩盖了卖方迟期交付货物的事实，剥夺了买方取消合同的权利，从而构成运输合同下的违约。其侵权性表现为，承运人签发预借提单行为符合民法中侵权责任的构成要件：第一，承运人明知货物没有装船或没有装完船却签发已装船提单，过错是明显的。第二，已装船提单表明货物已经装船。只有在货物装船完毕之后承运人才能签发该种提单。承运人在货物装船之前就签发已装船提单，明显违反民事行为中的诚实信用一般法律原则。第三，在国际贸易中，如果卖方交付货物迟于合同规定，造成买方利益严重损害的，买方有权拒收货物。但在预借提单下，卖方在货物实际装船前就议付了货款，使买方（提单持有人）丧失了拒付货款的机会而蒙受了损失。第四，买方蒙受的上述损失完全因承运人签发预借提单而起，该损失与侵权行为有最直接因果关系。

3.预借提单的法律后果

由于承运人倒签提单和预借提单行为具有违约和侵权双重法律性质，从保护受害人利益出发，法律上允许受害人选择有利于自己的诉因起诉，既可以根据合同起诉，也可根据侵权起诉。承运人签发预借提单的法律后果与倒签提单的法律后果基本相同，不再赘述。

鉴于预借提单的违法性质，发货人应本着诚实信用原则，在货物无法按贸易合同或信用证规定的装运期装船时，如实通知买方，取得买方同意延期装货以及延展信用证的装运期和有效期。承运人应避免签发预借提单，特别是在对货物情况不了解的情况下，更应谨慎。发货人出具保函并不能解除承运人对提单持有人如实签提单的义务。

3.4.5 交换提单的法律性质及其运用

交换提单是承运人应托运人或承租人要求，以原提单为交换条件而签发的变换了原提单中托运人和装货港的另一套提单。与转船提单不同,在交换提单下,货物无须在中途港换装,只履行提单交换手续。但是,交换提单毕竟改变了实际发货人和装货港口,掩盖了事实真相,违反了提单签发的诚实原则。因此有必要对交换提单的有关问题进行研究。

1.交换提单产生的原因

在国际海上货物运输实务中,托运人或承租人常因以下原因要求承运人签发交换提单:

(1)装卸两港不允许直接通航。

装卸港口不允许直接通航多是政治原因造成的,如两国无外交关系、政治对立、经济制裁等。在这种情况下,装货港签发的提单无法被卸货港的官方所接受。解决这个问题有两种途径:一是采用转口运输,即把货物运到可以接受的转运港,再从该港出口到目的港;二是采用交换提单,即将原提单上的装货港改为可接受的中途港,而货物实际上不转船,船舶甚至可以不挂靠中途港。

(2)实际装货港与贸易合同规定不符。

装货港是贸易合同的重要事项,未经买方同意不得擅自更改。但是,贸易实务中卖方在贸易合同签订后可能因货源紧张而改变供货地点,因而改变了原规定的装货港口。这样,在实际装货港签发的提单就无法被买方或银行接受。这个难题可以通过在交换提单中改变实际装货港口的方法来解决。

(3)保护商业秘密。

在中间贸易情况下,实际买方和卖方互不认识或互不了解,中间贸易商通过签订背对背合同的方法实现了货物交易,赚取了买卖差价。在这种中间贸易中,保护贸易信息对中间贸易商非常重要。在交换提单中改掉真实的托运人或装货港口,可以防止买方掌握卖方信息。为此,从事中间贸易的中间商需要控制租船权,并要求承运人同意签发交换提单。

(4)规避贸易壁垒。

世界多数国家都对来自不同国家的商品实行差别税率。如果原装货港口属高额税率对象国,则可以将原提单的装货港口改为低税率对象国的港口;当进口国对某些商品实行国别配额时,如果原提单装货国家的配额用尽,提单项下的货物将被禁止进口。此时,将装货港改为尚有进口配额额度的国家港口则可顺利进口。

2.交换提单的法律性质

从理论上讲,交换提单是一种违法行为。第一,不论是为了规避不允许直航,还是为了绕开进口国贸易壁垒,都是违反进口国政府政策的行为。第二,不如实记载提单重要事项,改变实际装货港或托运人,实际上是对贸易合同的买方或提单持有人的欺骗行为。

但在实践中,国际中间贸易对交换提单存在客观上的需要,可以说,某些中间贸易离开交换提单将无法进行。再者,从提单买卖的本质上看,买方最关心的是提单上载明的货物是否符合合同规定以及提单签发日期是否与贸易合同规定的装运期一致，而托运人和装货港口的不一致并不一定会给买方带来利益损害，这一点与倒签提单和预借提单相比有着本质上的区别。因此，从实务角度出发，不应对交换提单一概持否定态度。

3.签发交换提单时应注意的问题

由于交换提单的法律性质在理论上和实践上存在冲突，实践中应采取严肃态度，区分不同情况加以利用。具体地说，应注意以下问题：

（1）当因装卸港口不允许直航或为绕开进口国贸易壁垒而使用交换提单时，因为其性质是违反进口国政府政策的行为，一旦被进口国当局发现会产生严重后果，所以不主张随意使用交换提单。

（2）当因商业目的而不涉及政治问题使用交换提单时，应谨慎处理，除替换托运人和装货港口外，原提单其他记载事项不得作任何更改。

（3）承运人在签发交换提单时，必须收回原提单，以避免两套提单同时存在。这不但可以保护承运人，也可以保护真正货方的利益。

（4）除合同另有规定外，承运人无义务签发交换提单。托运人或承租人要求签发交换提单时，应向承运人提出书面申请并提供可靠的担保，保证承运人因签发交换提单而遭受任何损失时予以赔偿。

4.交换提单在三角贸易中的应用

三角贸易也称为中间贸易，它是中间贸易人分别与货物的实际卖方和买方签订买卖合同赚取贸易差价的贸易行为。在三角贸易中，通过恰当地使用交换提单和可转让信用证，可以起到节省资金的作用（如图3-1所示）。

使用交换提单和可转让信用证可不占用资金实现三角贸易利润。业务流程说明如下：

（1）中间商与实际买卖双方分别签订供货合同和购货合同。供货合同贸易条件为CFR或CIF，购货合同贸易条件为FOB，从而控制运输，支付方式均为可转让信用证。

（2）买方通过银行向中间商开立可转让信用证，中间商收到后指示转让银行向供货商转让信用证。

（3）中间商与船舶出租人签订运输合同，并约定可凭提单副本和保函换发交换提单。

（4）供货商按照合同约定装运货物，并将提单副本传递给中间商。

（5）中间商凭提单副本和保函要求其所在地的船舶出租人或其代理人签发交换提单。

（6）中间商在收到转让银行替换单据的通知后，到银行替换提单和单据议付货款，并将原提单交还给船舶出租人。

（7）转让银行从全部议付货款中分别向供货商和中间商支付各自应得款项。

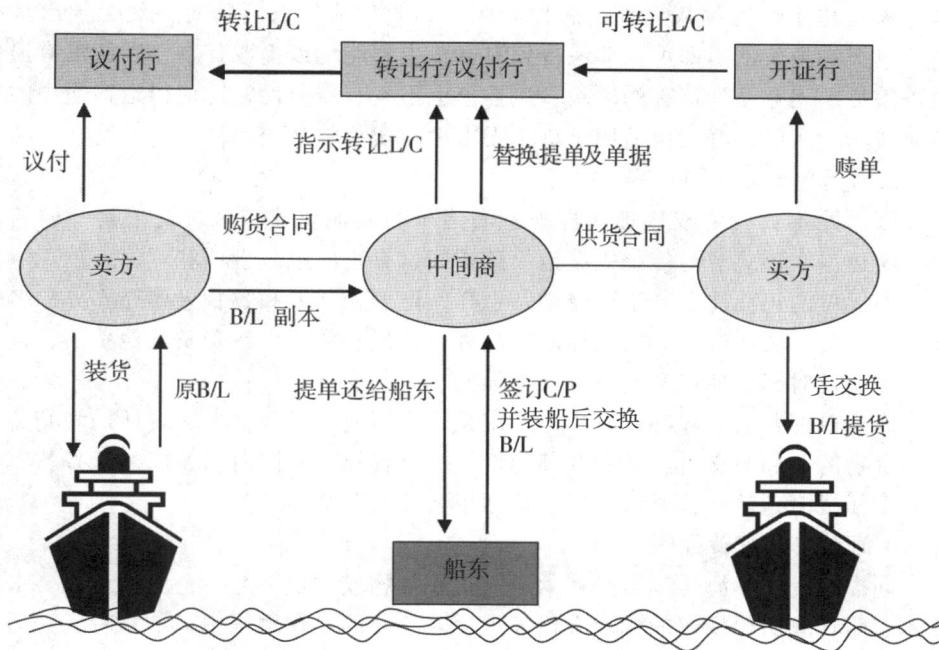

图 3-1　三角贸易业务流程示意图

3.5 海运单和电子提单

海运单和电子提单是随着集装箱运输和电子通信业务的发展而产生的。与传统的提单相比，它们具有许多不同的特点。下面介绍这两种单证的主要特征。

3.5.1 海运单

1. 海运单的概念

海运单（sea waybill，SWB）又称运单（waybill），是证明国际海上货物运输合同和货物由承运人接管或装船，以及承运人保证将货物交给指定收货人的不可流通的运输单证。

海运单是为了适应海上货物运输快速发展而产生的。在海运实践中，由于船舶速度快、装卸效率提高，尤其是航程较短时，常常出现船舶到达目的港时收货人尚没收到提单，因而无法换取提货单提货的现象。即使承运人同意凭保函提货，收货人也要为此支付高额的担保金和利息。承运人也常常面临凭收货人保函放货后，出现正本提单持有人请求货物，因而承担错误交货的责任。此外，海运诈骗者常利用提单的流转过程作案。海运单正是为解决这些问题而产生的。

2. 海运单的属性

海运单具有货物收据和运输合同证明的属性，这一点与传统提单相同，不同的是，海运单不具有物权凭证的属性。因此，收货人提取货物时一般无须出具海运单，只提供身份证明即可。非法得到海运单也不能凭以提取货物，因此没有遗失或被盗使货主利益受到损害的风险。海运单也不具有流通性，这使得运输途中的货物不能转卖。所以，海运单适用于货主无中途转卖货物意图的情形。

3.海运单的格式与内容

因为除不具有物权凭证属性外，海运单的其他属性与传统提单是一样的，所以，海运单在形式上与传统提单也大致相同，有正面记载事项和背面条款。

海运单的正面注有"不可流通"字样，记载托运人和收货人或通知方的名称和地址、船名、装卸港口、货物标志、品种、数量和包装、运费及其他费用，以及海运单的签发时间、地点和签发人等事项。

海运单的背面一般都订有货方的定义、承运人责任与义务、责任期间和免责事项、货物的装卸与交付、运费及其他费用、留置权、共同海损、新杰森条款、双方互有责任碰撞条款、首要条款、法律适用和仲裁条款等。

4.海运单的流转程序

同提单一样，海运单也是在承运人接管货物或货物装船后，应托运人要求由承运人、船长或船长授权的代理人代表承运人签发的。在凭信用证结算时，托运人在议付时需将海运单交给银行。承运人或其在装货港的代理人通过电子通信手段，将海运单的内容传送给目的港承运人的代理人。船舶抵达目的港时，承运人目的港的代理人向收货人或通知人发出到货通知。收货人凭到货通知和身份证明到目的港的承运人代理人处领取提货单，在码头仓库或船边提货。

5.有关海运单的统一规则

由于海运单与提单有着本质上的不同，有关提单的国际公约和其他相关法律在用于海运单时会产生一系列法律问题。1990年6月在巴黎举行的国际海事委员会第34届大会上，通过了《国际海事委员会海运单统一规则》（CMI Uniform Rules for Sea Waybills），试图解决和统一海运单的相关法律问题。该规则是一个民间规则，不具有法律效力，只有在合同双方协议采用时才适用。

该规则主要在以下三个方面作了统一规定：

（1）传统提单法律的适用。尽管《海牙规则》和《海牙-维斯比规则》规定只适用于提单或类似物权凭证所包括的运输合同，该统一规则强制规定，《海牙规则》和《海牙-维斯比规则》或有关国内法适用于海运单。

（2）收货人主张货物的权利。在《海牙规则》下，由于提单是物权凭证，提单持有人可以向承运人主张货物，并在货物灭失或损坏时向承运人要求赔偿。但是，海运单自始至终不在收货人手中，收货人凭什么向承运人主张权利？对此，"统一规则"强制规定，托运人不仅为其自身利益，同时作为收货人的代理人同承运人订立运输合同。因此，收货人也是运输合同的当事人，因而有权向承运人主张权利。

（3）托运人（指实际托运人，即卖方）对货物的控制权。在海运单下，只有托运人才有权就货物的交付向承运人发出指令。因此，托运人可以在运输途中或在目的港交货之前，变更收货人。

3.5.2 电子提单

1.电子提单的概念

电子提单（electronic bill of lading）是指通过电子方式传送的有关海上货物运输合同的数据（data）。与传统提单不同，电子提单不再是纸面运输单据，而是一系列按特定规则组成的电子数据，这些数据由电子计算机及其网络进行传送。

由于电子提单采用电子计算机和电子通信技术，传输速度很快，可以有效地解决提单比船舶晚到目的港的问题。电子提单以密码进行传输，能有效地防止航运单证欺诈。但是，电子提单是个新生事物，目前尚未普及。

2.电子提单的流转程序

电子提单的流转是通过电子数据交换（electronic data interchange，EDI）实现的。实现电子提单的流转，首先需将承运人、承运人的代理人、托运人、收货人和银行等与提单流转的各有关方面的电子计算机连成网络。电子计算机将货物运输合同中的数字、文字、条款等，按特定的规则转换为电讯（electronic message），通过电子通信设备，从一台电子计算机传送至另一台计算机。

电子提单的具体流转程序是：

（1）托运人通过订舱电讯向承运人订舱。

（2）承运人如同意接受订舱，向托运人发送电讯确认及运输合同条款。

（3）托运人按照承运人要求，将货物交给承运人或其代理人。承运人或其代理人收到货物后，向托运人发送收货电讯，其内容包括：托运人名称、货物说明、货物外表状况、收货时间与地点、船名、航次装卸港口，以及此后与托运人进行通信的密码。托运人一经确认，对货物具有支配权。

（4）承运人在货物装船后，发送电讯通知托运人，并按托运人提供的电子通信地址抄送银行。

（5）托运人根据信用证到银行议付结汇后，发送电讯通知承运人，货物的支配权即转至银行，承运人便销毁与托运人的通信密码，并向银行确认和提供银行一个新的密码。

（6）收货人向银行支付货款后，取得对货物的支配权。银行向承运人发送电讯，通知货物支配权已转移至收货人，承运人随即销毁与银行的通信密码。

（7）承运人向收货人发送电讯，确认控制着货物，并将货物的说明、船舶的情况等通知收货人，由收货人加以确认。

（8）承运人向目的港代理人发送电讯，说明货物和船舶情况以及收货人的名称，令其在货物到达之前电讯通知收货人到货情况。

（9）收货人根据到货通知电讯，凭其身份证明，到承运人的代理人处获取提货单提货。

3.《国际海事委员会电子提单规则》

鉴于电子提单是个新生事物，为规范使用，1990年6月在巴黎举行的国际海事委员会第34届大会通过了《国际海事委员会电子提单规则》。同《国际海事委员会海运单统一规则》一样，该规则是一个民间规则，没有强制力，需经运输合同双方协议适用才有效力。该规则试图解决以下主要问题：

（1）运输合同条款的确定。为避免电子提单中对提单合同条款数据传送繁琐，该规则规定，在电子提单数据传送过程中，可以规定特定的运输合同条款，并将这些条款视为合同的不可分割组成部分，而不必对这些条款进行传送，但这种特定的运输合同条款必须是合同双方都知道、理解和接受的。

（2）传统提单法律的适用。因为《海牙规则》等传统提单法律调整的法律关系中没有包括电子提单，所以，电子提单是否应当接受上述法律的调整是一个新问题。该规则明确规定，传统的提单法律适用于电子提单，从而解决了电子提单的法律适用问题。

（3）货物权利。提单项下的货物权利主要包括对承运人的货物请求权利、指定或变更收货人权利、向承运人下达交货指示的权利以及向承运人索赔货物灭失或损坏的权利。这些权利主要来自传统提单的物权凭证属性。电子提单是否也应具有这一功能，从而方便贸易中的货物转卖？该规则规定，就物权凭证功能而言，电子提单与传统提单一样，具有传统提单的流通功能。

（4）电子提单的书面形式。传统提单具有书面形式，作为运输合同，它可以满足法律上对运输合同的书面要求。但电子提单是通过电子网络的数据传递的，是否能满足法律的一般要求呢？对此，该规则规定，承运人、托运人及其他有关方应将计算机储存的，并可在电子计算机屏幕上用人类语言显示，或已由电子计算机打印出来的电子数据，视为书面形式。合同双方对合同的确认也可以通过电子数据实现，因此也应视为电子提单经过双方签署。

3.6 海上货物运输的国际公约

为促进国际贸易的发展，统一国际海上货物运输合同的有关法律，一些国际组织发起、制定并通过了若干国际公约。这些国际公约主要有《海牙规则》、《维斯比规则》、《汉堡规则》和即将生效的《鹿特丹规则》。国际海上货物运输合同主要表现形式为提单，包括海上货物班轮运输中签发的提单和租船运输中签发的提单，因此，这些国际公约也可称为有关提单的国际公约。这些国际公约是为了规范海上货物公共运输或具有公共运输特性的货物运输而制定的，因此，这些公约均不适用于租船合同或其他形式的船舶使用合同，包括不适用于班轮运输中的租船合同。

3.6.1 《海牙规则》

1.《海牙规则》产生的背景

从18世纪开始到19世纪后期，以英国为代表的少数几个欧洲国家在世界航运中占据了主要地位。承运人利用其垄断地位，滥用合同自治权，任意扩大承运人免责范围。到19世纪后期，这种免责事项多到使货方基本权利无法保障的地步。

为维护货方利益，作为货方代表的美国于1893年通过了《关于船舶航行、提单，以及与财产运输有关的某些义务、职责和权利的法案》（An Act Relating to Navigation of Vessel，Bill of Lading，and to Certain Obligations，Duties，and Rights in Connection with the Carriage of Property），简称《哈特法》（Harter Act）。该法案规定了承运人在从事美国港口与外国港口之间货物运输中的最低限度义务，这些规定成为后来《海牙规则》的雏形。

在美国的带动下，其他贸易大国也相继制定相关法律，在世界范围内掀起了限制承运人滥用权利的立法运动。为统一相关立法，国际法协会所属的海洋法委员会于1921年5月在荷兰首都海牙召开会议，制定提单规则，并于1924年8月25日在比利时首都布鲁塞尔召开的有26个国家代表出席的外交会议上，通过了《关于统一提单若干法律规定的国际公约》（International Convention for the Unification of Certain Rules of Law Relating to Bill of Lading），简称《海牙规则》。《海牙规则》于1931年6月2日生效，现参加国有80多个。英国在1924年将其转化为国内法，即英国1924年的《海上货物运输法》（Carriage of Goods by Sea Act，COGSA），美国没有加入该公约，其当时的相关立法是《哈特法》和1936年的《海上货物运输法》。据最新统计，现有99个国家加入了该公约，我国没有加入该公约。

2.《海牙规则》的主要内容

《海牙规则》采纳了《哈特法》的基本原则，规定了承运人最低限度的义务和最大限度的权利。其主要内容有：承运人谨慎处理使船舶适航义务、妥善和谨慎管理货物义务、承运人责任期间、承运人免责事项、承运人赔偿责任限制、承运人减免最低义务条款无效、托运人对货物、危险品正确申报义务与责任、货物灭失或损坏的通知及诉讼时效、适用范围等。有关这些规定的详细内容参见本章班轮货物运输合同一节。

3.6.2　《维斯比规则》

1.《维斯比规则》产生的背景

《海牙规则》的实施对国际货物运输中船货双方利益的平衡起到了重要作用。但随着国际政治、经济形势的变化和运输形式的发展，《海牙规则》的某些规定越发显得适应不了形势需要，如承运人责任限额过低、集装箱运输问题等。

为解决上述问题，国际海事委员会决定对《海牙规则》进行修改。在1968年2月23日在布鲁塞尔召开的有53个国家参加的第12届海洋法外交会议上，通过了《修订统一提单若干法律规定的国际公约的议定书》（Protocol to Amend the International Convention for the Unification of Certain Rules of Law Relating to Bill of Lading），简称《布鲁塞尔议定书》。因国际海事委员会1963年在瑞典的哥特兰岛区首府维斯比城讨论并签署该议定书草案，故此议定书又称为《维斯比规则》，经该议定书修订后的《海牙规则》称为《海牙-维斯比规则》。共有33个国家加入了该公约，我国没有加入该公约。

2.《维斯比规则》的主要内容

《维斯比规则》主要在以下方面对《海牙规则》进行了修订：

（1）承运人的最低赔偿责任限制。该规则将《海牙规则》规定的承运人每件或每单位100英镑的单轨制责任限额改为双轨制，即每件或每单位10 000金法郎，或者按灭失或损坏货物的毛重计算，每千克30金法郎，择高者计算。当时的10 000金法郎相当于431英镑，从而部分地解决了通货膨胀问题。但由于作为金法郎计算基础的黄金价格随着金本位制国际货币体系的崩溃而自由浮动，使得承运人赔偿限额无法保持稳定。1979年，责任限制计算单位被改为以特别提款权计算。修订后的承运人最低赔偿责任限制为每件或每单位666.67特别提款权，或按货物毛重每千克2特别提款权。该规则还规定，当货物以集装箱、托盘或类似工具集装时，如果提单中载明了集装工具中的货物件数，承运人责任限制以载明的件数计算，否则，集装工具及货物视为一件或一个单位。

（2）提单的证据效力。《海牙规则》规定，提单中载有的货物主要标志、件数、数量、重量，以及货物外表状态的描述是承运人收到该货物的初步证据。《维斯比规则》进一步规定，当提单转让给善意第三人时，提单所载内容便成为承运人与该提单持有者之间收到所载货物的绝对证据。

（3）非运输合同诉讼时承运人免责权的适用。在某些国家，当发生货物运输事故时，法律上允许受害人既可以以违反运输合同为由向承运人提起合同诉讼，也可以以侵权为由向承运人提起侵权诉讼。但提起侵权诉讼时，承运人不得援引《海牙规则》中规定的承运人免责和责任限制，这对承运人是非常不利的。因此，《维斯比规则》规定，不论受害人提起何种诉讼，《海牙规则》规定的承运人免责事项和责任限制都适用。

（4）承运人的受雇人和代理人权利。承运人的受雇人和代理人不是运输合同的当事人，他们在由于过失造成货物灭失或损坏而遭到诉讼时，无权享受运输合同或有关法律规定的承运人免责事项或责任限制。在英国，一艘名为"喜马拉雅"的客轮靠港时，由于舷梯没有放好，致使一名老年妇女摔伤。因客票中印有承运人免责条款，该旅客便以侵权行为控告该轮水手长。法院判决，该水手长作为承运人的受雇人无权援引上述免责，需承担对该旅客的全部赔偿责任。此后，承运人纷纷在客票中订入"喜马拉雅条款"，规定承运人的受雇人和代理人有权享受承运人的免责权和责任限制权。《维斯比规则》将"喜马拉雅条款"法律化，规定承运人的受雇人或代理人在诉讼中享有与承运人同样的法律地位。承运人的受雇人包括雇用的船员、装卸公司等与货物运输各环节有关的独立合同人。

（5）诉讼时效。《海牙规则》规定，货物灭失或损害的诉讼时效为一年，自承运人交付或应当交付货物之日起计算。《维斯比规则》第1条第2款补充规定，诉讼事由发生后，只要双方当事人同意，这一期限可以延长，明确了诉讼时效可经双方当事人协议延长的规定。第3款则进一步规定，被诉人向第三人追诉的时效，即在一年的时效期间内或时效届满后，再允许3个月时间供被诉人向第三人追偿。该3个月自提起追诉的人已解决原赔偿请求之日起，或收到原审法院对其本人送达的起诉状之日起计算。这一规定保证了原案被诉人向负有责任的第三方的追诉权利不因一年时效届满而丧失。例如，在收货人对承运人的赔偿诉讼中，契约承运人对实际承运人的追诉，或实际承运人对契约承运人的追诉。

（6）规则的适用范围。根据《海牙规则》第10条规定，该规则仅适用于在缔约国签发的提单。《维斯比规则》第5条第3款将本公约的适用范围扩大到：① 在缔约国签发的提单；②货物在一个缔约国的港口起运；③提单载明或提单所表明的合同规定适用《维斯比规则》的规定。

需要说明的是，《维斯比规则》的签约方与《海牙规则》的签约方并不完全一致，有的是《海牙规则》的签约方，有的是新的签约方，对于后者视为其自动承认《海牙规则》。对于没有加入《维斯比规则》的《海牙规则》签约方，《维斯比规则》不适用。这些应在适用公约时加以区分。

3.6.3 《汉堡规则》

对于《海牙规则》和《维斯比规则》实行的承运人部分过错原则，很多发展中国家和代表货主利益的发达国家，如美国、加拿大、法国、澳大利亚等表示不满，要求建立船货双方平等分担海上货物运输风险的制度。为此，联合国国际贸易法委员会组织制定了《1978年联合国海上货物运输公约》（United Nations Convention on the Carriage of Goods by Sea），并于1978年3月6日在德国汉堡召开的联合国海上货物运输会议上通过，故该公约也被称为《汉堡规则》。该公约于1992年11月1日生效，共有34个缔约国，我国没有加入。

《汉堡规则》的主要内容如下：

1.承运人责任的归责原则

《海牙规则》规定，承运人对船长、船员等在驾驶船舶或管理船舶及火灾中的过失免除赔偿责任，即使他们在上述行为中存在过错。《汉堡规则》废除了这种不完全过错原则，规定只要船长、船员等在驾驶船舶或管理船舶及火灾事故中存在过错，承运人就应当承担责任。这种责任原则我们称之为"完全过错原则"。这一规定是对《海牙规则》的根本修改。该规则第5条第1款规定："如果在承运人掌管货物期间发生了货物灭失、损坏或延迟交货，除非承运人能够证明，其本人、受雇人或代理人已为避免事故的发生及其后果采取了一切合理措施，否则，承运人应对上述事故损失承担赔偿责任。"关于举证责任，根据该规则的附件，承运人根据该规则承担的责任以推定过失原则为基础，即发生了货物损失，即推定承运人有责任。承运人如欲免责，需举证证明自己已经采取了合理的措施。

关于延迟交付货物，该规则规定，延迟交付是指承运人未能在明确约定的时间内，或者在没有约定时，未在一个谨慎的承运人应做到的合理时间内在合同规定的卸货港交付货物。在应交付货物之日起60天内，承运人未交付货物，则视为货物已经灭失。

2.承运人责任期间

《汉堡规则》规定的承运人责任期间比《海牙-维斯比规则》略有扩展，即包括货物在装货港、运输途中和卸货港处于承运人掌管之下的期间。具体地说，是从承运人、其受雇人或代理人从托运人或其代理人，或根据装货港所适用的法律，从货物发运当局或其他第三方在装货港接管货物时起，至货物在卸货港交付给收货人、其受雇人或代理人，或当收货人不向承运人提货时，依照合同或卸货港适用的法律或特定的商业习惯，将货物置于收货人、其受雇人或代理人支配之下，或者，根据卸货港适用的法规，将货物交给所需交付的当局或其他第三方时为止。

3.承运人的责任限制

《汉堡规则》规定的承运人责任限制额比《维斯比规则》提高了25%。该规则的第6条规定，承运人对货物灭失或损坏的赔偿限额为每件或其他装运单位835特别提款权，或按货物毛重计算，每千克2.5特别提款权，以较高者为准。对以集装箱、托盘等集装工具集装货物时，确定货物件数或装运单位的原则与《维斯比规则》规定基本相同，但追加规定如果集装工具系托运人提供，则此集装工具应视为一个独立的装运单位。

4.非运输合同诉讼时承运人免责权的适用

此条规定与《维斯比规则》的规定基本相同。

5.活动物与舱面货

《海牙规则》的规定不适用于活动物和舱面货，尽管事实上根据承运人的管理货物义务规定，承运人也必须对这两类货物尽妥善管理义务。《汉堡规则》将这两类货物纳入管理范围，明确规定承运人只有在与托运人达成协议时才可将这类货物装于舱面，否则应对其后果承担责任。承运人将这类货物装于舱面时，应在提单或其他货运单据上注明，否则不得援引与托运人的约定对抗第三人。

6.托运人的义务与责任

此条规定与《海牙规则》的规定基本相同。

7.保函的效力

《汉堡规则》首次对保函的效力作出了规定。该规则规定，托运人在货物外表不良时为换取清洁提单向承运人提供的保函，在托运人与承运人之间有效，但是对包括收货人在内的任何第三方无效，并且，保函如具有欺诈性质，此种保函在托运人与承运人之间也无效。同时，承运人应对第三人因此遭受的任何损失负赔偿责任，而且不得援引规则规定的免责及赔偿责任限制。

8.货物损失的通知和诉讼时效

由于《汉堡规则》对承运人的责任实行的是推定过失责任原则，所以该规则进一步规定，如果收货人未在规定的时间内提出货物损失通知，则视为承运人已按提单记载履行了义务。这就意味着如果事后收货人欲向承运人索赔，则承运人的举证责任转给了收货人。对收货人提出货物损失通知的要求是：如果交货时货物灭失或损坏明显，此种通知应在收到货物后15日内提出；在货方存在过失给承运人造成损失时，承运人应在损害发生日或自货物交付日起90天内提出通知。对于诉讼时效，该规则规定，不论是货方还是承运方起诉，其时效均为两年，自交付货物，或应交付货物的最后一日的次日算起。

9.管辖权与仲裁

《汉堡规则》第29条规定，下列地点所在国法院对有关货物运输争议具有管辖权：①被告主营业所，或无主营业所时，被告的通常居住地。②合同订立地。③装货港口或卸货港口。④ 运输合同规定的其他地点。原告有权在上述范围内选择诉讼地点。此外，如合同双方就争议达成仲裁协议，索赔人也有权按照上述顺序选择仲裁地点，但仲裁协议规定仲裁地点的，应按照仲裁协议规定办理。

10.规则的适用范围

该规则适用于国际海上运输合同，但合同规定的装货港或卸货港之一应在某一缔约国内，或者提单在某一缔约国内签发，或者提单或其他运输单证规定运输合同受该规则约束。但同《海牙规则》一样，该规则不适用于租船合同，但如租船合同提单中并入了租船合同条款，则根据该提单提起的诉讼应适用该规则。

3.6.4　《鹿特丹规则》

为了适应贸易运输新的需要和统一现行有关法律的规定，1998年5月联合国国际贸易法委员会（UNCITRAL）启动了新的货物运输立法工作。经过10年的艰苦工作，2008年12月第63届联合国大会审议通过了《联合国全程或部分国际海上货物运输合同公约》（UN Convention on Contract for the International Carriage of Goods Wholly or Partly by Sea），并决定于2009年9月23日在荷兰鹿特丹开放签署，因此，该公约也简称《鹿特丹规则》（The Rotterdam Rules）。该规则制定的主要目的是取代现有的《海牙规则》、《维斯比规则》以及《汉堡规则》，真正实现海上货物运输规则的国际统一。

该公约在联合国国际贸易法委员会收集到20个成员国提交核准书的一年后正式生效。目前，已有25个成员国签署了该公约，包括刚果、加蓬、加纳、几内亚、尼日利亚、波兰、塞内加尔、瑞士、多哥等非洲小国，也包括美国、荷兰、挪威、希腊、法国、西班牙和丹麦等较大的国际海运或贸易国家，但德国、加拿大、英国、澳大利亚等国已明确表示不会签约，我国也未参与签署。该公约目前只有多哥、西班牙和刚果政府核准加入[①]，尚未满足生效条件。尽管如此，公约文本反映了国际海运的新问题和立法的新趋势，值得我们研究。

从内容上看，《鹿特丹规则》不仅涉及包括海运在内的多式联运、在船货两方的权利义务之间寻求新的平衡点，而且还引入了如电子运输单据、批量合同、控制

---

① 联合国国际贸易法委员会.联合国全程或者部分海上国际货物运输合同公约［EB/OL］.［2017-05-24］. http://www.uncitral.org/uncitral/zh/uncitral_texts/transport_goods/rotterdam_status.html.

权等新的内容，此外公约还特别增设了管辖权和仲裁的内容。从公约条文数量上看，公约共有96条，实质性条文为88条，是《海牙规则》的9倍、《汉堡规则》的3.5倍。该公约与前述3个公约对比的主要变化如下。

1. 扩大了承运人责任期间

《鹿特丹规则》第5条规定，该公约适用于货物接收地和交付地在不同国家的运输合同以及海上运输装货港和卸货港在不同国家的运输合同；《鹿特丹规则》第12条规定，承运人的责任期间从接收货物时开始，到交付货物时终止。这意味着货物的接收和交付地点可以在内陆，公约适用于多式联运，这适应了贸易中"门至门"的运输要求。

2. 运输单证种类有所扩大

《海牙-维斯比规则》只适用于提单或类似运输单证，《汉堡规则》也只适用于提单、海运单等运输单证。考虑不同国家对运输单证的称谓差异和运输单证电子化的发展，《鹿特丹规则》将运输单证分为可转让运输单证和不可转让运输单证，包括可转让的电子运输记录和不可转让的电子运输记录，并明确规定了纸质单证和电子单证的内容、证据效力和单证的签发、转让等事项。

3. 加重了承运人义务

除了前述的承运人责任期间扩大外，《鹿特丹规则》还在以下几个方面加大了承运人义务：

（1）将承运人保证船舶适航的时间从传统的开航前和开航当时，延展到整个航程期间。但为了平衡利益，不适航的举证责任分配给了索赔人。此外，还规定了承运人对其提供的集装箱保证在整个航程中能够安全地接收、运送和保管货物。

（2）对《海牙规则》规定的承运人管理货物责任的七个环节增加了接收货物和交付货物，并明确规定，承运人可以与托运人约定，由托运人、单证托运人或收货人负责货物的装载、操作、积载和卸载。但对承运人延迟交付货物的责任，该规则只对在明确约定了交付时间情况下的延迟交付规定了赔偿责任。对于《汉堡规则》规定的合同无明确约定交付时间的情形下的责任留给了各国国内法解决。

（3）提高了承运人单位赔偿责任限制数额。该规则将承运人的单位赔偿责任限制数额提高到每单位875特别提款权，或每千克毛重提高到3特别提款权。延迟交付的赔偿限额与《汉堡规则》基本一致。

4. 承运人的归责原则和对举证责任的调整

《海牙规则》对承运人的归责原则采用的是部分过错责任或称不完全过错责任，即承运人需对因自己的实际过错导致的货物灭失或损坏承担责任，但对因船长、船员、引航员或其他受雇人员在驾驶船舶或管理船舶中的过错导致的货物灭失或损坏免除赔偿责任。《汉堡规则》对承运人的归责原则采用的是推定过错责任，即对于发生的货物灭失或损坏，只要承运人无法证明自己已经采取了一切合理的措施避免损失的发生，就推定承运人有过错，须承担赔偿责任，但作为平衡，火灾的举证责任留给了索赔人。《鹿特丹规则》对承运人的归责原则仍采用推定过错责任，但举证责任作了调整，特别是对于船舶不适航的举证责任的调整，加重了索赔人的举证责任。

《鹿特丹规则》第17条规定，货物灭失、损坏或延迟交付索赔的举证程序是：

（1）对于非本规则法定免责事项造成、促成的损害，首先，索赔人需证明损害且发生在承运人责任期间，然后，承运人证明损害非承运人或其受雇人过失所致，如举证不能，则须承担损害后果。

（2）对于本规则规定的天灾等15项法定免责事项（一些免责事项不同于《海牙规则》的规定）造成、促成的损害，首先，承运人需证明损害系这15项免责事项导致的，如举证不能，则须承担损害后果。然后，如索赔人能够举证证明这些导致损害的免责事项是由承运人或其受雇人过失造成或促成的，承运人仍应承担赔偿责任。

（3）对于船舶不适航造成、促成的损害，首先，索赔人须举证证明损害是由于船舶不适航造成、促成或可能促成的。如举证不能，则适用前述（1）或（2）项举证程序；然后，承运人需举证证明损害非系船舶不适航造成、促成或可能促成的，或承运人已经恪尽职责履行了保证船舶适航义务，否则须承担损害后果。

5.增加了"履约方"和"海运履约方"的概念和责任规定

运输合同双方在合同义务履行的各个环节中，一定涉及第三方实际履行或协助履行问题。尽管《维斯比规则》将"喜马拉雅条款"纳入了规则，《汉堡规则》提出了实际承运人概念，但在承运人义务实际履行中，仍涉及许多第三方当事人，如支线承运人、货物装卸人、港站经营人等。为明确有关当事人的责任，该公约增加了"履约方"和"海运履约方"的概念及其应当承担的责任规定。

《鹿特丹规则》规定，履约方系指在承运人以外的，在承运人直接或间接要求、监督或控制下的履行或承诺履行承运人在运输合同下有关货物的接收、操作、装载、积载、运送、保管、照料、卸载或交付的任何人，不包括托运人、单证托运人、控制方或收货人委托的人。海运履约方仅限于货物自装货港到卸货港期间履行或承诺履行承运人任何义务的人，包括履行或承诺履行完全在港区范围内的服务时的内陆承运人。公约许多承运人责任和责任限制条款规定适用于履约方和海运履约方。

6.对货方相关概念和权利义务作出了规定

（1）《海牙规则》和《海牙-维斯比规则》没有规定托运人和收货人定义。《汉堡规则》虽然规定了"订约托运人"及"交货托运人"，并规定收货人为"有权提取货物的人"，但对两种托运人的权利及义务没有任何规定，结果导致FOB条件下，贸易合同的卖方能否被依法认定为提单的托运人，因而享有托运人的权利，特别是要求取得提单的权利问题成为困扰贸易界和运输界多年的难题。《鹿特丹规则》除规定了"托运人"（shipper）、"收货人"（consignee）外，还首次规定了"单证托运人"（documentary shipper）和"持有人"（holder）。根据该规则：

"单证托运人"是指托运人以外的，同意在运输单证或电子运输记录中记名为

"托运人"的人。在贸易合同的买方与承运人签订运输合同时，负责向承运人实际交付货物的卖方则可成为"单证托运人"。单证托运人与托运人承担相同的义务，享受相同的权利。

"持有人"是指：①持有可转让运输单证的人，可为该单证所载明的托运人或收货人，或该妥善背书的单证所指明的人；或若单证为空白背书的指示单证或不记名单证，指该单证的持单人；或②可转让电子运输记录的接收人或受让人。据此，凡是与国际贸易有关的各方均有可能成为运输单证的"持有人"，常见的包括贸易合同当事人的任何一方、参与结算的银行、保险人、运输单证的受让人、提货人等。这是迄今为止关于货方内涵的最广泛定义。

"收货人"是指根据运输合同或根据运输单证或电子运输记录有权提货的人，通常是贸易合同的买方，但也可能是买方以外的运输单证的受让人、被指定的银行或其他人等。

（2）托运人要求签发运输单证和控制货物的权利。《鹿特丹规则》第35条规定：除非托运人与承运人已约定不使用运输单证或电子运输记录，或不使用运输单证或电子运输记录是行业习惯、惯例或做法，否则，货物一经向承运人或履约方交付运输，托运人或经托运人同意的单证托运人，有权从承运人处获得不可转让或可转让的运输单证或电子运输记录。

该规则第42条规定：合同事项载有"预付运费"声明或类似性质声明的，承运人不能以运费尚未支付这一主张对抗持有人或收货人，但持有人或收货人也是托运人的，本条不适用。

该规则第50条和第51条规定，托运人具有在承运人责任期间内，就货物的运输、在船舶挂靠港口和内陆运输任何地点提取货物、以及取代收货人的权利，除非托运人在订立运输合同时将控制权指定给单证托运人、收货人或其他人。这一规定为托运人或单证托运人在贸易合同发生变更时控制货物提供了方便。

（3）托运人的义务。该规则第27条规定了托运人（也包括单证托运人）的合同义务，与以前公约相比，大体精神一致，但更加具体，而且增加了集装箱货物的装载、积载和紧固等要求，也增加了为普通货物运输提供必要信息的义务规定。此外，公约还对收货人在可转让和不可转让运输单证情况下在目的地及时收取货物义务作了更加详细的规定。

7.有关运输单证下的权利转让

《鹿特丹规则》第11章对可转让运输单证和可转让电子运输单证下的"权利转让"问题作出了规定。公约明确了可转让运输单证或可转让电子运输记录的转让将产生合同下权利转让的结果，这些权利通常包括物权、提货权、控制权、赔偿请求权和诉权等，但运输合同下的义务并不随之转让。非托运人的单证持有人只有在行使单证上的任何权利时，才承受义务转让的后果，换言之，非托运人的单证持有人，不能仅因为其持有单证而承担运输合同中的任何责任。

公约对于权利转让的方式予以明确。依据该规则第57条，通过运输单证转让权利时，若为指示单证的，须妥善背书给其他人；或若为不记名单证或空白背书单证，或为凭记名人指示单证的，且转让发生在第一持有人与该记名人之间的，无须背书。

8.无单放货的规定

《鹿特丹规则》考虑到在航程比较短的运输情况下凭运输单证放货的实际困难，允许在一定条件下，按照一定的程序可以不凭运输单证放货，即常说的无单放货。这是一个新的规定。该规则以立法形式允许承运人凭托运人或单证托运人发出的指示交付货物，而且只要运输单证持有人对无单放货事先知情，即可免除承运人无单放货的责任。若运输单证持有人事先对无单放货不知情，承运人对无单放货仍然要承担责任，此时承运人有权向上述发出指示的人要求提供担保。为保障运输单证持有人的利益，该规则第47条第2款规定了承运人无单放货必须满足的以下条件：

（1）必须在可转让运输单证或可转让电子运输记录明确规定可以不提交运输单证或电子运输记录时交付货物。

（2）货物到达目的地后，单证持有人未能在规定的期限内向承运人提货或者承运人无法确定持有人，则承运人可以依次通知托运人、单证托运人要求就交付货物发出通知。

（3）承运人按照托运人或单证托运人的通知交付货物的，解除承运人向单证持有人交付货物的义务。

（4）货物按照托运人或单证托运人的通知交付后，成为可转让单证的持有人（该持有人不知道此项货物已经交付）可以向承运人要求赔偿，而上述发出交付货物通知的人应当补偿承运人遭受的损失。

（5）应承运人要求发出交付货物通知的人，未能按照承运人的合理要求提供担保的，承运人可以拒绝执行其交付货物的指示。

3.7　班轮货物运输业务

班轮运输从揽货开始到交付货物完毕，经历的货运程序比较复杂。现从班轮公司角度将散杂货班轮运输基本程序叙述如下，集装箱班轮运输业务在第7章讲述。

3.7.1　揽货和订舱

1.揽货和订舱的概念

揽货又称揽载，是指班轮公司为使自己所经营的班轮能在载重和舱容上得到充分利用，从货主那里争取货源的行为。

为了揽集货载，班轮公司一方面要就自己所经营的班轮航线和船舶的发、到时间通过报纸、杂志发布船期表，以邀请货主前来托运货物，也可通过与货主、无船承运人或货运代理公司签订货物运输服务合同或揽货协议来争取货源；另一方面还要在航线的两端和挂靠港及其腹地的货物集中地设置自己的分支机构、代理机构，方便货主订舱和提取货物。

与班轮公司揽货相对应，托运人或其代理人向班轮公司或其代理机构提出货物订舱委托书，即所谓的订舱，承运人对申请给予承诺，运输合同即告订立。

班轮运输可以口头或以订舱委托书发出要约，船公司一般以配舱回执作出承诺。

在国际贸易中，CFR、CIF合同的订舱通常在装货港或货物输出地进行，FOB合同的订舱通常在货物输入地或卸货港进行，这样的订舱称为卸货地订舱（home booking），买方也可以委托卖方在出口地订舱。

2.订舱注意事项

承运人在接受订舱时，须注意以下问题：

（1）船舶舱位的分配。

由于班轮航线的件杂货运输须在若干挂靠港装卸货物，所以船公司一般都要参考过去的实际情况，预先就各装货港船舶的舱位进行适当的分配，定出限额。各装货港的营业所、代理机构只能在分配的船舶舱位范围内承揽货载，并在船舶抵达装货港口前作必要调整。

（2）货物的性质、包装和重量。

承揽货载时，必须注意货物种类、性质、包装和重量。例如，装运爆炸性或其他危险货物时，应考虑积载和保管上的限制；装运长件货物（lengthy cargo）时，应考虑舱口大小的限制；装运重件货物（heavy cargo）时，应考虑船舶和装货港、卸货港设备能力限制。

相应地，托运人在托运货物时，应当了解上述情况，及早办理托运，以避免错过装运日期。

3.7.2 收货和装船

1.收货

在散杂货班轮运输情况下，货物的种类繁多、性质各异、包装形态多样，卸货港口也不同。为保证装货顺序和秩序，提高装卸效率，减少船舶在港停泊时间，班轮散杂货运输通常采用仓库集中收货、集中装船的做法。具体地，由船公司指定的各代理人，在各装运港的指定地点，接受托运人送来的货物，将货物集中，并按照货物性质和港序进行适当的分类，待船舶靠港时再进行装船。

指定的接收货物地点可以是码头仓库，也可以是班轮公司仓库。对于特殊货物或批量较大的货物，也可以船边收货。为保证班轮船期，班轮公司都规定了截载日期，过了该日期，一般不再接收本航次货物。

2.装船

船舶靠泊后，班轮公司将按照船舶配载图要求的装货顺序，安排将货物分批地从仓库运至船边，由装卸公司负责装载货物。

除另有规定外，非集装箱货物的班轮运输中承运人与托运人的责任界限是以货物挂上船舶吊钩时划分的。我国《海商法》第46条规定：承运人对非集装箱装运的货物的责任期间，是指从货物装上船时起至卸下船时止，货物处于承运人掌管之下的全部期间。前款规定，不影响承运人就非集装箱装运的货物，在装船前和卸船后所承担的责任，达成任何协议。这样，班轮公司提单条款中"承运人的责任从本船船边装货时起"条款的有效性就有了法律依据。因此，托运人将货物在仓库交给班轮公司，并不改变提单中规定的承运人责任界限，除非另有相反约定。

费用划分也是如此。装船以前的费用，如仓库费用、将货物送至船边的费用（即使是由班轮公司自己的运载工具运载亦然）由托运人负担。本船的装船准备和装船用具的费用，以及货物装船费，由班轮公司负担。在特殊情况下，如装载笨重货物时使用浮吊的费用，或托运人超出常规要求使用某种装货工具所发生的费用，则依据特别约定处理。

3.7.3　卸货和交付

1.卸货

在卸货港，根据船舶预计到港通知，船公司或其代理人一方面需要编制必要的单据，指定装卸公司，等待船舶进港卸货；另一方面，还要把船舶预计到港时间通知提单的通知方或收货人，以便交付货物和收取到付运费。

为了缩短船舶在港时间，通常采用集中卸货的办法，即由船公司指定的装卸公司负责卸货和接收货物。

卸货和交付货物程序较多，包括准备库场、安排驳船和装卸工人、在船舶到港后开关舱盖、指派起货机手、卸货作业，以及将货物移往岸上指定的地点、进行分类保管，并代表船舶公司根据提货单（delivery order，D/O）向收货人交付货物。进口货物卸货前，还应履行货物进口报关和报验工作。

2.责任和费用

根据相关法律，如无特殊约定，承运人对货物的责任到货物脱离承运船舶的吊钩时为止。有关卸货费用（landing charge）划分是：承运人负担货物的卸船费用，收货人负担此后发生的驳船费、岸上装卸费、倒运费、保管费等。收货人向装卸公司或者其他业务代办人提取货物时需付清应付费用。

3.误卸

本港卸下的货物少于载货清单记载数量的称为"短卸"（shortlanded）。本港卸下的货物多于载货清单记载量的称为"溢卸"（overlanded）。溢卸或短卸统称为误卸（mislanded）。

造成误卸的原因通常有：在装货港实际装船数量与载货清单和提单记载不符、包装标志不清、隔票不清、中途港误卸及航行途中发生海损事故造成货物灭失或损坏等。船公司或其代理人如果发现溢卸或短卸，应立即向各挂靠港发出货物查询单（cargo tracer）。有溢卸货物的港口应及时将溢卸货物运回原定的卸货港。

承运人误卸货物会使收货人的利益受到损害。确定此种损害赔偿责任时，需查清原因，再根据有关法律由承运人或托运人赔偿。有的班轮公司在提单条款中规定，因误卸而发生的补送、退送费用由船公司负担，但对延迟交付损失，船公司不负担赔偿责任。此种条款旨在减轻承运人责任，在《海牙规则》原则下应属无效条款。

4.交付

货物的主要交付方式为仓库交付（delivery ex-warehouse）。

仓库交付形式下，承运人将货物集中卸下，移入船公司或其代理人仓库，或装卸公司的仓库，然后由代理人或装卸公司代替船公司按票向收货人交付货物。

按照提单条款的规定，承运人的责任在卸货后即告终止。因此，为划分责任，承运人应当组织好船边理货，并由理货人就已卸船的每一票货物，由船方、理货人在相关单证上签证。这种签证具有公正效力，承运人得以声明他已按照签证的内容交付货物。

特殊货物也可在船边交付。一些贵重货物、危险货物、冷冻货物、长大件货物以及其他批量较大的货物在货主要求下，常以船边交货方式交付。

在船边交付货物时，收货人应当保证充分的接运工具，及时提取货物。如因接运工具不足使卸货中断，船长可以将货物卸在岸上，如延误了船期，承运人还可以索赔船期损失。

对变更提单卸货港交付的，应由收货人提出申请。变更申请一般应满足以下条件：第一，变更的卸货港口应在本航次停靠范围之内。第二，应在船舶到达变更的卸货港之前或原卸货港口之前提出，以船舶先抵达者为准。第三，由于变更的港口未在原提单上载明，收货人必须提交全套提单换取提货单。第四，因变更卸货港而发生的费用，应当全部由申请变更的收货人负担。

在选择卸货港交付货物（optional delivery）的情况下，发货人或收货人必须在船舶到达第一个选卸港前的一定时间内（通常为48小时），将最终卸货港通知船公司或卸货港代理人。在没有使用海运单情况下，还可以使用"电放"的交付方式。所谓电放是指在装货港，托运人将全套提单交还给班轮公司，同时指定收货人，由班轮公司以电讯方式授权卸货港口的代理人，凭指定收货人的身份证明交付货物。由于"电放"交付货物与传统做法不同，通常托运人和收货人需要向承运人出具保函。

3.7.4　主要货运单证

在散杂货班轮运输中，从办理托运手续、装船、直到卸货和交付货物的整个过程中，需要编制各种单证。这些单证是货方、船方、港方联系工作的凭证，又是划分货方、船方、港方责任的法律文件，现将主要单证介绍如下。

1.装运港单证

（1）装运联单。

装运联单是由托运单、装货单、收货单和其他联组成的有关货物和装卸港口信息的单据，各联的主要内容基本一致，但作用不同。

①托运单（booking note）。

托运单也称订舱单（见表3-2），是托运人根据贸易合同和信用证条款内容填写的向承运人办理货物托运的单证，是班轮货物运输合同的重要形式。托运单的主要内容包括：托运人、收货人、货名、件数、包装、标记及号码、毛重、尺码、目的港、装船期限、是否分运或转船等。

表3-2

托 运 单
BOOKING　NOTE

编号 S/O No.: _____

托运人

Shipper _____　　　航次 Voy. _____

收货人

Consignee _____　　目的港 For _____

通知方

Notify_____　　　　船名 M/V _____

兹将下列完好状况之货物装船并签署收货单据

Received on board the under mentioned goods apparent in good order and condition and sign the accompanying receipt for the same.

标记 及号码 Marks&Nos.	件数、包装 Quantity/Packing	货　名 Description of Goods	毛重 （千克） G.W.in kilos	尺码 Measurement in cub.m.

共计件数（大写）Total Number of Packages in Words：

是否分运或转船_____

日期_____

Date_____

经办员_____

Approved by_____

②装货单（shipping order, S/O）。

装货单在业务中也称下货纸，是由托运人填制，交给船公司审核签章后，凭以命令船长将货物装船承运的单据。由于该单必须向海关申报，履行货物出口海关手续后才能将货物装船，因此装货单也称为"关单"。该单据也是编制装货清单，制订船舶积载计划的重要依据。装货单中记载的主要内容与托运单基本相同，但增加了实际装货时间、实际装货数量和理货人及大副签字等事项。

装货单的通常流转程序是：承运人或其代理人接受托运后，将载有航次编号、船舶名称、目的港和提单编号的订舱回执交给托运人，托运人根据订舱回执及贸易资料填制托运单，填妥后交回承运人的代理公司签章。代理公司审核无误签章留底后，将装货单（包括收货单）交还托运人，托运人据此办理货物出口报关和装船手续。托运人凭代理公司签章的装货单，连同其他必备单证，到海关办理出口货物报关手续。经海关核准出口，在装货单上加盖海关放行图章，船舶才能收货装船。当每票货物装船后，理货人员即核对理货记数单的数字，并在装货单上签注实装数量、装舱位置和装船日期，再由理货长在装货单的规定位置上签名，证明该票货物如数装船无误，然后连同收货单一起交船方。大副在收货单上签字后，留下装货单，将收货单交回理货长转交给托运人或货运代理人。

装货单一经承运人签章，船货双方都应受其约束。如果发生货物退关造成损失时，应由责任方负责。如果需要修改装货单所记载的内容，应及时编制更正单，分送有关单位更正。如整票货物退关，除签发更正单外，还要将原装货单退回注销。

承运人签发装货单后，船、货、港各方均需一段时间进行申请报关、查验放行、货物集中、编制装货清单、编制积载图等装船准备工作。因此，对于某一具体船舶，在装货开始前的一段时间需截止签发装货单。具体的截止时间，视各港情况而定。截止签单后，如再签发装货单，则称为"加载"。"加载"通常是因紧急任务或信用证到期等原因造成的。一般只要还没有最后编妥积载图，或积载图虽已编妥，但船舶的舱位尚有剩余，并且不影响原积载计划执行时，才可安排加载。

③收货单（mate's receipt，M/R）。

收货单是船舶大副签发给托运人的，用以证明货物已经装上船舶的单证，所以一般又称为"大副收据"。收货单还是托运人凭以要求承运人签发已装船提单的凭证。

收货单的记载内容与装货单完全一致。

根据有关法律，承运人需履行按照提单记载向收货人交付货物的义务，所以在装船时，大副必须严格监督装船货物情况。如果货物与装货单记载不符，应在收货单中如实批注。船方监督货物应以货物外观状态是否完好为重点，也包括货物的件数、包装、标，以及水渍、污渍等情况。

收货单上的批注，应如实转到提单上去。如批注不良，便成为不清洁提单，从而影响卖方以提单向银行结汇。因此，对待批注，应防止两种倾向：一是不管货物是否完好，件数是否正确，一概不加批注，这将导致承运人承担额外责任；二是不管货物是否有损坏或短缺，为减轻承运人的责任，罔顾事实多作批注，这样将导致货主议付困难。总之，批注应实事求是，内容明确、清晰，切忌含糊不清。

（2）提单（bill of lading，B/L）。

货物装船完毕后，托运人即可持收货单到承运人或其代理人处交付运费（在预付运费的情况下），或提出一定的书面保证（在运费到付的情况下）后，换取已装船提单。

（3）装货清单。

装货清单（loading list；cargo list）是船公司或其代理人根据装货单留底，将全船待装货物按目的港和货物性质归类，依航次靠港顺序、排列编制的装货单汇总清单。其内容包括装货单编号、货名、件数、包装形式、毛重、尺码及特种货物对装运的要求或注意事项等。

装货清单是船上大副编制配载计划（cargo plan）的主要依据。装货清单又是供现场理货人员进行理货，港方安排驳运、进出库场，以及承运人掌握托运人备货情况等的业务单据。

如有增加或取消货载的情况发生，船公司或其代理人须及时添置加载清单（additional cargo list）或取消货载清单（cancelled cargo list），并及时通知船长。

（4）载货清单。

载货清单（manifest，M/F）是按卸货港逐票罗列全船载运货物的汇总清单。它是在货物装船完毕后，由船公司的代理人根据提单编制的，编妥后再送交船长签认。

载货清单记载的事项包括：装船货物的明细情况、装货港、卸货港、提单号、船名、托运人和通知人或收货人的姓名等。

载货清单是船舶办理出口（进口）报关手续时的必备单证，也是海关对海运货物进出国境监管的单证之一。

（5）运费清单。

运费清单是由装货地的船公司或其代理人根据提单副本编制的与货物和运费有关事项的一览表。船公司或其代理人编制运费清单后，可以直接寄交或由本船带交给卸货地的船公司代理人，供收取运费（在运费到付时）或处理有关业务之用。

运费清单（freight manifest，F/M）是按卸港和提单编号顺序编制的。其内容除载货清单记载的事项外，还包括运费率、运费、预付或到付、提单的批注等。运费清单可在载货清单中增加"运费"一栏，使两个清单合二为一。

（6）危险货物清单。

危险货物清单（dangerous cargo list）是为了运输危险品而编制的，它的内容主要包括船名、航次、装货港、卸货港、提单号、货名、数量、货物性质、装舱位置等。

船舶装运危险货物时，应按照规定，申请有关部门监督装卸。危险货物按照规定装船完毕后，监装部门即发给船方一份"危险货物安全装载证明书"（Dangerous Cargo Safe Stowage Certificate）。这也是船舶装运危险货物时的必备单证之一。

（7）分舱单。

分舱单（hatch list）是根据装货单和理货单（tally sheet）编制的分舱记载各个积载的货物种类和数量的分舱载货一览表。它可供卸货港据以制订卸货计划，也可以用于确定理货单记载的舱口号码是否正确。

（8）配载图和积载图。

货物配载图（cargo plan）又称为货物配载计划，是以图示形式表明拟装货物的计划装舱位置的货物装载计划图。

货物配载图是大副在开始装船前，按照船公司或其代理人交来的装货清单编制的，它是向现场理货员和装卸公司指明货物计划装舱位置的。根据这个配载计划，可以使港口和装卸公司等各个方面按照配载计划的要求来安排船舶的装船工作，使装船工作能按照既定顺序，有条不紊地进行。因此，它是装船作业中一份十分重要的资料。

在实际装船过程中，因多种原因，有时无法完全按配载计划装载，例如计划货载有变动，或临时安排了新的任务，或因实际货载的尺码与提供的资料不一致，或因某种货物未能按时集中，不得不改变积载顺序等，都会使货物的实际积载情况与原定的配载图不一致。因此，当货物全部装船后，应按照货物实际的积载情况，重新绘制货物积载图（stowage plan）。

积载图既是船方进行货物运输、保管和卸货必备的资料，也是卸货港安排卸货作业和现场理货的依据。它还是货方核查承运人是否妥善履行管理货物的依据。

2.卸货港单证

在船舶到达卸货港准备卸货前，船公司在卸货港的代理人，须根据由装货港的船公司或其代理人寄来的或由船舶带来的（在航线较短的情况下）装船单证，如出口载货清单、运费清单、积载图、提单副本（如有危险货物，还有危险货物清单）等，预先安排船舶进口报关、做卸货准备等。

此外，在卸货港卸货和交付货物过程中，为明确交接责任，在卸货港的船公司代理人或船方和其他关系方之间，还要签发一些有关卸货和交付货物的单证。不同的国家和港口用以证明货物交接和所交接货物的实际情况的单证名称可能有所不同，但它们包含的内容和所起的作用基本相同。

（1）卸货报告（outturn report）。

它是按照出口载货清单和卸货港实际卸下的全部货物编制的详细的进口载货清单。它比出口载货清单增加了如下一些项目：卸货方式、实交数量、残损数量和备注栏等。

对货物的外表状况、内容、残损、溢短等，均应在卸货报告的备注栏内批注。有的港口使用卸货记录（discharging statement）和货物收据（receipt of cargo）作为卸货证明单据。虽然其记载内容有繁有简，签证方法也不一致，但其作用都是相似的。我国是以货物溢短单和货物残损单作为卸货证明单据的。

（2）货物溢短单（overlanded & shortlanded cargo list）。

它是当某票货物所卸货物与提单（或载货清单）记载的数字不同时，由理货员对溢卸或短卸情况予以记录的单据（见表3-3）。货物溢短单是船公司处理索赔的原始资料，也是向有关港口发出货物查询单的依据。货物溢短单须会同船方签认。如果船方对溢短数字持有不同意见，应将船方意见在溢短单上加以批注后签字。

表 3-3

货物溢短单

Overlanded & Shortlanded Cargo List

开工日期：____年__月__日　　　　　　编号：_____

Tally Commenced on　　　　　　　　　No.

船名：____国籍：____停泊地点：____制单日期：____年__月__日

S.S./M.S.Nationality　　　Berthed at　　　Date of List

溢 卸 货 物 Overlanded Cargo					短 卸 货 物 Sortlanded Cargo				
提单或舱单号	标志	货名	件数	包装	提单或舱单号	标志	货名	件数	包装
B/L or Mft.No.	Marks	Description	Pkgs.	Packing	B/L or Mft.No.	Marks	Description	Pkgs.	Packing

收货人/代理人：_____理货组长：_____船长/大副：_____

Receiver/Agent　　　　Chief Tallyman　　　　Master/Chief Officer

（3）货物残损单（broken & damaged cargo list）。

它是卸货完毕后，现场理货人员根据卸货过程中发现的货物破损、水湿、水渍、油渍等情况，随时作出的记录汇总编写的表明货物残损情况的单证。

在一般情况下，货物残损单必须经船方签字确认才有效。它是日后收货人向船公司提出索赔的依据，所以船方在签字时必须查清情况，确属船方责任时，才给予签字。如残损单内所记残损情况与事实不符，则应将实际情况在残损单上批注。

（4）提货单（delivery order，D/O）。

它是承运人在收回提单时签发给收货人的用以提取货物的单证。本来，承运人应凭收货人提交的提单交付货物，但是在实际业务中采用的办法却是在收货人提交提单后，船公司或其代理人随即签发一份提货单交给收货人，收货人凭此到仓库或本船（船边提货时）提取货物。

提货单也被称为小提单，它只是用于提货，与提单的性质根本不同。为慎重起见，提货单上一般都印有"禁止流通"字样。

3.8　班轮运价

3.8.1　班轮运价的特点

由班轮运输的特点所决定，班轮运价与租船运输价格有所不同，主要表现为以下特点：

1.班轮运价高于租船运输价格

班轮运输船舶要有较高的技术性能，有适宜装运各种货物的舱室及设备，因而使得船舶造价较高。班轮挂靠的港口多，为班轮运输设施服务的网络也多，增加了班轮营运成本。由于班轮需按固定时间挂靠固定港口，难以保证船舶满舱满载，影响了航次营运收入。由于以上原因，班轮经营人就需要通过提高运输价格的方法保证正常的营运收入。

2.班轮货物有较强的运费承受力

班轮货物大多是经过深加工的工业制成品，其附加价值较高，尤其是高科技产品。因此，运费在这类货物的总价值中所占比例相对较小，它对运价的波动承受力就相对强一些。有资料表明，班轮货物的运费占商品价格的比率为1.1%～28.4%；大宗廉价货物的这一比率为30%～50%。

3.班轮运价相对稳定

班轮运价是通过运价本的形式予以公布的，运价本中包括的货物种类繁多，航线复杂，运价制定后，短期内相对稳定。

4.班轮运价具有垄断性

由于班轮运输投资巨大，世界上大部分班轮运输航线被少数大的班轮公司垄断。这些大的班轮公司为了控制、协调班轮运输业务，又组成若干行业组织——班轮联盟。班轮联盟的最主要任务之一就是统一航线运价，分配仓位，会员公司都必须遵守公会的统一运价，不得随意调整。这是当前国际班轮运输中存在的最不合理现象。

3.8.2 班轮运价的种类

1.按制定者不同分类

（1）班轮联盟运价。

它是指由班轮联盟统一制定的供联盟会员公司使用的运价。这种运价的调整和修改由班轮联盟决定，任何一家会员公司都无权单独调整或修改。班轮联盟运价具有很强的垄断性。

（2）班轮公司运价。

它是指由班轮公司自行制定的运价。这种运价为班轮公司自己使用，故有权进行调整和修改。如果该班轮公司加入班轮联盟，则需执行联盟运价。

（3）双边运价。

它是指由船方和货方共同制定、共同遵守的运价。这种运价通常是由有势力的货方与某些班轮公司共同制定的。

2.按收费方法不同分类

（1）单项费率运价。

它是指分别对各种不同商品在不同航线上逐一制定的运价。此种运价使用比较方便，根据商品的名称及运输的航线，即可直接找出该商品在该航线上运输的运价。

（2）等级运价。

它是指先将商品划分成若干个等级，然后分别为不同等级的商品制定不同航线的运价。这种运价本中附有"商品分级表"。计算运费时，首先根据商品的名称在"商品分级表"中查找出该商品所属的等级，然后再从该商品的运输航线或运抵港口的"等级费率表"中查出该等级商品的费率便可得出该商品的运价。

（3）航线运价。

它是指按航线、商品名称或等级所制定的运价。这种运价不考虑运输距离远近，只要启运港和目的港在同一航线上，就收取同样的运价。

3.8.3　班轮运价的结构

班轮运价通常由两部分组成：基本运价和附加运价。

1.基本运价

基本运价是指托运人向班轮公司各航线上基本港托运货物时必须支付的运费，它是班轮运费的主要部分。

2.附加运价

附加运价是指在基本运价基础上，班轮公司根据不同航线的具体情况额外收取的运费，也称为附加费。附加费是对运输过程中额外支出的补充，也是班轮公司调整航线运价的灵活手段。

附加费名目繁多，主要有：

超重附加费（heavy lift additional）：它是指每件货物毛重超过规定重量时所加收的附加运费。超重附加费是按重量计收的，重量越大附加费率越高。货物如需转船，每转一次加收一次。

超长附加费（long length additional）：它是指每件货物长度超过规定长度时加收的附加运费。超长附加费是按长度计收的，长度越长附加费率越高。货物如需转船，每转一次加收一次。

直航附加费（direct additional）：它是指托运人要求将货物直航运至非基本港时加收的附加费。承运人安排船舶挂靠非基本港可能会对其他货物托运人构成不合理绕航，故在航次开始前应声明此种安排。

转船附加费（transhipment additional）：它是指在货物需中途港转船时加收的附加运费。一般情况下，货物在中途港转船发生的装卸费、仓储费、倒运费、二程船运费都由第一承运人负担。加收转船附加费后，实际转船费用不论多少均由第一承运人负责。

港口附加费（port additional）：它是指班轮公司对情况复杂、装卸效率低或港口费用高的港口加收的附加运费。

燃油附加费（bunker adjustment factor，BAF）：它是指在国际燃料市场价格上涨时加收的附加运费。当燃料价格回落后，该费用会作调整或取消。

选港附加费（optional additional）：它是指托运人有选择卸货港要求时加收的附加运费。选择卸货港会增加货物积载困难或造成舱容浪费，加收此种费用是为了补偿这类损失。

变更卸货港附加费（alteration of destination additional）：它是指在运输途中货方要求变更原卸货港口时加收的附加运费。一般情况下，变更的卸货港应是航线上的基本港。原基本运费不足的，还应补交基本运费；原基本运费有剩余的，不予退还。

港口操作费（terminal handling charge，THC）：它是指为在港口内货物装卸的某些操作而加收的费用。事实上，港口操作费已包含在基本运费中，加收此种附加费纯属班轮公司为增加运费收入巧设名目。

此外，班轮运输中还有诸如港口拥挤附加费、季节附加费、特别燃油附加费等其他多种附加费。

3.8.4　班轮运费的计费单位

班轮运输中货物种类繁多，班轮公司通常对不同种类货物实行不同的计费单位。主要计费单位有：

（1）按货物毛重计算，以"W"表示。

（2）按货物体积计算，以"M"表示。

（3）按重量或体积，择大者计算，以"W/M"表示。

（4）按货物的价格计算，以"Ad Val"表示。

（5）按货物件数计算。

3.8.5　班轮运费的计算

1.班轮运费的计算方法

我们知道，班轮运费由基本运费和附加费两部分组成，其计算公式为：

$F = F_b + \sum S$

式中：F为运费总额；F_b为基本运费额；$\sum S$为各种附加费总额。

基本运费是计费吨与基本运价的乘积，即：

$F_b = fQ$

式中：f为基本运价；Q为计费吨。

附加费是各项附加费的总和。当附加费按基本运费的一定百分比计算时，附加费总和为：

$$\sum S = (S_1 + S_2 + S_3 + \cdots + S_n) F_b$$

$$= (S_1 + S_2 + S_3 + \cdots + S_n) fQ$$

式中：S_1、S_2、$S_3 \cdots S_n$为各项附加费率。

所以，运费总额计算公式为：

$$F=（1+S_1+S_2+\cdots+S_n）fQ$$

当附加费按固定额收取时，附加费总额为：

$$\sum S=（S_1+S_2+S_3+\cdots+S_n）Q$$

所以，总运费额为：

$$F=（f+S_1+S_2+\cdots+S_n）Q$$

从价运费是按照商品的 FOB 价格计算的，以 CFR、CIF 价格成交的，应当还原回 FOB 价格。由于不易取得保险费资料，习惯上，CFR 价格按 CIF 的 99% 计算，因为，运费=从价费率×FOB，所以：

$$CFR=FOB+运费=（1+从价费率）\times FOB$$

$$FOB=\frac{CFR}{1+从价费率}=\frac{0.99\times CIF}{1+从价费率}$$

2.运费计算举例

例题：有食品2吨，体积12立方米，从大连直航运到伦敦，计算全程运费。

解：

（1）该票货物的运输航线为中国/欧洲、地中海航线，从航线费率表查知，伦敦是该航线上的非基本港。

（2）查商品分级表得知，该货物属8级，计算标准 W/M。

（3）查该航线等级费率表得知，8级商品基本费率为 USD 90（W/M）。

（4）查该航线附加费率表得知，伦敦港直航附加费为基本运费的35%，伦敦港的港口附加费率为 USD7.00（W/M）。

该货物体积重量比大于1，所以应按容积吨12立方米计收运费，全程运费为：

$$F=（1+S_1+S_2+\cdots+S_n）fQ+SQ$$
$$=（1+35\%）\times 90\times 12+7\times 12$$
$$=1\ 458+84$$
$$=USD1\ 542$$

□ 复习思考题

1.重要概念：船舶适航　不合理绕航　承运人单位赔偿责任限制　喜马拉雅条款　托运人　单证托运人　首要条款　提单　记名提单　指示提单　货运代理提单　倒签提单　预借提单　交换提单　租船合同提单　承租人提单 海运单

2.海上货物运输合同下承运人的法定义务主要有哪些？（3.1.2）

3.承运人保证船舶适航义务的主要内容是什么？（3.1.2）

4.《海牙–维斯比规则》、《汉堡规则》和《鹿特丹规则》对承运人的责任期间规定各是什么？（3.1.2、3.6.4）

5.《海牙–维斯比规则》和《鹿特丹规则》对承运人的管理货物义务规定各是什么？（3.1.2、3.6.4）

6.《海牙规则》规定的承运人免责事项主要有哪些？对索赔的举证责任是如何分配的？（3.1.3）

7.《海牙-维斯比规则》、《汉堡规则》和《鹿特丹规则》对承运人单位赔偿责任限制各是多少?(3.1.3、3.6.4)

8.《海牙-维斯比规则》规定的托运人主要义务有哪些?(3.1.4)

9.在法律中或运输单证中规定单证托运人的意义何在?(3.6.4)

10.如何确定货物装船日期?(3.2.1)

11.提单的属性及其法律意义是什么?(3.3.2)

12.如何认识提单的运输合同属性?(3.3.2)

13.如何认识提单的失效问题?(3.3.3)

14.倒签提单、预借提单产生的原因及法律后果是什么?(3.4)

15.如何利用可转让信用证和交换提单实现三角贸易?(3.4.5)

16.如何认识无船承运人提单的属性?(3.4.1)

第4章 /航次租船合同

—— 学习目标 ——

　　掌握航次租船合同中的各个条款含义、合同双方在各条款下的基本义务和相关法律解释以及订立条款的注意事项，重点掌握各条款下合同双方的基本义务及条款规定方法。

　　尽管世界上存在多种标准航次租船合同格式，但由于国际航运立法的基本统一性，所涉及的内容大同小异。航次租船（voyage charter）合同不同于公共运输性质的海上货物运输合同，它属于船舶租用合同（charterparty），合同内容由出租人与承租人在平等的基础上商定订立。航次租船合同属合同法调整范畴，一些国家制定专门的部门法，如《海商法》《海上货物运输法》等来调整租船合同的法律关系。现行的有关海上货物运输公约均排除了对租船合同的适用，但各国有关租船合同的法律一般都借鉴了相关国际公约中关于承运人和托运人基本义务的规定，并强制性规定这些基本义务适用于租船合同。本章以"金康"格式合同（见附录）为主线，介绍航次租船合同的主要内容、相关法律和航运惯例解释，以及制定合同的技能。

4.1　　　　　　　合同当事人

　　合同的当事人是合同的主体。在航次租船合同中，合同的主体是船舶出租人和承租人。航次租船合同中应当明确规定当事人的名称、住址和联络方式。合同当事人享有合同权利，同时承担合同义务。

4.1.1　关于船舶出租人

1.船舶出租人的含义

　　船舶出租人可简称为出租人，通常情况下是船舶所有人（shipowner），简称船东，即出资购买船舶并在政府船舶登记机构注册的船舶所有人。他可以是自然人，但更多的是法人。法律上认定的船舶所有人是船舶登记注册人。各国有关法律都规定，船舶作为特殊动产必须经过登记注册，取得船舶所有权。船舶登记机构在接受注册后会向注册申请人签发船舶注册证书（registry certificate），注明船舶所有人的名称和地址，它是确定船舶法定所有人的书面凭证。

国际租船市场上，船舶出租人并不一定是船舶所有人。国际航运市场中存在定期租船和光船租赁两种经营方式。这类承租人在租得船舶后，再以出租人身份将船舶出租给航次承租人，他们被称为二出租人或二船东（disponent owner），但他们对船舶没有所有权。

有的船舶所有人自己不精于船舶经营或管理，将船舶委托给他人经营或管理，这些人被称为船舶经营人（ship operator）或船舶管理人（ship manager）。他们聚集了船舶经营和管理方面的精英，为船舶所有人进行船舶的日常经营和管理。船舶经营人或管理人可以自己的名义出租船舶给航次承租人。此时，他们也被视为二出租人。还有一类船舶经营人，他们自己是船舶所有人，但为了规避共同承担责任风险，将其每一艘船舶分别注册名义船东，然后再以船舶经营人身份经营船舶。

国际航运中还存在着"无船承运人"。这类承运人依法注册成立，自己没有船舶，但可以以承运人身份在航运市场中承揽货物，从事货物运输业务。有的还以自己的名义签发提单或类似运输单据。

2.船舶出租人之间的复杂关系

根据有关法律，上述船舶出租人需对承租人或货主承担相应的法定或合同义务。但是，当发生海事请求时，船舶出租人之间的法律关系则较为复杂。

就航次租船合同而言，它是关于承租人与出租人船舶租用权利义务关系的协议，该合同只约束合同当事人。据此，当航次租船合同是由二出租人与承租人订立时，基于该合同产生的海事请求与非合同当事人的原出租人无关，而应由作为合同当事人的二出租人，即船舶期租人、光船租赁人、船舶经营人或管理人负责。

但由于租船合同关系中提单合同的存在，原出租人可能会与二出租人承担连带责任。这是因为，国际上普遍认为，不论在定期租船还是在航次租船方式下，船长都是船东的代理人，他所签发的提单约束船舶所有人，因而船舶所有人应对提单合同下产生的海事请求承担责任。在光船租赁形式下，承租人不但取得了船舶的使用权，还取得了船舶的占有权，船长也是承租人委派的，因此，提单合同下的海事请求与船舶所有人无关，而与光船租赁的租船人有关。

4.1.2　关于船舶承租人

航次租船合同中的承租人也较为复杂。承租人（charterer），也称租船人，俗称租家。一般情况下，程租租船人应该是贸易合同中负责货物运输的一方，要么是买方，要么是卖方。但在复杂的国际商务中，有的贸易公司注册了多间皮包公司，专司租船业务。一旦租船合同发生承租人责任事故，这种公司根本无经济实力承担责任。还有一些人专门从事租船业务（chartering），租到船舶后在市场上揽货运输，或转租给航次承租人。这些人也多无较强经济实力，一旦发生较大货运责任，他们将无力承担。对此，船舶出租人应特别注意。

4.2 船舶描述

租船合同中的船舶描述是指对船舶的主要特征和船舶技术状况所作的说明。这些说明是对船舶出租人义务的约定，构成租船合同的重要条款。船舶出租人应严格按照租约规定履行义务，否则，须承担违约责任。特别是在签订合同时尚未指定具体船舶（to be nominated），日后出租人指派的具体船舶是否符合约定，就更需要根据船舶描述来判断。因此，应很好掌握船舶描述的具体方法及其在合同中的法律地位。

4.2.1 船舶特征的描述

"金康"合同对船舶特征的描述比较简单。该合同第一条规定："...the steamer or motor-vessel named in Box 5 of the gross/net register tons indicated in Box 6 and carrying about the number of tons of deadweight cargo stated in Box 7..."。该条款只规定了船名、总吨与净吨、载货吨，这种规定方法是不足以保护承租人的。因此，承租人需要通过附加条款追加规定其他重要的船舶特征。

航次租船合同中关于船舶特征的描述应包括下列主要内容：

1. 船名

船名是租船合同中的重要事项。根据英国法律，一旦在合同中指定了船舶，未经承租人同意，船舶出租人无权以其他船舶代替指定船舶。同时，如果指定船舶发生了严重事故（如沉没）构成合同受阻（frustration），船舶出租人可以宣布解除合同而无须承担安排替代船的义务。

由于海上货物运输的复杂性，运输合同签订后可能会发生船舶出租人无法预料的各类事件，使约定的船舶无法按时抵达约定的装货港。为避免此类事件导致的违约责任，出租人常在租约中规定替代船条款，允许出租人在无法提供指定船舶时，派出替代船舶履行合同义务。这种条款很简单，只需在指定船舶名称后加上"或替代船舶"（or substitute）即可。

根据法律上的"恢复原状"和"合同意图"等解释原则，出租人派出的替代船舶在船型、船籍、船级、吨位及其他重要特征上需与指定船舶基本一致，不应影响原合同货运任务的完成。替代船舶指定后就成为指定船舶。当该指定船舶发生严重事故构成合同受阻时，出租人无义务也无权利再安排替代船舶。替代船舶指定后应及时通知承租人。我国《海商法》第96条规定："出租人应当提供约定的船舶；经承租人同意，可以更换船舶。但是，提供的船舶或者更换的船舶不符合合同约定的，承租人有权拒绝或者解除合同。因出租人过失未提供约定的船舶致使承租人遭受损失的，出租人应当负责赔偿责任。"

2. 船籍（nationality）

船籍是指船舶的国籍。在租约中规定船籍主要出于以下考虑：①由于政治、外交或军事上的原因，一国可能禁止或限制另一国的船舶进入本国港口或水域。②不同的船籍国对出租人和船舶技术管理要求不同，所以不同的船籍可间接反映出船舶的技术状况。事实上，世界上一些方便旗国的船舶状况非常差。③由于船籍可以间接反映船舶的技术状况，船舶保险人和货物保险人对不同船籍的船舶实行不同的保险费率，承租人可能会因租用技术状况不良的船舶而支付较高的货物保险费。④由于世界经济关系中存在着"国民待遇""最惠国待遇"等差别待遇，一国港口当局对来自不同国家的船舶征收不同的港口使费。一般情况下，世界上开放船舶登记注册的国家经济贸易规模都很小，没有参加国际性或区域性经济贸易组织或双边经济贸易协定，因而这些国家的船舶进入其他国家港口时无法享受港口使费优惠待遇。

由上可见，船籍与承租人的利益密切相关。如果在船舶指定后，出租人未经承租人同意更换了船舶国籍，或指定的替代船船籍与原租约规定不一致，导致租约无法履行或增加了承租人费用支出，承租人有权解除合同或要求损失赔偿。

3. 船级（classification）

船级社（classification society）是船舶建造及船舶技术状况的专门监造和检验机构。根据国际海事组织制定的有关国际公约规定，一国必须对在其登记注册的船舶的主要设备状况进行检验并签发相应证书，国际航行船舶必须持有相关检验证书。船舶登记注册国一般都委托船级社定期实施这类检验，于是便有了规定船舶必须加入某船级社的做法，简称船舶"入级"。

世界上主要航运大国都设有船级社。船级社属民间组织，对世界开放，接受各国船舶入级。但是，由于竞争等原因，各船级社对船舶的入级技术要求和入级后维持船级的检验要求是有差距的。所以，不同船级社的入级船舶，其技术状况也是有差别的。

国际船级社协会（International Association of Classification Society，IACS）是一个民间组织，由世界主要船级社发起设立，目的是统一和协调船舶入级及检验标准。目前，参加该组织的船级社有英国的劳氏船级社（Lloyds Register of Shipping，LR）、法国船级社（Bureau Veritas，BV）、意大利船级社（Registro Italiano Navale，RI）、美国船级社（American Bureau of Shipping，ABS）、挪威船级社（Det Norske Veritas，DNV）、德国船级社（Germanischer Lloyd，GL）、日本船级社（Nippon Kaiji Kyokai，NK）、波兰船级社（Polish Register of Shipping，PRS）、中国船级社（CCS）等十几个船级社。入级这些船级社的船舶技术状况都比较好，得到绝大多数承租人的广泛接受。除上述国际船级社协会成员外，世界上还有其他一些较小的船级社，如印度船级社、希腊船级社、巴拿马船舶检验局、印度尼西亚船级社、柬埔寨船舶检验局等船舶检验机构，由于各种原因，承租人不愿接受入级这些检验机构的船舶。因此，承租人常在洽租时规定，提供的船舶必须是"Lloyd's class or its equivalent"，或者规定"Vessel is classed with a member of the International Association of Classification Society for the duration of the C/P"。

由于船舶的船级能够在很大程度上反映船舶的技术状况，因此合同中的船级约定被视为重要条款。船舶出租人提供船级不符的船舶可能导致合同解除。但如果在合同的履行过程中发生了出租人无法预见的或可免责的事件使船舶暂时丧失了船级，不属出租人违约。

4.船舶吨位（vessel's tonnage）

船舶吨位包括船舶的注册吨和载重吨。注册吨也称登记吨，它是港口当局和运河当局征收港口使费和运河费的依据。载重吨表示船舶的载重能力，是衡量船舶能否完成航次货运量的重要依据，包括载货量、航次总储备及船舶常数三个变量。应当注意，1976年版"金康"合同对此规定的是"大约载货量"（about the number of dead weight ton of cargo），鉴于签订合同时无法准确计算船舶的燃料、淡水和物料等总储备量以及该格式合同对"约"字没有作出解释，在使用1976年版"金康"合同时，建议改用"载重吨"（deadweight ton，DWT），1994年版的"金康"合同已经改为"载重吨"了。

5.船舶尺度（vessel's dimension）

船舶尺度包括船舶长度、宽度、型深、舱口尺度、甲板安全负荷等项内容。其中，船舶的长、宽、高涉及船舶能否安全进出指定港口，其他尺度涉及船舶能否安全、顺利地装卸和运送规定的货物。船舶尺度属于中间性条款。

6.对船舶其他能力的要求

为安全、顺利地装卸和运送特定货物，还应在船舶描述中作出其他方面要求，比如：

（1）装运散货时要求必须是单甲板船舶并可自动平舱（the vessel is warranted to be a geared singledeck，self trimming bulk carrier）。

（2）要求船舶具有机械通风装置（owners warrant that the vessel is suitable for carriage of bulk tapioca and equipped with satisfactory mechanical ventilation system. Owners are to ventilate cargo as necessary during voyage and to present extract of log book relative to ventilation to charterer's agent at first port of discharge）。

（3）要求货舱没有障碍（owners warrant that the cargo holds are without obstruction and suitable for the use of forklift trucks），或者要求适于使用抓斗（owners warrant that vessel is suitable for discharge by normal size grabs）。

（4）要求吊杆或吊车的吊货能力（safe working load，SWL）、吊杆的跨距（out reach）、类型和速度等。承租人应了解吊杆（derrick）与吊车（crane）的区别。当两个单吊杆在合并为双吊杆（union purchase）使用时，吊货能力减少一半。曾有合同规定"10个吊杆，每个安全吊货能力为10公吨，合并使用"（union purchase，10 derricks at 10 MT SWL each），实际合并使用时只能吊起5吨货物。承租人为此进行诉讼，结果败诉了。

（5）要求配有二氧化碳灭火系统（CO_2 fitted）。

（6）要求配有护货板（vessel to be fitted with wooden cargo battens）。

（7）要求舱盖类型是麦克格雷戈尔单拉动系统（type of hatch cover to be mac gregor single pull system）。这种舱盖比"旁通"类舱盖拉开、关闭速度快，水密性好。

（8）要求圆木船有钢制的甲板立柱（vessel to be fitted with steel stanchion）。

根据不同情况，承租人还可能要求船舶必须满足其他要求。上述这些内容格式合同中通常没有规定，需要承租人在附加条款中予以规定。

4.2.2　船舶描述的法律地位

船舶出租人对上述船舶情况所作的承诺构成法律上的"陈述"（representation）。船舶的陈述将船舶特定化，是承租人决定是否租用船舶的重要依据，同时也构成合同的重要条款。因此，出租人必须保证陈述内容的正确性。如果陈述与事实不符，即错误陈述，则构成法律上的"误述"（misrepresentation）。各国对误述的法律后果规定不尽相同。

误述可分为欺诈性误述（fraudulent misrepresentation）和疏忽性误述（negligent misrepresentation）。按照英国1967年的《误述法》，对前者，承租人可以解除合同并要求损害赔偿；对后者，承租人通常不可解除合同，只能要求损害赔偿。按照美国和我国法律，误述能否导致合同解除，需要视误述是否影响到合同的根本目的（the root of the contract）而定。误述的损害赔偿还要满足四个条件，即存在误述、承租人遭受了损失、出租人有过错以及误述和损害有因果关系。

4.3　履约时间

4.3.1　履约时间条款的重要性

履约时间涉及三个方面：船舶现在位置、受载期和解约日，它们是租船合同中的重要内容。船舶能否按时抵达装货港并准备就绪，涉及承租人能否履行贸易合同中的按时交付货物义务。在买卖合同中，买方不及时派船或卖方不及时装运都可能导致买卖合同取消或损害赔偿。因此，承租人在订立租船合同时会严格要求出租人按时履约。出租人不按时履约可能违反条件条款，同时也可能会导致贸易中负责租船一方违反条件条款。

4.3.2　船舶目前位置

船舶目前位置（present position）是指在订立合同时船舶所处的位置。由于船舶位置与船舶能否按时抵达装运港有密切关系，所以合同中必须如实记载。如果记载不准，会构成严重违约。这种情况在船舶速度缓慢和通信不发达年代容易出现，现在通信发达，船舶位置已显得不那么重要，只要船舶能在销约日抵达装货港，出租人也不会因为船舶位置陈述不准确而承担责任。船舶位置在合同中的写法是：如果船舶在某港口，则填写该港名称；如在航行，则填写"在航行"（now trading）。

4.3.3　受载期

1.受载期的概念

航次租船合同中规定的船舶抵达约定的装货港并做好装货准备的日期（date ready to load）称作船舶的受载期（laydays），承租人将根据这个日期安排装货事宜。

2.受载期的规定方法

受载期的规定方法一般有两种：一种是规定在某个期间里，船舶可抵达装货港口并已准备就绪；另一种是只规定一个受载日。由于这种规定对出租人非常苛刻，故很少使用。

3.受载期条款的法律地位

鉴于受载期对于货物买卖合同中卖方履行交货义务或买方履行派船义务的重要性，该条款在法律上被认为是一个重要条款。除出租人可以免责的原因导致船舶延误外，如果船舶未能在受载期内或受载日抵达装货港或装货地点，则构成出租人根本性违约，承租人有权取消合同并索赔因此所遭受的损失。我国《海商法》第97条规定："出租人在约定的受载期限内未能提供船舶的，承租人有权解除合同。因出租人过失延误提供船舶致使承租人遭受损失的，出租人应当负赔偿责任。"

4.出租人在受载期保证下的义务

合同航次包括预备航次（preliminary voyage），即船舶从前一个合同履行完毕至本合同装货港的一段航程。预备航次是航次租船合同的一部分，因此，合同中关于出租人权利义务的约定，同样适用于预备航次，除非另有约定。这样，在受载期保证义务下，出租人应当承担以下义务：

第一，保证船舶在受载期内抵达约定的装货港口、泊位或地点。为此，出租人的受载期承诺必须建立在诚实、合理预期的基础上。出租人能否保证船舶在受载期内抵达装货港，关键在于订立合同时能否正确估计时间。在作出本合同受载期承诺时，出租人必须充分收集信息，对船舶仍在执行的前一航次中的港口拥挤和坏天气对货物装卸的影响、航程距离以及恶劣天气对航速的影响、中途港口添加油料等影响因素，作出合理的估计。如果事实证明出租人的估计明显不合理，甚至为了获得本航次租约而有意谎报，则会构成出租人根本性违约，承租人有权取消合同并索赔损失，但非出租人过失导致的船舶延迟抵达，例如严重坏天气的影响，不在此列，如承租人对此种情况下的船舶延期抵达不能接受，可以依据解约条款赋予的权利宣布解除合同。

第二，尽速派遣船舶。为履行受载期承诺，出租人应当合理速遣船舶，包括尽速结束前一航次任务开往装货港，避免不合理绕航，避免不合理的临时性修理等。对于预备航次从何时算起的争议，1994年版"金康"合同作了有利于出租人的规定："The said vessel shall, as soon as her prior commitments have been completed, proceed to the loading ports..."，从而免除了前一航次卸货完毕前出租人的合理尽速派遣船舶义务。

第三，保证船舶在抵达约定的港口、泊位或地点时做好装货准备。装货准备的内容，除了保证船舶适航外，还应保证货舱适货，装货设备及索具处于正常工作状态，以及在海关、移民局、检验检疫机关等进港手续上准备就绪，否则，应当视同船舶没有抵达。

4.3.4　解约日

1.解约日的概念

解约日（canceling date）也称销约日，是指航次租船合同中规定的，如果船舶不能在约定的日期抵达装货港或地点并做好装货准备，承租人有权解除合同的日期。这一条款称为解约条款。

2.解约日的两种常用规定方法

第一种是当受载期规定为一个时期时，因为这种受载期已经考虑了预备航次的复杂情况，所以，解约日通常规定为受载期的最后一日，这是最常用的一种约定方法。例如，受载期规定为8月1日至15日，则解约日约定为8月15日，填在格式合同的相应栏目内。在1994年版的"金康"合同中，解约日与受载期仍是分开的两个不同条款，约定的解约日填在该合同的 Box 21，具体规定在第9条，原文是："Should the Vessel not be ready to load（whether in berth or not）on the cancelling date indicated in Box 21, the Charterers shall have the option of cancelling this Charter Party."

另一种约定方法是单独约定一个解约日期。它更多地适用于受载期规定为某一具体日期的情况。例如，受载期约定为"大约7月1日"，考虑预备航次的长短和复杂程度，解约日可约定在7月15日。有的合同在受载期约定为一个时间期间情况下，也单独约定了一个更迟的解约日，因而产生了受载期届满日和解约日下承租人的解约权冲突，对此，不同国家有不同解释。因此，应避免使用这种约定方法。

3.解约日条款的法律性质

在英国普通法下，受载期条款是条件条款，但解约日则不然，两者是相互独立的条款。出租人因过失违反了受载期保证，承租人可以依法或依约解除合同并可索赔损失，但对于出租人可免责的原因导致船舶延误，承租人则不能解除合同。而解约日只是给承租人一个选择权，在任何情况下，即使是由于承运人可免责事件导致船舶在解约日仍未抵达合同规定的装货港口，承租人都有权选择解除合同，而出租人不得援引解约日条款解除合同。例如，出租人在受载期条款中保证船舶大约在7月1日抵达装货港口，并约定解约日为7月20日，船舶实际抵达日期为7月7日，尚未到约定的解约日，英国上诉法院推翻了高等法院的判决，判决出租人根本性违约，承租人可以解除合同。[①]对此，我国海商法界存在不同观点，认为，既然约定了解约日，就不能依据出租人违反受载期保证而主张解除合同。[②]

承租人依据解约条款解除合同后，不得依本条款向出租人提出索赔，但承运人

---

①　The "Mihalis Angelos"（1970）2 Lloyd's Rep. 43.
②　司玉琢.海商法专论［M］. 2版.北京：中国人民大学出版社，2010：109.

过失违约除外。如果因出租人过失导致船舶晚于受载期抵达，比如，出租人未如实陈述船舶目前位置、不合理确定受载期、在预备航次中未履行合理速遣船舶义务等，承租人仍可主张损失赔偿。当然，在承租人决定不行使解约权情况下，仍可就船舶延迟抵达导致的损失向出租人主张损失赔偿。

4.规定解约日条款的目的

从解约日条款的性质可以看出，规定解约日的目的只是为了保护承租人。本来，船舶未能在受载日或受载期的最后一天抵达装货港口，出租人就已经违反了条件条款，承租人完全有权取消合同，无须再规定解约日条款。但如前所述，有时船舶错过受载期是由于非出租人过失事件导致的，比如，重大天气原因、预备航次中驾驶员的疏忽导致船舶搁浅、碰撞，延误了船期，根据有关法律规定，出租人可以主张免责，承租人无权取消合同。这使得承租人非常被动，眼看着贸易合同的装运期日益逼近，但手中的租约仍未解除而不敢去另作安排，只能被动地等待，面临贸易合同的严重违约。有了销约选择权，承租人就可以在约定的船舶不能按时抵达装货港口时宣布解除合约，然后安心地去另外租船。对承租人来说，在船舶发生灾难时（比如发生碰撞需要很长时间修理），这一规定就显得非常重要。

5.解约权的行使时限

承租人解约权的行使是有时间限制的。承租人不得在解约日之前宣布解除租约，也不得在解约日之后的过迟时间宣布解除租约。提前宣布解约将构成预期违约（anticipatory breach），这等于承租人单方面撕毁合同。限制承租人不得过迟宣布解约是为了回过头来保护出租人。因为，即使过了解约日，只要承租人不宣布解约，出租人就要继续履行合同，将船舶开往装货港口。待过了若干时间后承租人才宣布解约，出租人便会遭受船期损失。"金康"格式合同没有这方面规定，应理解为在合理时间宣布。

4.3.5 "请询条款"

"请询条款"（interpellation clause）的含义是：当收到出租人或船长通知，船舶将无法在解约日抵达装货港口，并询问是否要继续履行合同时，承租人应在一定时间内作出是否解除租约的答复；否则，视为承租人放弃根据解约日条款解除租约的权利。

1976 年版"金康"合同规定："Should the vessel not be ready to load（WIBON）on or before the date indicated in Box 19（关于解约日的规定），charterers have the option of canceling this contract. Such option to be declared，if demanded，at least 48 hours before vessel expected arrival at port of loading"。应当注意，根据该规定，承租人在收到请询后只要在船舶抵达装货港口前的 48 小时宣布选择，即履行了回复义务，这意味着该规定只保护了出租人 48 小时，在询问时船舶仍需很长时间才能抵达装货港的情况下，对出租人的保护是很有限的。

针对上述问题，1994 年版"金康"合同作了改进性规定："Should the Owners

anticipate that, despite the exercise of due diligence, the vessel will not be ready to load by the canceling date, they shall notify the Charterers thereof without delay stating the expected date of the Vessel's readiness to load and asking whether the Charterers will exercise their option of canceling the Charterparty, or agree to a new canceling date.

Such option must be declared by the Charterers within 48 running hours after the receipt of the Owners' notice.If the Charterers do not exercise their option of canceling, then this Charter party shall be deemed to be amended such that the seventh day after the new readiness date stated in Owners' notification to the Charterers shall be the new canceling date.The provision of above clause shall operate only once."

在这一规定下,只要出租人估计船舶将会逾期抵达,就可以随时询问承租人是否准备解约,但询问中应包括新的抵达日期。承租人必须在收到询问的48小时内作答,否则,视为其同意新的受载期,该日后第7天为新的解约日,并且,只允许出租人请询一次。如果船舶仍不能在新的解约日抵达装货港,承租人则拥有解除租约的权利。所以,出租人对新的受载期应准确估计。

我国《海商法》第97条规定:"出租人将船舶延误情况和船舶预期抵达装货港的日期通知承租人的,承租人应当自收到通知时起四十八小时内,将是否解除合同的决定通知出租人。"因此,在适用中国法的条件下,有了这条规定,即使合同中没有规定"请询条款",出租人也有"请询条款"中规定的权利。按照此条规定,出租人只要向承租人发出船舶迟到通知和新的抵达日期,即构成上述规定的请询,而不必询问承租人是否接受。

4.4　装卸港口

装卸港口是航次租船合同中的重要条款,它涉及装卸港口的规定方法、谁来指定装卸港口、何时宣布选择港口以及安全港口责任等问题。

4.4.1　装卸港口的规定

1.装卸港口的常用规定方法

(1)指定具体的装卸港口。在贸易合同明确规定了装卸港口的情况下,承租人会在租船合同中依照指定。船舶出租人为限制在同一港口内的多次移泊,条款中还规定允许使用的泊位数量。例如规定:"装货港:上海,一个港口,两个泊位";"Loading port: 1SP 2SB Bangkok, completing at Kosichang"。在英国,这种规定方法使该合同变为"泊位合同",这与装卸时间计算有关。

(2)规定选择港口。当贸易合同中卖方的供货地点或买方的转卖地点未确定时,可以预先规定几个港口,留待临近装运期时或是临近船抵卸货港时再确定。这时,租船合同中也需采用相同的规定。

按照规定,选择港口有两种方法:一种是在列名的港口中作出选择,例如规定："discharging port： Buenaventura or Turbo，charterer's option"。另一种是规定选择范围，将来在该范围中选择某个或某几个港口。例如规定："装货港：中国主要港口"。

2.规定装卸港口时应注意的问题

（1）在规定装卸港口时，应明确规定允许承租人使用的港口数量和每个港口中允许使用的泊位数量。港口和泊位使用得越多，出租人面临的风险、费用越大，时间越长，出租人就会索要更高的运费。对于承租人来说，较多的港口和泊位可能会节约内陆运输费用，但会增加租船费用。因此，应在两者之间作出经济的选择。

（2）在承租人有权选择两个或两个以上港口时，如果租约没有授予承租人港口顺序选择权（right to choose port rotation），应当按照地理顺序（geographical rotation）指定挂靠港口，否则，出租人有权要求不合理的绕航损失赔偿。[1]如果租约给予承租人港口顺序选择权，出租人则无权要求承租人按照地理顺序指定挂靠港口。[2]关于这个问题，最好在租约中明确约定。为了满足贸易上的需求，可以允许承租人选择，但如果不按照地理顺序选择，导致出租人绕航损失，承租人应当负责赔偿。

（3）承租人须及时宣布选择港口。一般规定：承租人应在船舶抵达第一港口前48小时宣布港口，否则，承租人须承担出租人由此导致的额外损失和费用支出。

4.4.2 关于安全港口

港口的安全涉及船舶、货物甚至人员的安全。安全港口问题包括什么是安全港口，港口何时应是安全的以及谁对安全负责等方面。

1.安全港口的概念

安全港口概念中包含了安全泊位。目前，国际上普遍接受的安全港口的经典法律定义是英国上诉法院在"The Easten City［1958］2 Lloyd's Rep.127"案中作出的。根据该法院判决，所谓安全港口，是指在正常情况下，船长和船员使用了良好航海技术和船员技能，特定船舶在特定时期内能够安全地抵达、进港、停泊和驶离而不会遭受损害风险的港口。Seller大法官判词的原文为："a port will not be safe unless， in the relevant period of time， the particular ship can reach it， use it and return from it without， in the absence of some abnormal occurrence， being exposed to danger which cannot be avoided by good navigation and seamanship."[3]法院还强调，港口是否安全是一个事实问题，必须根据每一个案件的具体情况来判定。

半个多世纪以来，已有数十个案例对上述定义的每一个要点进行了详细分析判定，最新的是2017年5月英国最高法院对英国上诉法院在"The Ocean Victory ［2015］EWCA Civ.16"案中关于"不寻常事件"进一步解读的确认。Ocean

---

① The "Hadjitsakos"［1975］1 Lloyd's Rep.536.
② COOKE, KIMBALL, YOUNG, et al.Voyage Charters［M］. third edition.London: LLP limited, 2007: 101.
③ COOKE, KIMBALL, YOUNG, et al.Voyage Charters［M］. third edition.London: LLP limited, 2007: 111.

Victory轮于2006年10月20日在日本鹿岛港卸铁矿时遭遇九级烈风，泊位涌浪导致无法安全卸货，在离泊避风时因航道地形限制，在狂风巨浪中船舶操作空间受限，航速降至最低并最终失去控制撞上防波堤，船长船员弃船，船舶最终解体沉没全损。船舶、船期、救助及打捞各种损失高达1.37多亿美元，因而原船东的保险人以港口不安全为由向期租承租人中国租船公司索赔。该案的核心问题是泊位涌浪和离港航道大风是否为不寻常事件。一审中，法官认为事故是涌浪及强北风造成的，这在鹿岛港并非罕见，因此该港当时应为不安全港口。承租人不服该判决提起上诉。上诉法院在调查了该港的气象水文历史资料后认为，事实上该港口的这种强风出现频率很低且无法预料，因而推翻了高等法院的判决，判定该港为安全港口。船东不服上诉至最高法院，2017年5月10日，最高法院宣判维持上诉法院的判决。

可见，安全港口是一个特定的概念，它只要求一个港口在一定的条件下，对于特定船舶不存在损害风险，并不要求该港口不存在任何风险。事实上，任何一个港口都存在一定的风险，如潮流、风浪、坏天气和浅滩等。但如果这些港口有避免这些风险的良好设施，如足够和准确的灯浮（light buoy）、及时的预先警告、充足的拖轮、足够的系泊设施等，再加上船舶使用了良好的船艺就可以避免这些风险，该港口就是安全的。非正常危险事件的出现不包括在港口安全范畴之内，例如突发的坏天气、他船突然撞来、引航员偶然错误以及战争突然爆发等突发事件的出现，虽然危及了船舶安全，使该港口变得不安全，但不在保证安全港口义务之内。港口拥挤以及等待大潮是正常的商业风险，也不在保证安全港口义务范畴之内。

2.港口安全要求的内容

根据英美等国的司法实践，港口安全包括实体上的和政治上的两个方面。

实体上的安全（physical safety）要求港口本身能在各方面保证船舶安全地进出及停留。它包括很多内容，例如，要有足够的灯标、浮标、锚地和可抓牢的海床；锚地、航道、泊位有足够的水深；空中无障碍；有足够的靠泊设施和防撞垫；泊位潮差不能太大使船舶在低潮时坐浅或拽断缆绳；锚地、航道或泊位不能有水下不明物打坏螺旋桨；港口拖轮不足，需从很远的外港调来拖轮，使出租人支付很高的拖轮费用和待泊时间；不正常的海流形成长涌，将多根系泊缆绳拉断等情况都被视为港口不安全。

政治上的安全指当地的政局稳定，港口当局工作正常，不存在战争、敌对行为、内乱、骚乱、革命、恐怖活动、捕获和充公等风险。政治上不安全的例子很多，例如1861年智利政府强行将挂靠几个指定港口的外国船只没收（confiscation）；1997年中国香港远洋公司的一条船在斯里兰卡被泰米尔猛虎组织游击队袭击；索马里内乱占领船舶；1974年，几十条船被困在伊拉克的巴士拉港内，船舶进入波斯湾港口被导弹击中等。

3.安全港口的责任人

有的标准租船合同（如ASBATANKVOY和NORGRAIN）明确规定，承租人应对港口和泊位的安全负责，但"金康"格式合同没有此种规定。在无明确规定情况下，一般认为应按以下原则处理：

（1）在列名港口（包括列名了选择港）情况下，出租人应对港口安全负责。这是因为，一般认为出租人是航运方面的专家，他比货主更了解港口安全涉及的问题，更容易核查指定港口是否安全。在签订合同时，承租人指定了他认为是安全的港口后，如果出租人认为不安全，可以拒绝接受，一旦接受了，出租人便须承担指定港口的不安全后果。

（2）如果承租人在合同开始履行后指定港口，则承租人应对港口安全负责。但如船长或出租人明知港口不安全仍接受承租人指示，则承租人可以免责。

（3）泊位安全责任分担按照上述两个原则处理，即订立合同时，如果指定了具体泊位，则泊位安全由出租人负责，否则，由承租人负责。港口责任和泊位责任的划分界线是：从锚地到泊位的航道及泊位，属泊位责任范畴；影响全港或全部泊位的风险属港口责任范畴。

4.出租人在安全港口下的权利

在合同履行过程中，如果承租人指定了一个不安全港口或泊位，出租人可以要求更换。如果承租人拒绝更换，则构成违约。此种情况下，如果船舶空载，出租人可以宣布解除合同；如果船舶满载，可选择临近安全港口或泊位卸下货物。以上两种情况如系承租人过失导致的，须对出租人由此导致的损失负赔偿责任。

但是，出租人应谨慎判定港口或泊位的安全性。按照英国法律，承租人只要在指定港口或泊位当时预见该港口或泊位在船舶到达时是安全的，即虽然知道船舶到达之前港口存在不安全因素，但合理预期当船舶到达时不安全因素会消除，就视为他履行了保证安全港口的义务。例如，在指定港口时，有船舶在航道发生碰撞，但会很快被拖走，不会影响本船进港，则不能认为该港口不安全。

4.5　　　　　　　　　　货物条款

租船合同对货物品种、数量及包装的约定构成合同的重要条款。1976年版"金康"合同第一条中就规定："...and there load a full and complete cargo ...as stated in box 12, which the charterers bind themselves to ship ..."。该条款虽然字数不多，但涉及许多具体问题，现分述如下。

4.5.1　违反货物约定的法律后果

提供合同约定货物是承租人的严格责任。"金康"合同明确规定"...which charterers bind themselves to ship..."。我国《海商法》第100条规定："承租人应当提供约定的货物；经出租人同意，可以更换货物。但是，更换货物对出租人不利的，出租人有权拒绝或者解除合同。因未提供货物致使出租人遭受损失的，承租人应当负赔偿责任。"显然，承租人不提供约定货物属严重的违约行为，出租人有权向其索赔由此导致的全部损失，并有权解除合约。

与不提供约定货物相联系的是延迟提供货物。延迟提供货物只是违反了英美法下的合同保证条款、大陆法下的合同次要条款，在这两种法律制度下，出租人都不能因此取消合同（除非延迟时间过长构成合同受阻），只能向承租人索赔船期损失。船期损失按滞期费率计算；如果没有规定滞期费率，可参照同类船舶当时市场收益水平计算。

下面就有关主要问题分别阐述。

1.延迟提供货物

及时提供约定货物是承租人的一项保证义务，它可以是明示的，如"金康"合同中明文规定；也可以是默示的，即合同中没有明文规定，但法律上有一个在合理时间内提供约定货物的默示义务。如果承租人没能及时提供货物，导致出租人船期损失的，应负赔偿责任。

2.合同受阻导致无法提供货物

合同受阻是英美法系中的法律术语，它是指在合同签订后，在合同任何一方无过失的情况下，发生了不可预见的严重突发事件，令合同无法履行的情形，大陆法系称其为不可抗力。对于承租人备货而言，如果发生诸如货物全部被火烧毁，又无法从他处另行采购；或特定货物被火烧毁；供货工厂因地震、罢工等影响而无法提供货物又无法从他处另行购买；政府突然颁布出口禁令等事件，使承租人无法向出租人提供货物，根据法律规定，双方的合同义务可自动解除，承租人无须向出租人作任何赔偿。

但是，法律会严格把握援引合同受阻原则，目的是防止合同一方利用该法律原则逃避合同义务。合同受阻的必要条件是发生了不可预见的突发事件并使合同无法履行（impossible to perform）或合同的共同目的被毁（common purpose of contract destroyed），所以，对经过努力合同仍能履行的，例如粮食、矿产品等非特定的同类货物（generic cargo），仍可去他处采购来履行合同的，则仍需履行提供货物义务。在英国法下，许多突发事件造成的延误，要达到使原合同的履行条件变得根本不同的程度，才可能被接受为受阻。典型的案例是苏伊士运河被关闭，如出租人绕道好望角会使航程增加一倍，但英国法院判定运河关闭并不构成受阻。更多的延误争议发生在期租船合同下，延误多久才构成合同受租，与合同的租期有关，判定的标准是延误对原合同目的损害的程度。如果一个租约有12个月租期，被政府征用2~3个月，仍不构成受阻。因此，程租合同下，承租人在提供货物存在困难时应谨慎使用合同受阻原则，以免使用不当，反构成预期违约，要向出租人赔偿更多的延滞损失。

3.故意毁约（repudiation）

故意毁约是指承租人向出租人宣布他将不履行提供约定货物义务，或不可能履行或无力履行提供约定货物义务而要求解除合同的行为。

在航运实务中，除了前面提及的构成合同受阻的突发事件外，还有许多商业原因，如供货商毁约、国际市场价格因突发事件急转直下、买方毁约等，使得承租人无法或无意提供约定货物，造成对出租人的毁约。这种毁约可发生在合同订立后不久，或发生在船舶开往装货港途中，或发生在船舶已抵达装货港等待的期间。在承租人宣布毁约后，出租人应在合理的时间内接受毁约，另订租约，并可索赔因承租人毁约带来的损失。但如果部分货物已经装船，其余货物无法提供则不构成上述意义的毁约，出租人只能索赔亏舱费（deadfreight）。

4.毁约损失的计算原则

承租人毁约会使出租人丧失合同期得利益，如合同无特别约定，根据民法的恢复原状赔偿原则，出租人可以进行索赔。索赔计算的原则是：索赔额不得超过原合同航次的净利益损失。如果出租人在随后的替代合同中获得了额外利益，应与毁约导致的净损失冲抵，即：

索赔额=净利益损失=原合同航次净收入−替代航次净收入

根据有关法律规定和国外的相关判例，计算出租人的原合同航次净损失时，应考虑以下几个原则：

（1）原合同航次净损失的计算方法是：该航次应收的合同运费减去该航次出租人的预计开支。出租人的航次开支主要是燃油和港口使费。

（2）如果船舶存在等待损失，等待的船期损失可按同类船舶市场盈利水平或合同约定的滞期费率计算。

（3）在计算替代航次净收入时，除应扣除航次成本外，还要航速一致，扣除出租人自己带来的诸如加油、修理等时间损失，以便进行公正比较。

（4）原合同航次和替代航次的预备航次时间成本已包括在航次运费收入中，故两个合同的预备航次使用的时间，不得计为各自航次的成本。

5.Jupiter条款

（1）Jupiter条款的来由。

该条款的内容是：如果装卸时间起算后货物仍未备妥，承租人则应每隔规定的若干日支付滞期费，否则出租人有权取消合同。该条款的来由是这样的：1970年，油轮市场急转直下，一家名为Jupiter的百慕大皮包公司，承租了10条超级油轮在波斯湾待命，赌市场转好获利。结果市场持续低迷，无人租船，10条超级油轮等待了很久。承租人面对数百万美元的滞期费无力偿还而跑掉，出租人又无权取消合同，损失惨重。有了这一教训，出租人就专门对此制定了防范性条款，以便在发生上述情况时可以脱身，并将此条款称为Jupiter条款。

（2）Jupiter条款的措辞。

为达到上述防范目的，该条款的措辞可以表述如下："The charterer shall, if the cargo still not ready 5 days after the commencement of laytime, pay demurrage at the demurrage rate as set out in clause ××× every 2 days to the owner, otherwise, the owner has the right to cancel this charter party."

Nanyozai标准木材租约第8条也有类似规定："××× days of 24 running hours on demurrage for loading to be allowed at loading port（s）.Should charterers be unable to load within the above period, the vessel to have liberty to sail with the cargo then on board...".

Intertankvoy 标准租约中第 7 条规定："Owners' option of canceling: If for reasons not attributable to the vessel and/or owners, (a) charterers fail in their duty to furnish voyage instructions or loading orders in accordance with clause 2, and such failure has lasted for not less than 10 days, or (b) loading has not commenced and 20 days have passed after valid notice of readiness has been tendered, owners shall have the option of canceling this charter party."

但是，上述两个格式合同的规定并不合理。如果货物已经备妥，只是因为装货港口拥挤船舶无法靠泊，在租船市场行情上涨情况下，船舶出租人便可援引此条款撤销原租约。为避免出租人投机取巧，承租人要么修改上述规定，要么在发生船舶待泊情况时，提早支付滞期费。

（3）"金康"合同的规定。

1976年版"金康"合同中无 Jupiter 条款，船舶出租人欲保护自己，需在附加条款中加入此项规定。但1994年版"金康"合同中有如下规定："Demurrage at loading and discharging ports is payable by the charterers at the rate stated in box 20 in the manner stated in box 20 per day or pro rata for any part of a day.Demurrage shall fall due day by day and shall be payable upon receipt of the owners' invoice.In the event the demurrage is not paid in accordance with the above, the owners shall give the charterers 96 running hours written notice to rectify the failure.If the demurrage is not paid at the expiration of this time limit and the vessel is in or at the loading port, the owners are entitled at any time to terminate the charterparty and claim damage for any losses caused thereby."

该条款规定了在产生滞期费时，船舶出租人可以出示通知，要求逐天支付。如仍不支付，船舶出租人应再发出一次警告提醒支付，96小时后仍不支付的，出租人可以解除合同。但出租人应在合同的第20项中规定滞期费如何支付。此外，多数航次租船合同约定了一个追加条款，规定滞期费在卸货港卸货后的若干天内结算。因为追加条款的效力高于印就条款，所以此种追加规定使得上述印就的条款失去效力。

4.5.2　货物数量

货物数量既涉及贸易合同义务的履行，又涉及船舶出租人的运费收入。因此，货物的数量规定是航次租船合同中的重要条款，需要明确规定。

常见的数量规定方法有：

1.规定满载货物（full and complete cargo）

这种规定方法没有规定一个具体的数量，而是要求承租人必须提供足够的货物装满船舶。对于重货来说，是指达到船舶本航次的最大载重量；对于轻货来说，是指装满船舶所有货舱。这种规定方法同时约束合同双方，承租人有义务提供足够数量的货物，出租人有义务保证提供合理的全部载重量或舱容。

2.明确规定货物数量

明确规定货物数量是指在合同中明确规定一定的装货数量，多数情况下还允许一个上下浮动幅度。

规定货物数量时应注意以下问题：

（1）对承租人来说，货量的浮动幅度应与贸易合同或信用证的规定保持一致。所租船舶应尽量合适，把握不准时，宁大勿小。

（2）如果合同没有规定浮动量的选择权，一般认为选择权在船方，并且具体浮动装货量以船长的合理宣载为准。宣载应按合同规定作出，一般规定在装货准备就绪通知书中作出。如合同无规定，则应在合理的时间内作出。何谓合理应视承租人备货的具体情况而定，只要备货来得及，宣载即为合理。船长没能及时宣载，视为承运人放弃选择权。

（3）对大宗货物而言，应避免规定绝对数量，如"max/min 10 000mt"，因为合同双方对此规定都较难执行。

（4）承租人提供货物不足时，出租人除索赔亏舱费外，还可以索赔由于亏舱带来的其他损失。例如，在散粮装货不满舱时，会产生自由液面，破坏船舶稳性，船长需要采取压包或加设纵向分割板的方法，由此产生的费用和船期损失应由承租人负责。

4.5.3　货物的品种

国际贸易中的货物品种千差万别，对海上运输合同的执行影响也各不相同。运输实务中，承租人提供的货物可能与租约规定不一致，从而产生合同纠纷。下面就有关问题进行阐述。

1.货物品种约定的法律性质

按照英国普通法原则，租约中货物品种的规定应视为中间性条款。承租人未按合同规定提供货物属违约行为，但违约性质应视具体情况而定。我国《海商法》对承租人履行提供约定货物义务作了严格规定，如果承租人不能提供约定货物，须经出租人同意才能更换货物，更换货物对出租人不利的，出租人有权拒绝或解除合同。英国普通法的相关规定比较宽松。

2.承租人对货物品种的选择权

租约中可以规定承租人对装运货物品种的选择权。

（1）选择权的规定方法

①规定货物的类别。例如规定："agricultural product"。这种规定方法给了承租人很大的选择权，承租人可以在本合同项下运输任何种类的农产品，规模较大的农产品贸易商愿意在租船合同中采取这种规定方法。

②规定可以替代。例如："steel product or other lawful general cargo"。这种规定

方法给了承租人更大的货物选择权，它近乎等于承租人可以运输任何种类的合法货物。这对船舶出租人是十分不利的。因为：第一，各种货物的积载因素是不同的，当按数量/重量计算运费时，替代货物可能会影响总运费收入。第二，各种货物的危险性和污染程度是不同的，替代货物可能会给出租人带来更大的风险和清理货舱的费用及时间损失。因此，在规定替代货物时，出租人应尽量限制替代货物种类，或采取包干运费（lumpsum freight）的办法来避免因替代货物带来的运费损失。

③默视选择权。这是指在公平、合理的法律原则下，允许承租人在无法提供规定的货物情况下，改运与规定的货物相似或相近的货物。例如，袋装小麦改为袋装大米，磁铁矿改为赤铁矿或煤炭等积载因素、危险性、污染程度相近的货物。

（2）选择权的法律地位。

根据公平、合理的一般法律原则和英美相关法院判例，当租约中规定了承租人的货物选择权时，应按以下原则解释：

第一，承租人应在合理时间内作出选择，以便出租人有足够的时间调整船舶的适货问题。否则，由此带来的船期损失应由承租人负责。

第二，货物一经选择，即视为指定了货物，承租人不得再另行选择，除非符合默视选择原则。

第三，承租人在行使选择权时，不必考虑是否会给出租人带来运费损失。

第四，当因合同受阻无法提供货物时，承租人可以宣布解除租约而无义务提供选择货物，更无义务就此向出租人支付赔偿。但当规定并列货物时，不得援引此项原则。例如，租约规定"a cargo of wheat and/or maize and /or rye, with an option to charterers to load other lawful merchandise"，其中，前面并列的货物是交替货物（alternation），如果一种货物无法提供，承租人有义务提供另一种货物，除非全部的并列货物都发生了合同受阻事件。但"其他合法货物"是选择货物，在发生合同受阻时，可以免除承租人提供其他合法货物的义务。

3.危险品

危险品是指可能对船舶、船员及其他货物造成危险的货物。危险品在租约中订明后，出租人便无权拒绝装运。但是，托运人/承租人必须按照有关法律规定，如实地将危险品的性质、特点、注意事项等通知出租人，以便其采取合理的预防措施。如果实际托运货物的危险性高于通知描述，出租人是否有权拒绝装运，需视具体情况而定。根据英国有关判例，如果出租人可以采取措施防止危险的发生，应当装运，但出租人可以要求承租人支付采取额外措施所发生的费用。出租人无法采取措施避免危险发生的，有权拒绝装运。

4.甲板货物

甲板货物也称舱面货物。除法律规定或根据习惯可以将货物装于甲板外，甲板并不是装运货物的处所，所以，普通货物装在甲板上运输需经承租人、托运人同意，并将此事实记录在运输单证中。

（1）有关规定

《海牙规则》第 1 条（C）款规定"goods include goods，wares，merchandise and articles of every kinds whatsoever except live animals and cargo which by the contract of carriage is stated as being carried on deck and is so carried"。这条规定将甲板货物排除在承运人责任范围之外是合理的，因为甲板货物极易因风吹、日晒、雨淋和受海浪打击而受损，将甲板货物的此类损失归责于承运人显失公平。如托运人/承租人甘愿冒风险将货物置于甲板，此种风险理应由他们自己承担。

基于上述理由，1976 年版和 1994 年版"金康"合同均规定，甲板货物风险由承租人负责（If shipment of deck cargo agreed，same to be at charterers' risk and responsibility）。

（2）注意事项

第一，装运甲板货物时，提单上必须注明"on deck"或"shipped on deck"。如无此项说明，提单合同下的承运人与托运人之间的甲板货物运输协议不得对抗第三人。提单背面"The carrier shall in no case be responsible for loss of or damage to cargo arising...or with respect to deck cargo and live animals"的规定并不保护承运人，该条规定并未明确表示货物已经装于甲板。

第二，即使承租人、托运人同意货物装于甲板，并且记录在提单中，也不免除提单合同下的承运人、租船合同下的出租人管理货物的责任。如果索赔人能够证明出租人、承运人未能履行妥善、谨慎地管理货物义务导致甲板货物损失，出租人、承运人仍需承担赔偿责任。

第三，按照惯例不可装于甲板，或明知不可装于甲板而同意托运人请求将货物装于甲板并导致货物损失，即使该事实已经记入提单，承运人也有可能以未尽到管理货物义务为由而被起诉。

4.6　运费条款

1976 年版"金康"合同的第 4 条是关于运费的规定。运费是运输合同的核心内容之一，是承租人支付给出租人的服务费用。该条款文字内容比较简单，但涉及的问题却比较复杂，应认真对待。

4.6.1　运费规定方法

航次租船合同中常用的运费有以下两种表示方法：

1.按数量计算

它是指以货物数量作为计算运费的基础，规定每数量单位运费若干的计费方法。常用的数量单位有：以公吨、千克、磅等表示重量，以件、双、打、辆等表示个数，以米、英尺、码等表示长度，以立方米、立方英尺等表示体积，或以蒲式耳、公升等表示容积。按重量计算时，如无特别说明，是指货物的毛重。

2. 包干运费

它是指承租人支付一个总的议定运费作为出租人承运一定货物报酬的计费方法。包干计费有两种做法：第一种是按一定的舱容（包括全部舱容）支付包干运费，此时，出租人应允许承租人最大限度地使用该舱容，并提供足够的载重能力。第二种是按一定重量的货物支付包干运费，此时承租人应提供准确的积载因素。

此外，不论是按数量还是按包干方法计算运费，一般都是以一个装货港和一个卸货港为计算基础的。其表示方法是："freight rate USD×××, based 1/1。"这是因为港口使费是航次成本中的重要一项，增加装卸港口就增加了出租人的航次成本。所以，如果承租人欲增加装卸港口，就需支付额外的运费。额外运费一般是采取每增加一个港口增加若干单位运费，或每增加一个港口，额外支付一个固定数额运费的方法来表示。

4.6.2　运费计算依据

在按重量支付运费时，还涉及重量的确定方法，以及按装货重量还是按卸货重量计算的问题。因为货物在运输途中可能会发生重量的减少或灭失，所以不同的计算基础会得出不同的结果。

1. 常用的重量计量方法

对于包装货物的重量，常采用岸上清点件数再乘以单件重量，或者过磅的方法来确定总的货物重量。理货员的疏忽可能导致重量差异。对流动性强的货物还可能采用岸上仪表计重的方法。

对于大宗低值货物，为减少理货成本和加快装卸速度，常采用读取船舶吃水的计量方法。具体的计算方法是：读取货物装卸前和装卸完毕时的两次吃水，根据两次吃水的差值，在船舶载重表尺中查船舶载重量的变化，如无其他载荷变化，该变化值即为装货重量或卸货重量。如果两次吃水读取期间船舶其他载荷发生变化，应剔除这种变化的影响。吃水的读取方法是：首先读取船舶两侧的船艏、船舯、船艉六个吃水数值，然后进行平均值计算，得出总吃水的平均值。由于海浪的影响，读取的吃水与净水时的吃水会稍有误差。所以，计重时装卸港口都得用同种方法，以减少计重误差。

2. 计算依据

重量运费的计算依据通常有三种：按装货重量计算；按卸货重量计算；按装货重量计算，然后按卸货重量调整。租船合同中应明确规定采用何种计算依据。

（1）按装货重量计算（freight on intake quantity）

它是指按照装货港最终的装货重量作为计费基础的计算方法。装货重量一般以提单记载为准，所以也可规定运费按提单重量计算。在这种方法下，运费的计算与卸货港的卸货重量无关。例如，有一油轮，半途搁浅，流失了五万吨原油，出租人援引驾驶疏忽主张免责。承租人SHELL公司要求以卸货港实到数量支付运费，但英国的高院及上诉法院都未准许这一诉讼请求，原因是合同中已明确规定按提单重量支付。目前，这一规定方法非常普遍，甚至规定不管船、货是否灭失，支付的运费都不返还。

（2）按卸货重量计算（freight on delivery quantity or outturn quantity）

它是指以卸货港的实际卸货重量作为计算运费基础的计算方法。卸货重量是按照卸货港理货结果确定的。通常，理货人是以法定的公证人身份出现的，如果合同双方对理货重量有争议，需要出示足够的证据。确有争议时，可请出租人互保协会出面，安排另一检验机构，重新确定货物重量，这也是防范收货人欺诈的一个有效做法。

（3）按装货重量计算运费，但以卸货重量做调整

这种规定方法实际上仍是"按卸货重量计算"。它主要用于"运费预付"情况下，承租人担心到港货物重量变少而多交运费，于是有的合同规定："95% prepaid freight to be based on intaken quantity but balance freight to be adjusted per outturn quantity"。也有的合同，为了减少麻烦，规定给承租人一个选择，或按提单重量支付99%的运费，或者按卸货量计算。例如，1969年版 Sugar Charter party 第9条款规定："...paid freight as per agreement per ton of 2 240 lbs or 1 016 kilos net weight sugar delivered ...or at Charterers' option, declarable before breaking bulk（卸货）, per ton of 2 240 lbs or 1 016 kilos net Bill of Lading weight less one per cent（1%）...".

1994年版"金康"租约针对运费到付在第4条款的（c）段也有类似规定："...if freight or part thereof is payable on delivery of the cargo the Charterers shall have the option of paying freight on delivery weight/quantity provided such option is declared before breaking bulk and the weight/quantity can be ascertained by official weighing machine, joint draft survey or tally."

4.6.3　运费的支付

1.运费的支付时间

（1）法律的基本原则——运费到付

按普通法和大陆法原则，在租约没有约定的情况下，运费应当到付。这是因为，租船合同是一个服务性合约，出租人只有提供了全部服务后才有资格取得运费。对于这一原则，英国 Blackburn 大法官在"Appleby v.Myers（1867）"案中作了如下说明："the plaintiffs having contracted to do an entire work for a specific sum, can recover nothing unless the work be done, or it can be shown that it was the defendant's fault that the work was incomplete or that there is something to justify the conclusion that the parties have entered into a fresh contract."[①]

运费到付的基本原则是：第一，运费应当在货物运抵目的地并准备交货时收取。货物未运到目的地，承运人无权收取运费。第二，运费是一种服务费，运到多

---

① COOKE, KIMBALL, YOUNG, et al.Voyage Charters [M]. third edition.London: LLP limited, 2007: 273.

少货物，收货人支付多少服务费。对未运到部分，无须支付运费。第三，对已经运到的全部价值灭失或部分损坏的货物，出租人有权收取运费，出租人可能的损害赔偿与其收取运费权利无关。

（2）按照合同约定时间支付

在多数情况下，合同双方通过追加合同条款规定运费支付时间，并将此项规定写入提单。例如规定："100% freight on B/L quantity to be prepaid..." 或者规定："freight collect"，并相应地在提单中注明 "Freight tobe paid as per charter party"。在预付运费情况下，出租人往往要求承租人首先支付运费，然后才签发提单。如果承租人担心出租人为收取不合理费用而拒绝签发提单，可以在租约中规定 "Freight to be paid within ××× bank working days after completion of loading and signing and releasing bills of lading"。运费到付需要在交付货物之前支付。1976年版"金康"合同第4条规定的是运费到付（"payment of freight：The freight to be paid in the manner prescribed in Box 14 in cash without discount on delivery of the cargo at mean rate of exchange ruling on day or days of payment，the receivers of the cargo being bound to pay freight on account during delivery，if required by Captain or Owner."）。但人们常常将其修改成运费预付，或者使用1996年版"金康"合同，该版本合同规定了运费按装货量计算，并提供了运费预付和运费到付两种方法，供合同双方选择使用。

2.运费扣减

航运实务中，在运费支付之前，特别是在运费到付条件下支付之前，可能会发生某些出租人赔偿责任或费用，如速遣费、出租人过失导致的货损赔偿、船舶未准备就绪造成的货物损失或费用、船吊无法使用导致的岸吊租用费等。对于这类费用，承租人可否在运费中扣减？如果承租人强行扣减，其法律后果如何？

（1）"金康"合同的规定

1976年版"金康"合同中规定运费不得扣减。该合同第4条规定："freight to be paid in the manner prescribed in Box 14 in cash without discount…"。如果合同无相反追加规定，承租人必须百分之百支付运费，否则，出租人可以在卸货港行使货物留置权，主张欠付的运费。1994年版"金康"合同第4条规定，在运费预付条件下，货物装船后需全额支付，并且规定，未全额收到预付运费，出租人及其代理人可以拒绝签发"运费预付"提单（"neither the owners nor their agents shall be required to sign or endorse bills of lading showing freight prepaid unless the freight due to the owners has actually been paid."）。

（2）英国普通法的原则

如果租船合同中没对运费可否扣减作出约定，普通法的原则可用来作为处理这类案件的参考。从英国的有关判例来看，应付运费被认为是不可随意扣减的，任何争议都应独立处理，如无特别约定，不可相互混淆冲抵。具体地说：

第一，承租人不得单方面将可能的货损赔偿冲抵应付运费。这一法律原则从19世纪开始一直延续到现在。根据该条原则，运费是运输的劳务费，只要货物运到目的地，就必须支付。货损货差是在交付货物之后才提出来的，而且常常需要双方提供证据进行辩论。争议中的货物索赔强行在应付运费中扣除，属违约行为。

第二，运费到付条件下，货物中途灭失，无须支付运费。

第三，预付运费条件下，如果中途发生货物灭失，已经支付的运费无须返回；对欠付的运费是否应当继续支付，需视合同约定。如果合同无特别约定，欠付的运费无须继续支付。如果合同约定货物装船时运费即为赚取（freight deemed earned as cargo loaded），则欠付的运费仍需继续支付。1994 年版"金康"合同第 4 条规定，如果为预付运费，"it shall be deemed earned and non-returnable, vessel and/or cargo lost or not"。

（3）合同对运费扣减的约定

大多数情况下，法律是不允许承租人随意扣减运费的。但是，承租人可以根据"契约自由"原则，在合同中作出有关扣减约定。下面的规定方法可供承租人参考：

规定承租人可以扣减或扣留应付运费："for any amount of freight due under this charter-party, the charterers shall have the right to deduct and /or withhold from it any amounts due（including liquidated or unliquidated claims reasonably and honestly made）to the shipowners."

FOB 买方租船时，担心有货物索赔，可以规定："for any amount of freight due under this charterparty, the charterers shall have the right to deduct and /or withhold from it any estimated amount of cargo claim, if any, unless the shipowners shall provide satisfactory P&I club letter of undertaking on demand."

或者规定："20% balance freight to be paid together with demurrage / despatch money within 30 days after completion of discharging at the discharging port."

CFR、CIF 卖方租船时，更多关心的是在装货港发生的速遣费，所以，在运费预付条件下可以规定："the charterers shall be entitled to deduct/withhold from the prepaid freight payable to the shipowners the following sums：（a）any dispatch money earned at loading ports. If in dispute, the amount to be reasonably and honestly estimated by the charterers.（b）any address commission due under this charter-party.（c）any other amounts due at the loading ports including but not limiting to the 50% stevedores overtime ordered by the port authorities, which is to be for the shipowners' account.（d）any additional insurance by reason of the vessel's age, flag and/or class."

（4）承租人随意扣减运费的风险

在无合同明确允许情况下，承租人无权因出租人过失导致的货物灭失或损坏单方面扣减运费。随意扣减或扣留运费会导致以下两个风险：第一，出租人可能在目的港留置货物，导致的一切后果将由承租人承担；第二，承租人容易错过货物索赔诉讼时效，这是因为，承租人扣留了运费会感到有恃无恐，从而忽略了对出租人的诉讼。

4.6.4 运费支付人

租船合同下，承租人或其指定人应当支付运费，对此一般不会产生异议。但提单合同则不同。由于提单合同中往往规定了运费的支付方法，这种规定如果与租船合同规定不一致，就会使本来简单的问题变得复杂。与运输合同有关的当事人有托运人、收货人、提单持有人、承租人等，究竟谁应承担运费支付义务，应根据以下具体情况而定：

1.运费预付

当租船合同规定运费在完成装货时支付，提单应规定"运费预付"，即运费由承租人支付。但是，国际航运中存在大量的航次转租船业务，如果有关当事人拒绝支付运费，问题就变得复杂。在"二船东"和最后承租人都不履行运费支付义务的情况下，原出租人便既可向"二船东"主张运费，又可向收货人或提单持有人主张运费。此时便出现了两个运费支付人，前者是依据租船合同支付条款产生的，后者是根据租船合同中或提单合同中的留置权条款产生的。

在最后承租人按照租船合同将运费支付给"二船东"的情况下，"二船东"不履行向原船东支付运费义务，原出租人便会根据其租船合同或提单合同在目的港行使货物留置权，逼迫收货人或提单持有人支付运费。这种情况下，如果已经支付运费的承租人为提单收货人或持有人，他将再一次支付运费；如果已经支付运费的承租人为发货人，他将面临买方追讨运费，因而再次支付运费。

2.运费到付

当贸易合同的买方负责租船时，航次租船合同中可以规定运费到付。相应地，提单也应规定运费到付。此时，根据租船合同，运费支付人为承租人；根据提单合同，运费支付人为收货人或提单持有人。当然，如果买方没有转让提单，两个支付人为同一人。

有时，租船合同规定运费预付，但在货物装完若干天后支付。出租人担心提单签发后承租人不支付运费，便在提单中标注运费到付。如果承租人在取得提单后不履行运费支付义务，出租人还可以根据提单合同向收货人收取运费。另外，当运输合同关系中存在二出租人时，二出租人为避免实际承租人不履行运费支付义务，也可能在提单中规定运费到付。

那么，在租船合同关系和提单合同关系中，如果存在两个运费支付义务人，哪个人应当履行支付义务呢？我们应当从两个合同义务的关系来判断。

我们知道，在租船业务中，提单合同产生于运输合同的履行过程，没有运输合同，就不会有提单合同，运输合同是提单合同产生的基础。承租人的支付运费义务源于运输合同，支付运费是出租人提供运输服务的对价。提单中关于运费支付的规定也源于租船合同，是租船合同下支付义务的又一种表现形式。它是对同一运输服务的同一支付，而不是另一种支付。

事实上，当承租人为卖方时，卖方负有支付运费义务，提单也应做成"运费预付"或"运费依租船合同支付"。当承租人为买方时，买方负有支付运费的义务，提单应当做成"运费到付"或"运费依租船合同支付"。如果这样，就不会产生两个支付人问题。但是，当提单规定与运输合同规定相矛盾时，就会出现两个支付人问题。处理的原则应当是，承运人首先根据租船合同向承租人主张运费，如果向提单合同下的收货人或持有人主张运费，须举证证明承租人拒绝履行运费支付义务。

租船合同下向收货人或提单持有人主张运费也是有法律依据的。多数国家法律规定，提单转让后，提单持有人在向承运人主张货物时，除享受提单合同权利外，还应承担提单合同义务。当然，上述原则能否适用，还要看案件管辖地法律如何规定。特别是当作为收货人的实际承租人已经将运费支付给二出租人，而二出租人未向实际承运人支付的运费情况下，在某些国家，实际承运人无权要求收货人再次支付运费。

总的来说，在承租人不履行运费支付义务的情况下，出租人能否顺利地依据运费到付提单或依据货物留置条款向提单持有人收取运费，存在着不确定性，特别是在承租人为卖方情况下。这就需要提醒合同当事人应当保持租船合同和提单合同对运费支付方式规定的一致性。对承租人来说，如果租船合同规定运费预付，提单也应作出同样规定；对出租人来说，在承租人拒绝支付，或不能支付运费时，不能盲目乐观地转去依赖提单，而放弃租船合同下的权利。

4.6.5　运费税

运费税是一国税务当局以在其境内赚取的运费为对象而征收的一种税。许多国家征收运费税，税率高低各不相同，名称也不一样。准确的资料可查阅BIMCO发行的"Double Taxation of Non-Residential Shipping"年刊。运费税税率高低影响一国的航运竞争力。低税率或免税，一方面可以吸引其他国家的出租人前来注册，增强该国的航运实力；另一方面可以降低该国进出口货物运输成本。国家间的避免双重征税协议也可以使出租人在他国的运费税获得减免。

租船合同中应对运费税支付问题作出规定。1976年版"金康"合同无此项规定，使用时需要通过追加条款作出规定。1994年版"金康"合同有如下的规定："Tax and Dues Clause：（a）On vessel—The owners shall pay all dues, charges and taxes customarily levied on the vessel, howsoever the amount thereof may be assessed；（b）On cargo—The charterers shall pay all dues, charges, duties and taxes customarily levied on the cargo, howsoever the amount thereof may be assessed；（c）On freight—Unless otherwise agreed in box 23, taxes levied on the freight shall be for the charterers' account."在许多情况下，承租人通过追加条款将此项义务转给了出租人。

一些国家对运费税使用不同的名称，如所得税，对这种税是否属运费税易产生争议，此时，应从税费的性质作出判断。例如，伊拉克按船舶挂靠该国港口的航次数计收运费税，但称其为所得税，运费收入越多，税率越高。表面上看，该税的名称称作所得税，好似向船舶征收的，但英国上诉法庭判定，该税是运费税，按照租船合同，应由承租人支付〔The "Gunda Brovig"（1982）2 Lloyd's Rep.39〕。

4.7　　　　　　　　　　货物装卸条款

货物的装卸条款涉及货物装卸责任、有关费用及风险的划分问题。货物装卸条款与贸易合同中的装运条款紧密相连，故在制定运输合同时，应保持与贸易合同规定一致。1976年版和1994年版"金康"合同都在第5条款中对货物装卸问题作了规定。

4.7.1　英国普通法的原则

货物的装卸义务分担应在租约中明确约定，如无约定或约定不明，需要依据法律原则来确定。因此，了解普通法的货物装卸义务分担原则很有意义。

英国普通法对货物装卸的责任、费用和风险分担原则是：发货人、收货人或承租人应在装货港的船边交货，在卸货港的船边收货，货物装卸的责任、费用和风险由出租人负责，这也是班轮运输的常态。该原则由英国 Esher 法官于 1892 年在"Harris V.Best（1892）68 L.T.76"案中确立，至今仍被引用。

关于装货，他的解释是：

"Loading is a joint act of the shipper or chatterer and of the shipowner, neither of them is to do it alone, but it is to be the joint act of both.What is the obligation on each of them in that matter? Each is to do his own part of the work, and to do whatever is reasonable to enable the other to do his part.This puts upon the shipper the obligation of bringing the cargo alongside the ship, and of doing a certain part of the loading.What is that part of the loading? By universal practice the shipper has to bring the cargo alongside so as to enable the shipowner to load the ship within the time stipulated by the charter party, and to lift that cargo to the rail of the ship.It is then the duty of the shipowner to be ready to take such cargo onboard and to stow it in the vessel.The stowage of the cargo is the sole act of the shipowner."

关于卸货，他的解释是：

"Wherever the delivery is to be, the shipowner, on the one hand, must give delivery.If he merely puts the goods on the rail of his ship, he does not give delivery: that is not enough.If, on the other hand, the consignee merely stands on the other ship, or on the barge or lighter, or on the quay, and does nothing, he does not take delivery. The shipowner has performed the principal part of this obligation when he has put the goods over the rail of his ship; but I think he must do something more—he must put the goods in such a position that the consignee can take delivery of them.He must put them so far over the side as that the consignee can begin to act upon them; but the moment the goods are put within the reach of the consignee he must take his part in the operation." ①

4.7.2　"金康"合同的规定

1. "金康"合同的规定方法

"金康"合同对于货物装卸责任、费用、风险的划分规定了两种方式供洽租时选择。

（1）总承担条款（Gross Terms，相当于 Liner Terms，或 FAS。1976 年版"金康"合同第 5 条（a）款）规定：

"The cargo to be brought alongside in such a manner as to enable vessel to take the goods with her own tackle.Charterers to procure and pay the necessary men on shore or on board the lighters to do the work there， vessel only heaving the cargo onboard …The cargo to be received by Merchants at their risk and expense alongside the vessel not beyond reach of her tackle."

从以上的文字可以看出，Gross Terms 基本上与普通法的原则相近，它要求出租人在装货港把货物装进船舱，在卸货港将货物从船舱卸下。不同的是，普通法把船舷作为货物交接点，而"金康" Gross Terms 把船吊的吊钩作为交接点，即在装货港，货物交接点是船舶吊钩可及之处；在卸货港，货物交接点是船舶吊钩可及之处。

Voyage Charters 一书对"金康"合同"Gross Terms"的解释如下：

"...at the loading port the charterer's obligation is to bring the goods within the reach of the ship's tackle， to place the goods on slings or pallets as necessary and to provide the necessary labour ashore or on lighters to place the goods on the tackle with which they are to be heaved on board， placing them in holds， removing them from the tackle， and the stowage of the cargo is to be carried out by the owner.At the discharging port， the owner's obligation is to place the goods over the ship's side on the quay or in lighters within reach of the ship's tackle， the task of removing the goods from the tackle， and all subsequent operations， falling upon the charterer.These provisions extend by a small measure the obligation of the owner in comparison with the common law rule under which the goods are received and delivered at the ship's rail." ②

（2）承租人装卸、平舱、理舱条款（FIO and free stowed/trimmed，也称为出租人舱内收货、交货及不管平舱、理舱条款）

1976 年版"金康"合同第 5 条（b）款规定："The cargo shall be brought into the holes， loaded， stowed and/or trimmed and taken from the holds and discharged by the Charterers or their Agents， free of any risk， liability and expense whatsoever to the

---

①　Harris v.Best， Ryley & Co.（1892）68 L.T.76.； COOKE， KIMBALL， YOUNG， et al.Voyage Charters〔M〕. third edition.London：LLP limited，2007：314.
②　COOKE， KIMBALL， YOUNG， et al.Voyage Charters〔M〕. third edition.London：LLP limited，2007：259.

Owners…".

从上述规定看，FIO条款免去了普通法下出租人的装卸货物责任、费用和风险。当今航运实务中更多地采用这种规定，因此1994年版"金康"合同中取消了Gross Terms规定。

2.关于堆装（stowage）

堆装也称为理舱。在件杂货的装货过程中，堆装是必不可少的环节。堆装义务涉及堆装的责任、费用和风险三个方面。迄今，尚无权威概念将堆装包括在装货定义中，因此，有必要在合同中对堆装义务作出单独规定。

堆装的作用主要有三：一是防止运输途中倒垛损坏货物和破坏船舶稳性；二是对不规则货物或裸装货物作必要绑扎、衬垫、楔缝，以方便通风、卸货，防止货物位移从而保证货物安全；三是为了充分利用舱容。

由于堆装目的主要与船舶和货物安全有关，根据英美普通法及《海牙规则》规定，此项责任应由承运人承担（the responsibility of stowing rests on the owner）。但租约可以作出相反约定，如1994年版"金康"合同就规定由承租人承担此项责任、费用和风险。也有的合同规定"…stowing under the supervision and responsibility of the master"，意为承租人负责堆装及费用，但把风险划归给了出租人。

3.关于平舱（trimming）

装运散货时需要平舱。平舱的主要目的有三：一是避免运输途中货物移动而破坏船舶稳性；二是平均船舶受力，防止船舶结构遭到破坏；三是充分利用船舶舱容，完成航次任务。

如同货物堆装，普通法下平舱的责任、费用和风险由出租人承担，但1994年版"金康"合同规定由承租人承担。在实际业务中，平舱常被分为普通平舱和特殊平舱。例如，散粮、煤炭和散矿经常使用抓斗、传动带或喷嘴装货，舱内货物表面会堆积不均。根据装卸公司惯例，普通平舱是指使用或调整这些装货机械，尽量使货物堆积均匀；而特殊平舱是指用人力或平舱机械单独对堆积不均匀的货物进行平整，并收取特殊平舱费。为避免平舱费支付纠纷，应在合同中明确规定特殊平舱的责任、费用和风险划分。

4.堆装、平舱与贸易合同

如上所述，堆装、平舱两个业务环节不仅涉及费用，还涉及责任和风险。由于贸易合同对此项内容通常作有规定，所以在签订运输合同时应考虑这两个合同相关条款的协调问题，避免作出冲突性规定。

5.关于理货、绑扎、紧固与衬垫（tally, lashing, securing and dunnaging）

1994年版"金康"合同规定，理货的责任及费用由承租人承担，但实际业务中多被修改为由出租人承担。

绑扎、紧固与衬垫是堆装工作中不可分割的环节。如果承租人负责堆装，就意味着他也应负担绑扎、紧固和衬垫的费用，责任与风险，对此，1994年版的"金康"合同已有明确规定。

对卸货完成后垫舱物料的清除工作，"金康"合同规定应由承租人来完成。它涉及船期，垫舱物料未清理完毕，装卸时间计算就不停止。所以，除非船长同意，承租人应抓紧时间将垫舱物料清除干净。

从费用角度考虑，除了上述几项费用外，在装卸港口还会产生名目繁多的其他费用。例如，装货过程中的开关舱费、看舱费、熏舱费等。对此，可在租约中规定，与船舶有关的费用，由出租人支付；与货物有关的费用，由承租人支付。但仍有某些难以确定属性的费用，如美国部分港口征收的"service and facility charge"，新加坡港务局征收的"service charge"等，港口当局把它们划到船舶港口使费中（一般情况下，港口使费由出租人支付），但却是按货物数量计收的，很容易引起争议。最好的解决办法是，订约前，查清收费项目，在合同中作出明确约定。

由于不同格式的航次租船合同对货物的装卸责任规定存在差异，常常产生解释纠纷。对此，权威的第4版Voyage Charters第14.55段对有关该问题的当前英国普通法法律原则的如下总结提供了明确的解释原则：

（1）因为装卸和积载的责任通常应由船东承担，所以船东必须使用明确措辞才能将责任转移给承租人承担。

（2）如无明确约定，授权承租人任命装卸工的条款，不能自动免除承运人对货物装卸应承担的责任。

（3）如无明确规定承租人对装卸费用负责的条款，不能将装卸责任转移给承租人。

（4）规定由承租人履行装卸和积载义务的条款（the charterer shall perform loading/ stowage/discharging），可以将装卸和积载的责任转移给承租人。

此外，根据英国高等法院2015年6月18日对"The SEA MIROR"案的判决，常用的"Stowage shall be under Master's direction and responsibility"规定只能理解为出租人应对由货物积载不当导致的货物损失负责。[①]

4.8　　　　　　　　　　装卸时间规定方法

装卸时间（Laytime）是双方约定的允许承租人占用船舶装卸货物，而无须在运费之外额外支付费用的一段期间。装卸时间和滞期费条款是航次租船合同的重要组成部分，它通过规定一段固定的时间或计算该段时间的方法，或者允许一段合理的时间，来限定承租人装卸时间，如果承租人使用船舶装卸货物超过约定时间即属违反保证，应对由此产生的时间损失赔偿出租人。

4.8.1　装卸时间条款的重要性

装卸时间是航次租船合同中的重要条款之一，也是产生争议最多的问题之一。

---

①　The SEA MIROR ［2015］ EWHC 1747 （Comm）.

由于与之相关的因素复杂多变，事件范畴界定难以穷尽和解释的不确定性，导致合同履行中相关争议层出不穷，由此带来了英美法中大量的相关判例，BIMCO也不得不为此制定相关术语的解释惯例，问题的复杂程度可见一斑。

在市场运费率既定条件下，出租人保证航次收益的主要手段就是控制航次时间成本。航次租船合同下的航次可分为连续的四个阶段，即：预备航程，从航次租船合同确立后或从前一个租船合同结束之日起（从何时开始算起，以合同约定为准），该轮驶往指定的装货地点的航程、装货作业、运送航程和卸货作业四个阶段。在一般情况下，预备航程和运送航程的时间出租人基本可控，但FIO条件下的货物装卸时间则不可控。为此，约定货物装卸时间长短、计算方法、起算时间和条件、超出约定时间的补偿对于出租人就显十分必要。

对于承租人而言，在FIO条件下，对于特定货物、特定装卸港口、特定季节和特定的运费市场，应当考虑哪些因素合理争取装卸两港的装卸时间，确定除外因素、滞期费率同样非常重要，因为"时间就是金钱"，如无法在约定的装卸时间内完成货物装卸，就会产生滞期费。

因此，尽量考虑各影响因素，合理地约定装卸时间和滞期费条款，避免或减少事后纠纷成本，对于租约双方均十分重要。

4.8.2　确定的装卸时间约定方法

对于装卸时间如何约定，国际上没有立法提供具体的约束或原则指引，主要通过双方协商来约定。实践中存在一些使用英文缩略语表示的约定方法，容易导致解释纠纷。为此，波罗的海国际航运公会、国际海事委员会（CMI）、伦敦全国船舶经纪人和代理人协会联合会（FONASBA）等民间机构组织编制了《1980年租船合同装卸时间定义》（Charter-Party Laytime Definition 1980）。该规则1993年作了修订，并更名为《1993年航次租船合同装卸时间解释规则》（Voylayrule 1993），2013年再次修订，更名为《租船合同装卸时间定义2013》（Laytime Definitions for Charter Parties 2013），简称《解释定义》（见附录4）。该规则统一和更新了有关装卸时间用词的含义，其性质属于任意性的国际惯例，如欲引用，需在租约中约定适用。

常见的装卸时间规定方法有以下几种：

1.以"日"规定装卸时间

以"日"规定装卸时间是指出租人与承租人就一定数量的货物明确约定完成装卸的天数。常见的具体规定方法有两种：一种是直接规定允许使用的具体天数；另一种是规定每天完成的定额，再以此定额去除所要装卸货物的数量，计算出允许使用的天数。

由于对"日"的含义理解可能不同，《解释定义》对此作统一界定：

（1）"日"（day）或"连续日"（running days；consecutive days），是指从00：00时起至24：00时止的连续24小时的时间，不足一天的按比例计算。

　　以这种"日"或"连续日"表示装卸时间时，从装货或卸货开始，至装货或卸货结束，全部使用的日数就是总装货或卸货时间。在此期间内，不考虑影响装卸作业的因素，也不排除星期天及节假日的非工作时间。这种规定对承租人很不利。当合同使用"连续小时"（running hours）约定装卸时间时，也作同样解释。1976年版"金康"合同中就使用了"连续小时"的规定方法，而1994年版本中加上了"连续日"（running days），但两个合同版本都规定了天气和节假日的除外情形。

　　（2）"工作日"（working days）或"连续工作日"（running working days），是指不包括星期日和根据地方性法律或习惯确定的节假日的港口工作日。

　　理解"工作日"时应注意：

　　第一，"星期日不包括在内"只适用于那些在星期日不工作的港口。星期日是否工作完全取决于港口的习惯。有些国家的港口通常是星期五不工作，而星期日为正常工作日，计算时就需要将星期五除外，而将星期日计算在内。第二，许多港口星期六17点后和星期一8点前都不工作，法定节假日的前一日17点至假期结束次日早8点前也都不工作，但上述规定未将这些不工作时间排除在外，承租人要想将这些时间排除在外，需要额外约定。

　　有些港口，周末或节假日在支付加班费条件下，或即使无加班费也照常工作。这样一来，出租人又觉得不合理，于是便有了"除非使用"（unless used，UU）这样的约定，即周末或节假日的装卸工作，计入装卸时间。为解决周末或节假日只工作了部分时间应否计为一整天的争议，又有了"实际使用时间计为装卸时间"（actual time used to count as laytime）的附加约定。于是便产生了"××× working days Sunday and holiday excepted unless used，in which event time actually used to count. Saturday or the day preceding a holiday from 5 p.m.until Monday 8 a.m.or until 8 a.m.on a day following a holiday not to count unless used，in which event time actually used to count."，这是比较完全和公道的约定方法。工作日这一术语没有考虑天气因素影响，实务中需要加上下面提及的不良天气除外条件。

　　（3）"良好天气工作日"（weather working days，WWD），也有的译成天气适宜工作日或晴天工作日，是指在工作日中不受天气影响可以进行特定货物装卸作业的时间。

　　良好天气工作日条件下应扣除两部分时间：一是星期日及节假日不工作的时间。所谓节假日是指地方性法规及港口当地习惯确定的地方性假日。二是因天气不良而不能进行特定货物装卸作业的时间。所谓不良天气，是指影响特定货物装卸的天气现象，如大风、巨浪、雨、雪、大雾等。天气是否良好是针对特定货物装卸而言的，对虽然天气不良但仍可照常作业的，仍需计入装卸时间。此外，天气不良必须是客观存在的，只是担心天气变坏而停止装卸作业所耽误的时间是不可以从装卸时间中扣除的。好坏天气是指装卸作业地点的天气。如果锚地在下阵雨，而装卸作业的码头却天气良好仍在作业，则不可因锚地下雨而中断计算装卸时间。

天气不良应当记录在"装卸事实记录"中。此文件应由船长、代理、发货人或收货人会签，是计算装卸时间的重要原始文件。

（4）"24小时良好天气工作日"（weather working days of 24 hours）。这一用语的含义是：累积24小时的良好天气时间为一个工作日，而不论这24小时跨越几天。如果港口的工作时间是每天8小时，那么一个24小时良好天气工作日就是三个正常工作日。这一计算方法是19世纪末英国上诉院确定的。这种规定方法对出租人很不利，实务中很少使用，但需要避免疏忽而错误地使用。

（5）"连续24小时良好天气工作日"（weather working days of 24 consecutive hours）。该用语的含义是：以连续的24小时为一日，但星期日、节假日及影响装卸的不良天气时间除外。这种规定方法避免了"24小时良好天气工作日"可能要跨越几个正常工作日的情况。使用这一用语时，不论港口的正常工作日规定工作几小时，均按24小时计算，此用语实务中使用最多。

（6）"连续工作日，天气允许"（running working days，weather permitting）。该用语的含义是：在计算装卸时间时，既要扣除星期日、节假日的非工作时间，也要扣除坏天气影响作业的时间。这一用语的含义与连续24小时良好天气工作日是一样的。

"金康"合同中规定的就是"连续工作日，天气允许"。其原文是："The cargo to be loaded/discharged in ×××running days...weather permitting，Sundays and holidays excepted，unless used，in which event time used shall count."该条款的含义是：①连续天，但应扣除星期日及节假日。②星期六需计算在内。如果要将其排除在外，需另加条款规定。③与连续24小时良好天气工作日一样，遇上影响装卸作业的不良天气应如数扣减。④星期日、节假日实际使用的时间应计入装卸时间。

2.以舱口作业率确定装卸时间

有以下不同表示方法：

（1）规定每舱口装卸率（rate per hatch）。这是指规定每良好天气工作日每舱口应装卸货物的数量。按此规定，每天装卸多少货物完全取决于船舶有几个舱口可用。如果该船只装载一票货，出租人则有义务将所有的舱口提供使用。这种规定方法同"每天应装卸多少货"没有区别，但租约中应明确约定该船不得装载其他货物。《解释规则》更明确地解释了这种规定方法，即：

$$装卸时间（日）= \frac{货物数量}{日舱口装卸率×舱口数}$$

对于能够同时由两个工班进行作业的舱口，按两个舱口计算。

（2）规定每吊钩的装卸率（rate per hook）。这种规定方法类似"每舱口装卸率"，但比它更准确。假设一船有3个货舱，但有6个吊钩同时作业，装卸速度会增加一倍。能同时使用几个吊钩取决于舱口大小、操作技术等因素。计算各舱口的钩数时，应以港口当局安排的实际使用钩数为准。计算方法为：

$$装卸时间（日）= \frac{货物数量}{日吊钩装卸率 \times 舱口数 \times 各舱口工作吊数}$$

（3）规定每个可作业舱口（或可用于作业舱口）的装卸率（rate per working hatch or per available or workable hatch）。例如规定：250mt/per working hatch WWD SHEX UU。

采用这种规定方法应按以下原则计算装卸时间：

①可作业舱口（或可用于作业舱口）是指某一具体时间内可进行装卸作业的舱口，不提供使用的舱口不应计算在内。

②按最大货舱装货量计算装卸时间。按照《解释规则》及英国的判例，其计算方法为：

$$装卸时间（日）= \frac{最大货舱载货量}{舱口日装卸率 \times 该货舱服务舱口数}$$

这样规定的原因是，船舶的各货舱装载能力是不同的，通常船舶中后部有一个最大货舱。如果所有可工作货舱同时工作，最大货舱总是最后完成。对于该式分母中的"该货舱服务舱口数"一项，如果该货舱有两个平行舱口，并实际上安排了两个工班作业，则需乘上此数，否则不需要乘上此数。最大货舱的装载量应以实际载货量为准。这一计算原则是1930年英国法院在审理"The Sandgate"一案时确立的，故被称作"Sandgate Formular"。

4.8.3　不确定的装卸时间约定方法——按港口习惯尽快装卸

1.按港口习惯尽快装卸的含义

按港口习惯尽快装卸（customary quick despatch，CQD）用语的含义是：承租人保证按照装卸港口惯常的装卸方法和能力，尽快完成货物装卸，只要装卸正常，装卸时间长短由出租人承担。

2.CQD条件下出租人的风险

各港口的装卸速度因货物种类、船舶类型以及季节等因素而异。事实上，在CQD条件下，出租人承担了船舶滞期的风险。这些风险主要有：第一，港口拥挤。第二，天气影响。当然，在规定装卸率条件下，天气原因导致延误也常因使用了WWD术语而由出租人承担，但区别在于，在WWD情况下，有一条"一旦滞期，永远滞期"的原则。按照这条原则，允许的装卸时间用完之后，坏天气影响的时间就不可以排除了。但在CQD情况下，这一风险永远归出租人"所有"。第三，港口当局干预。第四，港口发生罢工、停工。在WWD术语下，罢工或停工对装卸的影响是通过合同的免责条款排除在装卸时间之外的，但罢工或停工是有严格定义的，对于一些短暂的非群体性停工，并不一定能够符合除外条件，但在CQD条件下，任何性质的、任何时间长短的停工损失，都将由出租人承担。

3.CQD条件下承租人的义务

在CQD条件下，承租人须承担一定的默示义务。除了应在合理的时间内完成货物装卸外，承租人还必须：第一，准备好与货物装卸有关的必备文件。例如，发货人必须备好出口相关文件，收货人必须备妥进口相关文件。某船舶因等待此类文件待泊22天，承租人被判应负赔偿责任。第二，备妥货物等待货船。所谓备妥，是指发货人能够源源不断地满足船舶正常情况下装货量的需要，这不仅要求货物在仓库内备妥，还包括应有足够的车辆能够源源不断地将货物倒运至船边。港务局在装货时只开了一个工班，或者开工的工班装装停停等，都可能是发货人未备妥货物的证据。第三，提供合格的货物，保证货物包装良好，避免因所装货物品质或包装不良，被船长拒装或倒卸造成船期损失。第四，在目的港安排足够的接运车辆。

4.CQD条件下承租人的赔偿标准

在CQD条件下，承租人如未能在合理的时间内完成货物装卸，或未能履行上述义务，须承担由此导致的时间损失，但承租人对该种时间损失的赔偿与滞期费的赔偿不同。滞期费是约定损失（liquidated damage），不管滞期导致出租人实际损失有多少，都按约定金额赔偿，而CQD条件下承租人应对其违约造成的全部实际损失进行赔偿。

实务中对船舶的实际损失较难作出准确计算。通常做法是以该轮的本航次前三个航次和后三个航次（如果索赔计算较晚的话）的平均净收入来确定。为简便起见，在采用CQD条件时，双方常常在租约中规定"延滞损失赔偿条款"，规定如承租人违约，需向出租人每日支付一定金额的延滞损失。该条款通常写成：Detention Clause: If upon arrival of vessel at loading/discharging ports, the vessel can not berth or can not commence loading / discharging or stoppage during loading/discharge due to cargoes/ documents unready or due to charterer's failure to perform his/ his servant's duty, the charterers shall pay the owner detention fee at the rate of USD ××× per day or pro rata.

还有一种情况，即合同没有规定装卸速度。在这种情况下，法律上仍认定承租人有一项默示责任，即应在合理的时间内完成装卸作业。何为合理的时间应视具体情况而定。产生这种情况的原因：一是双方疏忽所致；二是在杂货运输中，一船货中有许多小货主，无法规定装卸时间。但这些小货主必须像CQD中承租人一样，承担上述法律默示义务。

4.9	装卸时间的起算

装卸时间确定之后，接下来的问题是如何起算装卸时间。装卸时间的起算点是个重要的分水岭，起算之前的时间消耗由出租人承担，起算之后的时间消耗就要由承租人承担了。如果实际装卸时间超过允许时间，承租人则需就超过部分向出租人支付损失补偿，即滞期费。由此可见，如何起算装卸时间涉及双方的经济利益，特别是在船舶到达港口后需要在锚地或港外等候区域等候很长时间的情况下，起算装卸时间，争论更加激烈。因此，掌握相关的习惯做法，科学、准确地规定装卸时间

起算方法十分重要。

国际上的通行做法是，规定装卸时间在船长有效地递交了"货物装卸准备就绪通知书"（Notice of Readiness，NOR，简称准备就绪通知书）后的某一时间开始起算，各种航次租船合同范本一般也都如此。这样，如何构成准备就绪通知书的有效递交就非常关键。根据普通法和国际通行惯例，有效递交的准备就绪通知书必须满足以下三个条件，也可以说装卸时间起算必须满足以下条件：第一，船舶必须抵达合同规定的装卸港口或泊位；第二，船舶必须实际上准备就绪，可以装卸货物；第三，准备就绪通知书必须按规定的方式和时间递交给被通知人。以下详细讲述这三个方面的问题。

4.9.1　船舶的抵达（the arrival of the ship）

装卸时间起算的第一个条件是船舶必须抵达合同规定的装卸地点。把这个地点规定为某港口的具体泊位，或承租人有合同明示的权利选择一个泊位的租船合同，被称为"泊位租船合同"；把这个地点规定为某个港口的租船合同，被称为"港口租船合同"。判断一个合同是泊位租船合同还是港口租船合同，主要依据是合同的相关措辞。在不同性质合同下，对船舶的抵达要求是不同的，这实际上是一个对船舶待泊时间损失在船舶出租人和承租人之间如何分担的问题。

1. 泊位租船合同（berth charter）

（1）泊位租船合同的概念。泊位租船合同，或称泊位租约，是指合同中规定船舶应抵达某一港口的某一具体泊位，或承租人有权选择具体泊位的合同。例如，英国 Donaldson J. 法官在审理 The "Finix"［1975］2 Lloyd's Rep.415 一案中认为：合同措辞 "One safe berth，London" 应认为是泊位合同，而 "London，one safe berth" 应认为是港口合同。Gross J. 在审理 The "Merida"［2009］EWHC 3046（Comm）一案中认为：合同措辞 "one good and safe chrts' berth terminal 4 stevedores Xingang to one good and safe berth Cadiz and one good and safe berth Bilbao" 明确约定了承租人有权指定装卸港口的泊位，因此是泊位合同。据此，合同中常见的 "1SB，1SP 是某个指名港口" 这类规定均应被认为是泊位租船合同。

（2）泊位合同下船舶抵达的普通法原则。在泊位租船合同下，船舶只有抵达指定泊位才被视为抵达目的地。船舶虽已进入港口，但未靠上指定泊位之前仍不能视为抵达船舶，因而不具备递交准备就绪通知书条件，装卸时间不能开始起算，等泊时间只能由出租人承担。这一原则在英国的 The "John Oldendorft"［1973］2 Lloyd's Rep.285 一案中被进一步确定。该案的主审法官 Diplock 勋爵说："Where a single berth was specified in the charterparty as being the place of loading or of discharge，the loading voyage or the carrying voyage did not end until the vessel was at that very berth. Until then no obligation could lie upon the charterer to load the cargo，or to receive it as the case might be.If the specified berth was occupied by other ship，the vessel was still at the voyage stage while waiting in the vicinity of the berth until it become available，and time so spent was at the shipowner's expense." 这一普通法原则对出租人是非常不利的，因为船舶抵达港口锚地后往往需要等待泊位。

还有一类租约是介于泊位租约和港口租约之间的，称为码头租约（dock charter）。例如规定："Loading port: Beiliang wharf, Dalian port"。对于码头租约，要求船舶必须进入该码头的港池，方可递交准备就绪通知书。进入港池后，如果没有装卸作业泊位可用，船舶会系泊在一个方便的地方等待，等待时间按照租约规定的方法计入装卸时间；如果有可用泊位，船舶就会直接靠上该泊位，船舶靠泊后方可发出准备就绪通知书，此时码头租约下的船舶抵达就与泊位租约下的船舶抵达意义相同了。

（3）改变普通法泊位租船合同船舶抵达原则的方法。根据普通法的"契约自由"原则和我国《海商法》第 98 条"航次租船合同的装货、卸货期限及其计算办法，超过装货、卸货期限后的滞期费和提前完成装货、卸货的速遣费，由双方约定"的规定，上述不利于出租人的法律原则可以通过合同的相反约定予以改变。通常方法有：

①规定"不论靠泊与否"（whether in berth or not, WIBON）。其含义是，当船舶抵达装卸港口的锚地后，不论船舶是否能够靠上约定的泊位，都视为船舶已经抵达，可以递交准备就绪通知书，装卸时间从那时按规定开始起算。例如，可规定："Laytime shall commence at 1 300 hours if NOR tendered in the morning..., whether in berth or not"。

②规定"待泊时间计入装卸时间"（time waiting for berth to count）。其含义是，船舶等待泊位的时间损失应当计入装卸时间。例如，1976 年版"金康"合同中规定："Time lost in waiting for berth to count as loading/discharging time, as the case may be..."。

理解上述两种规定时应当注意以下问题：

第一，根据上述两种规定，船舶等待泊位的时间损失应由承租人负责，但并不是所有的等待时间都可以计入装卸时间。如果船舶等待期间发生了合同规定的承租人免责事件，该免责事件造成的船舶等待时间应当扣除。例如，进入泊位的航道被沉船堵塞等港口不安全因素造成的船期损失、坏天气影响等。

第二，普通法下两者是有区别的。在"不论靠泊与否"规定下，要将待泊时间计入装卸时间，船舶必须抵达合同规定的港口并递交准备就绪通知书，否则，等待的时间不能计入装卸时间，除非合同规定了"不论在港与否"和"不论完成清关与检疫与否"。世界上许多河港的待泊锚地距离港口装卸区很远，船舶无法在那里完成清关、检疫手续。而根据法律规定，完成这些手续又是有效递交准备就绪通知书的前提条件。而"待泊时间计入装卸时间"是一个独立规定，它不要求船舶必须递交准备就绪通知书，只要船舶抵达港口通常的待泊锚地并存在待泊事实，即可将待泊时间计入装卸时间。两者的区别在于，前者需要有效地递交准备就绪通知书，后者则无须这样做，但合同另有规定者除外。

第三，将待泊时间计入装卸时间时，不同计算方法会产生不同的结果。租约中通常规定某些时间损失可从装卸时间中扣除，在扣除计算中又常使用"一旦滞期，永远滞期"的原则，所以，在将待泊时间计入装卸时间时，不同的扣除方法会产生不同的结果。

第一种方法是各自独立扣减，然后相加。例如：租约允许装货港使用3个良好天气工作日。船在锚地待泊5天，其中1天是星期日应当扣除。这时应计入装卸时间的待泊时间为4天。船舶抵达泊位时递交了NOR，约定的装卸时间开始计算。装货作业共用了5天，其中有1天为星期日，1天为坏天气，均应当扣除，故应计入的装卸时间为3天。两者相加，共使用装卸时间7天。减去3天允许使用时间，共产生滞期4天。这是英国的Diplock大法官在The"Massalia"［1960］ 2 Lloyd's Rep.352案中确立的计算原则。

第二种方法是合并计算，然后扣减，即先将待泊的5天与装货的5天相加，共计10天。然后从待泊开始之日起减去允许使用的3天，之后船舶进入滞期。如果待泊中的星期日在后两天内，根据"一旦滞期，永远滞期"的原则，应扣除的3天都不得扣减，这样船舶便滞期了7天。这是英国的Donaldson大法官在The "Loucas N."［1970］ 2 Lloyd's Rep.482案中确立的计算原则。英国著名大律师John Schofield在他的《装卸时间与滞期费》一书中也支持这一原则。

那么究竟应采用哪种计算方法呢？按照后案修改前案的原则，似乎应采用第二种方法。为避免争议，最好的方法是在租约中明确规定计算方法。目前，世界上仍有很多人在使用1976年版"金康"格式合同，对该合同中的"待泊时间计入装卸时间"规定应特别注意。1994年版"金康"格式合同已取消这种规定，取而代之的是一条提前开始计算装卸时间的规定。其原文是："If the loading/discharging berth is not available on the vessel's arrival at or off the port of loading/discharging, the vessel shall be entitled to give notice of readiness within ordinary office hours on arrival there, whether in free pratique or not, whether customs cleared or not.Laytime or time on demurrage shall then count as if she were in berth and in all respects ready for loading/discharging…"。这实际上是采用了第二种计算方法。

③规定"船舶抵港即可靠泊"（berth reachable on her arrival）。其含义是：承租人保证船舶到达港口时，可马上靠泊，否则将赔偿出租人待泊时间损失。例如，EXXONVOY1969（现已改名为Asbatankvoy）运油格式合同规定："The vessel shall load and discharge at any safe place…reachable on her arrival which shall be designated and procured by the charterer"。AUSTRAL格式合同也类似地规定："If upon the vessel's arrival at the pilot station the discharging berth is unreachable, the charterer shall pay for all the time thereafter at the demurrage rate"。根据英国普通法，这种规定是与装卸时间起算毫无关系的一种独立的承租人合同责任。在该项独立责任下：承租人应当保证泊位必须是可立即靠上去的，否则，应对包括不良天气和节假日的所有船舶等待时间损失负责。只有船舶靠上泊位后，才可引用合同的不良天气或节假日扣除

规定。

在泊位租约下，有时船舶无法抵达泊位是由于承租人原因造成的，即所谓承租人的阻碍（obstacles created by the charterer），使得装卸时间无法起算。例如，货物没有完全备妥，港务局不准船舶靠泊；在车船直取条件下，收货人没有备妥接运车辆，港务局不准船舶靠泊；或者收货人没有履行货物进口手续，船舶不许靠泊卸货等。这时，应视为船舶已经抵达，装卸时间应按规定起算。

2. 港口租船合同（port charter）

在港口租约下，船舶必须抵达合同约定的港口，才能满足"到达"的要求。该要求包括两个方面：第一，船舶必须到达港口；第二，船舶可任由承租人立即、有效地调遣。正如英国大法官 Reid 勋爵在 The "Johanna Oldendorft" 案中所说："Before a ship can be said to have arrived at a port she must, if she cannot proceed immediately to a berth, have reached a position within the port where she is at the immediate and effective disposition of the charterer." ①

关于第一个问题，首先应明确什么是港口，到达哪里才算是到达港口。BIMCO 的《解释定义》解释道：港口（port）是指船舶装货或卸货的区域，而不论是在泊位、锚地、浮筒或类似装货或卸货地点。港口也包括船舶等待依次进港的惯常地点，以及船舶按指示依次进港或必须等待依次进港的惯常地点，而不管该地点与上述区域距离的远近。该解释将"等待进港的惯常地点"包括在港口的定义中了。由于国际贸易规模不断发展扩大，世界有些大的港口出现拥挤，迫使港务当局将待泊的船舶安排在港外抛锚等待。例如 Glasgow、Hall、Antwerp、Houston、Bremen 及中国长江各内河港口等。但是上述解释在司法实践和实务中采用的情况并不稳定，仍需合同明确约定。

"不论进港与否"（whether in port or not，WIPON）条款可以解决上述问题。WIPON 条款的含义是：船舶抵达了港口惯常的待泊地点，不论该地点是否属于港口范围内，出租人都可以递交 NOR，并按规定计算装卸时间。当然，出租人也可像在泊位合同一节讨论的那样，在租约中订入"待泊时间计为装卸时间"或"船舶抵港即可靠泊"等条款，来避免由此带来的损失。

关于"承租人可马上有效处置"问题，它的核心意思是承租人一旦有了泊位，可以马上通知船长，船长可马上去执行靠泊指令，天气等外来原因阻碍除外。如果因船舶电台或高频对讲机无人值守而收不到承租人的指令，或者船舶仍在航行途中但谎称已抵达港口，无法执行承租人立即靠泊指令，则该船舶仍非抵达船舶。

总之，关于港口合同中船舶抵达问题，英国的法律制度从 20 世纪初的"港口商业区"标准到 1973 年的上议院 Reid 标准，基本上适应了港口发展的形势，船舶只要抵达港口界内，而且承租人可马上调遣，就算抵达。

---

① The "Johanna Oldendorft" (1973) 2 Lloyd's Rep.285；COOKE, KIMBALL, YOUNG, et al. Voyage Charters [M]. third edition. London：LLP limited, 2007：342.

4.9.2　船舶的准备就绪（readiness）

装卸时间起算的第二个条件是船舶必须在有关货物装卸的各方面准备就绪。装卸准备就绪与船舶开航前的准备就绪是完全不同的。开航前的准备就绪属船舶适航义务范畴，是法律上明示或默示规定的承运人义务，其核心内容是承运人保证船舶适航和货舱适货；而装卸准备就绪是指适航的船舶在货物装卸的各有关方面已做好了准备。例如，船舶可立即安全接收或卸下货物，能够立即通过海关和检疫手续等。装卸准备就绪包括法律上准备就绪和实体上准备就绪两个方面。

1. 法律上的准备就绪（legal readiness）

法律上的准备就绪是指船舶完成了港口当局、海关、卫生检疫以及移民局等政府部门要求的各类进港文件申报并获得相应的进港准许证书。

几乎所有的国家都制定相关法律，对国际航行船舶进出本国港口规定有海关、卫生检疫和移民局等方面的申报及检查程序。如果船舶不能通过检查，将无法获准进港装卸货物。因此，传统上船舶通过这类检查就成为装卸准备就绪的重要条件。

在卫生检疫方面，各国的港口都设有船舶检疫锚地，来自国外的船舶需首先进入检疫锚地等待港口国卫生检疫官员登轮检验检疫。检验检疫的主要内容是检查船舶是否来自疫情国家、船员是否持有传染病疫苗接种证书（vaccination certificate）、是否患有传染病，以及船舶是否带有病虫或鼠害等。根据检验检疫结果，检疫官员决定是否向船舶发放检疫合格证书。如果船舶无法获得检疫合格证书，便不能获准靠泊装卸货物，这将直接影响承租人调遣使用船舶。因此，船舶没有通过检疫，便不能起算装卸时间。

在海关检查方面，任何国际航行船舶在进入一国港口之前都必须履行海关申报手续。港口国海关官员检查对象主要是船载货物和船员个人物品，目的是防止非法货物进出口、查禁走私和海关统计。通过检查的船舶会获得一份通关单并可以进港装卸货物；否则，船舶将被滞留并听候处理，此间船舶不允许进行装卸作业。因此，船舶没有通过海关检查，便不能起算装卸时间。

移民局对船舶的检查主要是对进出境人员进行检查登记，检查是否有偷渡者。如果船舶被查出有违反移民局规定行为，很有可能被禁止装卸货物。没有经过移民局检查的船舶也不能进港装卸货物，因此也不能起算装卸时间。

此外，世界众多港口还存在千奇百怪的各种检查及证书要求，成为船舶进港装卸货物前必须通过的程序。例如，布宜诺斯艾利斯港的警察许可证、加尔格达港要求的河口锚地证书、美国的油轮检查证书和油污保险证书等。

传统上，不论是普通法还是大陆法都将上述船舶法律上的准备就绪作为起算装卸时间的先决条件。但在某些情况下，船舶在抵达港口或某一等待地点后，无法立即完成上述法律手续。世界上有许多港口的待泊地点距离港口很远，特别是河港，检查官员根本不到这种港外待泊地点检查检验船舶。即使是船舶抵达了港内锚地，检查官员也可能因为恶劣天气等原因而无法出港查验。这样，即使船舶抵达了港口或通常的待泊地点，也无法备妥法律手续从而无法启动装卸时间起算的时钟。

20世纪70年代，英国普通法首先对上述传统作了重大改变，核心是由以往的注重船舶形式的法律上备妥转变为注重事实的法律上备妥。具体地，如果在船舶抵达港口待泊锚地时无法完成有关法律手续，船舶可以在抵达时发出准备就绪通知书并在靠泊时申请有关检验。只要能够通过检验，就视为船舶抵达时已在法律上准备就绪，船长在等待地点发出的准备就绪通知书就视为有效。如果靠泊时船舶无法通过这类检验，即使船长递交了准备就绪通知书，该通知书也是无效的。确立此法律地位的判例主要有：The "Delian Spirit"（1971）、The "Apollo"（1978）等。

应当注意的是，上面介绍的是英国普通法下确立的原则，大陆法中尚无这种规定，租约双方要改变传统的法律原则，需在租约中明文约定。例如，常见租约中规定的"不论通过检疫与否"（whether in free pratique or not，WIFPON）、"不论海关清关与否"（whether customs cleared or not，WCCON），就与当前的普通法原则相同。以下是Norgrain 89格式合同的有关规定，可供参考：

"18（b）Waiting for berth outside port limits: If the vessel is prevented from entering the limits of the loading/discharging port（s）because the first or sole loading/discharging berth or a lay berth or anchorage is not available within the port limits，or on the order of the charterer/receivers or any competent official body or authority，and the master warrants that the vessel is physically ready in all respects to load or discharge，the master may tender vessel's notice of readiness，by radio if desired，from the usual anchorage outside the limits of the port，whether in free pratique or not，whether customs cleared or not. If after entering the limits of the loading port，vessel fails to pass inspections as per clause 18（e）any time so lost shall not count as laytime or time on demurrage from the time vessel fails inspections until she is passed but if this delay in obtaining said passes exceeds 24 running hours all time spent waiting outside the limits of the port shall not count."

2.实体上的准备就绪（physical readiness）

实体上的准备就绪是指船舶、与货物装卸有关的设备和货舱都已准备妥当，靠泊后即可立即进行装卸作业。

船舶实体上的准备就绪主要涉及以下几个方面：

（1）船舶的吃水应能保证顺利进港靠泊。如果需要减载（lightening），合同中应当规定由谁负责减载及减载时间由谁承担。如果规定由承租人负责并承担减载时间，则减载时间应当记入装卸时间；如果未经承租人同意，出租人自己加载使吃水超过限制，这时就不能认为船舶已经备妥。对合同中限制船舶净空高度（air draft）的，如果船长未充分打进压载水或采取其他措施减少船舶空中高度，该船也不能视为准备就绪。

（2）与装卸有关的起货机（winch）、吊杆、滑车、供电和舱盖的开启等许多方面，应处于正常有效的工作状态，吊货索具（如吊货钢丝、吊货勾头等）还必须持有合格检验证书。有的合同甚至约定，船舶靠泊时，吊杆应当处于立起状态，货舱舱盖应当处于打开状态，以便靠泊时可立即开始货物装卸。

（3）货舱在装货前必须保持干净适货。货舱干净是针对所有装货的舱室而言的，所以，部分舱室不合格应视为全船未准备就绪。标准的租船合同中一般都规定有货舱干净、干燥要求。运输特殊货物时还会在租约中附加一条"船舶通过检验"条款，规定如果靠泊后不能通过货舱的干净、干燥、无味、无锈、货舱内衬、护货板等要求的检验就视为船舶未准备就绪，不能起算装卸时间。这样船舶抵达后的所有时间损失都由出租人承担，或中庸一些，规定重新整理货舱直至重新检验合格的时间应从装卸时间中扣除。

（4）压在上面的货物（overstowed cargo）应当移开。在卸货港，对于积载在下面的货物来说，如果压在上面的货物尚未卸下或移开，就无法开始卸货。这时船舶对于下面货物的货主来说就没有准备就绪，已发出的准备就绪通知书对于该货主来说也是无效的。只有压在上面的货物卸完或移开后船舶对该货主才实际上准备就绪，在该货主收到出租人重新发出的准备就绪通知时才可以起算装卸时间。否则，装卸时间从实际开始卸货起算①。

4.9.3　准备就绪通知书的正确递交

1.准备就绪通知书的概念

"船舶装卸准备就绪通知书"是由船长直接或通过船舶代理向承租人、发货人或收货人或他们的代理人以一定形式发出的关于本船已经抵达港口并在各方面做好了装卸货物准备的通知，简称"准备就绪通知书"或"备妥通知书"，英文简称"NOR"。

准备就绪通知书的一般格式如下：

To：Messirs（charterers/their agents/shippers/consignees）　　Date：

NOTICE OF READINESS

Dear Sirs,

This is to advise you that my vessel arrived at Rotterdam at 09：00 on 20/04/2011 and the formalities for entering the port by the port authority were passed at 14：00 on 21/04/2011.Now she is in all respects ready and fit to load/discharge her cargo of 18 500 metric tons of wheat in bulk as per charter party at this port.

Notice of Readiness tendered at 16：00 on 21/04/2011.

Notice of Readiness accepted at_____on

Master of MV KINGPOWER　　（Signature）

As agent for_____（Signature）

准备就绪通知书的作用有两个：一是通知货方船舶已经准备就绪并可以进行装

---

① The "Mexico 1" ［1990］ 1 Lloyd's Rep.507; The "Happy Day"［2002］ 2 Lloyd's Rep. 487.

卸作业，请其做好相应安排；二是启动装卸时间计算时钟，开始按规定计算装卸时间。

2．准备就绪通知书递交的要求

准备就绪通知书的递交（tendering of NOR）必须符合要求，否则等于没有递交，装卸时间不能起算。在一般情况下，准备就绪通知书的递交应当符合以下要求，如果租船合同有特别约定，还应当满足合同特别要求：

（1）递交的形式符合合同规定。准备就绪通知书的递交可以通过口头形式，也可以通过书面形式。但是，如果租约中规定了准备就绪通知书的递交方式，则船长必须按照规定的方式递交。鉴于口头递交事实的不确定性，实务中最好采用书面形式递交，同时要求船舶代理人在收到船长发来的准备就绪通知书后，也应按规定的形式转交给被通知人。

（2）被通知人必须正确。通常情况下，在装货港口，准备就绪通知书应发给发货人或其代理人，在卸货港口应发给收货人或其代理人，一般做法是船长首先发给该港口的船舶代理人，再由其向货方转达。但如果租约要求船长也要向承租人以及承租人的其他指定人发出准备就绪通知书，船长则必须向所有规定的被通知人发出通知。

（3）应当在工作时间递交。本来准备就绪通知书可以在船舶抵达港口并实际备妥后的任何时间里递交，但几乎所有的租约都规定准备就绪通知书需在工作时间内递交。这样，在非工作时间内递交的准备就绪通知书就被视为在下一个工作时间递交的[①]。

已递交的无效 NOR 不会在满足递交条件后自动生效。如果船长没有重新递交NOR，装卸时间只能从货物开始装卸时起算（"The Mexico I"、"The Happy Day"）。出租人欲改变这种不利原则，可以在租约中作出相反的约定。例如规定："Master to tender NOR immediately on vessel's arrival, but laytime shall commence to count when vessel is in fact ready in all respects"。

准备就绪通知书只有被有效发出并送达被通知人方可生效。多数准备就绪通知书中都印有发出时间和接受时间，其实后者应属多余。许多货方签署的接受时间晚于发出时间，对装卸时间的起算没有意义。

4.9.4 装卸时间的起算

1.规定方法

实务中，装卸时间并不是在递交了准备就绪通知书后就立即起算的。航次租约一般都规定，装卸时间应在递交准备就绪通知书一定时间后开始起算（lapse between the tendering of NOR and commencement of laytime）。例如："金康"合同规定，如果NOR在上午递交，装卸时间从下午1点起算；如在下午递交，从第二天

---

① The "Petr Schmidt" [1997] 1 Lloyd's Rep. 284.

上午6点起算。合同当事人可以自由约定这个间隔时间。约定间隔时间的目的是让承租人有时间做好装卸货物准备，例如向港务局申请泊位、安排装卸工人和安排货物的倒运或接运等。

2.注意问题

（1）出租人应尽可能赶在上午递交准备就绪通知书，这样可以比下午递交节省十几个小时船期，也可在产生滞期时更有机会享受"一旦滞期，永远滞期"的好处。

（2）起算的间隔时间与装卸时间除外因素以及合同除外条款规定的因素无关。如果在间隔时间中发生了坏天气或遇上节假日，不允许在间隔时间中扣除。也就是说，规定的间隔时间不可中断和顺延。

（3）对提前使用装卸时间的，应明确约定是否记入装卸时间。如果承租人在装卸时间起算前已开始了装卸作业，根据起算原则，提前使用的时间不能计入装卸时间，这对出租人不利。为此，租约中可约定："除非使用，如果使用，实际使用时间计入装卸时间"（unless used, in which case actual time used to count as laytime）。相反，承租人如觉得提前使用是经过他的努力甚至是支付了加班费才赢得的，也可争取在租约中规定"即使使用了也不计为装卸时间"（even if used, EIU）。

4.10　　　　　　　滞期费的计算及索赔

4.10.1　装卸时间中断和除外的规定

装卸时间起算后，并不一定是连续计算到货物装卸完毕之时的。根据相关法律和合同约定，某些事件所占用的时间应当从允许的装卸时间中扣除。这类扣除根据事件的性质可分为装卸时间中断和除外两类。

1.装卸时间中断和除外的含义

装卸时间中断（interruption）可被定义为因出租人原因导致的阻碍货物装卸事件发生时，中断装卸时间计算，直到阻碍事件消除。例如，在发生因出租人未妥善保养船舶造成吊杆失灵而造成货物装卸延误时，就应中断装卸时间计算，直至这一影响消除，再继续计算装卸时间。

装卸时间除外是指根据合同约定，将因节假日、坏天气、战争、罢工等外来原因阻碍的时间从允许的装卸时间中扣除。这一原则又可细分为根据合同对装卸时间的定义所作的扣除和根据合同除外条款所作的扣除。两者的区别在于，对于装卸时间定义所规定的扣除，不论是否发生在装卸作业中，只要符合定义，就可以扣除；而对于装卸时间除外条款规定的除外事件，只有在对货物装卸造成阻碍时，才可以扣除。例如，"Adverse Weather, Fridays and Holidays excluded"这一条款直接定义了坏天气、周五和节假日不能算作装卸时间，其间不论是否装卸作业，均不应算作装卸时间，除非另有约定（例如约定"使用了便应计算，unless used"）。而

"Time lost by reason of war, strikes, …shall not be computed in the laytime" 这类约定明确规定了因战争、罢工等事件直接阻碍货物装卸活动所造成的时间损失不能计为装卸时间。

装卸时间中断与装卸时间除外的主要区别是，前者需证明阻碍事件是由出租人责任造成的，并且实际上阻碍了货物的装卸，而后者则需证明除外时间与无法进行货物装卸存在因果关系。

区别中断和除外很重要，将导致货物装卸作业受阻的时间从装卸时间中扣除依据的是合同规定，对合同未规定的非出租人阻碍事件，是不可以扣除的。例如，如果合同将装卸时间约定为"良好天气工作日，星期天除外"，则只有坏天气、节假日和星期日可以扣除，周六即使没有进行装卸作业也不可以扣除；将因出租人原因中断的装卸时间扣除依据的是不允许将由于自己的错误导致的自身损失转移给对方的民法基本原则，所以无须合同约定。

2.常见的中断装卸时间事件

应当扣除的出租人过失导致的延误时间有多种情况：例如，出租人错误地拒绝装货或卸货；装卸设备发生故障；锚机故障无法起锚进港；打进打出压载水影响货物装卸（但装货中为船货安全而进行的不算）；通信联系中断；出租人责任导致了货损事件影响了卸货；出租人未预付代理费以及代理不安排船舶靠泊；运送航次中机器的故障拖延了很久，使粮食或饲料类货物二次生虫，而需在卸货港再次熏舱等。

3.常见的可除外事件

哪些事件可以在装卸时间中排除取决于合同除外条款如何约定。这种除外条款是指专门针对装卸时间的条款，例如，"WWD SHEX"中将坏天气、星期日和节假日排除在外；"shifting time not to count"将移泊、从锚地进到泊位的时间排除在外；"from Saturday noon to Monday 8 a.m.not to count"把从星期六中午到星期一早8点这段时间排除在外等。但是根据英国法律，非专门针对装卸时间的合同中的广泛除外条款，如合同中的罢工条款、战争条款、承租人责任除外条款对装卸时间的效力是不被承认的（the "Kalliopi A."（1998）I LLR 101）。如果欲使这种广泛的共同免责条款适用于装卸时间，必须明确规定。例如规定："Time lost by the act of god, restraint of prince, strike, lockout and all other unavoidable hindrance not to count as laytime"。

在 D and F Man Suger Ltd v Unicargo Transportgesellschaft GmbH ［2013］EWCA Civ.1449 一案中，装卸时间除外条款约定："In the event that whilst at or off the loading place… the loading… of the vessel is prevented or delayed by… mechanical breakdowns at mechanical loading plants, government interferences…time so lost shall not count as laytime"。2010年6月9日，承租人安排船舶前往A港装货，14日港口发生火灾，导致连接仓库和装货码头的传动带无法工作。在计算装卸时间时，承租人主张传动带无法工作，应当对此导致的时间损失予以扣除，但英国上诉法院认为，导致传动带无法工作的原因不是传动带本身而是火灾，而火灾并没有包含在除

外条款当中，因此不支持承租人的扣除主张。由此可见，法院对扣除条款的解释是非常严格的，承租人欲在装卸时间中扣除某项事件，必须在除外条款中明确约定。

常见的除外事件是恶劣天气（adverse weather）。影响装卸作业的不良天气有许多种：霜冻（frost）的影响不是很广，但对蔬菜类货物及吊装钢坯这种需防滑货物的装卸就会产生影响；冰冻（ice）的影响比霜冻要大些，高纬度的海港、中高纬度的河港遇到封冻可长达两到三个月，如使用驳船装卸，封冻明显会使装卸无法进行（如多瑙河曾冰封了许多船舶长达近三个月）；多浪/碎浪（surf）会影响用驳船形式装卸货物；大涌浪（swell）对一些敞开的港口或锚地会经常造成装卸作业中断；怒潮（bore tides）是一种非常高的潮汐波浪，通常在狭窄的河湾内由潮汐奔腾冲撞而形成，而且在春分、秋分时节最为严重，怒潮会严重影响泊在河湾处船舶的装卸作业。在坏天气中，大风、雨雪可通过"WWD"的规定方法明确地予以排除，但上面提到那类恶劣天气是否包括在"WWD"的除外中尚有争议，故如欲排除，应明确规定。

星期日和节假日也是通过合同规定被排除在装卸时间之外的。世界上因民俗、宗教不同会有各种各样的节假日，对此也会产生争议。对于节假日，BIMCO的《解释规则》是这样规定的："节假日应指每周正常休息日以外的日子或其一部分，在此期间，按照当地的法例和习惯本应工作而不工作。"就是说，何为节假日应按法律和习惯来确定。问题是，由谁宣布的节假日应计为节假日。在一些国家，有中央政府规定的节假日，也有地方政府规定的节假日，还有当地的习惯性假日，究竟哪些节假日可以排除，哪些不可以排除？总的原则是，在没有相反规定的情况下，按法律或习惯不工作的假日都可以扣除。当然，合同中可以规定只有legal holidays才可扣除，或也包括local holidays。BIMCO的日历（the BIMCO calendar）每年都根据各国的报告公布各国港口所实行的各种不同的节假日日历，可作为这方面的指南，租约中可规定节假日以此日历为准。

总之，可在租约中规定装卸时间的除外事项有许多，出租人总是尽量防止除外事项的扩大，而承租人却会努力争取"time lost due to all obstruction/hindrance whatsoever which is beyond charterer's control not to count"来免除一切责任。但无论如何，要想将某些因素排除在外，必须在合约中明确规定。但无论如何，因承租人违反合同义务导致的时间损失是不能排除在装卸时间之外的，比如，因承租人或收货人拒收受损货物导致的时间损失。①

4.10.2　装卸时间的计算

1.计算方法

装卸时间的计算，就是按照租约装卸时间条款的规定，按照起算原则，扣除应该中断或除外的时间，计算承租人为完成货物装卸实际使用的时间。实际使用时间

---

① DGM Commodities Corp v. Sea Metropolitan SA （The "MV Andra"）[2012] 2 Lloyd's Rep. 587.

（time actually used）超过合同允许时间（time allowed）部分，称为滞期时间（time on demurrage），根据租约规定的滞期费率（demurrage rate）便可计算出滞期费数额。如果实际使用时间小于规定的时间，称为速遣时间（time saved），还应根据合同规定的费率，由出租人向承租人支付一定的奖金，即所谓的速遣费（despatch money）。用公式表示就是：

滞期时间（或速遣时间）=实际使用时间–允许使用时间

滞期费=滞期时间×滞期费率

速遣费=速遣时间×速遣费率

英文"demurrage"一词既有滞期的含义，又有滞期费的含义。在实务中，速遣费通常为滞期费的一半（despatch half demurrage，DHD）。

速遣费的计算基础有两种：一种是按照节省的工作时间计算（working time saved，WTS），即计算时，从实际完货时间到允许的装卸时间届满这段时间中扣除合同约定的除外时间；另一种是按照节省的全部时间计算（all time saved，ATS），即以从实际完货时间到允许的装卸时间届满全部这段时间为计算基础，不扣除合同约定的除外时间。以哪种方法为准，应在合同中约定。

2.计算依据

（1）租约。严谨的租约都有一条专门条款，对装卸时间、起算原则、中断和除外时间，以及装卸准备就绪通知书的递交等作详细规定。这些规定是计算装卸时间的合同依据。此外，如果租约广泛的免责条款中涉及滞期费计算，也应一并遵照执行。

（2）船舶装卸准备就绪通知书。船舶代理人都会按照船长递交的通知书内容，再重新制作一份正式的准备就绪通知书，转交给货方。准备就绪通知书是计算装卸时间的重要依据。在一般情况下，没有递交准备就绪通知书是不可起算装卸时间的。但如果船舶已靠泊作业，尽管没有准备就绪通知书，装卸时间仍可以在开始作业时起算，但船舶在此前的待泊时间不应记入装卸时间。

（3）装卸事实记录或装卸时间表。装卸事实记录（laytime statement of fact），有的船舶使用装卸时间表（laytime sheet），是用以记载船舶从到达港口锚地或惯常等泊地点时起，到货物装卸完毕时止的全部期间内，船舶的动态、装卸作业的起止时间、待时的起止时间及其原因等事项的详细记录。

装卸事实记录的内容主要包括：船舶抵达时间、NOR的递交时间、引航员登船引领时间、靠泊时间、海关检疫完成时间、每天装卸作业起止时间、星期日、节假日、不良天气、装卸设备故障、等待货物和等待接运工具等中断或除外事项的起止时间，以及装卸完毕时间和装卸货物数量等。

装卸事实记录是计算装卸时间的事实依据。它通常由船舶代理人根据船长或港口的作业记录编制而成。当装卸作业完毕时，船长、货主或其代理人须对记录的事实逐一核对，没有异议后，船长、发货人、收货人或其代理人在该文件上签字。签字后的装卸事实记录船长保留一份，船舶代理人转交出租人、货方各一份。

（4）合同约定的其他条件。有了上述文件，出租人便可以制作滞期费/速遣费计算单（demurrage/despatch money calculation sheet），然后将此表连同合同规定的文件交给承租人索要滞期费。在发生速遣费时，这些文件通常由承租人作出，向出租人索要速遣费。

滞期费是一种合同约定赔偿，按照英国普通法原则，一旦产生后，就与合同约定的除外条款无关，即允许的装卸时间用满之后，合同约定的除外时间就再也不应从滞期时间中扣除。这就是滞期费的"滞期连续计算"（demurrage runs continuously）原则，也称作"一旦滞期，永远滞期"（once on demurrage，always on demurrage）。其含义是在开始进入滞期后，所有的除外时间都算做滞期时间，如遇星期天、节假日、坏天气等都不再作扣除。通常，这一原则被写在租约中。如果承租人欲改变这一状况，就须在租约中规定"滞期费不连续计算"（demurrage per like days as laytime），即进入滞期后，也应像计算装卸时间那样，对该中断或该除外的时间都予以扣除。

绝大多数租船合同都没有滞期费计算期限的约定，按照英国普通法原则，滞期费应当支付到合同受阻或合同拒绝履行时为止。产生滞期费并不产生出租人解除合同的权利，这就是出租人在合同中订立 Jupeter 条款的原因。

4.10.3　滞期费的索赔

滞期费索赔的方式比较简单，只要合同双方对计算结果无异议，指定收款账户由承租人按照约定的支付方式支付即可，难点是滞期费的索赔时效问题。本来，滞期费，如果产生，属于合同约定的债务，其索赔时效应当适用租船合同适用的合同法律规定。但如果租船合同有特别约定，则应按照约定执行。

一些租船合同常在附加条款中规定滞期费结算与支付条款，要求出租人在规定的时间内提出，并连同证明文件一并交给承租人，一般规定为卸货后 30 天，否则视为出租人放弃索赔。

案例：1990 年 10 月 6 日第 285 期《劳氏海商法通讯》刊登的一个仲裁案例显示，相关合同条款规定，任何滞期费索赔须在最终完货后 90 天内提交承租人，否则视为放弃索赔。二船东获取了卸货港的相关文件，但直到完货 90 天后才得到装货港的相关文件，基于这样的实事，仲裁庭认为，二船东已错过了索赔时效。

4.10.4　装卸时间的分别计算与合并计算

前面讲述的是对装货港或卸货港装卸时间的单独计算方法。然而，同一航次中通常涉及装货港和卸货港两个装卸时间，或者当存在多个装货港口和多个卸货港口的情况下，涉及多个装卸时间，这就涉及对它们是分别计算还是合并计算的问题。分别计算与合并计算的结果是不同的。

1.装卸时间的分别计算

根据普通法的原则，装卸时间应当分别计算。采用分别计算方法时，应分别计算各港的装卸时间以及滞期费或速遣费,然后进行金额的相加或冲抵。举例如下。

合同规定:装货2天,卸货4天,均为 WWD SHEX,滞期费率 USD4 000/天,DHD。根据装卸事实记录编制装卸港的装卸时间表见表4-1。

表4-1 装卸时间表 (一)

装货港		起止时间及说明	允许的时间			节省/滞期时间		
日期	星期		日	时	分	日	时	分
1/6	六	装卸时间从12:00开始	– –	12	– –			
2/6	日	休息,无作业	– –	– –	– –			
3/6	一	装货于12:00结束	1	– –	– –		12	– –
4/6	二	装卸时间于12:00届满	– –	12	– –		12	– –
合计:			2	– –	– –	1	– –	– –
卸货港		起止时间及说明	允许的时间			节省/滞期时间		
日期	星期		日	时	分	日	时	分
11/6	二	卸货于12:00开始	– –	12	– –			
12/6	三	卸货	1	– –	– –			
13/6	四	卸货	1	– –	– –			
14/6	五	卸货	1	– –	– –			
15/6	六	装卸时间于12:00届满	– –	12	– –		12	– –
16/6	日	(一旦滞期,永远滞期)				1	– –	– –
17/6	一					1	– –	– –
18/6	二					1	– –	– –
19/6	三	卸货于12:00结束				– –	12	– –
合计:			4	– –	– –	4	– –	– –

根据表4-1,装货港节省1天,产生速遣费:2 000×1=2 000(美元)。

卸货港滞期4天,产生滞期费: 4 000×4=16 000(美元)。

本航次承租人应付滞期费: 16 000-2 000=14 000(美元)。

2.装卸时间平均计算(laytime averaged)

装卸时间平均计算是指分别计算装货时间和卸货时间,然后用一个作业中节省的时间去冲抵另一个作业中超用的时间。

使用这种方法计算对承租人比较有利,因为速遣的时间和滞期的时间含金量是不同的(速遣费是滞期费的一半)。上例中,按此方法,用装货港节省的1天去冲减卸货港滞期时间,总滞期时间就为3天,滞期费就变为12 000美元。

3.调剂使用装卸时间（reversible laytime）

调剂使用装卸时间是指承租人有权选择将允许的装货时间和卸货时间合并，如同规定了两港作业的总时间。

在采用此方法时，上例的计算方法见表4-2。

表4-2 装卸时间表（二）

装、卸货港		起止时间及说明	实际使用时间			节省/滞期时间		
日期	星期		日	时	分	日	时	分
1/6	六	装货于12：00开始	－ －	12	－ －			
2/6	日	休息，无作业	－ －	－ －	－ －			
3/6	一	装货于12：00结束	－ －	12	－ －			
11/6	二	卸货于12：00开始	－ －	12	－ －			
12/6	三	卸货	1	－ －	－ －			
13/6	四	卸货	1	－ －	－ －			
14/6	五	卸货	1	－ －	－ －			
15/6	六	卸货	1	－ －	－ －			
16/6	日	休息，无作业	－ －	－ －	－ －			
17/6	一	装卸时间于12：00届满	－ －	12	－ －	－ －	12	－ －
18/6	二	卸货	－ －	－ －	－ －	1	－ －	－ －
19/6	三	卸货于12：00结束	－ －	－ －	－ －	－ －	12	－ －
合计：			6	－ －	－ －	2	－ －	－ －

装卸两港共滞期2天，产生滞期费：4 000×2=8 000（美元）。

这种计算方法的规范定义来自BIMCO的《解释规则》，它对承租人更为有利。实务中还有使用"time allowed 15 running days，all purpose"的，其中"all purpose"也是指装卸两港的允许时间合并共用，与调剂使用方法含义相同。

4.10.5 滞期费和速遣费计算实例

某轮航次租约规定：装货时间和卸货时间分别为3个和4个"良好天气工作日，星期日、节假日除外"（WWD SHEX U）；如果在上午12：00以前递交准备就绪通知书，装卸时间从下午13：00起算；如果在下午18：00以前递交，装卸时间则从次日上午08：00起算；星期日和节假日前一日下午18：00以后及次日上午08：00以前的时间不计入装卸时间。滞期费每天8 000美元；速遣费每天4 000美元，WTS。

该轮在装货港和卸货港的装卸事实记录分别见表4-3和表4-4。

表4-3   装货港装卸事实记录

日期	星期	开始时间	终止时间	说　明
5/3	二	16：00		船舶抵港
5/3	二	16：40		递交装卸准备就绪通知书
5/3	二	16：40		接受装卸准备就绪通知书
6/3	三	08：00	18：00	装卸时间开始起算，装货
6/3	三	18：00	24：00	装卸工人休息
7/3	四	00：00	08：00	装卸工人休息
7/3	四	08：00	12：00	因雨停工
7/3	四	12：00	18：00	装货
7/3	四	18：00	24：00	装卸工人休息
8/3	五	00：00	08：00	装卸工人休息
8/3	五	08：00	18：00	装货
8/3	五	18：00	24：00	装卸工人休息
9/3	六	00：00	08：00	装卸工人休息
9/3	六	08：00	18：00	装货
9/3	六	18：00	24：00	装卸工人休息
10/3	日	00：00	24：00	装卸工人休息
11/3	一	00：00	08：00	装卸工人休息
11/3	一	08：00	18：00	装货
11/3	一	18：00	24：00	装卸工人休息
12/3	二	00：00	08：00	装货工人休息
12/3	二	08：00	12：00	装货并完毕

表4-4   卸货港装卸事实记录

日期	星期	开始时间	终止时间	说　明
20/3	三	08：00		船舶抵港
20/3	三	10：00		递交装卸准备就绪通知书
20/3	三	10：00		接受装卸准备就绪通知书
20/3	三	13：00		装卸时间起算
20/3	三	13：00	18：00	卸货
20/3	三	18：00	24：00	装卸工人休息
21/3	四	00：00	08：00	装卸工人休息
21/3	四	08：00	10：00	起货机故障停工
21/3	四	10：00	18：00	卸货
21/3	四	18：00	24：00	装卸工人休息
22/3	五	00：00	08：00	装卸工人休息
22/3	五	08：00	11：00	卸货并完毕

　　问题1：按"滞期时间连续计算"（demurrage runs continuously, or once on demurrage, always on demurrage）分别计算两港滞期费和速遣费各为多少。

　　解：根据装卸事实记录编制滞期费计算表见表4-5和表4-6。

表4-5　　　　　　　　　　　　　装货港滞期费计算表

可用装货时间	3 WWDSHEX	
船舶抵港时间	3月5日	16：00
装卸准备就绪通知书递交时间	3月5日	16：40
装卸准备就绪通知书接受时间	3月5日	16：40
装货时间起算时间	3月6日	08：00
装货开始时间	3月6日	08：00
装货完毕时间	3月12日	12：00

日期	星期	时间		说明	可用时间			实用时间			滞期/节省时间		
		起	止		D	H	M	D	H	M	D	H	M
5/3	二	16：40		递交 N/R	--	--	--	--	--	--			
6/3	三	08：00	24：00	装卸时间起算	--	16	--	--	16	--			
7/3	四	00：00	08：00	装货	--	8	--	--	8	--			
7/3	四	08：00	12：00	因雨停工									
7/3	四	12：00	24：00	装货	--	12	--	--	12	--			
8/3	五	00：00	24：00	装货	1	--	--	1	--	--			
9/3	六	00：00	12：00	可用时间结束	--	12	--	1	--	--	--	12	--
10/3	日	00：00	24：00	（连续计算）				1	--	--			
11/3	一	00：00	24：00	装货				1	--	--			
12/3	二	00：00	12：00	装货并完毕				--	12	--	--	12	--
合计					3	--	--	6	--	--	3	--	--

表4-6　　　　　　　　　　　　　卸货港滞期费计算表

可用卸货时间	4 WWD SHEX	
船舶抵港时间	3月20日	08：00
准备就绪通知书递交时间	3月20日	10：00
准备就绪通知书接受时间	3月20日	10：00
卸货时间起算时间	3月20日	13：00
卸货开始时间	3月20日	13：00
卸货完毕时间	3月22日	11：00

日期	星期	时间		说明	可用时间			实用时间			滞期/节省时间		
		起	止		D	H	M	D	H	M	D	H	M
20/3	三	10：00		递交 N/R	--	--	--	--	--	--			
20/3	三	13：00	24：00	装卸时间起算	--	11	--	--	11	--			
21/3	四	00：00	08：00	卸货	--	8	--	--	8	--			
21/3	四	08：00	10：00	起货机故障停工									
21/3	四	10：00	24：00	卸货	--	14	--	--	14	--			
22/3	五	00：00	11：00	卸货并完毕	1	--	--	--	11	--	--	13	--
23/3	六	00：00	18：00		--	18	--				--	18	--
24/3	日				--	--	--						
25/3	一	08：00	24：00		--	16	--				--	16	--
26/3	二	00：00	05：00	可用时间结束	--	5	--				--	5	--
合计					4	--	--	1	20	--	2	4	--

装货港滞期费=3×8 000=24 000（美元）

卸货港速遣费=2.1667×4 000=8 666.8（美元）

应付滞期费=装货港滞期费-卸货港速遣费

　　　　　=24 000-8 666.8=15 333.2（美元）

问题2：按"滞期时间连续计算"和"laytime averaged"计算滞期费和速遣费。

解：根据问题1解中的计算，装货港滞期了3天，卸货港速遣了2.1667天，根据平均计算的原则，即将两港的时间相互冲抵，得：装卸两港的滞期时间为0.8333天。

总滞期费=0.8333×8 000=6 666.4（美元）

问题3：按"滞期时间连续计算"和"reversible laytime"方法计算滞期费/速遣费。

解：按"调剂使用"原则将两港允许使用时间相加，总共允许使用时间为7个良好天气工作日。

将表4-5和表4-6连接起来，根据"调剂使用原则"整理出表4-7，可得：

速遣时间=允许时间–实用时间= 7-6.25= 0.75（天）

速遣费=0.75×4 000=3 000（美元）

表4-7 　　　　　　　　　　　滞期费/速遣费计算表

可用装货时间：3 WWD SHEX　　　　　　可用卸货时间：4 WWD SHEX

装货港准备就绪通知书递交时间	3月5日	16：40
装货时间起算时间	3月6日	08：00
装货开始时间	3月6日	08：00
装货完毕时间	3月12日	12：00
卸货港准备就绪通知书递交时间	3月20日	10：00
卸货时间起算时间	3月20日	13：00
卸货开始时间	3月20日	13：00
卸货完毕时间	3月22日	11：00

日期	星期	时间 起	时间 止	说　明	可用时间 D	可用时间 H	可用时间 M	实用时间 D	实用时间 H	实用时间 M	滞期/节省时间 D	滞期/节省时间 H	滞期/节省时间 M
5/3	二	16：40		递交 N/R	--	--	--	--	--	--			
6/3	三	08：00	24：00	装货时间起算	--	16	--	--	16	--			
7/3	四	00：00	08：00	装货	--	8	--	--	8	--			
7/3	四	08：00	12：00	因雨停工									
7/3	四	12：00	24：00	装货	--	12	--	--	12	--			
8/3	五	00：00	24：00	装货	1	--	--	1	--	--			
9/3	六	00：00	18：00	装货	--	18	--	--	18	--			
		18：00	24：00	休息									
10/3	日	00：00	24：00	休息									
11/3	一	00：00	08：00	休息									
		08：00	24：00	装货	--	16	--	--	16	--			
12/3	二	00：00	12：00	装货并完毕	--	12	--	--	12	--			
20/3	三	13：00	24：00	起算并卸货	--	11	--	--	11	--			
21/3	四	00：00	08：00	卸货	--	8	--	--	8	--			
21/3	四	08：00	10：00	吊机故障停工	--	--	--	--	--	--			
21/3	四	10：00	24：00	卸货	--	14	--	--	14	--			
22/3	五	00：00	11：00	卸货并完毕	--	11	--	--	11	--	--	13	--
23/3	六	00：00	18：00		--	18	--	--	18	--	--	18	--
合计					7天			6.25天			0.75天		

4.11　　　　　　　　　　货物留置权条款

4.11.1　海上货物留置权的含义

海上货物留置权（maritime lien）是指当运输合同关系中的债务人不履行债务时，债权人有权对其控制的运输货物或利益实行暂时占有，作为实现债权担保的法律行为。关于货物留置权（lien on cargo）的本质，英国大法官 Mocatta 在 1981 年主审的一个案子中作了权威性解释："...a defence available to one in possession of a claimant's goods who is entitled at common law or by contract to retain possession until he is paid whatever he is owed..."，即根据普通法或合同，一个人有权对其占有的他人货物继续占有，直到债权得以实现。租船合同中的货物留置权包括两个方面：一是承运人为收取应收的租金、运费或其他费用对其占有的货物实行留置；另一方面是承租人为收取出租人所欠费用对控制的船舶实行留置。航次租船中的货物留置主要指承运人对货物的留置。

海上货物留置权与民法中普遍意义的留置权有所不同，主要区别在于被留置货物的所有权不一定必须归属债务人。根据无辜财产不得侵犯的基本法律原则，一般要求债权人为担保债权实现要留置的对象必须是债务人的财产，无故占有第三人财产属对他人财产的侵犯。但是，海上货物留置权有其特殊性。承运人留置货物的目的是为了实现运输合同下的债权，即为了获得根据合同所应收取的运费或其他费用。在完成约定的运输服务后没有收到服务报酬时，承运人除了可以留置债务人货物外，还可以留置接受运输服务的非债务人的货物。尽管这样做对该非债务人不公平，但是，作为完成货物运输的实际承运人收不到运费更不公平，因此便有了这种普遍接受的义务分担法律制度。

世界上许多国家的商法，如德国、日本和瑞士，都赋予承运人对所运输的货物享有留置权，而不考虑货物所有权的归属问题。我国法律规定与美国相似，将留置对象限定在债务人拥有的货物范围内。尽管我国《合同法》第 315 条规定："托运人或者收货人不支付运费、保管费以及其他运输费用的，承运人对相应的运输货物享有留置权，但当事人另有约定的除外。"但《海商法》第 87 条规定："……承运人可以在合理的范围内留置其货物"，即只能留置债务人的货物，这与《合同法》的无所有权限制的规定是完全相反的，按照特别法优先适用原则，在我国法律制度下，承运人留置对象被限制在债务人财产范围之内。英国则采用意思自治原则，允许合同当事人自行约定留置权条款，因此，"金康"合同中规定的 "The owners shall have a lien on the cargo and ...for freight, dead freight, demurrage..." 在英国、德国、日本和瑞士法下仍然有效。

4.11.2 货物留置权的"诉因"

1.英国普通法下的留置权"诉因"

根据英国普通法，船舶出租人可因下列原因对其控制的货物行使留置权：承租人欠付运费、共同海损分摊以及承运人为保管货物支付的费用。由英国诸多退休大法官参与编写的《Scrutton on Charter parties》一书对此阐述到：

"By common law he（指出租人）has lien for：

（a）freight

（b）general average contribution

（c）expenses incurred by the shipowner or master in protecting and preserving the goods." ①

值得注意的是，英国普通法没有将滞期费列入货物留置权的"诉因"。

2.合同规定的留置权"诉因"

由于普通法对上述"诉因"规定比较有限，承运人为了保证自己的利益，有必要在合同中对留置事项作出明确规定。

多数提单和租船合同中都规定留置权条款，规定承运人或出租人可因托运人、收货人未付运费、亏舱费、滞期费、共同海损的分摊、其他应收款项，对货物或有关运输单证行使留置权，并在一定条件下有权出卖或以其他方式处置货物。如出卖货物所得价款不足抵偿应收款项及货物出卖费用，承运人或出租人有权向托运人、收货人等索赔差额。

航次租船合同中的留置权条款常与下面的承租人责任终止条款一起使用。

3.承租人责任终止条款（cesser clause）

由于担心在 CFR 和 CIF 贸易术语下无法控制卸货港卸货速度而产生滞期费，作为卖方的承租人往往在租约中规定，对这类无法控制因素造成的损失不负责任，于是便产生了"承租人责任终止"条款。该条款的基本含义是：承租人在装货港完成货物装船，并支付了预付运费、亏舱费和装货港的滞期费及其他费用后，即解除进一步履行运输合同的义务。对卸货港产生的滞期费等费用，出租人或承运人应通过留置货物向收货人收取。

各格式合同对承租人责任终止条款的规定存在差异：有的规定承租人对卸货港发生的任何费用都不负责；有的规定只有出租人在卸货港行使货物留置权后仍不能取得滞期费时，或根本无法行使留置权时，承租人才有义务支付。下面是几个格式合同对承运人货物留置权和承租人责任终止条款规定的示例。

（1）BALTIME FORM 的规定："Vessels to have a lien on the cargo for all freight, deadfreight, demurrage or average.Charterers'liability under this charter to cease on cargo being shipped."

----

① Body，Burrow，Foxton.Scrutton 租船合同与提单［M］. 郭国汀，译.20版.北京：法律出版社，2001：574.

（2） NORGRAIN 合同的规定："The owner shall have a lien on the cargo for freight, deadfreight, demurrage and average contribution due to them under this charterparty, charterers' liability under this charterparty is to cease on cargo being shipped except for payment of freight, deadfreight and demurrage at loading port , and except for all other matters provided for in this charterparty where the charterers' responsibility is specified."

（3） GENCON'1976年版的规定："Owner shall have a lien on the cargo for freight, deadfreight, demurrage and damage for detention.Charterers shall remain responsible for dead - freight and demurrage （including damages for detention）, incurred at port of loading. Charterer shall also remain responsible for freight and demurrage （including damages for detention） incurred at port of discharge，but only to such extent as the owners have been unable to obtain payment thereof by exercising the lien on the cargo."

关于责任终止条款的解释，应当注意以下几点：

（1）一般情况下，责任终止条款不涉及，也不影响出租人或提单合同下的承运人对预付运费和亏舱费的留置权。

（2）对于在装货港产生的滞期费等其他费用，并不是所有情况下责任终止条款都能够排除出租人、提单合同下的承运人在卸货港实施货物留置权的权利。如无特别约定，出租人或承运人对在装货港口产生的未实现债权仍具有行使货物留置的权利，收货人或主张货物的提单持有人不得依据责任终止条款对此进行抗辩，除非责任终止条款作出了十分清楚的相反规定。

上述解释的道理是，货物留置权设立的初衷是为了维护出租人或承运人的利益，而责任终止条款设立的初衷是为了维护承租人、发货人或托运人的利益，它只是要求出租人或承运人通过货物留置，协助承租人、发货人或托运人逼迫收货人或主张货物的提单持有人履行在规定时间内完成卸货的义务，而不是用来保护承租人、发货人或托运人逃避在装货港口产生的债务的。英国有几个法院的判决都支持了这种观点。

（3）对提单下的装货港滞期费等费用的留置权需要特别规定。在提单合同下，除预付运费和亏舱费之外，在装货港发生的滞期费和其他承运人应收费用，只有在提单中明确表明在卸货港收取，或明确合并进提单的租船合同留置权条款表明在卸货港收取，承运人才能为此行使货物留置权，但一般性的提单合并条款并不被认为合并进了租约的留置权条款。

（4）注意法律和合同的特别规定。上述立场对于收货人、主张货物的提单持有人也不利，对此可通过特别规定来解决。我国《海商法》第78条第2款规定："收货人、提单持有人不承担在装货港发生的滞期费、亏舱费和其他与装货有关的费用，但提单中明确载明上述费用由收货人、提单持有人承担的除外。"1976年版"金康"合同的责任终止和留置权条款也是个特例，它明确规定了承租人需对装货港口产生的亏舱费和滞期费负责，这就排除了出租人对这两项费用实施货物留置的权利。

（5）只有在留置权可以有效行使条件下，承租人责任才能够终止。即使责任终止条款使用了明确的词语终止承租人对卸货港产生的滞期费和其他费用的责任，也只有当留置货物可行时，承租人支付卸货港滞期费等费用的责任才能终止，否则仍需支付。在英国的 The"Sinoe" 一案中，合同规定："Charterers' liability shall cease as soon as the cargo is on board, owners having an absolute lien on the cargo for freight, deadfreight, demurrage and average." 该条款也被合并进了提单，但在卸货港出租人无法对货物实施留置，因为货物属于当地政府。上诉法院判定，承租人责任不能终止，因为货物留置权必须是可实施的（enforceable and effective）。[①]类似地，在坦桑尼亚，船长被警告，如不卸货就会被收监，导致出租人无法实施货物留置。

1994年版"金康"合同对此作了重大改变。它取消了承租人责任终止条款，取而代之的是一条新的规定："The owner shall have a lien on the cargo and on all sub-freight payable in respect of the cargo, for freight, deadfreight, demurrage, claims for damages and for all other amounts due under this charter party including costs of recovering same." 在这一规定下，承运人享有广泛的留置货物权利。留置对象除货物外，还包括转租船运费。除原来规定的"诉因"外，还增加了因实施留置权产生的法律费用，以及对出租人造成的任何损坏赔偿，如装卸工人造成的船舶损坏等。

4.11.3 实施货物留置权的注意事项

出租人可以根据法律规定或者合同约定实施货物留置，但实践中应注意以下几个问题。

1.注意不同国家相关法律规定的差异

实施货物留置的目的是为了维护出租人或承运人收取应收费用的权利，但有的国家从公平、合理的角度出发，不允许对非债务人拥有的货物实行留置。德国、瑞士、日本的法律对留置对象的归属不设限制。美国和我国法律要求出租人或承运人只能对属于债务人的货物实行留置。在英国法下，留置权的合理性是通过租约规定的，或将租约中的留置权条款有效地合并进提单中，或者提单本身就规定了货物留置权条款，从而使出租人或承运人能够对其运输的货物实施留置权。由于法律规定的差异，有时一条看上去完美的留置权条款可能形同虚设。

2.选择合理的留置地点

多数国家法律都规定，债权人只能对其控制或占有的债务人财产或利益实行留置，对非债权人控制或占有的财产的扣押、查封等行为不属于货物留置权范畴。就海上货物运输合同而言，承运人控制货物有两种形式：一是将货物控制在自己的船上；二是将货物卸下，存放在码头仓库，但需要声明对货物拥有控制权。承运人留

---

① The "Sinoe"（1972）1 Lloyd's Rep.201.

置货物的最理想地点是码头仓库，这样可以解放船舶，避免过大的船期损失。尽管根据英国普通法留置货物期间的船期损失也由债务人承担，但是，如果遇到债务人倒闭或无力承担，到头来可能还是要承运人自己承担损失。

3.留置的货物数量应当合理

留置货物的目的是保障债权的实现，因此，留置货物的价值应与债权价值相当。留置货物暂时地（也可能是永久地，例如在债务人不偿付债务情况下，货物被拍卖）剥夺了货物所有人对货物的使用权，会给货物所有人带来损失。过量地留置货物，如有的出租人甚至为了小额的费用对全船货物实行留置，或将船舶开到卸货港锚地但不靠泊卸货，或将船舶开到另外的地点威胁收货人，给收货人带来巨大损失，都是很危险的违法行为。

4.注意合同可能存在的相反规定

有很多合同，一方面规定了货物留置权条款，另一方面又规定了超越留置权条款效力的相反规定，使留置权条款归于无效。常见的有，约定滞期费在卸货后30天内结算，或规定余下的5%运费同滞期费一起在卸货后90天内结算。这等于说，承租人或收货人没有"诉因"，哪来的留置权呢？所以，订立合同时应前后条款保持一致，防止掉进条款陷阱。

4.12　　　　　　　　　租船合同提单

在航次租船合同下，提单通常被合并进了租船合同条款，使得提单合同关系变得复杂。本节主要介绍租船合同提单的法律关系，理解和处理这些关系的原则及注意事项。

4.12.1　租船合同提单中的法律关系

租船合同下签发的提单与班轮货物运输合同下签发的提单不同。班轮货物运输合同下签发的提单具备完整的条款，明确规定了提单合同关系人之间的权利义务。而租船运输合同下通常使用简式提单，提单背面没有，或只有少数运输条款，需要将租船合同合并进提单，这种提单我们称其为"租船合同提单"（charterparty bill of lading），或称为"租约提单"。

租船合同本身条款已经比较复杂，将租船合同合并进提单，使其成为提单合同不可分割的一个组成部分，这不仅使提单合同条款复杂化，也使提单合同的关系人复杂起来。在租约下，存在着出租人和承租人的法律关系；在提单合同下，存在着承运人与托运人、发货人、收货人、提单持有人之间的法律关系。这两对法律关系下各方的权利义务依据各自的合同条款处理。然而，将两个合同合并后，关系人增多，某些条款还可能发生冲突。这就需要有一个统一的原则来解释。

Voyage Charter 第18.2节从一个侧面对租船合同下签发的提单的复杂性表述如下：

"Where the ship is not under charter, the bill of lading will evidence a contract between the shipper or subsequent holder and the shipowner. However, when the ship is chartered, the position is more complicated. In this case, too, the bill of lading is usually issued by or on behalf of the shipowner, as carrier, but it may be issued on behalf of the charterer so as to constitute a contract of carriage between the charterer and the shipper or consignee, the shipowner being merely a sub-contractor of the carrier. The question whether the bill of lading is issued on behalf of the shipowner (an owner's bill of lading) or on behalf of the charterer (charterer's bill of lading), will determine whether it is the shipowner or charterer who is responsible for the performance of the contract of carriage contained in the bill of lading, and for the accuracy of the statements which it contains." [1]

由此看来, 租约提单可能使出租人和承租人的法律地位本末倒置。

4.12.2　确定租船合同提单关系的原则

（1）如果租约提单签发给承租人, 当承租人本人为发货人或提单持有人时, 出租人与承租人的法律关系依据租船合同处理。此时提单对承租人来说只是运输合同的证明。

（2）提单转让后, 提单便构成了收货人或提单持有人与承运人, 即出租人之间的运输合同。两者之间的法律关系依据提单处理, 而不是租船合同。此时, 适用有关提单的国际公约或国内法。

（3）在转租船情况下, 如果作为二船东的承租人或其代理人以自己的名义签发提单（这种提单称为承租人提单（charterer's bill of lading）, 或称为租船人提单）, 则该承租人转为承运人, 他与收货人或提单持有人之间存在海上运输合同关系, 原出租人转为原承租人的受雇人, 与收货人或提单持有人之间不存在合同关系, 而是原承租人的受雇人。

提单一般都是由船长或经船长授权的代理人签发的。一般认为, 船长是代表雇用他的人, 即原船东签发的, 故其签发的提单视为原船东所签发, 原船东应受其约束。所以, 船长在签发承租人提单时, 必须注明是代表承租人签发的, 否则, 该提单可以被视为出租人提单, 出租人需与承租人共同对该提单承担连带责任。当然, 如果承租人超越租船合同权限签发了不利于出租人的提单, 出租人有权依据租船合同向承租人索赔。

总之, 在租船合同合并进提单的情况下, 在出租人、承租人以及提单持有人之间形成了三角法律关系, 出租人与承租人之间是租船合同关系; 出租人与提单持有人之间是提单合同关系; 承租人提单下, 承租人与提单持有人之间也是提单合同关系。如果发生运输合同纠纷, 应当根据上述合同关系独立处理。例如, 租船合同规

---

① COOKE, KIMBALL, YOUNG, et al. Voyage Charters [M]. third edition. London: LLP limited, 2007: 438-439.

定的是 FIO 条款，出租人不负责装卸费用。然而承租人却签发了一个班轮卸货条款的出租人提单，对于提单持有人而言，出租人则需要支付卸货费用。在这种情况下，出租人支付卸货费后，可依据租船合同从承租人那里索回。

4.12.3　租船合同提单的解释原则

租船合同与提单都有独立的条款，当租船合同并入提单时，是否租船合同的所有条款都有效并入了提单呢？当两个合同的某些条款发生冲突时应当如何处理？这些都是租约并入提单所面临的法律问题，需要按照一定的原则作出解释。

根据相关法律和公平合理的原则，租约并入提单后应按以下原则解释。

1.尊重主合同原则

合同合并是常有的事，如提单中并入租约，租约中并入《海牙规则》，贸易合同中并入租船合同的滞期费规定等等。当并入的条款与主合同条款发生冲突时，应以主合同规定为准。对于租船合同并入提单来说，提单是主合同，租约是从合同。不能以内容的多寡来确定哪个是主合同。提单从形式上看通常只有一页，租约有几页甚至十几页，但这并不影响这两个合同的主从关系。例如，在租约并入提单情况下，提单中规定运费预付，但租约中规定5%运费在目的港交付货物之后结算，如果出租人要求提单持有人支付这5%的运费，后者就可依据提单的记载拒绝支付。

2.与标的事项直接关联原则

只有与货物运输直接关联的租约条款并入提单才有效力，无直接关联的租约条款在提单合同下不产生效力。按照英国著名法官邓宁（Denning）的解释，提单的主要事项是指与货物装卸、运送及交付有关的事项，对租约中的仲裁条款、承租人责任终止条款、留置权条款等，仅凭一般的合并条款是不能有效并入提单的。欲将这类条款并入提单，必须在并入条款中明确表示。例如规定："某年某月某日某人之间签订的租船合同并入提单，包括其中的仲裁条款、承租人责任终止条款、留置权条款。"

3.减轻或免除承运人最低法定义务的并入条款无效

在订约自由原则下，如经承租人同意，出租人可以在租约中任意减轻或免除自己的责任。例如，1994年版"金康"合同的第2条除了承运人应谨慎处理保证船舶适航外，几乎对其他任何事项导致的货物灭失或损坏都不负责（"...and the Owners are not responsible for loss, damage or delay arising from any other cause whatsoever, even from the neglect or default of the Master or crew or some other person employed by the Owners on board or ashore for whose acts they would, but for this clause, be responsible, or from unseaworthiness of the Vessel on loading or commencement of the voyage or at any time whatsoever."）。

承租人在谈判能力不对等的条件下也可能签下"胁下之约"，免除或减轻出租人法定义务。但是，《海牙-维斯比规则》和相关国内法禁止承运人减低或免除应尽义务。因而，即使并入提单的租船合同存在上述类似条款，也将归于无效

（mitigating，escaping clause is null，void and of no effect）。

按照国际商会《跟单信用证统一惯例》（UCP600）的规定，如信用证明确允许，银行可以接受租船合同提单，但不要求一定附上租船合同。有了这条限制并入原则，可以在一定程度上保障提单持有人的利益。

4.12.4 关于签发"所呈上的提单"

通常，航次租船合同中规定有"The master to sign the bill of lading for the cargo shipped on board as presented"条款。从字面上看，不管承租人呈上什么形式、什么内容的提单，船长都有义务照样签发。其实，法律对此是有限制性解释的。

1.1976年版"金康"合同的规定和解释

1976年版"金康"合同第9条规定："The Captain to sign Bill of Lading at such rate of freight as presented without prejudice to this Charter party，but should the freight by Bill of Lading amount to less than the total chartered freight，the difference to be paid to the Captain in cash on signing Bill of Lading."

根据英国普通法的解释，这条规定有如下含义：第一，允许承租人使用任何形式的提单；第二，除允许提单中含有与租约不同的运费规定外，还允许提单含有超越租约的"首要条款"等内容（参见 The "Norgar Marin"（1987）1 Lloyd's Rep.456）；第三，承租人有义务对因签发不同于租约规定的提单导致的出租人损失进行赔偿。

根据上述解释，对提单格式与出租人要求不一致，或含有更严格的条款（the bill of lading contains terms which are more onerous than those in the c/p）的提单，船长都不得拒签。但是，根据诚实信用原则，船长有权拒绝签发货物信息记载不实的提单，例如，对货物的描述内容、货物的表面状况、装船日期等重要事项记载与事实不符的提单。对这类提单，船长不但有权拒签，而且有义务拒签，否则，将构成提单欺诈。

2.1994年版"金康"合同的规定及解释

1994年版"金康"合同第10条规定："Bill of lading shall be presented and signed by the master as per "Congenbill" bill of lading form，edition 1994，without prejudice to this charter party，or by the Owner's agents provided written authority has been given by the Owner to the agents，a copy of which is to be furnished to the charterers. The Charterers shall indemnify the Owners against all consequences or liabilities that may arise from the signing of bill of lading as presented to the extent that the terms or contents of such bills of lading impose or result in the imposition of more onerous liabilities upon the Owners than those assumed by the Owners under this c/p."

上述规定与1976年版合同的不同之处：第一，规定使用"Congenbill"格式提单，该提单格式是BIMCO专为配合"金康"合同使用制定的，市面上可以买到。如果承租人呈上其他格式的提单，船长有权拒绝签发。第二，1994年版的

"Congenbill"提单中规定"首要条款"（general paramount clause），对承运人管理货物的责任规定得更加严格。但提单中也规定了补偿条款，如果本提单下承运人比租船合同承担了更大义务，那么，承运人为履行本提单义务所受到的额外损失，可以向承租人索赔。

3.签发"呈上的提单"应注意的问题

（1）承租人有权要求将一批货物分成几票，并分别出具提单，对此项要求出租人不得拒绝。但承租人应及时通知出租人，并承诺如分票导致出租人损失，将作出赔偿。

（2）承租人有权在每票货物装完之后即要求签发提单，不必等到全部货物装载完毕。对此项要求，船长不得拒绝（The Charterer is entitled to present a bill of lading for any parcel already loaded, and the master must sign it, even though loading of the entire cargo to be loaded at that particular port is not completed）。

（3）承租人必须及时呈上提单供船长签发，否则，应当赔偿出租人因此可能遭受的损失（The Charterers for his part is under a duty to present the bills of lading for signature, and must not delay beyond a reasonable time after the completion of loading before presenting the bills）。

（4）对呈上来的提单，船长应当在合理的时间内签发（The master must sign the bills of lading within a reasonable time of its being presented to him）。这条义务常常被忽视，特别是在出租人要求承租人或托运人分摊一些费用未果时，出租人便以扣发提单相威胁。这种做法比较有效，但却是违法的。如果承租人因此受到损失，可以向出租人索赔。

（5）如果呈上来的提单有陈述错误，船长未加改正签发了，其后果由托运人自负。例如，托运人填写的货物数量有误，导致信用证下议付时出现不符点，或少收了货款等，但该提单不得对抗第三人。

4.13　　　　　　　承运人义务条款

本来，有关国际公约对承运人基本义务的规定只适用于货物运输合同，而不适用于租船合同，但一些国家的相关法律对租船合同双方的基本义务以及其他事项也作了强制性规定，这些规定内容与对货物运输合同的强制性规定基本相同。另外，租船合同如果并入《海牙规则》，则后者便适用于该租船合同。因此，各类租船合同关于承运人义务的规定与《海牙规则》原则基本一致，但也可能有不同之处，所以应当认真阅读具体合同条款。

4.13.1　"金康"合同规定及解释

1."金康"合同规定

1976年版和1994年版的"金康"合同都在第2条中规定了承运人的责任，两个版本文字上略有出入，但基本精神是一致的。现将1994年版"金康"合同规定摘录如下：

"Owners' Responsibility Clause

The Owners are to be responsible for loss of or damage to the goods or for delay in delivery of the goods only in case the loss, damage or delay has been caused by personal want of due diligence on the part of the Owners or their Manager to make the vessel in all respects seaworthy and to secure that she is properly manned, equipped and supplied, or by the personal act or default of the Owners or their Manager.

And the Owners are not responsible for loss, damage or delay arising from any other cause whatsoever, even from the neglect or default of the Master or crew or some other person employed by the Owners on board or ashore for whose acts they would, but for this clause, be responsible, or from unseaworthiness of the Vessel on loading or commencement of the voyage or at any time whatsoever."

2. 对"金康"合同规定的释义

在研究"金康"合同本条规定时，应把握以下几点：

（1）"金康"合同只对出租人的责任订立了专门条款加以规定，对承租人责任的规定则分散在合同其他条款中。条款采用了接受有限责任的规定方法，将出租人的责任限定为"由于出租人本人或其经理人的错误或疏忽导致的，或者是出租人或其经理人未恪尽职责保证船舶适航导致的货物灭失或损坏"（1976年版合同中有承运人需对积载不当造成的货物灭失或损坏承担责任，因如今航次租船合同中多为FIO条件，故1994年版取消了该条规定。尽管如此，出租人仍负有积载计划责任和积载计划执行的监督责任）。除此之外，出租人对任何其他原因导致的，包括船员或船上或岸上的其他出租人的受雇人的疏忽或过失导致的货物灭失或损坏都不承担责任。

（2）第二段的免责规定中，尽管免责事项中没有提及"货物"一词，但灭失和损坏仍应限制在货物方面，而不应扩大解释。例如，由于出租人疏忽，船舶未及时抵达装货港造成的承租人货物在港口仓库堆存费的增加、船长无理拒签提单造成的损失等，都不在这些免责范围之内。再者，该条款规定的出租人责任除外事项用词非常广泛。"任何原因"导致的货物损害都是可以免责的，甚至是除出租人或其经理人外的任何其他人错误或疏忽导致的船舶不适航都可以免责。可见，"金康"合同有关出租人义务的规定比《海牙规则》宽松得多。因此，根据"解释应该严格针对受益一方"的原则，对该条款的解释应严格限制，出租人欲依赖此条款主张免责，须负举证责任。

（3）"金康"合同本身并不受《海牙规则》或《海牙－维斯比规则》的约束。但由于它对出租人保护过度，承租人经常在合同的附加条款中合并进《海牙规则》或《海牙－维斯比规则》，使这些规则适用于该租船合同。这些规则不但要求出租人保证船舶适航，而且要求出租人在管理货物方面也要尽职尽责（the owner shall properly and carefully load, handle, stow, carry, keep, care for, and discharge the goods carried）；它不但要求出租人对自己及经理人行为负责，同时也要求对他的雇员、代理人或独立合约人的错误负责。这与"金康"合同中的有限责任相比，在职责范围和人员范围上要广泛得多。由于《海牙规则》中有"不得减低或免除承运人责任"的原则，当《海牙规则》或《海牙–维斯比规则》并入租船合同后，原租船合同中关于出租人的广泛免责规定就变得无效。所以，研究合同时，应通篇阅读所有条款才能有一个完整的理解。

（4）谁是出租人本人及其经理人也是在适用本条规定时易发生争议的问题。出租人比较容易识别，只要查看船舶的注册证书便可以认定，二出租人（disponent owner）可以在租约中找出，对经理人（manager/operator）则需要具体分析。需要掌握的原则是，凡船公司或船舶经营公司的管理层中对保证船舶的适航工作负主要责任的人都应视为经理人，如公司中的机务、海务主管人。再者，根据"对受益方严格解释"原则，对船长、船员和一般雇员的严重疏忽导致的损失也可能因出租人在用人上的疏忽而不能免责。

4.13.2　承运人保证船舶适航义务

船舶适航包括船体、船机能适应和抵御本航次正常风险，配备充足、适任船员，充分装备和供应船舶，各货舱保证适合装货等各个方面，具体内容已经详述。此处再举几个英美法院判例帮助大家深入理解。

1.船舶适货的例子

Westerdok轮是通常用来装水果或蔬菜的专用船，被租来从马耳他（Malta in Mediterranean）装土豆去英国利物浦，途中遇上恶劣天气。由于干舷较小，无法开舱晾晒通风，机械通风的条件又不够，船到卸货港发现由于冷凝（condensation）造成部分土豆受损。承租人称船舶不适航，要求索赔。英国法庭判，出租人没有责任，原因是航行途中遇到恶劣天气导致承运人无法正常进行通风。①

Isle of Wight轮被租来装运一系列可选择货物，包括湿糖（wet sugar）。承租人选择了装运散糖。在装货港装货时，湿糖流进了污水井（bilge），污水泵无法抽出。由于担心航行中出现危险，船长随即下令将已装的散糖卸下。承租人认为船舶不适航。英国法官判定，既然出租人承诺派一条可装湿糖的船舶，船舶就应适货，该船舶不适货。②

船舶不适航是指船舶本身存在着对货物安全的威胁。Apostolis轮在装棉花，电焊工在甲板进行小的临时修理时，电焊火花落入货舱，导致该舱棉花起火，大火蔓延至另一货舱。承租人因《海牙规则》规定火灾免责而无法索赔，于是告出租人船舶不适航。英国上诉法院拒绝了承租人的上诉请求，认为船舶不适航必须来自船舶

---

① The Westerdok（1962）1 Lloyd's Rep. 180.
② COOKE, KIMBALL, YOUNG, et al.Voyage Charters [M]. third edition.London: LLP limited, 2007: 200.

本身。①此案中如果是货舱电路老化而引发的火灾，或已装货的货舱舱盖需要电焊修理，出租人恐怕就难辞其咎了。

Folmina 轮从日本神户承运一批大米到纽约，大米在装船时状态良好，抵达目的港时发现装载于船舶右舷舷边的部分大米因海水浸入和随后的温度变化而受损。查验船舶记录显示，货物积载和途中通风都良好，也没有遭遇恶劣海况。比较奇怪的是，在目的港的船舶检查中，并没有发现船舶有任何漏水的地方。收货人主张船舶不适航，出租人主张海难免责。美国联邦最高法院判决：船舶不适航。②

Indiana 轮在英国的利物浦装载了一批粗麻布，由于通往隔壁空舱的水密门没有关紧，空舱内的水流进货舱，导致粗麻布受损。位于费城的收货人控告承运人船舶不适航，承运人则根据《哈特法》第 3 条主张船员管理船舶疏忽免责。美国联邦最高法院判决：保证船舶适航是承运人的首要义务，只有履行了保证适航义务，才有权主张适用法律的免责规定。该船货舱在开航前就处于不适航状态，因此，承运人应当承担赔偿责任。③

2.管理货物的例子

Portugues Prince 轮在布宜诺斯艾利斯装载了成捆的羊毛，同时向该货舱的后部装载了一批湿糖。船抵达目的港后发现，羊毛被湿糖的水分侵入而受损，收货人提起诉讼。初审法院和巡回上诉法院判收货人胜诉。承运人不服，向美国联邦最高法院提起上诉。最高法院根据《哈特法》第 1 条承运人应当妥善并谨慎地装载、操作、积载、运输、保管、照料并卸载的规定，拒绝了承运人根据《哈特法》第 3 条，驾驶和管理船舶的过失免责主张，维持原判。④

Vallescura 轮从西班牙运送洋葱去纽约，装货时货物状况良好，但在目的港卸货时发现已经腐烂。证据表明，洋葱的腐烂部分原因是由于航行中在恶劣天气中无法通风造成的，部分原因是船员管理货物上存在疏忽，没有在晴天对货舱进行通风。初审法院判决承运人败诉，因为它不能证明哪部分损失是由于恶劣天气造成的，哪部分是由于管理货物疏忽造成的，故需要承担全部责任。二审法院判决原告败诉，因为它无法提供上述证据，即将举证责任分配给了原告。原告不服，上诉到美国联邦最高法院。最高法院认为，承运人有管理货物的法定义务，他如果要申请免责，就必须举证证明哪部分货物是由于恶劣天气造成的，而承运人没能举证，故需承担全部责任。⑤

3.配备适任船员的例子

在船舶人员配备义务上，出租人不仅仅要保证船员都持有适任证书（certificate of competence），还应保证他们能够真正胜任工作。一个轮机长嗜酒成性，在船上常常饮酒过度而无法正常工作。由于他的错误操作，导致主机损坏而延

---

① The Apostolis（1997）2 Lloyd's Rep. 241.
② The Folmina, Supreme Court of United States, 1909. 212 U.S. 354, S. Ct. 363, 53 L. Ed. 546.
③ The Indiana, Supreme Court of United States,（0）1901, 181 U.S. 218, 21 S.Ct. 591, 45 L. Ed. 830.
④ The Portugues Prince, Supreme Court of the United States, 1898, 179 U.S. 69, 21 S. Ct. 30, 45 L. Ed.90.
⑤ The Vallescura, Supreme Court of the United States, 1934. 293 U.S. 296, 55 S. Ct. 194, 79 L. Ed. 373.

误了航行，承租人告出租人没有恪尽职责配备船员，结果胜诉。

　　一艘船舶存在结构问题，在运输同质货时（homogeneous cargo），当吃水差处在某一不当位置时会非常不稳定。船长不了解该船这一特点，在航行中不正确地调整压载水，结果使船倾覆（capsize），英国上诉法院认为出租人没有很好履行配备船员义务，判出租人败诉。[①]

　　4.装备船舶的例子

　　出租人应当恪尽职责，装备船舶。冷藏船上的制冷设备因制冷剂早已泄漏，只运转，不制冷，导致冷藏的肉食品全部损坏，法庭判出租人需承担船舶不适航责任。出租人供应船舶的吊货钢丝规格正确，但贪图便宜买的是低劣产品，结果在吊货时钢丝拉断，摔坏了货物，这属船舶不适航。船舶存油不足，无法完成货运航次，不得不雇用拖轮拖带，对产生的拖带费用，出租人宣布了共同海损。英国法庭判承租人和货主可以拒绝参加分摊，因为导致共同海损的原因是船舶不适航。船上的海图陈旧，上面没有标明海底的输油管线，而船长在此抛锚。起锚时将输油管道拉断，英国上议院判出租人承担船舶不适航责任。

4.13.3　承运人保证避免不合理绕航义务

　　除保证船舶适航义务外，法律上还规定了承运人必须保证船舶避免不合理绕行以及"尽速派遣船舶"的义务。现在重点讨论不合理绕航。

　　1976年版和1994年版"金康"合同都规定："The vessel has liberty to call at any port or ports in any order, for any purpose, to sail without pilots, to tow and /or assist vessels in all situations, and also to deviate for the purpose of saving life and/or property."《海牙规则》中关于绕航也有如下规定："Any deviation in saving or attempting to save life or property at sea or any reasonable deviation shall not be deemed to be infringement or breach."

　　绕航是指船舶偏离了约定的或通常的或习惯航线（usual and customary route），通常的或习惯航线一般是两港之间的最近可航行路线。从表面上看，提单或租船合同的"自由绕航"赋予了承运人或出租人任意绕航的权利。但事实上，法律对该类条款实行严格限制解释原则，任何与合同目的无关的航线偏离或挂靠都将被视为不合理。这是因为，绕航会增加货物风险，耽误货物及时到达目的港。英国的保险法规定，如船舶发生不合理绕航，保险人责任即告终止。普通法对不合理绕航的态度也非常严格，船舶非法绕航被视为严重违约，出租人应承担由此产生的一切后果。

　　"金康"合同中的"自由转船条款"应该严格限制在为了合同目的在通常航线上可以挂靠的任何港口，而且，没有充足的理由，不得颠倒地理顺序。除为了加载合同货物外，还应该包括为货物运输安全（例如航行途中船舶机器发生故障）而挂靠港口。出租人为自己利益挂靠偏离航线的港口应视为不合理绕航（例如未经承租

---

　　① The Clan Gordon（1924）A. C. 100.

人同意去一个偏离正常航线的便宜港口进行航修或加载)。

出租人在航行途中偏离航线去添加燃油也应视为不合理绕航,但长距离航线遇连续坏天气,使本来充足的燃油变得不充足(如连续的逆风航行),船舶被迫绕航加油不应视为不合理绕航。为避免争议,谨慎的出租人会在租约中加进一条"允许绕加油条款",通常写法如下:"Before or after loading the vessel has the liberty to proceed to any port or ports for the purpose of taking bunker at any stage of the voyage whether such ports are on/off the direct or customary route between the loading port and the discharging port. The owner also has liberty to take full capacity of chartered voyage." 尽管如此,该类条款仍会被限定解释,一切以合理为限,因为在承运人或出租人的首要法定义务中,他们必须恪尽职责地供应船舶,其中包括在开航前和开航当时为船舶的特定航次添加足够的燃料。

此外,出租人互保协会(Shipowner's Mutual Protection and Indemnity Association,P and I club)在船舶存在不合理绕航时,也拒绝对出租人承担赔付责任。

总之,不合理绕航是违法的,故也称其为非法绕行。法律上及租约中允许的合理绕航是对不准许绕航的例外规定,只有掌握了这一基本原则,才能判断绕航是否合理。

4.14   共同海损条款

4.14.1   共同海损的概念

共同海损在海上风险保险制度中是一种特殊的风险,经过长期的发展过程,逐渐形成了一套不同于一般海上风险的特殊法律制度。

共同海损(general average)有两层意思。作为海上损失,它是指在同一海上航程中,当船舶、货物和其他利益遭遇共同危险时,为了共同安全,船方有意地、合理地采取避险措施而人为造成的特殊牺牲或支付的特殊费用。作为一种法律制度,它是指确定共同海损行为、共同海损牺牲和费用以及共同海损分摊的原则。

国际保险界将海上损失分为全部损失和部分损失。而部分损失又分为单独海损(particular average)和共同海损(general average)。由于自然灾害、意外事故造成的船舶或货物损坏,属于单独海损。但为摆脱自然灾害、意外事故对船、货造成的共同威胁,船长有意采取的合理避险措施,造成的船舶或货物损失或产生的特殊费用就属于共同海损。

4.14.2   共同海损的构成要件

共同海损与单独海损经常相伴发生。在遇到共同危险时,或在实施共同海损措施时,常常存在单独海损。因此,必须确立一定的原则加以区分,防止将单独海损当作共同海损处理。一项海损事件只有符合下列条件时才能划归共同海损。

1.危及船货共同安全的危险是真实存在的

主观臆断的危险不是真实的危险，船长主观臆断存在危险而作出的牺牲和产生的费用不得算做共同海损。

真实存在的风险还应是危及了多方利益的共同风险。海上运输中除涉及船舶、货方外，还可能涉及到付运费的运费收取人、拖带过程中的拖带方、未获支付的船载油料或供应品的供应商等。如果船舶载有不同货主的货，还会涉及多方货主的利益。如果海上风险造成的损失只涉及某一方的利益，则属于单独海损性质。例如，空驶航次中船舶发生事故产生的损失；载货航次中某一甲板货物被浪冲进海中而产生的抢救费用等，均不构成共同海损。

2.采取的措施是有意的和合理的

所谓有意的措施（intentional act），是指船长在主观上明知采取该种措施会导致船舶或货物的进一步损失，但为了避免船货的共同危险，而不得不采取的行为。例如，货舱起火，船长明知喷水灭火会造成货物湿损，但舍此便无他法摆脱船货的共同危险，因此，此举导致未着火部分货物的湿损，就应列入共同海损。又如，船舶搁浅后，为重新起浮，反复使用倒车，明知可能导致机器损坏，但限于当时条件只能如此，这种措施即属有意的措施。

在通常情况下，共同海损措施是根据船长的命令所采取的。但发生危险时，如果船长不在船上，其他值班人员采取紧急措施所造成的损失，只要符合共同海损的成立条件并经过船长的追认，亦属共同海损。

所谓合理的措施（reasonable act），是指本着以最小的牺牲换取船、货安全的原则所采取的措施。一项措施是否合理，没有绝对的标准，但概括起来，应当考虑如下几方面因素：

第一，事故周围的客观条件，即有的措施尽管合理，但因客观条件的限制，根本无法实施。例如，主机发生故障，在当地对其修理可能会花费较少，但当时当地却不具备修理条件。这时，雇用拖轮将船拖往目的港，虽然费用较大，但应属于合理措施。

第二，方案的可行性，即分析船长所采取的措施，对挽救船货安全的有效性。例如，对于一艘小型船舶，为避免碰撞，采用在前进中抛锚的方式，虽然可能造成船体或船锚损坏，但可以减缓船舶冲力，因而应当认定为合理。但对于一艘大型船舶，采用同样措施则于事无补，因而采取这种不合理的措施造成的船体或船锚损坏，就不应作为共同海损处理。

第三，客观效果，即作出的牺牲与所保全的财产是否成比例，换言之，是否以最小的牺牲换取了船、货或其他财产的最大安全。例如，在条件允许的条件下，不该抛弃货物时抛弃了货物，该抛弃重件货物时抛弃了轻泡货物，该抛弃廉价货物时抛弃了贵重货物，这种无谓的牺牲反而加大了损失程度，即属于不合理的措施。

当共同海损措施中含有不合理成分时，并不完全排除共同海损的分摊，只是在分摊过程中，应把不合理的部分扣除。

3.作出的牺牲和支付的费用是特殊的

在非正常情况下，因船长在法定义务或合同义务之外采取措施造成的损失和支付的费用，称为特殊牺牲和特殊费用（extraordinary sacrifices and expenditure），此种牺牲和费用应列入共同海损。例如，船舶遭遇海难事故需要进入避难港修理，如果该避难港不是原计划挂靠港，则因进入避难港而发生的港口费用，就属于特殊的或额外的费用。但如果该避难港是原计划挂靠港之一，则进入避难港的费用，就不属于共同海损，因为即使不发生海损事故，该项费用也必定发生。又如，当船舶发生火灾时，为灭火而将船上供消防用的泡沫或二氧化碳消耗掉，就不属于共同海损，因为泡沫或二氧化碳的用途就是灭火，在开航之前将此类物品准备齐全，是船方应尽的义务。但当必备灭火剂用完之后，火灾仍未扑灭，再次购买灭火剂的费用。

4.14.3 共同海损的范畴

共同海损的表现形式多种多样，并且各种损失常常交织在一起，但从性质上可划分为共同海损牺牲和共同海损费用两种基本类型。

1.共同海损牺牲（sacrifice of general average）

共同海损牺牲是指由共同海损措施直接造成的船舶、货物或其他财产在形态上的灭失或损害。根据国际海事委员会制定的《2016年约克-安特卫普规则》，共同海损牺牲的主要表现形式有：

（1）抛弃货物（jettison of cargo）。共同海损制度最初就是由抛弃货物发展起来的。可列入共同海损的弃货损失主要有两种：一种是被抛弃货物本身的损失（包括船用物料）。当船舶遭遇触礁、搁浅等事故时，船长为了使船货免遭沉没危险，或为了使其重新起浮而抛弃的货物，可以列为共同海损。但被抛弃的非按航运惯例装在甲板的货物和因固有缺陷行将导致危险的货物不得列入共同海损。第二种是抛弃货物引起的财产进一步损失。（Loss of or damage to the property involved in the common maritime adventure by or in consequence of a sacrifice made for the common safety）。

（2）扑灭船上火灾（extinguishing fire on shipboard）所造成的损失。船舶或货物因发生火灾造成的损坏属于单独海损。但为了扑灭火灾采取的诸如灌水、注入蒸汽，或将失火船舶凿沉、搁浅等措施所造成的船舶、货物或其他财产的进一步损害，则属于共同海损。根据《2016年约克-安特卫普规则》，因灭火造成的烟熏（by smoke however caused）或火烤（heat of the fire）引起的损失不得列入共同海损，这主要是因为烟熏和火烤、火烤和火烧交织在一起很难区分开来，为了理算工作的方便，便规定对这类损失予以排除。

（3）割弃残损物（cutting away wreck）所造成的损失。这里所说的残损物是指因自然灾害或意外事故而被损坏或已被拆除或已在实际上被毁灭的残留物体，例如因海难事故而损坏的船桅或栏杆等。如果这些残损物放在船上会继续威胁船货安全时，可以将它们抛弃。若被割弃的残损物已丧失了原使用价值，将其割弃时，不能作为共同海损处理，即便残损物还有一定的使用价值。但是，由于割弃残损物而造成的船舶或货物的进一步损害（例如割弃残损船桅而砸坏了船体）或由此而产生的费用，则可以列入共同海损。

（4）有意搁浅所致的损害（damage done by voluntary stranding）。有意搁浅是指船长为了避免船舶触礁、沉没或为了扑灭火灾，而主动将船舶驶往浅滩或将其凿沉在浅水地带的行为。只要此种搁浅是为了船、货或其他财产的共同安全，则由于有意搁浅所致的船、货或其他财产的损害，均可作为共同海损，并且在搁浅期间的船员工资、伙食费以及事后雇用他船脱浅的费用等，均可列入共同海损。

（5）机器和锅炉的损害（damage to engines and boilers）。对于搁浅并处于危险境地的船舶，为了使其重新浮起，致使机器及锅炉超负荷使用而蒙受损害，只要这种措施是为了共同安全而采取的，由此而导致的损失应列入共同海损。

（6）作为燃料而使用的货物、船用材料和物料（cargo, ship's material and stores used for fuel）损失。当船舶遭遇危险，配备的燃料被耗尽时，船长决定将船上所载的某些货物、船用材料作为燃料烧掉，此种损失可以作为共同海损。不过，这可能涉及船舶是否适航的问题，如果事实证明，船舶燃料不足是由于船舶在开航前就供应不足，则属于船舶所有人未履行保证船舶适航的义务问题，因而前述损失不仅不能列入共同海损，而且还要承担船舶不适航的责任。不过，如今船用蒸汽机已经全部被内燃机所代替，除船舶载运燃料外，上述情况几乎不再存在。

（7）在卸货等过程中造成的损害（damage to cargo in discharging, etc）。船舶遭遇海难事故后，在避难港为了检修船舶而进行卸载、存栈、重装、积载或移动货物以及燃料、物料而造成的损害，属于共同海损。例如，当船底破损时，为了检修船底必须卸下部分货物，并存入仓库，待修理完毕后，须将货物重新装上船，在此期间发生的一切损害和灭失，应列入共同海损。

2.共同海损费用

共同海损费用（general average expenditure）是指为采取共同海损措施而支付的额外费用，主要有下列几种：

（1）救助报酬（salvage remuneration）。根据《1994年约克-安特卫普规则》及之前版本的规则，参与航海事业中的关系方由于救助而发生的费用，不论此种救助是否根据合同进行，只要救助的目的是为了使同一海上航程中的财产免于受损，便应列入共同海损受偿。但《2004年约克-安特卫普规则》作出了相反的重大修改，将大部分救助费用排除在共同海损之外，该规则规定，"救助款项，包括所生利息和相关的法律费用，应由付款方自行承担而不得列入共同海损，除非与救助有关的一方已支付应由另一方承担的（根据获救价值而不是按共同海损分摊价值计算的）全部或部分救助费用（包括利息和法律费用）。2016年版规则基本维持了这一规定。

（2）搁浅船舶减载费用以及因此遭受的损坏（expense in lightening a ship when ashore, and consequent damage）。如果船舶搁浅，而货物、船用燃料和物料，或其

中任何一项，作为共同海损措施而被卸下，则减轻货载、租用驳船和重装等额外费用，以及由此所遭受的灭失或损害，均可列入共同海损。

（3）避难港费用（expense in port of refuge）。当船舶因意外事故、牺牲或其他特殊情况，为了共同安全而进入避难港口（包括驶回原来的装货港）所发生的费用，应列入共同海损。避难港费用主要包括：进入避难港与驶离避难港所发生的费用（如果该避难港不是原定的挂靠港口）；从出事地点驶入避难港直至驶回原出事地点期间所发生燃料费、物料费、港口使费等；为共同安全需要，或为安全完成航程而对船舶进行修理时所发生的货物、燃料或物料的倒载、卸下、存储（包括保险）和重装费用，以及货物、燃料或物料在上述操作中导致的灭失或损坏，但应以受到共同安全的威胁为前提。

如果船舶损坏必须在避难港进行修理，而该港又没有修理能力，该船不得不再驶往另一个有修理能力的港口时，只要该项修理是为了安全地完成航程所必需的，则在修理港所发生的港口费用，临时修理费用，拖带费用，消耗的燃料，为了修理而移动、装卸船上的货物、燃料或物料所发生的费用等，与在避难港发生的费用等同看待。

（4）驶往和停留在避难港等地支付给船员的工资、伙食费（wages and maintenance of crew bearing up for and in a port of refuge）。船员的工资与伙食费包括因驶往、停留和驶离避难港而延长的航程期间的工资和伙食费，但不包括与共同海损无关的额外修理期间的工资和伙食费。但《2004年约克-安特卫普规则》及《2016年约克-安特卫普规则》排除了此项费用。

（5）修理费用（expense in repairs）。对共同海损措施造成的船舶损坏的修理费用应当列入共同海损，但对船舶发生的单独海损（如意外事故）的修理费用不得列入。但是，如果只对船舶进行临时性修理，该项临时性修理费用可以作为替代费用计入共同海损。临时性修理是指为了船舶安全地继续完成航次，对船舶损坏项目进行最低限度的修理，这种修理往往在日后的永久性修理时需要拆除。临时性修理必须具备以下条件：第一，临时修理是对意外事故造成损坏的修理，修理的目的是为了安全完成航次。如果损坏是共同海损行为造成的，则修理本身即可列入共同海损。第二，临时修理的地点必须是装货港、中途港或避难港。船舶在海上进行的临时修理很少会发生替代费用。第三，临时修理一般不具有永久使用价值。

（6）替代费用（substituted expenses）。替代费用指为节约或取代原应列入共同海损的费用而支出的费用。例如，为了节省船舶在避难港的费用，支付给修理工人的加班费；为节省临时修理费、避难港费用、货物倒载费用等而采取商业拖带产生的拖带费用。替代费用本身不具有共同海损性质，但支付了该种费用，可以节省或避免原应列入共同海损费用，因此，此种替代费用应列入共同海损，但可列入共同海损的替代费用以被节省或避免的原因列入共同海损的那部分开支为限。

（7）垫款手续费和保险费（provision of funds, commission and the cost of insuring）。这项费用是指预先垫付共同海损费用的一方就所垫付的款项产生的手续费。在一般情况下，手续费按垫款的2%计算。如果垫款是借来的或办理抵押筹来的，办理这些手续而产生的费用也应计入。对预支的费用可由船方垫付，也可由货方垫付。垫付前，应要求非垫付的利益方提供担保，保证如共同海损不成立，责任方应偿还垫付的款项。但《2004年约克–安特卫普规则》及《2016年约克–安特卫普规则》排除了此项费用。

（8）共同海损利息（interest on losses in general average）。共同海损措施造成的牺牲和支付的费用一般要经过很长的时间才能分摊回来。对这些费用的利息应计算为共同海损。

（9）理算费用（adjustment fee）。共同海损因涉及的项目特别复杂，通常都由专门的理算机构理算，为此支付的费用应列入共同海损。

4.14.4 共同海损与出租人过失

多数共同海损是由于出租人的过失引起的。出租人过失可分为可免责的过失和不可免责的过失，二者导致的共同海损法律后果完全不同。

1.承运人可免责的过失引起的共同海损

可免责的过失是指承运人虽有过失，但依据法律或海上运输合同的规定，承运人可以免除赔偿责任的这类过失。在《海牙规则》规定的承运人十七项免责事项中，与共同海损最相关的是船长、船员在驾驶船舶和管理船舶过程中的过失免责。因船长、船员在驾驶船舶方面的过失导致的共同海损，出租人可以要求货方参加分摊。

2.承运人不可免责的过失引起的共同海损

不可免责的过失是指法律或运输合同规定的免责范围以外的过失。例如，未提供适航的船舶，运输中未尽快派遣船舶，不合理绕航等。由于上述承运人过失导致的共同海损，其他利益方无须参加共同海损分摊。

3.新杰森条款

"新杰森条款"（New Jason Clause）包括两个方面的内容：一是规定在因船长驾驶疏忽导致共同海损事故时，如果这一疏忽是承运人可以免责的，货方不得拒绝共同海损分摊。二是规定如果当事船舶的姊妹船参与救助，应当允许获得救助报酬。

此条款的目的是保护出租人利益。根据美国《哈特法》，即使承运人对船长、船员的过失导致的货物灭失或损坏可以免责，但就共同海损而言，其他利益方不必参加分摊。这一做法同世界上的通行做法大相径庭。因此，1910年在审理"杰森"上诉案时，联邦上诉法院请求联邦最高法院对此明确立场。联邦最高法院裁定，船长、船员、引航员过失导致的共同海损，其他利益方应当参加分摊。这样，去美国港口的船舶，都在提单中加上共同海损疏忽条款，并命名为"杰森条款"。

美国1936年颁布了《海上货物运输法》。根据该法，"杰森条款"中又增加了"当船舶因船长、船员或引航员的过失发生事故而采取救助措施时，即使参加救助的船舶与被救助船舶同属一家公司，被救助船仍应向该救助船支付救助的报酬，并可作为共同海损费用参加分摊"。该条款被命名为"新杰森条款"（New Jason Clause）。

"新杰森条款"是一个标准条款，各种提单、航次租船合同和定期租船合同中一般都列有该条款，规定的内容也基本一致。"NYPE'46"第19条（第126～131行）规定："In the event of accident, danger, or disaster, before or after commencement of the voyage, resulting from any cause whatsoever, whether due to negligence or not, for which, or for the consequence of which, the carrier is not responsible, by statue, contract, or otherwise, the goods, the shipper and the consignee, jointly and severally, shall contribute with the carrier in general average to the payment of any sacrifices, loss, or expenses of a general average nature that may be made or incurred, and shall pay salvage and special charges incurred in respect of the goods.If a salving ship is owned or operated by the carrier, salvage shall be paid for as fully and in the same manner as if such salving ship or ships belonged to strangers."

4.14.5 共同海损理算及其规则

1.共同海损理算

共同海损理算是指由有一定资格的专业机构或人员，按照理算规则，对共同海损的损失和费用、各受益方的分摊价值及各方应分摊的共同海损数额进行审核、计算工作。

计算分摊的办法：

各方应分摊金额=各方分摊价值×分摊比率

各方的分摊价值应为获救财产抵达第一港口的当地价值。

$$分摊比率 = \frac{共同海损损失总数}{分摊价值总额} \times 100\%$$

例如：某轮发生共同海损，损失总额为85万美元，经确认的分摊价值为：船舶分摊价值100万美元，货物分摊价值为85万美元，运费分摊价值为25万美元。

共同海损分摊比率=85÷210×100%=40.4762%

则：船方应分摊金额=100×40.4762%=40.4762（万美元）

货方应分摊金额=85×40.4762%=34.4047（万美元）

运费方应分摊金额=25×40.4762%=10.119（万美元）

2.共同海损理算规则

共同海损理算规则是由民间组织制定的关于共同海损成立的条件，损失费用的范围以及分摊标准的规则。

目前，世界上使用最广泛的是由国际海事委员会（一个非政府间的民间组织）制定的《约克-安特卫普规则》（York Antwerp Rules），该规则经历了1947年、1994年、2004年和2016年的修订。大多数航运公司的提单中和租船合同中都规定按照该规则理算共同海损。由于不同版本的规则对具体问题的规定存在差异，在处理共同海损问题时，应注意提单或租船合同中关于规则版本的约定。我国远洋运输公司的提单中规定，共同海损按《北京理算规则》进行理算。该规则是由中国国际贸易促进委员会制定的。

4.15　　　　　　　　　　　免责条款

免责条款约定的目的是在合同签订后或在执行过程中，在发生了法律规定的或合同约定的使合同无法继续履行，或者如果要求继续履行会对合同另一方明显不公平的事件时，免除合同双方继续履行合同义务的责任。免责条款除了包括战争、罢工、冰冻三个重要事项外（格式合同往往分别单列条款予以规定，"金康"合同也是如此），还包括英美法中确立的合同受阻事件或大陆法下的不可抗力事件，也包括合同双方根据航次任务特点共同约定的其他重要事项，例如任何原因导致的承租人不能供货等。以下就这几个主要问题进行解释。

4.15.1　合同受阻

合同受阻是一个默示法律原则，也包括大陆法下的不可抗力事件，无须在合同中规定。合同受阻的概念及其严格解释原则，在4.5.1节中已经阐述过，下面再举几个英国法院判例或仲裁裁决，方便读者理解。不可抗力事件可到成文法中找到。

（1）The "Quito" 轮被期租12个月，合同规定，如果船舶不能在4月30日前交付，或者如果船被政府征用（requisition），承租人有权选择取消合同。船舶交付前被政府征用，直到9月才归还。此时，租金大涨，出租人以合同受阻为由宣布解除合同，但承租人仍要求履行。英国上议院（house of lords）裁定，该种情况不属合同受阻。[1]

（2）The "Spirit of Down" 轮被程租从利物浦运送钢轨去旧金山，用于正在进行的铁路建设。该船一月初在驶往装货港的途中搁浅。2月份，船被浮起并送去修理；8月份，修理完毕开到装货港。但承租人已找到替代船将货运走，故拒绝接受该轮。出租人告到法庭要求承租人履行合同。法庭判决，承租人可以依赖合同受阻。[2]

（3）The "Faro" 轮被程租运送65 000立方英尺羊毛。装货前大部分货物在仓库中被大火烧毁。承租人主张合同受阻（the charters contended that the contract has been frustrated）。法官拒绝接受，原因是仍有部分货物未被烧毁，被烧毁的货物并非具体的特定货物（specific cargo），承租人还可以从别的渠道再组织货源。[3]

（4）The "Penelope" 轮被程租12个月，连续航次从南威尔士运煤去地中海，5

---

① Bank Line v. Capel（1919）A.C. 435.
② Jackson v. Union Marine Insurance（1874）L.R. 10 C.P. 125.
③ E.B. Aaby's Rederi v. LEP Transport（1948）81 Ll.L.Rep. 465.

月20日第一个航次开始。5月1日，全国煤矿罢工，直到次年2月份无煤可供。法庭判：合同受阻。[①]

（5）The "Eugenia" 轮被航次期租从敖德萨运送钢铁到印度。船装货后，承租人指示船舶行走苏伊士运河（Suez Cannel）航线。该船在苏伊士战争刚开始时到达塞得港（Port Said），并于10月31日进入运河，从此被困在运河中（be blocked）直至1月份开回地中海，此时运河南端的苏伊士港仍处在封闭中。出租人索要延期损失，承租人以合同受阻为由拒绝支付。英国上诉院判决合同受阻不成立，并在判词中确立了下面的原则："Usual and customary route means that at the time of performance rather that at the time of fixture." 在运河被封闭时，惯常的航线是绕道好望角，该出租人也应如此。[②]

从上述例子中可以看出，合同受阻原因很多，但如何才能构成受阻，应视具体情形而定。法律对合同受阻的解释是非常严格的，但一旦构成合同受阻，不需要宣布即可解除合同。

4.15.2 战争条款（war clause）

租船合同不同于提单，后者受有关国际公约或国内法的强制性约束，而租船合同下对发生战争时应如何处理，则取决于合同如何约定。所以，一般租船合同中都订有战争条款。"金康"合同对此也作了详细规定。

战争条款的核心内容是：如因战争或类似战争的封锁、破坏活动、海盗、敌对行动、军事行动、内战、内乱或革命等行为，阻碍了船舶进出装卸港口或在港口中装卸货物，出租人有权要求承租人另行指定安全港口。否则，出租人有权解除合同而无须承担违约责任。根据"金康"合同规定，承运人的具体权利主要有：

（1）当指定装卸港口发生战争或类战争行为，或遇战争或类战争行为危险时，出租人可以宣布解除合同。1994年版"金康"合同进一步规定，如果合同规定的装卸港口为某一范围时，出租人应首先要求承租人在该范围内指定一个安全港口。如果承租人在收到通知的48小时内未作出变更通知，出租人有权解除合同。

（2）如果船舶在装货港口已开始装货，出租人可以在该港口卸下货物，并由承租人支付卸货费及承担风险。如果出租人选择携带已经装船的部分货物离开该危险港口，他有权要求承租人支付该部分货物的运费。在驶离上述装货港口后，出租人有权在任何地点承揽其他货物。

（3）如果在运输途中发生战争或类战争行为威胁船舶和货物安全，出租人可以要求承租人指定一个安全地点卸下货物，否则，船舶有权选择附近的安全地点卸下货物，并由承租人支付卸货费及全部运费；如果船舶航行不受影响，但所装运货物被宣布为违禁品，出租人权利亦然。

① The "Penelope"（1928）P. 180；COOKE, KIMBALL, YOUNG, et al. Voyage Charters ［M］. third edition. London：LLP limited, 2007：619.
② The Eugenia （1964）2 Q.B. 226.

（4）在发生战争或类战争行为威胁时，出租人有权按照参与战争的任何组织的任何要求，行驶任何航线，或在其任何指定的港口卸货。出租人的此种行为应视为已经履行租船合同义务，并应有权收取合同规定的运费。

1994年版"金康"合同采用了BIMCO制定的标准战争条款（Voywar 1993），其基本内容相同，但规定得更加详细。

4.15.3　罢工条款

罢工条款（strike clause）的目的与战争条款目的相似。该条款主要规定了当罢工或停工（lockouts）阻碍或延迟合同义务履行时，出租人和承租人解除合同的权利和滞期费的计算原则。

关于罢工范畴，英国邓宁大法官定义如下："A strike is a concerted stoppage of work by men done with a view to improving their wages or conditions, or giving vent to a grievance or making a protest about something or other, or supporting or sympathizing with other workmen in such endeavour.It is distinct from a stoppage which is brought about by an external event such as a bomb scare or by apprehension of danger."

而"停工"是指"The withholding of employment by a employer and the closing of his business as a resist to the demand from the employee"。

1976年版"金康"合同对罢工条款作了以下具体规定：

（1）对罢工和停工引起的履行合同阻碍或延迟，双方均不承担任何责任。但在罢工、停工发生之前已产生的滞期费，承租人仍须支付。

（2）当在装货港发生罢工、停工时，双方均可取消合同，但出租人应首先询问承租人，如后者愿意支付滞期费，出租人不可取消合同；承租人不回答询问视为同意取消合同。对已装货物者，出租人有责任将已装货物运至卸货港并收取这部分运费。

（3）如果在卸货港发生罢工、停工事件，承租人有权要求船舶等待罢工、停工事件结束，并支付一半的滞期费，或指令船舶开往非罢工、停工港卸货，但替代港口距离超过100海里时，运费按比例增加。

对卸货港罢工结束后产生的滞期费，英国有判例，仍按一半支付。对此，1994年版"金康"合同为保护出租人利益，已改成"...until the strike or lockout terminates and thereafter full demurrage shall be payable until the completion of discharging"。

4.15.4　冰冻条款

租船合同的"冰冻条款"主要规定了如下内容：如果装货港发生冰冻，出租人有权解除合同；如果在装货期间发生冰冻，出租人有权指令船舶驶离该港口；如果在卸货港发生冰冻，承租人有权要求船舶在港外等待，但需支付滞期费，或选择其他安全港口卸货。否则，出租人可选择其他安全港口卸货，并视为已经履行了提单合同义务。关于"冰冻条款"的具体内容，详见本书附录"金康"合同。

4.16　　　　　　　　　"金康"合同其他条款

4.16.1　赔偿条款

1976年版"金康"合同第12条的赔偿条款规定如下："Indemnity for non-performance of this Charter party, proved damages, not exceeding estimated amount of freight。"但这条规定在1994年版合同中已被取消。按照1976年版"金康"合同的此条规定，承租人不履行合同。例如，不提供货物，或给出租人造成被证实的损害，需要进行赔偿，但赔偿最高限额不超过合同运费总额，这是不合理的。那么，承租人就此类违约究竟应当在多大范围内作出赔偿呢？

违反合同的损害赔偿有两种形式：第一种是约定损害赔偿额或赔偿限额，发生违约损失时，按照约定的赔偿额或赔偿限额进行赔偿，例如按照合同约定的滞期费、定金额、罚款额等作出赔偿；第二种是在合同无规定时，按照"恢复原状"法律原则赔偿实际损失，保证被违约方不受损失（to place the claimant in the position as if the contract had been performed）。我国《合同法》第113条规定："当事人一方不履行合同义务或者履行合同义务不符合约定，给对方造成损失的，损失赔偿额应当相当于因违约所造成的损失，包括合同履行后可以获得的利益，但不得超过违反合同一方订立合同时预见到或者应当预见到的因违反合同可能造成的损失。"这也是世界上其他国家民法规定的损害赔偿一般原则。

可见，1976年版"金康"合同的赔偿规定与民法的损害赔偿一般原则存在差异，这也是1994年版"金康"合同取消了此条规定，恢复"恢复原状"的基本法律原则的根本原因。另外，当承租人严重违约时，出租人应履行减少损失义务。例如，承租人未能提供货物，或提供货物与合同规定严重不符时，出租人应在约定的受载期届满后的合理时间内寻找替代货物，而不能坐等收取滞期费。我国《合同法》第119条规定："当事人一方违约后，对方应当采取适当措施防止损失的扩大；没有采取适当措施致使损失扩大的，不得就扩大的损失要求赔偿。"，这也是世界各国民法中普遍规定的"减损原则"。

4.16.2　船舶港口使费和税金

1976年版"金康"合同无此条规定，1994年版"金康"合同增加了船舶港口使费和税金规定，具体如下：

Taxes and Dues Clause

（a）On vessel　The owners shall pay all dues, charges and taxes customarily levied on the vessel, howsoever the amount thereof may be assessed.

（b）On cargo　The charterers shall pay all dues, charges, duties and taxes customarily levied on the cargo, howsoever the amount thereof may be assessed.

(c) On freight Unless otherwise agreed in Box 23, taxes levied on the freight shall be for the charterers'account.

上述规定很清楚，不论收益是否按货量计算，只要在本质上是向船舶收取的，则由出租人支付。在本质上是向货物计收的，则由承租人支付。运费税是针对运费收入征收的，理应由出租人支付，但此条款规定由承租人支付。如承租人不愿接受，可以协商修改。

各港口向出租人收取的各项税费通常称作船舶港口使费（port disbursement），它通常包括：码头费（wharfage）、泊位费（berth fee）、锚地费（anchorage charge）、港口费（port due）、引航费（pilotage）、拖轮费（tug charge）、灯塔费（light due）、运费税（tax on freight）、解系缆费（line handling）、代理费（agency）、通信费（communication）、杂费（miscellaneous）等。

港口向货物的收费主要是装卸费、短途运费、堆存费、仓储费及相关税费。

4.16.3 代理人

代理人是代表委托人（principal）行事的人。船舶装卸作业中的代理人，有出租人代理人和货方代理人之分，他们代表各自的委托人处理有关事项。世界各国都规定，当他国船舶挂靠本国港口时，必须指定出租人代理人，即所谓的船舶代理，代表出租人办理船舶进出港口及货物装卸有关事项。出租人代理人和货方代理人不应为一家公司，因为出租人和货方的利益不同。

4.16.4 佣金

租船合同中的佣金有两个部分：一部分是付给经纪人（broker）的佣金，英文称作 brokerage commission，简称 brokerage 或 commission；另一部分是付给货主的，称作恰租佣金或委托佣金（address commission），该部分佣金原本是用于承租人的经纪人合同后续工作的报酬，但在没有该经纪人情况下，这部分佣金实际变成了运费回扣。习惯上，佣金是运费 1.25% 的倍数，如 "commission 3.75% including 1.25% address commission"。佣金除按运费计算外，对支付的亏舱费和滞期费也要支付佣金。另外，1994 年版 "金康" 合同还规定，对未履行的合同，违约方应向经纪人支付佣金，金额为根据估计运费计算的佣金的 1/3，而 1976 年版 "金康" 合同规定应由出租人支付。

4.16.5 法律适用和仲裁条款

1976 年版 "金康" 合同对此没有规定，1994 年版 "金康" 合同第 19 条对此作了比较详细的规定。它分别提供了适用英国法、美国法和双方同意的第三国法，以及相应地在伦敦、纽约或双方同意的他国仲裁的三种选择。如无选择，则视为双方同意适用英国法并在伦敦仲裁。条款还对仲裁庭的组成作了规定，即实行三人仲裁庭制度。为简化程序和加快仲裁速度，条款还规定，如争议金额不超过一个双方同意的数额的争议，应按"小额仲裁程序"仲裁。

4.17 附加条款

格式租船合同大多数是由机构编撰的。这些机构有的代表出租人利益，有的代表货主利益。因此，这些格式合同不可避免地带有偏袒倾向。此外，由于具体航次的港口、航线、货物、履行地等各不相同，格式合同很难完全包括所需内容。为平衡双方利益和明确具体航次中合同双方义务，格式合同后通常加上了各类"附加条款"（rider clause）。当然，平衡的程度取决于合同双方的谈判力量和技巧。常见的附加条款有：

4.17.1 要求出租人应对提单记载负责

出租人提单下的责任由有关提单的法律管辖。按照《海牙-维斯比规则》规定，当提单转让到第三人时，提单上的货物记载已由《海牙规则》下的"初步证据"改为"最终证据"（conclusive evidence），这样，提单记载对出租人具有绝对约束力。

但是，对于 FOB 条件下的买方而言，出租人的交货义务受租船合同约束，而非提单。担心无法获得《海牙-维斯比规则》的保护，承租人便在租约中追加条款来保护自己。这种条款通常规定："The owners of the vessel are to be responsible for the delivery of same number of parcels or quantity of goods as shown in the bills of lading which should be treated as conclusive evidence."

4.17.2 要求出租人无单放货

由于船舶航速越来越快，船舶航次周转时间较以前大大缩短，但传统的提单流转程序基本没有改变，因此便产生了货物先于提单到达的现象，在近洋运输中尤其是这样。收货人急于提货，便常常出现要求出租人凭提单副本交付货物的情形，即要求所谓的"无单放货"。出租人无单放货属严重违反提单运输合同的行为，需为此承担法律责任。所以，谨慎的出租人不会轻易同意收货人无单放货的要求。为此，承租人就在租船合同中订立一个条款，要求出租人同意这一做法。

该条款可写成："The owners agree to release the whole cargo to the receivers at the discharging ports against charterers'letter of indemnity only on owner's P&I Club's wording in case the unavailability of the original bills of lading."

还有一种更隐蔽的规定方法，对承租人更安全。措辞是："Should the original bills of lading not available upon the arrival of vessel at the discharging ports, it is at the discretion of owners to release the cargo against the charterers' LOI at owners' P&I Club's wording without any bank endorsement. In case the owners select to wait for the presentation of the original bill of lading before discharging the cargo, time so lost shall not count as laytime, nor for detention."

这种要求通常是在 FOB 条件下，承租人担心将来出租人不交付货物而作出的。在 CFR、CIF 情况下，作为承租人的卖方，在货物装船后即完成交付义务，一般不会去关心卸货港的问题，除非买方要求，他一般不会去增加这样常常会遇到出租人反对的条款。因此，从贸易角度看，买方应争取 FOB 条件成交，以便控制航运。

4.17.3　要求出租人凭保函交换提单

在中间人采用背对背信用证或可转让信用证买卖货物情况下，或由于政治、保护商业秘密等原因，作为中间商的承租人会要求出租人签发交换提单。

由于提单的物权属性，在转换提单时，出租人往往要求承租人将原提单交回作为签发条件，但这对于承租人在信用证业务中替换提单是来不及的。为此，承租人便在租约中规定相应条款解决这一难题。条款可写成："The owners agree, at the request of the charterers, to switch the bills of lading against charterers' LOI in owners' P&I Club's working in case the first set of B/L is not available at that time.The charterers guarantee that the first set of bills of lading will be returned to owners when available"。

4.17.4　要求出租人保证签发清洁提单

保证提单清洁本是承租人在买卖合同中作为卖方的义务。当装船货物外表不良时，船长往往会在提单中进行批注，使提单变成不清洁，这种提单在贸易合同下以及结算时会被拒绝，这对卖方来说是一个难题。在 CFR 或 CIF 条件下，如果承租人（卖方）在租约中明确要求，在货物表面状况不良时出租人仍要签发提单，在法律上会因为构成欺诈（fraud）而使这种规定无效（void）。因此，承租人便聪明地转为要求出租人保证装船的货物表面状况良好，并签发清洁提单。这种条款可写成：

"Master has the obligation to reject any cargo that would lead to the remarking or clausing of mates receipt or bills of lading." 或者写成，"The master must ensure that no cargo shall be allowed to load on board which will prevent clean bills of lading to be issued afterwards.Failing which, the owners shall be fully responsible for the consequence."

在装船作业中，尽管船员可以对所装货物进行严格检查，但仍难保证所有已装船货物表面状况都是良好的。为保险起见，大副常在大副收据上做一些估计性的批注。但是，有了上述规定，就不允许船长在签发提单时将大副批注转批到提单上，否则视为违约。当然，当船员发现货物表面状况不良而拒绝装船时，发货人有义务进行更换。但有时，对何为表面状况良好会产生争议，为避免此类争议，承租人还可作如下规定："Unless the charterers and/or the shippers have been proven fraudulently and/or intentionally misstating the bills of loading with regard to the condition and quantity/weight of the cargo, the master shall not insist on his own observation and / or determination and/or measurement（such as draft survey）.The master shall sign bills of lading as presented against charterers' or shippers' Letter of Undertaking"。

4.17.5　要求出租人执行"中途停运"指令

中途停运（stoppage in transit）是法律赋予卖方的一种权利。它是指货物在运输途中，当发现买方无力支付或者表示将不履行支付义务时，卖方可以要求承运人中止运输并重新处理货物的权利。

《联合国国际货物销售合同公约》，现行的航空、铁路、道路货物运输国际公约，以及主要国家的商法都赋予卖方中途停运权。我国《合同法》第308条规定："在承运人将货物交付收货人之前，托运人可以要求承运人中止运输、返还货物、变更到达地或者将货物交给其他收货人，但应当赔偿承运人因此受到的损失。"但是，对于承运人来说，在执行托运人中途停运指令时可能面对运输法的相反约束，使其在收到托运人或承租人中途停运指示时，感到无所适从。例如，在提单已经转让情况下，根据商法，承运人需听从中途停运指令，否则可能构成对托运人的侵权；但根据货物运输法，承运人又需向提单持有人交付货物，否则，构成对提单持有人的侵权。再者，承运人实行中途停运，很可能给自己带来经济损失。因此，法律上对托运人行使中途停运权一般都有以下严格的条件限制：

第一，货物在运输途中，卖方对货物失去实际占有；第二，买方没有支付货款，并且系无支付能力或者明确表明将拒绝支付；第三，货物仍由承运人或出租人掌管，未被收货人实际占有；第四，停运指令必须是可合理执行的，中途停运不得影响承运人或出租人正常营运，不得使同一航次的其他货物利益方受到损害；第五，指令人需保证对由于执行中途停运所导致的承运人或出租人损失予以赔偿。缺少上述条件任何一个，承运人或出租人都可拒绝执行停运指令。

实践中，如何确定买方无偿债能力或不准备履行支付义务，是承运人或出租人面临的一个既是法律上的，又是操作上的难题。卖方发运货物后买方不及时支付货款的原因多种多样，其中因为无偿债能力而濒临倒闭的并不占多数。买方以其他理由拖延支付货款，不构成卖方行使中途停运权的要件，因而卖方无权要求中途停运。但在船舶临近卸货港时，让船舶停下来不进港卸货，有时会迫使买方去履行支付义务，但出租人无义务服从承租人的这种指令。于是，在CFR或CIF条件下的承租人就在租约中加进下面这类条款，从合同上约束出租人听从指挥："The charterers shall have the right to order the slowing down, or holding back of the laden voyage and/or late tendering of notice of readiness to the shippers/receivers. Any loss of time sustained by the owners shall be indemnified by the charterers at the demurrage rate."

4.17.6　要求出租人满足北美国家关于货物事先通知的要求

美国和加拿大在"9·11"事件后，为反恐目的，要求运往其港口或过境的船只通过AMS（Automated Manifest System）系统提前向其海关和国土安全部门申报货物信息、承运人标准数字编码（SCAC），并持有由保险公司提供的"承运人担保"（ICB）以备罚款之用。违反规定者，船舶、货物可能会被遣返或扣留。为此，承租人应在租约中对船舶出租人履行此项义务作出规定。BIMCO（波罗的海国际海运公会）为此制定了如下参考条款，制定合同时可以直接引用。

BIMCO North American Advance Cargo Notification Clause for Voyage Charter Parties 2016

1.US Notification Requirements for Voyage Charter Parties

（a）If the Vessel loads or carries cargo destined for the US or passing through US ports in transit, the Owners shall comply with the current US Customs regulations （19 CFR 4.7）or any subsequent amendments thereto and shall undertake the role of carrier for the purposes of such regulations and shall, in their own name, time and expense:

（i）Have in place a SCAC （Standard Carrier Alpha Code）;

（ii）Have in place an ICB （International Carrier Bond）;

（iii）Submit a cargo declaration by AMS （Automated Manifest System）to the US Customs.

（b）The Charterers shall provide all necessary information to the Owners and/or their agents to enable the Owners to submit a timely and accurate cargo declaration.

The Charterers shall assume liability for and shall indemnify, defend and hold harmless the Owners against any loss and / or damage whatsoever （including consequential loss and/or damage）and/or any expenses, fines, penalties and all other claims of whatsoever nature, including but not limited to legal costs, arising from the Charterers' failure to comply with any of the provisions of this sub-clause.Should such failure result in any delay then, notwithstanding any provision in this Charter Party to the contrary, all time used or lost shall count as laytime or, if the Vessel is already on demurrage, time on demurrage.

（c）The Owners shall assume liability for and shall indemnify, defend and hold harmless the Charterers against any loss and / or damage whatsoever （including consequential loss and / or damage）and any expenses, fines, penalties and all other claims of whatsoever nature, including but not limited to legal costs, arising from the Owners' failure to comply with any of the provisions of sub-clause （a）. Should such failure result in any delay then, notwithstanding any provision in this Charter Party to the contrary, all time used or lost shall not count as laytime or, if the Vessel is already on demurrage, time on demurrage.

（d）The assumption of the role of carrier by the Owners pursuant to this Clause and for the purpose of the US Customs Regulations （19 CFR 4.7）shall be without prejudice to the identity of carrier under any bill of lading, other contract, law or regulation.

2.Canadian Notification Requirements for Voyage Charter Parties

（a）As between Owners and Charterers, Owners shall be deemed to be the

Conveyance Operating Carrier for the purposes of the Canada Customs Act and any relevant regulations, memorandums or notices issued by the Canada Border Services Agency（"CBSA"）.

（b）Subject to sub-clause（c）below, Owners will be responsible for obtaining a Marine Carrier Code（Bonded or Non-Bonded）as may be required and for providing the CBSA with the Advance Commercial Information by Electronic Data Interchange or otherwise on a timely basis.

（c）The Charterers shall provide Owners with all information necessary for the timely and accurate submission of Advance Commercial Information to the CBSA.

（d）Each party shall indemnify the other party for any and all fines, penalties, expenses, loss, damage, delay or any other claim, including attorney's fees, arising from its failure to comply with this clause.

（e）For the avoidance of doubt, nothing contained in this clause is intended to vary any other provision of this charter as to responsibility for cargo and identity of carrier.

4.17.7 合并首要条款

合并首要条款指在合同中表明合并有《海牙规则》、《海牙-维斯比规则》和美国1936年《海上货物运输法》等国际公约或国家法律的条款。本来，这类公约或国内法是用来调整公共货物运输合同法律关系的，私人性质的航次租船合同中的双方义务由当事人协商制定，法律基本无意干预，《海牙规则》甚至明示其规定不适用于租船合同，但普通法却规定该规则适用于租船合同下签发的提单。这样，由五花八门条款组成的租船合同与提单合同就很可能产生条款冲突，使双方当事人的同一义务出现不同规定，导致义务的不确定。为避免这类冲突，当事人便增设合并首要条款的追加条款。首要条款合并进来以后，一般认为，租船合同中与货物运送有关的条款规定应与首要条款中引入的国际公约或国内法一致，低于后者规定的应归于无效。英美许多判例确定了这一基本精神。但对于租船合同中与货物运送无直接关系的问题，如索赔时效、赔偿责任限制等，是否同样受制于首要条款中的国际公约或国内法规定，理论界及不同国家法院的判决并不一致。因此，对于此类问题，在制定本条款时，应通过清楚的文句予以明确。

上述追加条款只是为读者在制定航次租船合同追加条款时提供一个思路，合同双方为细化某个格式合同中的条款，或根据海运环境变化或针对具体货物、具体航线或装卸港可以提出不同的附加条款，增加或减轻出租人责任。BIMCO根据国际航运形势变化，不时地编制了许多具有共性的追加条款，例如 Average Bond Clause 2007、Cancelling Clause 2002、Cargo Fumigation Clause for Charter Parties、Cargo Handling Gear Clause、Cleaning of Cargo Compartments Clause、Dispute Resolution Clauses、Liberty and Deviation Clause for Contracts of Carriage、Piracy Clause for Single Voyage Charter Parties 2013、Ship to Ship Transfer Clause for Dry Bulk Voyage Charter

Parties、Stevedore Damage Clause for Voyage Charter Parties 2008、Trimming and Grab Clauses for Bulk Cargo Trimming、Waiting for Berth Clause、War Risks Clause for Voyage Chartering（VOYWAR 2013）等，合同双方可根据需要选用。

□ 复习思考题

1.关键概念：受载期　解约日　请询条款　安全港口　Jupiter 条款　亏舱费 FIOST　WWD of 24 consecutive hours　SHEX UU　CQD　泊位合同　港口合同 WIBON　WIPON　WIFPON　WCCON　NOR　DHD　WTS　ATS　Laytime Averaged　Reversible Laytime　承租人责任终止条款　中途停运权　共同海损

2.在存在转租船合同情况下，原船东在什么情况下需要与二船东对货物索赔承担连带责任？（4.1.1）

3.在指名船舶条件下，法律对替代船舶有何规定？（4.2.1）

4.为什么承租人会限制船舶国籍？（4.2.1）

5.解约日的法律性质如何？（4.3.4）

6.1994年版"金康"合同的请询条款基本内容是什么？（4.3.5）

7.安全港口要求的基本内容是什么？责任是如何划分的？（4.4.2）

8.承租人不提供约定的货物时的索赔应如何计算？（4.5.1）

9.装运甲板货物时，出租人有何相关义务？（4.5.3）

10.英国普通法下，对运费的支付有何原则规定？（4.6.4）

11.COD条件下，承租人应履行的义务是什么？（4.8.3）

12.装卸时间起算的条件是什么？（4.9）

13.租船合同下，船舶的准备就绪包括哪些方面？（4.9.2）

14.NOR递交应当符合哪些要求？（4.9.3）

15.关于装卸时间的计算，文件依据有哪些？（4.10.2）

16.如何计算装卸时间？（4.10.4）

17.租船合同中，通常规定哪些原因可以让出租人行使货物留置权？（4.11.2）

18.应如何解释承租人责任终止条款？（4.11.2）

19.出租人行使货物留置权应注意哪些问题？（4.11.3）

20.确定租船合同提单法律关系的原则是什么？（4.12.2）

21.对租船合同提单条款的解释原则是什么？（4.12.3）

22.共同海损的构成条件是什么？（4.14.2）

23.共同海损是如何分摊的？（4.14.5）

24."金康"合同战争条款、罢工条款的主要内容分别是什么？（4.15.2、4.15.3）

25.租船合同合并进首要条款的法律意义是什么？（4.17.7）

第5章 /定期租船合同

───── 学习目标 ─────

　　定期租船是海上货物运输的又一重要方式，学生应掌握定期租船合同中的各个条款含义、相关法律规定及订立条款的注意事项，重点掌握有关法律规定及条款规定方法。

　　在国际航运中，定期租船合同通常采用格式合同，合同条款包含了定期租船涉及的主要事项，订约双方可以修改、补充。某些国家的相关法律对定期租船合同内容作出了基本规定，但基本上是非强制性的。我国《海商法》第130条规定："定期租船合同的内容，主要包括出租人和承租人的名称、船名、船籍、船级、吨位、容积、船速、燃料消耗、航区、用途、租用期间、交船还船时间和地点以及条件、租金及其支付，以及其他有关各项。"上述提及的内容显然不够，货物条款、航区条款、出租人提供事项条款、承租人提供事项条款、停租条款、合同解除条款、出租人免责事项条款、使用与赔偿条款、转租条款、共同海损条款、新杰森条款、双方互有责任碰撞条款、战争条款、仲裁条款、佣金条款等也是合同应当商定的。本章以 BIMCO 最新的格式合同"NYPE 2015"为主线，兼顾"NYPE'46"和"NYPE'93"格式合同（有人出于习惯仍在使用），讲述定期租船合同的主要内容。

5.1　　　　　　　　　　合同首部

　　"NYPE 2015"合同首部有17行，包括了合同签订地点、日期、船舶出租人和承租人名称及其主营业地和联系方式、船舶简要描述（上述信息在相应空白处填写）和合同条款冲突的处理原则。船舶出租人（the Owners）应在"注册船东"（Registered Owners）、"二船东"（Disponent Owners）和"期租船东"（Time Chartered Owners）中选择一项，以表明出租人的真实身份，这一选项是此前版本没有的。

　　对承租人而言，选择一个信誉好和经营能力强的出租人很重要。出租人信誉差，或提供的船舶技术状况差，可能导致承租人经营困难或转租合同下违约。例如：承租的"单船公司"船舶在装货港刚装完货，就因碰撞或人员伤亡被扣押，引发债权人纷纷向出租人追债。此种情形下，承租人需要另行租船倒运货物，不但要再次支付运费和倒装费用，还可能面对由此产生的货物损坏及延迟交付的赔偿责任。再比如，信誉不好的期租船东在收到航次运费前因无力支付租金而导致船东撤船，或在收到全部航次运费后，仅向出租人支付部分租金后就逃之夭夭，都会给航次承租人带来很大的麻烦，比如带来贸易上的交货违约，或COA合同违约。

对于出租人来说，选择信誉良好的承租人同样重要。承租人期租船舶，除少量自己使用外，多数是为了转租给航次承租人赚取差价。如果承租人信誉不良，在一个远程航次签发提单并收取了大笔航次运费后，不再向原出租人支付租金而逃之夭夭，原出租人不但收不到租金，还不得不根据提单义务自己承担费用将货运送达目的港。

"NYPE 2015"较以前的版本增加了"条款冲突处理原则"条款，规定在合同双方增加的补充条款（additional clause）或追加条款（rider clause）与格式条款发生冲突时，以前者为准，从而以明示的方式重申了英美法的合同解释原则。

5.2　　　　　　　　　　船舶描述条款

船舶作为期租合同的标的物，其类型、装备配备、载重能力和尺度大小，以及技术状况等直接影响租船目的的实现，因此，期租合同中的船舶描述条款尤为重要。与此前版本不同的是，"NYPE 2015"除了需要在合同首部简要描述船舶主要特征外，还在合同尾部增加了船舶描述附件A，有多达76项内容供出租人填写，实践中有的承租人船舶描述问卷项目有100多项。总之，凡涉及承租人船舶使用和利益的船舶技术指标、设备与供应、法定证书、保险人与保赔协会、船舶价值、是否被列入黑名单等，均可写在合同的船舶描述中以构成出租人的保证。

5.2.1　船舶描述的主要内容

一般的船舶规范通常包括船舶名称、种类、船长、船宽、船级、吃水、船籍、登记吨位、载重吨位、货舱舱容、航速、油料等，但对于完善的期租合同而言，仅仅附有一份船舶规范是不够的。船舶的建造厂及建造年份、苏伊士运河吨位及巴拿马运河吨位、主机的燃油消耗量（特别是降速营运的实际消耗量）、减载营运后的实际载重量、在航时和在港作业时发电机的柴油实际消耗量、燃油舱的容积、压载水舱容积、舱口个数、舱盖类型、各舱的尺寸、造水机的造水量、吊货机的类型及安全负荷、各层甲板的实际安全负荷、船舱的结构、各项船舶法定证书等，都与船舶运营密切相关，因此都应在合同的追加条款或附件中明确。

5.2.2　船舶描述的法律性质

对船舶各项特征的描述构成了出租人对承租人的保证。对一些重要事项，错误的描述可能导致承租人无法实现合同目的，这类描述可视为合同重要条款，或称条件条款。有些描述则可归类于次要条款（或称保证条款）。

在期租方式下，法律上对船舶描述不当是否构成违反条件条款掌握比较严格。从英国上诉院和上议院的有关判例看，在期租方式下，下列几种情况可构成违反条件条款：

（1）误述非常严重，以至于动摇了合同的根基（it goes to the root of the contract）从而根本性地剥夺了承租人依据合同应得到的利益（deprive the charterers of substantially the whole benefits of the contract）。

（2）出租人误述后拒绝采取或没能采取合理措施使船舶符合描述。这种拒绝表明出租人不准备受合同约束，从而构成出租人毁约（The refusal or failure shows an intention no longer to be bound by the contract and so amounts to a repudiation of the charter）。

（3）出租人误述导致出租人无法在解约日前备妥交船，承租人可以根据合同解约条款解除合同。

5.2.3 主要船舶描述违约的认定及处理

1. 船名

约定船名的目的是指明租用标的物。由于船名的专有性，特定的船名代表了该船舶特征。因此，出租人必须保证交付特定的船舶，否则，会构成严重违约。

船名约定还涉及合同双方的船舶替代权利和义务。在因合同受阻而无法提供约定船舶或在租约履行过程中约定船舶灭失或无法继续使用情况下，如果市场租金水平发生变化，是否提供和接受替代船舶会涉及双方利益。

按照法律一般原则，如果约定船舶因非出租人原因而无法提供，合同双方均有权主张解除合同。但如果租约约定了替代船条款，则合同双方均需按照该条款约定履行义务。承租人为对自己有利，可以在合同中规定"如果船舶灭失，出租人有权安排替代船舶，但需承租人同意（the owners are permitted to substitute the named vessel, should it be at constructive total loss subject to charterers' approval）"。

在一般情况下，除合同有相反规定外，只允许出租人有一次船舶替代行为，因为，安排替代船舶通常会对承租人的营运安排带来不便。但如果租约开始时即为替代船舶，在租期中，该船舶需要进坞修理，英国上诉庭判出租人有权用原指定船舶替代该替代船舶，理由是这种替代不会造成承租人任何损失。如果约定船舶在租期中因出租人原因而无法继续履行义务，承租人有权要求出租人提供替代船舶，而不受替代次数限制，除非履约船舶灭失构成合同受阻或合同另有相反约定。

与替代船相关的另一个问题是出租人在租期内转卖船舶，租期越长，越容易产生这种现象。许多船舶设有银行抵押权，如果船舶所有人未能按规定偿还贷款，银行就可能变卖船舶。出租人为更新船舶或其他目的，也可能在租期中出售船舶。问题是，出租人在租期内是否有权转卖船舶，转卖对原合同义务有何影响，以及船舶受让人是否有义务继续履行原期租合同。

根据英国普通法，租期中出租人可以出售船舶，但出租人有义务继续履行合同义务。例如，出租人应在船舶出售合同中要求船舶受让人继续履行原出租合同，或自己安排替代船舶继续履行原出租合同，否则应当承担由此导致的承租人任何损失。其他国家的法律也有类似规定。

承租人也有权利要求船舶买受人继续履行原出租合同，买受人的该项继续履行义务应由原出租人共同保证。根据民法或合同法"买卖不破租赁"的基本原则，船舶买受人有法定义务继续履行原租船合同，直至该合同到期。我国《海商法》第138条规定："船舶所有人转让已经租出的船舶的所有权，定期租船合同约定的当事人的权利和义务不受影响，但应及时通知承租人。船舶所有权转让后，原租船合同由受让人和承租人继续履行。"

2.船旗

一般认为，船旗在船舶描述中应视为中间性条款。但在战争时期，船旗会涉及船舶安全及营运机会，此时的船旗规定便可视为条件条款。因此，未经承租人同意，一般不允许出租人在期租期间更换船旗。但当今世界上的战争多为局部的，船旗的重要性比过去已大大减少。

3.交船时的船舶适航保证

（1）合同中的严格适航规定。"NYPE 2015"在第二条（b）款和（c）款中规定，出租人在交付船舶当时应保证船舶适航和在各个方面适于约定的用途，包括压载舱适当压载、电力供应能够保证所有吊货设备同时使用、船员按照IMO标准适任、货舱干净并全部备妥可以装货。比照以前版本，2015年版本提供了"在交船时"和"在抵达第一装货港口时（如果不同于交船地点）"船舶需满足上述要求的两个选项，供签订合同时选择，这细化了租船业务的实践。

（2）法律上的相对适航要求对前款约定的影响。从文字上看，格式合同的上述规定应解释为严格的适航要求，但现实中出租人实际上无法保证船舶在各个方面都严格适航。因此，"NYPE 2015"在第33条首要条款中合并了《海牙规则》和《海牙维斯比规则》，其效果是将前款规定的严格适航义务变为相对适航义务，即只要在开船前和开船当时，出租人恪尽责任使船舶适航，就视为其履行了适航保证。

在期租合同中，适航保证应视为重要性条款。我国《海商法》第132条规定："出租人交付船舶时，应当做到谨慎处理，使船舶适航。交付的船舶应当适于约定的用途。出租人违反前款规定的，承租人有权解除合同，并有权要求赔偿因此遭受的损失。"

在英国普通法下，如果在交船时存在轻微的不适航问题，承租人可以要求出租人采取措施消除这些缺陷（deficiency or inefficiency），如果出租人拒绝或无法消除，可视其拒绝履行合同，构成出租人毁约（repudiation），或者，出租人未能在消约日之前消除不适航缺陷，承租人可以援引消约条款取消合同。

4.船级

船级反映船舶的技术状况，因此，船级描述常被视为条件条款。如果出租人违反船级保证，承租人可以解除合同。

除在交船时保证船级符合描述外，出租人更要保证船舶在全部租期内保持船级。当今，出租人保持船级的任务艰巨。IMO从运输安全和环境保护角度考虑对船舶技术要求越来越严格，相关规则不断出台、修订，相应地，船级社对船舶技术状况检验也不断加强，港口国检查愈加严厉。如果约定船舶在租期中的任何时间无法通过这些检验、检查，很可能丧失船级，导致承租人无法使用船舶。一些老旧船无法通过信誉卓著船级社的严格检验，便转到非国际船级社协会会员的船级社。这类船舶技术状况较差，容易导致货物灭失或损坏，也会导致货物保险费上涨。因此，承租人多会要求船舶在国际船级社协会会员船级社入级。

5.载重量和舱容

船舶载重量及货舱舱容是反映船舶载货能力的重要指标。错误描述载重量或舱容，轻者会导致承租人经济损失，重者会导致其无法实现合同目的，因此，该项规定被视为中间性条款，视违反保证后果的严重程度确定违约性质。

"NYPE'46"将载重量限定为载重能力（cargo and bunkers, including fresh water and stores）。为防止出租人安排过多储备，影响船舶载货能力，该合同规定淡水和物料总重不超过50吨或载重量的1.5%，以高者为限（Fresh water and stores are not to exceed either 50 tons or one and one-half percent of the deadweight capacity, whichever is larger）。这一限量常常无法满足实际需要，因此，"NYPE'93"和"NYPE 2015"已将此条规定删除，但使用"NYPE'46"合同时，应注意修改此条规定。

影响船舶载货能力的另一较大项目是船舶常数（constant）。通常，万吨船舶的常数有100～300吨不等。承租人对此可以追加规定，将常数限定在一定的范围。超过此限导致承租人损失的，出租人应负赔偿责任。

违反载重量保证的赔偿额，应为合同租金与实际应付租金的差额，即实际载货量与保证载重量之比乘以合同租金率。如有其他损失，例如因货物退关（shut out）而产生了额外赔偿责任等，承租人还可索赔实际损失。

6.船速和油耗（speed and bunker consumption）

"NYPE 2015"第12条单列了船速、油耗及索赔规定，要求船舶在交船时和整个租期内的船速和油料日耗满足附件A中的保证。

（1）船速和油耗条款的法律地位

租约中对船速和油耗的描述构成出租人一项明确保证。期租合同下，承租人是按时间支付租金的。船速下降，或油耗增加，都会导致承租人利益损失。从英国有关判例看，船速和油耗描述属于中间性条款，一般情况下，被视为保证条款。承租人可以就船速降低和油耗增加导致的损失向出租人索赔，但不得据此终止合同。然而，如果租用的船舶用于班轮运输，很低的船速严重影响班轮船期的准确性，则可视为出租人违反条件条款，可终止合同。

（2）船速和油耗保证的期限

实际船速和油耗应在何时符合描述，在签约时？还是在交船时？还是整个租期内？毕竟，船龄的增长和船舶污底等都会导致船速下降和油耗变动。对此，早年英国法庭判定在签订合同时符合描述即可，1978年改判为应在交船时，1986年，EVANS法官提出是否应要求船速在整个租期内都应保持不变，但后者没有定论。这样，"应在交船时符合描述"是英国到目前为止的法律原则。[①]"NYPE'46"和"NYPE'93"版本与英国法律立场一致，均规定"在交船时符合描述即可"。但考虑到对承租人利益的保护，"NYPE 2015"将此项保证期限扩展到整个租期（Upon delivery and throughout the duration of this Charter Party）。此项规定为长期租约下的出租人增加了不小的负担，因为在技术上出租人欲长期保持船速不变是十分困难的。因此，对于租期较长，比如十年以上，出租人应争取在租约中规定不同时间段的递减船速。

船舶的油耗与船速不同，随着船速的下降油耗通常会递减。如果租期内的实际油耗大于合同约定量，主要的可能原因是出租人在签订合同时错误陈述了船舶油耗，承租人可以按照实际油价索赔由此带来的损失。

5.2.4 船速和油料索赔

1.船速索赔计算原则

承租人就船舶实际船速低于合同保证而产生的损失向出租人要求赔偿行为称为船速索赔（speed claim）。船速索赔经出租人确认后，一般在支付租金时扣除。

计算船速索赔时，应首先区分船速与航速两个不同概念。严格地说，前者是指船舶相对于静水的速度，它是船舶的理论速度，也是出租人在合同中保证的速度，可以简单地以船舶主机转速来衡量；后者是指船舶相对于海底或岸上固定物的速度，它是船舶航行的实际速度，等于船速与洋流速度、风速和污底影响的向量之和。也就是说，航速变化由船舶主机转速、天气、海浪、船舶污底（bottom fouling）等因素共同决定。在船速索赔中，出租人只应对船舶主机原因导致的航速下降承担责任，对天气、海浪、洋流、污底等原因导致的航速下降，计算索赔时应予以扣除。

在约定船速时应考虑船舶满载状态（full laden）和空载状态（ballast）对船速的影响。在一般情况下，船舶满载时，因负荷加大，船速会减低，燃料消耗会增加。合同中约定的船速与燃料消耗量一般是针对满载状态。对空载状态下船舶应具有的船速与油耗可以用推算的方法予以确定，或在合同中分别约定满载、半载和空载状态下的船速和油耗。

此外，通常出租人保证的船速中涵盖了一定的风速和海浪影响。"NYPE'46"约定的是"在良好天气下"的船速，"NYPE'93"约定的是在约定的风力和浪级等级下的船速，"NYPE 2015"在第12条单独规定了船速和油耗条款，约定的是风

---

① WILFORD, COGHLIN, KIMBALL.Time Charters［M］. fourth edition.London：LLP limited, 1995：103-107.

力不超过蒲氏（Beaufort）4级（最大风速16海里/小时），海浪不超过道格拉斯（Douglas）3级（浪高3~5英尺）条件下的船速。此外，当合同中对船速规定"约数"时，通常应理解允许减慢半节（0.5knot），或减慢5%，但这仍会有差别，所以谨慎的出租人会在合同中明确规定±0.5节或±5%，免得事后争议。

有的租约规定以气象导航公司提供的船舶平均航速、坏天气影响下的航速，以及估计的洋流影响等因素来计算时间损失。由于气象导航公司的数据都为理论估计，无法准确反映船舶当时实际情况，容易导致船速索赔计算争议。为此，"NYPE 2015"第12条（b）款规定，承租人有权选择使用气象导航服务，此种情况下，船长应当按照气象导航服务公司的建议航行，因违反此项建议导致的船速下降和油耗增加，出租人应当承担责任，但为船舶和货物安全原因违反该项建议的不在此列，因此，（c）款接着规定，船速的计算应以船舶实际航路为基础。

该条的（d）和（e）款还规定船速和油耗索赔程序和方法，即船速或油耗增加的索赔应当由承租人提出，并以气象导航公司的分析资料为依据，时间损失和燃油节省可以互抵。如果出租人不同意该项索赔，则应将航海日志连同前述气象导航公司的分析资料提交双方同意的专家或另一气象导航公司裁决，裁决结果为终局的，费用由双方分摊。

此外，根据该条（a）款，为执行承租人指令、为在狭窄水域或受限水域航行安全、协助遇险船舶或海上救助人命和财产导致的有意的船速降低，不应被视为违反船速保证。

2.船速索赔计算方法

根据上述船速保证的含义，船速索赔应按下列步骤计算：

（1）计算出合同规定的良好天气下的实际平均船速，此数据可在航海日志中查出。如果该实际平均船速大于或等于合同船速，则说明船速符合约定，不存在索赔的事实。

（2）如果实际平均船速低于合同约定，则需要计算船速不足带来的承租人经济损失。计算公式如下：

$$时间损失=\frac{（合同船速-实际平均船速）×总航行时间（小时）}{合同船速}$$

经济损失=时间损失×合同约定的日租金率

例题：某合同保证船速为14.5±0.5节，经查航海日志计算，船舶航行7 281海里，共用了607.83小时。合同规定的良好天气下的实际平均船速为13.14节。

首先将合同船速修正为最低允许值，即14节，再与13.14节比较，船舶未达到合同要求，故计算时间损失。

$$时间损失=\frac{（14-13.14）×607.83}{14}=37.3（小时）$$

假设日租金为5 000美元/天，则船速索赔额为：37.3÷24×5 000=7 770.8美元。

为了防止船长在航海日志中故意夸大坏天气影响，如不实记载风力、海浪等，承租人可一方面向气象导航服务公司（weather routing service）核查真实气象资料，另一方面核查船舶的轮机日志，看主机的尾轴转速是否存在不合理的下降。

3.计算结果的修正

对上述计算结果还应做洋流正负影响和船舶污底的负面影响修正，以便计算真正的船舶速度。

洋流是有流速和方向的，可以在洋流图中查出，它对船速有正反两个方面的影响。上例中，如果洋流流速为2节，流向又与航向一致，说明13.14节的船速中有2节是洋流贡献的，则实际平均船速只达到11.14节，时间损失更多，索赔金额应更大。反之，如果是正逆流，表明船舶实际船速中有2节被洋流抵消了，则实际平均船速上应再加2节，为15.14节，说明该船船速已超过合同保证，不应有船速索赔。当流向与航向存在一定角度时，可做合成速度计算。另一个需要修正的因素是船舶污底。污底（bottom fouling）是由于船舶长期浸在水中，特别是船舶锚泊时间过长时，许多甲壳生物会附着并生长在水线以下的船底壳上。污底会增加航行阻力，减低船速。经验表明，船舶在出坞6个月后，污底会减低船速1节左右。污底一般是在期租开始后逐渐形成的，所以承租人无权就此种减速向出租人提出索赔。因此，在计算实际船速时，应扣除污底的影响。"NYPE'46"第21条明确要求，出租人应每6个月清理污底一次。"NYPE 2015"则是通过第6条中的"出租人应当在整个租期内保持船级，使船体、机器和设备出于完全有效状态（shall maintain the Vessel's class and keep her in a thoroughly efficient state in hull, machinery and equipment for and during the service）来间接规定出租人清除船舶污底义务的。相应地，考虑了承租人使用船舶对船舶污底形成的影响，该版合同第30条又规定，如果承租人指示船舶在某一海区的泊位或锚地停留连续超过若干日历天（由双方协商填入合同，如没有约定，则为15天），则出租人的航速和油耗保证暂停，直到对船体水下部分及舵和螺旋桨进行检验为止如果检验结果显示污底严重，应承租人要求，出租人有义务根据第52条（b）款的入坞条款入坞清除污底。否则，出租人应对不履行定期清理污底义务所造成的船速下降承担责任。

4.油料索赔

（1）油料索赔的含义

油料（bunker）索赔包括三个方面的内容：一是船舶实际油料消耗超过合同保证的消耗量，承租人就超过部分向出租人索赔；二是承租人就各种原因引起的停租期间的油料消耗向出租人索赔，通常是根据合同约定直接在租金中扣除；三是承租人使用了劣质油料造成船舶机器损坏，出租人就该项损坏向承租人索赔。油料一词包括船舶主机使用的燃油（fuel oil）和辅机使用的柴油（diesel oil）。

（2）油料消耗增加的原因

船舶使用过程中油料消耗增加的原因主要有以下几种：

第一，消耗量及等级的误述。这种误述分两种：一种是无意的误报；另一种是有意的低报。油料消耗量太大，增加经营成本，承租人会要求降低租金，所以有少数出租人故意低报油料消耗量。

第二，低劣的油质。随着石油提炼技术的提高，原油被一炼再炼，剩下的不能再提炼的油渣被用作船舶燃料，其中含有大量的硫磺、泥浆、水等杂质。这种劣质燃油如不能严格控制成分指标，常可造成柴油机损坏，也可造成消耗量增加。为防止承租人购买廉价劣质燃油，租约中一般都规定燃料质量条款，如下文5.3节中的"NYPE 2015"第9条的规定。

第三，不正常的船速。燃油消耗量与船舶航行速度有关。内燃机的耗油量与航速的函数关系是一条曲线，这种曲线呈"U"字形。根据这种函数关系，过低的船速与过高的船速都可增加燃油的消耗量。

第四，机动航行。通常，合同规定的油耗是指正常航行的消耗。但如果船舶在河道、港口内或沿海复杂水道航行，船舶机器会进入机动航行状态。为保证随时机动，主机需要燃烧柴油，这就会使柴油消耗量大大超过合同保证量。为应付这种情况，合同中应规定："在水道、近岸慢速航行的情况下，船长有权选择使用柴油做主机燃料。"

承租人就超过约定的油耗向出租人提出油料索赔时，应首先区分油耗增加的责任归属。通常情况下，误述导致的超量油耗由出租人负责赔偿；添加劣质燃油、以不正常速度航行导致的超量油耗由承租人承担；机动航行属承租人使用船舶时的必要船舶操纵调整，超耗的柴油也理应由其承担。

（3）油料索赔的计算方法

油料索赔的计算方法是：

油耗误述导致的超额油耗索赔额=（航次实际油耗总量－航次合同油耗总量）×油料单价

停租期间的油料补偿性索赔额=停租时间（天）×合同日耗量×燃料单价

此处的停租包括出租人原因导致承租人无法使用船舶期间的实际油耗补偿和因船速下降计算出的停租期间的油耗补偿，索赔项目是燃油还是柴油，还是两者兼而有之，应视实际情况而定。

除合同另有规定外，油料单价应以当时市场价为计算依据，没有市场价的，可按添加油料的发票价计算。

对承租人添加劣质燃油造成船舶机器损坏的，应按实际损失进行赔偿。损坏修理导致的船期损失应由承租人承担。

5.3　　　　燃油条款

"NYPE 2015"第9条的燃油条款是一个全新的，也是内容最多的条款，它不仅包括在传统合同版本基础上确立的承租人添加油料责任问题，还包括交船与还船时的油价和数量的处理方法。

5.3.1　交船与还船时的油料质量、数量与油价

该版合同首次提供了三种选择：对于定期租船，双方的第一种选择是约定交船与还船时相同的油品、数量和油价，交船与还船时由承租人和出租人分别接受和支付。第二种选择是约定交船与还船时相同的油品质量和数量，以量还量，无须作价支付，对数量上的微小差异按加油发票价格多退少补。无论作出哪种选择，承租人都必须保证还船时油品质量和数量与交船时相同，并在数量上能够保证船舶抵达安全的、有同类油料可供的最近的加油港口。第三种处理方法适用于航次期租（TCT），在合同中注明航次所需的预计油量与油价，要求出租人提供航次中的全部油料，承租人无权添加油料，油款由承租人在首次租金中支付，航次结束时多退少补。

对交、还船时存油量违反合同约定的，应根据不同情形合理处理。

（1）超量油料价格的处理

对超过规定数量部分的油料价格的处理原则是：交、还船时，如果市场油价高于合同规定价格，按合同价格支付；如果市场油价低于合同价格，按市场价格支付。

（2）存油量不足的索赔

存油量不足索赔的原则是：在交船时，只要出租人满足了合同规定的最低存油量要求，即使在交船港口装完货后仍需去加油港补充油料，承租人对由此产生的额外费用和船期损失也无权索赔。如果出租人没有履行最低存油量保证并导致承租人损失，承租人可以向出租人索赔，但不可取消合同。承租人只能对遭受的净损失进行索赔，包括净费用支出和净船期损失，由承租人负责举证。

索赔的计算方法是：在确定索赔金额时应当考虑如下因素：第一，合同规定的最低存油量能够保证船舶抵达的最佳加油港口在哪里。例如，合同规定的交船港口和装货港为大连港，目的港是印度尼西亚的泗水港。根据合同规定的最低存油量，船舶可以在中国香港加油，则中国香港为最佳加油港，因为中国香港油价是该航区中最低的，加油地点偏离航线不大，而且不必支付太多的港口使费。第二，承租人被迫改变的次佳加油港应是哪里。确定次佳加油港时应同时考虑增加的费用和船期损失。例如，承租人可能考虑去韩国釜山加油，那里的油价是该区域内除中国香港外最低的，但绕航较远；上海港绕航较少，但油价较高，经过综合比较两个港口的油价、绕航及费用，确定次佳加油港。

在承租人还船违反最低存油量保证时，出租人索赔的依据和计算方法也是同样的。

在某些情况下，油料问题还涉及承租人对船上存油的财产权。接船后，承租人对支付了油款的交船时存油及此后自己添加的燃油拥有财产权。如果在租期内，船舶因出租人债务被扣押或被拍卖，承租人可以主张自己的财产权；如果船舶在租期内发生推定全损，承租人有权收回船上存油，但应参加共同海损分摊；如果因故船被出租人撤回，承租人有权索回存油或将其作价顶替欠付的租金。在承租人欠付油

料供应商油款的情况下，船上存油所有权归燃油供应商，他有权向出租人主张权利。

5.3.2 交船与还船前双方的加油权

考虑到在交、还船港口可能无油料或油价过高的实际情况，该版本首次规定：在不影响船舶作业的条件下，出租人应当允许承租人在交船港口（地点）的上一个港口添加油料，承租人应当允许出租人在还船前的港口添加油料，因此导致对方的任何损失和费用，应当予以赔偿。但该加油权需以对方同意为条件，这主要考虑的是承租人请求在交船港的上一个港口加油，可能影响到上一航次合同的承租人利益，出租人需要首先取得该承租人同意的情况。

5.3.3 加油与取样

规定承租人只能按照合同提供的原有船舶油舱类别加油，无权要求改变油舱类别；要求船舶的轮机员提供协助，包括接通与解除加油管道、参与取样、读取油表和油舱测量等；规定了取样操作标准，要求按照国际海事组织的防止污染公约取样指南操作，并将样品分为5份，两份留在船上，其余为出租人、承租人和油料供应商留存。

5.3.4 油品质量及责任

合同应写明油品级别，要求承租人添加的油品品质至少满足ISO 8217标准，满足主机和辅机运转需要。对因油品品质不符导致的船东、船舶损失的，包括卸下不符油料和重新添加油料导致的费用和时间损失，以及不符油料导致的船速下降和油耗增加，由承租人承担。关于油料品质的样品检验，可由双方同意的独立化验室进行，结果为终局的。如果检验结果为相符，费用由出租人承担，否则由承租人承担。

5.3.5 油品低硫排放责任

这是一项新的规定，目的是为了满足航行区域的环境保护要求。要求承租人保证油品的硫排放符合航区内的防止船舶污染国际公约（MARPOL）或当地法律的要求，对违反该项要求导致船东任何的损失、责任、罚款或其他开支，由承租人负担，但船东须保证船舶技术上满足低硫排放要求，否则后果自负。

5.4 租期、转租及航行区域条款

5.4.1 租期（period of charter）

1.租期的规定方法

定期租船合同中的租期规定主要有两种方法：一种是规定固定租期，如3个月、9个月、1年等；另一种是规定船舶租用时间的最低限和最高限，如最低6个月，最多9个月等。在采用第一种规定方法时，由于"NYPE'46"合同中对租期有"大约"的规定，在租约到期时，应允许租期适当延期，以便承租人完成最后航次。延长期的长短应根据租期的长短合理确定。"NYPE'93"和"NYPE 2015"取消了"大约"的规定，但从船舶运营实际考虑，法律上一般都会允许最后航次的适当延长，即所谓的"合法的最后航次"（legitimate final voyage）。

2.关于租期的延长

租期延长有合理延长和不合理延长之分。前者包括对租期内停租时间的弥补（通常在合同中明确约定是否弥补）和为完成最后航次的合理延长，不合理延长是指因承租人故意或不合理估计最后航次导致的租期延长。租期延长争议主要发生在最后航次延长是否合理上。如果市场租金上涨，不合理租期延长会挤占出租人的利益。

（1）合理延长及租金支付标准

关于停租时间可否弥补，需要通过合同约定。"NYPE 2015"第52条（c）款规定承租人可以选择弥补，但应提前一个月告知出租人。最后航次的合理延长是指租期届满时，允许承租人适当延长船舶使用期限，以便其完成最后航次。在合理延长的租期内，通常规定承租人仍应按合同的租金率支付租金。有时，合理延长期会因承租人、出租人（如机器故障）或不可抗力等原因进一步延长，称其为超延长期。承租人过失导致的超延长期，属于不合理延长。非承租人过失导致的超延长期，属于合理延长。对超延长期期间的租金支付标准问题，早期英国普通法的观点是仍按合同租金率支付，但1991年的"Peonia"案改变了其立场，判定对合理的超延长期的租金，也应按高于合同的市场水平支付。①

（2）出租人对不合理延长租期的权利

不合理延长租期通常发生在两种情况下：一是订立最后航次合同时，承租人预计的航次完成时间超过合理时间；二是在最后航次执行中存在承租人过失导致航期不合理延长，两者均属违约行为。对于前者，出租人获知后有权拒绝执行；对于后者，出租人有权在航次完成后，就不合理延长部分提出租金差价索赔。在许多情况下，出租人判断最后航次是否合理非常困难，因为，多数情况下最后航次合同是在当前航次尚未完成时签订的，当前航次能否按预定时间完成受许多不可预见因素影响，继而影响着最后航次是否合理的判断。事实上，出租人判断最后航次是否合理只能靠估计。如果依据错误估计终止合同，会构成预期违约，会面对承租人的索赔。在这种情况下，出租人最好选择在抗议条件下去完成最后航次，如果事后发生不合理租期延长，则可根据"Peonia"先例向承租人索赔。

（3）不合理延长期间的租金支付标准

对于不合理延长期间的租金支付标准，根据"违约需赔偿"的法律原则，在市

① WILFORD, COGHLIN, KIMBALL.Time Charters ［M］. fourth edition.London：LLP limited, 1995：122-123.

场现行租金率高于合同租金率时，承租人应按市场租金率支付租金。国际市场租金水平因航区、租期、货物品种和船舶类型不同存在很大差异，应按照"相似"（alike）原则确定适用的市场租金率，即选择航区、租期、货物品种和船舶类型相似的市场租金水平作为支付标准。例如，同类船舶，亚欧航线上单航次期租的租金率为每天15 000美元，一个来回程的4个月租期的租金率可能是每天11 000美元，而2年租期的租金率可能只有每天8 000美元。如果争议中的合同租期是2年，出租人只能依照每天8 000美元的标准来确定市场租金率，尽管如果承租人不超期使用船舶，但出租人可能按每天15 000美元的租金去做亚欧航线上的TCT。

在市场现行租金率低于合同租金率的情况下，承租人应按合同租金率支付租金（The "London Explorer"［1971］1 Lloyd's Rep.523）。

为避免租期延长带来的租金支付标准争议，"NYPE 2015"第52条（a）款规定：租期结束后去往还船港口的空驶航次以及合理的最后载货航次中超期期间的租金应按合同租金率或当时的市场租金率支付，以高者为准。

3.承租人提前还船时出租人的权利与义务

与延期还船相反，在市场恶化情况下，承租人可能要求或强行要求提前还船。提前还船也有合理与不合理之分。因合理的最后航次的非预期性顺利执行所导致的提前还船属于合理的，出租人不得提出补偿要求；承租人为减少因市场下跌带来损失的提前还船属不合理的，出租人有权索赔合同利益损失。在承租人强行还船情况下，出租人应当履行"减少损失"的法定义务，及时、合理安排替代租约或航次，但有权根据合同租金与替代租约或航次租金的差额向承租人索赔（The Kildare［2011］2 Lloyd's Rep.360）。出租人因承租人违约所采取的任何补救措施所带来的经济利益均应计算在内，包括在无法找到替代市场情况下出售船舶所带来的利益或损失（The New Flamenco［2015］EWCA Civ.1299）。

4.出租人提前撤船时承租人的权利

出租人提前撤船主要有出租人强行撤船和租期内因船舶所有权变更撤船两种情形。

（1）出租人强行撤船

出租人强行撤船是指出租人在合同租期未满时的撤船行为。国际租船市场的租金水平随着运力需求的变化经常波动，有时这种波动非常剧烈。例如，2002年，Panamax型和Capesize型船的日租金分别在5 000美元和7 000美元左右，2003年已经分别上涨到10 000美元和20 000美元左右，次年更分别飙升至30 000美元和60 000多美元。租金市场的巨大变化导致较早租出船舶的出租人产生了极大的心理不平衡，巨大的利益驱使一些出租人不顾租约规定，千方百计寻找借口强行撤回船舶，然后"另谋高就"。出租人强行撤船属严重的违约行为，对此，承租人有权通过法律手段迫使出租人继续履行合同，也有权要求出租人赔偿合同利益损失，即租金差价损失。

（2）租约履行中船舶所有权变更

对于租期较长的租船合同，有时会发生船舶所有人变更问题。关于该种船舶买卖对租约的影响，各国法律普遍实行"买卖不破租赁"的原则，即租约履行中的船舶所有权转让不应当影响既存的租船合同关系。我国《海商法》第 138 条规定："船舶所有人转让已经租出的船舶的所有权，定期租船合同约定的当事人的权利义务不受影响，但是应当及时通知承租人。船舶所有权转让后，原租船合同由受让任何承租人继续履行。"但此条规定属任意性规定，合同双方可以在合同中作出规定，如果发生船舶所有权转让，租船合同即告终止，或合同执行中的船舶所有权转让不得影响承租人的利益。

5.4.2 转租（sublet）

转租是指承租人将租赁物转租给第三人的行为。许多期租合同，特别是长租期合同，一般都规定允许承租人转租船舶条款（当然也可以规定不允许转租）。我国《海商法》第 137 条规定："承租人可以将租用的船舶转租，但是应当将转租的情况及时通知出租人。租用的船舶转租后，原租船合同约定的权利和义务不受影响。"据此，合同如无相反规定，承租人可以转租船舶。转租使基于船舶租用的法律关系复杂化。船舶转租一次，就会有二个租约，三个租约关系人。如果继续转租，合同关系更复杂。第一个租约中的出租人称为原出租人（head owner），第二个租约中的出租人称为二出租人（disponent owner）。对原出租人来说，第二个租约中的承租人称为转租承租人或第二承租人（sub-charterer）。在这种情况下，各关系人的权利义务关系依据各自的租约处理。但如果发生船长严重疏忽，导致转租承租人损失，转租承租人可以通过侵权诉讼形式绕开二出租人直接起诉原出租人。

在二出租人以原出租人名义签发提单情况下，提单持有人可以依据提单合同要求原出租人及二出租人承担连带责任。这种情况下，既存在提单合同关系，又可能存在租船合同关系。

二出租人在转租时，应尽量让转租租约与原租约一致，称为租约的背对背。这样，二出租人就可以依据合同转移赔偿责任，但是，当两个租约受不同法律管辖时，同一索赔可能会有不同的裁定结果，这是他要面临的风险。

5.4.3 航行区域

航行区域简称航区，该条款的目的主要是限定租用船舶的航行范围。"NYPE'46"第 28 ~ 34 行列出了很大范围的允许航行区域，同时也规定了几大除外区域。由于这种规定不具体，使用"NYPE'46"格式合同的，一般都将此条删掉，然后在追加条款中重新规定合同双方约定的具体航行区域。"NYPE'93"格式对此作了修改，它单列了一条航区条款，将允许航行区和除外航区空出，留给使用者自己填制。"NYPE 2015"将航行区域与租期合并为同一条款。

1.限定航行区域的原因

多数货运船舶在船级上属无限航区，即可环球航行（trading worldwide）。但世界各航区情况复杂，有的地区自然风险很高，如好望角的大风浪、冬季高纬度区域的冰冻等；有的地区政治风险很高，如战区、动乱等。出租人为减少风险，便对承租人使用船舶的航行范围进行限定。具体地说，限制航区的原因有以下几点：

（1）船舶保险人的限制。船壳保险人和出租人互保协会在承保时，往往通过规定除外航区的方法对船舶的航行区域进行限制，避开高风险区，以减少船舶出险的赔付几率。世界上各保险公司规定的限制区域通常以伦敦保险人协会拟定的"协会保证区域"（institute warranty limit，IWL）为准。伦敦保险人协会船壳险条款中的保证条款规定了6个被保险人保证不驶入的区域，它们是大湖区（The Great Lakes，including River St Lawrence）、波罗的海（The Baltic Sea）、挪威纬度70度以北、白令海（Bering Sea）及西伯利亚沿岸（包括海参崴）、南美及印度炎热季节运煤。船舶如欲驶往以上区域，必须事先通知保险人，如果保险人同意船舶驶入该区域，要追加保险费；如果保险人根据船舶技术状况和风险判断，不同意船舶驶入该地区，则船舶违反该保证条款驶入限制区域，将导致保险条款失效。

（2）船舶技术状况限制。随着船舶年龄增大，船体强度、机器状况都在变差。出租人或船级社为保证船舶航行安全，常常限制船舶驶往高风险海区。

（3）政治因素。由于船舶被视为船旗国的浮动领土，因此会受到国家间的政治、外交关系影响，从而可能给船舶带来风险。例如，两国间无外交关系、贸易禁运、紧张的政治关系等，都可能禁止两国的船舶直航两国港口。

（4）战区因素。战区可能给船舶带来巨大风险，因此，出租人大多会将战区列入除外航区。战区是指发生战争或类似战争的地区。航运中的战区与国际法中的战区是两个不同的概念，这是因为它们对战争的定义不同。国际法中的战争是指两个主权国家或具有主权国家特征的政治实体之间动用武力。船舶保险中的战争范畴一般由船舶保险人规定，除国际法所指的战争外，一般还包括内乱（civil strife）、内战（civil war）、革命（revolution）、叛乱（insurrection）及由此引起的捕获（capture）、扣押（seizure）、拘禁（restraint）等。根据这种定义的内涵，保险人会不定期地对战区范围进行调整并予以公布，有的地区不允许船舶驶入，有的地区可以驶入，但需要支付额外战争保费。战区保费往往很高，例如两伊战争期间前往波斯湾地区，追加保费可达船舶价值的1.5%，并且有较短的承保时间限制。

战区的范围随着地区局势变化不断改变，出租人在签订长期租船合同时很难预料。20世纪80年代没人将伊拉克列为战区，但巴基斯坦却是战区，现在的情形却刚好相反。妥当的办法是在合同中并入伦敦保险人战争范围条款，以便不断地自动调整合同的战区范围。在不能确定某个地区是否属于战区时，可依照合同规定去查看伦敦保险人随时公布的战区范围。

（5）国际海运劳工联盟活动地区。如今，船舶悬挂方便旗经营的已相当普遍，因为这样可以逃避本国劳工政策管制及避税。国际海运劳工联盟（international transportation workers federation，ITF）是一个工会性质的国际组织，在发达国家设有分会。这些组织从海员的人身安全、工作条件、工资收入等方面对方便旗船舶实行检查。一些发达国家的ITF检查非常严格，它们可通过留滞船舶方法迫使出租人改善船员生活条件，增加工资。因此，出租人一般不愿意船舶驶往这类地区。

ITF地区是个不确定的概念，各国ITF分会对船舶检查的严厉程度也不同。ITF活动的国家多是发达国家，这些国家是国际货物运输港口的集中地区，东南亚地区的ITF活动就没那么频繁。因此，实务中不可能将全世界所有ITF地区都排除在外。比较可行的办法是，出租人在合同中作出规定，因ITF导致的时间损失由承租人负责。

2.规定航行区域时应注意的问题

在规定航区时，首先要考虑船级社允许的船舶航行范围，再根据船舶的技术状况和地区政治形势决定哪些高风险区应当排除。其次，规定应当准确、明确。在具体规定时，最好的方法是采用经纬度交叉点来确定可航行范围。如使用某地区或港口划分时，应明确是指过该地点的经度或纬度还是指该地点的行政界限，否则易产生争议。例如，"巴拿马运河以西"，可理解为巴拿马运河以西的太平洋港口，也可理解为过巴拿马运河经度以西的包括了墨西哥湾在内的港口。所以，航运界人士应当掌握丰富、准确的地理知识。为了避免争议，签订合同时可参考BIMCO的港口区域定义。

5.4.4 安全港口及泊位

在期租合同中，安全港口和泊位条款设置的目的是要求承租人保证船舶在安全的港口和泊位营运，它也是租船合同争议较多的问题之一。

与航次租船合同的安全港口和泊位条款相比，两者在安全港口基本定义与保证内容上基本相同，只是由于经营方式不同，在具体的责任划分界限上有所不同。

1.责任的划分界限

根据英美法中"谁指定谁负责"的基本划分原则，合同约定的交船和还船港口以及期租期间出租人为自己的事情指定的港口和泊位的安全责任由出租人承担，其余的在整个期租期间承运人指定的所有挂靠港口和泊位的安全责任均由承租人承担。

2.非正常事件下承租人安全港口责任的免除

根据普通法对安全港口的定义以及合同规定精神，对非港口本身固有的非正常事件（abnormal occurrences）导致的船舶损失，承租人无须承担责任。非正常事件有两个限制条件：第一，它是外来的孤立事件（extraneous，isolated），而不是港口所特有的（not inherently unsafe）。例如，河港出港航道因大洪水带来的淤塞，便是港口本身特有的问题，而战争的发生则是外来的。第二，事件必须是无法预料的、突然发生的（unforeseenable）。

承租人在履行了安全港口主要责任后，还有一个后续责任，即在安全港口后来变成不安全时，应指定一个安全替代港口，供处在不安全港口中的船舶使用。在发生非战争特别事件后（战争属不可抗力，双方互相免责），如承租人没有履行上述后续责任，仍须承担不安全港口对船舶造成的损坏的赔偿责任。

承租人可以通过合同约定来减轻安全港口责任。例如，油运合同SHELLTIME3规定：Charterers shall exercise due diligence to ensure that the vessel is only employed between and at safe ports...Charterers shall not be deemed to warrant the safety of any port...and shall be under no liability in respect thereof except for loss or damages caused by their failure to exercise due diligence...".

根据这样的规定，承租人只要证明自己在保证港口安全方面已恪尽职责，例如已详细地询问了有关方面，尽管事实上港口不安全，承租人也无须承担责任，出租人能否成功索赔，关键在于能否举证证明承租人在履行保证港口安全义务过程中未恪尽职守。

3.承租人违反安全港口保证的赔偿

承租人指定了非安全港口是对合同保证的违背，需承担违约赔偿责任。在期租合同下，除合同指明的港口外，出租人通常无义务去核查船舶运营中的指定港口是否安全。但根据减少损失的法律原则，如果出租人已经知道港口不安全，则应采取必要措施避免或减少损失，为避免或减少损失而产生的费用应由承租人承担，例如船驶离不安全港所产生的拖轮费用、引航费用等。承租人违反保证安全港义务规定，须对出租人作出赔偿，除需要继续支付租金外，还包括船舶因此遭致的损坏赔偿。

4.船长或船员疏忽的后果

在因港口不安全导致的船舶损坏事件中，常伴有船长或船员疏忽因素，承租人也常常依赖船长或船员疏忽进行抗辩。

解决这类争议的原则是，依据损失的因果关系来确定责任归属。在一般情况下，如果承租人指令船舶进入非安全港口，非安全因素又是造成船舶损坏的直接原因，此时，承租人应当对船舶损坏承担责任。但是，如果船长或船员的疏忽打破了这种因果关系，成为船舶损坏的直接原因，则船舶损坏就应由出租人自己承担。

在许多具体案件中，船长或船员的疏忽又是因港口不安全原因，或者说在其影响下发生的，这时候前者的因果关系并没有被打破，换句话说，造成船舶损坏的主要原因还是港口不安全，则承租人仍需对船舶损坏负责。事实上，法院对许多这类案件最后都判定承租人败诉。

5.对特定泊位可以坐浅作业的特别规定

考虑到国际上某些河港泊位船舶可以坐浅（lying aground）装卸粮食作业的习惯，"NYPE 2015"第1条（d）款规定，在双方同意的同类船舶可安全坐浅的安全区域或港口，允许船舶坐浅装卸货物，因此导致的船东损失包括船级社要求的水下检验费用，以及船期损失，均由承租人承担。

5.5　　　　　　　　交船与还船条款

5.5.1　交船时间及解约条款

1.交船时间

"NYPE'46"第 14 条、"NYPE'93"第 16 条、"NYPE 2015"第 3 条对交船时间留出两个空白处由双方商定，分别将"不得早于的日期"和"不得晚于的日期"填入空白处。其中的"不得晚于的日期"为解约规定，也称销约日。

（1）解约规定的意义

解约权（cancelling）是关于承租人解除租约的权利条款。该条款主要规定，如果船舶不能在规定日期递交有效的准备就绪通知书，承租人有权选择取消合同。"NYPE'46"第 14 条规定：如船舶没能在解约日的下午 4 点前递交准备就绪通知书，承租人有权选择在船舶准备就绪前的任何时间宣布取消租约。"NYPE'93"第 16 条和"NYPE 2015"第 3 条做了类似规定，但"NYPE 2015"用词改为"如果未能在约定的时间交付船舶"。与程租合同不同的是，在普通法下，期租合同的出租人及时交船义务并不是绝对的[①]，出租人因自己过失未按时交船可能被解释为违反保证条款，此时，承租人无权解除合同。如果迟期交船是由于碰撞、坏天气等非出租人本人过失造成的，承租人更不能解除合同。因此，考虑迟期交船可能给承租人带来的被动，就有必要在期租合同中设立解约条款。

（2）关于准备就绪交船

同程租合同要求一样，出租人在交船时，必须保证船舶准备就绪，即保证船舶适航和适货。对此，"NYPE"各版本合同都有类似规定。如果船舶在交船期内抵达交船地点时没有准备就绪，承租人有权拒绝接受船舶；如果在解约日出租人仍无法使船舶准备就绪，视为出租人未按时交船，承租人也有权取消合同。

（3）对解约条款本质的认识

按照英国普通法，解约条款是丧失一切的条款。它的本质是为保护承租人利益而给予承租人在特定条件下取消合同的权利，与索赔损失无关。出租人按时交船义务是相对的，即只要出租人在合同签订后没有过失，即使船舶未在解约日前抵达交船地点造成承租人损失，承租人也无权索赔损失。我国《海商法》对此问题立场与英国普通法相似。该法第 131 条规定："……因出租人过失延误提供船舶致使承租人遭受损失的，出租人应当负赔偿责任。"可见，承租人对因出租人延误提供船舶造成的损失的索赔是有前提条件的，即船舶延误需是由于出租人过失导致的。再者，解约条款赋予承租人的是解约的选择权。当船舶迟抵交船地点时，承租人可选择继续执行合同。承租人的选择权必须在合理的时间内行使。据此，一方面，承租

---

①　我国《海商法》第 131 条将此规定为绝对义务："出租人应当按照合同约定的时间交付船舶。出租人违反前款规定的，承租人有权解除合同。"

人无权在船舶抵达前基于估计提前宣布取消合同；另一方面，也不可以在船舶迟到后，不合理地拖延宣布是否取消合同。因此，"NYPE'46"和"NYPE 2015"的解约条款中都有承租人需在船舶准备就绪前宣布是否销约的规定，但"NYPE'93"第16条中已没有宣布解约的时限规定，承租人可利用选择权来投机取巧。例如，交船地点规定为一个范围，如新加坡到中国及日本港口，如果合同订立后，市场转势，租金下降，承租人想取消租约，它可以宣布一个最远的船舶无法在解约日抵达的交船港，并在船舶迟到后，宣布取消合同。

（4）请询条款（interpellation clause）

依据解约条款的上述性质，出租人无法依据解约条款在预计船舶无法按时抵达交船港时自己宣布解约，因为这将构成事先毁约（anticipatory or intentional breach），但如果让船舶继续前往交船港又恐怕届时会被承租人取消合同，特别是对于横跨大洋去交船的出租人来说，将面临两难选择。解约条款总是使出租人处于被动地位。承租人在市场租金下降时，可能拒绝迟到的船舶；在市场不变或租金上涨的情况下，也可能利用此条款去威胁出租人，勒索一笔钱财。正因为如此，出租人通常在租船合同中追加一条请询条款，要求承租人在出租人告知船舶不能按时抵达交船港时，提前宣布是否解约。这一条款内容与程租合同中的请询条款大同小异。

"NYPE'46"中没有规定请询条款，但"NYPE'93"第16条加入了"解约时间延展"，规定如果出租人能够确定即使经过努力也无法及时交船，应当首先重新确定可交船日，然后在船舶驶离最后开航港前7天内开始询问，不得提早。承租人应在收到询问后两天内答复。新的解约日为新的交船日的第7天。如果承租人回复取消合同，则合同从此取消；如不回复，则认为承租人接受了新的解约日。该合同还规定，出租人可以就此多次请询。

需注意的是，上述规定中，承租人回答请询有两个时间：一个是在两天内答复；另一个是在原解约日答复，以先者为准，这一规定有时会令承租人非常被动。例如，出租人只等到解约日当天再请询，承租人很可能没察觉，尤其遇上非工作日，解约期便自动延长了。该规定本身有问题，使用时，最好将"or by the cancelling date，whichever shall first occur"删除。

由于船方代表和租方代表意见无法达成一致，"NYPE 2015"的第3条中删除了请询条款，留给合同双方自行约定。

我国《海商法》第131条对此规定如下："出租人将船舶延误情况和船舶预期抵达交船港的日期通知承租人的，承租人应当自接到通知时起四十八小时内，将解除合同或者继续租用船舶的决定通知出租人。"但此条属任意性规定，而且缺乏操作性。较好的做法还是采用"NYPE'93"第210~218行的规定方法解决上述问题。

5.5.2　交船地点

"NYPE'46"第18行、"NYPE'93"第2条、"NYPE 2015"第2条（a）款分别对交船地点作了规定。

1.关于交船港口范围

在多数情况下，承租人在洽商期租合同时尚未确定具体的装货港口，因而无法在合同中指定具体交船港口。因此，多数期租合同采取先规定一个交船港口范围，在实际交船前，再由承租人确定最后交船港口的办法。交船范围大小涉及两个主要问题：一是出租人要自负费用和风险，将船开到交船地点；二是船舶目前位置的远近会影响到能否按时交船。交船港口范围越大，对出租人越不利。

2.交船港口范围的规定方法

（1）用两个港口或地点区间的方法来表示。例如，"在新加坡至日本港口交船"。

（2）用大的地理概念表示。例如，"在中国港口交船""在地中海交船""在美国西岸交船"等。

由于世界上的海岸线弯弯曲曲，两个地点之间究竟包括哪些港口存在着不确定性，常可引起争议。为此，BIMCO对一些关于港口范围的常用语作出解释，供出租人和承租人选择使用。该解释不具有法律效力，如要依据该解释，需在租船合同中明文规定。

BIMCO关于港口范围用词的解释见本书附录。

3.具体交船地点的规定方法

众所周知，一个港口的范围常常较大，有泊位、码头区、商业区、行政区，有的河港的待泊锚地甚至在港口的行政区之外。因此，合同中还应对指定港口的具体交船地点作出规定，并以此确定交船时间。常用的规定方法有：

（1）到达引航站交船（on arrival pilot station，APS）。

到达引航站交船是指以船舶到达交船港口的引航站作为交船地点和交船时间。在本术语下，如果船舶晚于解约日抵达引航站，属出租人严重违约，承租人有权解除合同。

交船时间在期租方式和程租方式下的意义是不同的。程租方式下，规定交船时间除了为按时装运货物外，另一个目的是为了计算装卸时间；而期租方式下的交船时间意义在于何时将船舶交给承租人使用，何时开始计算租期和租金。因此，普遍的做法是，不论白天黑夜，也不论节假日或星期天，只要船舶抵达引航站，船长按照约定的方式向承租人发出船舶备妥通知，便视为交给了承租人，租期和租金便开始起算。为避免这方面争议，可在APS之后加上"SHINCDANDN"（sunday holiday included day and night）。

有的海港有内锚地与外锚地之分，会有两个引航站，而河港还可能有多个引航站，船舶到达第一个引航站和最后一个引航站的时间会有很大分别。例如，船舶抵达第一个引航站后，遇上连续坏天气，引航员无法登轮引航，便可能在第一个引航站等上几天，除时间损失外，还可能错过解约日。因此，合同可以规定"on arrival at the first pilot station"，以避免纠纷。

（2）在引航员登轮时交船（on taking inward pilot，TIP）。

在引航员登轮时交船是指以引航员登船引领船舶时作为交船时间。本术语只是用来确定交船时间，亦即租期开始的时间或租金起算的时间，是否涵盖了交船地点并无定论，即是否意味着如果引航员登轮引航时间超过了解约日，就视为船舶没有抵达，从而构成出租人未按时交船的违约行为，对此并没有明确的法律解释。因此，如欲使用该术语，应当对该术语含义作出明确约定，例如规定："船舶抵达交船港口引航站时即视为船舶已经交付，租期和租金从引航员登轮引航时开始起算。"（The vessel should be deemed delivered upon its arrival at the first pilot station at the agreed port of delivery.Charter period and hire shall commence at the time of taking inward pilot.）

该术语对承租人有利，因为，尽管船舶已经抵达引航站，只要引航员不登轮引领船舶，租期就不能开始计算。引航员不登轮引领船舶的主要原因有：一是坏天气或其他意外事故阻碍（例如航道堵塞）；二是码头拥挤，没有空闲泊位供船舶靠泊；三是货物没有备妥。不论哪种原因，出租人都要蒙受船舶时间损失。但1980年的英国一个仲裁结果显示，在该术语下，因坏天气导致的船舶时间损失由出租人承担，因泊位拥挤导致引航员不能登轮造成的时间损失由承租人负责。虽然这一裁决对这两类时间损失作了比较公平的责任分配，但仲裁裁决不具有法律上的先例效力，出租人如果不想承担时间损失，可在合同中规定："time lost in waiting pilot due to weather and/or port congestion or cargo unreadiness to be for charterers' account"，或者坚持APS交船。

（3）在泊位交船（to be delivered on berthed）。

在泊位交船是指以船舶靠上一个未定名或定名泊位作为交船地点和交船时间。在本术语下，只有船舶靠上了泊位，才视为船舶已交付，租金才能起算，如果靠泊时间晚于解约日，则构成出租人交船违约，承租人有权解除合同。

在该术语下，出租人不仅要承担引航费、拖轮费以及驶向泊位的燃料消耗和船舶时间损失，还要承担不良天气阻碍引航和泊位拥挤的风险。为避免这种风险，在采用这种规定时，出租人可在合同中规定该泊位应当是船舶抵港后可马上靠上去的（reachable on her arrival）。这样，一旦船舶抵达港口时无法马上靠泊，待泊的时间损失就转由承租人承担，由于无法靠泊而错过解约日，承租人也无权取消合同。

对于日租金较高的大型船舶，对何时算为靠上泊位也会存在争议，是从船舶靠上泊位时算起，还是从所有缆绳都系固妥当才算起？因为系固妥当所有缆绳通常需要半个小时以上，这可能已有成百上千美元损失了。为明确划分交船时间，合同可订明"vessel to be delivered on vessel immediate alongside berth"，或规定"vessel to be delivered on berthed，last line fastened"。

（4）在引航员下船时交船（on drop off pilot，DOP）。

在引航员下船时交船是指出租人在完成交船前最后航次卸货后，安排引航员引领船舶驶出卸货码头，并在引航员下船时即视为将船舶交给承租人并开始计算租期和租金。如果引航员下船时间晚于解约日，承租人有权解除合同。在河港存在多段引水的情况下，应订明在哪段引水下船时交船，可选择定为最后引水下船时交船（vessel to be delivered on drop off last pilot）。

这种约定方法对出租人最有利。承租人同意这种做法，要么是急于租船，要么该港口离装货港不太远。在TCT租船方式下也常使用这种规定方法。

在这种交船方法下，承租人承担着很大风险。在承租人将期租的船舶航次出租情况下，如果船舶在驶往装货港途中遇上恶劣天气或意外事故，就很可能错过解约日。这样，二出租人就可能面临航次合同违约责任。为避免此类事情发生，二出租人可在租约谈判中以向原出租人支付一笔空驶补偿费（ballast bonus）为条件，要求出租人接受在装货港引航站交船。这样，航行中的风险和航次租约违约责任就由出租人承担了。许多大宗散货船的租约都采用这一做法。

需要指出的是，上述四种规定方法只是常用的商业行为，其具体含义，即除了表明租金起算时间外，是否也涵盖了交船地点，世界上并无统一规定。因此，使用时建议用文字明确约定。

总之，选用何种交船方式，取决于合同双方对不同规定方法利弊的认识以及双方的谈判力量对比。如果谈判时处在不利地位，无法争取有利的交船方式，可通过在合同中追加限制性条款的方法来避免承担过多的风险。同时，地理知识和港口知识也很重要，人们对较大港口的基本情况比较了解，但对进入这些港口的航道的复杂性及风险性可能知之甚少，这不利于风险规避。

5.5.3　交船时的船舶适航保证

详见5.2.3节。

5.5.4　交船通知

比"NYPE'46"和"NYPE'93"进步的是，"NYPE 2015"第2条（d）款规定了出租人连续告知承租人船舶动态及其变化（包括船舶位置、任务等）的基本义务，并让双方分别具体约定在船舶抵达交船港口或地点之前多少天出租人需要向承租人发出预计抵达通知和准确抵达通知，船舶抵达交船港口或地点时，应当向承租人及其代理人发出备妥交船通知。同时（e）款规定，承租人接受船舶不影响本租约下对出租人迟期交船导致损失的索赔权利。

5.5.5　还船

还船条款主要规定还船地点、还船船况、装卸工人损坏处理、还船通知等内容。

期租合同中应对承租人还船地点作出明确约定。"NYPE'46"在第55行留有空白处，"NYPE'93"在第131~134行留有空白处，"NYPE 2015"在第4条（a）款留有空白处，供合同双方填写。

1.还船地点

（1）还船地点的规定方法

还船地点可以规定为某一具体的港口，在TCT方式下通常使用此种方法。定期租船更多采用的是规定一个还船区域的方法，因为承租人对最后航次的卸货港口通常是无法事先确定的。对承租人而言，在最后卸货港将船交还给出租人可避免空驶去别处还船的损失，因此规定一个还船区域会留给承租人更大的灵活性，但由于世界各地区的货载及运费水平存在差异，出租人会尽量限制还船区域。在规定区域还船的情况下，通常规定承租人对区域内还船港口有选择权。

同交船相似，合同还应对还船的具体地点作出规定。如果是空驶到还船港口还船，一般规定为在还船港口的引航站还船；如果是在最后卸货港还船，通常规定为在引航员下船时还船。为防止一个港口有多个引航站情况下产生纠纷（特别是河港），还可以进一步规定在"最后引航员下船时还船"（dropping last outward pilot，DLOP）。

（2）承租人的按约还船义务

由于还船地点涉及出租人利益，承租人必须保证在合同规定的还船地点还船，否则视为违约，承租人应对由此造成的损失向出租人作出赔偿。

还船义务还包括还船时间问题。承租人应当在规定的时间还船，延期还船属违约行为。因此，承租人应当依据规定的还船地点和时间合理安排最后航次。

（3）出租人对违反还船地点约定的索赔

如遇承租人违约在非合同约定地点还船，出租人根据减少损失的法律原则，应当有条件地接受违约还船，然后首先合理地为船舶安排替代航次，如有损失，再向承租人索赔。为保证赔偿的合理性，替代航次在所用时间上应尽量与违约时间相当。

"NYPE 2015"在第4条（c）款规定，接受还船不影响出租人合同项下对承租人的索赔权利。

根据恢复原状（to restore）的一般法律赔偿原则，承租人应向出租人赔偿因该项违约而导致的净经济损失。计算此种违约损失时应考虑以下两个原则：第一，对于违反约定地点还船，如果替代航次净收入大于在本应还船地点所作的营运安排的净收入，则承租人无须作出赔偿，否则，承租人应当赔偿两者差价。第二，对在本应还船地点所作的营运安排的可能净收入，出租人承担举证责任。

2.还船船况（state of ship on redelivery）

根据有关租赁法律精神，承租人应当按照约定的方法使用租赁物，否则应对不当使用导致的租赁物损坏进行赔偿，但正常使用导致的磨损除外（参看我国《合同法》第218条和第219条）。据此，"NYPE 2015"第4条及此前的版本相关条款都规定还船时的船况应当是"in like good order and condition, ordinary wear and tear excepted"。除了船体和机器应与交船时船况"大致保持原样"外，还包括船舶货舱状况。货舱内存留的货底（residues）应当清除，舱壁上残留的扫不掉的水泥、矿粉等应铲除，运送木材、粮食、饲料后染有虫害应熏舱等等。完成上述工作除了需要占用时间外，还要产生费用。承租人为免除上述责任，通常在租约中约定一定的补偿费用而免除上述工作。这一规定在"NYPE'93"第36条、"NYPE 2015"第

10条（a）款中已有体现。

为明确交、还船时的船况，租船合同通常规定交船检验和还船检验条款，明确检验人的指定责任、时间和费用分摊原则。"NYPE 2015"第5条规定，双方应各自委托一名验船师共同参加交船和还船的船存油量和船况检验，并出具共同报告。一方不委托的，另一方受委托人的报告应视为有效。交船检验花费的时间由出租人承担，还船检验花费的时间由承租人承担。

涉及还船船况的以下几个突出问题需要特别注意：

（1）正常磨损的界定

承租人在使用船舶过程中，常会发生磨损现象。从业务环节上看，船舶损坏绝大多数发生在货物装卸过程，从损坏部位上看，多发生在船体、货舱、暴露的管系、吊杆等方面，例如：刮划（scratches）、刻痕（nicks）、齿孔（gouges）、凹陷（dents）、弯曲（bends）等，严重的还可能导致二层甲板的坍塌（collapse）、舱底板穿洞（puncture）、起货机损坏（damage to winch）、吊杆折断（break derrick）等。如果这类损坏属于正常磨损，承租人无须赔偿，但如果超过正常磨损范围，即可推断承租人使用船舶不当，应负修理或赔偿责任。

正常磨损是合同双方争议较多的问题之一。它是一个并不十分清楚的概念，没有统一的衡量标准，因为不同船型或相同船型在不同的航区内营运、装运不同的货物，正常磨损的程度都是不同的，因此只能根据法律与合同基本精神结合具体情况作出判断。在确定"正常磨损"时应考虑以下几个因素：

第一，"磨损"是在船舶正常使用过程中必然发生的。例如：装运钢材对甲板、舱口围的轻微碰凹，对一些钢结构的碰弯、吊货钢丝的磨损，靠离泊位时拖轮顶推对船体的轻微损坏等。

第二，"磨损"不是承租人或其雇佣人疏忽或故意造成的。在一般情况下，疏忽或故意导致船舶的损坏都是比较严重的，它包括承租人违反安全港义务对船舶造成的损坏（例如搁浅、碰撞、爆炸等）、违反航区规定造成船体碰撞浮冰造成的损坏、冬季高纬度港口的严寒将船舶管系冻裂、被海盗武装袭击等；承运人违反除外货物规定装运重大件碰坏船体或舱壁、装送腐蚀性货物腐蚀货舱内板、装运易燃货物引起火灾等；承运人违反船舶描述超安全负荷使用船舶造成的损坏，如压塌二层甲板或露天甲板，吊货钢丝拉断导致的人、货、船舶的损坏等。严格地讲，由于疏忽或故意导致的轻微损坏也不包括在"正常磨损"范围之内。

第三，"磨损"应不影响船舶保持船级，这是判断损坏程度的重要标准。通常，如果船体、机器设备发生严重损坏影响了船舶正常使用，船级社或港口国有关当局都会要求进行修理，否则将临时取消船级，或禁止营运。这为我们判断正常磨损提供了依据，影响船级保持的损坏一定是非正常磨损。对船体板、舱壁板、甲板的凹陷损坏是否属"正常磨损"通常也是合同双方争议最多的。究竟凹陷面积多大、深度多深才算超出"正常磨损"范围，没有一个定论。美国一个仲裁案参考了专家意见后裁定，一个面积为20英尺×20英尺，深度达3/4英寸的凹陷为超"正常磨损"。一个有效的做法是请船级社验船师对损坏进行鉴定。如果验船师根据维持船级最低标准要求进行更换修理，那么，这个损坏就超过了"正常磨损"范围，否则，可视为"正常磨损"。

第四，对磨损程度的掌握应考虑合同允许运送货物的种类。通常，运送普通杂货或散货，对船舶的磨损都比较小。但如出租人同意运送原木或为赚取高额租金同意承租人运送废钢、腐蚀性货物，对船舶的磨损程度就比较严重，但后者仍可视为"正常磨损"，除非这种磨损是由承租人疏忽原因造成的或影响了船级。

（2）装卸工人损坏条款与正常磨损

装卸工人操作不当是发生船舶损坏的主要原因。在期租船形式下，装卸工人通常是由承租人雇用的，根据委托代理关系，承租人应对装卸工人造成的船舶损坏承担责任，但根据"NYPE 2015"第4条规定，正常磨损不在此列。

承租人为减轻上述责任，往往在租船合同中规定一条"装卸工人损坏"保护性条款，规定承租人对装卸工人造成的船舶损坏承担赔偿责任，但出租人必须履行一定先行义务，否则，承租人对此种损坏不负责任。出租人这种义务主要有两条：第一，发生损坏时，船长应保证首先向装卸公司索赔，并应取得装卸工人或装卸公司对损坏事故的书面确认。第二，船长应在事故发生一定时间内通知承租人。第二项义务比较容易，但第一项义务比较困难，因为一般情况下人们不愿意自证有罪（acknowledgement of responsibility）。如此，出租人就可能无法获得承租人的损坏赔偿。

"NYPE'46"格式中没有规定装卸工人损坏条款，承租人在使用该格式合同时通常追加类似规定。为防止这类条款规定的任意性，"NYPE'93"在第35条专门规定，对影响船舶的适航性、船级和营运的损坏，要求承租人应立即安排修理，对其他小的损坏，承租人有权留待出租人修船时再修理。在先行义务方面，只规定了船长的48小时内通知义务，而没有船长必须取得装卸公司确认的规定，这对出租人较为有利。"NYPE 2015"第37条将上述规定简化为"承租人对装卸工人造成的船舶损坏需负赔偿责任"，并将船长的损坏通知限定在损坏发生后的24小时内告知承租人，对不易发现的损坏，应根据注意义务在发现后24小时内告知承租人，并要求通知中应包括对损坏的描述和请求承租人派人检验的内容。

（3）船长监督义务与装卸工人损坏

根据"NYPE'46"第8条、"NYPE'93"第8条、"NYPE 2015"第8条规定，承租人应负责货物装卸等相关工作，但船长应当履行监督义务。但"NYPE'93"第35条、"NYPE 2015"第37条绝对地规定，由装卸工人造成的船舶损坏应由承租人负责，而不管是否有相反规定（Notwithstanding anything contained herein to the contrary, the charterers shall pay...）。在这种规定下，承租人对装卸工人损坏的修复或赔偿责任是较难抗辩的。

但现实中装卸工人对船舶造成的损坏往往与船长及船员的监督不利有关，更有的合同在船长监督条款中添加了"及责任"一词，承租人也常以船长疏忽监督为由拒绝修复船舶。对此，应做何种解释呢？

处理这类争议时，应当从公正、合理及技术角度作出判断。

一是核查装卸工人损坏与船长及船员疏忽监督是否存在直接因果关系，例如，是否存在船长及船员疏于监督，或者他们的监督直接导致船舶损坏。

二是合理确定船长及船员的监督责任范围。各版本的格式合同都没有对船长及船员监督义务内容作出具体规定，但根据相关合同条款精神和货物装卸工作内容，英国普通法确立的原则是：船长及船员的监督义务应当主要关乎船舶安全，而不是代替履行承租人的货物装卸、积载和平舱、铺垫、绑扎等所有货物操作义务，更不承担所有货物操作的风险和费用（见"NYPE'46"第8条、"NYPE'93"第8条、"NYPE 2015"第8条）。船方的安全监督义务至少应当包括下列基本内容：保证船舶稳性，在配载图的注意事项中（或单独作出说明）告知装卸工人与装卸作业有关的本船特点或要求，如各甲板的安全负荷、吊杆的安全负荷及操作注意事项、开关舱的注意事项、所装货物的特点及注意事项、积载时的注意事项等。此外，船长应当安排足够的驾驶员值班，随时纠正装卸工人的不当操作。

三是在合同中的"船长监督"一词之后加有"及责任"（and responsibility）一词情况下，应初步确定，不仅承租人对所有货物操作的责任及风险转移给了出租人，因货物操作不当导致的船舶损坏责任亦然，已有多个英国判例肯定了这一原则[①]。当然，承租人或装卸工人不合理地干预或不服从船长及船员监督的除外。

（4）出租人维修保养义务与正常磨损

为保证船舶的正常使用，期租合同中都对出租人维修保养船舶义务作出规定。"NYPE'46"第1条、"NYPE'93"第6条和"NYPE 2015"第6条（a）款均作出了出租人应保持船级，并保证船体、机器、设备在整个租期内处于充分良好状态的规定。

出租人的船舶维修保养义务不但包括对机器、设备进行的正常维修保养，还包括对船体及货舱的维修保养。承租人无法原样还船时，常以船员未尽维修保养义务进行抗辩。处理这种争议时，应主要考察船员是否合理地按照日常维修保养计划实施了维修保养工作，并应考虑承租人的航次任务安排是否留出了足够的时间供船员实施维修保养。如果承租人不能提供证据证明船员维修保养工作疏忽，就应对无法"大致一样"还船承担责任。

此外，对由海上风险及战争等社会因素造成的船舶损坏，应由出租人根据船舶保险合同向保险人索赔，而不应笼统地依据还船船况与交船时不一致向承租人索赔。

（5）出租人对非正常磨损的索赔。

根据英国普通法，除非装卸工人造成的船舶损坏影响到船级或使船舶无法正常营运，在租期结束时出租人不得因非正常磨损拒绝接受承租人的还船。如果出租人

---

① The Shinjitsu Maru No. 5 ［1985］ 1 Lloyd's Rep.568; The Argonaut ［1985］ 2 Lloyd's Rep.216; The Alexandros P ［1986］ 1 Lloyd's Rep.421.

拒绝还船，造成的时间及费用损失应由出租人负责，但出租人有权根据法律或租船合同规定，就船舶的非正常磨损向承租人索赔。

出租人索赔金额应当是船舶因存在非正常磨损事项而丧失的市场价值。但是，确定准确的价值损失比较困难，因为实际上不可能找出一条完全一样的无非正常磨损事项的船舶与其对比。因此，在计算索赔金额时，通常采取替代方法，即找出消除这些损坏的修理报价，再适当加上船舶因修理而丧失的价值。索赔应根据合同约定的装卸工人损害通知，在还船时或其后合理的时间向承租人提出，或经双方商定，等到坞修时根据实际修理费索赔。对进坞时才发现的船舶水下部位损坏，应在发现时的24小时内提出，索赔还应包括额外的时间损失。

3.还船通知

"NYPE'46"在第4条的第56~57行，"NYPE'93"在第10条的第135~136行，"NYPE 2015"在第4条（b）款都对还船通知作出了规定。

（1）及时、准确发出还船通知的重要性

还船通知主要包括还船时间和还船地点两项内容，它们涉及出租人的多种利益。

一是及时、准确的还船通知，有利于出租人确定修船厂和安排船舶修理时间，避免船舶时间损失。特别是对于较长的期租，还船后出租人通常要安排船舶进坞修理，为此需要与修船厂安排坞期。如果还船时间不准确，就会发生坞等船或船等坞现象，造成坞期损失和船期损失。

二是及时、准确的还船通知，有利于出租人接船后的营运安排。了解准确的交船地点，有利于出租人后续合同航线的选定，避免过多的空驶时间；后续租约的交船时间的确定也取决于准确的还船时间。如果承租人提前还船，由于后续合同尚未开始，出租人将会蒙受船舶闲置损失；如果承租人过分延迟还船，会使出租人面对后续合同的违约责任。

三是及时、准确的还船通知，有利于出租人及早核查承租人租金支付情况，如果发现问题，可有较多时间采取措施。

（2）还船通知的规定方法

还船通知中的还船时间通常规定为预计的（expected）或估计的（estimated）和确定的两个部分。考虑到承租人对最后航次准确完成时间较难掌握（转租情况下尤其是这样），航行中的天气影响和装卸港口拥挤等许多因素都会影响最后航次的完成时间，因此，要求承租人必须提前若干天发出预估还船时间。为了出租人掌握准确的还船时间，要求承租人在后期的通知中必须提供肯定的和准确的还船时间。预计和准确的还船通知提前多少天发出由合同双方商定后填在格式合同的相应位置。一般规定，首次预计还船通知应提前30天发出，然后提前在第15天、10天、7天、5天、2天、1天依次发出修订通知，并追加规定，第5天或第3天之后的通知必须是肯定的和准确的。

（3）违反还船通知规定的后果

还船通知必须按照合同约定向出租人及时、连续发出，预计的还船日期也必须建立在诚实、善意的估计基础之上（on an honest，good faith and reasonable ground），以便出租人据此安排修理或后续营运计划，对后续的肯定还船通知更应准确。否则，由此造成的修船时间损失或是后续营运安排损失或后续租船人索赔，承租人需承担赔偿责任。

对违反还船通知规定导致损失的索赔金额，应根据具体情况确定。对因错误估计导致实际还船时间早于通知时间，而后续合同的承租人又拒绝提前接受船舶的，由伦敦仲裁员裁决承租人应按合同租金率赔偿船舶待时损失；对承租人违反预计还船通知大幅度提早还船，导致出租人无法及时订立后续租约的，其后果同前；对后续还船通知突然改变还船港口（例如航次承租人依据选择权改变卸货港口）的，英国法院判决，承租人应承担船舶从交船港口开到出租人依据先前通知订立的后续合同装货港的一切费用（包括苏伊士运河费）；对违反还船通知，导致出租人对后续租约承担违约责任的，承租人也应予以赔偿。

在违反还船通知规定索赔中，出租人须对损失的真实性及损失与还船通知违约的因果关系负举证责任。因市场原因导致的出租人船期损失（例如还船时市场很差，即使按照合同约定发出了通知，出租人也找不到货载），承租人无赔偿责任。

5.6　　　　　　　　　　　　货物条款

货物条款涉及合法货物、危险品以及除外货物等项内容。"NYPE'46"第24～25行、"NYPE'93"第2条、"NYPE 2015"第16条对装运货物范围作出了规定。

5.6.1　合法货物的含义

世界各国对货物进出口的管制规定不同，一国允许进出口的货物在另一国可能被禁止。联合国或区域性国际组织也可能因政治、军事、经济等原因对某个国家实行禁运。期租合同中所讲的合法货物（lawful cargo）是指装货港国家、卸货港国家、船旗国及对租约有法律管辖权国家允许装运进出口的货物。

合法货物的范围非常广泛，它不仅包括了普通货物，还包括特殊货物如军火（munitions）、危险品等。而非法货物除走私、贸易政策禁止或限制进出口的货物外，禁运（embargo）中的军火，甚至生活必需品也可成为非法货物。例如第二次世界大战后，西方资本主义国家成立的"巴黎统筹委员会"对社会主义国家实行的禁运（1994年"巴黎统筹委员会"已解散）；1991年海湾战争后，联合国在美国操纵下对伊拉克实行的长达十多年的禁运，都发生了类似情况。某种普通货物也可因检疫原因变得不合法。所以，"NYPE 2015"第16条规定船舶只可以用来运送合法货物，包括符合船旗国、货物装卸国、过境国要求的危险品，但活动物、武器、军火、爆炸物、核物质、放射物以及双方约定的货物除外。

5.6.2 装运非法货物的法律后果

装运非法货物的后果是非常严重的。对正常限制进口的货物，当局会强令将运抵港口的货物退回原地，或对检疫有问题的货物强行销毁。对走私货物和禁运货物，船舶可能被扣留、罚款、记入黑名单，货物可能被没收。因此，运送合法货物的规定是合同重要条款，或称条件条款。如果出租人知道承租人指示船长装运非法货物，可拒绝装运。如承租人坚持装运，则视为故意违反合同，出租人可以要求解除合同。如果出租人中途知道，根据处置危险品的精神，可将货物处理。如果因装运非法货物导致出租人任何损失，承租人应负责赔偿。

5.6.3 关于装运危险货物

1.危险货物的定义

危险货物是指可能对船舶、船员及其他货物造成危险的货物，也称危险品。例如，硫磺遇水会变成硫酸而腐蚀船舶，还可能发生爆炸；有的煤炭可以自燃或释放易燃气体；电石遇水会产生强烈的易燃气体；鱼粉在一定温度下会自燃；热压铁块（hot briquetted iron，HBI）遇水会释放氢气。这些货物在国际海事组织编制的《国际危规》中都有规定，只要认真去查，是不难发现的。但有一些货物的危险性却不易被人们觉察。例如，精矿粉、河沙这类货物含水量过高会产生自由液面，严重者可使船舶倾覆；带有传播性病虫害的货物的危险性也较难发现但其危害性更大。这类货物虽未列入《国际危规》中，但对船舶使用而言，仍属危险品范畴。

2.租船合同的相关规定

"NYPE'46"没有专门条款对危险货物进行限制，但"NYPE'93"第4条专门制定了"危险品条款"。该条款分为两部分：第一部分规定，除活牲畜、武器、弹药、核原料和放射性物质外，在有关当局许可的情况下，可以装运具有危险性、伤害性、易燃性或腐蚀性的货物。第二部分规定，如果出租人同意装运《国际危规》中各类危险品，对其数量应进行限制，并且承租人应向船长提供符合《国际危险品运输规则》有关货物特性、包装、标签、积载的证明。否则，船长有权拒装货；如已装船，可将其卸下，风险及费用由承租人负责。"NYPE 2015"第29条在此基础上增加了固体散装货物（Solid Bulk Cargoes）条款，规定承租人有责任向出租人提供足够的事先提醒（sufficient advance notice），告知货物是否存在液化风险，从而保证船长可以在装载过程中采取必要的安全措施。如发现承租人违反《国际海运固体散装货物规则》（IMSBC Code）规定的情况，船长有权拒绝装货，或将已装货物卸下。

根据英国普通法，不论租约是否有规定，承租人都不得装运危害船舶或其他货物的危险货物（因此，"NYPE'46"格式合同中没有这方面规定也无妨）。"NYPE'46"、"NYPE'93"和"NYPE 2015"的首要条款中都并入了美国《海上货物运输法》（United States Carriage of Goods by Sea Act，COGSA）。根据该法，出租人如发现某种货物危及船舶、货物或人命安全，可以在任何时候卸下、销毁，产生的风险费用由发货人承担。根据这一法律精神，承租人应当承担与托运人相同的法律责任。并且，如果出租人事后发现承租人装运了危险品，可以要求承租人按危险品运价支付租金。

然而，如果出租人在合同中同意了装运危险品，除非该货物危及船货及人命安全，否则不可中途反悔，更不可事后索要高额的租金。但承租人保证危险品安全的责任不变，即如果因危险品发生了损害，承租人仍应承担责任。

5.6.4　关于除外货物（cargo exclusion）

除外货物是指合同中明确约定的禁止承租人使用该船运输的货物。它不但包括危险品，也包括除危险品以外的任何其他货物。承租人运送除外货物是违约行为，船长可以拒绝装运。如果承运人坚持装运，视为其故意违约，出租人可以终止合同。但具体处理时，应考虑这一违约对整个合同的影响程度。在出租人或船长接受装运除外货物条件下，出租人有权要求额外的补偿。如果因此导致了额外损失，承租人也有义务负责赔偿。这些额外损失包括对船期的延误、对其他货物的损坏，以及对船体的损坏等。除外货物在各版本合同的上述条款的空白处填写，或通过追加条款列明。

5.7　　　　　船舶维持、航行义务与费用分担

船舶维持与费用分担是根据期租合同特点在格式合同的不同条款中予以规定的，其基本分担原则是，出租人为了保证船舶的适航性和货舱的适货性应承担船舶维修保养义务，分担相对固定的费用，承租人分担船舶的营运费用。

5.7.1　出租人的船舶维持义务

"NYPE' 46"第1条、"NYPE' 93"第6条、"NYPE 2015"第6条均对出租人的船舶维持义务作出了规定（to maintain her class and keep the vessel in a thoroughly efficient state in hull, machinery and equipment for and during the service）。

1.船级维持

在期租合同下，特别是当租期较长时，出租人不仅在交船时，而且必须在整个租期内，保证船舶符合船级要求，为此，必须及时履行必要的船舶维修保养义务，以保证船体、机器设备、货舱等方面适航。出租人在年度检验、坞检和4年的特别检验时，应做适当修理，以满足检验要求；在发生特别损坏事件时，也应按照船级社的要求对损坏进行及时、必要的修理。这类修理所支出的费用和占用的时间，除承租人责任所致外，应由出租人承担。

即使租期内的修理会影响船舶使用安排，承租人也不应妨碍或阻碍出租人的必要修理；即使修理时间很长，但不足以构成合同受阻，承租人一般也不得因为营运

安排受到影响而索赔利润损失，更不得取消合同。

除必要修理外，出租人还应保证船舶随时满足有关国际公约新的要求。当今，有关国家或国际组织对船舶要求越来越严，国际海事组织（IMO）制定的《1974年国际海上人命安全公约》（SOLAS）不断修订，提出了很多新的强制性要求。例如，要求船舶安装GPS、紧急遇险系统（GMDSS），保证在船舶遇险时有两套通信设备可供使用；为了船货安全于1998年7月1日开始强制实施的船舶国际安全管理体系（ISM），增加了相应法定检验证书（DOC）；为打击国际恐怖活动，于2004年7月1日开始实行的国际船舶保安措施，要求船舶建立保安计划并安装保安报警设备，并将"国际船舶保安证书"（international ship security certificate，ISSC）列为法定检验证书，凡此种种，层出不穷。为满足这些公约要求，船舶必须按照规定增添新设备，如防污染设备、救生设备（封闭救生艇、救生筏）、通信设备等。出租人如果拒绝或拖延执行上述法律规定，造成船舶无法合法营运，将构成出租人严重违约。"NYPE 2015"第6条（b）款对船舶应持各类法定证书做了列明，包括国际吨位证书、苏伊士运河和巴拿马运河吨位证书以及与船舶强度、安全、服务相关的各类法定证书。此外，该条款明确约定船东有责任在租约履行伊始提供"油污染赔偿财务保证书"（certificates of financial responsibility for oil pollution，COFR），使船舶有权航行于约定的航行区域，但出租人无须在整个租约期间内保持COFR有效。如果更新COFR费用骤增或无法再买到，租约双方应协商解决。如果无法达成协议，则该区域变为除外航区。

船舶还应持有和提供油污经济责任证明（certificates of financial responsibility）。与此相关的，该版本合同第18条还专门规定了出租人应当购买标准的油污保险，保险金额不低于国际保赔保险协会提供的水平。

2. 货舱清洁

货舱清洁是指为保证船舶货舱适合装运货物所做的必要扫洗。由于频频装卸货物，货舱的维持任务繁重，货舱在装货港口无法通过检验事件经常发生，损失大量船期，引起很多争议。根据航运习惯，出租人的货舱清洁义务是相对的。对此，"NYPE' 46"第8条规定，在船舶的使用上船长应给予承租人习惯性的协助，"NYPE' 93"第36条和"NYPE 2015"第10条（b）款对船员的清扫、清洗货舱工作作出具体规定。

根据上述规定，承租人有权要求出租人指示船员，在保证安全和当地规定允许的条件下，在各个载货航次完成后清扫和清洗货舱，为此，承租人应按合同约定向出租人或船员支付劳务费，但时间损失和货舱可能不被接受或不能通过检验的风险由承租人承担，但船员未尽谨慎的协助义务导致的时间损失应由出租人承担。英国一仲裁结果显示，某船在温哥华装运散粮前的货舱清洁费用高达20万美元，仲裁裁定由互有疏忽的双方分摊。

为满足《防止船舶污染国际公约》附则5《关于防止船舶垃圾污染规则》（MARPOL Annex V）的要求，"NYPE 2015"第10条（b）款（ii）规定，清洗舱所需的清洁剂和添加剂应由承租人提供，并随附经其签字的符合海事组织关于执行 MARPOL Annex V 指引要求的人体及环境无害证明。"NYPE 2015"第10条（b）款（iii）规定，租期内的货物残留及扫洗舱的清洗剂的处理应符合 MARPOL Annex V 的规定，导致的任何绕航、时间损失及费用有承租人承担。

3.装卸设备维持

"NYPE' 46"第22条和第23条、"NYPE' 93"第6条和第28条、"NYPE 2015"第6条和第28条分别对此作了原则性的和专门规定。

装卸设备及索具是货物装卸的重要手段，出租人必须保证吊杆、吊货索、滑车等相关索具的安全负荷都应符合合同约定并维持良好和有效的工作状态。按这类条款规定，如港口允许，船舶还应提供起货机操作人员，但承租人应支付费用。现今港口一般都不允许船员自己进行装卸作业，而由装卸公司派出操作员操纵起货机，操作员的费用一般包括在货物装卸费内（FIO条件下），由货主支付。

出租人维持装卸设备的主要责任有：

第一，保证安全负荷满足合同约定，其中包括起货机的起重能力及其电力供应，吊货钢丝、滑车、勾头等索具的抗拉强度等。

第二，吊车、吊货索具都应配有有效的安全检验证书。

第三，对损坏的起货机、索具应及时更换，否则，由此造成的承租人损失，包括岸机使用费、无岸机替代可能导致的承租人对他人的违约、人身伤亡等，出租人应负责赔偿。

装卸工人不适当操作或超负荷使用很容易导致起货设备损坏和货物损坏。在发生这类事故时，应立即请公证检验人登轮检验，查清事故原因，分清事故责任。在期租合同下，岸上操作工是由承租人雇用的，因此，由岸上操作工人造成的装卸设备损坏，包括对货物的损坏、对第三者的责任以及船期损失，都应由承租人负责。租约中的"在船长监督之下"的规定不能免除承租人此方面的责任。但如果在"监督"之后加上"及负责"一词，情况会变得复杂，需根据具体情况酌情处理。

4.入坞清理或修理

"NYPE' 46"第21条、"NYPE' 93"第19条、"NYPE 2015"第19条和第52条（b）款对此作出具体规定。船舶航行于热带水域或在某水域停留时间过长很容易形成污底（bottom fouling），导致航速下降，因此，"NYPE' 46"规定了出租人每6个月进坞清理污底的沉重义务。在正常情况下，船级社要求船舶每隔2年需进坞作检查修理，除非发生船体水下部分碰撞等紧急事件。因此，"NYPE' 93"和"NYPE 2015"对该条款作了较大修改，规定出租人可根据船级社要求选择为清理污底或修理进坞，但应取得承租人同意。尽管进坞清理污底有利于提高航速，对承租人是有力的，但进坞毕竟对其营运影响较大，而船底损坏的修理进坞则是出租人的维持船舶义务，因此，将是否进坞的决定权划归出租人也是合理的。因合理的入坞修理导致的承租人营运困难和损失由承租人承担。

5.配备适任的船员，服从承租人指令

"NYPE'46"第9条、"NYPE'93"在第6条和第8条、"NYPE 2015"第6条和第8条对此作出了规定。

配备适任的船员是法律上对出租人保证船舶适航义务的重要内容之一。它既要求各个岗位的船员应配备齐全，包括船长、其他干部船员和普通船员，也要求他们具备相应的技术能力（持有相应的适任证书）。

为保证承租人合理地充分使用船舶，船员应听从承租人营运指令。出租人应保证船舶日夜提供使用，船员应负责开关舱工作。在期租合同下，船长扮演着双重角色。一方面，他是出租人的代表，按照出租人的指示管理船舶，维护出租人的利益；另一方面，他又是承租人的代理，在营运方面按照承租人的指示执行货物运输任务，承租人租船业务的成功与否很大程度上依赖于船长的能力与合作。船舶远在海上和外地港口，承租人的指令能否被很好地贯彻执行，主要取决于干部船员的素质好坏。因此，如果承租人对管部船员的履行职务不满意，有权要求出租人更换，但需提供充足的证据，出租人也有权对此进行调查。

6.航行义务

"NYPE 2015"第26条规定，出租人应对船舶航行、引航员行为、拖轮行为、船员行为以及船舶保险及其他类似事项负责。

5.7.2 出租人应付费用

1.合同规定的应付费用

"NYPE'46"第1条、"NYPE'93"第6条、"NYPE 2015"第6条规定：出租人应当承担维持船舶正常运转所需要的船舶保险费、保赔保险费、生活区、甲板以及机舱所需的物料、备件、各种润滑油和淡水（包括锅炉用水和生活用水）以及船员工资、伙食、遣返（repatriation）和领事签证费。

2.关于保险费

根据英国普通法的立场，出租人支付的船舶财产险应包括基本险和战争险，但期租合同中通常都规定了除外航区，例如伦敦船舶保险条款中的"协会保证区域"（Institute Waranty Limit，IWL）或战争条款中规定的战区。根据这类条款规定，在出租人同意的条件下，驶入除外区域的额外保险费应由承租人承担。这是对出租人支付保险费义务的例外规定。

"NYPE'46"中没有战争条款，使用时通常通过追加条款加以规定。"NYPE'93"第31条（e）款和"NYPE 2015"第34条（d）、（e）和（f）款对战区保险费做了详细规定，后者更为详尽。根据"NYPE 2015"规定，在出租人同意船舶驶入战区时，承租人应当在收到出租人的账单后15天内或在还船时（以先到为准）向出租人偿付船舶保险人收取的追加战争保险费及相关费用，还包括出租人根据雇佣合同向船员支付的战区工资和奖金。另外，战区追加保费一般都很高，而且是按船舶价值计算的，为防止出租人随意支付高额追加保费，条款中对船舶价值应作出限定。

3.关于淡水费用

船用淡水问题不但涉及淡水费用，还包括为淡水供应可能产生的航行成本和港口使费，争议主要来自后者。通常，承租人指定的装卸港口都有淡水供应，出租人可以在这些港口安排补充并支付费用。但如果船长疏忽没有补充淡水，或者正常挂靠的港口属疫区，淡水被污染而无法补充，就可能迫使船舶挂靠某个中途港口补充淡水，从而产生额外费用。对此项额外费用无明确的分担原则，为避免纠纷，可在合同中追加规定："The master has liberty to sail the vessel to other port enroute for the purpose of adding fresh water in case of unavailability or epidemic disease at the ports designated by the charterers, all additional cost including cost for deviation and port disbursement are to be for charterers' account."

5.7.3　承租人应付费用

"NYPE'46"第 2 条、"NYPE'93"第 7 条和第 8 条、"NYPE 2015"第 7 条和第 8 条对承租人除租金外的应付费用作出了规定。其中，后两个版本中的第 7 条是对在租期间的承租人具体费用承担的规定，包括添加并支付油料、港口费用、强制性的垃圾处理和舷梯及货物看守（watchmen）费、引航费、运河费、拖轮费、代理费、通信费、货物熏蒸费、特殊货物的垫料、绑扎材料等，但出租人原因导致的除外，第 2 条和第 8 条是货物操作费用的一般性规定，规定凡与货物操作相关的费用和风险，包括装卸、积载、平舱、绑扎及解绑、紧固、铺垫理货等，均由承租人承担。

5.8　租金起算及支付

5.8.1　租金起算

1."NYPE'46"的规定

"NYPE'46"规定了两种情况下的租金起算原则，见诸三个不同的条款中，现归纳如下。

（1）在码头或泊位交船时，租金开始起算

"NYPE'46"的第 18～21 行规定：船舶应在约定的码头或地点交付，第 51～53 行规定：承租人应当从船舶交付时起支付租金，即如果在码头或泊位交船，租金应从交船时开始计算。"NYPE'93"第 10 条明确规定，租金从交船时起算。

（2）在锚地交船时，租金按规定的时间起算

"NYPE'46"第 62～64 行规定：如果船舶准备就绪通知书在当天下午 4 点前递交，租金从下一个工作日上午 7 点起算，如果提前使用，则从使用时起算。对准备就绪通知书在下午 4 点之后递交情况下租金应何时起算，该格式合同没有规定，

合同双方应自行商定。从该条款文义上看，准备就绪通知书不必在工作日递交，但租金起算日必须是之后的工作日。这意味着，如果准备就绪通知书递交之后遇上非工作日，租金只有等到随后的工作日上午7点才能起算。

2."NYPE' 93"和"NYPE 2015"的规定

"NYPE' 93"第10条和"NYPE 2015"第10条简洁地规定，租金从船舶按照约定交付时开始起算。

5.8.2 租金计算及支付

"NYPE' 46"第4条、"NYPE' 93"第10条和第11条、"NYPE 2015"第10条和第11条对此作出了规定。

1.租金的计算方法

"NYPE' 46"第4条是按照船舶每一夏季载重吨的日历月租金率计算租金的。因为日历月有大有小，国际租船市场上因不同时期对船型的需求量不同，不同船型的每一载重吨的租金率也是不一样的，所以当今人们已基本上改为根据市场行情，参考船舶的载重能力约定不同船舶的日租金率。"NYPE' 93"在保留了"NYPE' 46"规定方法的基础上，又增加了"日租金率"，供人们选择使用。"NYPE 2015"第10条只保留了"日租金率"的规定方法。

2.租金的支付货币

由于"NYPE"格式合同是美国人制定的，所以规定支付的货币为美元。事实上，由于美元仍为主要国际结算货币，大多数租船合同都规定以美元作为支付货币。"NYPE 2015"第10条已将此项删除，支付货币留给合同双方自行商定。除非合同另有规定，承租人使用非合同货币支付租金属违约行为，因为这可能给出租人带来汇率变动损失，也会产生汇兑手续费用。

3.租金的支付

"NYPE' 46"第5条规定根据第4条约定的租金率，每半个日历月提前支付到出租人指定账户。"NYPE' 93"已改为每15日历天提前支付到出租人指定账户（hire shall be made so as to received by the owners），并保证出租人可立即使用（in funds available to the owners on due date，every 15 days in advance）。"NYPE 2015"沿袭了"NYPE' 93"的方法。这就要求承租人以电汇方式支付租金，而不能使用支票、商业汇票等支付工具，排除了兑换困难、延长租金到账时间或受骗上当的可能。

首期租金应在交船时支付，最后一期租金，在扣除出租人费用后，应能够涵盖剩余租期，并仍需提前支付。如果届时最后航次仍未完成，出租人可要求按天提前支付，或者承租人向出租人提供担保，待还船后再结算，"NYPE 2015"还具体规定了应在还船后5个银行工作日内结算租金和存油余款。

此外，承租人还应支付其营运期间的船舶通信费、外来人员船上招待及伙食费。通常做法是约定一个包干总额，定期随租金一并支付。"NYPE 2015"第10条

（a）款规定每30天随租金支付一次。还船时的免扫洗舱包干费约定也包括在此款中。

5.8.3 租金迟付与撤船权利

1.合同的规定

"NYPE'46"第5条规定：承租人应当及时地按照约定连续支付租金，否则出租人有权撤回船舶，但不影响出租人租约下的任何索赔权利。"NYPE'93"第11条延续了这一规定，但增加了"宽限期"（grace period）条款，规定若承租人由于自己或其银行的疏忽、错误与遗漏等原因没能及时连续地支付租金，出租人应当书面提示，要求其在约定的若干银行工作日内改正，如仍不支付，出租人有权撤回船舶。"NYPE 2015"第11条将此宽限期定为3个支付地银行工作日，如在宽限期内仍不支付，出租人不但有权撤船，还可对剩余租期的损失向承租人索赔。第11条（d）款的"中止条款"（suspension）还追加规定，只要存在欠付租金，出租人可以中止船舶全部或部分服务（to withhold the performance of any and all obligations hereunder），由此导致的任何损失及后果，包括出租人为此采取的合法行动的后果，由承租人承担，并且租金继续计算。此项行为不影响出租人撤回船舶的权利。但是，该条款并未明确说明，在船东行使此项权利之前是否首先需要按照（b）款规定向承租人发出警告，为避免争议，合同双方应通过追加条款予以说明。

关于及时支付租金的重要性，英国大法官Wright勋爵在1948年的一个判案中说道："The importance of this advance payment to be made by the charterers, is that it is the substance of the consideration given to the shipowner for the use and service of the ship and crew which the shipowner agree to give. He is entitled to have the periodical payment as stipulated in advance of his performance so long as the charterparty continues. Hence the stringency of his right to cancel."①

根据英国法院的相关判例，承租人支付租金义务应当包括及时支付、全额支付和支付到出租人账户并可立即使用三个具体方面。

2.三项支付义务的解释

（1）及时支付。及时支付是指，除非合同另有规定，承租人应在租金支付日或之前进行支付。根据"NYPE"合同规定，迟付租金将导致出租人的撤船权利。及时支付遇到的一个难题是银行非工作日，包括公共假期、周末等。承租人可能遇到两种情况：一种是遇到汇款银行的非工作日；另一种是遇到转汇银行或收款银行的非工作日。为避免超期支付，承租人应提前作出安排，保证租金在到期日汇抵出租人账户。在汇款人和收汇人之间有多个中间银行时，承租人更要谨慎。

（2）全额支付。根据合同规定的绝对支付义务，承租人必须全额支付到期的租金，不得有任何短少（A timely but insufficient payment gives rise to the right to

---

① WILFORD, COGHLIN, KIMBALL.Time Charters [M]. fourth edition.London：LLP limited, 1995：253.

withdraw）。因出租人上述撤船权利主要来自合同规定，所以当今的期租合同都用严格的条文规定，承租人对租金的任何未经同意的扣减都可产生出租人撤船权利。

承租人在最后一期租金中扣减还船存油款和为出租人垫付港口使费的权利，均来自合同规定。所以，承租人应争取通过追加条款明确规定，允许承租人在最后一期租金中预扣还船油款及出租人港口使费。巴尔的姆格式合同规定，如果没有相反的追加规定，最后一期租金也必须全额支付，即使明知船舶会提前几天交还也一样，多付的租金（over payment）可由出租人退回。在使用这类格式合同时，应当认真研读，作出必要的修改。

"NYPE' 46"没有规定承租人可在最后一期租金中扣除预估的还船油款的权利，因此，在使用"NYPE' 46"时，承租人需要通过追加条款来取得这种扣减权利。"NYPE' 93"中在第11条（c）款中对"NYPE' 46"的规定做了扩展，允许承租人在双方同意的最后一期或倒数第二期（penultimate）的预计租金（estimated payment）中扣除预估还船油款及为出租人垫付的港口使费。"NYPE 2015"第11条（e）款延续了这一规定。

如果出租人担心承租人不合理地过多扣减预估油款和港口使费，可采取规定最高扣减额的方法来加以限制。如果扣减超过限额，则视为承租人未足额支付租金，这同样产生出租人的撤船权利。

（3）付到出租人账户并可立即使用。多数情况下，承租人和出租人的开户银行不是同一银行系统，一笔汇款要经过不同系统的银行间划拨过程，有时可长达几天。因为租金没有到达出租人账户，出租人便无法使用这笔钱。所以，支付被限定为租金要抵达出租人账户，使得出租人可立即使用，承租人只是汇出租金是不够的。所以，谨慎的承租人担心出租人撤船，通常早几天指示自己的银行将钱汇出。

3.全额支付的例外

尽管合同规定了承租人全额支付租金的绝对义务，但法律或合同也作出例外规定。主要有：

（1）合同允许的扣减（deduction from hire permitted by terms of charter）。许多期租合同通过追加条款明确规定了承租人可以在租金中扣减的项目。这些项目通常有：船体、机器、设备损坏导致的停租（off-hire for the break-down on hull/machinery/equipment）；船速不足（slow down of speed）；共同海损事故导致的时间损失等。此外，根据"NYPE' 46"第5条、"NYPE' 93"第11条（d）款、"NYPE 2015"第11条（f）款"应出租人要求，承租人可以（不是有义务）垫付租期内在各个港口的出租人费用（may be advanced by the Charterers），但出租人应支付2.5%的利息"的规定，承租人也有权在租金中抵扣。实践中，这类垫付费用通常包括船员工资、船员的遣返、医疗、登陆费用、船舶小规模的临时修理费、备件购买及运送费等。还有，根据"NYPE' 46"第16条、"NYPE' 93"第20条和"NYPE 2015"第20条的全损条款，当船舶发生全损时，出租人应将已收取的船舶全损之后的租金退还给承租人。另外，"NYPE' 46"第28条、"NYPE' 93"第44

条规定的根据已付租金计算的租金回扣（address commission），通常也可以在租金中扣减，"NYPE 2015"第53条直接规定可以在租金中扣减（关于佣金的支付参见各版本合同的相关条款）。

（2）出租人阻碍（use of ship being withheld by shipowners）。在交船后，船舶的使用权归承租人所有，出租人正常情况下不得干预、阻碍承租人对船舶的全部或部分使用，否则，承租人有权对这种阻碍导致的时间损失在下一期租金中扣减。例如：出租人违反"NYPE 2015"第6条规定的船舶维持义务导致的时间损失，出租人错误地指示船长拒绝装货，或错误地认定非安全港导致的时间损失等。

（3）船员违约导致船舶时间损失。例如：船长违反"NYPE 2015"第8条的尽速遣航义务或监督义务导致的时间损失、船员违反"NYPE 2015"第10条规定，未恪尽职责履行货舱清洁义务导致船舶在装货港的延误、处理出租人责任货损的时间损失、处理船舶实际载重量不足造成的时间损失等。对这类原因导致的时间损失，也可以在租金中对冲（set off）。

早期，对于出租人违约导致的时间损失，英国普通法是不允许在租金中对冲的，因为它属于违约性质，应另案处理。但英国著名的1974年Nanfri一案改变了这一立场。Mocatta大法官在上诉院审理该案时说："The charterers could deduct from hire their claim for damage when owners had in breach of charter and deprived them for a period of the use of the ship either in whole or in part."①

但是，上述后两项扣减只限于承租人直接遭受的船期损失，出租人和船员违约造成的其他损失（免责事项除外），不得在租金中扣减。例如，出租人违反"NYPE 2015"第13条规定（space available），未将船舶合理的可用空间（尤指装货空间）提供给承租人使用，导致的运费或转期租租金损失，以及其他直接经济损失；出租人责任的货物损失；船舶碰撞造成的其他损失等。此外，因船舶损坏修理导致的承租人寻找货载的时间损失，通常也不得向出租人索赔，更不允许在租金中对冲。因船长出具不实提单、不实加油收据等因素导致的第三人索赔也不允许在租金中扣减，只能另案索赔。

4.出租人的撤船权利

（1）撤船的权利来源于合同的约定。尽管英国法律强调承租人履行租金支付义务的重要性，但对于该条款是否为条件条款的认定一直不稳定。在 The Brimnes ［1973］1 WLR 386一案中，英国高等法院的Brandon法官认为租金支付条款并不是一个条件条款，只是中间条款。但2013年，在 The Astra ［2013］2 Lloyd's Rep.69一案中，英国高等法院的Flaux法官却判决租金支付条款为条件条款。2015年，Popplewell法官在Spar Shipping v Grand China Logistics ［2015］EWHC 718（Comm）一案中经过长达50页的法律分析，最终判决：定期租船合同中的租金支付条款不是条件条款。希望英国上诉法院对此问题作出明确指引，否则，出租人在承租人未

① WILFORD, COGHLIN, KIMBALL.Time Charters［M］. fourth edition.London：LLP limited, 1995：248.

支付租金的情况下可否撤船将依旧成为法律争议焦点。

我国《海商法》对出租人的撤船权利也作出了规定。该法第140条规定："承租人应当按照合同约定支付租金，承租人未按照合同约定支付租金的，出租人有权解除合同，并要求赔偿因此遭受的损失。"

但应当明确的是，上述法律立场只适用于合同双方未明确约定的情形，确定出租人是否具有撤船权利应当首先依据合同约定，除非承租人明确表示他将不再履行或无力履行租金支付义务，或者严重迟付已经构成毁约。

承租人事后补足迟付的租金不能改变已经迟付租金的事实，因而不影响合同规定的出租人撤船权利。英国上议院1977年在审理The"Laconia"案时判定：因为合同约定了出租人的撤船权利，因此，迟付的租金即使是在出租人发出撤船通知以前补付给出租人，出租人仍然有权撤回船舶。①

（2）出租人撤船的注意事项。因为撤船将会剥夺承租人使用船舶的权利，极易造成其后续合同违约，所以出租人必须谨慎行使撤船权利。如果错误地撤船，需承担故意违约的后果。出租人在行使撤船权利时应注意以下几个问题：

一是出租人必须向承租人或其代理人（指代其签订合同的代理）发出撤船通知。通知书必须表明，出租人因承租人违反租金支付条款而正式行使撤船权利。撤船通知于送达承租人处时生效，因此，只发给船长或承租人港口代理的撤船通知是无效的。

二是发出撤船通知后，如果部分货物已经装船，但提单尚未签发，出租人可以与二承租人（sub-charterer）或货主协商，继续完成航次任务，但运费必须支付给出租人（head owner），这等于出租人与二承租人或货主达成新的运输合同；如果全部货物已经装船并且签发了提单，则出租人根据提单运输合同，有义务将已装船货物运送到提单载明的目的地。在预付提单下，如航次运费尚未支付给期租承租人，出租人可行使合同规定的对转租运费的留置权，要求二承租人或货主将运费直接支付给出租人；如果运费已支付给了期租承租人，出租人则应自费将货物运送至目的地。在到付提单下，出租人有权在交货时向提单持有人收取运费。

三是出租人根据提单义务继续履行航次任务，不构成放弃撤船，承租人不得以此为由主张期租合同继续有效。对此，英国1981年的Fropwind一案已有判定（The effectiveness of such a clear indication to the Charterers of owners' decision to withdraw will not be prejudiced merely because thereafter the ship continues, for example, to load cargo or carry cargo to destination）。

四是撤船通知必须是肯定的最终决定。如果出租人一方面暂时控制船舶，并威胁要撤船，另一方面又催促承租人支付租金，则视为出租人放弃撤船权利。实务中出租人以停止装货、拒绝签发提单或拒绝卸货的方法逼迫承租人支付租金的做法在法律上是错误的，因为，这种做法一方面表明了出租人放弃了撤船权利，另一方面

① WILFORD, COGHLIN, KIMBALL.Time Charters［M］. fourth edition.London：LLP limited, 1995：260-261.

又阻碍承租人正常使用船舶，需要对由此造成的损失承担责任。正因如此，为方便出租人催收迟付的租金，"NYPE' 93""NYPE 2015"规定，在催收警告期（grace period）过后，出租人可以暂时停止船舶服务，直至承租人付清租金，由此产生的任何损失和后果由承租人负责。

（3）出租人撤船权利的放弃（waiver of the right to withdraw）。撤船权利可以或可能由于出租人的某种行为而被视为放弃。出租人放弃撤船权利有两种情况：一种是出租人有意弃权。例如，考虑到与承租人的良好合作关系，明确同意承租人在收到航次运费后再补付所欠租金。此种放弃视为出租人与承租人就某期或某几期租金的支付时间在原合同之外达成了新的协议，出租人应按照新的协议执行，不得半途反悔。另一种是无意弃权，即出租人本无意（not intended）放弃撤船权利，但由于采取了某些行为而被视为放弃。常见的无意放弃行为包括：

一是接受迟付的租金。如果承租人将过期的应预付租金补付到出租人账内，出租人没有退回（应收租金好不容易到手，谁会轻易再退掉），从而被视为放弃了撤船权利。为了保留撤船权利，出租人应当及时退回这笔租金。妥善的办法是在收到迟付的租金时，及时再次发出撤船通知，并明确告诉承租人将尽早退回租金。

二是撤船过迟。在收到迟付的租金后，出租人在决定是否撤船时过分犹豫，会被视为接受迟付，从而丧失撤船权利。出租人的犹豫不决有很多方面的原因。例如，担心船舶现在所处位置不好，撤船后能否找到合适的货载；公司决策者不在，下属不敢贸然做主；对承租人在租金中扣减的项目、金额是否属不合理难以判断等等。

何为过迟撤船应视具体情况而定，一切以合理为限。英国有判例显示，由于承租人人事变动，没有及时安排支付租金，出租人用了两天时间去查银行，被视为合理（The Balder London［1980］）；出租人花费适当的时间去咨询律师是否可以撤船视为合理（The scaptrade［1981］）。[①]

三是默许承租人继续使用船舶。出租人明知承租人迟付租金，仍默许承租人继续使用船舶，应视为出租人放弃撤船权利。例如，船长已向出租人告知承租人的后续货运安排，但出租人未向承租人发出撤船通知，也未向船长发出撤船指令，或仍指示船长执行承租人装船指示，这就构成出租人放弃撤船权利（The Tyre［1902］）。或者，承租人抱歉地告知出租人无法准时支付租金，但会想办法筹措资金尽早支付，出租人对此表示感谢，敬候佳音等。

5.出租人撤船后的索赔权利

撤船是因承租人违反租金支付义务而导致的出租人的特定权利，所以撤船行为不应影响出租人在租船合同下向承租人索赔的权利。"NYPE' 46"第5条、"NYPE' 93"第11条（a）款、"NYPE 2015"第11条（c）款都做了类似规定，我国《海商法》第140条也有此类规定。

① WILFORD, COGHLIN, KIMBALL.Time Charters［M］. fourth edition.London：LLP limited，1995：262.

期租合同下出租人的索赔权利包括很多内容，例如欠付的租金、对船舶的损坏、因签发承租人提单导致的对第三人的赔偿责任、违反合法货物条款导致的罚款、货物灭失或损坏的分摊责任等等，对此类损失，出租人都可依据法律与合同规定行使索赔权利。

5.9　　　　　　　　　　　　　停租条款

根据普通法原则和"NYPE"的租金支付条款，如出租人无违约行为，即使承租人因船长或船员的过失而无法使用船舶，也无权停付或扣减租金，简称停租（off-hire）。为减轻这一严格租金支付责任，格式合同通常订立停租条款，约定在由于船方原因导致船舶无法使用时，允许承租人暂停支付或扣减租金及有关费用。

5.9.1　　停租条款的规定

各种期租格式合同都规定有停租条款，由于用词不同，可能导致不同的法律后果。

"NYPE' 46"第 15 条、"NYPE' 93"第 17 条、"NYPE 2015"第 17 条均规定，在发生因列举事项导致承租人无法有效、充分地使用船舶时，损失的时间无须支付租金（停租），停租期间的油料消耗由出租人承担并可从租金中扣除。三个合同版本列举的停租事项逐步增加。

"NYPE 2015"列举的可停租事项包括：船员懈怠、过错与罢工；火灾；备品不足，船体、机器与设备降效或损坏、搁浅；由除承租人、受雇人、代理人或其转租承租人、独立合同人原因外的船舶被扣押导致的，或由因船舶缺陷导致的港口国检查（port state control，PSC）带来的，或因海损事故导致的（由货物潜在缺陷或特性导致的除外）船期延误，或为检查、清理、油漆船舶水下部分而入坞导致的船期损失，以及其他类似原因导致的时间损失（但因天气影响进入避难港或因船舶驶入浅水港口或河道导致的船期损失由承租人承担）。除处理货损事故导致的和"自由航行条款"允许的绕航外，违反承租人指令绕航导致的时间损失，按照"等距离点"的方法计算停租时间。所有停租期间的油料消耗以及船舶降速导致的时间损失、额外油耗及可证明的其他费用均可以从租金中扣除。

为进一步明确船员罢工导致的时间损失分担责任，"NYPE 2015"新增了第 41 条"行业行为"，规定：如遇因船舶所有权、船员或船员雇佣合同条款导致租用船舶延误或无法正常使用，因此造成的时间损失记为停租。出租人保证在交船及租期内，船员雇佣合同条款符合 2006 年国际劳工组织海运劳工公约的规定。

停租条款是一个"非过失性"条款（non-default provision），即不论出租人、船长、船员在船舶营运中是否存在过失，或者虽然存在过失，但根据合同免责条款可以免责，只要发生了条款中规定的船舶无法使用情形，承租人就有权停租。

但应当注意，停租条款只赋予承租人停付租金的权利，并不减少或免除承租人合同下的其他义务，除非另有明确规定。例如，在停租期间承租人仍应支付港口使费、船舶燃油费用等。所以，NYPE格式合同明确规定对停租期间的燃油消耗及因停租导致的其他费用，承租人可以在租金中扣除，但BALTIME格式合同则无此项规定。这意味着在BALTIME合同下承租人对船舶停租时消耗的燃油及其他费用仍要按照该合同的第4条（承租人应支付的费用条款）履行支付义务。因此，在使用标准期租合同时，人们一般都在合同相应条款的开头加上"Whilst on hire"短语，来说明停租时承租人可以扣减燃油及因停租导致的其他额外费用。

5.9.2　停租条款的解释原则

尽管停租条款中列举了许多停租事项，但导致船舶无法使用的情况千变万化，很难在合同中一一列出，也有的停租条款将停租事件扩大到"whatsoever"程度，易使人们对停租条款的理解产生分歧。因此，对合同没有列明的停租事件需要确立一定的解释原则。下面参照英国的司法实践介绍停租条款的解释原则：

1. "内因"原则（internal cause principle）

它是指当由于船舶本身原因致船舶无法正常使用时，租船人才可以停租。"内因"原则是判断可否停租的基本原则。停租条款是对承租人连续支付租金义务的一种例外规定，承租人欲援引停租条款停付租金，就必须证明出租人提供的船舶本身存在缺陷（包括未配备充足的适任船员及备品），未处在充分工作状态（not in full working order），从而影响和阻碍了他正常地使用船舶，并且带来了时间损失。

承租人不得因为外来原因（extraneous cause）阻碍其使用船舶而停付租金。外来事件，例如"NYPE 2015"相关条款提及的战争及类似战争行为、罢工、冰冻、海盗、货物走私、履行北美和欧盟的货物预报关规定、货物制裁，以及强制性压载水更换（一些国家担心船载压载水会带有外来有害物种，因此要求船舶抵港前必须更换）等，对这类事件导致的时间损失，合同中一般都规定不得记为停租（除非合同另有相反规定），因为它们完全是承租人营运面临的，或为了执行港口所在地的强制性法规产生的，与船舶本身无关。至于外来事件是否构成合同受阻则是另一回事。

对于不可停租事件带来的损失，承租人是否有权索赔取决于出租人在事件中是否存在过错。如果承租人可以举证证明损失是出租人过错导致的，例如不合理地干预船舶使用导致时间损失，可以根据违约来条款索赔损失，但不可依赖停租条款，除非此种情况被列入了停租条款。

2. 证明时间损失原则

证明时间损失原则的基本含义是：如果承租人欲停付租金，必须证明自己因可停租事件遭受了时间损失（sustained loss of time）。这意味着，即使存在约定的可停租事件，但该事件并未破坏船舶的"充分正常工作状态"，没有导致承租人时间损失，承租人对此也无权停租。例如：在装卸货物过程中，船员对主机故障进行修理但未影响承租人对船舶的使用；航行期间船员修理起货设备但并未影响承租人对船舶的使用，承租人都不可以因此主张停租。

时间损失有两种计算方法：一种是"时段停租"计算方法，另一种是"净时损失"计算方法，采用哪种方法应当在合同中明确约定。

（1）时段停租计算法（period off-hire）。时段停租计算法是指在计算停租时间时，停租时间从停租事件发生时开始计算，直到船舶恢复提供有效服务状态为止。常见规定方法如："in the event of loss of time from…preventing the working of the vessel, the payment of hire shall cease until she be again in an efficient state to resume her service." SHELLTIME4 格式合同中规定："…the vessel shall be off-hire from the commencement of such loss of time until she is again ready and in an efficient state to resume her service…"

该计算方法适用于船舶整体因停租事件阻碍而无法使用的情形。例如，船舶发生事故在修船厂的全部修理时间，或其他停租事件导致的船舶停航或无法装卸货物。但该种计算方式比较笼统，它不考虑停租事件对整个船舶工作状态影响程度的大小，只要有影响，哪怕只是部分的，也整船停租，这对出租人在停租事件对船舶的使用只有局部影响的情况下是不公平的，例如装卸货物过程中数个吊机只有一个损坏。该方法也不考虑停租事件对承租人利益的影响时间长短，只要停租事件结束，船舶恢复有效工作状态，即应恢复计算租金，这对承租人也是不公平的。因此，为公平合理起见，在上述两种情况下，应当采用净时损失停租计算方法。

（2）净时损失停租计算法（net loss of time）。净时损失停租计算方法是指在计算停租时间时，只计算承租人的净时间损失，而不管停租事件何时结束。常见的规定方法是："in the event of loss of time from…preventing the full working of the vessel, the payment of hire shall cease for the time thereby lost." NYPE 和 BALTIME 都是采用这种规定方法。该方法可用于任何情况下的停租计算，因此，可以替代时段停租计算法，这对合同双方都是公平的。

净时损失停租计算法的理想适用场合之一是吊杆在装卸货物过程中发生故障。此时，应当依据吊杆故障是否带来净时间损失来计算停租。例如：某船共有 3 个吊杆，其中一个损坏，承租人将海上航行及卸货时间全部按照 2/3 比例计算租金。对此，英国上诉庭 Mocatta 大法官判定，在净时间损失的原则下，不但海上航行期间不能停租，装卸货物期间也不一定允许停租，需要考虑承租人是否遭受净时间损失。假设该案中卸货时码头原本只安排两个工班，只需要使用两个吊杆，或损坏的吊杆负责的只是一个小货舱，卸货过程中该吊杆修好了继续工作，而且可以与其他两个大舱同时完工，则承租人就没有净时间损失。为方便计算和明确起见，人们常通过追加条款规定：如有吊杆损坏，停租时间按照损坏的吊杆数与装卸作业的舱口数的比例计算。例如规定："All derricks（cranes）to be at charterer's disposal during loading/discharging.In the event of disable derricks or cranes, the hire to be suspended pro-rata for the number of working derricks or cranes available.if, however, charterer arrange shore cranes to replace the disable derricks or cranes, then hire not be suspended.

In either case, all proven expenses including shore crane rental and stevedore standby to be for owner's account."

净时间损失计算原则的另一理想适用场合是为安排船舶海损事故（average accidents）修理而导致的绕航时间损失计算，此时采用的计算方法也称为"等距离点"（equidistant position）绕航停租计算法，如图5-1所示。等距离点绕航停租计算法是指，当船舶绕航修理时，绕航停租从船舶绕航时起算，直至船舶修理后恢复航行，到达与绕航起始点至目的地距离相等的点时为止。在图5-1中，船舶从A点向C点航行，为了修理绕航至B点，三点形成一个三角形航线。如果BC的距离大于AC，则净时间损失应从船离开A点时开始计算，直到修好后沿BC线航行到D点时为止，CD应等于AC（图5-1（a））；如果BC距离小于AC，则净时间损失应从A点开始计算，直到AB航线上的D点为止，DB+BC应等于AC（图5-1（b）），此时的净时间损失小于AB的航行时间，但在AB线上航行时，船舶仍处在非正常工作状态，这正说明了净时间损失与停租事件何时结束无关。在图5-1（c）情况下，净时间损失为从A点绕航到B点，船舶修理完毕后再从B点航行到A点所用的时间，即两倍的AB航行时间。

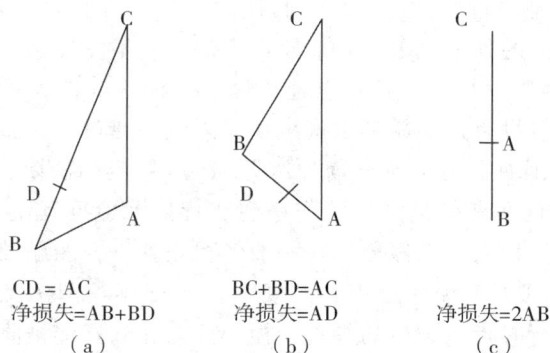

CD = AC
净损失=AB+BD
（a）

BC+BD=AC
净损失=AD
（b）

净损失=2AB
（c）

图5-1 净时间损失计算图解——EQUIDISTANT POSITION

应当注意的是，等距离点法计算的只是为修理而发生的绕航时间损失，全部停租扣减还应包括从船舶到达修船厂起至船舶最后驶离修船厂时止的全部净时间损失。此外，英国普通法的原则是，即使合同规定了净时间损失计算方法，停租时间应当而且只能计算到船舶经过修理恢复正常工作状态时为止，这与时间段计算方法相似。美国在修理绕航时间损失计算上遵循的是净时间损失原则。"NYPE'93"和"NYPE 2015"对绕航的时间损失计算采用的就是"等距离点"计算法。

3.同类解释原则

同类解释原则（ejusdem generis rule）是指在解释合同条款时，如果条款中列举了一系列具体事件后，又加上一个意思更广泛的概括性词语，对该词语的解释应当限定在同类事项范围内。

在"NYPE'46"、"NYPE'93"和"NYPE 2015"合同的停租条款中，首先都列举了一系列停租事件，然后又加上"or by any other cause preventing the full working of the vessel"。表面看来，似乎"任何其他原因"可解释为任何事件，但是按照同类解释原则，该短语只能被限定解释为来自船舶自身的其他未提及的阻碍事件。据此，在"Erriting Court"案中，1937年我国军民将清政府1894年从德国购买的"辰""宿"两艘鱼雷艇沉于江阴，将芜湖出港航道堵死，以防日本战船沿江进攻，但将"Erriting Court"商轮困在港内。英国法院判决：承租人不得引用"任何其他原因"主张停付租金；中国香港远洋公司的"温江"轮在两伊战争中被困在Shatt Al河中也被英国法院判定承租人不得引用"任何其他原因"停付租金。①至于两个案例中承租人能否依赖战争条款终止合同，则取决于合同是否订有战争条款以及战争条款内容。

4. "无论任何原因"的效力

为改变同类解释原则下承租人的法律地位，有的承租人在"任何其他原因"之后又加上"无论任何原因"（"whatsoever"），在词意上已达最广泛程度。虽然如此，对该词语的解释同样要受到一定限制。根据英国普通法所确立的原则，"无论任何原因"也必须是来自船舶的或来自其他方面的阻碍船舶充分工作状态的事件，与条款列举事件无关的外来原因导致船期损失的，仍不能停租。

"无论任何原因"一词比"任何其他原因"一词确实扩大了停租事件的解释范围。停租条款中一般没有包括船员生病事项，因此，船员生病影响船舶正常使用时是不可停租的，但因有了"无论任何原因"，1978年英国法院在审理The "Apollo"轮一案时，调查发现两名船员染上了伤寒在装货港因检疫延误了30小时，结合前述条款规定，判定承租人可以停租。在一般停租条款下，船舶被扣事件也不在停租之列，但由于有了"无论任何原因"的规定，1983年英国法院审理The "Giorgis"轮案件时，鉴于航行时货舱载运的粮食受损，船舶在卸货港被收货人扣押，结合前述条款，仲裁员和上诉法庭都认定可以停租。Lloyd法官在此案的判决陈辞中说："One must have regard not only to the physical condition of the vessel，but also to her quality and characteristics，her history and ownership. The arrest was in my view，directly attributable to her history."②

但是，对另外一些原因导致的船期损失，尽管有"无论任何原因"的规定，如果事件发生时船舶本身可提供正常服务，是外来原因影响了船舶使用，则仍然不能停租。这导致了像"Roackbank"轮（1988年英国判例）在南海救起一船难民，在高雄港船被拒绝进港导致的时间损失，像"Errington Court"轮在芜湖因中国军队封锁长江而被困的时间损失，以及正常营运中的港口拥挤、码头工班不足等导致的时间损失，在"无论任何原因"短语下都不得停租。

由此看来，在一般性的停租条款中即使加上了"whatsoever"一词，也不能全

① WILFORD, COGHLIN, KIMBALL.Time Charters ［M］. fourth edition.London：LLP limited，1995：370.
② WILFORD, COGHLIN, KIMBALL.Time Charters ［M］. fourth edition.London：LLP limited，1995：371-372.

面保护承租人的利益。为此，承租人可以在一般性停租条款中，尽量多地规定各种可停租事件，以便在事件发生时有权停租。例如，在一般性的停租条款之外，追加下述内容："In the event that the vessel is delayed by strikes, labour boycotts or any other discrimination against the vessel, because of vessel's history, ownership, management; and/or ITF boycott or similar action; and/or because of vessel being denied or restricted in the use of the vessel by shore labour / tug or pilotage; and /or because of PSC inspection and detaining; and /or because of sickness of, or accident to crew or any person on board the vessel, the vessel to be off-hired for time so lost, and any extra expense, to be for owners' account."但即使这样，也无法保证穷尽所有停租事件。

5.9.3　违约与停租

如本节开始所述，停租与违约索赔是性质不同的两个问题。根据停租条款，只要发生了列明的停租事件，承租人就有权停租。而如果合同一方发生违约行为，另一方只能依据合同或相关法律规定索赔损失，但不得停付租金。

停租与索赔的内容也是不同的。在发生停租时间时，承租人只允许扣减相应的租金，别无它项；但在发生出租人违约导致船舶无法使用时，承租人的损失索赔，除包括租金损失，还可包括其他损失。英国法官 Kerr 在审理 The "Democritos" 一案（［1975］1 Llody's Rep.86）时说："...if a period of off hire results from a breach of the charter on the part of the owners, then the charterers would in law be entitled to damages quite apart from not being liable for hire, or being able to recoup any hire paid in respect of this period, if they can establish that they have thereby suffered additional loss."[①]例如：出租人违反船舶适航规定，吊杆严重损坏，导致承租人丧失了一个利润颇丰的航次合同，承租人除索赔租金外，如果能够证明他还损失了合理的利润，还可就此索赔。

同理（equally），如果承租人违约导致船舶无法使用，出租人不但可以要求连续支付租金，如能证明还有其他损失，仍可索赔。例如：承租人违反除外货物条款，指示 "Dodecanese" 轮运军火（ammunition），被埃及政府列入黑名单。恰巧该轮机器损坏需在当地修理，本来只需 4 天修理时间，由于当局干预用了 30 天，承租人根据停租条款停付了这 30 天的租金。英国法院判决，出租人有权索回这 30 天的租金。再例如，出租人如能证明船舶发生的停租事件是因为船长听从承租人指令所致的（result from master's obedience to the order of the charterers），同样可索回被停付的租金。

5.9.4　租期与停租

在考察租期与停租的关系时涉及两个问题，一是停租时间可否从租期中扣除，

---

① WILFORD, COGHLIN, KIMBALL.Time Charters ［M］. fourth edition.London：LLP limited, 1995：377-378.

二是停租可否解除剩下的租期。

关于第一个问题，答案是否定的。停租条款并不能自动扣除停租时间，或者说不能自动将还船时间相应后延。承租人如有意延长还船时间来补回停租的时间，必须在合同中中追加明确的规定。

对于承租人可否因停租事件解除租约问题，需视停租事件对合同的影响程度而定。一般情况下，停租条款只是承租人连续支付租金义务的例外规定，而与终止合同权利无任何关系。但是，如果交付的船舶表面符合合同要求，但在整个租期中技术状态很差，营运后经常发生停租事件，一些故障修理需要很长时间，严重影响了承租人的合同利益，结合租期长短考虑，可能就允许承租人解除合同，但这种合同解除权利依据的是出租人的船舶保证条款，而不是停租条款。由于承租人在停租条件下的终止合同权利不确定，有的期租合同就规定，如果一个停租事件超过一定时间，承租人有权选择取消剩余的租期（If for any reason whatsoever the vessel will be off-hire or is reasonably estimated to be off-hire for 30 consecutive days, the charterers have the option to cancel the balance of this charter）。

5.10　　　　船舶使用与赔偿条款

期租合同中的船舶使用及赔偿条款包括三个部分：一是船长的尽速遣航责任，二是船长执行承租人指示的责任，三是承租人及时正确发出指令及赔偿的责任。

5.10.1　船长尽速遣航的责任

1.有关规定

在期租合同下，为使承租人能够最大限度地使用船舶，避免或减少时间损失，"NYPE'46"第8条、"NYPE'93"第8条、"NYPE 2015"第8条均规定，船长及其船员应日夜工作，并在各航次中合理地恪尽职守尽速遣航，并给予承租人习惯上的协助。

2.船长在港内的尽速遣航义务

船长在港内的一切操作环节中都应履行合理地尽速遣航义务，它包括以下两个主要方面：

（1）在锚地，船舶应保持正常值守电台，听从承租人调遣；机舱人员应及时备车以便靠泊装货；甲板部门应在靠泊前将货舱清扫干净，起货设备保持正常可工作状态。还有的合同要求所有货舱盖都已打开，吊杆立起以及做好其他与装卸作业有关的工作；全船卫生合格，能顺利通过卫生检疫等。

（2）在泊位上，大副应提前做好货物配载工作，以便及时开工及保证顺利作业；船长、大副不得无理拒绝装卸货物；船员应在作业时当班值守，保证货物按配载图计划装卸，避免倒舱、错装、漏装、错卸、漏卸。在船舶装货完毕或卸货完毕后，船员应及时返船、及时备行以保证及时开船。凡此种种，船员都应尽力协助承租人的货物操作。英国有一仲裁案例，因开航前轮机长失踪造成船舶延误，结果抵达卸货港时赶上新年放假，裁决出租人应赔偿时间损失。[①]

3.船长在航行中的尽速遣航义务

相对港内来说，船长在航行中的尽速遣航义务更复杂一些。承租人总是希望船舶能够以最快的速度、最短的航线完成航行。但由于海上影响因素千变万化，船长在航行时应首先考虑航行安全。因此，船长可能选择一条相对安全的航线，但不是最短的；选择一个安全的航速但不是最快的（例如穿行大浪区，近海捕鱼区等）；遇到恶劣天气更可能选择去抛锚避风而不是冒险航行。这些安全考虑可能与承租人的愿望发生冲突。现就有关主要问题阐述如下：

（1）关于航线选择。关于航线选择，由英国海军测量部出版的"世界航路指南"对全球各海区都作出了推荐航路。一般情况下，船长按照此推荐航路行驶，应当是正确的。但是，这些推荐航路是根据一般情况作出的，而船长在决定航路时，还要根据船舶年龄、技术状况、航次货载、海区气象等具体情况，从船货安全及经济角度来确定具体的航路。有时，选择的航路可能与推荐航路不同，甚至比推荐航路里程要长。这时，只要船长有充分、合理的理由证明当时的选择是合理的，应视为船长履行了尽速遣航义务。由于船长对航行安全负有责任，一般情况下，法官或仲裁员也会尊重船长的航路选择。

有关航路的争议通常发生在跨大洋航线上，因为跨越大洋可有多条线路选择。航路指南通常推荐大圆航线（great circle），气象导航机构，如美国 Oceanroute 公司，通常也会推荐大圆航线，因为大圆航线海程最短。承租人往往也雇用气象导航公司，指导船长确定具体航行路线。但有时大圆航路航行起来比较困难，例如北太平洋大圆航线，从美国来中国，船舶要进入白令海（Behring Sea）和阿留申群岛（Aleution Islands）的高纬度海区。在冬季这是一条很困难的航线，9、10级大风是常事，浪高可达 10 米以上，有时还会逆流逆风。此时，行走大圆航线除对船货安全构成威胁外，在经济上也不一定是合理的。因此，船长就可以将大圆航线向南推移至合理的位置。但若在 4、5 月份，冷空气势力减弱，船长仍拒绝行走大圆航线，通常是不合理的。为避免这类纠纷，有的租约中规定："In order to maximize vessels performance master is to follow Oceanroutes' suggestions concerning navigation, but master may, at his reasonable discretion not to follow suggested route, in which case he is to delail in the logbook the reasons for departing from same." 租约中应避免规定船长一定要按推荐航路行走，否则会剥夺船长的航行自由权。

（2）关于船速。在船速方面，船舶规范中描述的船速通常为船舶的最高船速，谨慎的出租人在租船合同中保证的通常是正常船速，船舶按照正常船速航行不会对船舶主机造成损坏。但实际航行中船速会有意地被降低，一种原因是船舶主机工作不正常，例如排烟温度过高而主动降速。排烟温度过高可能是增压器（turbine）出

---

① LMLN No. 134 （1984）.

现故障，也可能是高压油泵出现故障，也可能是主机气缸内有问题，这都是船员维修保养船舶义务之内的事情，所以，对这类问题导致的降速，承租人可以扣减租金或索赔船期及燃油损失。另一类减速与航行安全有关。例如：船舶进入狭窄水道或进入沿海捕鱼区，按照避碰规则要求减速，或在大风浪区为航行安全而减速等。对这类为船货安全的主动减速，应视为合理行为，而不能指责船长未尽速遣航。当然，船长应将减速的原因记录在航海日志中备查。还有一类减速是因为坏天气所为，对这类减速不在尽速遣航范畴之内。承租人往往不问青红皂白，凡有未达规定船速者，统统归责于船长未尽职责，对此必须加以区别。因此，船长应认真记录航海日志，以备抗辩之用。还有一种原因是承租人指令船舶降速，以满足其营运安排。此种降速导致的时间损失应由承租人承担。"NYPE 2015"第38条专门对此问题作出约定（详见5.17.3）。

（3）关于停航。船舶航行中停航原因主要有两个方面：一是船舶本身发生故障，须漂航修理，或因碰撞进厂修理。对这类停航造成的航期损失，承租人可根据合同规定计算停租。二是船长为航行安全而有意停航。最常见的是船舶避风停航。避风停航是否合理及避风时间长短是最易产生争议的。的确，对什么是合理避风没有一个准确的尺度，它与船舶状况、装运货物、风力大小、顺风还是逆风航行都有着直接关系，是否应当停航避风与船长的经验及判断也有着直接关系，正因为如此，承租人才常常指责船长判断不合理而向出租人索赔。对这类争议，裁决的天平往往会倾向船长。但在当今天气预报技术已相当发达，船舶接收、获取气象资料的手段也已非常先进的情况下，船长停航避风应谨慎合理。

4.尽速遣航与出租人免责条款

如前所述，船长未能合理地尽速遣航造成了承租人损失，出租人应当负责赔偿。但是，期租合同中一般都规定有出租人免责条款，与尽速遣航义务相关的是"航行中错误"的免责。这种免责在"NYPE"合同首要条款中并入的《海牙规则》及美国1936年《海上货物运输法》中都有规定。根据这类免责条款的一般性规定，尽管船长在驾驶船舶和管理船舶中存在错误或疏忽，造成了承租人损失，出租人也可以免除赔偿责任。

问题是，对船长未履行尽速遣航义务能否适用上述免责条款，或者说免责规定能否超越尽速遣航规定。免责条款是保护出租人利益的，依据对有利方应从严解释的法律原则，出租人想成功依赖免责条款并非易事。为避开免责条款，法官或仲裁员会避开"疏忽"一词，而将船长的失职归为有意的懒散（slackness），从而作出有利承租人的裁决。从合同的本意来说，这种解释也是合理的，否则，船长岂不是可以胡作非为？

5.10.2　船长履行指令中的权利与义务

1.有关规定

船长，作为出租人委派到船上的代表，在执行期租合同任务中扮演着双重角色。一方面，他应当执行出租人指令，维护出租人利益；另一方面，他还应该履行合同义务，听候承租人关于货运方面的指令，完成航次任务。为此，期租合同中都有船长在关于船舶使用方面应听候承租人指令的规定，"NYPE'46"第 8 条、"NYPE'93"第 8 条、"NYPE 2015"第 8 条均有规定。

2.承租人的指令范围

（1）承租人的指令不得超出合同规定的范围。承租人对船长的命令权利来自于合同规定，这意味着他所发出的指令不能超过合同规定的范围，即指令只能与使用船舶有关。

承租人为满足航次合同需要，要求船长倒签提单的指令、在大副收据载有不良批注情况下要求船长签发清洁提单的指令、为承租人自身的利益而要求船长不合理绕航的指令、为逼迫收货人支付运费而拒绝进港卸货的指令等等，都是不合理的或非法的，也不是期租合同赋予的权利，因此船长可以拒绝执行。

此外，对其他损害出租人利益的指令，船长也有权拒绝执行。例如，指示船长航行非合同航区，或装运合同除外货物，或完成一个非法的最后航次。承租人更不能指示船长去无单放货，因为这种做法既违反提单合同，对提单持有人来说又构成侵权，可能使出租人、船舶面临巨额索赔。

对于无单放货问题，当今正本提单晚于货物到达卸货港已成为普遍问题，程租合同下的承租人可能逼迫期租承租人同意无单放货。为避免自己背上额外责任，有的承租人在期租合同中追加一个条款，变相规定出租人应同意无单放货。例如规定："should the original bills of lading not be available at discharging port upon vessel's arrival, it is at the discretion of the owners to release cargo against charterers' letter of indemnity in accordance with owners' P&I club's standard wording without any bank endorsement. In case owners elect to wait for the presentation of original bills of lading before discharging the cargo, the vessel will be placed off-hire from the time the vessel arrived at the discharge port until such time that the vessel commence discharge."

应该说，这种规定并不违法，它并未强迫出租人一定要去违法无单放货，将等待提单时间计为停租纯粹是出租人同意的合同事项。对这种有风险的条款，出租人不应轻易接受。实在无法拒绝时（为赚钱，总要冒些风险），也应规定如果无单放货产生责任及损失，应由承租人负责。

（2）承租人的指令不能危及船货安全。在期租合同下，承租人最关心的是如何尽快完成他所签订的航次合同，以最大限度地赚取运费。利益的驱使会使其忽视船舶安全，作出不合理的指令，这是不允许的。例如，不合理地订立了航次货载，命令船长必须全部装运，从而导致船舶超载或稳性不足；命令船长驶入战区不安全港口；指示船长在港外进行船靠船装卸作业（double banking）等等。应当注意的是，对承租人保证船舶稳性和港口安全责任，即使合同中没有规定，法律上也存在默示责任，但不许海上船靠船作业则需要靠合同规定。这种作业常因防碰垫不足，加上风浪、水流影响，而导致船体受损，所以出租人一般拒绝这种作业。为此，有的承租人便在合同中追加规定："Charterers have the privilege to double bank the vessel, i. e. may order the vessel alongside other vessel and / or vice - versa, provided always considered safe.Necessary fenders to Master's satisfaction to be provided by the Charterers. These operation to be in the Charterers' time and at their risks and expenses including but not limiting to any extra insurance premium, if any." 这种规定也是经过斗争改良来的。保险公司的保险条款一般是不允许船靠船作业的，如果坚持这样做，需增加保险费，所以有最后一句的规定。

3.对执行指令后果的责任划分

有的租船合同，如 BALTIME，明文规定承租人应对其指令所导致的一切后果负责，NYPE 格式合同有 "由其承担风险和费用" 的规定。然而，一项事故产生的原因往往是多方面的，有的与承租人使用船舶有关，有的却是出租人应当承担的风险。责任划分的基本原则是损失应由直接责任者负责，主要责任者的确定应遵循以下三个原则：

（1）承租人应对营运指令的后果负主要责任。在履行租船合同过程中，如果船长按照承租人的指令行事导致了不良后果，承租人应当承担责任。英国上诉法院1934 年在 The "Strathlorne" 案判决中，重申了早在 1875 年就已确立的原则，即："when an act has been done by the plaintiff under the express directions of the defendant which occasions an injury to the right of third persons, yet if such an act is not apparently illegal in itself, but is done honestly and bona fide in accordance with the defendants directions, he shall be bound to indemnify the plaintiff against the consequences thereof." ①

当然，上述基本原则也要求船长在执行承租人指令时不能有明显的严重错误或非法行为（obviously grave negligence or illegally）。一般情况下，船长按照承租人的指令行事导致不良后果都不应视为船长错误。但是，如果船长明知那样做会导致严重不良后果却仍坚持那样做，就可能被认为是明知故犯。船长屡次这样犯错，恐怕出租人也很难依赖免责条款逃脱责任。

（2）出租人应对航行安全负主要责任。承租人的指令也会涉及航行方面，但法律上一般都赋予船长对航行安全的绝对决定权，船长认为无法保证安全时，有权拒绝执行承租人的指令，因此，一般情况下，航行安全事故责任应由出租人承担。

在处理因执行承租人航行指令所导致的航运事故时，首先应考虑查证船长是否合理地恪尽职责履行了航行安全保证责任。例如，船长明知或应该知道某港口或某航道是不安全的，却仍去执行承租人的指示进入该港口或航道，从而导致船货受损或人员伤亡。此种情况下，不能认为船长尽职地履行了航行安全保证责任，出租人就应对此事故的后果负责。此外，船舶航行中的一般风险，例如合同航区内的大风浪损坏了船舶，也应由出租人承担。出租人还应对船长航行中的明显疏忽承担责

---

① WILFORD, COGHLIN, KIMBALL.Time Charters ［M］. fourth edition.London：LLP limited, 1995：293-294.

任。例如，船过巴拿马运河应控制吃水，船长却疏忽地多装了货物，使船舶吃水超过限制，无法通过运河。

（3）混合责任事故中主要责任者的确定。对于既有承租人指令责任又有船长疏忽责任导致的航运事故，应根据事故中的因果关系及近因原则确定责任者。例如，承租人指示船长在本港口装货完毕后开往下一港口。当本港口装货完毕时，出现恶劣天气，港务局下令船长开船。结果，船舶驶离时由于恶劣天气而搁浅，船舶严重受损。英国上议院认为，船舶搁浅的近因（最直接的原因）是船长不正确地执行了港务局在坏天气情况下的开船令（这与航行有关）而不是先前的承租人指令（这与使用船舶有关），因此，法院拒绝了出租人的赔偿要求。所以，出租人想要成功地向承租人索赔因其指令所造成的损失，必须举证证明，承租人的指令与损坏结果有最直接的因果关系。

4. 出租人索赔的时效保护

对因承租人指令不当造成船舶损失的索赔，因为关系比较直接，一般容易解决。对这类索赔的时效，英国法律允许有6年的时效，中国《海商法》允许有两年的时效。较为复杂的是涉及对第三人责任的事故的时效问题。在发生由于承租人指令不当导致对第三者责任时，例如人员伤亡、财产的损坏或其他侵权责任，受害方往往直接向出租人交涉并会采取扣船的方法取得索赔担保，逼迫出租人不得不去解决。解决这类侵权案件通常会经过反复的抗辩过程，有时会拖上几年的时间。

出租人花费了很长时间解决了与第三者的纠纷后，回过头来向承租人索赔时可能时效已过。出租人在处理这类问题时应当注意：第一，在合同中明文规定，在发生承租人责任案件时，出租人可首先去处理，但承租人应向出租人提供无限额的担保。例如规定："when an action taken by the third persons against the owners for indemnity which is possibly related to the orders and/or instructions from the charterers, the owners may firstly to handle on behalf of the charterers, with the later to provide a LOI to the former for the possible indemnity whensoever and how much soever." 第二，为防止承租人无力承受巨额索赔，在合同中规定承租人必须购买"承租人责任险"。这样，在发生重大事故时由保赔保险公司赔偿。第三，出租人应注意船舶在法定的时效或议定的时效接近到期时，取得承租人的时效延展确认。

5.10.3　承租人及时下达指令责任

与上一条相联系的是，"NYPE' 46"第11条、"NYPE' 93"第15条、"NYPE 2015"第15条均规定，承租人应以英语向船长下达明确的书面航次指令。在期租合同下，船舶的调度使用权归承租人。承租人有权也有义务向船长下达明确的航次指令。通常，指令的下达方式和基本内容如下：

（1）承租人应当在交船时，向船长作出关于整个租期内的一般性指令。在一般性指令中，确定所有的航次指令发出人、方式及具体的联络人员和方法，确定船长要求加油的程序、每天午报格式及内容、船员应提供什么协助及奖金多少等问题。

（2）承租人应就各航次任务及时发出具体指示。航次指令中应当包括：装卸港口及航行路线建议、合同货物细节及注意事项、货物绑扎及垫物料安排、装卸率、装卸港口代理的细节、油料添加计划、大副提交配载计划的时间等。同时应当征询船长有无任何困难和要求，以便及早作出安排。如果因指令不及时，或者指令不清楚导致了损失，应由承租人负责。除航次命令应及早发出外，在具体营运工作中，还会有许多改变原航次命令的指示，有装货中改变计划的，有改变加油港的，也有改变卸货港的。如不及时准确地发出更改指令，事后再改变既定的事实，往往会花费很大的代价，承租人应予以注意。

5.11 　　　　　　　货物装卸条款

本条款主要规定承租人的货物装卸责任和船长的监督义务，以及货损的责任分摊原则。

5.11.1　相关规定

与航次租船合同不同，在期租合同下，承租人负责货物处理，包括装卸、平舱、理舱、绑扎及解绑、紧固、铺垫、理货等工作并承担风险和费用，但船长通常应当承担这些操作的监督责任。对此，"NYPE' 46"第8条、"NYPE' 93"第8条、"NYPE 2015"第8条均有规定。

5.11.2　承租人的责任、费用和风险

NYPE合同中明确规定了承租人在装卸工作各个环节中应当承担的责任、费用与风险，包括期间产生的船期损失，承租人不得无故将其转嫁给出租人。

1.承租人应当承担正常的货物操作的责任、费用和风险

在定期租船合同下的船舶使用过程中，承租人应当承担与货物运输相关的各个环节的货物操作责任、费用和风险，不得依赖"船员习惯协助"条款要求船员无偿完成上述工作。船员是否应参与货物操作，取决于承租人与船员之间是否达成了劳务协议（正常的扫洗舱除外）。

货物操作包括很多内容，承租人除了需要承担通常的货物装卸、理舱、平舱、绑扎责任、费用和风险外，还包括可能产生的装卸工人不满意船吊速度要求使用岸吊、怠工要求加发奖金、特殊扫洗舱、垫物料等事项的安排、费用和风险，也包括由此可能产生的船期损失。只有当出租人违约导致这类费用、风险和船期损失时，出租人才需承担责任。例如，出租人强行干预货物装卸、不履行合同规定的船员协助义务、不履行合同约定的船员扫洗舱义务等。

但是，承租人的货物操作责任和风险费用承担只限于正常的装卸港口，避难港发生的货物装卸责任、费用和风险属共同海损范畴，应由受益人共同分摊。然而，如果共同海损的发生是由于承租人在装货时干预船方的合理配载计划，致使积载不

当，最终导致航行中货物发生位移，影响到航行安全，船舶不得不驶入避难港重新堆装，则该过程中产生的时间损失、费用和风险应由承租人承担。

2.承租人应当承担卸下受损货物义务

航运中常遇到收货人拒绝卸下船上的损坏货物，特别是当由于出租人责任导致货物丧失了使用价值时，容易发生由此导致的船期损失纠纷。对于此种纠纷，首先必须明确的是，货物装卸和保管货物是两种性质截然不同的责任，不能混为一谈。承租人卸下货物，包括受损货物，是合同约定的无附加条件的义务，因此不得以出租人过失和收货人拒收为由而拒绝履行卸货义务，否则，由此造成的时间损失不得计为停租而转嫁给出租人。然而，承租人卸货后，可就因出租人过失造成货物损坏、由此导致的时间损失、额外赔偿责任和处理受损货物导致的额外费用等，向出租人索赔。

3.承租人有权选择货物装卸方法

在租约无明确相反规定的情况下，承租人可以选择他认为是合理的或在当地是惯常的方法安排货物装卸，出租人需对其不合理干预所导致的船期损失承担责任，因为选择特定装卸方法所导致的船舶损坏，应当按照装卸工人损坏条款规定处理。例如，出租人不能因为二层舱而拒绝承租人使用抓斗卸货。在沙特阿拉伯的吉达港，因港口极度拥挤，采用直升机在锚地卸货，出租人担心船舶受损而拒绝，被英国法庭否定。同理，尽管船靠船作业风险很大，如果合同无相反规定，承租人也有权作出这种安排。

4.承租人对甲板货物的义务

航租合同与期租合同，都有关于承租人对甲板货物责任的规定。"NYPE'93"第 13 条（b）款、"NYPE 2015"第 13 条（b）款用了很严厉的措辞规定：若装运甲板货物，承租人应对出租人由此遭受的任何损失与责任承担赔偿责任，提单必须标明"货装甲板"。将这条规定与"船长监督及负责"规定一起考虑，法律上的解释是，承租人应对装运甲板货物的后果负责，除非因船长或船员过失引起。

5.11.3　船长的监督责任

1."在船长监督下"短语中船长的责任

根据英国普通法的解释，货物装卸条款中的"在船长监督下"（under the supervision of the master）短语表述的既是船长的一项权利，也是船长的一项义务。在权利上，在货物装卸作业过程中，船长有权监督、修正和制止承租人或者其雇用的装卸工人的不当行为，以维护船舶和货物安全。承租人不得依赖此条款，指责船长未尽监督之责，而将装卸过程中的不当行为导致的货物或时间损失转嫁给出租人。在义务上，船长仅仅对涉及船舶安全和航行安全的货物装卸、积载负监督、修正和制止责任，对不当装卸或积载仅仅导致货物损失的，船长监督责任规定没有意义。

根据《TIME CHARTERS》一书的权威说法，只有在下面两种情况下，出租人才有义务承担损害责任：

（a）if loss or damage is attributable to want of care in matters particularly within the province of the master, such as, for example, the stability of the ship or

（b）if the master actually supervises the cargo operations and loss or damage is attributable to that supervision.[1]

其中第一条是指船长在船舶安全方面没有履行监督义务导致的损害，例如稳性计算错误、配载不当影响了船舶安全航行，这种损害包括货物损失和时间损失；第二条是指船长不当地干预货物装卸导致的损害，包括货物损失和时间损失。

在 The "Ovington Court" 案中，该轮按照纽约土产格式合同期租，其中含有船长监督条款。在一个运输小麦的航次中，由于积载不当造成货物损坏，收货人向原船东索赔损失，后者依赖合同的货物装卸条款转向承租人索赔补偿。英国上议院判决，承租人应当对不当积载导致的货物损失承担责任。[2]在此，船长的监督义务被严格限制在涉及船舶安全范围之内。这就如同楼房的建筑一样，监理人的监督并不能替代建筑商建筑质量保证责任。

2. "在船长监督和责任下" 短语中船长的责任

鉴于普通法对于 "在船长监督下" 短语严格的限制性解释，又考虑到承租人对于货物的装卸、积载、平舱、理舱、绑扎等工作很难到现场实施监督的实际情况，承租人便往往在 "船长监督下" 短语之后加上 "并且负责"（and responsibility）一词。这样追加的后果是：将承租人应当承担的货物装卸、积载、平舱等工作中的损坏风险转嫁给了出租人，除非承租人不当地干预这些工作。1985 年英国有几个相关判例都确立了这一解释原则。[3]在这种情况下，如出租人欲免除这一责任，可以在做好积载计划后去征询承租人意见，取得书面同意，这样，极有可能又把上述责任转给承租人。

5.11.4 协会内部协议

鉴于出租人与承租人在货物装卸责任方面常发生责任分摊争议，20 世纪 70 年代主要船东互保协会组织制定了《关于纽约土产交易所格式合同下货物索赔的保赔协会俱乐部内部协议》（Inter-club New York Produce Exchange Agreement），简称《协会内部协议》（Inte-Club Agreement, ICA）。该协议是 1970 年制定的，后经 1984 年、1996 年和 2011 年修订。ICA 的主要目的是对纽约土产定期租船合同下货物索赔中的责任确定分摊原则。2011 年版的主要内容是：

（1）因船舶不适航，或者航行及管理船舶疏忽或错误导致的货损，100% 由出租人负责，除非船舶不适航是由于装卸货物等操作引起的。

---

① WILFORD, COGHLIN, KIMBALL. Time Charters [M]. fourth edition. London: LLP limited, 1995: 305-306.

② WILFORD, COGHLIN, KIMBALL. Time Charters [M]. fourth edition. London: LLP limited, 1995: 306.

③ WILFORD, COGHLIN, KIMBALL. Time Charters [M]. fourth edition. London: LLP limited, 1995: 307-308.

（2）因装卸等货物操作不当引起的货损，100%由承租人负责；如果"NYPE'93"第8条中被加上"及责任"，则出租人与承租人各承担50%。

（3）短卸的责任各承担50%，除非有证据证明是一方的责任引起。

（4）其他各种索赔，如延迟交付损失、法律费用、利息损失、海关罚款等，双方各承担50%。

此外，ICA还规定，双方索赔时效为两年。

ICA协议本身要求保赔俱乐部各成员主动适用该协议，"NYPE'93"第27条和"NYPE 2015"第27条也已经合并了该协议。ICA的条款原文见本书附录。

5.12　　　　　　　　　　　提单条款

本条款主要规定船长的签发提单义务和承租人代签提单的权利问题。

5.12.1　合同的有关规定

一般情况下，期租合同中都应对船长签发提单问题作出相应规定。"NYPE'46"第8条、"NYPE'93"第30条、"NYPE 2015"第31条对此都作出了相应规定，并且日臻完善。"NYPE 2015"第31条规定：船长应当根据大副收据签署呈上的提单或海运单。承租人或其代理人在事先取得出租人或船长同意条件下也可代替船长依据大副收据签署。所有提单、海运单都不得损害出租人期租合同下的利益。不论提单、海运单是由承租人或其代理人签署，还是由船长应其要求签署，如因提单、海运单规定与本合同规定的差异导致出租人任何责任或损害，承租人需负赔偿责任。提单下包括甲板货物的，应在提单中标注"货装甲板，风险、费用及责任由承租人、发货人和收货人承担，出租人和船舶对由此导致的任何损失、损坏、费用或延迟不承担责任"。该合同第13条（b）款也规定，承租人对因甲板货物的灭失、损坏及责任引起的出租人损失，承担偿付义务。

"NYPE 2015"第32条为适应航运新实践，引入了BIMCO电子提单条款（BIMCO Electronic Bills of Lading Clause）。按照该条规定，承租人有权选择使用电子形式签发提单、海运单和提货单。为此，出租人应当按照承租人指示申请使用电子贸易系统（Electronic（Paperless）Trading Systems），但该系统应得到国际保赔协会（International Group of P&I Clubs）批准，并由承租人支付申请和使用费。对因使用该系统导致出租人的任何损失的，承租人应予以赔偿，除非该损失是由出租人过失导致的。

在期租船合同下，承租人除履行定期租船合同义务外，还要去面对许多不同的航次合同，或在转期租时，面对转期租合同及随后的许多航次合同。这些合同规定的提单格式、提单上的承运人、提单条款等可能各不相同。为方便承租人执行这些合同，应当准许其使用不同的提单。于是便有了上述的"as presented"的规定，即不管什么样的格式提单，只要承租人或其代理人呈上来，船长都不能拒绝签发。

承租人在出租人的授权下，也可以签发提单。

5.12.2　船长应拒绝签发的提单

根据英国 Brandon 法官确立的原则，在呈上的提单中含有极不正常（extraordinary）的条款或与租约有明显矛盾条款（terms manifestly inconsistent with the charterparty）的情况下，船长有权并且应当拒绝签发。[①]具体地说，船长有权拒绝签发下列提单：

（1）含有欺诈性条款（fraudulent terms）的提单。这类提单包括：货物根本没有装船而制作了货物已装船提单（如预借提单）、倒签提单、货物描述与实际装船状况不符提单、假清洁提单等。

（2）与租约有明显矛盾的提单。这类提单包括：提单中的卸货港超出租船合同准许的营运区域；未按照租船合同要求并入某些条款的提单，例如没有包括"NYPE"首要条款中的各项法律；提单上载明的卸货港对该轮来说是绝对不安全的港口，如航道或泊位水深不足或是处于战争、内乱状态中的港口。

然而，"不得有碍于本租约"（without prejudice to the charter-party）的规定不应成为船长拒绝签发提单的理由。船长或出租人不能只因提单条款与租约条款不完全相同就拒绝签发该提单。本条规定的含义是：如果承租人的提单令出租人承担了租约以外的责任（expose the owners to greater liabilities than those assumed by them under the terms of the time charter），应当负责赔偿。

5.12.3　承租人签发提单

提单的最原始功能是承运人或船舶收到货物的证明，因此，在出租人自己使用船舶的情况下，它总是由出租人或船长或其代理人代表出租人签发。在期租合同下，承租人对船舶拥有使用权，他可以以二出租人的身份与货主签订航次运输合同（对于转期租的承运人也是一样）。在这种情况下，法律允许在原出租人同意条件下，期租承租人以出租人的名义代表原出租人签发提单。"NYPE' 46"第78～79行的"the captain is to sign B/L as presented"及第77行中的"he is to be under the orders and derections of the charterers..."的规定，事实上赋予了承租人可以自己签发提单的权利。"NYPE' 93"第30条（a）款、"NYPE 2015"第31条（a）款中更是直接地规定，在出租人授权的情况下，承租人或其代理人可以代表船长签发提单或海运单，但应与大副收据或理货单据相符。为了免去每次签发提单都得事先取得出租人授权的麻烦和风险（出租人可能不同意），承租人可在租船合同中向出租人要求一个总的授权。

出租人因担心承租人随意签发提单，所以在合同中规定"always in conformity with mates or clerk's receipt"，并且规定承租人应对签发提单不当导致的出租人损失

①　WILFORD, COGHLIN, KIMBALL.Time Charters ［M］. fourth edition.London：LLP limited，1995：325–338.

进行赔偿。但是，再好的条款也不一定能有效地保护出租人。且不说承租人是"皮包公司"或是骗子，单是对第三人的重大责任，一般的公司就可能承担不起，甚至会使其破产。因此，谨慎的出租人常在合同中规定，承租人应购买"承租人责任保险"，在出现较大赔偿责任时，由保险人负责赔偿。

5.12.4　出租人提单合同下的责任

通常，在期租合同下，不论是船长按照承租人指示签发的提单，还是承租人或其代理人代表船长签发的提单，出租人对收货人或提单持有人都负有按照提单交付货物的义务。在转租情况下，转租承租人或其代理人签发的提单，适用同一原则（The Vikfrost［1980］1 Lloyd's Rep.560）。

但是，如果承租人签发了承租人提单（charterer's bill of lading），上述原则便不适用。此时，承租人，即提单承运人应对提单合同承担责任。例如：班轮公司租赁船舶用于班轮运输并出具了班轮公司自己的提单，而且提单中也没有"租赁条款"。在此情况下，不论从运输合同上看，还是从提单上看，班轮公司都应被视为承运人，对提单货物按照提单条款承担责任，与原出租人无关。但是，原船东的船舶因参与了货物运输，在对物诉讼法律制度下可能被扣押甚至拍卖，对由此造成的原船东损失，承租人应当负责赔偿。

5.13　　　　　　　　　　免责条款

租船合同中的免责包含了法律强制的免责和合同明示的免责两种情形。对于前者，合同中无须规定，后者则完全取决于合同如何约定。"NYPE' 46"第16条、"NYPE' 93"第21条、"NYPE 2015"第21条均规定：租期中由天灾、公敌、火灾、政府、统治者或人民限制，来自海上、河流、机器、锅炉或航行的风险和事故，以及驾驶船舶错误导致的合同无法履行，双方均免除责任。如果合同中并入了《海牙规则》《海牙-维斯比规则》，或者美国1936年《海上货物运输法》，如NYPE合同那样，免责事项还应当包括这些法律中规定的免责事项。

5.13.1　合同受阻的免责

合同受阻是指在合同订立后，在订约双方没有过失的情况下，如果发生了无法合理预见的事件，致使合同无法履行或者无法继续履行，或者如果继续履行将会改变原合同的根本目的，则合同可以自动解除的法律制度。

根据英美司法实践，判断一个影响合同履行的事件是否构成合同受阻，应当考虑以下几个原则：

（1）受阻事件应当是特别严重（radical）的外来突发事件（supervention），使合同无法继续履行，或合同共同意愿被毁（the common purpose of the contract be destroyed）。例如，船舶全损，航次租船合同中已确定的货物全损等。共同意愿被毁主要是指合同是可以继续履行的，但继续履行需付出原合同规定以外的代价。

对期租合同来说，如果约定船舶非因出租人或承租人过失原因全损，出租人无义务也无权利安排替代船舶，一般性的替代船条款也随着合同受阻而归于无效，除非合同有十分明确的替代船条款约定。例如：在 The "World Sky" 轮案件中，7 年租期的合同中只一般性地规定出租人有权替代船，该船在租期中搁浅全损。由于租金较高，出租人主张安排替代船舶继续履行租约。英国法庭判定，合同已受阻，出租人无权安排替代船。McNair J.法官说，只有在合同中清楚地规定，在合同受阻时出租人也有权安排替代船的情况下，出租人才有权要求承租人接受替代船。①

船舶被外来原因延误可否构成受阻？判定的准则应当是根据合同受阻的含义，考虑合理预计的延误时间与剩余租期的长短比较结果，判断原合同的根本目的是否被毁。例如，对于一个尚有两年期的合同，船舶延误几个月仍不构成受租，但对于只有三个月剩余租期的合同，延误两个月即可认定合同受阻。因此，在考虑延误事项是否构成合同受阻时，应十分谨慎，不可在发生延误时就轻率地依据合同受阻规定取消合同，否则将构成事先违约。

（2）违约行为影响合同履行不构成合同受阻。合同受阻这一法律制度设立的初衷，是为了保护合同双方在发生外来事件时不必去承担合同以外的义务，但绝不是为了保护任何一方去违约。恰恰相反，法律禁止无故违约，并要求违约方对其后果承担责任。因此，合同一方违约，导致合同无法履行或履行困难，需要承担违约后果，不允许违约方依赖合同受阻主张免除自己的合同义务，但合同约定的可免责事项除外。

出租人违约的典型例子是未尽谨慎处理责任维持船级，导致船舶严重损坏或全损而无法继续履行合同，或者导致严重的货物损坏及赔偿责任，或者是船长拒绝执行承租人的指示导致严重后果等。承租人违约包括很多方面，如违反航区规定、违反除外货物限制规定、违反安全港义务等。

（3）意外事件只会导致一方的费用增加，而不构成合同受阻。最典型的例子是1986年苏伊士运河因战争而关闭期间，数条航次租船合同下的船舶无法通过该运河。英国法院判定，它们应绕道好望角去完成航次任务，而不得依赖合同受阻原则去解除运送义务。出租人绕航增加了许多燃油开支，但也只能自己承担。出租人如要避免这种后果，唯一的办法是在合同中明文规定，该运费率只适用于经过运河航线，这样，在不得不绕道好望角时，可以要求增加运费。

以上介绍的是合同受阻法律制度的基本内容，由于各类案件的具体情况可能千差万别，因此判断某一事件是否构成合同受阻，要结合具体事件进行分析。合同受阻事件不必订立在合同当中，但有些合同的免责条款中所列明的某些免责事件也包括合同受阻事件。二者虽然重复，但追求的结果是一样的，即双方都可解除合同

① WILFORD, COGHLIN, KIMBALL.Time Charters [M]. fourth edition.London：LLP limited，1995：396.

义务。

5.13.2　合同明示的免责

合同受阻有严格的定义限制，一些不太严重的事件根本无法依赖合同受阻免除责任，本人的错误与疏忽也被排除在受阻范围之外。因此，合同双方欲享有更多的解约自由，只有依靠明示的免责条款。各种格式合同中都规定有除外条款或称免责条款，但其内容差异较大，以下介绍几种有代表性的免责条款。

1.BALTIME格式合同的规定

BALTIME格式合同对免责事项作了很广泛的规定。对于出租人交船时或租期内的船期延误及船上货物的灭失或损坏，除非它们是船舶所有人或其经理人未谨慎地使船舶适航或适合于该航次使用造成，或是他们的错误、疏忽行为导致的，否则都不在出租人的责任范围之内。该条款的原文如下："The owners only to be responsible for delaying in delivery of the vessel or for delay during the currency of the charter and for loss or damage to goods on board, if such delay or loss has been caused by want of due diligence on the part of the owner or their managers in making the vessel seaworthy and fitted for the voyage or any other personal act or omission or default of the owners or their manager.The owner not to be responsible in any other case nor for damage or delay whatsoever and howsoever caused even if caused by the neglect or default of their servants.The owners not to be liable for loss or damage arising or resulting from strikes, lockouts or stoppage or restraint of labour（including the master, officers or crew）whether partial or general." 由于该免责条款赋予出租人过于广泛的免责，实践中人们常常将其删除，而另订一条首要条款（paramount clause），依据《海牙规则》或相应国内法来确定出租人的责任、权利和豁免。

2.SHELLTIME4格式合同的规定

SHELLTIME4格式合同中的免责条款不但规定了出租人的免责事项，还规定了承租人的免责事项。对于出租人，如果他已经履行了谨慎处理使船舶适航的义务，那么出租人对于船长和船员及其他受雇人在驾驶和管理船舶方面的疏忽所导致的任何货物灭失、损坏和延误均无须承担责任。在管理货物方面，该条款也采取了适用《海牙规则》的方法，使出租人享有广泛的免责权利。该条款规定的出租人和承租人均可免责的事项有：天灾、战争行为、依法扣押、检疫限制（quarantine restriction）、罢工、联合抵制、内乱（riot）、劳工管制（restraint of labour）、国家征用等。该合同的上述免责条款比BALTIME更为严格，而且较为公平地为承租人规定了免责事项。

3."NYPE"格式合同的规定

"NYPE"格式合同中的免责条款比上述两个合同的免责条款克制了许多，它没有单独规定出租人的额外免责事项，而是公平地规定了出租人和承租人的共同免责事项（always mutually excepted）。

但事实上，"NYPE' 46"的免责事项可分为两类：一类是合同双方均可享受的共同免责事项，另一类是只有出租人才可能享受的免责事项。属第一类的事件有：天灾、公敌、国家和统治者的行为。其实，对这三种事项，即使合同没有规定，在英美法的默示原则下也是可以免责的。而且，如果阻碍事件非常严重，还可以依赖合同受阻原则去寻求免责。属第二类的事件有：船上火灾、海上风险及意外事故、机器和锅炉在航行中的事故、船长和船员驾驶船舶中的错误。这类免责事件表面上规定的是共同免责，其实只有出租人可以受益，因为只有出租人与这些事项有关，承租人与之无关。

值得注意的是，该条款中关于船长、船员驾驶船舶的免责事项只限定为由于他们的驾驶错误引起的，未包括他们的驾驶疏忽引起的后果，而错误和疏忽在船舶驾驶中存在很大的区别。虽然"NYPE"合并了美国1893年的《哈特法》以及1936年《海上货物运输法》中的免责条款，但是，这两部法律规定的承运人免责事项只针对与货物或货物装卸有关的事项，并不包括航行。有关国际公约和有关国家法律多数都规定承运人对船长、船员的驾驶的疏忽可以免责，因此排除航行疏忽免责对出租人是非常苛刻的，所以，"NYPE' 93"第 31 条（a）款和"NYPE 2015"第 33 条（a）款规定：美国的 COGSA、Hague Rules or Hague-Visby Rules or such other similar national legislation 都适用于该租船合同，并应将上述法律并入提单中。这样，出租人在租船合同下的免责范围就基本与提单下的免责范围差不多了。

5.13.3　免责条款的总结

合同义务免责，不论是合同受阻原则下的，还是明示的除外条款下的，其目的都是在发生某些意外的重大事件时，免除合同双方或其中一方的合同义务，导致业已订立的或业已执行的合同终止。所以，为维持交易秩序，保证交易顺利进行，在运用免责条款时，应注意把握以下几个原则：

（1）严格解释免责条款。免责条款是对法律或合同义务的一种背离，因此，不论法官还是仲裁员，或是合同双方，对免责条款的解释应当谨慎，严格限定其词义范围。合同双方如欲免除某项义务，就必须在免责条款中使用十分肯定、清楚的词句。在执行合同过程中，应准确把握免责事项范围，防止盲目扩大解释而错误地终止履行合同义务。

（2）在期租合同中，一般不得依赖免责条款解除基本合同义务。谨慎处理保证船舶适航和适货、谨慎妥善地管理货物、保证不非法绕航以及尽速派遣船舶是出租人的基本义务，对因未履行基本义务导致赔偿责任的，出租人一般不得主张免责。因一方违约导致了赔偿责任或引发了合同受阻事件，该违约方便不得再依赖免责条款或合同受阻原则主张免责，而必须履行赔偿义务或克服困难继续履行合同。这就是英国法中所说的"自作自受"（self-induced）原则，也是"近因"原则的根本要求。

（3）运用"对获益方不利原则"和"同类原则"去解释免责条款。"对获益方不利原则"是指在解释合同中存在模棱两可（ambiguity）的规定时，应针对企图依赖该条款获益的一方作出不利解释的原则。"同类原则"前面已讲过，它要求对一个广泛性词语在合同中的含义作出与相关具体词语词意相同的界定。根据这两个原则，免责条款中的"任何"（any）、"每一"（every）并不能包揽一切，不可望文生义。

（4）"NYPE"格式合同中免责条款是针对合同双方的，而第 24 条并入的美国的 COGSA，只是保护出租人的（section 4（2））和发货人的（section 4（3）），并不包括承租人本人的行为。

（5）"NYPE"格式合同中的免责事项规定，对于停付租金不适用。支付租金是承租人的基本义务，停租只限于停租条款中列明的事项，不得任意扩大。据此，若停租条款中没有规定，即使发生了一般免责条款中明示的政府行为、有关当局行为或其他行为阻碍了船舶使用，承租人仍应支付租金。例如："Errington Court"轮在芜湖因航道堵塞被困属于合同受阻，但是仍需为解除合同前的时间损失支付租金；"Aquacharm"轮在巴拿马运河因吃水过深被运河当局拒绝通过导致的时间损失、无法通过卫生检疫导致的时间损失等，仍应由承租人承担，即承租人仍需支付租金，因为这些事件发生时船舶仍处于充分良好的工作状态。[①]

（6）"NYPE'46"第 16 条、"NYPE'93"第 22 条、"NYPE 2015"第 22 条均规定了几项出租人航行自由权，包括可以申请或不申请引航员领航、拖带或被拖带、协助遇险船舶、绕航救助人命或财产的自由，这些规定是对出租人尽速派遣船舶及不得绕航义务和服从承租人调遣义务的例外，由此导致的延误船期及可能带来的货物风险，出租人不承担责任。

5.14　　　　　　　　留置权条款

期租合同下的留置权条款的基本目的与航次租船合同基本相同，但内容有不同之处。

5.14.1　留置权条款的主要内容

期租合同下的留置权条款包括了出租人的留置权和承租人的留置权两个方面。"NYPE'46"第 18 条、"NYPE'93"第 23 条、"NYPE 2015"第 2 条均规定：出租人可以因租约下承租人所欠租金或费用对货物、转租租金或航次运费，包括共同海损分摊实行留置；承租人可以因预付的费用和多付的租金或押金对所占有的船舶实行留置。承租人不得直接或间接地因对油料或其他船舶用品供应商提供担保而实施对船舶的留置或在船舶上设置担保物权。BALTIME 格式合同中规定的出租人留置

---

① WILFORD, COGHLIN, KIMBALL.Time Charters ［M］. fourth edition.London：LLP limited，1995：370-379.

理由是"租约项下的所有索赔"（for all claims under this charter），承租人的留置理由与"NYPE"相同。

5.14.2　出租人的留置"诉因"

对属于他人的财产进行扣留，本是一件非法的事情，只有存在法律或合同规定的充足理由时，才能扣留。因此，各国法律及各种格式合同中都对留置"诉因"（或称理由）作了相应规定。我国《海商法》第141条规定："承租人未向出租人支付租金（包括未足额支付，编者注）或者合同规定的其他款项的，出租人对船上属于承租人的货物和财产以及转租船舶的收入有置留权。"

期租合同下，出租人行使留置权的主要"诉因"是被拖欠租金。在承租人拖欠租金时，出租人除了撤船措施外，更有保障和更可行的办法便是对船载货物、转租租金或航次运费实行留置。留置权是对撤船措施的一个强有力补充，因为，在已经签发提单情况下，即使撤船，出租人仍需履行提单合同下的货物送达义务，此时撤船只能阻止承租人继续增欠租金，对收回已欠的租金没有多大意义（对信誉不良的承租人来说尤其是这样）。承租人甚至可能还暗自庆幸船舶被撤回，因为这样反倒可以省去完成货物运送的一切费用。

当出租人对承租人欠债时，例如应付的还船存油、多付的租金、垫付的出租人费用等，承租人可以通过对船舶实行留置向出租人主张债权。

在承租人预扣或对冲租金时，对预扣或对冲的金额常常存在争议。英国普通法并不严格要求预扣数额必须十分准确，只要预扣是合理的、善意的，便是正确的。所以，出租人不得因承租人合理预扣或对冲租金而行使留置权，否则，将构成违约或侵权。

出租人留置的理由还可以包括承租人未付的交船时船上存油款、进入战区的加保保险费和共同海损分摊等。对于承租人造成的船舶损坏的修理费，出租人可否留置货物，存在不同的规定。BALTIME合同规定可以留置，但只允许留置属于承租人的货物；"NYPE"合同下情况比较复杂，如果船舶损坏责任是明确的，货物又属于承租人的，出租人是可以留置的，否则一般是不允许的。

出租人留置的理由还可以包括为承租人垫付的费用。例如：承租人在提单签发后倒闭（become insolvent），出租人在提单合同义务下，需要支付燃油费、港口使费将货物运送到目的港。此时，出租人有权对货物或未支付的运费或剩余运费行使留置权。

5.14.3　留置转租租金、转租运费应注意的问题

关于留置对象，大多数期租租约留置条款都规定，除了留置船载货物之外，出租人还有权留置转租约下的租金或航次运费。本来，根据留置权定义，留置权人只能对其已占有的财产实行留置，而租金或运费在出租人主张留置权时，并不在其占有之下，此时的留置实际上是一种拦截（interception）。该拦截权利来自合同约定，

承租人在合同中同意，在满足留置权条件时将收取租金或运费的权利转让给出租人。允许留置属于第三人的租金或运费是对不允许留置第三人货物规定的一种补救措施，在切实可行时为出租人提供了另一种收取租金保障。

出租人在对转租租金或转租运费实施留置时应注意以下几个问题：

（1）关于转租运费和转租租金

转租运费（sub-freight）是指在期租承租人与航次承租人签订的航次租船合同下，或在提单或海运单合同下，航次承租人或运输单证中的托运人或运输单证持有人应当支付的运费。转租租金（sub-hire）是转期租合同下的转租承租人向原期租承租人支付的租金。实践中，对租金留置比对运费留置更有意义。这是因为，航次租船中常常是运费预付，如果承租人已收取了运费，出租人便丧失了该留置对象，使留置权形同虚设。而在转期租形式下，转期租承租人通常是每半个月向二出租人支付租金的，一定会有部分运费留在手中。因此，"NYPE' 93" 和 "NYPE 2015"已在"所有转租运费"后加上了"及/或转租租金"。

（2）出租人作为运输单证承运人的情形

多数情况下，运输单证是以出租人名义签发的，出租人是运输单证下的承运人。此时，出租人有权根据运输单证收取运费，而不一定非要依赖运费留置条款。运输单证持有人或承租人指定的代理人有义务在出租人请求时将运费支付给出租人，而不是承租人。在美国法律下，运费应付人如果拒绝听从出租人指示而将运费付给了承租人，应承担二次向出租人支付运费的责任。在提单合同中的出租人有权收取运费情况下，甚至不允许代收运费的承租人的代理人在运费中扣除它所垫付的港口使费（The "sproit"［1926］Lloyd's Rep.259）。不论是程租转租还是期租转租，也不论提单运费是预付还是到付，上述原则都适用。[1]

当期租承租人为运输单证下的承运人时（即转租时，承租人以自己的名义签发了提单），原出租人对转租运费及转租租金仍有留置权，前提条件是，转租约下的运费尚未付给期租承租人。该原则对二出租人留置运费同样适用。

（3）出租人的留置通知

出租人欲对转租运费或转租租金实施留置，必须以书面形式通知支付人。否则，该支付人或代收人有权根据转租合同，或根据运输单证，或根据承租人指示将运费支付给承租人（二出租人）。

留置通知中应写明原出租人与二出租人的合同中留置权规定及转付运费的具体要求。原出租人发给航次承租人的留置通知可写成：We are the head owner of mv（船名）and according to clause 18 of "NYPE' 46", we have a lien on all cargoes and sub-freight.We hereby inform you that the hire of this vessel due on 22/09/2017 was not paid.We request you to kindly remit the freight to be paid by you to the charterer（名字）to our following bank account（银行账号）.Failing which or any payment to others will

---

① WILFORD, COGHLIN, KIMBALL.Time Charters［M］. fourth edition.London：LLP limited，1995：482–489.

cause you remaining responsible for freight payment to us, or else we will definitely exercise our right to put a lien on the cargos on board of our vessel at the discharging port.

通常，运费或租金支付人会面临来自出租人和二出租人的相反指示。运费支付人有转租合同下向二出租人支付运费或租金的义务，同时又面临原出租人留置通知下的支付义务，使它处在两难境地。此时，较好的办法是建议两个出租人指定一个共同账号，收到运费或租金后，再由他们自己协商处置方法，或是申请法院裁决。

（4）留置转租租金或转租运费的时间限制

出租人对转租租金或转租运费实施留置的时间与对货物实施留置的时间略有区别。留置转租租金或转租运费可以从承租人欠费时起，到转租租金或转租运费尚未支付给承租人前为止的任何时间进行，只要查清支付人尚未支付转租租金或转租运费，就向其发出留置通知，但越早越好。在出租人无权留置船载货物情况下（例如货物属第三人或运输单证未并入合同留置条款），出租人以留置船载货物或不进港卸货方式逼迫支付人支付转租租金或转租运费没有意义。

5.14.4 承租人对船舶的留置权

期租合同下的留置权条款是平衡的，在赋予了出租人留置权的同时，也赋予了承租人对船舶的留置权，规定在出租人未根据租约规定向承租人支付或返还应付或应返还款项时，承租人可以通过留置船舶索回这些款项。

在期租合同下，出租人应付或应返还给承租人的款项主要有：多付的租金，例如在船舶全损时应退还的租金、最后航次多付的租金（最后航次提前完成时）、在银行的抵押款、还船时的存油款等。

承租人留置船舶将面临继续支付租金义务，使得留置权近乎虚设。承租人欲对船舶行使留置权，只能在完成最后航次之后通过继续控制船舶实现。但继续占有船舶而不归还，承租人仍有合同租金条款下继续支付租金的义务，这一点，英国已有肯定性判例。这使得承租人在欲对船舶实施留置时进退两难。因此，英国大法官Robert Goff建议，承租人为避免继续支付租金义务，可在最后航次结束后，去法院申请一个禁令来留置船舶。但严格说来，这已不是留置条款的内容，而是法律上的扣船行为。美国法律也主张在出租人不返还款项时，承租人拥有海事留置权。在海事留置权下，承租人可以通过法院扣押船舶，迫使出租人返还款项（to commence an action in rem against the vessel to recover the money overpaid）。

承租人留置权条款的最后一句规定，是禁止承租人允许其供应商对船舶施行留置。在承租人与燃料、垫料等供应商签订的供应合同中，如果承租人要求供应商提供远期付款信用，便很有可能在合同中对船舶设置担保物权，或者笼统约定承租人以船舶作为付款担保，或者直接约定允许供应商在款项到期仍未收到货款时可以留置船舶。该条款的目的就是承租人保证不在船舶上为供应商设置担保物权（encumbrance）。但是，美国的《1946年联邦海事留置法》（The Federal Maritime

Lien Act 1946）允许供应商，包括其他船舶服务商（如装卸公司、码头等）因未实现债权对船舶进行留置。这样，上述合同规定在美国法下便失去了意义。

此外，承租人违反航次运输合同或提单规定，也可能引起对第三者的债务，导致第三人扣押船舶。这时，承租人有义务提供担保释放船舶，并应对由此造成的损失负责。但这已不是留置权条款中的内容了，而是合同赔偿条款中的义务。

5.14.5　正确行使货物留置权

如前所述，租船合同下的留置权来源于法律规定及合同约定，它是债权人逼迫债务人履行债务的一种担保措施，用以保证实现债权人的债权。但毕竟出租人留置货物会带来船期损失和收货人财产损失或延迟交付损失。正确留置货物导致的船期损失根据租约应由承租人继续支付租金来承担，无辜收货人的货物索赔也应由承租人根据航次租船合同或其签发的提单来承担。但如果错误留置货物导致船期损失和收货人货物索赔，其责任归属则难以确定。因此，行使货物留置权时应注意以下问题：

一是留置对象只能是留置权人占有的财产。

二是留置货物的数量以合理为限。

三是处置留置财产须通过法律途径进行。海上留置权条款本身并没有赋予留置权人留置财产的变卖权。实践中，如果留置是合法的，在债务人仍不履行债务的情况下，债权人应通过法律程序变卖留置的财产。

四是对非合同债务人的财产，即第三人的财产的留置应符合准据法的规定。对违反准据法规定，错误留置第三人财产导致其损失的（如不交货或延迟交货导致的损失），需负赔付责任。但是，与此相关的一个问题是，出租人可否就该项赔付责任向承租人追偿呢？毕竟，第一，从表面上看此种责任是由承租人欠付款项引起的；第二，期租合同中有"可留置所有的货物"和"承租人需将本合同规定并入提单"的规定，恰恰是承租人未将此条款并入提单才导致出租人提单下留置货物违法。对此，英国普通法实际上是持否定立场的。在 Strathlorne Steamship v. Weir［1934］50 Ll.L.Rep 185 一案中法官认为，只有在出租人已知提单条款允许留置非债务人货物时，才有权向承租人追偿。但实践中，由于出租人行使留置权时通常是不知道提单是否并入租船合同的留置权条款的，因此留置错误责任实际上是无法向承租人追偿的。

五是即使是错误留置第三人货物导致的船期损失，也仍应由承租人承担，如果在租期之内，租金应当继续计算；如果出租人已经撤船，则按承租人违约向其索赔船期损失，理由有二：一是合同的停租条款并不包括此项；二是租约的留置权条款允许留置"所有"货物，其中就包括第三人的货物（The Aegnoussiotis［1977］1 Lloyd's Rep 268），因此，在期租合同下出租人并未违约。

5.15　　　　　　　仲裁条款与法律适用

5.15.1　合同的规定

由于不同国家的法律存在差异，因此约定合同争议解决应适用的实体法非常必要。"NYPE'46"第17条的仲裁条款没有表明法律适用，但在第24条规定该合同适用美国1893年《船舶航运法》、1936年《海上货物运输法》，因此，如果争议在美国仲裁，实际上实体法是确定的。但如果合同双方约定在他国仲裁，又没有规定仲裁依据的实体法，问题就会变得复杂，因为规定了仲裁地点并不意味着自动适用仲裁地法律，而规定了适用法律，也并不意味着在他国的仲裁就自动适用约定的实体法，法院或仲裁庭需要考虑哪个法律制度与租约有最密切联系。英国有多项仲裁就出现了这类问题。[①]为避免这类不确定性，"NYPE'93"和"NYPE 2015"将法律适用规定在仲裁条款当中了。仲裁是解决商业争议的重要途径，国际货物运输更不例外。资料显示，海事仲裁是最多的一种国际仲裁，其中租约争议占95%以上，而租约仲裁中使用英国法律去伦敦仲裁的又占约80%。[②]因此，各种格式租船合同一般都列有仲裁条款。合同中的仲裁条款实质上就是一份仲裁协议，内容通常包括提交仲裁的争议范围、仲裁机构、仲裁员指定、仲裁地点及法律适用、仲裁裁决的效力等内容。"NYPE'46"第17条规定，合同双方的任何争议应当在纽约提交由三名商业人士组成的仲裁庭仲裁，其中两名由双方分别指定，第三名由这两名仲裁员指定，仲裁裁决为终局的。"NYPE'93"第45条增加了在伦敦仲裁的选项，并规定在美国仲裁的仲裁员应当懂得航运业务，在伦敦仲裁的仲裁员应当为波罗的海商品及航运交易所成员并在伦敦开展业务（这一条有歧视其他地区仲裁员的嫌疑，应当协定删除），还相应增加了适用美国法或英国法的规定。"NYPE 2015"第54条在此基础上规定了更广泛的选项——纽约/美国法；伦敦/英国法；新加坡/新加坡法或英国法；或由双方自由约定。在美国的仲裁应根据海事仲裁员协会（Society of Maritime Arbitrators，Inc.SMA）规则进行，在英国的仲裁应根据伦敦海事仲裁员协会（London Maritime Arbitrators Association，LMAA）规则进行，在新加坡的仲裁应根据新加坡海事仲裁庭（Singapore Chamber of Maritime Arbitration，SCMA）的规则进行。

5.15.2　仲裁的优越性

仲裁也是俗话所说的打官司的一种，是指争议双方通过协议，自愿地将争议交由作为第三方的仲裁员来公断的做法。但仲裁与和解（reconciliation）不同，依法

---

① Compagnie Tunisienne de Nav. *v.* compagnie de'Armement Maritime［1970］2 Lloyd's Rep. 99.;Egon Oldendorff v. Libera Corporation（No.2）［1996］1 Lloyd's Rep.380.
② 杨大明.期租合同［M］.大连：大连海事大学出版社，2007.

作出的仲裁裁决（award）具有约束力，是可以申请法院强制执行的，前述三个"NYPE"格式合同的仲裁条款中都有相关规定。

仲裁之所以受到法律保护，而且受到商界欢迎，主要有以下几个原因：

1.公正性

（1）仲裁法要求仲裁员的仲裁必须公正。尽管仲裁员由争议双方各自选定，但他们不同于诉讼中的辩护律师，后者的职责是不管被代理人是否有错，都要努力去证明他无过错或过错没那么严重，目的是打赢官司。但仲裁不同，法律要求仲裁员裁决时应以公正第三人身份判定是非，而与谁指定无关。

（2）仲裁员必须依据法律规定或是参照先例进行裁决。仲裁在程序上基本按照法院的做法，实施对抗制，即由双方各自陈述理由，出具证据，仲裁员在双方提供的证据基础上进行裁决。

（3）仲裁员必须依据证据法采信相关的证据，而且双方的证据都公开给对方，不得保留。所以，仲裁从公正性、程序及证据的合法性上都与诉讼相似，保证了仲裁的公正。

2.国际性

1958 年，联合国组织制定了《承认及执行外国仲裁裁决公约》（Convention on the Recognition and Enforcement of Foreign Arbitral Awards），简称《1958 年纽约公约》。到目前为止已有 100 多个国家在公约上签字，承认该公约的效力。首先，这个公约的制定稳定了法律管辖权。按照公约规定，有仲裁协议的纠纷只能由仲裁解决，如果一方当事人起诉到法院，法院不得受理。在这一制度下，即使法院通过扣船取得了管辖权，如果争议双方订有仲裁协议，法院也应当让当事人先去仲裁，法院按照仲裁裁决对被扣船舶进行处理，从而避免了管辖权混乱。其次，该公约使得仲裁结果在世界范围有了可执行性。仲裁的目的不仅是要得到一个谁是谁非的结果，更重要的是要保证仲裁结果可以执行。该公约的根本目的就是让一个国家的仲裁结果在其他国家也被承认并执行，否则，一国的仲裁裁决在另一国将变成废纸。对此，法院的判决是不能与之相比的。

3.秘密性

仲裁的进行及结果是不公开的（美国除外），这对商人的信誉及商业秘密的保护都是十分重要的。因此，英国的 LMLN（Lloyd's Maritime Law Newsletter）也只对少数典型的案件进行报道。

4.非正式性

同诉讼相比，尽管仲裁也有相应的程序，但宽松很多。诉讼通常要请律师，在法院正式开庭，双方进行激烈的辩论，甚至使用简单的"是"与"不是"去回答复杂的问题，诱使证人作出有利的证词。仲裁则大不相同，大部分案件事实是通过传递文件的方式来完成的，当事人双方无须开庭见面，仲裁员完全是依据双方呈递的材料审理案件。当然，仲裁员根据案件的复杂程度也可以组织开庭，但气氛相当缓和，开庭与否由仲裁员决定。

5.快速、经济

尽管仲裁法及各仲裁庭的仲裁程序规定有相应的程序，例如，"NYPE 2015"仲裁条款规定在伦敦和新加坡仲裁，当一方欲将争议提交仲裁时，应在委托仲裁员后书面告知对方，要求其在收到该通知的 14 天内告知他的仲裁员委托，否则，通知方将视为被通知方放弃委托权利，仲裁将由独立仲裁员进行，裁决对双方具有约束力。应当注意的是，不同仲裁机构要求的仲裁通知时间是不同的，GAFTA 仲裁程序规定的通知时间根据案情不同从 7 天到 1 年不等。中国海事仲裁委员会仲裁规则规定，被诉人应在收到仲裁申请书 20 天内指定仲裁员，在 45 天内提交答辩书，有正当理由的，可申请延期开庭审理等，但由于仲裁员拥有对仲裁程序的自由决定权，使得仲裁比诉讼要快得多。而且，提交仲裁本身有时就可以将争议解决掉。例如，对于一些怀有侥幸心理的债务人，见对方采取实际行动了，自知理亏，干脆提早还清债务了事；有的在披露文件过程中自知败诉已成定局，便可能及早和解了事，只有少数是硬着头皮打到底的。

仲裁的快速、非正式性节省了大量的法律费用。首先，仲裁不必委托律师，提供证据、递交答辩书是公司内部的法律部，甚至懂得法律及相关业务知识的业务员就可胜任，从而节省了大笔的律师费；其次，由于仲裁程序比较简单，特别是在小额仲裁的情况下，仲裁费用也比诉讼费用少得多。

6.专业性

仲裁员大多都是业内专家，具有丰富的专业知识和法律知识，而且当事人还可以自己选定仲裁员，这就保证了案件审理的权威性和公正性。正因为如此，英国法院只有当仲裁中涉及法律原则争议时才允许上诉，对于技术问题，法院尊重仲裁员的裁决。

5.15.3　仲裁协议

法院诉讼是不需要任何协议的，但仲裁却不同。如果当事双方欲将争议提交仲裁，必须对此达成协议。仲裁协议可以是口头的，也可以是书面的；可以事先达成，也可以在争议发生后达成。仲裁协议一经达成，争议的任何一方都不得再就该争议进行诉讼，法院也不得受理这种诉讼。为防止债务人事后采取不同意仲裁的技术手段拖延案件，最好还是事先签订仲裁协议，即在合同中规定仲裁条款。仲裁条款应当规范，以免事后被判无效或难于执行。一般情况下，仲裁协议应包括以下基本内容：

1.仲裁地点

仲裁地点是仲裁协议的一个重要内容。在没有相反规定的情况下，选择了仲裁地，就等于初步选定了仲裁程序和审理案件所适用的实体法。当然，合同双方可以在合同法律管辖条款中规定合同的实体法，而仲裁地选在另一个国家，这种做法不利于仲裁的顺利进行。

2.仲裁机构

仲裁有两种类型：一种是随意仲裁；另一种是机构仲裁。

随意仲裁是一种非正规的仲裁，在争议发生后，双方自愿找一个比较权威的人裁决，双方自愿服从裁决结果。在海事争议中，有许多这类仲裁。它程序非常简单，也非常经济，常由一个人独立仲裁。伦敦海事仲裁员协会（LMAA）的小额仲裁就属随意仲裁。

复杂的仲裁多由仲裁机构进行。一些商业团体成立一个仲裁机构，制定仲裁程序，对提交的案件依规定的程序进行仲裁。如国际商会设在巴黎的仲裁庭、中国国际贸易促进会委员会下的中共国际经济贸易仲裁委员会及中国海事仲裁委员会、英国的GAFTA、瑞典的斯德哥尔摩仲裁庭等。正规的仲裁应在仲裁协议中指定仲裁机构，否则可能被认定为随意仲裁。

3.仲裁程序

仲裁程序类似程序法，规定了仲裁的相关规则。一般情况下，如无相反规定，指定了仲裁机构，即意味着适用该机构的仲裁程序。仲裁程序通常包括争议的仲裁时效、仲裁员指定的时限及通知对方的时限、答辩状提交的对象和时限、仲裁员的裁决时限、开庭聆听的安排等。

4.仲裁裁决及效力

国际上普遍规定仲裁裁决是终局（final）的，对双方均有约束力。败诉方不执行仲裁裁决的，胜诉方可申请法院强制执行（"NYPE"合同也有同样的规定）。败诉方在另一国家的，如果是《1958年纽约公约》的签字国，可以申请该国法院协助执行。

英国法律制度中允许仲裁中的败诉方在不服裁决时，到法院上诉，但法院对此有较严格的限制，只有发现仲裁员适用法律不当时，并且这一不当适用导致一方受到严重不公正裁判，才接受上诉。这也是为什么劳氏法律报告中存在许多仲裁上诉案报道的原因。这种做法的好处是，它给人们确立了审案指南，毕竟仲裁裁决只能做参考而不能作为法律先例。

5.15.4　小额仲裁

尽管仲裁与诉讼相比具有快捷、经济的特点，对于指定机构仲裁来说，毕竟有时间限制，可能导致一个案件从起诉到作出裁决仍需花费很长时间。为解决这个问题，一些仲裁机构制定了小额索赔仲裁程序，规定在争议金额不超过某个金额时，只通过仲裁机构指定一位独任仲裁员，双方将起诉状、答辩状及相关资料寄交独任仲裁员即可由他作出裁决。伦敦海事仲裁员协会对不超过25 000美元的仲裁收费只有600英镑。

"NYPE'46"仲裁条款中没有规定小额仲裁，但"NYPE'93"对此在合同中留有空白处，协议双方可将同意的金额填写在空格内。"NYPE 2015"规定在美国和伦敦仲裁的，争议金额不超过10万美元的（或双方约定的金额），在新加坡仲裁的，争议金额不超过15万美元的（或双方约定的金额），按照小额仲裁程序仲裁。

| 5.16 | 保护性条款 |

期租合同中的保护性条款通常包括首要条款、双方互有责任碰撞条款、战争条款、冰冻条款等，这些条款的目的都是限制或免除合同双方在一般法律原则下所应当承担的义务。保护性条款是合同一般性除外责任条款（如"NYPE'46"第16条、"NYPE'93"第21条、"NYPE 2015"第21条）的延伸，一般要求合并进提单，从而将提单下的责任限定在这类条款的规定范围之内。

5.16.1 首要条款（clause paramount）

1.首要条款的含义

期租合同中通常都规定首要条款（GENCON格式合同中没有首要条款，但可通过追加的方式订立，其解释原则与本节相同）。该条款的核心内容是将原本适用于提单的《海牙规则》《海牙-维斯比规则》或相关国内法合并进租船合同中，通过订约的方式使它们适用于租船合同，而且在合同其他条款与这些法律规定发生冲突时，以这些法律规定为准（overriding）。同时还规定，所有租约下签发的提单都应合并首要条款中提及的法律。

但是，首要条款并不是合同的法律适用条款，该条款的本意是：如果合同没有约定适用法律，则以首要条款中规定的实体法为准，合同中关于双方义务的约定与这些法律相冲突的将归于无效。如果合同约定了适用实体法，则仍应以约定的实体法为准。

2.首要条款的基本内容

国际海上货物运输的法律统一性是比较明显的。美国1893年制定的《哈特法》（HARTER ACT）成为后来的《海牙规则》雏形。《海牙规则》在1968年修改后，形成了《海牙-维斯比规则》。有的国家在承认该规则后将其基本精神纳入本国的有关立法，例如英国的1971年、1992年《海上货物运输法》（COGSA GB）和美国1936年《海上货物运输法》（COGSA USA），首要条款中规定的适用法律多为《海牙规则》《海牙-维斯比规则》《哈特法》及COGSA USA。NYPE格式合同是在纽约制定的，所以"NYPE'46"首要条款规定的是《哈特法》和1936年的COGSA USA，"NYPE'93"和"NYPE 2015"的首要条款合并有《海牙规则》《海牙-维斯比规则》。从这些法律的基本精神考察，首要条款的目的更多的是为了保护承运人。

3.理解首要条款时应注意的问题

在理解和使用首要条款时应注意以下问题：

（1）首要条款下出租人的免责事项基本就是《海牙规则》中规定的事项。美国1936年的COGSA规定与《海牙规则》基本相同，但比"NYPE"格式合同中的免责条款中所列事项更广泛。美国1936年的COGSA的Section4（2）规定：

"（2）Neither the carrier nor the ship shall be responsible for loss or damage arising or resulting from

（a）Act，neglect，or default of the master，mariner，pilot，or the servants of the carrier in the navigation or in the management of the ship；

（b）Fire，unless caused by the actual fault or privity of the carrier；

（c）Peril，dangers，and accidents of the sea or other navigable waters；

（d）Act of God；

（e）Act of war；

（f）Act of pubic enemies；

（g）Arrest or restraint of princes，rulers of people，or seizure under legal process；

（h）Quarantine restrictions；

（i）Act or omission of the shipper or owner of the goods，his agent or representative；

（j）Strike or lockouts or stoppage or restraint of labor from whatever cause，whether partial or general，provided，that nothing herein contained shall be construed to relieve a carrier from responsibility for the carrier's own acts；

（k）Riots and civil commotions；

（l）Saving or attempting to save life or property at sea；

（m）Wastage in bulk or weight or any other loss or damage arising from inherent defect，quality or vice of the goods；

（n）Insufficiency of packing；

（o）Insufficiency or inadequacy of marks；

（p）Latent defects not discoverable by due diligence；and

（q）Any other cause arising without the actual fault and privity of the carrier and without the fault or neglect of the agents or servants of the carrier，but the burden of proof shall be on the person claiming the benefit of this exception to show that neither the actual fault or privity of the carrier nor the fault or neglect of the agents or servants of the carrier contributed to the loss or damage."

将上述免责事项与"NYPE"的免责条款对比可以发现，（h）条以后的事项都是后者没有的，而且，（a）条中包括的非常重要的"neglect"及（g）条中的"legal process"也都是后者所没有的。所以说，首要条款给予出租人更多的保护。

（2）"NYPE"免责条款是保护合同双方的（mutually excepted），而美国COGSA更广泛的免责规定只是保护出租人的。保护货方的规定在美国COGSA的Section 4（3）条中。原文是："The shipper shall not be responsible for loss or damage sustained by the carrier or the ship arising or resulting from any cause without the act，fault，or neglect of the shipper，his agent，or his servants." 但是，在承租人不是发货人的情况下（例如在FOB条件下），本条规定是无法保护承租人的。在英国的"The Athanasia Comnios"（1990）案中，悉尼的发货人提供的煤炭中有甲烷气体（methane gas），与空气混合后，因船员吸烟引起爆炸导致船舶损坏。承租人试图援

引发货人疏忽免责条款免除对船舶损坏的赔偿但被法庭拒绝。美国法律也持同样观点。

（3）出租人租约下的严格船舶适航义务在首要条款下变为相对适航义务。在"NYPE"格式合同中，出租人保证船舶适航义务是严格的、绝对的，BALTIME也作了类似规定。但是，《海牙规则》下出租人保证船舶适航责任是相对的，它只要求出租人本人在船舶开航前或开航当时谨慎处理（with diligence）保证船舶适航。通过首要条款将《海牙规则》合并进租约，减轻了出租人的保证船舶适航义务，由此可见首要条款对出租人的重要性。

（4）根据英国普通法，首要条款适用于合同中各种责任。一般认为，《海牙规则》（COGSA也同样）的免责条款本来只涉及有关货物的争议。该规则第二条规定："...the carrier, in relation to the loading, handling, stowage, carriage, custody, care and discharge of such goods, shall be subject to the responsibilities and liabilities and entitled to the right and immunities hereafter set forth." 但是，租船合同包括的义务与责任范围远远多于上述内容。例如：及时交船义务、及时还船义务、及时支付租金义务等等。那么《海牙规则》并入租约后是否适用于与货物无关的其他合同义务呢？英国上议院在The "saxon Star"（［1958］ 1 Lloyd's Rep.456.）一案的审理中作了肯定性回答。案中涉及的是因船舶主机损坏（机舱人员不胜任导致的）造成承租人的市场损失，法庭判出租人可以援引《海牙规则》的免责条款。[1]我国《海商法》对此没有规定，也未见过这方面的审判报道。

（5）根据英国普通法，首要条款可适用于空载航次及美国以外的运输。《海牙规则》的免责规定既然是针对"与货物有关的"责任，那么该规定不应适用于空载航次，出租人在空载航次中发生的违约行为就无权援引《海牙规则》寻求免责保护。再者，从文字上看，美国COGSA规定的免责适用条件是与美国相关的航次（to or from America），而第三国之间的航次似乎不应适用COGSA的免责规定。但上述两个问题在The "Saxon Star"案中，法院都作了更广泛的解释，即空载航次及美国以外的航次，《海牙规则》同样适用。The "Saxon Star"案经过了三级法院审理，最后由上议院确定了最终原则，应该说，这一法律地位是相当稳定的。该案例对"NYPE'46"第24条的首要条款解释确立了三个原则：

第一，租约内所有行为都适用《海牙规则》或者美国的COGSA的规定。这是以普通法的形式对《海牙规则》适用范围的延伸。

第二，《海牙规则》不但适用于载货航次（laden voyage），也适用于空载航次（ballast voyage）。《海牙规则》并入的这一解释原则加重了出租人的责任。但另一方面，由于《海牙规则》适用所有航次，出租人在预备航次（空载航次）中的行为可以得到《海牙规则》的保护，例如，船长、船员疏忽造成的延误等。

第三，美国COGSA在租约中的适用不受地理局限（geographical limitation），可

---

① WILFORD, COGHLIN, KIMBALL. Time Charters ［M］. fourth edition. London：LLP limited，1995：514-515.

适用于第三国之间的航次（voyage should be subject to the Act regardless of where they start or finished）。

（6）注意《海牙规则》的 1 年索赔时效的并入。根据英国普通法，《海牙规则》并入租约后，其 1 年时效的规定便适用于租约内的货物及与货物有关的索赔。对租船合同的索赔时效各国法律规定不一，英国为 6 年，我国为 2 年（但就海上货物运输向承运人索赔的时效仍为 1 年）。但《海牙规则》被合并入租约后，1 年时效的规定便适用于租约下的货物索赔及与货物有关的索赔，原租约应有的时效对于货物索赔或与货物有关的索赔失去了效力。但与货物无关的其他索赔仍应适用原租约的法定时效。

实践中对什么是"与货物有关的索赔"并不容易区分。广义地说，租船合同下的一切行为都与货物有关，因为租约的目的就是运输货物。但在《海牙规则》时效的适用问题上，应严格控制其适用范围，只有在索赔事项是货物本身或与货物有直接关系时才能适用。这种严格适用原则的目的主要是尊重合同双方当事人制定合同的真实意图。

值得注意的是，在仲裁情况下，尽管有 1 年时效或根据租约特殊仲裁条款更短的时效规定（如 Centrocon 格式合同的仲裁时效为 3 个月，法国进口粮食的 Synocomex 格式合同为 6 个月），根据英国仲裁法，当索赔人遇到了"不正常困难"（undue hardship）时，有权向法院申请延长时效，这是保护索赔人保持时效的有力武器。

5.16.2 双方互有责任碰撞条款

1.条款内容

双方互有责任碰撞条款（Both-to-Blame Collision Clause）的内容是：在两船互有责任的碰撞中，如果受损失货主向非载货船舶索赔全部损失，非载货船舶在作出赔偿后，又向载货船舶索回其按照责任比例应当承担的部分，那么，载货船舶可以依据航行疏忽免责条款，将这部分赔偿向本船货主索回。

双方互有责任碰撞条款对出租人、出租人互保协会都很重要，出租人互保协会在其保险条款中要求出租人在其签订的运输合同或签发的提单中订立这一条款。该条款的内容是由著名律师组织编写的，使该条款用词看上去云遮雾罩，较难理解。各租船合同和提单采用的条款文字大同小异，"NYPE 2015"第 33 条的措辞是：

"If the ship comes into collision with another ship as a result of the negligence of the other ship and any act, neglect or default of the master, mariner, pilot or the servants of the carrier in the navigation or in the management of the ship, the owners of the goods carried hereunder will indemnify the carrier against all loss or liability to the other or non-carrying ship or her owners insofar as such loss or liability represents loss of, or damage to, or any claim whatsoever of the owners of said goods, paid or payable by the other or non‑carrying ship or her owners to the owners of said goods and set‑off, recouped or recovered by the other or non-carrying ship or her owners as part of their claim against the carrying ship or carrier.

The foregoing provisions shall also apply where the owners, operators or those 549 in charge of any ships or objects other than, or in addition to, the colliding ships or objects are at fault in respect to a collision or contact."

2.条款的渊源及解释

双方互有责任碰撞条款来源于美国碰撞法中的"货物无辜原则"（innocent cargo rule）与1910年布鲁塞尔碰撞公约"船货均有责任"原则的冲突。根据后者，船舶与货物应被视为共同一方，船方有错，货方也被认为有错。例如，甲乙两船相撞，被判各承担一半责任，则甲船上的货主也有一半责任。他在向乙船索赔货物损失时，只能按乙船应承担的责任比例索赔全部损失的比例部分。但是，按照美国的"货物无辜原则"，两船相撞，货方没有任何责任，它可以向本船（即承运船，the carrying ship），也可以向他船（即非承运船，non-carrying ship）索赔全部货物损失，即碰撞双方对货物应承担连带责任。由于《海牙规则》规定出租人航行疏忽造成货损可以免责，货主无法从本船获得赔偿，于是转向负有连带责任的他船要求100%损失赔偿。然而，在碰撞双方之间，各自按照责任比例承担损失赔偿。他船按100%责任赔偿货主后，可以按照责任比例将承运船应承担的那部分索要回来。这等于本船被本船货主绕了一个圈子索赔了本可免赔的货物损失，从而变相地丧失了《海牙规则》下的免责权利。为此，出租人或承运人便制定了"双方互有责任碰撞条款"，规定如果货主从对方船舶取得全部赔偿，引致非承运船向承运船转嫁货主的索赔，货主在本合同下有义务补偿承运人被非承运船舶追偿所遭受的额外损失。

举例说明，甲乙两船发生碰撞，甲船应承担80%、乙船应承担20%的碰撞责任。甲船上有货，因碰撞损失10万美元。根据美国法律，甲船货主可向乙船索赔全部10万美元损失。乙船赔偿后，根据责任比例，就甲船应当承担的8万美元（10万×80%）损失向甲船追回。这样，甲船变相地将本可根据《海牙规则》免责的8万美元赔付给货主。有了互有责任碰撞条款，甲船货主就有义务再将这8万美元退给甲船，从而恢复了甲船应有的免责权利。当然货主如果投保了货物保险，这8万美元的损失可以转向保险公司索赔。英国的ICC条款及中国的PICC条款中都承保这类损失。

有了互有责任碰撞条款，本船货主在向他船索赔时就会主动放弃本船应承担的比例部分，从而避免了几个环节的连环诉讼甚至是扣船的后果，节省了大量时间和法律费用。当然，精明的本船货主大可不放弃向他船索赔的权利，因为该条款只是规定货主日后应向本船归还这笔钱，并不剥夺货主的索赔权利。如果在美国起诉他船方便时，货主可以先从他船索回全部损失——因为本船找到自己索要退款的时间难以预知，出租人也可能已经倒闭，或者是忽略了该条款。

3.本条款的法律效力

本来，只有根据美国法律，本船货主才有权向他船索赔100%损失，在其他国家法律下或承认《1910年碰撞公约》的国家，货主只能按照责任比例承担自己的货物损失。也就是说，只有在适用美国法律时或通过在美国扣船的方式取得美国法院管辖并适用美国法律时，互有责任碰撞条款才有意义。

但是，美国法院曾以违反公共政策为由判定提单中的"互有责任碰撞条款"无效，但租船合同中的"互有责任碰撞条款"有效，其他国家根据订约自由原则大多都承认该条款的有效性。出租人互保协会也要求出租人应在租约及提单中加入该条款，因为货主可以采用"择地诉讼"（forum shopping）的方法，使两船即使在美国以外的地区相撞也可等待时机在美国申请扣船，取得美国法院管辖，从而可以100%地从他船处索回损失。

5.16.3　战争条款

租船合同，包括提单一般都订有战争条款，规定在发生战争或类似战争的事件时，合同双方的特别权利、义务。

由于经营方式的不同，期租合同中的战争条款与程租合同的战争条款在内容上有较大的不同。在程租船方式下，运输是在某一特定的航次上进行的，如果装货港或卸货港发生战争或类似战争事件，会直接影响或阻碍合同继续履行。因此，程租合同战争条款主要规定装货港或卸货港发生战争时，如何完成特定航次、合同可否解除、滞期费如何支付等问题。在期租船方式下，船舶的经营是在某个区域内的，某个港口发生战争不会轻易破坏整个合同的目的；因此，战争条款的内容主要涉及船舶可否驶入战区，如果驶入，租金、战区保费等应如何支付，船舶损失应如何分担等问题。

1.战争的含义

"战争"一词本指两个主权国家或类似国家的政权之间动用武力，进攻或抵抗的行为。但租船合同战争条款中的战争含义更广泛，它包括了战争及类似战争的事件。主要有：正在进行的战争及战争威胁行为（actual war or threatened act of war）；战争敌对行为（war hostilities）；类似战争行为（war like operations）；海盗（piracy）及敌对（hostility）行为；任何个人、团体或国家对本船、他船或船上货物的蓄意破坏（malicious damage against this or any other vessel or its cargo by any person、body or state）；革命（revolution）；内战（civil war）；民变（civil commotions）；根据国际法所采取的行动（the operations of international law）；实施制裁所带来的风险或罚款（any risks or penalties whatsoever consequent upon the imposition of sanction）；扣押（seizure）；捕获（capture）；扣留（arrest）；拘禁（restraint）；羁押（detainment）；没收（confiscation）；交战方、政府和统治者的干扰（any interference by the belligerent or fighting powers or parties or by any government or ruler）；恐怖分子的行为（act or threatened act of terrorist）等。

2.类似战争事件的普通法解释

（1）内战：除国家之间战争外，内战无疑是上述各事件中最严重的。英国法院在审理 Spinney's Ltd and other v.Royal Insurance（〔1980〕1 Lloyd's Rep.406）一案时对什么是内战作了权威解释。法庭认为，在判断某国内骚乱的规模是否构成内战时，至少应考虑以下因素：参战的人数；部队和平民的伤亡人数；使用武器的数量和性质；占据领土的相对规模；平民总的受影响程度；冲突持续的时间和程度；秩序和司法管理受妨碍的范围；服务和个人生活受干扰的程度；由于冲突导致人口的流动程度；每一集团在其控制的领土上行使立法、行政和司法权力的范围。只有存在上述大部分因素，并且达到一定程度时，才构成内战。

（2）革命、造反、叛乱：革命、造反（rebellion）和叛乱（insurrection）是各种合同战争条款中都包含的事件。它们的特点是：国民有组织、有武装地通过武力或武力威胁，来达到推翻现政府的目的。

（3）暴动和民变：通常，暴动（riot）和民变（civil commotion）比革命、叛乱的规模及程度要小一些，其目的也不是要推翻政府，但是它们有一定的组织，会使人身和财产受到威胁和损坏。

（4）捕获（capture）：指战时财产被交战方占有。

（5）扣押（seizure）：指任何人及团体在任何时间、任何地点以武力或武力威胁，强行占有他人财产、船舶的非法行为。

（6）扣留、拘禁、羁押：通常指通过法定程序，对船舶及其他财产的滞留、限制。

3.战争条款的主要内容

（1）对进入战区的限制。战区是指发生上述各类事件的地区，一般出租人都不允许承租人将船舶指派到战区。对进入战区的限制是战争条款的首要内容，如果未经出租人同意，承租人指派船舶进入战区，即使支付了额外费用也将构成严重违约。

（2）在征得出租人同意的情况下船舶被指派到战区，出租人有权投保战争险，保险费由承租人支付。承租人还应承担由此导致的船员伤亡责任，并且应当继续支付租金，租金支付条款中的承租人停租规定对船舶进入战区期间无效。

（3）由于进入战区增加的船员工资、战区奖金、生活品及物料的额外消耗，由承租人承担。

（4）如果船旗国或船舶保险人指示船舶驶离战区，或不准进入战区，或改变航线、改变原目的港等，出租人有权照令执行。

（5）如果船旗国及列名的几个经济大国卷入战争，合同双方可以取消合同。这是因为，船旗国如卷入战争，属于该国籍的船舶会面临更大的危险，而几个经济大国卷入战争，对世界经济及航运市场影响巨大，原合同基本环境可能已经改变，继续执行合同的基础已经不存在。

4."NYPE 2015"战争条款的改进

"NYPE 2015"第34条的战争条款直接引用了 BIMCO 的 "CONWARTIME" 标

准战争条款。本条款与"NYPE'93"战争条款相比调整较大，主要考虑了近些年来海盗猖獗以及英国法院的相关立场。

第34条（a）款首先对船东和战争风险作出定义。根据定义，船东包括注册船东、光船租船人、二船东、从事船舶管理的船舶经营人及船长。战争风险包括现实的、威胁的或报告的风险，具体内容除了前述的风险，还增加或修订了以下内容：布设水雷；海盗（Piracy）包括海盗行为、暴力抢劫、捕获及扣押；经船长或船东合理判断，可能对船舶、船载货物、船员及其他在船人员存在危险或可能变成危险的任何人、组织、恐怖主义者、政治团体、国家或地区的政府实施的封锁，不论该封锁是针对所有船舶，还是针对特定船舶。

第34条（b）款的船舶无义务驶往或通过战区的规定中，战区具体包括了任何港口、地点、水域、水道或运河，战争风险被定义为船长或船东经合理判断认为的可能对船舶、船载货物、船员及其他在船人员存在危险或可能变成危险，不论该危险是在签订本合同时即已存在还是此后发生的。如果战争风险系船舶进入后发生，船舶有权驶离该港口或水域。

第34条（c）款规定了承租人的义务，要求其不得指令船舶装运禁运货物，不得指令船舶穿越前述战区，或驶往可能遭到不法之徒（a belligerent）搜查或没收（search and/or confiscation）的区域。最后一项规定主要针对的是近些年来海盗在公共水域对船舶的疯狂抢劫现象。

第34条（d）款规定的是如果船舶驶往或通过战区，承租人承担支付额外保险费的义务，包括偿付船东支付的船舶保险人要求的额外保费以及船东合理购买的战区保险费用。

第34条（e）款规定，上述费用承租人应当在收到出租人收据后15天内支付，或在还船时支付（以先到为准）。

第34条（f）款是关于船员战区工资和奖励的支付问题。根据该条规定，如果根据雇佣协议出租人向船员支付了战区额外工资或奖金，承租人应在下一期租金或在还船时（以先到为准）偿付给出租人。

第34条（g）款是关于船舶在战区听从第三方指令的权利问题的。根据该条规定，船舶可以听从船旗国政府、船东国政府、有权利强迫船舶听从的任何其他政府和组织发出的，关于船舶驶离、抵达、航行线路、护航、挂靠港口、停航、目的地、卸货、交货等指令；有权听从船舶保险人根据保险条款发出的指令；有权遵守联合国安理会或其他超国家机构（Supranational body）决议以及为执行该类决议的船舶需执行的国家法律，并听从他们的指令；有权在其他港口卸下被认为禁运的货物；如果有理由认为可能被拘留（internment）、入狱（imprisonment）或留置（detention），有权驶往其他港口更换船员。

第34条（h）款是关于处于战争风险中的货物处理的规定。根据该款规定，出租人有权根据前款规定，拒绝船舶驶往装卸港口，但应当立即首先通知承租人，要求其另行指定安全港口，发出通知前不得改港卸货。如承租人在收到该通知的48

小时内没能指定安全港口，出租人有权选择在任何安全港口卸货。改港发生的所有费用和风险由承租人承担。

第34条（i）款是关于提单违约责任承担的。根据该款规定，由于出租人行使（b）款到（h）款权利导致提单下或海运单下的索赔，由承租人偿付。

第34条（j）款是关于规避战争风险与履行期租合同义务关系的。根据该款规定，因行使（b）款到（h）款权利导致任何事情完成或没完成，不应被视为对合同义务的偏离，而应被视为已履行了合同义务。

5.拟定和适用战争条款应注意的问题

（1）"NYPE'46"格式合同中没有规定战争条款，在使用该格式合同时，应选用一条好的战争条款追加在合同中，但不能选用程租合同战争条款，因为它们针对的情况是不同的。

（2）出租人欲保留拒绝进入战区的权利，必须在战争条款中明文规定。这是因为，在租船合同中船舶应听从承租人的命令和指示，如果没有除外规定，承租人可命令船舶进入任何商业港口。虽然合同中规定有航区除外条款，但被限定的范围是有限的，而且战争或类似战争行为可在世界任何地区发生，因此，必须有特别的规定。

（3）在征得出租人同意而且承租人已支付了战争保险费情况下，承租人的保证港口安全义务就被免除（charterers are relieved of their safe part obligation）。其中英国大法官Roskill在The "Evia"（［1982］2 Lloyd's Rep.307）案中指出："as the charterers were to refund the owner's war risk insurance premium, it would be unjust that they should remain exposed to a subrogated claim by the war risk underwriter."①这样，当船舶进入战区遭受灭失或损坏时，出租人无权以承租人违反安全港义务为由向承租人索赔，而只能向船舶保险人索赔。同样，船舶保险人也无权在取得代位求偿权后以此向承租人索赔。

（4）船舶被承租人指派到战区后，由于本条款定义的战争或其他列名事件导致的船期损失由承租人承担，租金应当继续支付，此时，合同停租条款不适用。但是，如果战争事件在时间及程度上相当严重，影响到合同的根本目的以至于构成合同受阻，承租人可以要求解除合同。The "Evia"一案中，该轮租期18个月，交船日是1979年11月20日，还船日期应在1981年5月。1980年9月22日该轮被指派在伊拉克的巴士拉（Basrah）卸货。当船舶卸货完毕正要离开时，两伊发生敌对行为，Shatt-al-Arab水道变成危险区无法航行。承租人以合同受阻为由要求解除合同，出租人则以战争条款抗辩要求继续支付租金。英国上议院判决承租人胜诉。

（5）在航次期租（TCT）方式下，由于装卸港口已经在合同中列明，而且签约时战争风险可能已经存在，出租人无权以战区为由拒绝执行合同。但如果战事发生

① WILFORD, COGHLIN, KIMBALL.Time Charters［M］. fourth edition.London：LLP limited，1995：184-188.

在合同签订之后，应参照航次租船合同战争条款的规定处理。

（6）出租人必须合理依赖战争条款。战争条款中罗列了众多"战争"事件，特别是一些小的事件，如海盗、骚乱等，应当是确已发生而且程度已相当严重，妨碍了船舶装卸货物及航行安全，出租人才能行使战争条款中规定的权利。马六甲国际水道是世界著名的海盗活动猖獗地区，但大量船舶每天都在这一水道航行，出租人不得因存在海盗危险而拒绝航行于这一水道。此外，"战争"危险必须是确实存在，出租人不能轻易凭"听说"（hearsay）有"战争"就依赖战争条款。为谨慎起见，在难以判断某一地区"战事"危险程度时，较好的方法是去调查该地区是否有船舶、有多少船舶仍来往于该地区，这也是仲裁员或法官在判案时考虑的重要因素，或者去咨询船舶保险人。

5.16.4　冰冻条款

冰冻条款（ice clause）的主要内容包括禁止承租人指令船舶进入冰冻地区，以及在冰冻地区船长的自由驶离权，它是专门保护出租人的。

"NYPE' 46"第25条、"NYPE' 93"第33条和"NYPE 2015"第35条中都制定有冰冻条款，内容基本一致。"NYPE 2015"第35条规定："The Vessel shall not be obliged to force ice but, subject to the Owners' prior approval having due regard to its size, construction and class, may follow ice-breakers.The Vessel shall not be required to enter or remain in any icebound port or area, nor any port or area where lights or lightships have been or are about to be withdrawn by reason of ice, nor where there is risk that in the ordinary course of things the Vessel will not be able on account of ice to safely enter and remain in the port or area or to get out after having completed loading or discharging."

BALTIME格式合同还规定："The vessel not to be obliged to force ice.If on account of ice the master consider it dangerous to remain at the loading or discharging place for fear of the vessel being frozen in and/or damaged, he has liberty to sail to a convenient open place and wait for the charterers' fresh instructions.Unforeseen detention through any of the above causes to be for the charterers' account."

出租人在依赖冰冻条款时，同样要谨慎、合理。在许多同类型船舶仍在往来某一港时，出租人不能简单地因为有冰就拒绝进入。同样，船长在决定中途撤离某一港口时也必须谨慎、合理判断冰冻的发展，保证驶离的合理性，毕竟中途驶离会给发货人或收货人带来很大的麻烦和损失。在承租人指令船舶进入冰区时，船长在谨慎地估计了冰冻形势的前提下，承租人应对冰区导致的船舶受损承担违反安全港口义务的责任。

5.16.5　航行美国毒品条款

航行美国毒品条款（U.S.trade-drug clause）是美国颁布了《1986年反毒品法》

（U.S.anti-drug abuse act of 1986）之后出租人为保护自己免遭连累在期租合同中订立的。它的主要内容是，规定出租人只对船员走私毒品的后果承担责任，其余任何人走私毒品被美国有关当局处罚，都应由承租人负责。

美国反毒品法实施后，对船舶参与走私毒品苛以重罚，罚款额可达几千万美元，而南美的哥伦比亚一带又是世界上毒品生产和集散的重要地区，美国对来自该地区船舶的毒品检查也相当严格。毒品检查本身就会导致船期损失，因此，对毒品检查带来的时间损失也应由承租人负担，除非船员参与作案。在船舶被查出毒品时，承租人除需支付罚款外，还有义务提供担保，释放船舶。

"NYPE'93"第31条（d）款规定有此条款，"NYPE 2015"将此项规定合并入第43条的走私条款（b）款中。根据该款规定，如果在货物、集装箱内，或与货物操作相关的其他方法，发现藏有麻醉品或其他非法物质，将构成承租人违约。承租人应对此项违约导致的所有后果负责，并保证出租人、本船船长、船员不受损害。由此导致的对他们的任何索赔、损失、费用、罚款、惩罚，承租人应予以赔偿。应要求，承租人应为出租人提供现金或其他形式担保，因此项违约导致的时间损失不得记为停租。

5.17 　　　　　　　　　　　其他条款

5.17.1　共同海损条款

"NYPE 2015"第25条规定：如果船舶发生共同海损，应当根据第54条规定的适用法律和《1994年约克–安特卫普规则》以美元理算处理，承租人应保证所有签发的提单合并进该规则和第33条的"新杰森条款"，期租租金不参加分摊。与此联系的是，该合同的第24条规定，救助报酬在扣除费用后，应由双方平均受益。

5.17.2　政府征用条款

"NYPE 2015"第36条规定：如果船舶在期租期间被船旗国或出租人国政府征用（requisition），征用的时间记为停租，征用报酬归出租人所有，征用时间记为期租时间。如征用时间超过90天，双方均有权选择解除合同，并不得因此向对方提出索赔。

尽管当今政府征用商船已非常少见，但规定政府征用条款对承租人是有必要的。因为在租金支付条款中，只有出租人疏忽或错误导致的时间损失，承租人才可以停付租金。而征用是政府行为，与出租人无关，因此承租人应是无权停租的。为改变这种法律地位，就需要订立特别条款来免除此期间的租金支付义务。政府征用条款也可以放在停租条款内订立。

5.17.3　减速航行条款

在履行期租合约时，船东一方面在合约下有遵循承租人有关航行速度指示的义务，同时在提单下或海运单下又有履行尽速遣航（utmost despatch）的默示义务。如遇承租人基于某种原因指示船舶减速航行（例如为了节省燃油或满足抵达港口时间限制要求），出租人则需考虑减速航行可能带来的后果，这不仅包括减速会带来主机扫气系统和辅助鼓风机因压力不足可能带来对船舶主机和其他相关设备损害的技术问题，同时还可能涉及安全航行以及对提单或海运单持有人责任的法律问题。

"NYPE 2015"第38条引入 BIMCO 在2011年推出的期租减速航行条款。该条允许承租人书面指示船长慢速航行（Slow-steaming）或超慢速航行（Ultra-slow steaming），订约时选择其一。如果订约时未选择，则默认承租人选择了"慢速航行"选项。在任何选项下，承租人都需要承担以下责任：首先，确保减速航行并不违反提单或海运单项下的承运人义务；其次，对出租人因执行减速指示遭受的提单或海运单持有人提单项下索赔作出赔偿；最后，减速不得有碍船舶航行安全、船员和货物安全，不得有碍海上环境保护。

5.17.4　海盗条款

"NYPE 2015"第39条引入 BIMCO 在2013年推出的期租海盗条款（Piracy），以反映行业实践和相关法律的最新发展。目前该条款已经在租船市场上得到广泛认可和使用。

该条（a）款中的"无义务驶入区域"规定与第34条战争条款的（b）款规定基本一致，并且只要船长经合理判断认为存在危险，就可拒绝驶往。

该条（b）款规定了出租人拒绝驶往决定的通知义务和承租人更改航次命令的义务。因等待或执行该命令导致提单或海运单下出租人遭受收货人索赔，承租人应负责赔偿，期间的时间损失不得记为停租。

该条（c）款规定了出租人在船舶已经进入海盗风险区的情况下出租人的以下权利：可采取措施保护船舶、船员和货物，包括改变航线、要求护航、停止日航或夜航、改变航速或航向、雇用保安人员等；听从船旗国、船东国政府或联合国安理会等政府或组织的指令或建议。因实施上述权利导致的提单下的收货人索赔，承租人负责赔偿。

该条（d）款规定了进入海盗风险区产生的成本分担责任：进入风险区产生的额外人事或措施成本以及采取避险措施导致的时间损失由承租人承担，不得记为停租；根据雇佣合同支付船员的额外工资或奖金、船舶保险人要求的额外保费由承租人支付。

该条（e）款规定：受海盗攻击的时间损失不得记为停租。

该条（f）款规定了承租人合同义务存续和持续支付租金的例外。按照本款规定，如果船舶被海盗劫持，承租人本合同下的义务保持不变，但出租人应随时向其告知施救行动细节。承租人在船舶遭遇海盗劫持的首90天依旧需要支付租金，从第91天开始至船舶被释放，承租人有权停付租金。因修理海盗劫持导致的船舶损坏的时间损失记收租金。

该条（g）款规定了本条规定的法律效力：与执行本条规定相关的任何行为或不行为，均不应视为对本合同义务的背离，本条款效力超越其他条款。

5.17.5 税费条款

船舶营运总要面对税务当局对船舶以及运费或租金收入的征税，期租合同的税费条款规定了税款分担原则。"NYPE 2015"第40条规定：地方、州或国家对船舶（船旗国的除外）以及货物、运费、租金征收的税费由承租人负担。

5.17.6 偷渡条款

偷渡（stowaway）是当今出租人面临的一个大问题。如果一国政府发现船上载有偷渡者，轻者让船舶将其遣送回国，重者对船舶施以较重的罚款，或同时扣押船舶，逮捕船长。偷渡者登船主要有两种方式：一是藏在货物中或集装箱中；二是自己直接登上船舶。发生第一种情形，视为承租人违反租约义务，需对其产生的一切后果负责，包括租金照付，支付罚款，提供担保释放船舶等；发生第二种情形，视为出租人违反租约义务，需对其产生的一切后果负责，包括承租人所受的损失和罚款，如有时间损失，应停付租金。"NYPE'93"第43条、"NYPE 2015"第42条均有具体规定。

5.17.7 走私条款

走私一直以来都是航运业中的一个严重问题。"NYPE 2015"新增第43条，明确了船员走私的性质以及出租人责任。根据该条规定，船长和船员走私是违反合同行为，出租人应当对由此导致的承租人任何损失，包括所有索赔、损失、费用、罚款、处罚承担责任和偿付，由此导致的船期损失记为停租。此条款还包括了毒品走私的责任分担，具体参见本书5.16.5节内容。

5.17.8 国际安全管理条款

国际安全管理（international safety management，ISM）条款是为了约束出租人在租期内保证履行IMO的ISM规则义务。"NYPE 2015"第44条规定，出租人应在租期内保证船舶和公司符合ISM规则，并能够向承租人提供"相符证明"（document of compliance，DOC）和"安全管理证书"（safety management certificate，SMC）副本，否则，由此导致的承租人任何损失和费用或延误，由出租人承担。

5.17.9　安保条款

自美国 2001 年遭受 "9·11" 恐怖攻击后，为加强船舶和港口安全，国际海事组织制定了国际船舶与港口设施保安规则，并将其并入《海上人命安全国际公约》（SOLAS）的第 11 章，并于 2004 年 1 月生效，成为船东和船舶必须履行的国际规则。根据该规则，每一船舶必须建立保安计划，并获得船籍国签发的国际船舶保安证书，否则，船舶靠港时将遭到扣留。

为此，"NYPE 2015" 第 45 条首次引入了国际船舶与港口设施保安规则和美国海上运输保安法条款，并将履行这两项法律的责任和费用进行了分摊。根据该条款，履行船舶保安计划产生的费用由出租人承担，与港口相关的费用由承租人负担。具体地，要求出租人履行国际船舶与港口设施保安规则（international code for the security of ships and port facilities，ISPS Code）以及 SOLAS 公约第 11 章修正案的规定，如果船舶挂靠美国港口或穿越美国水域，还应符合 2002 年《美国海上运输保安法》（US Maritime Transportation Security Act，MTSA）。出租人应能够提供 "国际船舶保安证书"（international ship security certificate，ISSC），合同双方应提供联系人的联络细节。这是出租人应履行的一项严格义务，因未履行该项义务导致的损失、费用以及延误，应由出租人承担。

因满足港口设施或港口当局保安要求产生的保安员费用、启动费用、船舶维护费用、保安费用、检查费等，以及由此导致的船期损失由承租人支付，但完全由出租人或船员疏忽、或此前营运、船员国籍、船员签证、船旗或出租人的经理人身份导致的除外。

5.17.10　经济制裁条款

订立经济制裁条款的目的是为出租人评估承租人的航次指令是否存在船舶及相关人被制裁的风险，出租人的评估必须建立在合理判断基础之上。

"NYPE 2015" 第 46 条规定：如经出租人合理判断，承租人的航次指令将使船舶、船东、经理人、船员、船舶保险人或再保险人面临任何由国家、超国家组织或政府间国际组织实施的经济制裁或禁止（sanction or prohibition），出租人有权拒绝执行该航次指令。如航次开始后遭受制裁或禁止，出租人有权中止原航次计划，承租人应在收到出租人通知后的 48 小时内另行下达航次变更指令，否则，出租人有权将货物在任何安全港口卸下。期间的船期损失及额外费用由承租人承担。出租人的前述行为不应视为对租约规定的偏离。因此导致的货主或提单持有人或转租承租人对本出租人的任何索赔，应由承租人偿付。承租人应将此条款并入转租合同中。

与第 46 条相关的还有 "NYPE 2015" 第 47 条引入的 BIMCO 的 "制裁对象"（Designated Entities）条款，它是对制裁条款的补充。该条款要求合同双方均应保证在合同签订时以及整个租期内，自己均不是联合国决议、欧盟法律和美国法律认定的经济制裁、禁止或限制的对象，包括本身、与本身相关的指定的自然人、法人、船舶、船队、转租承租人、发货人、收货人及其他货物利益方。因为在租期内被制裁对象会随时变化，因此，双方应当随时关注。

该条款进一步规定"无过错方"的权利，即一方在获知另一方变为"制裁对象"后，可认定其违约，因此可以听从制裁或禁止指令，或在无该指令情况下，选择终止本合同。如果船舶载有货物，可以自行选择在任何安全港口卸下货物。实施该项权利不应视为是对本合同约定的违反。

考虑到某些国家可能制定反制裁法令（即存在国际斗争），因此，本条还规定，出租人和承租人有权遵守本国或船旗国法令。这是一个复杂问题，在面临此种紧张形势时，最好寻求法律咨询。

如因一方违反保证被认定为"制裁对象"，给另一方带来任何索赔、损失、费用或罚款，该违约方有义务偿付。为保证出租人利益，承租人应将本条款并入转租租约以及提单。应当注意的是，当合同双方中的其中一方成为"制裁对象"后，将变得无法支出或接收款项，本条的偿付规定将无法实施从而变得没有实际意义，但对于其他人违反本条保证而言，仍具有意义。

5.17.11　货物预报关条款

在2001年"9·11"事件发生后，为了防恐需要，美国制定了相关法律，要求对进入美国或通过美国转运到第三国的货物应在货物装船前24小时通过美国舱单系统（american manifest system，AMS）向美国海关申报舱单内容（该系统也被戏称为美国反恐舱单），其中也包括船舶的申报义务。未经美国海关批准，货物不得装船。2010年开始，更具体地要求进口商申报的10项内容和船公司申报的2项内容，被称为"10+2"申报。进口商往往委托出口商或出口货运代理人申报，船公司申报的内容为船舶配载图和集装箱状况信息。如果申报不准确，可能面临5000美元的罚款，甚至拒绝进口。目前，加拿大也实施类似的规定。

为适应这一形势，"NYPE 2015"第48条引进BIMCO北美货物预报关条款。根据该款规定，如货物运往美国或加拿大，或经其运往第三国，承租人应当履行美国海关或加拿大边境服务局规定的承运人货物预报关义务，并以自己的名义和费用备妥承运人代码（standard carrier alpha code，SCAC/canadian customs carrier code）、国际承运人保证金（international carrier bond，ICB）及代码、在船舶抵达前通过规定系统提交预报关必要信息。如因违反此项义务，导致出租人遭受任何损失、损害、费用和罚款，以及任何性质的索赔，包括法律费用，承租人应当予以赔偿，由此导致的船期损失也不得记为停租。

与本条款规定类似的，还有"NYPE 2015"第49条规定的美国人口普查局的强制自动出口申报和第50条规定的欧盟货物预报关条款，其规定的精神与第48条规定相同。

5.17.12　通知条款

为保证合同规定的各项通知准确、及时传达到对方，以及为避免这方面的争议，"NYPE 2015"新增第55条，规定本合同下各条款要求的所有通知、要求或其他沟通均需以书面作出，内容应当完整，并以到达被通知人为准。该条款中应当清楚地填入双方具体的通讯地址。

5.18　　　　　　　　　追加条款

除各版本期租格式合同规定的条款外，合同双方还可以在合同尾部追加某些约定，这些追加条款构成合同不可分割的组成部分，并且根据合同解释法律原则，追加条款效力超越前面的印刷条款。例如：

5.18.1　停泊保费退费条款

在船舶保险中，当船舶在无货情况下在港内停泊超过30天时，因为停泊时风险较小，保险人通常会退回停泊期间保险费一半给出租人（laid-up return）。但某些情况下，停泊期间承租人仍在连续地向出租人支付租金，承租人认为退费的好处应归自己，于是便规定了本条款。实践中执行本条款有一定的困难，承租人要查清保险费率是多少及何时保险人退费，对短期租船合同来说，尤其是这样。

5.18.2　加入船东互保协会条款

1.船东互保协会简介

船东互保协会（owners mutual protection and indemnity association）是船东自保性质的组织，船东以会员形式参加，每年根据投保船舶吨位的大小、技术状况、船舶种类、航行区域、赔付记录等因素，向协会缴纳会费（call），其性质等同于保险费。船东互保协会简称"保赔俱乐部"（P and I club），它承保的是船东责任险，也被称为保赔保险。

协会承保船舶保险人（hull and machinery insurer）不承保的责任，主要包括货物灭失及损坏、船员伤亡、船舶碰撞的1/4责任，以及未能收取的共同海损分摊、油污责任等。此外，船东互保协会还承保承租人责任险。

2.出租人的投保义务规定

为防止出租人在因其过失导致较大的赔偿责任时无能力赔偿，承租人一般都要求租用的船舶购买保赔保险，而且保证在整个租期内都不能脱保，把它作为选择船舶的一个条件。这种要求条款可写成："Owners guarantee that the vessel has been entered with P&I club which is（保赔协会名字）.The owners shall maintain coverage throughout charter with afore-mentioned P&I club or its equivalent within the International Group, failing which the charterers shall have the option to cancel the balance of this charter, without prejudice to the charterers' right to claim for losses and damages."

互保协会条款中常有"The charterers to have the benefit of owners' P&I club coverage as far as the Rules permit"规定，该条款的含义是允许承租人享受保赔保险的保障。例如，承租人指定了一个不安全的港口，导致船舶碰撞造成对第三人的责任，或者发生严重的油污，都会由协会来负责赔偿。如果承认该条款有效，出租人或保赔协会就无法以承租人违反安全港义务向其索赔。但事实上，保赔保险规则不允许这种投机取巧的做法，承租人要想获得协会的保赔保障，需要自己向协会购买租船人责任险。好在出租人加上了"在协会规则允许"语句，这等于将此条款变成空文。

3.承租人的投保义务规定

出租人为了防止因承租人责任导致自己或船舶受到赔偿责任牵连，也常在租约内规定承租人必须向出租人互保协会购买"承租人责任险"（charterers' liabilities insurance）。承租人责任险是协会承保的承租人在租船合同下承担的责任的一种保险。在租船合同下，承租人对船舶不享有所有权，其可保利益产生于使用船舶过程中根据其签订的租船合同应当承担的责任。

期租合同下，常见的承租人风险有：

（1）对船舶的损坏（damage to hull and machinary）责任。承租人在期租租约下对出租人和船舶负有多项保证义务，如保证指定的港口或泊位的安全性、航行区域的安全性、装卸作业的安全性等。如果承租人违反上述保证义务，造成船体、机器设备、船舶属具的损坏，应当承担赔偿责任。由于政治、地理、气候等原因，某些地区的上述风险很大，会导致承租人的巨大赔偿责任。例如，某船装货完毕驶离码头后在港口河道入口处发生搁浅并推定全损，总损失超过2 000万美元。造成事故的重要原因之一是港口的河道灯浮设置不合理，承租人面临出租人的不安全港索赔，但承租人又不能向程租租船人追偿。

承租人也有保证提供安全货物的义务，否则同样需要对造成的损失负责。例如，某货物托运人未如实申报货物造成航行途中危险货物爆炸，损失严重，承租人面临船方、其他货方千万美元以上的索赔。

承租人提供的燃料品质低劣，可造成船舶主机、辅机等损坏，承租人也要承担赔偿责任。

（2）对货物的责任（cargo liabilities）。不论承租人是否签发提单，在很多国家的法律下都会被认为是实际承运人，从而直接面临货物索赔。即使是原出租人处理了索赔，原出租人也会依据租约有关条款（例如Inter-club Agreement）向承租人追偿或要求分摊。这类索赔通常金额很大，发生的频率也很高。

（3）装卸工人损坏。在期租合同下，通常由承租人安排货物装卸并承担相应责任。对装卸工人的疏忽以及装卸货物过程中某些意外造成的船舶损坏、货物损失、人员伤亡、第三者责任等，承租人都要负责赔偿，特别是人员伤亡案件，即使是出租人作出赔偿，出租人也可以根据"承租人对使用船舶中的指示承担责任"等规定，要求承租人赔偿。

（4）共同海损分摊。发生共同海损和救助时，承租人获救的燃油、未收的运费（如果有获救的货物）和其他财产也应参加分摊共同海损牺牲或费用。

（5）罚款。承租人有时会因为不正常货物运输（如溢卸、短卸、不正确申报等）、代理的疏忽等原因导致有关当局向船舶或承租人征收罚款。

凡此种种，所有这些风险不但会殃及承租人，也常常殃及出租人，于是要求承租人购买承租人责任险。

□ 复习思考题

1.关键概念：APS，DOP，危险货物　IWL，off-hire，保赔协会内部协议（ICA）　时段停租计算法　净时间损失停租计算法　等距离点停租计算法　互有责任碰撞条款

2.程租合同与期租合同下，船舶描述的内容及其法律地位有何不同？（5.2.1、5.2.2）

3.怎样计算船速及油料索赔？（5.2.4）

4.如何确定租期延长合理与否？两种情况下租金应如何支付？（5.4.1）

5.承租人提前还船时，应如何计算违约损失？（5.4.1）

6.期租合同下为什么要强调及时准确地发出还船通知？（5.5.5）

7.未履行及时通知还船义务导致损失时，应如何分情况确定索赔金额？（5.5.5）

8.如何确定"正常磨损"？（5.5.5）

9.期租合同下为什么要限定船舶航行区域？（5.4.3）

10.港口安全的三个阶段中包括哪些内容？（5.4.4）

11.承租人在合同燃油条款下的保证义务主要有哪些？（5.3.5）

12.2015年版纽约土产合同下，对租金的起算是如何规定的？（5.8.1）

13.2015年版纽约土产合同的请询条款主要内容是什么？（5.5.1）

14.英国普通法下，承租人支付租金义务包括哪三个方面？（5.8.3）

15.停租条款中，通常哪些事件可以扣减租金？（5.9.1）

16.出租人撤船时，应注意哪些问题？（5.8.3）

17.什么条件下视为出租人放弃撤船权利？（5.8.3）

18.对合同停租条款解读时，应遵循哪些原则？（5.9.2）

19.对停租条款中的"无论任何原因"应如何解释？（5.9.2）

20.船长尽速遣航义务包括哪几个方面？（5.10.1）

21.期租合同下，承租人向船长下达指令的范围是什么？（5.10.2）

22.在货物装卸条款中，承租人的主要责任、费用和风险是什么？（5.11.2）

23.在货物装卸条款中，如何理解"船长监督"短语含义？加上"并负责"一词后有什么区别？（5.11.3）

24.ICA的主要内容是什么？（5.11.4）

25. 在期租合同下，船长在什么情况下有权拒绝签发提单？（5.12.2）

26. 在期租合同下，在解读免责条款时应把握哪几个原则？（5.13）

27. 期租合同的留置权条款主要内容是什么？（5.14.1）

28. 理解期租合同下首要条款应注意哪些问题？（5.16.1）

29. 运用期租合同下的战争条款时应注意哪些问题？（5.16.3）

30. 为什么要约定出租人和承租人必须投保保赔保险？（5.18.2）

第6章 / 集装箱运输

—— 学习目标 ——

了解集装箱运输的特点，掌握集装箱的箱务基础知识、货物装箱知识、货物交接方式、出口程序，以及集装箱单证相关知识。

6.1 集装箱运输的性质与特点

6.1.1 集装箱运输的性质

严格地说，集装箱运输并不是一种独立的货物运输方式，而是为了方便运输所采取的一种货物集装方式，也称成组化运输。但是，由于集装箱运输在船舶构造、码头装卸设备、货物装箱、货物交接、运输单证以及运费等方面的特殊性，有必要单独用一章讲述相关知识。

简单地说，集装箱运输就是将货物装进一个标准的金属箱子内，将其作为一个运输单位，再装到专用运输工具上完成运输的集运方式。集装箱运输方式在海运、空运、铁路和道路运输中均可使用，用以运输件杂货，但主要是在海运和铁路运输中使用的。所以，本章主要介绍海上集装箱运输有关知识，铁路集装箱运输在第7章中讲授。在国际海上货物运输中，散装货物和流体货物较早地完成了船舶大型化、装卸机械专业化过程，但传统的件杂货运输效率一直较低。与大型散货船的10%~15%停泊比值相比，杂货船在港停泊时间占总航次时间比例高达40%~50%，这主要与件杂货品种繁多、包装尺度不一、装卸工具效率差等因素有关。为改变这一状况，20世纪50年代，美国人开始试验集装箱海上运输，并取得巨大的成功。于是从60年代中后期开始，世界上一些发达国家相继开始了集装箱海上运输，开辟了北美到欧洲的大西洋航线、北美到日本、大洋洲的太平洋航线。如今，集装箱运输已成为国际海上件杂货运输的主要形式，集装箱班轮航线连接世界各地，基本上取代了传统的件杂货班轮运输。

6.1.2 集装箱运输的特点

1.运输效率高

将尺寸各异的小件货物装入标准规格的大型"容器"内，以集装箱为单元进行运输，大大提高了运输效率。据统计，集装箱的装卸由于使用集装箱吊装桥而使装卸效率比传统件杂货提高约4倍。集装箱是水密的，货物几乎可在全天候条件下进行装卸、运输，从而缩短了船舶在港内的时间。此外，周转速度加快，也提高了港口设施、设备的利用率，场站也因集装箱可以码垛堆高，节省了堆场的面积，货主也实现了资金的快速周转。

2.运输质量好

集装箱具有坚固、密封等特点，运输过程中箱内货物不易受外界恶劣天气影响而损坏，也不易在装卸过程中损坏、短少。货物经得起多次搬运、装卸，从而使货物破损大大减少。

3.行业投资大

集装箱运输需要建立一个复杂的运输系统。现代化的集装箱运输船舶造价约为一般杂货船的4倍，并需要配有充足的集装箱，其保有量应为满载箱量的3倍。在集装箱运输系统内，还需要大量投资建设集装箱专用码头，发展网络式的集装箱堆场、货运站和内陆运输系统。因此，世界上较大的集装箱运输公司相对集中在发达国家。

4.可实现门到门服务

由于集装箱运输承运人拥有较发达的运输网络，因此可以突破传统的分段独立运作方式，通过国际多式联运实现全程一站到底的"门到门"服务方式，大大方便了货主，成为受广大货主欢迎的新运输方式。

6.2 集装箱箱务及进出口程序

6.2.1 集装箱及其标准

集装箱通常是一种密闭的用来装运货物的并可作为一个运输单元进行反复装卸的长方形箱体。

集装箱有多种类型，用于海上运输的集装箱通常有以下几种：

1.干货集装箱（dry cargo container）

这类集装箱主要用来装运普通的、无特殊要求的件杂货。它一般是密闭式的长方形箱体，由钢铁框架和金属板围成。目前使用最多的就是这类集装箱。

2.绝热集装箱（insulated container）

这类集装箱主要用来运输冷冻货物和保温货物，箱壁使用导热率低的隔热材料制成，并具有制冷装置。这类集装箱在任何地方都需要向其提供电力以便制冷。

3.特种集装箱（special container）

这类集装箱是为运输特殊货物而制作的，种类非常多，主要有：

（1）开顶集装箱（open top container）。

这种集装箱的顶壁甚至侧壁是可以开启的，以方便货物装卸，主要用来装运重大件货物。为了水密，顶部可采用帆布覆盖方法将其密闭。

（2）框架集装箱（flat rack container）。

这是一种没有箱顶和侧壁，只有底板和四角角柱的集装箱。它可以从上方及四面进行货物装卸，用于装卸重货及较长的货物。

（3）罐式集装箱（tank container）。

它的外部与标准集装箱具有相同的框架结构，其内部设有一排罐状容器，主要用来装运液体货物。

此外，还有其他种类的用于运输特种货物的特殊集装箱，但它们的外部尺寸与标准集装箱基本一致。

为促进集装箱运输业的发展，国际标准化组织制定了集装箱国际标准。联合国也组织有关机构起草了国际集装箱海关公约和安全公约，对国际集装箱的试验、检查、认可、结构、安全条件、海关手续等方面进行规定，并于1972年通过了这两个公约。

目前，国际上通用的标准集装箱主要有两种：一种是20英尺×8英尺×8英尺的，另一种是40英尺×8英尺×8英尺的。20英尺箱子的设计总重一般26吨左右，箱子自重约2吨，净载货重24吨，但一般船公司将载货重量限制在18吨～20吨，容积约33立方米。40英尺集装箱设计总重约30吨，净载货重26吨，一般限制在20吨～22吨，容积约68立方米，适用于积载因数较大的货物（见表6-1、表6-2）。

表6-1 　　　　　　　　　　**集装箱类型及英文缩写**

箱类中文名称	箱类英文名称	箱类英文缩写	装载货物类型
普柜	general purpose	GP	普货
高柜/超高柜	high cube container	HC/HQ	体积大的货物
框架集装箱	flat rack container	FR	重型机械等
开顶集装箱	open top container	OT	重型机械、平板玻璃等
保温冷冻集装箱	reefer container	RF	需要控温货物
罐式集装箱	tank container	TK	液体货物

表6-2 　　　　　　　　　　**普通集装箱箱型**

型号（GP）	容积（立方米）	有效容积（立方米）	一般限重（吨）
20′	33	25	17
40′	68	55	22
40′高	76	68	22
45′	96	86	29
10′	14.9	12	9

6.2.2 适于集装箱运输的货物

根据是否适合集装箱运输，可将货物分为四种：

1.最适合集装箱化的货物

这类货物本身价值较高、运价也高，其外包装、尺寸和重量等均适合装载于集装箱内运输。这类货物包括家电、医疗器械、药品、小型电器、仪器仪表、小五金、针纺织品、服装、烟酒、食品等。

2.较适合集装箱化的货物

这类货物的价值较前者低，但也比较适合集装箱运输，例如一些金属制品、纸板、纸浆、装饰材料、皮张、电线等。

3.临界集装箱化的货物

这类货物的价值低、运价也低，使用集装箱运输不太经济，外观尺寸也不大适合。但为赶交货期，也可以使用集装箱运输，例如各种金属锭、短钢管、平板、卷钢、生铁、小型构件、价值较高的矿产品等。

4.不适合集装箱化的货物

这类货物由于本身结构限制或运输的不经济，一般不能采用集装箱运输，例如散煤、焦炭、散矿、大量散粮、废钢铁、机械设备、大型构件、大型卡车等。

6.2.3 集装箱运输干线

随着集装箱船舶逐步大型化，世界上形成了连接集装箱运输中心港口的几条大的集装箱运输干线。运输干线两端是货物流量、地理位置、泊位能力都很好的中心港口。以中心港口为核心，有向外辐射的为干线服务的支线运输（feeder），将临近的港口与中心港口联系起来，从而形成海上集装箱运输网络。

构成集装箱运输干线的另一子系统是集装箱陆上运输网络。这些陆上运输网络以各中心港口或支线港口为中心，向内陆辐射，形成多个扇面网络。这些网络的联系点是集装箱港口附近的集装箱堆场（container yard，CY）及向内陆延伸的各地的集装箱货运站（container freight station，CFS）。连接这些站点的是内陆的公路或铁路运输线。

目前，世界上主要的集装箱运输干线有：远东、东南亚至北美、中南美的太平洋干线；远东至欧洲的欧亚干线；欧洲至南北美的大西洋干线；大洋洲至美洲、亚洲至欧洲干线。此外，尚有众多的区域性运输线路。由于集装箱运输具有安全、快捷和便利等特点，如今几乎世界上任何港口都可以从事集装箱运输。

6.2.4 集装箱货物交接

1.集装箱货物的交接形态

在集装箱运输中，货方（发货人、收货人）与承运方货物交接的基本形态有两种：整箱交接与拼箱交接。

整箱交接（full container load，FCL）是指发货人与承运人交接的是一个（或多个）装满货物的集装箱。当发货人的货物能装满一个（或多个）集装箱时，一般采用整箱交接方式。在整箱交接方式下，发货人自行装箱（stuffing）并办好海关加封（sealed by the customs）等手续，承运人接受的是外表状态良好、铅封完整的集装箱。当货物运抵目的地时，承运人将集装箱原状交付给收货人，收货人自行将货物从箱中掏出（unstuffing）。采用整箱交接方式的集装箱中的货物，一般只有一个发货人和一个收货人。

拼箱交接（less container load，LCL）是指发货人将各自的小量货物交给承运人，由承运人根据流向相同的原则将这些货物装入同一个集装箱进行运输的交接形式。在拼箱交接形式下，承运人或其代理人从发货人手中接收货物并组织装箱运输，运到目的地交货地点时，承运人或集装箱代理人将货物从箱中掏出，以原来的形态向各个收货人交付。在这种交接形态下，每个集装箱的货物有多个发货人及多个收货人。拼箱货物的交接和装箱，要在码头集装箱货运站、内陆货运站、中转站和铁路办理站等地进行。

在实际的货物交接中，有时也会出现这两种交接形态结合的情况，即承运人以整箱形态接收货物，而以拼箱形态交付货物（即每个货箱中的货物只有一个发货人，但有多个收货人的情形），或者相反（即每个箱中的货物有多个发货人，而只有一个收货人的情形）。

2.集装箱货物的交接地点

集装箱货物的交接地点有三类，即集装箱堆场（CY）、集装箱货运站（CFS）、发货人或收货人的工厂或仓库（door）。

（1）集装箱堆场（CY）交接。

集装箱堆场交接包括集装箱码头堆场交接和集装箱内陆堆场交接。

集装箱码头堆场交接，是指发货人将在工厂、仓库装好货物的集装箱运到装运港码头集装箱堆场，承运人（集装箱运输经营人）或其代理人在集装箱码头堆场接收货物，运输责任开始。待货物运达卸货港，承运人在集装箱码头堆场向收货人整箱交付货物后，运输责任终止。

集装箱内陆堆场交接是指在集装箱内陆货站堆场、中转站或办理站的堆场的交接，这种交接方式适用于国际多式联运方式。在内陆 CY 交接时，货主与多式联运经营人或其代理人在内陆集装箱堆场办理交接手续，货物交接后，由多式联运经营人或其代理人负责将货物从堆场运到码头堆场。集装箱内陆 CY 交接也是整箱交接。

（2）集装箱货运站（CFS）交接。

集装箱货运站一般包括集装箱码头的货运站、集装箱内陆货运站、中转站和集装箱办理站。CFS 交接一般是拼箱交接。因此，CFS 交接一般意味着发货人自行负责将货物送到集装箱货运站，集装箱经营人或其他代理人在 CFS 以货物的原来形态接收货物并负责安排装箱，然后组织海上运输或陆海联运、陆空联运或海空联运的多式联运。货物运到目的地货运站后，多式联运经营人或其代理人负责拆箱并以货物的原来形态向收货人交付。收货人自行负责提货后的事宜。

（3）发货人或收货人的工厂或仓库交接（即门至门交接）。

发货人或收货人的工厂或仓库交接，是指多式联运经营人或集装箱运输经营人在发货人的工厂或仓库接收货物，并在收货人的工厂或仓库交付货物。门至门交接的货物都采用整箱交接方式，由发货人或收货人自行装（拆）箱。运输经营人负责自接收货物地点到交付货物地点的全程运输。

3.集装箱运输中货物的交接方式

根据实际交接地点不同，集装箱货物的交接有多种方式。在不同的交接方式下，集装箱运输经营人与货方承担的责任内容与责任期间是不同的。

根据货物交接形态和交接地点的不同，集装箱货物的交接方式可分为以下几种：

（1）门至门（door to door）交接方式。

它是指运输经营人由发货人的工厂或仓库接收货物，负责将货物运至收货人的工厂或仓库交付。在这种交付方式下，货物的交付形态都是整箱交接。

（2）门至场（door to CY）交接方式。

它是指运输经营人在发货人的工厂或仓库接收货物，并负责将货物运至卸货码头堆场或其内陆堆场，在CY处向收货人交付。在这种方式下，货物也是整箱交接。

（3）门至站（door to CFS）交接方式。

它是指运输经营人在发货人的工厂或仓库接收货物，并负责将货物运至卸货码头的集装箱货运站或其在内陆地区的货运站，经拆箱后向各收货人交付。在这种交接方式下，运输经营人一般是以整箱形态接收货物，以拼箱形态交付货物。

（4）场至门（CY to door）交接方式。

它是指运输经营人在码头堆场或其内陆堆场接收发货人的货物（整箱货），并负责把货运至收货人的工厂或仓库，以便向收货人交付。

（5）场至场（CY to CY）交接方式。

它是指运输经营人在装货港的码头堆场或其内陆堆场接收货物（整箱货），并负责运至卸货港码头堆场或其内陆堆场，在堆场向收货人交付（整箱货）。

（6）场至站（CY to CFS）交接方式。

它是指运输经营人在装货港的码头堆场或其内陆堆场接收货物（整箱货）并负责运至卸货码头集装箱货运站或其在内陆的集装箱货运站，一般经拆箱后向收货人交付。

（7）站至门（CFS to door）交接方式。

它是指运输经营人在装货港码头的集装箱货运站或内陆的集装箱货运站接收货物（经拼箱后），负责运至收货人的工厂或仓库交付。在这种交接方式下，运输经营人一般是以拼箱形态接收货物，以整箱形态交付货物。

（8）站至场（CFS to CY）交接方式。

它是指运输经营人在装货港码头或其内陆集装箱货运站接收货物（经拼箱后）负责运至卸货港码头或内陆堆场交付。在这种方式下货物的交接形态同站至门交接方式相同。

（9）站至站（CFS to CFS）交接方式。

它是指运输经营人在装货港码头或内陆集装箱货运站接收货物（经拼箱后）负责运至卸货港码头或其内陆集装箱货运站，（经拆箱后）向收货人交付。在这种方式下，货物的交接形态一般都是拼箱交接。

上述9种交接方式可归纳为表6-3。

表6-3 集装箱主要交接方式

整箱接收，整箱交付	
① 门—门	② 门—场
③ 场—门	④ 场—场
拼箱接收，拼箱交付	
⑤ 站—站	
整箱接收，拼箱交付	
⑥ 门—站	⑦ 场—站
拼箱接收，整箱交付	
⑧ 站—门	⑨ 站—场

6.2.5 集装箱货物的装箱

不论货主自行装箱还是集装箱货运站装箱，都应对集装箱进行检查并掌握一般的装箱方法，以保证货物运输质量。

1.集装箱的检查

选定合适的集装箱型号后，在货物装箱前需对集装箱状况进行检查。合格的集装箱应符合下列条件：

（1）应符合国际标准，具有合格的检验证书；

（2）集装箱的外表良好，没有明显的损伤、变形、破口等；

（3）箱门完好，能270°开启，栓锁完好；

（4）箱子内部清洁、干燥、无异味、无尘污或残留物，衬板、涂料完好；

（5）箱子所有焊接部位牢固，封闭好、不漏水、不漏光；

（6）附属件的强度、数量满足有关规定和运输需要；

（7）箱子本身的机械设备（冷冻、通风）完好，能正常使用。

在使用前应对集装箱进行仔细、全面的检查，包括外部、内部、箱门、清洁状况、附属件及设备等。通常发货人（用箱人）和承运人（供箱人）在交接箱子时，共同对箱子进行检查，并以设备交接单（或其他书面形式）确认箱子交接时的状态。

2.集装箱货物积载的一般方法

为了保证运输质量和运输安全，做好箱内货物的积载工作十分重要。在集装箱运输过程中，以及各环节（装卸、倒运、存储、装拆箱等）的实际操作中，经常会发生振动、碰撞、摇摆等情况。如果积载不当，不仅可能造成货损，还可能引起运输工具、装卸机械的损坏和人身伤亡。

集装箱货物积载的一般要求及注意事项主要有以下几个方面：

（1）配载

配载是指确定货物在集装箱内的具体装载数量和方法。无论是发货人（在整箱交接情况下）还是运输经营人（特别是在拼箱交接情况下）在货物装箱前都要做好配载工作。如箱内只装运一种货物，则配载时应主要考虑货物的比重、单件包装强度、单件形状及尺度与集装箱的安全负荷和总容积的合理关系等因素。如箱内需要装载多种货物时，则应根据各种货物的体积、重量、性质、包装形态及强度、运输要求、货物流向、承载能力、箱子利用率等因素综合考虑作出计划。

（2）货物的拼箱、装载、堆码

不同种类的货物拼装在同一箱内时，应根据货物的性质、单件重量、包装形态及强度分区、分层堆放。将包装牢固、重件货物放在箱子底部，包装不牢、轻件货物装在上部。

在货物多层堆码时，堆码的层数应由货物包装强度及箱底承载能力规定（单位面积承重量）决定。为使下层货物不被压坏以及防止装箱、运输过程中引起的撞击，应适当考虑在各层之间垫入缓冲器材。

货物的装载应严密、整齐。货区之间、货物与货物之间、货物与箱体之间的空隙应加适当的隔衬以防止货物的移动、撞击、沾湿和污损。

货物在箱子内的重量分布应均衡。一般要求沿高度方向重量分布应均衡或下重上轻；沿长度和宽度方向应均衡。如箱子的某一部位，某一端或某一侧负荷过重，易引起吊运过程中箱子倾斜、装卸机械及运输工具（特别是拖车）损毁等事故。

对靠近箱门附近的货物要采取系固措施，以防止开箱和关箱时货物倒塌造成损坏和人身伤亡事故。

（3）其他应注意事项

装载箱内的货物总重量不得超过承运人规定的最大限载重量。因货物超重而造成的一切损失由装箱人承担。

不同种类的货物拼装在同一个箱内时，应保证它们的物理、化学性质不发生冲突和无气味污染。不同发货人（或收货人）的货物拼箱时，应考虑货物的流向要一致。

装箱时使用的隔垫料和系固材料应清洁、干燥、无虫害，进口国要求熏蒸的，应进行熏蒸并取得熏蒸证书。

6.2.6　集装箱的发放与交收

集装箱的箱务管理涉及使用、租用、调运、保管、发放、交收、装卸、中转、堆存、装拼箱、运输、检查、修理、清洗、熏蒸等许多环节，其中绝大多数工作是由船公司完成的。以下主要介绍与货主有关的发放和交收环节。

1.集装箱发放和交接的依据

集装箱的发放和交接，应依据进口提货单、出口订仓单、场站收据以及这些文件内列明的集装箱交付条款，实行集装箱设备交接单制度。从事集装箱业务的单位必须凭集装箱代理人签发的集装箱设备交接单办理集装箱的提箱（发箱）、交箱（还箱）、进场（港）、出场（港）等手续。

2.交接责任的划分

（1）船方与港方交接以船边为界；

（2）港方与货方（或其代理人）、内陆（道路）承运人的交接以港方检查桥为界；

（3）堆场、中转站与货方（或其代理人）、内陆（道路）承运人的交接以堆场中转站道口为界；

（4）港方、堆场中转站与内陆（铁路、水路）承运人的交接以车皮、船边为界。

3.进口提箱出场的交接

进口重箱提离港区、堆场、中转站时，货方（或其代理人）、内陆（道路、铁路、水路）承运人应持海关放行的进口提货单到集装箱代理人指定的现场办理处办理集装箱发放手续。

集装箱代理人依据进口提货单、集装箱交付和集装箱运输经营人有关集装箱及其设备使用和租用的规定，向货方（或其代理人）、内陆承运人签发出场集装箱设备交接单和进场集装箱设备交接单。

货方、内陆承运人凭出场集装箱设备交接单到指定地点提取重箱，并办理出场集装箱设备交接；凭进场集装箱设备交接单将拆空后的集装箱及时交到集装箱代理人指定的地点，并办理进场集装箱设备交接。

4.出口交箱进场的交接

出口货箱进入港区，货方、内陆承运人凭集装箱出口装箱单、场站收据、进场集装箱设备交接单到指定的港区交付重箱，并办理进场集装箱设备交接。

指定的港区依据出口集装箱预配清单、进场集装箱设备交接单、场站收据收取重箱，并办理进场集装箱设备交接。

5.空箱的发放和交接

空箱提离港区、堆场、中转站时，提箱人（货方或其代理人、内陆承运人）应向集装箱代理人提出书面申请。集装箱代理人依据出口订舱单、场站收据、出口集装箱预配清单向提箱人签发出场集装箱设备交接单或进场集装箱设备交接单。

提箱人凭出场集装箱设备交接单到指定地点提取空箱，办理出场集装箱设备交接，凭进场集装箱设备交接单到指定地点交付集装箱，并办理进场集装箱设备交接。

集装箱交接场站应详细、认真进行检查和记录，并将进出场集装箱的情况及时反馈给集装箱代理人，积极配合集装箱代理人的工作，使集装箱代理人能够及时、准确地掌握集装箱的利用情况，及时安排集装箱的调运、修理，追缴集装箱延期使用费，以及集装箱的损坏、灭失费用等工作。

6.集装箱的损坏、灭失、逾期还箱的处理

货方（或其代理）、内陆承运人或从事集装箱业务的有关单位不得将集装箱及其设备移作集装箱设备交接单规定之外的目的使用，必须按规定的时间、地点交还集装箱，而且保持集装箱及其设备的完好性。

凡不按规定地点交还集装箱者，港区、堆场、中转站等地均应拒绝收箱。集装箱损坏时，应根据上述的交接责任划分确定责任者，根据损坏程度进行赔偿。

船公司一般对普通集装箱规定15天的免费使用期，超过免费期限，应支付超期使用费，简称滞箱费，超期越长，滞箱费率越高。此外，对箱子损坏也制定有赔偿标准。

6.2.7　集装箱的进出口程序

1.出口程序（以海运为例）

（1）订舱

托运人（或其代理人）应根据贸易合同或信用证条款规定，在货物托运前一定时间内向船公司或其代理人，或者多式联运经营人或其代理人提交订舱托运单。

如船公司或多式联运经营人接受托运人或其代理人订舱申请，则在双方议定船名、航次运价等信息后，发给托运人一份订舱确认书（或称订舱回执），或者在发给货方的场站收据副本（海关联）上盖章表示确认。承运人接受托运人委托后便编制订舱清单，然后分送集装箱码头（或内陆港站）堆场、集装箱货运站，据以安排空箱及货物交接。

（2）发放空箱

除货主使用自备箱外，通常整箱货使用的空箱由发货人凭船方签署的提箱单到指定码头（或内陆港站）的堆场领取空箱，并办理设备交接手续。拼箱货使用的空箱由指定的集装箱货运站负责领取。

（3）拼箱货装箱

发货人将货物交至集装箱货运站，由货运站根据订舱清单、场站收据和船方的其他指示负责装箱、加封并制作箱单，然后将重箱运至码头堆场。

（4）整箱货交接

发货人负责装箱并将已加海关封志的整箱货运至码头（或内陆港站）堆场，堆场业务员根据订舱清单、场站收据及装箱单验收货物，在场站收据上签字后退还给发货人。

（5）换取提单

发货人凭已签署的场站收据向集装箱运输经营人或其代理人换取集装箱提单后到银行结汇。

（6）装船运出

码头装卸区根据装船计划，将出运的集装箱调整到前方堆场，待船舶到港后装运出口。

需要指出的是，如果发货人将货物委托给多式联运经营人运输，在发货人将货物交到多式联运经营人指定的地点后，则视为货物已经交接。多式联运经营人向发货人签发多式联运单据，有的签发运输代理行提单（house bill of lading），其性质与多式联运单据等同。发货人可凭多式联运单据或运输代理行提单议付货款，或以贸易合同规定的其他方式收取货款。集装箱的后续运输事宜则由多式联运经营人安排。

2.进口程序

（1）做好卸船准备

在船舶抵达目的港前，起运港船舶代理人要将有关单证、资料寄、传给目的港船舶代理人。目的港船舶代理人应及时通知各有关方（港口装卸、海关、检验检疫、堆场、收货人等）做好卸船准备，并应制作交货记录。

（2）卸船拆箱

一般情况下，集装箱从船上卸下后，要先放在码头（或由集装箱运输经营人办理保税手续后继续运至内陆港站）堆场。整箱货可在此交付给收货人，拼箱货由堆场转到集装箱货运站，拆箱分拨后准备交付。船舶代理人将交货记录中的到货通知书寄送收货人。

（3）收货人付费换单

收货人接到货运通知单后，在信用证贸易下应及时向银行付清所有应付款项，取得有关单证（正本提单等），然后凭提单和到货通知书向船舶代理人换取提货单办理提货手续。

（4）交付货物

整箱货交付在集装箱堆场进行，拼箱货交付在集装箱货运站进行。堆场和货运站应凭海关放行的提货单，与收货人结清有关费用（保管费、再次托运费、滞期费、拆箱费）后交付货物并由双方签署交货记录。由于整箱货是连同集装箱一起提取的，故整箱货提货时应办理设备交接单手续。

（5）还箱

收货人从堆场提取的重箱运到自己的仓库拆箱后，应将空箱尽快运回堆场，凭设备交接单办理还箱手续。

上述说明的货运手续，不一定按顺序进行，有时可以交替进行。

在多式联运方式下，多式联运经营人在卸货港的代理人将以收货人的名义办理上述某些事宜，实际收货人凭多式联运单据或运输代理行提单到上述地点提取货物。

6.3 集装箱运输主要单证

集装箱运输单证可分为两大类：一类是在运输各环节产生的运输单证，另一类是向口岸各监管部门申报的单证。

运输单证主要有：托运单、配舱回执、设备交接单、装箱单、场站收据、集装箱提单、理货报告、集装箱装载清单、集装箱实装船图、货物舱单和交货记录等。

向海关、商检、动植物检疫、卫检、港监等口岸监管部门申报所用的相关单证主要有：报关单、合同副本、信用证副本、商业发票、进出口许可证、产地证明书、免税证明书、商品检验证书、药物/动植物报验单、危险品清单、准运单、危险品包装证书和装箱说明书等。

这些单证中，除了沿用传统件杂货物国际运输中使用的单证（可能格式上有区别），新单证主要有：设备交接单、装箱单、场站收据、集装箱提单和交货记录。下面对这些单证的作用和使用作简要说明。

6.3.1 设备交接单（equipment interchange receipt，EIR）

设备交接单是集装箱进出港口、场站时用箱人或运箱人与管箱人之间交接集装箱及设备（底盘车、台车、冷藏装置、电机等）的凭证。它既是管箱人发放/回收集装箱或用箱人提取/还回集装箱的凭证，也是证明交接时集装箱状态的凭证和划分责任的依据。此单证通常由管箱人（租箱公司、船公司或其他集装箱经营人等）签发给用箱人，用箱人据此向场站领取或送还集装箱或设备。

设备交接单分进场（IN）和出场（OUT）两种。这两种交接单正面内容除个别项目外大致相同，都各有3联，分为管箱单位底联、码头或堆场联和用箱人、运箱人联。

设备交接单流转程序为：

（1）管箱人或其代理人填制并签发设备交接单（3联，每箱一份）交用箱人。

（2）用箱人、运箱人据此单证（3联）到码头或内陆堆场办理提（还）箱手续，堆场经办人（作为管箱人的代理人）核单、签字后，留下码头堆场联与管箱单位底联，将用箱人联退还经营人。双方检验箱体后提走（或还回）集装箱及设备。

（3）码头堆场经办人将管箱单位联退还管箱单位。

（4）集装箱还回码头堆场时，双方按单上条款检验箱体状况，如无损坏，设备交接单作用结束。

各类管箱人一般都印制自己的设备交接单，其内容大同小异。设备交接单的背面印有划分管箱人和用箱人之间责任的集装箱使用合同条款。条款的主要内容有：使用集装箱期间的费用、损坏或丢失时责任划分和对第三者造成损坏时的赔偿责任等。

6.3.2　装箱单（packing list，PL）

装箱单是记载箱内货物及积载情况的单证。此单由装箱人以箱为单位填制、签署。

装箱单的作用有以下几个主要方面：

（1）表明箱内货物明细；

（2）是报关、办理保税运输的单证；

（3）是货物交接的凭证；

（4）是编制船舶积载计划的依据；

（5）是安排拆箱作业的资料；

（6）是货物索赔的依据。

装箱单的主要内容有：船名、航次、装卸港、收交地点、集装箱号和规格、铅封号、场站收据或提单号、发货人、收货人、通知人及货名、件数、包装种类、标志、号码、重量和尺码等。对危险品还应作出特殊要求说明。

装箱单一般一式数份，分别由货主、货运站、装箱人留存和交船代、海关、港方、理货公司使用，另外还需准备足够份数交船方随货带往卸货港以便交接货物、报关和拆箱等用。

制作装箱单时，装箱人负有装箱单内容与箱内货物一致的责任。如需理货公司对整箱货物理货时，装箱人应会同理货人员共同制作装箱单。

6.3.3　场站收据（dock receipt，D/R）

场站收据是由承运人或其代理人签发的证明已收到托运货物并开始对货物负责的凭证。广义上的场站收据是一套综合性单证，它把货物托运单、装货单、大副收据、理货单、配舱回单、运费通知等单证汇成一套，统称为场站收据联单，它有利于提高托运效率（见表6-4）。

场站收据联单一般是在托运人与承运人达成运输协议后，由船舶代理人交托运人或其代理人填制，承运人委托的码头堆场、集装箱货运站或内陆货运站在收到货物后签字生效。货物装船后，托运人或其代理人可凭场站收据向船舶代理人换取已装船提单。

场站收据联单的主要作用：

（1）它是运输合同证明和货物收据；

（2）它是出口货物报关的凭证之一；

（3）它是换取提单的凭证；

（4）它是船公司、港口组织装卸、理货、配载的资料；

（5）它是运费结算的依据；

（6）如信用证允许，可凭此向银行议付。

表6-4   场站收据

Shipper（发货人）	委托号： Forwarding agents B/L No.（编号）	（实际托运人章）

Consignee（收货人）

（第七联）

Tel：

场站收据

Notify Party（通知人）   DOCK RECEIPT

Tel：

Pre-carriage by（前程运输）

Place of Receipt（收货地点）

Ocean Vessel（船名）

Voy.No.（航次）

Port of Loading（装货港）

> Received by the Carrier the Total number of containers or other Packages or units stated below to be transported subject to the terms and conditions of the Carrier's regular form of Bill of Lading（for Combined Transport or Port to Port Shipment）which shall be deemed to be incorporated herein.
>
> Date（日期）：

场站章

Port of Discharge（卸货港）   Place of Delivery（交货地点）   Final Destination for the Merchant's Reference（目的地）

Container No.（集装箱号）	Seal No.（封志号）Marks & Nos.（标记与号码）	No.of contain-ner or pkgs.（箱数或件数）	Kind of Packing; Description of Goods（包装种类与货名）	Gross Weight 毛重（千克）	Measurement 尺码（立方米）
TOTAL NUMBER OF CONTAINERS OR PACKAGES（IN WORDS）集装箱数和件数合计（大写）					

续表

Container No.（箱号）	Seal No.（封志号）	Pkgs.（件数）	Container No.（箱号）	Seal No.（封志号）	Pkgs.（件数）		

		Received （实收）	By Terminal clerk/Tally clerk（场站员/理货员 签字）				
FREIGHT & CHARGES	Prepaid at （预付地点）	Payable at（到 付地点）	Place of Issue （签发地点）				
	Total Prepaid（预 付总额）	No.of Original B (s) /L（正本提 单份数）	Booking（订舱确认） Approved by				
			Value of Goods（货值金额）				

Service Type on Receiving □–CY，□–CFS，□–DOOR	Service Type on Delivery □–CY，□– CFS，□–DOOR	Reefer Temperature Required（冷藏 温度）	℉	℃

TYPE OF GOODS	□Ordinary　□Reefer　□Dangerous　□Auto （普通）　（冷藏）　（危险品）　（裸装车辆） □Liquid　□Live Animal　□Bulk □____ （液体）　（活动物）　（散货）		危 险 品	Class： Property： IMDG Code Page： UN No.

发货人或代理人名称地址：		联系人：		电话：
可否转船：　可否分批：　装期：		备 注	装箱场站名称	
效期：　制单日期：				
海运费由　　　　　支付 如预付运费托收承付，请填写银行账号				

　　场站收据联单是集装箱运输专用的出口单证，不同场站使用的格式不尽相同，有7联、10联、12联不等。现以10联格式为例说明场站收据联单的组成情况：

　　第1联：货方留底 白色

　　第2联：集装箱货物托运单（船代留底）白色

　　第3、4联：运费通知 白色

　　第5联：装货单——场站收据副本（关单）白色

　　第6联：场站收据副本——大副联 粉红色

　　第7联：场站收据（正本）黄色

　　第8联：货代留底 白色

第9、10联：配舱回单 白色

在集装箱货物出口托运过程中，场站收据要在多个机构和部门之间流转。在流转过程中涉及的有托运人、货代、船代、海关、堆场、理货公司、船长或大副等。10联格式场站收据流转程序一般如下：

（1）托运人（货代）填制后，留下货方留底联给货主，将第2~10联送船代签单编号。

（2）船代编号后，留下第2~4联，并在第5联上加盖确认订舱章及报关章后将第5~7联退给货代，货运代理人留下第8联并把第9、10联作为配舱回单送给托运人。

（3）报关员携第5~7联报关。

（4）海关审核认可后，在第5联装货单上加盖放行章并把这些联单退给报办人。

（5）货运代理人将箱号、封志号、件数等填入第5~7联后，将货物与第5~7联单在规定时间内一并送到堆场。

（6）场站在堆场验收货物，在第5~7联上填入实收箱数、进场日期并加盖场站公章。第5联由场站留底，第6联送交理货员。理货员在装船时将该联交大副，并将经双方签字的第7联即场站收据正本返还货运代理人。

在场站收据填制、货物装箱、托运过程中，应注意以下事项：

（1）出口货物一般要求在装箱前24小时向海关申报，海关在场站收据上加盖放行章后方可装箱。

（2）海关验放时允许场站收据中无箱号，货物装箱后由货代或装箱人正确填写，进场时所有场站收据联单必须填写箱号、封志号和箱数。

（3）场站收据内容如有变更，必须及时通知有关各方，并在24小时内出具书面通知，办理变更手续。

（4）承运人委托场站签发场站收据必须有书面协议。

（5）场站只有在海关放行后才能签发场站收据，安排集装箱装船。签发时还必须查验货箱号、封志号、数量是否吻合。

（6）在CY交接方式下，由托运人对箱内货物准确性负责；CFS交接方式下，则由CFS对货物准确性负责。

（7）理货人员应根据交接方式在承运人指定的场站和船边理箱，并在有关单证上加批注，提供理货报告和理箱单。

（8）货运代理人、船舶代理人应正确、完整地填写和核对场站收据的各项内容，一般要求用打字机填写。

6.3.4　集装箱提单（container B/L）

集装箱提单是集装箱运输方式下的主要运输单证，适用于集装箱运输的提单有两类：一类是港至港的海运提单；另一类是内陆至内陆的多式联运提单。此两类提单的法律效力和作用与传统提单基本相同。

1.集装箱提单的正面条款

为了适应集装箱运输的需要，其正面内容除传统海运提单内容外，还增加了收货地点、交货地点、交接方式、集装箱号、封志号等内容。由于集装箱货物的交接一般都不在船边，集装箱提单一般是待装船提单。为了与信用证要求（已装船提单）一致，集装箱提单一般增加装船记录栏，以便必要时加上"已装船"批注使之转化为已装船提单。

在填制集装箱提单时，应注意在箱数或件数栏内，既要填写集装箱数，又要填写箱内所装货物件数。否则发生灭失、损坏时只能以箱作为一个赔偿单位。

集装箱提单签发的地点与集装箱运输中货物交接地点是一致的。一般是托运人在上述地点与集装箱运输经营人或其委托的堆场、货运站的业务人员交接货物后，用场站收据向运输经营人换取提单。

各集装箱班轮公司或运输经营人大都有自己的集装箱提单，其内容与格式基本相同。

与传统海运提单一样，集装箱提单正面和背面都印有提单条款，而且有相当多的内容和格式与传统海运提单相同，只是为了适应集装箱运输的实际需要，对某些条款的内容作了修改，增加了一些新的条款。本节仅对这些差别之处作出必要说明。

在集装箱提单的正面条款中与传统提单的主要区别在于确认条款，即表明承运人是在箱子外表状况良好，铅封号码完整状态下接收、交付货物并说明该提单是收货待运提单。下文是某集装箱运输公司的提单正面条款摘录："RECEIVED in external apparent good order and condition.Except otherwise noted，the total number of containers or other packages or units shown in this Bill of Lading receipt，said by the shipper to contain the goods described above...WHEN the Place of Receipt of the goods is an inland point and is so named herein，any notation of 'ON BOARD' 'SHIPPED ON BOARD' or words to like effect on this Bill of Lading shall be deemed to mean on board the truck，trail car，air craft or other inland conveyance （as the case may be），performing carriage from the Place of Receipt of the Goods to the Port of Loading."

2.集装箱提单的背面条款

（1）承运人的责任期限

由于目前集装箱运输存在港至港运输和门至门运输两种方式，多数集装箱提单的承运人责任条款中规定了两种责任期限。

在港至港运输形式下，规定承运人责任从在装运港接收货物时起，到目的港交货时，或按照当地法律、条例交给有关当局时止（Port to Port shipment：The Carrier shall be responsible for the Goods as Carrier from the time when the Goods are received by the Carrier at the Port of Loading until the time of wherever the vessel has been arrived for delivery thereof at the port of discharge to the Merchant or to the Authority as required by local laws or regulations, whichever occurs earlier)。

在门至门运输形式下，集装箱运输承运人接货、交货的地点在货主仓库、内陆场站或码头堆场，这与传统海上货物运输交接有很大差别，《海牙规则》对普通提单规定的承运人责任期限已不再适用。这时，承运人负责安排海运前的内陆运输和海运后的内陆运输，其责任期限也延伸为从接收货物时开始到交付货物时止（The Carrier undertakes to arrange or procure the pre-carriage and/or on-carriage segments of the combined transport）。

（2）舱面（甲板）货选择权条款

根据传统海上运输法规，只有在根据航海习惯或事先征得货主同意的条件下，承运人才可将货物装在甲板运输，并应在提单上加注"装载甲板"字样，否则承运人必须承担由此产生的一切损失的赔偿责任，并因此丧失法律、合同规定的承运人的一切抗辩理由和责任限制。但是，在集装箱运输中，由于船舶结构的特殊性及经济性等要求，有相当一部分集装箱需要装载在甲板上运输（全集装箱船满载时约有30%货箱装载在甲板上），而各集装箱在船舶上装载的具体位置，一般是根据船舶配、积载的需要和货物装卸先后次序等确定的。运输经营人在签发提单时无法确定哪些箱会装在舱内或甲板上，因此集装箱提单中规定了舱面货选择权条款。尽管各公司提单的表述方式不同，但该条款包含的基本内容是相同的，即承运人有权将集装箱货物装载在甲板上运输，而无须征得货方同意和通知货方。集装箱装载在甲板上视作装载在舱内。

（3）承运人的赔偿责任限制

各公司的集装箱提单赔偿责任限制条款明确规定了最高赔偿限额，包括海运（内河）及不包括海运（内河）两种限额。由于各个公司的限额是根据不同的国际公约或国内法规制定的，其额度存在着差别。对集装箱、托盘或类似的装运工具或包装损失的赔偿作如下规定：如提单中已载明这种工具内的货物件数或单位数，则按载明的件数或单位数赔偿，如这种工具为货主所有，赔偿时也作为一件。

（4）发货人装箱、计数条款（shipper's load and count）

在整箱交接情况下，承运人接受的是外表状况良好、铅封完整的集装箱，对箱内所装货物数量、标志等只能根据装箱单得知（所以，一般承运人都在提单正面的数量表述之前加上"Said to contain, S.T.C.），即使对其有适当理由怀疑也无适当方法进行检验。为兼顾提单的流通性和保护承运人之目的，集装箱提单中在如实记载箱内货物详情的同时，背面条款中又保留了发货人装箱、计数条款（或不知条款）。其内容一般为：如本公司承运的集装箱是由发货人或其代理人装箱并加封的，则本提单正面所列内容（有关货物的重量、尺码、件数、标志、数量等）本公司均不知悉（MERCHANT-STUFFED CONTAINER: If a Container has not been stuffed by or on behalf of the Carrier, the Carrier shall not be liable for loss of or damage to the Goods）。该条款法律效力与传统提单中不知条款的效力是不同的。

（5）铅封完整交货条款

该条款是指承运人在集装箱外表状况良好、铅封完整的情况下收货、交货，就可认为承运人已完成货物运输并解除其所有运输责任。该条款与发货人装箱、计数或不知条款是有一定联系的，也是限于整箱交接（If a container stuffed by Merchant is delivered by the Carrier with its seal intact，such delivery shall constitute full and complete performance of the Carrier's obligations hereunder and the Carrier shall not be liable for any loss or shortage of the Goods ascertained at delivery）。

（6）货物检查权条款

该条款是指承运人有权但没有义务在掌管货物期间的任何时候，将集装箱开箱检验、核对，如发现货物全部或部分不适于运输，承运人有权对该货物放弃运输或由托运人支付附加费用后继续完成运输，或存放在岸上或水上遮蔽或露天场所，而且这种存放可视为按提单交货，承运人责任终止。

在该条款下，如果承运人对箱内货物有所怀疑或发现积载不正常时，有启封检查权利而不必征得托运人同意。但在操作中，对货主自装的集装箱启封检查时一般应征求货主同意并由货主支付费用。

（7）海关启封检查条款

《国际集装箱海关公约》规定，海关有权对集装箱货物开箱检查。因此集装箱提单中一般都规定：如海关当局因检查箱内货物对集装箱启封检查并重新加封，由此造成或引起的任何货物灭失、损坏及其他后果，承运人概不负责。在实际操作中承运人对这种情况应作详细记录并保留证据以免除责任。

（8）发货人对货物内容正确性责任条款

集装箱提单中记载的货物内容，或由发货人填写，或由承运人（或其代理人）根据发货人提供的托运文件（装箱单等）填写。提单一般规定承运人接收货物即可视为发货人已向承运人保证其在集装箱提单中提供的货物内容（种类、标志、件数、重量、数量等）准确无误。如属于危险货物，还应说明其危险性。如发货人提供内容不准确或不正当造成货损或其他损害，发货人应对承运人负责，这种责任即使已发生提单转让也不例外。

（9）承运人运价说明

由于篇幅限制，集装箱提单上无法将有关集装箱运输的术语、交接方法、计费方法、费率、禁运规定等内容全部列出。各公司一般以承运人运价本形式将这些条款装订成册对外提供。在集装箱提单条款中规定，有关的承运人运价本是提单的组成部分。当提单中载明了运价且与运价本发生矛盾时，以提单记载为准。

6.3.5　交货记录

交货记录是集装箱运输经营人把货物交付给收货人或其代理人时，双方共同签署的，证明货物已经交付及货物交付时状况的单证。同时，它也证明承运人对货物的运输责任已告终止。交货记录由到货通知1联、提货单1联、费用账单2联、交货记录1联共5联组成。

交货记录的制作与流转过程如下：

（1）集装箱货物抵港前，承运人或其代理人（以下称船代）根据装船港船代寄、传的舱单或提单副本制作交货记录一式5联，并用电话通知收货人货物到达的大致时间。

（2）在集装箱卸船、进入堆场并做好交货准备后，由船代向收货人发出到货通知（第1联）。

（3）收货人凭正本提单和到货通知联向船代换取提货单等4联（对运费到付的货物应先结清费用），船代在收取费用与核对正本提单后，在提货单上加盖专用章。

（4）收货人或其代理人凭提货单、费用账单、交货记录共4联，随同进口货物报关单一起到海关报关，海关核准后在提货单上盖放行章。

（5）收货人将上述4联送堆场业务员，场站业务员核单后，留下提货单作为放行依据，并在双方检验货物后，填写交货记录并签字盖章。待收货人凭费用账单结清场站费用后，场站业务员将交货记录退还给收货人。

（6）收货人凭交货记录提货，提货完毕时，交货记录由收货人签收后交场站留底。

6.4　集装箱运费

集装箱运输是一种不同于传统件杂货运输的新型运输方式，它的运费构成与计收方式也不同。

6.4.1　集装箱运价构成要素

集装箱运输将传统的货物交接从港口向内陆延伸，使承运人的责任、费用及风险扩大到内陆港口、货运站、货主的工厂等交接地点，这使得集装箱运输的价格构成要素有所扩大。总的说来，集装箱运价的构成要素有：海上运费、港口装卸费、内陆运费、内陆港站中转费、拆装箱费、集装箱使用费以及各种承运人加收的附加费等。

6.4.2　不同交接方式的运价构成

集装箱运输中最经常采用的货物交接方式有CY—CY、CY—CFS、CFS—CFS，不同的交接方式的运价构成要素是不同的。

1.CY—CY交接方式的运价构成

在CY—CY交接方式下，货物是以整箱形态进行交接的。装拆箱及运输两端集装箱堆场以外的运输由发货人、收货人自己完成。承运人负责运输两端堆场到堆场之间的一切责任、费用。这时，构成运价的成本主要有：起运港堆场码头服务费

（包括接收货物、堆场存放、搬运至船边装卸桥下的各种费用）、装船费、海上运费（包括各种附加费）、卸船费、卸货港堆场、码头服务费、集装箱使用费等。堆场、码头服务费一般都采用包干形式计收。

2.CY—CFS 交接方式的运价构成

在 CY—CFS 交接方式下，承运人以整箱形态接收货物，运抵目的港后在 CFS 交付货物。这时，构成运价的成本主要有：装卸两港的堆场费、码头服务费、装船费与卸船费、海上运费及附加费、集装箱使用费、目的港的拆箱服务费（包括重箱搬运费、拆箱费、货物在 CFS 中的存储费、空箱运回堆场的费用等）。

3.CFS—CFS 交接方式的运价构成

在 CFS—CFS 交接方式下，货物是以拼箱形态交接的。这时，构成运价的成本主要有：起运港的装箱服务费、堆场服务费、装船费、海上运费、卸船费、目的港堆场服务费、拆箱服务费及集装箱使用费等。

集装箱运输是一种班轮运输形式，它的运价也采用运价本形式予以公开。运价本中包括了不同航线的不同类别货物的各种费用收取标准。

6.4.3　集装箱运费的计收

1.拼箱货运费的计收

拼箱货运费的计收类似于传统的件杂货，即采用按承运人运价本规定的 W/M 费率计算基本运费，然后加收集装箱运输的有关费用，如 CFS 拼箱服务费、各种附加费等。

拼箱货运费表中通常将货物分成一般货物、半危险货物、危险货物、冷藏货物四个类别，并分别规定 W/M 费率。计费时，不足 1 吨货物按 1 吨计算。由于竞争原因，运费也可议价。

2.整箱货运费的计收

整箱货运输大多采用包箱费率（box rate）计收。各航运公司按不同的箱型制定不同航线的包干运价，其中包括了海上运费和装船费及卸船费。包箱费率可分为两类：一类是货物包箱费率，另一类是均一包箱费率。前者是按照货物类别和等级规定不同的包箱费率，后者是不论货物类别（危险品和冷藏货除外）只按箱型规定不同的包箱费。后者对货主有吸引力。

3.附加费

同传统的件杂货班轮运输相似，集装箱运价中也收取附加费。例如：变更目的港附加费、重件附加费（由 CFS 装箱时）、港口拥堵附加费（Port Congestion Surcharge，PCS）、燃油附加费、旺季附加费（peak season surcharge，PSS）、汇率变动附加费（currency adjustment factor，CAF）、整体费率上调（general rate increase，GRI）、目的地交货费（destination delivery charge，DDC）、空箱调运费（equipment reposition charge，ERC）、原产地接货费（original receiving charge，ORC）、码头操作费（terminal handling charge，THC）、低硫燃油附加费（Low Sulphur Fuel

Surcharge 或 Low Sulphur Surcharge，LSS）、箱体不平衡附加费（equipment imbalance surcharge，EIS）、集装箱重量核查费（verified gross mass，VGM，集装箱重量核查是国际海事组织要求的，从 2016 年 7 月 1 日起，集装箱装船前必须核查总重量，由托运人在船公司规定的日期申报是强制性制度，对超过期限申报的，收取此项附加费）、苏伊士运河附加费（suez canal surcharge，SCS）、巴拿马运河附加费（Panama canal transit fee，PTF）等。这些名目繁多的附加费是集装箱运费的重要组成部分。

6.4.4　集装箱运输与贸易合同的协调

集装箱运输与贸易合同的协调除涉及运输方式协调外，更主要是对两个合同中责任和费用的协调。我们知道，传统的 FOB、CFR、CIF 等贸易术语只适用于港口至港口之间的海上货物运输方式。为适应集装箱运输方式，国际商会编制的《贸易术语解释通则》中已增加了 FCA、CPT、CIP 三种术语，这三种贸易术语将买卖双方的风险、责任、费用划分点从港口的船舷延伸至内陆交货地点。由于集装箱运费计收与传统的海运运费计收方法不同，买卖合同对双方费用划分的规定应当与运输合同中的运费支付条款协调一致，避免一方双重交费。

1.使用 FOB、CFR、CIF 贸易术语的情况

在集装箱运输中，发货人可以采用将集装箱直接发运至装货港码头堆场，收货人在目的港码头堆场提货，这实际采用的是港口至港口的运输方式。这时，可以选用 FOB、CFR、CIF 价格术语。但在这三种贸易术语下，一般是卖方支付装货港的装船费，买方支付卸货港的卸船费，而集装箱运价采用的是班轮运价计收方法，即运价中包含了装船费和卸船费。这时，应当选用这三种价格术语的变形来协调，以免一方重复支付费用。

2.使用 FCA、CPT、CIP 贸易术语的情况

大多数集装箱交接地点都是在集装箱货运站或堆场，而不是在码头。这时，贸易合同中不应使用传统的贸易术语，而应选用 FCA、CPT、CIP 三种贸易术语。选用这三种贸易术语时，因为集装箱运价中包含了货物的装卸费用，故确定贸易合同中的价格时，应考虑负责运输一方已支付了包括装卸费在内的运费这一实际情况，合理地制定买卖价格。

□ 复习思考题

1.重要概念：GP HC/HQ FCL　LCL　CY　CFS　D/R　CIP　THC　ORC BAF
2.集装箱运输与传统运输相比有哪些特点？（6.1）
3.常用干货集装箱尺寸、载重和体积是怎样的？（6.2.1）
4.整箱交接和拼箱交接下承运人与托运人的主要责任各是什么？（6.2.4）
5.提箱检查时，应注意哪些主要问题？（6.2.5）
6.集装箱配载时应注意哪些问题？（6.2.5）

7.集装箱管理中的设备交接单的主要作用是什么？（6.3.1）

8.集装箱装箱单的主要作用是什么？（6.3.2）

9.集装箱运输中的场站收据的主要作用是什么？（6.3.3）

10.集装箱提单条款与传统提单条款的主要区别是什么？（6.3.4）

第7章 / 国际铁路货物联运

──────────── 学习目标 ────────────

　　通过本章的学习，了解我国铁路货物联运的运输线路、重要节点和中欧班列的基本知识，掌握国际铁路货物联运的主要法规、合同当事人的主要义务、业务流程、运输费用计算、铁路运单的作用和制作方法。

　　铁路运输是国际货物运输的重要方式之一，具有速度快、运量大、成本低、低碳、环保、安全、准确性和连续性强等特点。国际铁路货物运输需要采用沿线国家铁路联运的形式，涉及联运规章制度的协调、运输价格的协调、运输实施的协调等复杂问题。出口货物托运涉及运输线路的选择、与发运铁路的运输合同签订、铁路运单的填制、货物准备、文件准备、运输费用计算与支付等具体业务环节。国际铁路组织为协调货物联运和保障运输秩序，制定了专门的国际公约和一系列业务规则，各国家铁路部门也制定了相应的法律规章。所有这些都是从事国际铁路货物联运业务人员必须掌握的。

7.1　　　　　　　　国际铁路货物联运基本知识

7.1.1　国际铁路货物联运的发展与特点

　　国际铁路货物联运是指铁路承运人使用一套铁路运单，承担连带责任完成经由两个或两个以上国家铁路全程运送的货物运输方式。国际铁路联运开始于19世纪中叶的欧洲，如今，随着经济全球化的不断深入和各国铁路运输基础设施的不断完善，加上国际铁路货物联运制度协调的保障，欧洲国家之间、亚洲国家之间，以及亚欧国家之间已经形成了较为密集的国际铁路货物联运网络，参加《国际铁路货物运送公约》（Convention Concerning International Carriage of Goods by Rail）和《国际铁路货物联运协定》的国家有50多个。

　　国际铁路货物联运在我国的国际货物运输中发挥着重要作用，中国铁路与中亚、欧洲国家铁路合作，已经形成了较为完善的铁路货物运输网络。特别是近些年来，集装箱"中欧班列"发展迅速，由国内各地去往欧洲、中亚和南亚，或其反向的集装箱专列货运量成倍增长。经由连云港港、青岛港、大连港和天津新港等港口的国际海铁联运中转业务规模也越来越大，西伯利亚亚欧大陆桥和连云港至鹿特丹的新亚欧大陆桥越来越繁忙。中越、中朝、中蒙间的铁路货物运输也在双边货物运输中起着重要作用。

国际铁路货物联运具有如下特点：一是货物在两个或两个以上的国家间运输；二是实行统一的规章，要求每批货物的运输条件，如包装、转载、票据编制、添附文件及车辆使用等都要符合有关国际联运的规章；三是运输组织环节多，工作复杂；四是铁路承运人必须使用一份铁路运单按照统一责任制承担全程运输责任；五是货物在国境站的交接或换装由参加联运的铁路协调完成，不需要货方参与。

7.1.2　国际铁路货物联运种类

国际铁路货物联运分为出口运输、进口运输和过境运输。以中国铁路国际货物联运为例，中国国内货物通过全铁、水铁、公铁方式由铁路国境站运输出口的为出口运输，其起点为国联运单起票站，终点为国联运单中国外的终到站；国外货物以铁路运输方式由铁路国境站进口到国内的为进口运输，其起点为国联运单国外起票站，终点为国联运单国内的终到站；国外货物借道中国铁路运输至第三国的为过境运输，其中的中国段为进境口岸站至出境口岸站；进口、出口起止点为进出境口岸站的，其中出口的中国段为口岸站至邻国交接站，进口的只为中国口岸站，这是因为，按照中国与周边国家签署的进出境列车交接原则，中方向国外发出列车在邻国国境站进行交接与换装，国外发往中国的列车在中国国境站进行交接与换装，由口岸站至国内其他站点的运输适用国内运输规则，不属于国际联运。

7.1.3　国际铁路货物联运的业务类别

从使用车辆角度分，国际铁路货物联运业务可分为整车运输、零担托运和集装箱运输。整车货物运输主要使用敞车、棚车、平车、罐车等，适用于货物批量大、体积或种类需要单独车辆运送的货物；零担货物托运主要使用棚车，适用于小批量货物运输，目前逐步被集装箱运输取代；集装箱运输包括整箱货物托运和零担货物托运（拼箱），目前的中欧班列就属于这类运输类别。其中，按箱子类型可分为普通箱（20英尺或40英尺标准普通集装箱）运输与特种箱（框架箱、罐式箱、冷藏箱等）运输。集装箱分为铁路箱（中国铁路自有箱，包括哈铁与中铁在互换协议下的哈铁箱，放箱权在铁路，空箱通过调度命令调运，不发生运费，重箱发送则产生铁路箱使用费）与货主自备箱（铁路箱以外的所有箱，包括俄铁与中铁在互换协议下的俄铁箱，放箱权归箱主，无论空箱还是重箱发运均产生铁路运费）。

从货物种类角度分，国际铁路货物联运业务可分为普通货物运输和特种货物运输，前者可分为矿产品、钢铁制品、粮食、化工品、机械设备、纺织品等二十几个大类，托运时需查阅铁路货物运输品名分类与代码表，准确填制铁路运单。后者包括危险品运输、超限货物运输、鲜活易腐货物运输、按特定条件运送的货物等。

相关国际公约和国内铁路为不同货物运输类别制定专门的运输规则，如《国际货协》附件中的《货物运送规则》《危险货物运送规则》《货物装载和加固的技术条件》《作为运输工具的非承运人所属车辆的运送规则》等，对上述不同类别货物运输定有不同的运输技术条件规定，托运人和铁路部门应当严格遵守。

7.1.4　我国的国际铁路货物联运线路

在我国国际铁路货物联运中，主要有两条亚欧大陆桥运输线路和中朝、中越、中蒙的铁路运输线。

1.我国国际铁路货物联运的国境站

我国铁路与俄罗斯、蒙古国、哈萨克斯坦、朝鲜和越南铁路相连，为我国的国际铁路货物联运提供了运送基础。各国在距离国境线一定的位置设有铁路国境站，负责办理货物过境的铁路、海关、检验检疫、边防等边境手续。由于历史原因，部分国家的铁路轨距不同，货物过境时需要在两国协定的国境站换装，延长了货物过境时间。我国与邻国的主要铁路国境站相关信息见表7-1。

表7-1　　　　　　　　　　我国与邻国的国境站　　　　　　　单位：mm，km

线路	我国铁路干线	我国国境站	邻国国境站	我国轨距	邻国轨距	交接、换装地点		国境站至国境线距离	
						出口	进口	我国	邻国
中俄	滨州线	满洲里	后贝加尔	1 435	1 520	后贝加尔	满洲里	9.8	1.3
	滨绥线	绥芬河	格罗迭科沃	1 435	1 520	格罗迭科沃	绥芬河	5.9	20.6
	珲马线	珲春	卡梅绍娃亚	1 435	1 520	卡梅绍娃亚	珲春	17	–
中哈	北疆铁路	阿拉山口	多斯特克	1 435	1 520	多斯特克	阿拉山口	4.02	8.13
	西疆铁路	霍尔果斯	阿腾科里	1 435	1 520	阿腾科里	霍尔果斯	–	–
中蒙	集二线	二连浩特	扎门乌德	1 435	1 520	扎门乌德	二连浩特	4.8	4.5
中朝	沈丹线	丹东	新义州	1 435	1 435	新义州	丹东	1.4	1.7
	长图线	图们	南阳	1 435	1 435	南阳	图们	2.1	1.3
	梅集线	集安	满浦	1 435	1 435	满浦	集安	7.3	3.8
中越	湘桂线	凭祥	同登	1 435	1 435	同登	凭祥	13.2	4.6
	昆河线	山腰	新铺	1 000	1 000	新铺	山腰	4.2	6.5

2.两大亚欧大陆桥运输线

两大亚欧大陆桥运输线包括西伯利亚亚欧大陆桥和新亚欧大陆桥。西伯利亚亚欧大陆桥是指东起中国东北沿海港口，经满洲里口岸换装西行，穿越俄罗斯西伯利亚铁路、白俄罗斯、波兰、德国、法国等国铁路至欧洲主要港口的连接太平洋和大西洋的铁路运输线路。我国中东部地区的铁路运输货物经过二连浩特口岸，过境蒙古国铁路也可并入该条运输线路。新亚欧大陆桥是指从中国连云港港和日照港起到荷兰鹿特丹等欧洲港口的铁路运输线路，它途经江苏、山东、河南、安徽、陕西、甘肃、山西、四川、宁夏、青海、新疆11个省、自治区，经阿拉山口口岸或霍尔果斯口岸换装西行出境与哈萨克斯坦铁路接轨，分北、中、南三线分别连接欧洲、中亚、南亚铁路网。

新亚欧大陆桥将中国与原独联体国家、伊朗、罗马尼亚、南斯拉夫、保加利亚、匈牙利、捷克、斯洛伐克、波兰、德国、奥地利、比利时、法国、瑞士、意大利、英国相连，比绕道印度洋和苏伊士运河的水运时间节省了约三分之二。我国西南、华南、华东、华中、西北等地区与上述国家的进出口货物，东亚国家与上述国家的进出口货物也可经过这座大陆桥或西伯利亚大陆桥运输。

上述两大铁路货物联运运输线路漫长（8 000～12 000多公里），途经不同的气候带（包括酷寒地区），列车在单方向运行途中要两次变换轨距（1 435mm—1 520mm—1 435mm），通过在国境线的换装货场中换装货物或整车换装轮对方式来解决。

3.运行在"丝绸之路经济带"上的中欧班列

中欧班列（CHINA RAILWAY Express，CRexpress）是由中国铁路总公司组织，按照固定车次、线路、班期和全程运行时刻开行，在两大欧亚大陆桥上运行于中国与"丝绸之路经济带"沿线国家以及欧洲国家间的集装箱铁路国际货物联运列车。自2016年6月8日起，中国铁路正式启用"中欧班列"统一品牌，国内各地来往中亚或欧洲的中欧班列已经成为亚欧大陆桥运输线上的重要货物运输形式。

中欧班列的前身是亚欧大陆桥铁路运输，特别是连云港经阿拉山口至中亚的新亚欧大陆桥运输线路，是中国乃至日韩货物至中亚的最主要运输线路。"渝新欧"（重庆至欧洲）是中国首条以"中欧班列"命名及运营的真正意义上的班列。重庆的笔记本电脑产业集群形成及其对欧洲的出口是"渝新欧"开行的源动力。此前，重庆销往欧洲的笔记本电脑约70%依赖海运，运输时间长，严重影响市场销售。2010年8月，重庆市向海关总署、原铁道部提出开行重庆至欧洲集装箱班列的请求，并先后与全球国际货运代理有限公司（DB SCHENKER，德铁下属公司）、德铁和俄铁的合资公司TEL、俄罗斯、哈萨克斯坦等国铁路公司及沿线国家政府部门多边磋商。2011年1月28日，"渝新欧"将重庆力帆的摩托车配件及少量惠普和宏基的电子产品，运到了俄罗斯的两处交货地点，标志着"渝新欧"集装箱班列正式开通。2011年3月19日，"渝新欧"专列满载重庆制造的电子产品从重庆铁路西站出发，途径达州、安康、西安、兰州、乌鲁木齐、阿拉山口、哈萨克斯坦、俄罗斯、白俄罗斯、波兰，最后到达目的地德国杜伊斯堡，行驶11 179公里，历时16

天，实现了"渝新欧"国际班列的全线开行。

在"一带一路"倡议推动下，中欧班列迅速升温。国内各省、市纷纷借鉴"渝新欧"模式，先后开通了"郑新欧""汉新欧""蓉新欧""西安号""湘欧快线""苏满欧""辽满欧""哈欧"等诸多中欧班列。根据官方数据，中欧班列自2011年1月首次开行以来，国内稳定开行的城市已有重庆、成都、郑州、武汉、苏州、义乌等38个，开往德国、波兰、西班牙等13个国家的36个城市，班列线路已达60多条。承运的货物品类主要包括家用电器、机械设备、汽车配件、食品、葡萄酒、服饰百货以及电商货物等。

目前，依托新亚欧大陆桥和西伯利亚大陆桥，已经形成西、中、东三条中欧班列运输通道。

（1）西通道。西通道有三条分线路。一是由新疆阿拉山口或霍尔果斯口岸出境，经哈萨克斯坦与俄罗斯西伯利亚铁路相连，途经白俄罗斯、波兰、德国等，通达欧洲其他各国；二是由阿拉山口或霍尔果斯口岸出境，经哈萨克斯坦、土库曼斯坦、伊朗、土耳其等国，通达欧洲各国，或经哈萨克斯坦跨里海，进入阿塞拜疆、格鲁吉亚、保加利亚等国，通达欧洲各国；三是由吐尔尕特或伊尔克什坦口岸出境，与规划中的中吉乌铁路连接，通向吉尔吉斯斯坦、乌兹别克斯坦、土库曼斯坦、伊朗、土耳其等国，也可通达欧洲各国。

（2）中通道。从二连浩特口岸出境，经过蒙古国接入俄罗斯西伯利亚铁路，通达欧洲各国。

（3）东通道。由满洲里口岸或绥芬河口岸出境，接入俄罗斯西伯利亚铁路，通达欧洲各国。

中欧班列通道不仅连通欧洲及沿线国家，也连通东亚、东南亚及其他地区；不仅带动了沿线的铁路货物运输，也带动了公铁联运、海铁联运、空铁联运等中欧班列运输形式。同时，还涌现出诸多中欧班列+产品，诸如中欧班列+贸易，中欧班列+跨境电商，中欧班列+金融，中欧班列+IT，中欧班列+期货，中欧班列+交易中心等。

如今，阿拉山口、霍尔果斯、二连浩特和满洲里已成为重要班列过境口岸。与此相关的主要集装箱中心站，如成都、重庆、昆明、大连、青岛、郑州、西安、武汉等，已成为重要的运输节点，连云港港、青岛港、大连港、天津港等已成为重要的国际集装箱过境中转港。中欧班列已成为亚欧陆路物流的重要载体，促进了我国与沿线国家之间的经贸合作，成为"一带一路"建设的重要内容。随着国内企业在相关国家设立集散分拨中心和海外分支机构，投资改造运输场站和物流仓库等物流基础设施活动的开展，亚欧大陆桥上的集装箱中欧班列将越来越受到贸易商的青睐。

中欧、中亚主要集装箱班列见表7-2、表7-3。

表7-2　　　　　　　　　　　　　主要中欧班列及运行线路

班列	简称	出境口岸	目的国	运行天	运行公里	途径国家
义乌—马德里	义新欧	阿拉山口	西班牙	20	13 000	中—哈—俄—白—波—德—法—西
厦门—罗兹	厦蓉欧	阿拉山口	波兰	15	12 000	中—哈—俄—白—波
武汉—梅林—帕尔杜比采	汉新欧	阿拉山口	捷克	14	10 100	中—哈—俄—白—波—捷
武汉—里昂	汉新欧	阿拉山口	法国	16	11 300	中—哈—俄—白—波—法
郑州—汉堡	郑新欧	阿拉山口	德国	14	10 214	中—哈—俄—白—波—德
长沙—杜伊斯堡	湘欧	阿拉山口	德国	16	11 905	中—哈—俄—白—波—德
重庆—杜伊斯堡	渝新欧	阿拉山口	德国	14	11 179	中—哈—俄—白—波—德
成都—罗兹	蓉欧快线	阿拉山口	波兰	14	10 800	中—哈—俄—白—波
兰州—汉堡	兰州号	阿拉山口	德国	13	8 961	中—哈—俄—白—波—德
乌鲁木齐—莫斯科		阿拉山口	俄罗斯	7	4 570	中—哈—俄
乌鲁木齐—车里雅宾斯克		阿拉山口	俄罗斯	6	2 635	中—哈—俄
乌鲁木齐—杜伊斯堡		阿拉山口	德国	10	8 000	中—哈—俄—乌—波—德
伊宁—库帕夫纳		阿拉山口	俄罗斯	8	5 300	中—哈—俄
石河子—车里雅宾斯克		阿拉山口	俄罗斯	4	无	中—哈—俄
库尔勒—杜伊斯堡		阿拉山口	德国	14	6 990	中—哈—俄—白—立—波—德
广州—莫斯科	粤满欧	满洲里	俄罗斯	16	11 000	中—俄
东莞—杜伊斯堡		满洲里	德国	19	13 488	中—俄—白—波—德
苏州—华沙	苏满欧	满洲里	波兰	14	11 200	中—俄—白—波
昆明—鹿特丹		阿拉山口	荷兰	15	17 000	中—哈—俄—白—波—德—荷
哈尔滨—叶卡捷琳堡		满洲里	俄罗斯	12	5 889	中—俄

班列	简称	出境口岸	目的国	运行天	运行公里	途径国家
哈尔滨—汉堡	哈欧	满洲里	德国	15	9 820	中—俄—白—波—德
长春—施瓦茨海德	长满欧	满洲里	德国	14	9 800	中—俄—白—波—德
沈阳—汉堡	沈满欧	满洲里	德国	14	11 000	中—俄—白—波—德
营口—华沙		满洲里	波兰	14	10 500	中—俄—白—波
营口—多布拉		满洲里	斯洛伐克	15	11 000	中—俄—乌—斯
营口—芩特罗利特		满洲里	白俄罗斯	10	10 050	中—俄—白
营口—莫斯科	营满欧	满洲里	俄罗斯	12	9 860	中—俄
营口—卡卢加	营满欧	满洲里	俄罗斯	13	8 400	中—俄
营口—霍夫利诺	营满欧	满洲里	俄罗斯	10	6 500	中—俄
大连—汉堡	辽满欧	满洲里	德国	14	11 350	中—俄—白—波—德

表7-3   主要中亚班列运输线路

班列	简称	出境口岸	目的国	运行天	运行公里	途径国
义乌—德黑兰		阿拉山口	伊朗	14	10 399	中—哈—土—伊
义乌—阿拉木图		阿拉山口	哈萨克斯坦	6	10 000	中—哈
连云港—阿拉木图—塔什干—中亚	连新亚	霍尔果斯	哈萨克斯坦 乌兹别克斯坦	7	5 600	中—哈—乌
塘沽—乌兰巴托	津蒙	二连浩特	蒙古国	3	1 500	中—蒙
青州—阿拉木图	鲁新欧	阿拉山口	哈萨克斯坦	6	5 000	中—哈
临沂—阿拉木图	临新亚	霍尔果斯	哈萨克斯坦	7	5 100	中—哈
宾州—塔什干	宾州号	阿拉山口	乌兹别克斯坦	9	5 630	中—哈—乌
青岛—阿拉木图—比什凯克		阿拉山口	吉尔吉斯斯坦	8	5 400	中—哈—吉
合肥—阿拉木图—中亚	东风号	阿拉山口	哈萨克斯坦	9	5 600	中—哈
奎屯—第比利斯		阿拉山口	格鲁吉亚	9	5 470	中—哈—俄—阿—格
西安—阿拉木图—热姆	长安号	阿拉山口	哈萨克斯坦	6	3 866	中—哈
武威—阿拉木图	天马号	阿拉山口	哈萨克斯坦	5	2 646	中—哈
兰州—阿拉木图	兰州号	阿拉山口	哈萨克斯坦	5	2 683	中—哈

7.2　　　　　国际铁路货物联运的相关法律制度

国际上，由于铁路运输服务对象的公共性和铁路运营的国家垄断性，国内铁路承运人和货方的权利义务、运输价格、赔偿责任等问题基本上由国家主管当局颁布法规来规范，而国家间铁路联运中的上述问题，以及不同的法律标准、运送条件、海关手续、车辆互用、铁路间财务清算等问题协调，则需要由相关国际组织制定国际公约或协定来规范。我国的国际铁路货物联运就是在这些法规制度下进行的，因此，在国际铁路货物联运中，掌握有关国际公约、规章非常重要。

7.2.1　　《国际铁路货物运送公约》

《国际铁路货物运送公约》是我国开展与西欧铁路货物联运业务需要遵守的国际性公约。为协调欧洲国家间的跨国铁路联运业务，1890年，一些欧洲国家代表在瑞士首都伯尔尼举行会议，制定了《国际铁路货物运送规则》，也称《伯尔尼公约》。该公约经过历次修订，最新修订于1970年2月7日完成，于1975年1月1日生效，公约的名称修订为《国际铁路货物运送公约》（简称《国际货约》），由总部设在伯尔尼的国际铁路运输中央事务局掌管。目前参加该公约的有32个国家，主要来自欧洲，也包括伊朗、黎巴嫩、叙利亚、突尼斯等少数亚非国家。

《国际货约》分6个部分，共70条和4个附件。其主要内容包括：公约的目的和适用范围、运输合同、责任和法律诉讼、一般性规定、特殊性规定、最终规定。4个附件是：危险物品铁路运输国际规章、国际铁路运输中央事务局规章、修订委员会和专家委员规则和仲裁规则。

在《国际货约》的成员方中，有的同时还参加了《国际铁路货物联运协定》，即参加《国际货约》国家的进出口货物，可以通过铁路直接转运到的《国际铁路货物联运协定》成员方，它为国际间铁路货物的运输提供了便利的条件。

7.2.2　　《国际铁路货物联运协定》

根据中国铁路总公司的规定，我国开展国际铁路货物联运业务必须执行《国际铁路货物联运协定》的规定，它是规范我国与协定参与国之间铁路货物联运业务的重要国际性公约。

1.产生背景

第二次世界大战以后，东欧国家苏联、阿尔巴尼亚和已经参加《国际货约》的保加利亚、匈牙利、罗马尼亚、波兰、捷克和民主德国八个国家为了协调彼此之间的国际铁路联运业务，于1951年11月1日签订并开始施行《国际铁路货物联运协定》，简称《国际货协》。1954年1月，中国、朝鲜、蒙古国参加了该协定，1956年6月越南参加了这一协定。后来随着东欧形势的变化和苏联解体，《国际货协》的成员发生了很大变化，民主德国、捷克退出，苏联解体后独立的国家相继加入，摩尔多瓦和伊朗也分别于1992年和1997年加入，匈牙利于1991年退出后又于2002年重新加入，目前该协定有25个成员方。

2.组织机构

《国际货协》目前由"国际铁路组织"（简称"铁组"）掌管修订。该组织是《国际货协》成员国的主管铁路运输的部长于1956年6月28日在保加利亚共和国索菲亚举行的部长会议上成立的政府间国际组织。其宗旨是发展国际货物和旅客运输，建立欧亚地区统一的铁路运输空间，提高洲际铁路运输通道的竞争能力，以及促进铁路运输领域的技术进步和科技合作。除《国际货协》外，该组织还掌管《国际铁路货物联运统一过境运价规程》、《国际旅客联运协定》（简称《国际客协》）、《国际铁路客运运价规程》（简称《国际客价》）、《国际联运车辆使用规则》（简称《车规》）、《国际旅客联运和铁路货物联运清算规则》的修订，其中的后两项规则用来规范参加联运的车辆的跨境问题和联运运送费用在相关铁路之间的清算问题。近些年来，铁组和国际铁路联盟（铁盟）两大组织一直在为完善《国际铁路直通联运公约》草案而努力并取得阶段性成果，新公约一旦生效，将会为国际铁路联运提供一个统一的国际铁路联运法律制度。

铁组共有27个成员国，包括阿塞拜疆、阿尔巴尼亚、白俄罗斯、保加利亚、匈牙利、越南、格鲁吉亚、伊朗、哈萨克斯坦、中国、朝鲜、古巴、吉尔吉斯斯坦、拉脱维亚、立陶宛、摩尔多瓦、蒙古国、波兰、俄罗斯、罗马尼亚、斯洛伐克、塔吉克斯坦、土库曼斯坦、乌兹别克斯坦、乌克兰、捷克和爱沙尼亚。此外，作为观察员加入铁组的有德国、法国、希腊、芬兰、塞尔维亚等国家铁路局。

3.基本内容

《国际货协》规定了在国际铁路直通联运和国际铁路—轮渡直通联运中货物运输合同的统一法律标准。作为国际铁路联运的专门法律性规定，参加该协定的各国铁路公司和发货人、收货人在办理铁路货物联运时都必须遵守。该协定自1951年11月1日生效后历经多次修订，最新的修订为2016年1月12日。新版的《国际货协》（电子版可通过国家铁路局网站http：//www.nra.gov.cn查阅）仍由第一部分《国际货协》和第二部分《国际铁路货物联运协定办事细则》（简称《办事细则》）组成，前者用于协调货方与承运人合同关系，后者用于协调不同国家铁路承运人间的关系。

第一部分由主条款和附件两部分组成。主条款共有4章60个条款。其中，第一章为总则，规定了协定的适用范围、法律适用、协定内容的使用、运输合同的成立、采用国际货约/国际货协运单办理货物运送时的填写方法等内容；第二章规定了运输合同的原则，是协定的核心内容，规定了运单、装运、运输、货物交付、运费及支付、承运人责任、货物灭失和损坏的索赔等有关运输合同的缔结、履行、变更、铁路的责任以及赔偿请求和诉讼等内容，阐明了铁路和收、发货人之间的权利和义务；第三章规定了作为运输工具的非承运人所属车辆的使用处理原则；第四章为附则，规定了《办事细则》的适用对象，即只适用于调整承运人之间的关系，而不能用以调整货方和承运人之间的关系、协定的生效、加入条件等内容。

第一部分的附件共有6个，分别是货物运送规则、危险货物运送规则、货物装载和加固技术条件、作为运输工具的非承运人车辆的运送规则、信息指导手册和国际货约/国际货协运单指导手册。其中，1号附件"货物运送规则"是货物运输的实施细则，共有9章40个条款，涉及货物的承运、运单、施封、特殊货物的运送条件、运输途中货物的处理、合同的变更、商务记录、货物的交付和赔偿请求办法等内容。该附件中还随附了国际货协运单、车辆清单、集装箱清单、货物押运人证明、易腐货物一览表、行政检查时的启封记录和商务记录的样本。其他附件也是铁路货物联运中必须遵守的准则。

第二部分的《办事细则》由13条组成，主要规定了铁路承运人之间在货物联运过程中涉及的运行报单、一般记录和商务记录、停运通知、货物查找、交接换装和误送处理办法等内容，是铁路货物联运承运人必须遵守的准则。

除《国际货协》外，我国与邻国铁路主管当局还签订有双边的《国境铁路协定》，用来规范办理联运货物交接的国境站和车站、货物交接条件和方法、交接列车和机车运行办法及服务方法等问题。《国境铁路协定》规定，相邻国家铁路公司定期召开国境铁路会议，对执行协定中的有关问题进行协商，并签订《国境铁路会议议定书》，其主要内容为双方铁路公司之间关于行车组织、旅客运送、货物运送、车辆交接以及其他有关问题。我国与俄罗斯、哈萨克斯坦、蒙古国、朝鲜、越南各铁路公司分别签有《国境铁路协定》和《国境铁路会议议定书》。这些协定是中国与邻国的铁路部门为协调国际铁路联运而签署的承运人之间的协定，与运输合同货方的权利义务无直接关系。

2017年4月20日，中国、白俄罗斯、德国、哈萨克斯坦、蒙古国、波兰、俄罗斯7国铁路部门共同签署了《关于深化中欧班列合作协议》，商定将在铁路基础设施、加强集装箱运输组织及信息采集、提高运输速度、统一服务标准、建设信息平台实现全程信息追踪以保证运输安全、加强服务宣传、扩大服务地域和内容、简化通关手续、压缩通关时间等方面成立联合工作组和专家组，及时解决实际问题。该协议为中欧班列的高效顺利运行提供了制度性保证。

7.2.3　《国际铁路货物联运统一过境运价规程》

《国际铁路货物联运统一过境运价规程》简称《统一货价》是铁路合作组织为了确定国际铁路联运中过境铁路运送费用额度而制定的费率体系和运送费用计算规则，是《国际货协》的配套性规则。它具体规定了参加《国际货协》的铁路运送过境货物时办理的手续、运送费用的核收原则、过境运送费用的计算方法、货物品名分级表、过境里程表和货物运费计算表等内容，是《国际货协》参加国的铁路公司和发货人与收货人都必须遵守的强制性过境运价守则。由于东欧地区在20世纪80年代末至90年代初发生了巨大的变化，1991年6月27日，保加利亚、中国、朝鲜、蒙古国、罗马尼亚和苏联的铁路部门在波兰华沙签订了《关于统一过境运价规程的协约》，该协约规定，《统一货价》不再从属于《国际货协》，而具有独立的法律地位。新的《统一货价》自1991年7月1日起施行，它是在原来的《统一货价》的基础上修改补充而成的，其费率原以卢布计价，现改为瑞士法郎。中国铁路公司自1991年9月1日起施行上述新规定，对于过境中国的国外货物，根据中华人民共和国原铁道部于2000年7月1日颁布的《关于过境中国铁路国际联运货物运送费用核收暂行规定》（以下简称《过境费规》）办法，实行优惠运费费率。

根据《过境费规》，过境中国铁路的国际联运货物（简称过境货物），是指由境外启运，过境中国铁路继续运往境外的国际联运货物，包括陆路联运过境和陆海联运过境。凡以过境货物报关单向海关申报并在国际货协运单加盖"海关监管货物"戳记的，均视为过境货物。过境货物转发送业务，一律由经国家经贸主管部门批准、认可具有国际货物运输代理业务经营权并拥有过境货物运输代理业务经营资格的企业（以下简称代理人）办理。

该规定确定了过境里程、运价等级、运费、杂费的计算方法，即过境货物的国境站、港口站和过境里程按照载于《统一货价》过境里程表中的"中华人民共和国铁路过境里程表"计算。运价等级根据"国际铁路货物联运通用货物品名表"确定。运费给予优惠，即按照《统一货价》规定的费率与该规定确定的从0.3～0.6不等的系数相乘计算。大宗货物，代理人可向铁路局提出运费下浮申请，经审核批准后，可按照单独下浮费率计算。杂费按照国内规定计费。以瑞士法郎表示的过境货物运费和杂费折合人民币的比价变动根据铁道部财务司通知执行。

7.2.4 《铁路货物运价规则》

2009年4月1日，中华人民共和国原铁道部公布了新修订的《铁路货物运价规则》（简称《国内价规》），规定了铁路货物运输运送费用的计算与核收办法。该规则共6章、4个附件和4个附录。其中，第一章总则，规定《国内价规》是计算铁路运输费用的依据，承运人、托运人、收货人必须遵守。

第二章规定了货物运输费用的计算程序和基本条件。其中计算程序一节规定，货物运输费用包括运费和杂费，运费根据不同分类需要加成计算。计算条件一节规定，货物运费的计费重量，整车以吨为单位，零担货物以千克为单位，集装箱以箱为单位。运费率按照承运人当日实行的费率计算，杂费按照发生当日实行的费率核收。

第三章货物运费规定了整车货物、零担货物、集装箱、托运人自备车辆、快运货物、冷藏车辆、危险品货物的不同计费重量的确定方法、运费率、加成率等具体的运费计算方法。

第四章杂费具体规定了不同货物的杂费项和费率以及计算方法。

第五章规定了国际联运进出口货物运送费用的具体核收原则和办法。按照该章规定，进口货物国内段运费、国际铁路联运进出口货物在国境站上发生的杂费和国际铁路联运过境货物在国境站的换装费，应在国境站向收货人（托运人）或其在国境站的代理人核收。出口货物按发站承运当日实行的运价率计算；进口货物按进口国境站在运单上加盖日期戳当日实行的运价率计算。杂费按发生当日实行的费率计算。进出口货物的运价里程，应将国境站至国境线的里程计算在内。

此外，《国内价规》还规定了"铁路货物运输品名分类与代码表""铁路货物运价率表""铁路货物运输品名检查表""货物运价里程表"4个附件和"铁路电气化附加费核收办法""新路新价均摊运费核收办法""铁路建设基金计算核收办法""超重货物分类表"4个附录，供货物运送费用核算时使用。

7.2.5　《铁路货物运输合同实施细则》

为规范国内铁路货物运输合同和国际铁路货物联运运输合同，经国务院批准，中华人民共和国原铁道部于1986年12月1日发布了《铁路货物运输合同实施细则》（以下简称《合同实施细则》），该细则后经修订，于2011年1月8日由国务院批准发布实施。它是约束国际铁路货物联运中有关国内运输部分的准则，是对《国际货协》的补充。

《合同实施细则》共有6章共26条。其中，第一章总则，规定托运人利用铁路运输货物，应与承运人签订货物运输合同。第二章规定了货物运输合同的形式与成立、长期合同与运单合同的基本内容等事项。第三章规定了托运人、承运人和收货人的合同义务，以及货物运输合同履行中的保价运输、货物交接、拒领货物、运输阻碍等具体问题的处置办法。第四章对货物运输合同的变更或解除事项作出规定。第五章对承运人、托运人和收货人违反货物运输合同的责任、免责事项、索赔时效、理赔期限和争议的处理办法等问题作出规定。

7.3　国际铁路货物联运合同当事人的权利与义务

根据《国际货协》第3条"本协定规定了在国际铁路直通联运和国际铁路—轮渡直通联运中货物运输合同的统一法律标准"和"国际铁路直通联运中的货物运送在本协定各方根据国内法律开办货运业务的车站之间办理"的规定，以及第5条"如本协定中无相关规定，则适用权利人行使权利时所在国的国内法律"的规定，国际铁路货物联运中的承运人、托运人和收货人的权利义务主要由铁路运单体现，由《国际货协》《国际货约》《统一运价》《国内价规》《过境费规》《合同实施细则》等相关法规规范。

7.3.1　合同的订立与形式

《国际货协》第二章第14条规定：运单是缔结运输合同的凭证。运单中记载的事项不正确或不准确，或者承运人丢失运单，均不影响运输合同的存在及效力。《合同实施细则》第二章规定：大宗货物整车运输的，应签订年度或季度合同，至少应按月签订运输合同，运单作为合同的组成部分。零担货物和集装箱货物可以随时托运，以运单作为运输合同，承运人在托运人提出的货物运单上加盖车站日期戳后，合同即告成立。

1.托运准备与申请

在我国，对于整车发运的货物，发货人在备妥货物后，应当提出年度或月度用车申请。对于零担货物和集装箱货物，可以随时托运。在委托货代公司办理的情况下，由货代公司缮制国际联运运单，完成出口货物的报验、报关，即可申报请车计划。

2.铁路确认

对于大宗货物的整车运输，铁路公司对托运人的申请通过签订年度或月度运输合同予以确认。整车货物在装车完毕后，由发站在运单上加盖承运日期戳，即表示承运开始；对于零担货物和集装箱货物，铁路公司接到运输申请和运单后，审核请车计划批准情况和运单上的各项内容是否正确。如确认可以承运，即在运单上签证。运单上的签证表示货物应进入车站的日期或装车日期，铁路已接受托运，运输合同成立。托运和承运手续完毕后，铁路运单作为运输合同即开始生效。铁路公司按相关法规的规定对货物负保管、装车并运送到指定目的地的一切责任。

7.3.2　承运人的法定义务与权利

根据7.2节提及的国际公约、规则和国内的相关法规，以及《中华人民共和国铁路法》《合同法》的相关规定，现将国际铁路货物联运合同当事人的法定义务与权利归纳如下。

1.承运人的法定义务

（1）应当具备联运条件。《国际货协》第2章第14条规定，承运人应拥有办理运送所需的运输工具，并已与承运人商定联运事宜。每一接续承运人自接收附有运单的货物时起，即参加了运输合同，并承担由此而产生的义务。运送货物的车辆应是准许在国际联运中运行的车辆。《合同实施细则》第9条进一步规定，承运人应当按照货物运输合同约定的时间、数量、车种，拨调状态良好、清扫干净的货车。

（2）承担货物联运的统一责任。根据《国际货协》第37条的规定，承运人应当按照该协定第39条确定的责任范围和第42～45条规定的赔偿额对发货人或收货人承担由运输合同产生的责任，对"商务记录"中载明的自承运货物时起至交付货物时为止期间的货物灭失、短少、毁损、腐坏和延期运到承担赔偿责任。第36条规定，缔约承运人因其他实际承运人过失向托运人或收货人作出赔偿，可以要求过失承运人返还。根据《中华人民共和国铁路法》，承运人应保证货物运输安全。《合同实施细则》第18条也作了类似规定。

（3）履行货物运送各阶段具体义务。铁路承运人的货物运送责任可分为接收货物和装车、运送和交付货物三个阶段。根据《国际货协》《合同法》《合同实施细则》等法律法规规定，承运人在接收货物时，应验收货物，核对运单记载是否正确，运输合同有约定的，应将货物装载到技术状态良好且适于运送该种货物的已清扫的车辆内；在运送阶段，应当按照《国际货协》第二部分的《办事细则》规定，承担处理铁路承运人之间在货物联运过程中涉及的运行报单、一般记录和商务记录、停运通知、货物查找、货物交接、不同轨距间的货物换装和误送处理责任，并根据《国际货协》第24条规定的货物运到期限将货物运抵到站；在交付阶段，承运人应保证按照合同规定的到站时间，将货物完整、无损地交给收货人。承运人负责卸货的，还应当组织卸货并向收货人发出到货催领通知。

（4）不得随意确定运送费用。铁路货物运价实行国家定价的原则，铁路承运人与托运人应按照《统一价规》第30条和《国内价规》的规定计算核收运送费用。随着铁路价格管理体制改革，当事人之间可以协商确定具体的运费，但也要在法规允许的范围内确定。铁路承运人违反收费规定，要承担行政责任。

2.承运人的责任期间

《国际货协》第37条规定，承担铁路货物联运的始发站铁路公司应当对货物承担全程运输责任。如果货物是在协定缔约国一方境内发货，铁路公司的责任从发货站接收货物时起至终到站交货时止；如果是向非协定缔约国发运，则按照另一国际铁路货物运输公约，到办完手续时止。其中每一个续运铁路公司，自接收附有运单的货物时起，即作为参加这项运输合同的当事人，承担其运输段内的承运人运输义务。

3.承运人的免责权和赔偿责任限制权

根据民法的一般性责任免除原则，考虑运输风险在承运人和货方之间的合理分摊，相关法律法规对国际铁路货物承运人的赔偿责任作出了免责和赔偿责任限制规定。

（1）承运人的免责权利

《国际货协》第39条规定，铁路公司对由于下列原因造成的货物损失免除责任：

①铁路无法预防和无法消除的情况导致的；

②货物、容器、包装质量不符合要求或由于货物、容器、包装的特殊自然和物理特性以致引起毁损（腐坏）的；

③发货人或收货人的过失或由于其要求而不能归咎于承运人的；

④发货人或收货人装车或卸车造成的；

⑤货物没有必要的运送所需容器或包装的；

⑥发货人在托运货物时使用不正确、不确切或不完全的名称，或未遵守本协定条件的；

⑦发货人将货物装入不当车辆或集装箱的；

⑧发货人错误地选择了易腐货物运送方法或车辆、集装箱种类的；

⑨发货人、收货人未执行或未适当执行海关或其他行政手续的；

⑩与承运人无关的原因，如国家机关检查、扣留、没收货物的。

在下列情况下，承运人对货物短少不负责任：

①对于有容器或包扎运送的货物，如将货物交付收货人时件数齐全，容器或包扎完好，并且没有可以成为货物短少原因的能触及内装物的外部痕迹时；

②对于无容器或无包扎运送的货物，如将货物交付收货人时件数齐全，并且没有可以成为货物短少原因的能触及货物的外部痕迹时；

③对于由发货人装入车辆、多式运输单元或汽车运输工具的货物，如将货物交付收货人时发货人的封印完好，并且没有可以成为货物短少原因的能触及货物的外部痕迹时；

④对于由发货人装车的集装箱货物，（集装箱门朝内）如该车辆内的集装箱在运送途中没有重新摆放，并且交付收货人时没有检查封印，也没有可以成为货物短少原因的能触及货物的外部痕迹时；

⑤对于用敞车类货车承运的货物，如货物在运送途中未经换装且到达时车辆完好，并且没有能够证明运送时发生货物短少的痕迹时；

⑥对于施封的多式运输单元或汽车运输工具内的可拆零件和备用零件，如将这些多式运输单元或汽车运输工具交付收货人时发货人的封印完好。

对由于下列原因致使未履行货物运到期限的，承运人不负责任：

①承运人无法预防和无法消除的情况导致的；

②发货人或收货人的过失或由于其要求，而不能归咎于承运人的；

③发货人、收货人或其授权人未执行或未适当执行海关或其他行政手续的。

对于承运人的免责事项，我国的《合同实施细则》概括为不可抗力、货物本身性质引起的、货物合理损耗和托运人、收货人或所派押运人的过错。

（2）承运人的赔偿限制权

《国际货协》第42～45条对铁路公司的赔偿计算方法和赔偿限额作了规定，目的是为了保护铁路承运人不受过宽过重的索赔困扰。该协定第42条规定，在本协定规定承运人应向发货人或收货人赔偿货物灭失、短少损失的情况下，损失赔偿额根据货物价格确定，即赔偿不应包括预期利润。

4.货物留置权

《国际货协》第34条规定，承运人未收到运输合同规定的全部应收运送费用，可以根据所在国的国内法律确定，留置其管理的货物。

7.3.3　托运人的法定义务与权利

根据7.2节提及的国际公约、规则和国内的相关法规，以及《中华人民共和国铁路法》《合同法》的相关规定，托运人的法定义务与权利如下。

1.托运人的义务

（1）准确填报相关文件。具体来说，应当按照《国际货协》的"货物运送规则"第2章的规定，准确填写并向承运人提交"国际货协运单"或"国际货约/国际货协运单"，对未准确填写运单产生的后果承担责任。危险品应当按照该协定附件中的"危险货物运送规则"的规定妥善填报；对因未准确在运单上附载货物运送全程为履行海关和其他行政手续所需要添附文件，导致货物运送或交付滞留的，应当向承运人支付违约金；对违禁品、危险品、超重货物的不准确填写，需根据该协定第31条向承运人支付违约金。

（2）按照货物运输合同约定的时间和要求向承运人交付托运的货物。

（3）应当妥善包装和标记货物。危险品应当按照"危险货物运送规则"的规定，妥善包装和标记，否则，承运人可以拒绝承运或中途处理货物，同时，托运人需要向承运人支付由此产生的损失。

（4）由托运人装车的，托运人应当按照装车技术要求妥善装载、加固和施封，并将货车送交交接地点。

（5）按照《统一货价》和《国内价规》的规定，及时支付运送费用。

（6）在运输中需要特殊照料的货物，须派人押运。

（7）将领取货物凭证及时交给收货人并通知其到站领取货物。

（8）国家规定必须保险的货物，托运人应在托运时投保货物运输险，对于每件价值在700元以上的货物，或每吨价值在500元以上的非成件货物，实行保险与负责运输相结合的补偿制度。

2.托运人的法定权利

（1）货物索赔权。《国际货协》第42～48条对铁路公司过失造成的货物灭失、损坏、短少、延迟交付，规定了托运人的索赔权、赔偿计算方法和赔偿限额、索赔请求、司法管辖和时效期间。

（2）合同变更权。《国际货协》第25条规定，托运人根据需要，可以向缔约承运人提出变更到站和收货人的申请，同时规定了具体实施办法。《合同实施细则》第4章也做了类似的规定。

7.3.4　收货人的法定义务与权利

与海运法律规定不同，铁路运输法律法规直接规定了收货人的义务与权利。

1.收货人的主要义务

（1）《国际货协》第26条规定，收货人必须及时领取货物和运单。收货人只有在货物由于承运人的过错而使质量发生变化，以致部分货物或全部货物不能按原用途使用时，方可拒绝领取货物。

（2）支付运单载明的所有运送费用。

（3）由收货人卸车的，负责卸货。由于收货人原因导致运输工具、设备或第三者的货物损坏的，由收货人按实际损失赔偿。

2.收货人的主要权利

（1）货物索赔权。根据《国际货协》第42～48条规定，收货人对铁路公司过失造成的货物的灭失、损坏、短少、延迟交付，收货人可以按照该规则规定的赔偿计算方法、赔偿限额、索赔请求、司法管辖和时效期间，向交付货物的铁路公司提出赔偿请求。

（2）合同变更权。根据《国际货协》第25条的规定，收货人可以向交付货物的承运人提出变更到站和收货人的申请，同时规定具体实施办法。《合同实施细则》第4章也做了类似的规定。

7.4　国际铁路货物联运运单

国际铁路货物联运是一种商业性的运输服务，承运人、托运人、收货人之间的服务关系确定以及服务行为必然由运输合同来规范，国际铁路货物联运运单（以下简称"铁路运单"）就是统领国际铁路货物联运的合同。因此，理解铁路运单的作用、构成和填制规范十分重要。

7.4.1　国际货协运单及其作用

1.国际货协运单的概念

国际货协运单是按照《国际货协》规定填制和签发的表明铁路承运人已接收承运货物和与托运人、收货人之间的运输合同关系，以及承运人据以交付货物的运输单据。该运单的性质、结构、内容及其填制方法和传送方法等由《国际货协》强制性规定，由正本和若干副本组成。

2.国际货协运单的作用

根据《国际货协》和我国的相关规定，国际货协运单的作用可归纳为如下几点：

（1）国际货协运单是铁路契约承运人和接续承运人收到运送货物的收据。国际货协运单由托运人按照《国际货协》的相关规定填制签署后提交给契约承运人，它载明了货物描述，参加联运的各铁路公司名称、发货人、收货人、运输车辆描述和运输过程记载等内容，其中的货物描述部分，详细地记载了货物名称、重量/数量、包装、外表状况等内容，其中的商务记录详细地记载了承运人之间交接货物时的货物信息，经契约承运人和接续承运人签署后，即构成了其收到货物的证明。契约承运人应当按照运单的记载交接续承运人，交付货物的承运人应当按照运单的记载向收货人交付货物。因各承运人不能免责原因导致交货与运单记载不符，造成收货人损失的，承运人应当根据规定作出赔偿。

（2）国际货协运单是托运人与契约承运人之间、各铁路承运人之间、交付货物的铁路与收货人之间的运输合同，是确定合同当事人义务的基本依据。这一属性是由《国际货协》和相关国内法规强制性确立的。根据相关法律法规，国际货协运单记载的当事人、货物信息、运载车辆、商务记录等几十项内容构成了合同的基本内容，与此相关的承运人、托运人、收货人的权利义务由《国际货协》和相关法律法规强制性地规定。

（3）国际货协运单是铁路公司在核收有关费用及交付货物的承运人在终到站交付货物的依据。根据《国际货协》和相关国内法规，各运输路段的承运人向托运人/收货人核收其运输区段及过境铁路的运送费用，应当依据运单和相关"价规"，交付货物的承运人交付货物也应当依据运单正确交付货物。

与海运提单不同的是，铁路运单不是物权凭证，不可以流通转让，但是按照我国同参加《国际货协》各国签订的贸易发货共同条件的规定，铁路运单的副本是卖方通过银行向买方结汇的单证。

7.4.2 国际货协运单的结构及填制

1.国际货协运单的结构

国际货协运单是由带编号的6张单据和必要份数的补充运行报单（补充运行报单的份数应同参加运送的承运人数量一致）组成的一整套票据。该套票据首先由发货人根据《国际货协》第15条和第一号附件"货物运送规则"的第7~9条规定的规则填写，然后提交缔约承运人根据前述规则补充填制完毕。各张的名称、收领人及用途见表7-4。

表7-4 国际货协运单各张名称、收领人及用途

第…张	各张名称	各张收领人	传送及用途
1	运单正本	收货人	随同货物至到站
2	运行报单	交付货物的承运人	随同货物至到站
3	货物交付单	交付货物的承运人	随同货物至到站
4	运单副本	发货人	缔约承运人签署后交发货人
5	货物接收单	缔约承运人	缔约承运人留存
6	货物到达通知单	收货人	随同货物至到站
无号码	补充运行报单	承运人	交各中途承运人

2.国际货协运单的主要内容

由6张不同名称组成的国际货协运单的内容较多，根据《国际货协》第15条关于运单的规定，运单中应记载下列事项：（1）发货人名称及通信地址；（2）收货人名称及其通信地址；（3）缔约承运人名称；（4）发送路及发站名称；（5）到达路及到站名称；（6）国境口岸站名称；（7）货物名称及其代码；（8）批号；（9）包装种类；（10）货物件数；（11）货物重量；（12）车辆（集装箱）号码，运送货物的车辆由何方提供（发货人或承运人）；（13）发货人附在运单上的添附文件清单；（14）关于支付运送费用的事项；（15）封印数量和记号；（16）确定货物重量的方法；（17）缔结运输合同的日期。此外，必要时运单中还应记载下列事项：（1）接续承运人名称；（2）发货人有关货物的声明；（3）港口附近的铁路车站和移交水运的港口；（4）"货物运送规则"规定的其他事项。

3.国际货协运单的填制规范

国际货协运单各项内容需按照规范填制，该项规范内容较多，不在此处赘述，填制时请查阅《国际货协》中的"货物运送规则"见p.324的第7~9条规定。

7.4.3 国际货约/国际货协统一运单

《国际货协》第13条规定，货物运送可采用国际货约/国际货协运单办理，运单样式及运单填写和使用规则载于该协定第6号附件《国际货约/国际货协运单指导手册》，对该手册中未规定的事宜，适用该协定附件"货物运送规则"的规定。原铁道部经和《国际货约》《国际货协》相关成员国协商后，决定从2012年1月1日起，经阿拉山口、满洲里、二连浩特、绥芬河、霍尔果斯铁路口岸开行的中国至欧洲国家及返程方向的集装箱列车试验采用国际货约／国际货协统一运单。2017年，我国国家铁路局根据铁组委员会第Ⅱ–05/17OK号函，宣布自2017年5月1日起，上述中欧班列正式采用国际货约/国际货协运单办理货物运送，由发货人自愿选择。

与国际货协运单相比，国际货约/国际货协统一运单使用了中文、德文（或英文、法文）、俄文3种语言（参见附录11），可在中国境内一票报关，在波兰、德国、荷兰等国际货约国家铁路口岸一票通过，直达目的地。使用该运单减少了中途的换单作业环节，3种语言的表述也极大地淡化了国际间的界限，由于所有信息都能直接体现在统一运单上，也减少了转关报关环节，提高了通关效率和班列的准点率。

7.5　国际铁路货物联运运送费用的核收

7.5.1 运价种类及计算因素

1.运价种类

铁路运价按照运输货物种类分为整车货物运价、零担货物运价和集装箱货物运价。《铁路货物运价规则》中对这三种货物分别规定了不同的运价率。

2.运输费用计算因素

（1）运价里程。计算运送费用时采用的发运站至到达站的里程，可到货物运价里程表中查得。

（2）计费重量。计算运送费用的货物重量，根据货物的实际重量、轴数、箱数按有关规定确定。整车货物以公吨为单位，零担货物以10千克为单位，集装箱货物以箱为单位。

（3）运价号和运价率。运价号到《铁路货物运价规则》附件中的铁路货物运输品名分类与代码表或铁路货物运输品名检查表中查得。

7.5.2 核收原则

国际铁路联运货物运送费用包括运费和各项杂费，分为发送路运送费用、过境路运送费用和到达路运送费用，其计算与核收方法各不相同。在我国，国际铁路联运货物运送费用计算与核收的基本依据是《国际货协》《统一货价》《国内价规》。根据上述规章，我国铁路货物联运运送费用的核收原则是：

（1）发送国家和到达国家铁路的运送费用，均按铁路所在国家的国内规章计算核收。

（2）过境国铁路的运送费用均按承运当日《统一货价》规定计算，由发货人或收货人支付。通过若干个过境铁路运送时，应由发货人委托各过境国的代理人向过境铁路直接支付，不再由各国铁路间相互清算。匈牙利、捷克、斯洛伐克和罗马尼亚铁路参加了《国际货协》，但未参加《统一货价》，过境这几个国家时，过境运送费用按照所在铁路的计费规定计算，由代理人或收货人支付。过境《国际货约》铁路的运送费用，按《国际货约》规定计算，由代理人或收货人支付。目前，通过国际铁路联运出口的我国发货人需委托具有资质的国际货运代理公司办理货物的过境及费用的支付，并在国际货协运单上注明"过境XXX铁路的费用已由XXX代理负责支付"。对与我国签订交货共同条件的国家铁路的过境费用，应按照其规定支付。

对于中欧班列中国段运输的承运与运费计收，自2016年6月国内各地中欧班列统一采用中欧班列统一标志（CRexpress）及命名规则（中欧班列+始发与终到站名）起，中国铁路总公司将中欧班列国内段运输的承运及运费计收交由中铁国际多式联运有限公司（以下简称"中铁多联"）代为执行，中铁多联作为中欧班列国内段的承运人，各中欧班列平台公司与中铁多联签署协议，确定中欧班列运输线路，明确中欧班列车次，并执行量价捆绑运价政策，即根据客户运输货量制定相应的运价折扣优惠，货量越大，价格越优惠。

国际铁路货物联运三个路段运送费用的核收原则归纳见表7-5。

表7-5　　　　　　　国际铁路货物联运三个路段运送费用的核收原则

	发送路	过境路	到达路
适用规章	发送路国内规章	《统一货价》	到达路国内规章
支付币种	发送国货币	瑞士法郎折算的核收国货币	到达国货币
支付地点	发送站	发送站或到达站	到达站（我国为进口国境站）
支付人	发货人	发货人或收货人	收货人

7.5.3 核算方法

对于铁路运送费用的计算，各国铁路当局都制定有运价里程表和运价表，具体内容虽有区别，但基本原则相同。运价表中有货物等级分类，不同等级分别对应不同的运价。该运价为基本费率，适用于慢运整车货物，对零担货物、快运、随旅客列车的挂运分别在基本费率基础上规定了不同的运费加成率。除运费外，铁路运送费用还包括杂费部分，通常有货物装卸费、取送车费、机车作业费、货物暂存费、押运人乘车费、货车清扫费、货车滞留费、换装费、验关费、运单费、变更手续费等。上述费用在核算货物运送费时应一并核计。

1.按《统一货价》计算的过境运送费用

按照《统一货价》的规定，过境运送费用在查出过境里程和运价等级后，按照下列方法计算：

基本运费=（基本运费率×计费重量）×（1+加减成百分率）

过境运送费用=基本运费＋杂费和其他费用

具体步骤如下所述：

（1）查阅《统一货价》中的"过境里程表"，根据应通过的国境站或港口站确定过境国家铁路的过境里程。该过境里程已将国境线至国境站的里程计算在内。

（2）查阅《统一货价》中的"国际铁路货物联运通用货物品名表"，确定适用的运价等级。

（3）按照《统一货价》的规定确定计费重量。对于整车货物，如果是一张运单同一品名的，其计费重量为最大的实际重量；如果是一张运单不同品名（整车合装货物）的，其计费重量为同一运价等级的最大合装货物总重量，不同运价等级的，按合装货物总重量中重量最大货物的货物等级确定计费重量；如果发货人未在运单中记载每种品名货物的实际重量，则按照合装货物中最高运价等级的标准确定计费重量；对于零担货物，如果是一张运单同一品名的，按实际重量确定计费重量，如是一张运单不同品名的，同一运价等级的，按合装货物总重量确定计费重量，不同运价等级的，按照基本运费=$\sum$（运价等级相同的货物计费重量×相应运价等级的基本运费率）计算；对运单未分别注明每种货物的重量或货物未分别包装的，按基本运费=合装货物总重量×较高运价等级相对应的基本运费率计算运费。

（4）将计费重量与基本运费率相乘，即为货物的基本运费。

（5）将基本运费乘以按货物运送别确定适用的运费加减百分率（《国内价规》对慢运零担、整车快运、零担快运、整车超限货物、危险品、不同种类和重量的集装箱等分别规定有不同的运费加成率），即得出货物的总运费。

（6）将总运费加上按照《统一货价》规定计算出的杂费和其他费用（如货物换装费、更换轮对费、验关费、加固材料费等），即得出全部运送费用。

例题：从波铁按快运整车发运一批重48吨的轴承，经俄铁布列斯特至后贝加尔斯克过境俄罗斯进口至我国，计算该批货物在俄铁的过境运费。

解：俄罗斯为《统一货价》参加国，因此俄铁过境费按《统一货价》确定。计算步骤为：

（1）查《统一货价》过境里程表，俄铁布列斯特至后贝加尔斯克的过境里程为7 651公里。

（2）查《统一货价》的货物品名表，轴承适用的运价等级为2级。

（3）查《统一货价》整车货物运费率表，过境里程为7 651公里时，2级货物的基本运费率为177.3瑞士法郎/吨。

（4）整车货物计费最大载重量为48吨。

（5）货物的基本运费=177.3×48=8 510.40（瑞士法郎）。

（6）快运整车货物需在基本运费基础上加成100%，所以，

货物过境费=基本运费×（1+100%）=8 510.40×2=17 020.80（瑞士法郎）

实际计算总运送费用时，还需按照各种杂费费率表计算各种杂费加总，求出全

部运送费用。

过境货物运送费用一律在接入国境站或港口站（由港口接入时）向代理人核收，运费给予优惠，按照《统一货价》规定的费率与表7-6中的规定的从0.3～0.6不等的系数相乘计算。对大宗过境货物，代理人可向铁路局提出运费下浮申请，经审核批准后，可按照单独下浮费率计算。经由阿拉山口国境站办理过境货物运送时，港口站（国境站）至乌西站的运费按《统一货价》规定的费率与表7-6中的规定系数相乘计算，免收快运费。过境货物的运价等级，根据"国际铁路货物联运通用货物品名表"确定。

过境货物在国境站或港口站发生的杂费，按照国内规定计费。国内规章未规定的，按《统一货价》规定计算，瑞士法郎与人民币的比价变动根据铁路部门通知执行。

表7-6   过境货物运费计算系数表

计算系数 / 过境经路	办理品种		
	大吨位集装箱货物	一等整车货物	二等整车货物
由国境站（港口站）接入过境中国铁路经二连浩特国境站出境	0.5	0.5	.06
由二连浩特国境站接入过境中国铁路经国境站（港口站）出境	0.5	0.4	0.4
由阿拉山口国境站接入过境中国铁路经国境站（港口站）出境以及相反方向	0.3	0.4	0.6
其他过境中国运输经路	0.4	0.45	0.6

注：根据该该系数计算的整车货物过境运费，如低于该货物运价等级规定的最小计费重量标准计算出的运费，则按该货物运价等级规定的最小计费重量标准计算运费。

对于国际多式联运或海铁联运过境我国铁路的联运运送费用，根据我国国家铁路局的《过境费规》，过境货物的国境站、港口站和过境里程按照载于《统一货价》过境里程表中的"中华人民共和国铁路过境里程表"（见表7-7）计算。

表7-7   中华人民共和国铁路过境里程示例

港口站	各起讫国境站		里程（公里）
日照站	中铁：阿拉山口	哈铁：多斯特克	4 134
	中铁：霍尔果斯	哈铁：阿腾科里	4 348
	中铁：二连浩特	蒙铁：扎门乌德	1 618
	中铁：满洲里	俄铁：后贝加尔斯克	2 835
	中铁：绥芬河	俄铁：格罗迭科沃	2 669
	中铁：丹东	朝铁：新义州	1 850
	中铁：图们	朝铁：南阳	2 412
	中铁：集安	朝铁：满浦	2 051
	中铁：凭祥	越铁：同登	2 737

2.我国国内段运送费用的计算

根据《国际货协》的规定，我国采用国际铁路联运方式运输的进出口货物，其国内段铁路运送费用核收应按照我国《国内价规》中的"国际铁路联运进出口货物国内段的运输费用"一章中规定的方法计算。具体计算方法如下：

（1）计算运输里程。按照货物运价里程表计算始发站至到达站的运价里程，或者按照其他信息计算运输总里程。

（2）确定货物的运价号。按照货物运单上的货物名称查找铁路货物运输品名与代码表和铁路货物运输品名检查表，确定适用的运价号。

（3）计算货物的对应运费。整车货物、零担货物和集装箱按照货物适用的运价号，分别在铁路货物运价率（表7-8）中查出对应的运价率，按照下列方法计算运价：

整车货物按重量计费：运费=（基价1＋基价2×运价里程）×计费重量　　　　单位：元/公吨
零担货物：运费=（基价1＋基价2×运价里程）×计费重量/10　　　　单位：元/千克
集装箱货物：运费=（基价1＋基价2×运价里程）×箱数　　　　单位：元/箱

（4）计算各项附加费。将铁路电气化附加费、铁路建设基金等各项附加费加总。计算方法为：到附加费率表中查出相应的附加费率，乘以计费重量（或箱数），再乘以运价里程。

表7-8 铁路货物运价率

办理类别	运价号	基价1		基价2	
		单位	运价率	单位	运价率
整车	1	元/t	8.50	元/t·km	0.071
	2	元/t	9.10	元/t·km	0.080
	3	元/t	11.80	元/t·km	0.084
	4	元/t	15.50	元/t·km	0.089
	5	元/t	17.30	元/t·km	0.096
	6	元/t	24.20	元/t·km	0.129
	7			元/轴·km	0.483
	机械冷藏车	元/t	18.70	元/t·km	0.131
零担	21	元/10kg	0.188	元/10kg·km	0.0010
	22	元/10kg	0.263	元/10kg·km	0.0014
集装箱	20英尺箱	元/箱	449.00	元/箱·km	1.98
	40英尺箱	元/箱	610.00	元/箱·km	2.70

7.6 　国际铁路出口货物联运操作

国际铁路出口货物联运操作主要按照《国际货协》附件"货物运送规则"，下改《危险货物运送规则》《货物装载和加固的技术条件》《作为运输工具的非承运人所属车辆的运送规则》《信息指导手册》《国际货约/国际货协运单指导手册》《国际铁路货物联运协定办事细则》（国际货协办事细则）的规定，以及各国铁路相关的特殊规定、货物和运输工具进出境手续的规定进行。涉及的主要环节包括：托运与发运、国境站的交接、境外运输与目的站交付。

7.6.1　托运与发运

1.托运前的货物准备

托运人根据货物买卖合同备好货物后，应重点检查货物性质、包装、装载加固是否满足《国际货协》要求和发运铁路、国境站、过境铁路和到达铁路的特殊限制，特别是对危险品、超限货物、超重货物、鲜活商品的限制要求。

2.委托运输

国际铁路货物联运的委托可由出口人自己向铁路委托，也可委托有资质的货运代理公司向铁路委托，后者应当签订委托代理合同。目前，中国铁路已经建立了电子商务平台，托运人可通过中国铁路12306网站，点击"中国铁路货运电子商务平台"，进入各铁路局货运电子商务平台，登录后可自助办理货运业务。托运人按照要求注册登记取得托运人ID后，即可凭注册的客户ID和密码登录电商系统，自助提出铁路货物联运需求。不能确定运输日期的，可选择"阶段运输需求"方式，待确定装运日期后，提出"日运输需求"，包括具体装运日期、吨数。能够确定运输日期的，可直接提出"日运输需求"。

系统自动判断需求是否符合运输办理条件，符合条件的予以受理。"阶段运输需求"的具体托运流程如下：点击"阶段运输需求"，选择国际联运和水陆联运需求类型，填写运输日期、发货人信息、收货人信息、货物信息、物流服务需求信息、附加信息等，主要包括运输种类、发送站、目的国家及到达站，货物的品名、数量、包装、预计运输时间，发货人和收货人名称、电话、具体联系人等。物流服务需求信息一项可在物流服务信息区域选择"门到站""站到门"服务选项并填写具体的物流需求信息。填写信息后，点击保存，保存成功后返回预约号。对保存成功的需求，可以进行提交、编辑、删除等操作。对于能够确定运输日期的，可直接点击"日运输需求"，填报的内容与上述内容和流程相同。需求受理成功后，系统会通过手机短信告知托运人受理结果。

各发运站在收到确定日期的托运申请后，即通过铁路内部的运输计划管理系统向铁路总局申报国际联运计划，由铁路总局统一向过境铁路和到达铁路发送运力洽商电报，在收到它们根据铁路和口岸接运能力同意的货物品种、运量和车数确认电后，批复到各货运站。根据《国际货协》的规定，对于超重、超长、超限、集重等超限货物、危险品，在向外方铁路协商运力时，还应同时提供相应的装载包装运输方案，待批准后才能发运。

3.货物上站与报检报关

在国际铁路联运计划获批后，托运人即可按照约定的时间，安排货物的上站工作。零担货物应根据铁路指定时间交给铁路指定仓库，站内装车的整车货物或站内装箱的集装箱货物应根据铁路指定的时间和地点完成货物进站工作。铁路公司根据运单上的记载查对货物，认为符合国际货协和有关规章制度的规定，车站方可接受，并开始负保管责任。站外装车或装箱的，应报请装车计划，调取空车或空箱由托运人根据装车加固规则完成货物装车或装箱，在规定的时间内完成货物进站。

国际铁路货物联运中的报关有两种形式：一种是在发运车站报关，海关对车辆加关封后发往边境铁路口岸，边境口岸海关及联检办事处对关封及电子数据核对无误后，即可交接放行出境。另一种是在边境口岸报关，由边境口岸的海关及联检办事处施行货物与电子数据核对查验，无误后即可交接出境。对于可施海关关封的整车货物，为避免因货物无法顺利通关而导致的装车计划作废，货物装车上站前，应当在发运站完成报检报关工作。为完成过境国和货物到达国的边境手续，托运人在发货后应将报关单、贸易合同、装箱单、商业发票、关封等单据一同随车带到边境口岸。在边境口岸报关的需将贸易合同、装箱单、商业发票、报关单、商检证等单证快递给代理公司的口岸代理公司。

对于中欧班列的出口货物，通关方式主要采取起运站报关并转关至出境口岸海关核销放行出境方式，少数货物采取货至出境口岸后在出口口岸站申报放行的方式。2017年7月1日起采用通关一体化方式后，中欧班列业务目前仍可以转关模式申报，特殊监管区域货物经多种运输方式最后经铁路运输出口的，2次以内转关的目前可按转关方式申报，未来随着海关多式联运监管办法的出台，多次转关行为适用多式联运监管办法；对于国际联运进口货物，通关方式多数采取进口口岸结关或者进口口岸转关，货到终到站后清关的方式，中欧班列绝大多数采取后一种方式，2017年7月1日起，海关总署鼓励逐步采用通关一体化方式通关；对于过境货物，则主要采取进境口岸过境申报，出境口岸出境核销的方式，部分需要暂时进入保税监管区的货物，则采取保税监管区备进、备出的申报方式。

4.运单填制与装车发运

托运人在收到铁路的托运批复后，应当严格按照规范完成国际货协运单的填制，并凭此向铁路申请装车计划。车站接到运单后，应认真审核，核对托运批复情况和运单上的各项内容是否正确。如确认可以承运，应予签证。运单上的签证表示货物应进入车站的日期或装车日期，表示铁路已接受托运，运输合同成立。整车货物一般在装车完毕后，由发站在运单上加盖承运日期戳，即表示承运开始。

对于整车货物，托运人应根据铁路批准的装车计划安排货物装车。在装车前，应检查车辆是否合格，包括车辆的轴检、段检是否过期（期限应包括预计出境时间）；车辆各部附件、配件是否完好；如是超限货物，则车辆两侧或货物两侧应有明显记载标志。装载完毕，应由车站货运安全人员检验是否合格。

已完成装货的车辆或集装箱，需由海关加封海关关封锁，关封锁号码应备注在关封内。已报关货物的国际货协运单需由海关在相应栏内加盖海关监管戳记，接受海关监管。在边境口岸站报关的货物，由边境口岸的海关查验后在国际货协运单的相应栏内加盖海关监管戳记。

货物装车后，托运人应当完成运送费用缴纳，货物即可按计划发运。货物发运后，托运人应将车号、货物名称、数量、发车日期、到货日期等信息发给边境口岸代理。车站货运室在国际货协运单上加盖车站戳记，并将第三联返还托运人。

中国铁路客户服务中心的货物发送作业程序和主要内容概括见表 7-9。

表 7-9　　　　　　　　　铁路货物的发送办理程序和内容

办理步骤	作业内容
1.内容	托运人向车站货运室提交货物运单
2.受理	车站货运室根据批准的请车计划核对运单填写是否正确，若认为可以承运，即予以签证并制定货物搬入日期和地点
3.进货和验收	托运人将货物或集装箱重箱搬进车站，货运员按照运单验收货物
4.装车	货物装车，对需要施封的货车予以施封
5.制票和承运	核算制票货运员填制的货运票据，核收运输费用，在运单上加盖站名日期戳以示承运
6.送票	车站货运室整理货运票据，并送交车站运转室

国际铁路集装箱联运流程如图 7-1 所示。

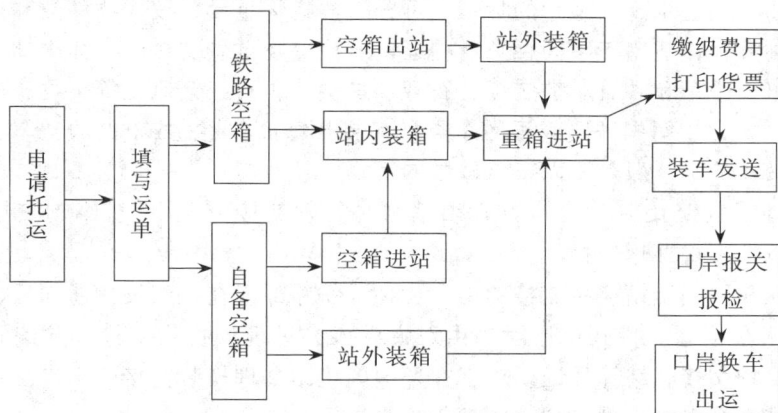

图 7-1　国际铁路集装箱发送作业流程示意图

7.6.2　边境口岸交接

从一国铁路向另一国铁路办理移交或接收货物和车辆的车站称为国境站，也称国境口岸、边境站。在我国，国境站除设有一般车站应设的机构外，还设有国际联运交接所、海关、国家出入境检验检疫所、边防检查站等机构，办理联运货物和列车与邻国铁路的交接、货物的换装或更换轮对、运送票据、文件的翻译、货物运送费用的计算与复核、货物和车辆的进出境检验、查验和放行等项工作。在国境口岸海关和铁路备案的货运代理企业则提供进出口货物的发运、转运、联运、口岸交接、分拨、报关报检和大型集装箱的中转、拆箱和装箱等项服务。

1.国际铁路联运出口货物交接的一般程序

（1）出口国境站货运调度根据国内前方站列车到达预报，通知交接所和海关做好接车准备。

（2）出口货物列车到站后，铁路会同海关接车，并将列车随带的运送票据送交接所处理，货物及列车接受海关的监管检查。

（3）交接所实行联合办公，由铁路、海关、货代等单位参加，并按照业务分工开展流水作业、协同工作。铁路主要负责整理、翻译运送票据，编制货物和车辆交接单，以此作为向邻国铁路办理货物和车辆交接的凭证。货代公司主要负责审核货运单证，主要检查运单、出口货物明细单、随附单证等是否齐全一致，纠正出口货物单证差错，处理错发、错运事故。海关则根据托运人的申报或起运地海关批准放行的报关单，验关放行。最后由双方铁路公司具体办理货物和车辆的交接手续，并签署交接证件。

2.有关联运出口货物交接中的几个问题

（1）联运出口货物的交接方式。货物交接可分为凭铅封交接和按实物交接两种方式。凭铅封交接时，应检查封印是否有效或丢失，印文内容、字迹是否清晰可辨，同交接单记载是否相符，车辆左、右侧铅封是否一致等，然后由双方铁路公司凭完整铅封办理货物交接手续。

按实物交接适用于未施封的货车，可分为按货物重量、按货物件数和按货物现状交接三种方式，适用于不同种类货物运输。按货物重量交接的，如中朝两国铁路间使用敞车、平车和砂石车散装煤、石膏、焦炭、矿石、铝矾土等货物；按货物件数交接的，如中越两国铁路间用敞车类货车装载每批不超过100件的整车货物；按货物现状交接的，一般是难以查点件数的货物。

在办理货物交接时，交付方必须编制"货物交接单"。没有编制交接单的货物，在国境站不得办理交接。

对于在我国国境站换装交接的出口货物，铁路部门在接到发货通知后，应联系对方按时派车接运。货到口岸时，由双方派人办理现场货物交接，并编制交接文件，作为货物交接和结算凭证。对于在外国国境站办理换装交接的出口货物，货代公司应安排人员出国，到换装站办理货物交接手续。

（2）出口交接时货物损失的处理。联运出口货物在国境站换装交接时，如发现单证的漏填错填、单证不齐、单货不符，或货物方面的溢短、残损、污染、湿损、被盗、包装破裂、品质不良等事故，国境站的货代公司应会同铁路查明原因，分清责任，分别加以处理。由于铁路方面原因造成的货物损失，要提请铁路公司编制商务记录，并由铁路公司负责整修。整修所需包装物料由国境站货代公司根据需要与可能提供，但费用由铁路公司承担；由于发货人原因造成的事故，在国境站条件允许的情况下，同国境站货代公司组织加工整修，但需由发货人提供包装物料，负担所有的费用和损失。因技术条件限制，无法在国境站加工整修的货物，应由发货人到国境站指导，或将货物返回发货人处理。

7.6.3 境外运输与目的站交付

《国际货协》规定，参加该协定的铁路需对联运货物承担连带责任，将货物一票运到到达站。各铁路需在国境站做好货物和车辆的交接，并在国际货协运单上做好商务记录。发送路和到达路的运送费用由各自铁路部门分别向发货人和收货人核收，我国出口货物需要在邻国的国境站换装，因此过境路的过境运费、换装费和杂费等运送费用需要托运人委托过境国的运输代理人缴纳，办理货物和车辆的交接。

国际联运出口货物抵达终到站后，铁路公司应通知运单中记载的收货人领取货物。在收货人付清运单中记载的应付运送费用后，铁路公司必须将货物连同运单交付给收货人。收货人只有在货物因毁损或腐坏而使质量发生变化，以致部分货物或全部货物不能按原用途使用时，才可以拒绝领取货物。收货人领取货物时，应在运行报单上填记货物领取日期，并加盖收货戳记。

国际铁路进口货物联运的程序与出口货物联运基本相同，由于篇幅原因在此不再赘述，个别不同之处在向铁路报请进口用车计划时，可向铁路客户服务中心查询。对中国香港特别行政区的铁路货物运输采取特定的运输方式，即国内出口企业按国内铁路运输，使用国内铁路票据，将货物运到深圳，由深圳货运代理人负责缴纳运费、租用车辆，办理口岸交接，再起票发到香港九广铁路，再由香港货运代理人负责缴纳香港段运送费用，向铁路提取货物并向收货人交付货物。

此外，进出口集装箱铁海联运和过境集装箱海铁联运在我国铁路货物运输中占有一定比重。进出口集装箱海铁联运缩短了两种运输交接时间，节省了运输成本。过境海铁联运的开展缩短了东亚与中亚及欧洲间的集装箱运输时间，越来越受到亚欧及沿线国家客户的重视，也增加了我国港口和铁路的服务收入。随着目前全国通关一体化制度改革的深入，海关、检验检疫部门提供便捷服务，开展海铁联运服务的口岸和内陆集装箱中转站将逐步增加。

□ 复习思考题

1.关键概念：国际铁路货物联运　《国际铁路货物联运协定》　《国际货协统一过境运价规程》亚欧大陆桥 国境站 国际货协运单

2.《国际货协》的基本内容有哪些？（7.2.2）

3.《国际货协》关于铁路货物联运中承运人的主要权利和义务规定有哪些？（7.3.2）

4.《国际货协》关于铁路货物联运中托运人的主要权利和义务规定有哪些？（7.3.3）

5.《国际货协》关于铁路货物联运中收货人的主要权利和义务规定有哪些？（7.3.4）

6.国际货协运单有哪些联，它们的作用是什么？（7.4）

7.国际铁路货物联运运送费用是如何核收的？（7.5）

8.简述国际铁路联运出口货物一般程序。（7.6）

第8章／国际航空货物运输

—— 学习目标 ——

　　了解国际航空货物运输的基本知识、国际航空运输的方式，重点掌握有关国际公约关于承运人、托运人的权利和义务规定，航空货物托运实务技能以及航空货物索赔的法律原则与技巧。

8.1　　　　　　　　　　航空货运基础

8.1.1　航空区划

　　与其他运输方式不同的是，国际航空货物运输中与运费有关的各项规章制度、运费水平都是由国际航空运输协会（International Air Transport Association，IATA，简称国际航协）统一协调、制定的。为确定不同的运价水平，在充分考虑了世界上各个不同国家、地区的社会经济和贸易发展水平后，国际航协将全球分成三个区域，称为国际航空运输协会运价协调区（IATA Traffic Conference Areas），简称航协区。每个航协区内又分成几个亚区，查询航空运价时，需要按照航协区查询。

　　1.一区（TC1）

　　该区东临 TC2 区，西接 TC3 区，北起格陵兰岛，南至南极洲，主要包括北美、中美、南美、格陵兰、百慕大和夏威夷群岛。

　　IATA 又把一区细分为 4 个次区：加勒比次区（Caribbean）、墨西哥次区（Mexico）、长滩区（Long Haul）和南美次区（South American）。其中长滩区包括：加拿大、墨西哥、美国与中美洲和南美洲之间；百慕大、巴哈马群岛、加勒比海群岛、圭亚那、苏里南、法属圭亚那与中美洲及南美洲之间；中美洲与南美洲之间；中美洲各国。

　　2.二区（TC2）

　　该区东临 TC3 区，西接 TC1 区，北起北冰洋诸岛，南至南极洲，由整个欧洲大陆（包括俄罗斯的欧洲部分）及毗邻岛屿、冰岛、亚速尔群岛、非洲大陆和毗邻岛屿、亚洲的伊朗及伊朗以西的地区组成。本区也是和我们所熟知的政治地理区划差异最多的一个区。

TC2 主要分为 3 个次区：

（1）非洲次区：含非洲大多数国家及地区，但北部非洲的摩洛哥、阿尔及利亚、突尼斯、埃及和苏丹不包括在内。

（2）欧洲次区：包括欧洲国家，摩洛哥、阿尔及利亚、突尼斯三个非洲国家和土耳其（既包括欧洲部分，也包括亚洲部分）。俄罗斯仅包括其欧洲部分。

（3）中东次区：包括巴林、塞浦路斯、埃及、伊朗、伊拉克、以色列、约旦、科威特、黎巴嫩、阿曼、卡塔尔、沙特阿拉伯、苏丹、叙利亚、阿拉伯联合酋长国、也门等。

3. 三区（TC3）

该区东临 TC1 区，西接 TC2 区，北起北冰洋，南至南极洲，包括亚洲（除中东地区的部分亚洲国家）、大洋洲及太平洋岛屿的广大地区。

TC3 主要分为 4 个次区：

（1）南亚次大陆区：包括阿富汗、印度、巴基斯坦、斯里兰卡等南亚国家。

（2）东南亚区：包括中国（含港、澳、台）、东南亚诸国、蒙古国、俄罗斯亚洲部分及土库曼斯坦等独联体国家、密克罗尼西亚等群岛地区。

（3）西南太平洋洲区：包括澳大利亚、新西兰、所罗门群岛等。

（4）日本、朝鲜区：仅含日本、韩国和朝鲜。

8.1.2　航空代码

由于单证的大小限制以及操作的便利性要求等，在航空货运的整个流程中大量地使用代码，主要包括国家代码、城市代码、机场代码和航空公司代码，以达到使相关单据简洁、节省空间和方便识别等目的。

1. 国家代码

在航空运输中，国家代码用两字码表示。

常见国家的代码见表 8-1。

表 8-1　　　　　　　　　　　常见国家的代码

国　家		代　码	国　家		代　码
China	中国	CN	Japan	日本	JP
United States of America	美国	US	Korea	韩国	KR
United Kingdom	英国	GB	Singapore	新加坡	SG
Germany	德国	DE	Canada	加拿大	CA
France	法国	FR	Australia	澳大利亚	AU

2. 城市和机场三字代码

航空运输已经形成了全球性的网络，为了提供准确而快速的服务，国际上统一对航线网上的每个结合点——城市及空港给定了3个英文字母的编码。编码的字母多数是从城市及空港的英文名称中摘选的，如成都为CTU，纽约为NYC等；也有一些，是按习惯且为避免混淆而选择的，如北京为PEK。由于空港是依托某个城市而建、为城市服务的，因而城市的三字代码通常就是空港的三字代码。有的城市拥有多个机场，则对各个机场给出另外的代码。

机场三字代码样本见表8-2。

表8-2　　　　　　　　　　　机场三字代码样本

英文全称	中文全称	代码	国家
Capital International Airport	首都国际机场	PEK	中国
Shanghai Pudong International Airport	上海浦东国际机场	PVG	中国
Guangzhou Baiyun International Airport	广州白云国际机场	CAN	中国
Inchon International Airport	韩国仁川国际机场	JCN	韩国
Hong Kong International Airport	香港国际机场	HKG	中国
Narita International Airport	东京成田国际机场	NRT	日本
Memphis International Airport	孟菲斯国际机场	MEM	美国
Anchorage International Airport	安克雷奇国际机场	ANC	美国
Charles De Gaulle Airport	戴高乐国际机场	CDG	法国

8.1.3　航空器、航班与航线

1.航空器

航空器即我们所熟知的飞机。目前世界上使用的航空器主要是空中客车（Airbus）、波音（Boeing）、福克（Fokker）、麦道（McDonnell Douglass）等公司生产的各型号飞机以及由俄罗斯飞机制造商生产的"安"系列飞机。近年来，我国也开始生产大型飞机。

运输货物的飞机可分为全货机和客货混用机。全货机的主舱和下舱全部装货，客货混用机的主舱前部运送旅客，后部及下舱装货。从装载货物类型分，通常把可以装载集装货物的飞机称为宽体飞机，不能装载集装货物的飞机称为窄体飞机。从客舱观察，有两排过道的为宽体飞机，有一排过道的为窄体飞机。

集装货物主要集装在集装器中，适用于运送体积和数量较大的货物。集装器分为集装板和集装箱，前者与通常使用的托盘类似，配有网罩，后者是密闭的箱体，它们是根据不同的机型按照一定的标准（形状和尺寸）制作的，上面标有不同的代号。最常见的集装板主要有P1板（常见代码P1P或PAG）和P6板（常见代码P6P或是PMC），参见表8-3；常见的集装箱参见表8-4。

表8-3　　　　　　　　　　　　常见的航空运输集装板

类型	规格尺寸	净重	最大毛重	适用机型	图片参考
PAG	318×224cm	120kgs	6 033kgs	B747、B747F、B767、B777、A330、A340等机型下货舱 B747F、B747Combi 主货舱、下货舱	
PMC	318×244cm	135kgs	6 804kgs	B747、B747F、B767、B777、A330、A340等机型下货舱 B747F、B747Combi 主货舱、下货舱	
PRA	498×244cm	400kgs	11 340kgs	B747、B747Combi主货舱	
PGA	606×244cm	500kgs	13 608kgs	B747F、B747F 主货舱	
FQA	244×153cm	60kgs	2 449kgs	B767下货舱	
FLA	318×153cm	68kgs	3 175kgs	B747、B747F、B747Ccombi、B777、A330、A340等机型下货舱	

表 8-4 常见的航空运输集装箱

IATA 代码	规格尺寸	可用容积	净重	最大毛重	适用机型	参考图片
LD3	156×153×163cm	4.3m³	100kgs	1 588kgs	B747、B747F、B747Combi、B767、B777、A330、A340 等机型下货舱	
LD2	119×153×163cm	3.4m³	100kgs	1 225kgs	B767下货舱、B747、B777下货舱有条件装载	
LD6	318×153×163cm	8.9m³	160kgs	3 175kgs	B747、B747F、B747Combi、B777、A330、A340 等机型下货舱	
AMP	318×224×163cm	11.5m³	200kgs	6 804kgs	B747、B747F、B747Combi、B767、B777、A330、A340等机型下货舱 B747、B747Combi主货舱	
DQF	244×153×163cm	7.2m³	125kgs	2 449kgs	B767下货舱	
AMA	318×244×244cm	17.5m³	379kgs	6 804kgs	B747F、B747Combi主货舱	

2.航空线路

民航从事运输飞行，必须按照规定的线路前进，这种路线称作航空交通线，简称航线。航线不仅确定了航行的具体方向、经停地点，还根据空中管理的需要规定了航路的宽度和飞行的高度层，以维护空中交通秩序，保证飞行安全。

按照飞机飞行的路线划分，航线可分为国内航线和国际航线。飞机飞行的线路起讫点、经停点均在国内的称为国内航线，飞机飞行的线路跨越本国国境并通达其他国家的航线称为国际航线。

世界上最繁忙的航空线有：

（1）西欧—北美的北大西洋航空线。该航线主要连接巴黎、伦敦、法兰克福、纽约、芝加哥和蒙特利亚等航空枢纽。

（2）西欧—中东—远东的航空线。该航线连接西欧各主要机场至远东香港、北京、东京等机场，并途经雅典、开罗、德黑兰、卡拉奇、新德里、曼谷和新加坡等重要航空站。

（3）远东—北美的北太平洋航空线。这是北京、香港、东京等机场经北太平洋上空至北美西海岸的温哥华、西雅图、旧金山、洛杉矶等机场的航空线。该航线还可以延伸至北美东海岸的机场，太平洋中部的火奴鲁鲁是该航线的主要中继加油站。

此外，还有北美—南美、西欧—南美、西欧—非洲、西欧—东南亚—澳新、远东—澳新、北美—澳新等重要的国际航线。

在我国，目前主要有北京、上海、香港、天津、郑州、成都、沈阳、大连、哈尔滨、青岛、广州、南宁、昆明和乌鲁木齐等机场接办国际航空货运任务。

3.航班

航班是指飞机由始发站起飞，按照规定的航线经过经停站至终点站进行的运输飞行班次。

4.航空港

航空港为航空运输的经停点，又称航空站或机场，是供飞机起飞、降落和停放及组织、保障飞机活动的场所。近年来随着航空港功能的多样化，港内除了配有装卸客货的设施外，一般还配有商务、娱乐中心、货物集散中心，满足往来旅客的需要，同时吸引周边地区的生产、消费。航空港按照所处的位置分干线航空港和支线航空港。按业务范围分国际航空港和国内航空港。其中国际航空港需经政府核准，可以用来供国际航线的航空器起降营运，空港内配有海关、移民、检疫和卫生机构。而国内航空港仅供国内航线的航空器使用，除特殊情况外不对外国航空器开放。

通常，航空港内配有以下设施：跑道与滑行道、停机坪、指挥塔或管制塔、助航系统（包括通信、气象、雷达、电子及目视助航设备等）、输油系统、维护修理基地（为航空器做归航以后或起飞以前的例行检查、维护、保养和修理）、货栈和其他各种公共设施（包括供水、供电、通信交通、消防系统等）。

8.1.4　国际航空运输组织

1.国际民用航空组织（International Civil Aviation Organization，ICAO）

国际民用航空组织是政府间的国际航空机构，它是根据1944年芝加哥国际民用航空公约设立的，是联合国专门机构之一，总部设在加拿大蒙特利尔。1974年我国成为其36个理事国之一。理事会有权就条约和公约的解释问题请求设在海牙的国际法院发表咨询意见，成员国卷入争端不能协调解决时，可要求理事会裁决。ICAO是负责国际航运的技术、航行及法规方面的机构，通过的文件具有法律效力，成员国必须遵守。国际民用航空组织成立于1947年4月4日，该组织的宗旨为发展国际航行的原则和技术，并促进国际航空运输的规划和发展，主要包括：第一，保证全世界国际民用航空安全和有秩序地发展。第二，鼓励发展和平用途的航空器的设计和操作技术。第三，鼓励发展国际民用航空应用的航路、机场和航行设施。第四，满足世界人民对安全、正常、有效和经济的航空运输的需要。第五，防止因不合理的竞争造成经济上的浪费。第六，保证缔约各国的权利充分得到尊重，每缔约国均有经营国际空运企业的公平机会。第七，避免缔约各国之间的差别待遇。第八，促进国际航行的飞行安全。第九，普遍促进国际民用航空各方面发展。

2. 国际航空运输协会（International Air Transport Association，IATA）

国际航空运输协会（简称国际航协）是各国航空运输企业之间的组织，其会员包括全世界一百多个国家中经营国际、国内定期航班的航空公司。我国的中国国际航空公司、东方航空公司等多家航空公司近年来也陆续加入了国际航协。国际航协于 1945 年 4 月 16 日在古巴哈瓦那成立，目前下设公共关系、法律、技术、运输、财务、政府和行业事务等部门。其主要宗旨是：一是促进安全、正常和经济的航空运输以造福世界各族人民，培植航空商业并研究与其有关的问题。二是为直接或间接从事国际航空运输服务的各航空运输企业提供协作的途径。三是与国际民航组织及其他国际组织合作。

半个多世纪以来，国际航协充分利用航空公司的专门知识在多个方面作出重大贡献，这中间包括推动地空通信、导航、航空器安全飞行等新技术；制定机场噪声、油料排放等环境政策；与国际民航组织密切联系制定一系列国际公约；协助航空公司处理有关法律纠纷；筹建国际航空清算组织；推进行业自动化，促进交流；为发展中国家航空运输企业提供从技术咨询到人员培训的各种帮助；在航空货运方面制定空运集装箱技术说明及航空货运服务有关规章；培训国际航协代理人等。另外，定期召开的 IATA 会议，为会员提供讨论航空运输规则、协调运价、统一单证、财务结算等问题的场所。可以这样说，国际航空运输业今天的发展离不开国际航协的努力，"它的工作……使飞行从一种科学现象转为全世界人人都能够享用的公共事业"。

3. 国际货运代理人协会（International Federation of Freight Forwarders Association，FIATA）

国际货运代理人协会简称"FIATA（菲亚塔）"，是国际货运代理人的行业组织，于 1926 年 5 月 31 日在奥地利维也纳成立，总部设在瑞士苏黎世，创立的目的是为了解决日益发展的国际货运代理业务产生的问题，保障和提高国际货运代理人在全球的利益，提高货运代理服务的质量。

协会的一般会员由国家货运代理协会、有关行业组织或在这个国家独立注册登记的且为唯一的国际货运代理公司组成，另有为数众多的国际货运代理公司或其他私营企业作为其联系会员。它是公认的国际货运代理的代表，是世界范围内运输领域中最大的非政府和非营利性组织。FIATA 的成员不仅局限于国际货运代理行业，而且包括报关行、船舶代理、仓储、包装、卡车集中托运等运输企业。菲亚塔下设多个委员会，如海运、铁路运输、道路运输、航空运输、海关、职业培训等等，其中航空运输委员会是唯一的永久性机构。

8.1.5　国际航空货运代理

国际航空货运代理的主体是航空公司，因受航空公司人力、物力等因素的约束，难以直接面对众多的客户，处理航运前和航运后的繁杂服务项目，实践中就需要航空货运代理公司为航空公司代理组织货源、出具运单、收取运费、进出口疏港、报关，报检、送货、中转，使航空公司可以集中精力做好自身业务。这就相当于航空公司将物流业务外包给货运代理。

国际航空货运代理公司作为货主和航空公司之间的桥梁和纽带，具备以下两种职能：一是为货主提供服务，即代替货主向航空公司办理托运或提取货物；二是代理航空公司业务职能，即代替航空公司接收货物，出具航空公司的总运单和自己的分运单。

国际航空货运需要大量的信息，著名的 OAG 国际有限公司（Official Airline Guide）为此提供服务，包括客运航空、货运航空及商务旅行所需的全球航班信息及数据解决方案，其航空货运门户网站为 oagcargo.com。该网站提供的主要产品有航空路线与装运策划工具、危险品条例、动态货运价格数据库、空中及路面运输计划数据、货物跟踪、货运时刻表等，其中的货运航班信息动态服务对象包括全球的货运代理、托运人、航空公司，服务内容中的货运航班在线提供了即时的全球几十万个航班时刻、经停点、飞机型号等信息，为相关方的货运计划设计、货物跟踪等提供有偿帮助。

8.1.6　国际航空货物运输方式

1.班机运输

班机（scheduled airline）如同海洋运输中的班轮运输，是指在固定的航线上，按照固定的时间和固定的航空港以及固定的运价承揽旅客和货物运输的运输方式。

根据业务对象不同，班机运输可分为客运航班和货运航班。顾名思义，后者只承揽货物运输，分为全货机运输（all cargo carrier）和客混货物运输（combination carrier）。由于目前国际贸易中航空货运量有限，所以全货机航班只是由少数规模较大的航空货运公司或一些业务范围较广的综合性航空公司在货运量较为集中的航线开辟，而多数航空公司使用客货混合型飞机，在搭乘旅客的同时承运小批量的货物。

班机运输方式的优点是迅速、准确。班机运输具有固定的航线、航期和挂靠港，以及在一定时间内相对固定的收费标准，为货主提供了极大的方便。进出口商可以在贸易合同签署之前预期货物的起运和到达时间，核算运费成本，保证货物能够安全迅速地运送到世界各地市场，对市场急需商品、鲜活易腐货物、贵重物品的运送是非常有利的。然而，班机运输的舱位有限，特别是客货混合型班机，货运舱位有限，不能满足大批量货物及时出运的要求，只能分批分期运输。

2.包机运输

包机运输（chartered carrier），指航空公司按照约定的条件和费率，将整架飞机租给一个或若干个包机人，从一个或几个航空站装运货物至指定目的地。包机运输适合大宗货物运输，费率低于班机，但运送时间通常长于班机。并且由于班机运输形式下货物舱位常常有限，因此当货物批量较大时，包机运输就成为重要方式。

包机运输可分为整机包机和部分包机两种：

整机包机，即包租整架飞机，指航空公司或包机代理公司按照与租机人事先约定的条件和费率，将整架飞机租给包机人，从一个或几个航空站装运货物到指定目的地的运输方式。整机包机需在装运前提前与航空公司商议包机协议，以便航空公司有足够的时间安排运力和办理包机的入境、着陆等有关手续。

整架包机的费用按照空运市场供求情况确定。中国民航的包机运费是按每一飞行公里的固定费率核收的，并对空驶回程收取运价80%的空放费。因此，大批量货物使用包机时，要争取来回都有货载，这样费用比较低。

部分包机，是指由几家航空货运代理人或托运人联合包租一架飞机，或者由航空公司把一架飞机的舱位分别租给几家航空货运代理公司或托运人。这种包机形式适用于不足一架整飞机舱位，但货量又较重的货物运输。

各国航空管理当局基于维护本国航空公司利益的考虑，对他国航空公司经营本国航线往往通过繁琐的审批手续加以限制，使得包机运输成本增加，时间上也具有不确定性，因此，国际上包机运输业务还不普遍。

3.集中托运（consolidation）

（1）集中托运的概念

航空公司的舱位销售主要是依靠航空货运代理实现的，这是航空货物运输与其他货物运输方式的一个显著区别。航空货运代理的主要业务之一是办理集中托运业务，在该业务中被称为集中托运商。集中托运是指集中托运商（consolidator）将不同托运人的货物集中起来，以较低的运价交付承运人承运，然后再由其在目的地的分拨商（break bulk agent）将货物分别交付不同收货人的运输方式。

（2）集中托运方式的特点

一是集中托运商在货物运输的组织上起着主导作用。不论集中托运商以自己的名义还是以承运人代理人的名义组织运输，他都是利用自己的经营网络，将众多小批量货物组织起来，集中交给承运人运输，在目的地再通过自己的分拨商将货物分交给收货人，并且代理托运人办理货物出入境手续，完成货物的运输工作，从而大大方便了货主和承运人。

二是集中托运商提供了更良好的服务。集中托运商通过完善的地面服务网络，提供专业的服务项目，更能提高服务质量，不仅使托运人、收货人受益，也使承运人受益。

　　三是集中托运商签发分运单，能够让托运人更早取得航空货运单，提前结汇，加快了资金周转。

　　四是集中托运的货物范围受到限制。航空承运人为了方便货物管理，一般不接受集中托运商集中托运某些特殊的货物。航空公司一般都规定下列货物不得采用集中托运形式：贵重物品、活动物、尸体、骨灰、外交信袋和危险物品。这些货物都必须办理直接运输，即由托运人，或通过代理人直接向航空公司办理单票托运。

　　五是由于集中托运需要时间收集货物，不能保证随托随运，所以不适合易腐烂变质的货物、紧急货物或其他对时间要求高的货物运输。

　　（3）集中托运的货运单证及合同关系

　　集中托运时，集中托运商必须签发分运单（house air waybill，HAWB）。分运单是由空运代理人签发的航空货运单。航空代理人在收到托运货物后，必须向托运人签发航空货运单，表明代理人，或代表承运人收到货物，并开始承担运输责任。分运单的格式及内容与航空公司签发的主运单基本相同，不同的是，运单右上角的承运人栏填写的是集中托运商，托运人栏和收货人栏填写的是实际发货人和收货人。

　　航空货运代理人如果以自己的名义签发航空货运单，对于托运人和收货人来说，已不再是运输代理人，而是承运人，应当承担承运人的法定义务；如果签发分运单时声明是代表承运人签发的，则未改变其代理人身份。

　　集中托运商向航空公司托运货物时，应当填写主运单（master air waybill，MAWB），其性质是航空实际承运人向集中托运商签发的航空运单。主运单除了具有货物收据和空运合同的作用外，还是空运代理人向航空承运人结算运费的依据。主运单与分运单格式与内容的不同之处在于，运单右上角的承运人栏填写的是实际承运人，即航空公司的名字，发货人和收货人栏填写的是集中托运商和目的站的分拨人。

　　航空分运单是集中托运商与各实际托运人之间的航空货物运输合同的证明，而航空主运单是航空公司与集中托运商之间的航空货物运输合同证明，所以，实际托运人与航空公司没有直接的契约关系；货物通过航空公司运输到目的地后，由启运地的集中托运商在目的地的分公司或代理人（分拨人）凭主运单从航空公司处提取货物，再凭分运单将货物拨交各实际收货人，实际收货人与航空公司没有直接的货物交接关系。但是，如果集中托运商在与各实际托运人签发分运单时，声明其为航空公司的代理人，各实际托运人与承运人之间则存在运输合同关系。

　　集中托运商向实际承运人托运货物时，需填制集中托运货物舱单（manifest）（如图 8-1 所示），载明各票货物相关信息，然后将其附在主运单背面，并在主运单正面的品名一栏中注明“集中托运货物的相关信息见附带的舱单”。

SENATOR
INTERNATIONAL

Air Freight Manifest

CONSOL
C17ATAO00006777
MAWB
18015903042
DATE
30-Jun-17 11:32

Page 1 of

PRINTED BY: Virginia I

CONSOL DETAILS

EXPORT AGENT	IMPORT AGENT	DEPARTURE CFS
Senator International Freight Forwarding (Shanghai)Co. Ltd.Qingdao Branch,Room 806,Fargiory International Plaza, No 26 HongKong Middle Road QINGDAO 266071 China	Herport SAS 8 Rue Du Noyer 95706 PARIS France	
Phone: +86 532 5568 3963 Fax: +86 532 5568 3908	Phone: Fax:	Phone: Fax:

TOTAL WEIGHT	TOTAL VOLUME	TOTAL CHARGEABLE	LINE	CUSTOMS ENTRY NUMBER
10734.500 KG	45.757 M3	10734.500 KG	CASS Korean Air Lines Co. Ltd.	
PACKAGES	MASTER FREIGHT	ORIGIN	ETD	DESTINATION
82 Package(s)	PPD	CNQDG ~ Qingdao Pt, China	03-Jul-17 17:03	FRCDG ~ Charles-de-Gaulle Apt/Paris, France 09-Jul-17 17:
CARRIER BOOKING REFERENCE		AGENT'S REFERENCE		LAST FOREIGN PORT

Routing

Mode	Flight / Date					Load	Discharge	ETD	ETA
AIR	KE0870 / 03-Jul					CNDLC	KRICN	03-Jul-17 17:03	03-Jul-17 17:0
AIR	KE0903 / 08-Jul					KRICN	FRCDG	08-Jul-17 17:05	09-Jul-17 17:0

SHIPMENT DETAILS

HOUSE		SHIPPER	CONSIGNEE	NATURE OF GOODS	HANDLING INSTRUCTIONS
HAWB:	TAO00008104	Dalian International Conference Center	Philippe Burget Logistique	Release:	
Job Ref:	S17ATAO00008104	No. 3 Gangpu Road, Zhongshan District	1 Rue Daniel 92600 ASNIERES	Original Bill of Lading Freight Collect	
Wgt / Vol / Pkg:	10734.500 KG / 45.757 M3 / 82		France		
	PKG	DALIAN			
Service Level:	STD	116000			
Origin:	CNDLC	China			
Destination:	FRCDG		Type:		
Shippers Ref:					
INCO Terms:	EXW - Ex Works		Goods Description:		Marks & Numbers:
Master:	18015903042	Phone:	Phone: +33 892 97 65 06	AUDIO&VIDEO EQUIPMENT	
		Fax:	Fax:		

Continued Over...

图8-1　航空集中托运货物舱单

（4）集中托运与直接运输的区别

一是货物接管人不同：前者由集中托运商接管，后者由承运人接管。

二是使用的航空货运单形式不同：前者使用的是分运单和主运单，后者使用的是航空公司的航空货运单。

三是航空货运单的填写不同：前者的分运单、主运单中的托运人和收货人应分别填写为真正的货主、集中托运商和分拨商，后者只填写为真正货主；前者的分运单和主运单中显示的是两种不同的运价，后者只显示一种运价；前者只有两个出单日期，一般应以分运单出单日期为运输合同开始日期，后者只有一个出单日期。

8.1.7　航空快递（air courier）

航空快递是指由专门从事航空快递业务的公司与航空公司合作，以最快的速度在货主、航空公司、用户之间运送急件的业务。

1. 航空快递方式的产生和发展

航空快递业务的产生和不断发展源于市场的需求。1969年，美国三个大学生看到了航空快递业务的市场前景，联络朋友创立世界上第一家快递公司，专门从事银行、航运文件的传送工作，后来又将业务扩大到样品等小包裹运输服务。该公司以这三个人名字的第一个字母命名，于是世界上第一家快递公司 DHL-AIRWAY（敦豪空运）诞生了。由于其快捷、安全的运送特点，航空快递备受贸易界、工商界、运输界以及政府部门的青睐，因而在世界范围迅速发展起来。目前，我国从事快递业务的公司很多，世界上几大航空快递公司，如 DHL、FedEx、UPS、TNT、OCS、EMS，都在我国抢占市场。随着物流业的发展，航空快递业务必将在工商企业的物流管理和供应链管理中发挥更大的作用。

2.航空快递业务形式

（1）门到门（或桌到桌）服务。门到门服务是航空特快专递最主要的业务种类。所谓的门到门服务，实际上是提供桌到桌服务，即航空快递公司在收到发件人电话通知后，立即派人到发货人办公室取货，然后将所有收到的快件集中到一起，根据其目的地分拣、整理、制单、报关、发往世界各地。快件到达目的地后，再由当地的分公司办理清关、提货手续，并分送至收件人手中。在这期间，客户还可依靠快递公司的电脑网络随时对快件的途中位置和抵达情况进行查询。

（2）门（桌）到机场服务。门到机场服务是指快递公司从发件人处提取快件并发运，在快件到达目的地机场后由快递公司通知收件人自己去办理清关、提货等相关手续。对于急件物品或海关当局有特殊规定的货物多采用这种方式。

（3）专人派送。专人派送是指由快递公司派专人携带快件随机将快件直接送到收件人手中的一种服务方式。这种服务方式虽然周到，但费用很高，一般很少采用。

3.航空快递业务特点

航空快递业务与普通航空货运及国际邮政业务相比较，其业务程序基本相同，但作为一项专门业务具有下列特点：

（1）收件范围受限。由于航空快递依赖的运输工具——飞机的货舱舱容有限，又由于快件运输的即时性，使得快递公司无法提前预订固定的舱位，这就决定了航空快递的收件范围只能是体积较小的文件和物品。其中文件包括银行票据、贸易合同、商务信函、船务单据等，包裹包括机器小零件、小件样品、小件行李等。因此，通过航空快递的物品在重量和体积方面都受到限制。对于包裹，多数航空公司要求毛重不超过32千克，其外包装单边长不得超过102厘米，外包装三边长不得超过175厘米。超过规定体积的较大货物，需要与航空公司商洽。而普通的航空运输业务则以运送货物为主，规定每件货物体积不得小于5厘米×10厘米×20厘米。邮政业务则以私人信函为主要对象，对包裹要求每件重不超过20千克，长度不超过1米，比航空快递要求得更小。

（2）运输单据特点。航空快递业务使用的运输单据为"交付凭证"（proof of delivery，POD）。而航空货运使用航空货运单，邮政使用的是包裹单或邮寄凭证。

航空快递的交付凭证共有四联：第一联用于出口报关；第二联贴在货物包装上随货同行，作为收件人核收货件的依据，并且在随货单据丢失时，作为进口报关单据；第三联用于快递公司结算运费和统计；第四联交发件人作为发运凭证。在该联背面印有条款，以明确当事各方的责任和义务，并作为日后解决争议的依据。

（3）运送速度快。由于航空快递公司大多建有全球的分拨网络，快件的流向简单清楚，减少了错误，提高了操作效率，缩短了运送时间。

（4）业务范围覆盖全球。经营航空快递的公司大多属于跨国公司，这些公司以独资或合资的形式将业务深入世界各地，并建立全球网络。可以说，如今航空快递公司可以将快件运送至世界各个角落。

（5）服务质量高。与传统的空运和邮政业务相比，航空快递业务的服务质量更高。

8.2　　　　　　国际航空货物运输法规

民用航空越是发展，其活动越是频繁，所涉及的社会关系也就越广泛，更加需要一种法律来保障这一行业的健康发展，民用航空法由此诞生。民用航空法是用以调整民用航空活动所产生的各种社会关系的法律规范的总和。经过一个多世纪的发展，民用航空法已经成为一个较为完善的法律体系。

航空法分为国内航空法和国际航空法两大部分，分属于不同的法律体系。国内航空法是国家的重要法律，它涉及领空主权的宣告及其空域管理制度，规范民用航空行政管理行为，调整民用航空活动产生的民商法律关系，还涉及采用刑法手段保护民用航空的安全问题。国际航空法是国际法的重要组成部分，它确立了领空主权原则，调整国家之间开展民用航空活动产生的社会关系。从管辖内容看，民用航空法可分为行政关系调整规范、安全技术管理规范和客货运输合同管理规范，我们主要学习货运合同管理规范。

8.2.1　《蒙特利尔公约》

1.《蒙特利尔公约》的产生

尽管国际航空运输发展较晚，但是国际航空运输的国际立法却比较迅速和完善。在1929年的《统一国际航空运输某些规则的公约》（简称《华沙公约》）以及1955年的《海牙议定书》、1960年的《瓜达拉哈拉公约》、1971年的《危地马拉议定书》、1975年的《蒙特利尔附加议定书》等5个公约、修订议定书、补充性公约的基础上（《华沙公约》及后来的各议定书统称为"华沙法律体系"），国际民航组织于1999年5月10日至28日在蒙特利尔召开国际航空法大会，大会通过了新的《统一国际航空运输某些规则的公约》（Convention for the Unification of Certain Rules for International Carriage by Air，又称为《蒙特利尔公约》），用以替代"华沙法律体系"的各份公约或议定书。该公约经30个国家递交了批准书、接受书、核准书或者加入书后已于2003年11月4日正式生效。据国际民航组织统计，目前，在国际民航组织190个成员中，有148个加入了《华沙公约》，其中100多个国家和地区批准、接受、核准或加入了《1999蒙特利尔公约》。2005年6月1日，中国向国际民航组织交存批准书，同年7月31日起该公约对中国生效。《蒙特利尔公约》的主要目的是统一国际航空运输规则，明确国际航空运输承运人责任，促进国际航空运输有序发展，确保消费者权益。该公约共7章57条，对国际旅客和货物运输合同有关的运输凭证、承运人的责任期间、承运人的赔偿责任制度、托运人的权利义务以及索赔诉讼等问题作出了规定。

2.关于适用范围的规定（第1条）

公约适用于所有以航空器运送人员、行李或者货物而收取报酬的国际运输，国际运输的确定标准为：①出发地和目的地分别处于两个缔约国的领土内。②虽然出发地和目的地处于一个缔约国的领土内，但在另一个国家（无论该国是否是《蒙特利尔公约》的缔约国）的领土内有一个协议的经停点。

3.关于航空货运单的规定

（1）航空货运单的性质

航空运输单证被称为航空货运单（air waybill）。航空货运单或者货物收据是订立合同、接收货物和运输条件的初步证据。没有这项运单、运单不合格或丢失，不影响合同关系的存在。航空货运单上或者货物收据上关于货物的重量、尺寸和包装以及包件件数的任何陈述是所述事实的初步证据；除非注明经过承运人与托运人查对，或者是关于货物外表状况的陈述，航空货运单上或者货物收据上关于货物的数量、体积和状况的陈述不能构成不利于承运人的证据（第11条），也可以适用其他运输记录代替航空货运单（第4条）。此外，与海运提单不同，航空货运单不能作为其下货物的物权凭证，加之航空运输方式下运单与货物一般是同时抵达目的地的，因而，尽管公约不限制航空货运单的转让，但几乎所有的航空货运单都做成不可转让的（not negotiable）。

（2）航空货运单的签发

承运人有权要求托运人填写航空货运单，托运人也有权要求承运人接受这项凭证。正本航空货运单一式三份，第一份由托运人签字交给承运人，第二份由托运人和承运人签字后随货交给收货人，第三份在货物装机前经承运人签字后交给托运人。

（3）航空货运单或货物收据的内容

航空货运单或者货物收据应当包括（第5条）：①对出发地点和目的地点的标示；②出发地点和目的地点在一个当事国的领土内的，对在另一国的领土内经停地点的标示；③对货物重量的标示。当然，这是对航空货运单内容的最低要求，原《华沙公约》的17项内容要求对于货物运输顺利执行的必要项目仍有必要填制在运单内。

4.关于承运人责任的规定

（1）承运人的责任、归则原则及责任期间

对于因货物毁灭、遗失或者损坏而产生的损失，只要造成损失的事件是在航空运输期间发生的，承运人就应当承担责任。对旅客、行李或者货物在航空运输中因延误引起的损失，承运人应当承担责任。但是，承运人证明本人及其受雇人和代理人为了避免损失的发生，已经采取一切可合理要求的措施或者不可能采取此种措施的，承运人不对因延误引起的损失承担责任（第19条）。由此可见，《蒙特利尔公约》对于因货物毁灭、遗失或者损坏而产生的损失采用了严格责任的归责原则，即规定除了法定的免责事项外，承运人需要对货物的灭失或损坏承担赔偿责任，而对在航空运输中因延误引起的损失在承运人责任问题上采用的是推定过失原则。也就是说，当发生货物灭失或损坏时，首先假定承运人有过失，但如果承运人能够举证说明自己为避免损失已采取了必要措施，即不存在过失时，则不必负责。

承运人责任期间（第18条）是指货物处于承运人掌管之下的期间。航空运输期间不包括机场外履行的任何陆路、海上或者内水运输过程。但是，此种运输是在履行航空运输合同时为了装载、交付或者转运而办理的，在没有相反证明的情况下，发生的任何损失推定为在航空运输期间发生的事件造成的损失，承运人对此应承担责任。

（2）承运人的免责事项（第18、20条）

承运人如能证明货物毁灭、遗失或损坏是由下列原因造成的，可以免责：①货物的固有缺陷、质量或者瑕疵；②承运人或其受雇人、代理人以外的人包装货物的，货物包装不良；③战争行为或者武装冲突；④公共当局实施的与货物入境、出境或者过境有关的行为；⑤经承运人证明，损失是由索赔人或者索赔人从其取得权利的人的过失或者其他不当行为、不作为造成或者促成的，应当根据造成或者促成此种损失的过失或者其他不当行为、不作为的程度，相应全部或者部分免除承运人对索赔人的责任。

（3）承运人的赔偿责任限制（第22条）

对货物运输中的毁灭、遗失、损坏或者延误，承运人的责任以每千克17特别提款权为限（2009年12月30日修改为19特别提款权），但托运人特别声明了货物在目的地点交付时的价值，承运人在声明金额范围内承担责任。

5.关于发货人、收货人的权利和义务的规定

（1）托运人、收货人的主要权利（第12、13条）

一是货物处置权。托运人在负责履行运输合同规定的全部义务的条件下，有权对货物进行处置，即可以在出发地机场或者目的地机场将货物提回，或者在途中经停时中止运输，或者要求在目的地点或者途中将货物交给非原指定的收货人，或者要求将货物运回出发地机场。但托运人不得因行使此种处置权而使承运人或者其他托运人遭受损失，并必须偿付因行使此种权利而产生的费用。如对托运人的指示不可能执行，承运人必须立即通知托运人。如果货物已被收货人提取，托运人的权利即告终止。

二是货物提取权。收货人于货物到达目的地点，并在缴付应付款项和履行运输条件后，有权要求承运人向其交付货物。除另有约定外，承运人应当负责在货物到达后立即通知收货人。承运人承认货物已经遗失，或者货物在应当到达之日起七日

后仍未到达的，收货人有权向承运人行使运输合同赋予的权利。

（2）发货人、收货人的义务

一是支付运费义务。支付运费和其他相关费用是货方的基本义务之一，费用可以预付，也可以到付，但应在航空货运单中说明。

二是准确填写航空运单，提供必要附带单证义务。如因填写不当或提供资料不当使承运人或其他任何有关方遭受损失，托运人应予以赔偿。

三是及时受领货物义务。收货人有义务在目的地提领货物，但应当付清应交付的各项费用。如果收货人拒领货物，或者承运人无法找到收货人，托运人应当行使对货物的处理权。

6.关于异议通知和诉讼时效的规定（第31条）

（1）当货物遭受损失时，应当提出书面通知。对于显而易见的货物损失，应当在收货时提出，否则，通知应当在收到货物的14天内向承运人提出。

（2）对于延迟交付损失，收货人应当在货物交其处理之日起21天内提出。上述异议通知规定的意义在于，如果索赔人未能在规定的期限内向承运人或其代理人提出异议通知，视为放弃索赔权利，不得再提起诉讼。这与海运方式中法律规定的索赔通知期限意义截然不同。

诉讼时效为自航空器到达目的地之日、应当到达目的地之日或者运输终止之日起两年，过期丧失对损害赔偿的权利（第35条）。

8.2.2　《中华人民共和国民用航空法》的有关规定

《中华人民共和国民用航空法》于1996年3月1日起正式施行。该法在制定过程中吸收了《华沙公约》的主要精神，在国际航空运输的定义、承运人责任、发货人及收货人的权利和义务、航空货运单、索赔通知和诉讼时效等方面的规定，与《华沙公约》基本相同，同时也采纳了《海牙议定书》中的合理内容，删除了承运人的驾驶过失免责，延长了索赔时效。此外，该章的第4节对实际承运人履行航空运输问题作出了特别规定。

关于承运人对货物灭失或损坏的赔偿责任归责原则，该法采纳了《蒙特利尔第四号议定书》规定的严格责任制度，制定了更为严格的规定。该法的第125条第4款规定："因发生在航空运输期间的事件，造成货物毁灭、遗失或者损坏的，承运人应当承担责任；但是，承运人证明货物的毁灭、遗失或者损坏完全是由于下列原因之一造成的，不承担责任：

（1）货物本身的自然属性、质量或者缺陷；

（2）承运人或者其受雇人、代理人以外的人包装货物的，货物包装不良；

（3）战争或者武装冲突；

（4）政府有关部门实施的与货物入境、出境或者过境有关的行为。"

我国民用航空法有关规定的颁布虽早于《蒙特利尔公约》，但在制定过程中已经注意吸收了其草案中的有关规定，因此，两法的规定基本一致。

8.2.3　《中国民用航空货物国际运输规则》

为了加强对货物国际航空运输的管理，保护承运人、托运人和收货人的合法权益，维护正常的国际航空运输秩序，根据《中华人民共和国民用航空法》第9章公共航空运输的有关规定，中国民用航空总局组织制定了《中国民用航空货物国际运输规则》（简称《航空国际货规》），自2000年8月1日起施行。

《航空国际货规》共9章49条。它们分别对与国际航空货物运输有关的货物托运、货物收运，运价、运费和其他费用，运输货物，货物交付，特种货物运输，承运人的运输条件、规定等的制定和修改作了详细规定。

现就《航空国际货规》的基本内容说明如下：

（1）《航空国际货规》第1章总则中第2条明确规定，该法规适用于依照中华人民共和国法律设立的公共航空运输企业，使用民用航空器运送货物收取报酬的或者办理的免费国际航空运输。

（2）为了使承运人、托运人和收货人更准确地了解《航空国际货规》中的有关名词含义，对承运人、托运人、收货人、代理人、航空货运单、货物的含义分别作出界定。

（3）《航空国际货规》第2章中除阐明货运单应当由托运人填写外，同时明确了承运人根据托运人的请求填写货运单的，在没有相反证据的情况下，应当视为代托运人填写，进一步明确了承运人和托运人之间填制货运单的责任。

（4）20世纪70年代末，中国民航不接收"运费到付"的货物运输。但是，随着我国航空运输业务走上国际市场，目前我国经营国际航线的航空运输企业早已开始办理此项业务，故《航空国际货规》有关条款中明确了办理运费到付应符合货物目的地国家的法律和规定，以及有关航空联运承运人的规定。

（5）随着国际竞争日益激烈，为了提高运输服务质量，减少运输中货物由于人为的原因造成的损坏，《航空国际货规》明确要求承运人建立监装、监卸制度，并按其规定装卸货物。同时，为了体现航空运输快速的特点，也明确了承运人应当在考虑托运人利益的情况下，用合理的时间完成运输，包括使用其他交通工具运输货物。

（6）《航空国际货规》第4章运价、运费和其他费用规定，明确要求承运人应当公布运价。该项运价和运费只适用于机场至机场的航空运输，不包括承运人提供与航空运输有关的其他附属服务所收取的费用。

（7）《航空国际货规》对货物的处置权的行使作出规定。

（8）针对特种货物运输中出现的问题，为了保证该类货物运输的质量和飞行安全，《航空国际货规》第45、46条中明确规定托运人托运特种货物和承运人在收运特种货物时，除应当符合普通货物运输规定外，还应当符合特种货物运输规定。同时，进一步明确了特种货物运输中承运人和托运人的责任。

8.3　航空运单

8.3.1　航空运单的性质和作用

1.航空运单的性质

航空运单（air waybill），也称航空货运单，指托运人或者托运人委托承运人填制的，托运人和承运人之间为在承运人的航线上运输货物所订立的货物运输合同。与海运提单不同的是，航空运单不是物权凭证，不能背书转让，持有航空运单并不意味着持有人拥有运单下货物的权利。但根据合同和买卖双方当事人的规定，可凭航空运单向银行办理结汇。

每个航空运单都有承运人（航空公司）的标志部分，用以区分不同航空公司的运单。该部分包括承运人的名称、总部所在地、图案标志、票证代号（三位数字），以及检查位在内的运单号。

航空运单应由托运人填写，盖章后的货运单经承运人和托运人双方签字确认后即开始生效。当货物运至目的地，收货人提取货物并在运单的交付联上签字，此时运单作为运输凭证其有效期即告结束。但作为运输合同，其法律依据的有效期应延至运输停止之日起两年之内有效。

2.航空运单的主要作用

（1）承运人与托运人之间缔结的航空货物运输合同。航空运单一经双方共同签署，不仅证明了航空运输合同关系的确立，而且其本身还载明了运输合同条件。

（2）货物收据。发货人将货物交给承运人接管后，承运人或其代理人将一份经其签字的正本航空运单交给发货人，该航空运单即作为承运人已接管货物的初步证据。

（3）运费账单。对承运人来说，航空运单上分别记载着收货人应负担的费用和代理的费用，因此，它可以作为运费账单和发票。承运人也将承运人联作为记账凭证。

（4）报关单证。在出口报关文件中，正本航空运单是提交的基本文件之一；在进口国，第三份正本航空运单由航空公司随机交收货人，收货人凭以核收货物，同时作为向海关报关的基本单证和海关验收的主要凭证。

（5）承运人内部业务的依据。航空运单是承运人在办理该运单项下货物的发货、转运、交付的依据，承运人根据运单上记载的有关内容办理上述有关事项。

3.航空运单的组成

航空运单一式 8 份，其中正本（original）3 份、副本（copy）5 份。3 份具有同等效力。各联顺序及用途如下：

第一联，正本 3（蓝色），为托运人联。作为托运人托运货物、承运人承运货物的凭证。

第二联，正本1（绿色），为财务联。作为记账凭证送交财务部门。

第三联，副本7（白色），为第一承运人联。由第一承运人留交其财务部门作为结算凭证。

第四联，正本2（粉色），为收货人联。在目的站交收货人。

第五联，副本4（黄色），为货物交付联。收货人提取货物时在此联上签字，由承运人留存。

第六联，副本5（白色），为目的站联。由目的站机场留存，也可作为第三承运人联，由第三承运人留交其财务部门作为结算凭证。

第七联，副本6（白色），为第二承运人联，由第二承运人交其财务部门作为结算凭证。

第八联，副本8（白色），为代理人联，由货运单填开人留存备查。

8.3.2　航空运单正面条款及其填制

航空运单的正面内容除了声明法律适用条款外，主要是与货物运输有关的信息（如图8-2所示）。各栏目必须按照规则清楚、准确、齐全地填写，如需涂改，需在涂改处加盖印章。《蒙特利尔公约》规定，航空运单应当由托运人填写，与货物一起交承运人。托运人应对运单上填写的内容的真实性和准确性负责。由于运单填写内容的不规范、不完整、不正确导致承运人或其他人遭受损失的，由托运人承担责任。此外，当航空运单内容填写错误需要修改时，应将错误处划去，然后在旁边空白处填写正确的内容，并应在各联的修改处加盖修改人的戳章。每份货运单各栏只限修改一次，总共不得超过3处。如无法照此修改，则应另填制新的运单，原货运单作废。现将运单各项的填制规则分述如下（括号中的序号与图8-2中的圆圈内序号对应）。

（1A）承运人三字票证代码，如999代表国航。

（1B）运单号。运单号由8位数字组成，前7位为顺序号，第8位为检查号。同一承运人发行的同一运单号不得在12个月内重复使用。

（1）填写始发机场的IATA三字代码，如无机场三字代码，则填写机场所在城市的三字代码，但需保持与（9）相符。

（1C）填写制单承运人的名称及地址，如果是中性运单，需在此处填写承运人的名称和地址。

（1D）印制的运单正本说明。说明货运单的一、二、三联为正本，具有同等法律效力。

（1E）印制的收货及运输条件说明。表明运单下货物已由承运人接受，表面状况良好，将由承运人按照运单背面的运输条件运输。除非托运人有特殊说明，否则承运人保留以包括公路在内的任何方式运输，或安排其他承运人运输，或经过承运人认为合适的经停站运输的权利。托运人应当注意运单背面条款中的承运人赔偿责任限额，如需更高赔偿限额，需声明并支付声明价值附加费。

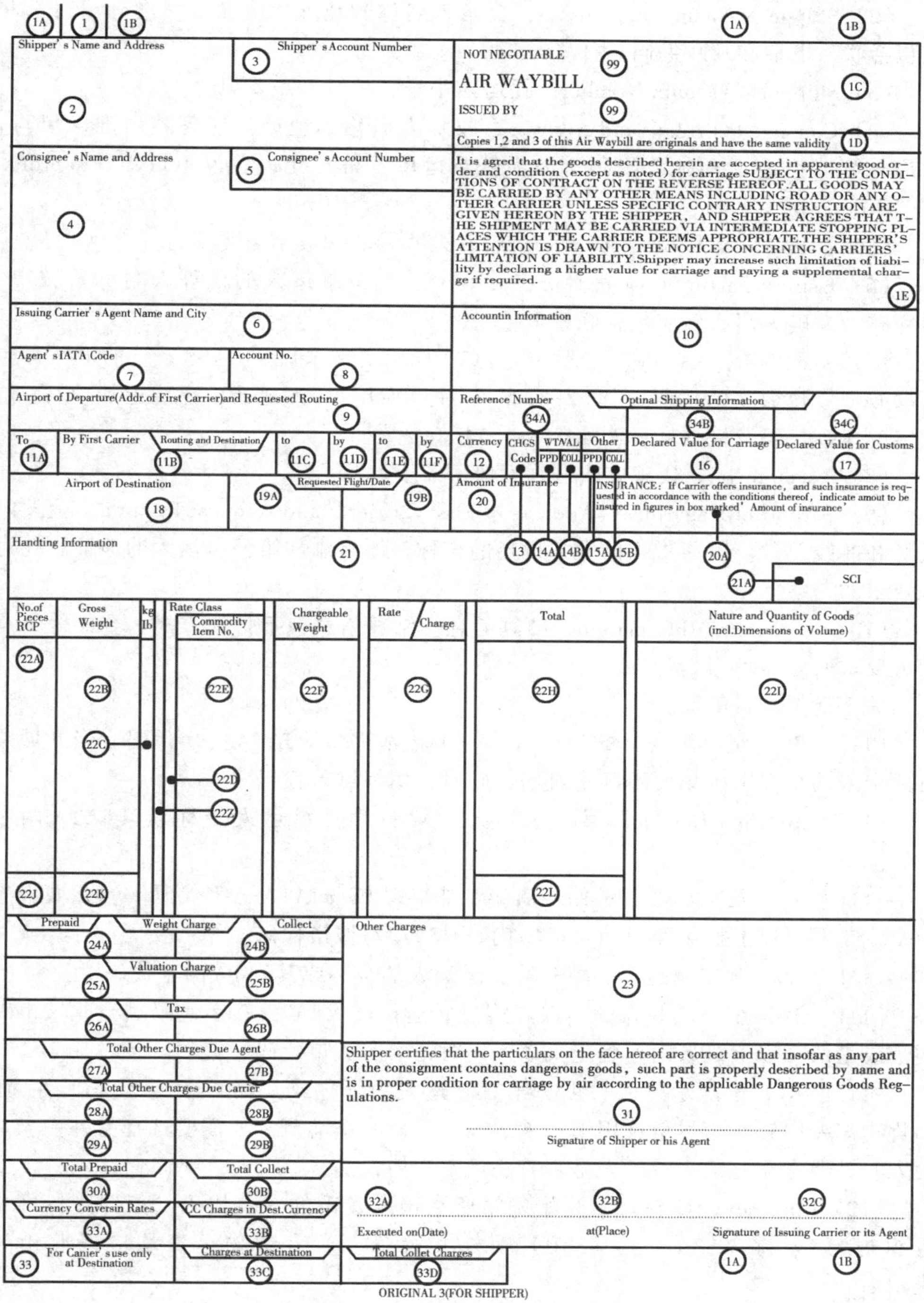

1A 1 1B 1A 1B

Shipper's Name and Address (2)

Shipper's Account Number (3)

NOT NEGOTIABLE (99)

AIR WAYBILL (1C)

ISSUED BY (99)

Copies 1,2 and 3 of this Air Waybill are originals and have the same validity (1D)

Consignee's Name and Address (4)

Consignee's Account Number (5)

It is agred that the goods described herein are accepted in apparent good order and condition (except as noted) for carriage SUBJECT TO THE CONDITIONS OF CONTRACT ON THE REVERSE HEREOF.ALL GOODS MAY BE CARRIED BY ANY OTHER MEANS INCLUDING ROAD OR ANY OTHER CARRIER UNLESS SPECIFIC CONTRARY INSTRUCTION ARE GIVEN HEREON BY THE SHIPPER, AND SHIPPER AGREES THAT THE SHIPMENT MAY BE CARRIED VIA INTERMEDIATE STOPPING PLACES WHICH THE CARRIER DEEMS APPROPRIATE.THE SHIPPER'S ATTENTION IS DRAWN TO THE NOTICE CONCERNING CARRIERS' LIMITATION OF LIABILITY.Shipper may increase such limitation of liability by declaring a higher value for carriage and paying a supplemental charge if required. (1E)

Issuing Carrier's Agent Name and City (6)

Accountin Information (10)

Agent's IATA Code (7)

Account No. (8)

Airport of Departure(Addr.of First Carrier)and Requested Routing (9)

Reference Number (34A)

Optinal Shipping Information (34B) (34C)

To (11A) | By First Carrier | Routing and Destination (11B) | to (11C) | by (11D) | to (11E) | by (11F) | Currency (12) | CHGS Code | WT/VAL PPD COLL | Other PPD COLL | Declared Value for Carriage (16) | Declared Value for Customs (17)

Airport of Destination (18)

Requested Flight/Date (19A) (19B)

Amount of Insurance (20)

INSURANCE: If Carrier offers insurance, and such insurance is requested in accordance with the conditions thereof, indicate amout to be insured in figures in box marked' Amount of insurance'

13 14A 14B 15A 15B 20A

Handting Information (21)

21A SCI

No.of Pieces RCP (22A) | Gross Weight (22B) (22C) | kg lb | Rate Class (22D) (22Z) | Commodity Item No. (22E) | Chargeable Weight (22F) | Rate / Charge (22G) | Total (22H) | Nature and Quantity of Goods (incl.Dimensions of Volume) (22I)

22J 22K 22L

Prepaid | Weight Charge | Collect (24A) (24B)

Other Charges (23)

Valuation Charge (25A) (25B)

Tax (26A) (26B)

Total Other Charges Due Agent (27A) (27B)

Total Other Charges Due Carrier (28A) (28B)

(29A) (29B)

Shipper certifies that the particulars on the face hereof are correct and that insofar as any part of the consignment contains dangerous goods, such part is properly described by name and is in proper condition for carriage by air according to the applicable Dangerous Goods Regulations. (31)

Signature of Shipper or his Agent

Total Prepaid (30A)

Total Collect (30B)

Currency Conversin Rates (33A)

CC Charges in Dest.Currency (33B)

32A 32B 32C

Executed on(Date) | at(Place) | Signature of Issuing Carrier or its Agent

(33) For Canier's use only at Destination

Charges at Destination (33C)

Total Collet Charges (33D)

1A 1B

ORIGINAL 3(FOR SHIPPER)

图8-2　航空运单正面条款与内容

（2）Shipper's Name and Address，托运人名称和地址。应完整、准确填写，并应包括联系电话和邮政编码。

（3）Shipper's Account Number，托运人账号。一般不需要填写。

（4）Consignee's Name and Address，收货人名称和地址。应完整、准确填写，并应包括联系电话和邮政编码。因为航空运单不得转让，所以不可填"to order"或"to order of"。

（5）Consignee's Account Number，收货人账号。一般不需要填写。

（6）Issuing Carrier's Agent Name and City，制单承运人的代理人名称及城市。应完整、准确填写，并应包括联系电话。

（7）Agent's IATA Code，代理人的IATA代码。在未启用CASS系统的地区，应填写IATA7位数字的代码，如02-31234；在已启用CASS地区，还应追加填写3位数字的地址代码及检查号，例如02-31234/3003。

（8）Account No.，代理人账号。一般不需要填写。

（9）Airport of Departure（Address of First Carrier）and Request Routing，始发站机场和航线要求。填写货物始发站机场的全称，还可添加第一承运人的地址和托运人要求的路线。

（10）Accounting Information，结算信息。结算信息包括付款方式、金额等，承运人要求时才需填写。

关于航线和目的港：

（11A）To，至。填写目的站或者第一中转站机场的IATA三字代码。当此城市有两个或两个以上机场而不确定机场代码时，填写城市代码。

（11B）By First Carrier，第一承运人。填写第一承运人全称或其IATA两字代码。

（11C）To，至。填写目的站或者第二中转站机场IATA三字代码。当此城市有两个或是两个以上机场而不确定机场代码时，填写城市代码。

（11D）By，第二承运人。填写第二承运人的全称或其IATA两字代码。

（11E）To，至。填写目的站或者第三转运机场的IATA三字代码。当此城市有两个或是两个以上机场而不确定机场代码时，填写城市代码。

（11F）By，第三承运人。填写第三承运人的全称或其IATA两字代码。注意，如货物需要中转时，尽量选用同一承运人或代码共享航班。如需要选择另外一家承运人时，要考虑与续程承运人是否有联运双边协议。

（12）Currency，币种。填写始发站所在国家货币的三字代码（由国际标准化组织规定）。除（33A）至（33D）项外，运单上所有货物运费均应以此币种表示。

（13）CHGS Code，付款方式。根据实际情况选择表8-5中的其中一种方式填制。

表 8-5　　　　　　　　　　　航空运单付款方式代码

英文代码	英文全称	中文全称
CA	Partial Collect Credit – Partial Prepaid Cash	部分信用证到付，部分现金预付
CB	Partial Collect Credit – Partial Prepaid Credit	部分信用证到付，部分信用卡预付
CC	All Charges Collect	全部货物运费到付
CE	Partial Collect Credit Card – Partial Prepaid Cash	部分信用卡到付，部分现金预付
CG	All Charges Collect By GBL	全部货物费用使用美国政府提单到付
CH	Partial Collect Credit Card – Partial Prepaid Credit	部分信用卡到付，部分信用卡预付
CP	Destination Collect Cash	目的站现金到付
CX	Destination Collect Credit	目的站信用卡到付
CZ	All Charges Collect by Credit Card	所有运费信用卡到付
NC	No Charge	免费
NG	No Weight Charges–Other Charges Prepaid by GBL	无航空运费，其他费用美国政府提单预付
NP	No Weight Charges–Other Charges Prepaid Cash	无航空运费，其他费用现金预付
NT	No Weight Charges–Other Charges Collect	无航空运费，其他费用到付
NX	No Weight Charges–Other Charges Prepaid Credit	无航空运费，其他费用信用证预付
NZ	No Weight Charges–Other Charges Prepaid by Credit Card	无航空运费，其他费用信用卡预付
PC	Partial Prepaid Cash–Partial Collect Cash	部分现金预付，部分现金到付
PD	Partial Prepaid Credit–Partial Collect Cash	部分信用证预付，部分现金到付
PE	Partial Prepaid Credit Card–Partial Collect Cash	部分信用卡预付，部分现金到付
PF	Partial Prepaid Credit Card–Partial Collect Credit Card	部分信用卡预付，部分信用卡到付
PG	All Charges Prepaid by GBL	全部运费使用美国政府提单预付
PH	Partial Prepaid Credit Card–Partial Collect Credit	部分信用卡预付，部分信用证到付
PP	All Charges Prepaid by Cash	全部运费现金预付
PX	All Charges Prepaid by Credit	全部运费信用证预付
PZ	All Charges Prepaid by Credit Card	全部运费信用卡预付

（14A）、（14B）WT/VAL，航空运费和声明价值附加费支付方式。托运人或其代理人根据运输协议在（14A）和（14B）两项下方的"PPD"（预付）和"COLL"（到付）栏目中填写"×"选择支付方式，或直接填写"PP"或"CC"作出支付方式选择，但实际业务中航空公司一般不接受到付。

（15A）、（15B）Other，始发站其他费用支付方式。托运人或代理人根据运输协议在（15A）和（15B）两项下方的"PPD"（预付）和"COLL"（到付）栏目中填写"×"选择支付方式，或直接填写"PP"或"CC"作出支付方式选择。假如

（14A）、（14B）和（15A）、（15B）与（24A）、（25A）或（24B）、（25B）和（27A）、（28A）或（27B）、（28B）发生冲突时，以后者为准。

（16）Declared Value for Carriage，运输价值声明。填写托运人向承运人申报的货物价值。未声明运输价值的，则填写"NVD"（No Value Declared）字样。

（17）Declared Value for Customs，至海关的价值声明。填写托运人向海关申报的货物价值。无货物声明价值的，则填写"NVD"（No Value Declared）字样。

（18）Airport of Destination，目的站机场。填写货物目的站机场全称。如该城市有一个以上机场而不知其名称时，可以填写城市名称。

Requested Flight/Date，航班与日期：

（19A）填写承运人、代理人、托运人已经为货物预订的航班/日期。

（19B）填写承运人、代理人、托运人已经为货物预订的续程航班/日期。

（20）Amount of Insurance，保险金额。如制单承运人提供此项业务时，填写保险金额；如制单承运人不提供此项服务或托运人没有保险金额时，在此栏内填写"×××"字样。

（21）Handling Information，操作注意事项。一般填写承运人要求的货物在运输、存储、搬运等操作环节的注意事项。通常的注意事项有：

"Dangerous Goods as per attached Shipper's Declaration"或"Dangerous Goods as per attached DGD"；"Cargo Aircraft Only"（仅限货机）或"CAO"；当一票货物中既有危险品也有非危险品时，在"Dangerous Goods as per attached Shipper's Declaration"或"Dangerous Goods as per attached DGD"之前或者之后注明危险品件数；货物外包装上的标记、数字和包装方式；其他在目的站的被通知人的名称、地址、国家（或两字代码）以及联系方式；运单随附文件的名称，例如运输活体动物时，填写"Shipper's Certification for Live Animal Attached"；需要加以特殊说明的其他注意事项；如果运单在美国填写，如没有预先打印的话，要声明"These commodities, technology or software were exported from USA in accordance with the Export Administration Regulations.Diversion contrary to USA law prohibited"。

（21A）SCI，特殊海关信息。一般情况下此栏无须填写。

（22A）到（22Z）项是关于货物运价信息的，每一栏代表不同的内容。一票货物中，含有不同运价时，应分开填写，每填写一项另起一行。如含有危险品时，该货物应列在第一行。

（22A）No. of Pieces RCP，件数/运价点。填写货物的外包装件数，如果使用的货物运价种类不同时，应分别填写，并将总件数写在（22J）内。当使用比例运价或分段相加的方法组成全程运价和运费时，将运价构成点或运价组成点（运价点）的城市三字代码填写在货物件数下面。

（22B）Gross Weight，毛重。填写货物的实际毛重，适用不同运价的货物，应分列重量。

（22C）kg/lb，重量的计量单位。填写货物重量的计量单位"K"（千克）或

"L"（磅）。

（22D）Rate Class，运价种类。根据实际运价种类，在表8-6中选择对应的代号填入本栏。

表8-6   航空运价种类及其代号

英文代码	英文全称	中文全称
M	Minimum Charge	最低运费
N	Normal Rate	普通货物标准运价
Q	Quantity Rate	普通货物重量分界点运价
B	Basic Charge	基础运价
K	Rate per Kilogramme	每千克运价
P	International Priority Service Rate	国际优先运输服务的运价
C	Special Commodity Rate	指定商品运价
S	Class Rate Surcharge	附加等级运价
R	Class Rate Reduction	附减等级运价
U	United Load Device Base Charge or Rate	集装货物基础运费或运价
E	United Load Device Additional Rate	集装货物附加运价
X	United Load Device Additional Information	集装货物附加信息
Y	United Load Device Discount	集装货物折价
W	Weight Increase	增加重量

（22E）Commodity Item No.，指定商品编号。应根据下列情况分别填写：使用指定商品运价时，填写指定商品代号。例如：从北京到东京运输新鲜的蔬菜，使用指定商品运价时，（22D）栏填写"C"，则在（22E）中填写0008，使用等级货物运价时，填写适用的普通货物运价的代号及百分比数；从北京到东京运输贵重物品时，在（22D）栏中填写"S"，则在（22E）栏中填写N200，表示选用的运价为N运价的200%；运输书包杂志类，在（22D）栏中则应填写"R"，在（22E）栏中填写N50，表示选用的运价为N的50%。"R"表示附减等级原价，"S"表示附增等级运价。

（22F）Chargeable Weight，计费重量。填写与适用的运价相对应的货物计费重量。

（22G）Rate/Charge，费率/运费。填写适用的货物运价或最低运费额。

（22H）Total，运费总额。根据适用的运价和计费重量相乘，计算航空运费或最低运费。

（22I）Nature and Quantity of Goods，货物品名及重量（包括尺寸和体积）。填写货物的具体名称，不得以货物类别统称代替。危险品应按照IATA《危险品规则》中的相关要求填写。活体动物应该按照IATA《活体动物规则》中的相关要求填写。集运货物填写"Consolidation as per attached list"，并随附相关单据。货物包装件尺寸和体积以厘米的长×宽×高顺序表示，或者再写上立方米体积。集装箱则填写集装箱的识别代码。如果托运人使用集装器或托盘组装货物，应将货物实际装载件数填写清楚并注明"SLAC"(Shipper's Load And Count, 托运人组装及清点)字样。集装器识别代码应写在最下方。如进口国或者中转国有规定, 应填写货物的原产地。

(22J) 总数栏, 填写 (22A) 中件数的总和。

(22K) 总重栏, 填写 (22B) 中毛重的总和。

(22L) 总运费栏, 填写 (22H) 中运费的总和。

(22Z) 空白栏, 根据承运人要求, 填写有关服务代号。

(23) Other Charges, 其他费用。填写其他费用的名称和金额。在始发站发生的其他费用可以全部预付或者全部到付, 在中转站、目的站发生的其他费用以及未在此栏内列明的其他费用只能到付, 由目的站承运人填写在 (33C) 中。除了 (26A) 和 (26B) 栏内的税款外, 其他运费描述和金额都应填写在此栏中。其他费用及金额可填写由三个英文字母组成的代码, 其中前两个字母表示其他费用种类, 第三个字母表示该费用收取人, "C"表示该项费用由承运人收取, "A"表示该项费用由代理人收取。例如: AWC: 50.00, 表示制单费为50元人民币, 由承运人收取。常见的航空其他费用类别代码见表8-7。

表8-7 常见的航空其他费用类别代码

英文代码	英文全称	中文全称
AC	Live Animal Container	动物容器费
AS	Assembly Service Fee	集装服务费
AT	Live Animal Attendant	活体动物押运服务费
AW	Air Waybill Fee	运单制单费
CD	Clearance and Handling-destination	目的站办理海关手续和处理费
CH	Clearance and Handling-origin	始发站办理海关手续和处理费
DB	Disbursement Fee	代垫付款手续费
FC	Charge Collect Fee	运费到付手续费
GT	Government Tax	政府税
IN	Insurance Premium	代办保险手续费
LA	Live Animal	活体动物处理费
MA	Miscellaneous-due Agent	代理人收取的杂项费
MC	Miscellaneous-due Carrier	承运人收取的杂项费
MO	Miscellaneous	杂项费, 如牛栏马厩的租用费
MY	Fuel Surcharge	燃油附加费
MZ	Miscellaneous-due Issuing Carrier	制单承运人收取的杂项费
PK	Packaging	货物包装费
PU	Pick-up	货物提取费
RA	Dangerous Goods Fee	危险品处理费
SC	Security Charge	安全附加费
SD	Surface Charge-destination	目的站地面运输费

英文代码	英文全称	中文全称
SO	Storage-origin	始发站仓储费
SR	Storage-destination	目的站仓储费
SU	Surface Charge-origin	始发站地面运输费
TR	Transit	中转费
TX	Taxes	税款
UH	ULD-handling	集装设备处理费
VA	Valuable Cargo Handling	贵重物品操作费
VB	Valuable Cargo Security Handling	贵重物品安全处理费
VC	Valuable Cargo Storagroom	贵重物品仓储费
WA	Vulnerable Cargo Handling	易丢失货物处理费
XD	War Risk	战争险
ZA	Re-warehousing Storage	重新入库费
ZB	General Storage	一般仓储费
ZC	Cool/Cold Room，Freezer Storage	冷藏、冷冻/冰冻仓储费

将（23）栏中的各项其他费用的总额写在适用的（27A）、（27B）、（28A）、（28B）中。货物在目的站因无法交付而退回始发站，应在新填制的货运单上写明未向收货人收取的费用总额。具有相同功能的并且代号相同的其他费用，只能在货运单上出现一次。

（24A）/（24B）Prepaid/Collect Weight Charge，预付/到付航空运费。填写预付或到付的航空运费金额，应与（22H）和（22L）保持一致。

（25A）/（25B）Prepaid/Collect Valuation Charge，预付/到付声明价值附加费。填写根据（16）栏内的金额计算的应收取的货物声明价值附加费。

（26A）/（26B）Prepaid/Collect Tax，预付/到付税款，填写按规定收取的税款。税款不需要填写在（23）栏的其他费用栏内。

（27A）/（27B）Prepaid/Collect Total Other Charges Due Agent，预付/到付的代理人收取的其他费用总额，填写（23）栏的代理人收取费用总和。

（28A）/（28B）Prepaid/Collect Total Other Charges Due Carrier，预付/到付的承运人收取的其他费用总额，填写（23）栏的承运人应收费用总和。

（29A）/（29B），无标题栏，此栏一般不填写，除非签发运单的承运人有特殊要求。

（30A）/（30B）Total Prepaid/Total Collect，全部预付/全部到付的航空费用总额。填写第（24A）至（29A），或（24B）至（29B）栏的全部预付/到付航空费用总额。

（31）Signature of Shipper or his Agent，托运人或其代理签字。

（32A）至（32C）栏由承运人完成。

（32A）Executed on （Date），制单日期。填写运单的填开日期，按照日、月、年顺序填写。

（32B）at（Place），制单地点。填运单的填开地点（机场或城市）。

（32C）Signature of Issuing Carrier or its Agent，制单承运人或其代理人签字或盖章。由制单承运人或其代理人签字或盖章。

（33A）至（33D）栏由最后承运人在货运单正本2（收货人栏）填写。

（33A）Currency Conversion Rates，汇率。填写目的站所在国家的币种代号和汇率。

（33B）CC Charges in Desti. Currency，到付货物运费。填写根据（33A）中的汇率将（30B）中的到付运送费用换算的金额。

（33C）Charges at Destination，目的站其他费用额。填写在目的站发生的费用及金额。

（33D）Total Collect Charge，到付运送费用总金额。填写（33B）和（33C）的总金额之和。

（34A）Reference Number，合同书编号。当不是阴影部分时，可以填写托运人或其代理人之间承认的合同书编号。

（34B）和（34C）Untitled box，无标题栏。此栏一般不填写，除非填开运单的承运人要求使用。

（99）货运单条形码区。

除上述栏目外，运单副本4的右上部分还有一栏，填写货物提取的地点、时间和收货人签字。

8.3.3　航空运单的背面条款

航空运单的背面印有货物运输条款，是航空货物运输合同的主要内容，也是承运人和托运人权利义务规定的具体体现。航空运单经托运人签字，即认为其接受了承运人制定的运输条件（如图8-3所示）。现将主要内容分述如下：

1.关于承运人的界定

航空运单中一般都将签发该运单的人、参与该运单项下货物运输的实际承运人以及为履行该货物运输提供服务的其他人视为承运人，并享受《蒙特利尔公约》[1]规定的承运人免责和责任限制。为了避免承运人的代理人或受雇人承担额外责任，该条款同时规定，承运人的代理人、受雇人、代表均可享受《蒙特利尔公约》规定的承运人免责和赔偿责任限制。

2.关于法律适用

以前，几乎所有的航空运单都规定，合同中承运人的责任以《华沙公约》规定为准，同时，也受有关的国内法、政府规定、命令、要求的制约。本契约的条款以

[1]　未加入《蒙特利尔公约》的国家的航空公司的航空运单适用的仍是《华沙公约》。

NOTICE CONCERNING CARRIER'S LIMITATION OF LIABILITY

If the carriage involves an ultimate destination or stop in a country other than the country of departure, the Warsaw Convention or the Montreal Convention may be applicable and in most cases limit the liability of the Carrier in respect of loss of, damage or delay to cargo. Depending on the applicable regime, and unless a higher value is declared, liability of the Carrier may be limited to 17 Special Drawing Rights per kilogram or 250 French gold francs per kilogram, converted into national currency under applicable law. Carrier will treat 250 French gold francs to be the conversion equivalent of 17 Special Drawing Rights unless a greater amount is specified in the Carrier's conditions of carriage.

CONDITIONS OF CONTRACT

1.　In this contract and the Notices appearing hereon:

CARRIER includes the air carrier issuing this air waybill and all carriers that carry or undertake to carry the cargo or perform any other services related to such carriage.

SPECIAL DRAWING RIGHT (SDR) is a Special Drawing Right as defined by the International Monetary Fund.

WARSAW CONVENTION means whichever of the following instruments is applicable to the contract of carriage:

the Convention for the Unification of Certain Rules Relating to International Carriage by Air, signed at Warsaw, 12 October 1929;

that Convention as amended at The Hague on 28 September 1955;

that Convention as amended at The Hague 1955 and by Montreal Protocol No. 1, 2, or 4 (1975) as the case may be.

MONTREAL CONVENTION means the Convention for the Unification of Certain Rules for International Carriage by Air, done at Montreal on 28 May 1999.

2.　2.1 Carriage is subject to the rules relating to liability established by the Warsaw Convention or the Montreal Convention unless such carriage is not "international carriage" as defined by the applicable Conventions.
　　2.2 To the extent not in conflict with the foregoing, carriage and other related services performed by each Carrier are subject to:
　　　2.2.1　applicable laws and government regulations;
　　　2.2.2　provisions contained in the air waybill, Carrier's conditions of carriage and related rules, regulations, and timetables (but not the times of departure and arrival stated therein) and applicable tariffs of such Carrier, which are made part hereof, and which may be inspected at any airports or other cargo sales offices from which it operates regular services. When carriage is to/from the USA, the shipper and the consignee are entitled, upon request, to receive a free copy of the Carrier's conditions of carriage. The Carrier's conditions of carriage include, but are not limited to:
　　　　2.2.2.1　limits on the Carrier's liability for loss, damage or delay of goods, including fragile or perishable goods;
　　　　2.2.2.2　claims restrictions, including time periods within which shippers or consignees must file a claim or bring an action against the Carrier for its acts or omissions, or those of its agents;
　　　　2.2.2.3　rights, if any, of the Carrier to change the terms of the contract;
　　　　2.2.2.4　rules about Carrier's right to refuse to carry;
　　　　2.2.2.5　rights of the Carrier and limitations concerning delay or failure to perform service, including schedule changes, substitution of alternate Carrier or aircraft and rerouting.

The agreed stopping places (which may be altered by Carrier in case of necessity) are those places, except the place of departure and place of destination, set forth on the face hereof or shown in Carrier's timetables as scheduled stopping places for the route. Carriage to be performed hereunder by several successive Carriers is regarded as a single operation.

For carriage to which neither the Warsaw Convention nor the Montreal Convention applies, Carrier's liability limitation shall not be less than the per kilogram monetary limit set out in Carrier's tariffs or general conditions of carriage for cargo lost, damaged or delayed, provided that any such limitation of liability in an amount less than 17 SDR per kilogram will not apply for carriage to or from the United States.

　　5.1 Except when the Carrier has extended credit to the consignee without the written consent of the shipper, the shipper guarantees payment of all charges for the carriage due in accordance with Carrier's tariff, conditions of carriage and related regulations, applicable laws (including national laws implementing the Warsaw Convention and the Montreal Convention), government regulations, orders and requirements.
　　5.2 When no part of the consignment is delivered, a claim with respect to such consignment will be considered even though transportation charges thereon are unpaid.

6.　6.1 For cargo accepted for carriage, the Warsaw Convention and the Montreal Convention permit shipper to increase the limitation of liability by declaring a higher value for carriage and paying a supplemental charge if required.
　　6.2 In carriage to which neither the Warsaw Convention nor the Montreal Convention applies Carrier shall, in accordance with the procedures set forth in its general conditions of carriage and applicable tariffs, permit shipper to increase the limitation of liability by declaring a higher value for carriage and paying a supplemental charge if so required.

7.　7.1 In cases of loss of, damage or delay to part of the cargo, the weight to be taken into account in determining Carrier's limit of liability shall be only the weight of the package or packages concerned.
　　7.2 Notwithstanding any other provisions, for "foreign air transportation" as defined by the U.S. Transportation Code:
　　　7.2.1　in the case of loss of, damage or delay to a shipment, the weight to be used in determining Carrier's limit of liability shall be the weight which is used to determine the charge for carriage of such shipment; and
　　　7.2.2　in the case of loss of, damage or delay to a part of a shipment, the shipment weight in 7.2.1 shall be prorated to the packages covered by the same air waybill whose value is affected by the loss, damage or delay. The weight applicable in the case of loss or damage to one or more articles in a package shall be the weight of the entire package.

8.　Any exclusion or limitation of liability applicable to Carrier shall apply to Carrier's agents, employees, and representatives and to any person whose aircraft or equipment is used by Carrier for carriage and such person's agents, employees and representatives.

9.　Carrier undertakes to complete the carriage with reasonable dispatch. Where permitted by applicable laws, tariffs and government regulations, Carrier may use alternative carriers, aircraft or modes of transport without notice but with due regard to the interests of the shipper. Carrier is authorised by the shipper to select the routing and all intermediate stopping places that it deems appropriate or to change or deviate from the routing shown on the face hereof.

10.　Receipt by the person entitled to delivery of the cargo without complaint shall be prima facie evidence that the cargo has been delivered in good condition and in accordance with the contract of carriage.
　　10.1　In the case of loss of, damage or delay to cargo a written complaint must be made to Carrier by the person entitled to delivery. Such complaint must be made:
　　　10.1.1　in the case of damage to the cargo, immediately after discovery of the damage and at the latest within 14 days from the date of receipt of the cargo;
　　　10.1.2　in the case of delay, within 21 days from the date on which the cargo was placed at the disposal of the person entitled to delivery;
　　　10.1.3　in the case of non-delivery of the cargo, within 120 days from the date of issue of the air waybill, or if an air waybill has not been issued, within 120 days from the date of receipt of the cargo for transportation by the Carrier
　　10.2　Such complaint may be made to the Carrier whose air waybill was used, or to the first Carrier or to the last Carrier or to the Carrier, which performed the carriage during which the loss, damage or delay took place.
　　10.3　Unless a written complaint is made within the time limits specified in 10.1 no action may be brought against Carrier.
　　10.4　Any rights to damages against Carrier shall be extinguished unless an action is brought within two years from the date of arrival at the destination, or the date on which the aircraft ought to have arrived, or from the date on which the carriage stopped.

11.　Shipper shall comply with all applicable laws and government regulations of any country to or from which the cargo may be carried, including those relating to the packing, carriage or delivery of the cargo, and shall furnish such information and attach such documents to the air waybill as may be necessary to comply with such laws and regulations. Carrier is not liable to shipper and shipper shall indemnify Carrier for loss or expense due to shipper's failure to comply with this provision.

12.　No agent, employee or representative of Carrier has authority to alter, modify or waive any provisions of this contract.

图 8-3　航空运单背面的运输条件

及承运人的运价、规则、规定和航班表共同构成本合同的条款，后者可以在承运人的办公地点查阅。随着《蒙特利尔公约》生效，这种现象正逐步减少。《蒙特利尔公约》第 49 条强制适用条款规定："运输合同的任何条款和在损失发生以前达成的所有特别协议，其当事人借以违反本公约规则的，无论是选择所适用的法律还是变更有关管辖权的规则，均属无效。"

3.关于赔偿责任限制

承运人的赔偿责任限制,《华沙公约》与《蒙特利尔公约》规定是一致的(每千克250金法郎,等于17特别提款权,从2009年12月30日起改定为19特别提款权)。某项运输不适用《蒙特利尔公约》时,承运人对货物损失、损坏或延误所负的责任以不超过每千克20美元为限,如托运人声明了价值并支付了附加费,则以声明价值为准。如果只是部分货物灭失、损坏或延误,在确定承运人赔偿责任限额时,应以该件货物重量计算赔偿。

4.关于承运人改变运输线路的权利

为便于承运人履行合同义务,几乎所有的航空运单都规定:承运人有权为完成本契约的运输单独作出合理安排,例如改变运输路线、更换承运人或飞机,但必须照顾托运人的利益。

5.关于承运人的责任期间

承运人的责任期间自接管货物时起,至交付货物时止。

6.关于托运人支付运输费用义务

支付运费是托运人的基本合同义务之一,因此,除非运单规定费用由收货人支付,否则托运人必须付清运单下的或政府规定的一切费用,但未付清费用不影响货方的索赔权利。

7.关于承运人的通知和交货义务

货物到达目的地时,承运人有义务立即通知收货人或运单载明的被通知人。如果在货物抵达目的地前,托运人改变收货人,则按托运人指示交付货物。

8.关于收货人的货损通知义务

当发生货物损坏时,收货人有义务作出书面通知,并应在《蒙特利尔公约》规定时间内向承运人提出,否则,视为索赔人放弃索赔权利。

9.关于诉讼时效

《蒙特利尔公约》规定,对承运人的诉讼应在货物到达目的地之日起,或从飞机应该到达之日起,或从运输停止之日起两年内提出,否则丧失诉讼权利。

10.关于托运人的义务

托运人应当遵守一切有关法律,包括始发、到达、经停或飞越国家的法律、法规,妥善包装、交付货物和必要随附文件。因托运人违反本条规定造成货物损失的,承运人不负责赔偿。除上述主要条款,各航空公司的运单还可以根据情况规定一些其他条款。

8.4 航空货物运价及运费

与其他各种运输方式不同的是,国际航空货物运输中与运费有关的各项规章制度、运费水平都是由国际航协统一协调、制定的。运价(Rates)又称费率,指承运人对其承运的货物按照规定的重量单位(或体积单位)或货物的价值收取的从始发站机场至目的地机场的航空运输费用。运费（Changes）指每批（票）货物根据适用的运价和货物的计费重量计得的航空运费以及与运费有关的其他费用的总和。

8.4.1　国际航空货物运价手册

国际航空货物运价手册（the air cargo tariff manual，TACT）由国际航协出版发行，涵盖与国际航空货物运输相关的规则、规章、货物运价和运费等信息，是从事国际航空货物运输业务的承运人和代理人的必备手册，更是工作人员的操作指南。TACT 手册每年 2、6、10 月出版更新，包括规则手册（tact rules manual）和运价手册（tact rates manual）两个部分。一百多家航空公司提供信息，使它成为航空货运市场上最可靠和最全面的信息来源，涵盖了覆盖全球的超过 230 万个运价和运费，以及具备权威性的各类行业规章。规则手册中主要包括国际航协代码、术语、运输货物的接管条件（接管货物和托运人货运文件的要求）、运输费用、服务和相关费用、支付运价和费用以及货币转换、航空运单的填制要求等内容。运价手册主要包括北美运价手册（所有类型的去往和来自美国和加拿大的运价）和全球运价手册（除北美运价之外的几乎全球所有的城市之间的运价）。

8.4.2　计费重量

采用国际航空运输的货物种类是多样的，按照货物密度的不同可将货物分为重货和轻泡货物。对于体积小、重量大的重货，航空公司规定，以货物的实际毛重作为计算重量的标准；而对体积大、重量小的货物，则以该批货物的体积重量作为计费重量标准。

1.重货

重货是指重量大、体积小的货物。具体规定为：每 6 000 立方厘米或每 366立方英寸重量超过 1 千克的货物应视为重货。当货物的实际毛重用千克表示时，对于不足 1 千克的尾数，不足 0.5 千克的进为 0.5 千克，0.5 千克以上的进为 1千克。

2.轻泡货物

轻泡货物是指体积大、重量小的货物。具体规定为：每 6 000 立方厘米或每366 立方英寸重量不足 1 千克的货物应视为轻泡货物。轻泡货物以它的体积重量作为计费重量。

体积重量的计算方法是：

（1）分别测出货物的最长、最宽、最高的部分，而不考虑它的外观形状。注意：测量单位为厘米或英寸，测量数值的尾数四舍五入。

（2）将货物的长、宽、高相乘得出货物的体积。

（3）将体积折合成千克，即：

体积重量（千克）=货物体积（立方厘米）÷6 000 立方厘米/千克

体积重量尾数的处理方法与重货尾数处理方法相同。

确定货物计费重量原则是：比较货物的实际毛重和体积重量，从高计费。例如，航空托运一批货物，实际毛重是250千克，体积是1 908 900立方厘米，其体积重量为318.15千克（1 908 900÷6 000）。由于体积重量超过实际毛重，所以计费重量为318.15千克。

当集中托运的货物中有重货也有轻泡货物时，其计费重量则采用整批货物的总毛重或总的体积重量两者之中较高的计算。

8.4.3　航空运价种类

目前国际航空货物运价按制定人不同分为协议运价和国际航协运价。前者是指航空公司与货主协商的运价，后者是国际航协制定的统一运价。国际航协运价主要包括：指定商品运价、普通货物运价、等级货物运价和集装货物运价。此外，还有非公布运价和政府间协议运价等。尽管从竞争考虑，各航空公司很少遵守国际航协运价，但在制定自己的运价时仍是参照国际航协运价。现将国际航协运价介绍如下：

1.指定商品运价（specific commodity rates，SCR）

指定商品运价也称特种货物运价，是由参加国际航空运输协会的航空公司，根据在一定航线上有经常性特定货物运输，向国际航空运输协会提出申请，经同意后制定的优惠运价。国际航空运输协会公布指定商品运价时将货物划分为以下类型：

0001～0999食用动物和植物产品；

1000～1999活动物和非食用动物及植物产品；

2000～2999纺织品、纤维及其制品；

3000～3999金属及其制品，但不包括机械、车辆和电器设备；

4000～4999机械、车辆和电器设备；

5000～5999非金属矿物质及其制品；

6000～6999化工品及相关产品；

7000～7999纸张、芦苇、橡胶和木材制品；

8000～8999科学和精密仪器、器械及配件；

9000～9999其他货物。

其中每一组又细分为10个小组，每个小组再细分，这样几乎所有的商品都有一个对应的组号，公布指定商品运价时只要指出本运价适用哪一组货物就可以了。

航空公司制定指定商品运价的主要目的是向发货人提供一个具有竞争性的运价，以便发货人充分使用航空公司的运力，所以，指定商品运价比普通货物运价要低。但航空公司对适用指定商品运价的货物种类、航线及货量均有要求。在货量方面，航空公司规定起码重量（如100千克）。如果货量不足，而托运人又希望适用特种运价，那么货物的计费重量就要以规定的最低运量为准。

2.普通货物运价（general cargo rates，GCR）

普通货物运价是指指定商品运价和等级货物运价以外的一种运价。如果一批货物不能适用指定商品运价，也不属于等级货物运价时，就应该适用普通货物运价。

通常，普通货物运价根据货物重量不同，分为若干个重量分级，每个分级点规定一个运价。例如，"N"表示标准普通货物运价（normal general cargo rates），是指45千克以下的普通货物运价。同时，普通货物运价还公布有"Q45""Q100""Q300"等不同重量等级分界点的运价。其中，"Q45"表示45千克（包括45千克）以上的普通货物运价，依此类推。

此外，每票货物还公布有最低运费，用"M"表示，如果用货物的计费重量和适用的运价计算出来的最终运费低于规定的最低运费，则须按规定的最低运费支付。

上述"N""Q""M"代号需在航空货运单（AWB）的"RATE CLASS"一栏内填写。

3.等级货物运价（class rates or commodity classification rates，CCR）

等级货物运价适用于规定地区或区间的少数货物运输。通常表示为在普通货物运价的基础上增加或减少一定的百分比。换言之，等级货物运价实际上就是对某种特定的商品在普通货物运价的基础上进行提价或优惠的价格。

适用于等级货物运价的货物通常有：

（1）活动物/活动物的集装箱和笼子。

（2）贵重物品。

（3）尸体或骨灰。

（4）报纸、期刊、书籍、商品目录、盲人和聋哑人专用设备和书籍等出版物。

（5）作为货物托运的行李。

其中（1）～（3）项一般在普通货物运价基础上增加一定的百分比，而（4）～（5）项一般在普通货物运价基础上减少一定的百分比。

航空运价是在上面提到的指定商品运价、等级货物运价和普通货物运价三种运价中选择一种来计算的。一般来说，运价的使用顺序原则为先考虑指定商品运价，其次是等级货物运价，最后是普通货物运价。

4.集装货物运价（unit load device rate）

集装货物运价适用于使用集装器（包括集装箱、集装板、集装棚等）的货物运输，在运价手册中公布。计算集装货物运费时，涉及集装器的类型、集装器基准重量和基准运费（对装有货物集装器规定的最低计费重量和最低运费）、超基准重量和超基准运费（指超过基准重量部分的重量和对其收取的费用）、超基准运价（对超基准重量收取的运费）。集装货物运费计算是以一个集装器为单位。规定一个基准重量和基准运费，如果装入的货物超过基准重量，就要收取超基准运费。不同集装器的基准重量和基准运费是不同的。

集装货物运费=基准运费+超基准运费

5.起码运费（minimum charges，M）

起码运费是航空公司办理一批货物所能接受的最低运费，因为，不论货物批量多么小，航空公司都会产生一笔固定费用。如果承运人收取的运费低于起码运费，就不能弥补运送成本。因此，航空公司规定无论运送的货物适用哪一种航空运价，计算出来的运费总额都不得低于起码运费。若计算的数值低于起码运费，则以起码运费计收。

除上述介绍的运价外，航空公司还公布成组货物运价，适用于托盘或集装箱货物。

6.有关航空运价的其他规定

（1）所报的运价适用于从一个机场到另一个机场，而且只适用于单一的方向。

（2）运价中不包括其他额外费用，如提货、进出口报关、交接和仓储费等。

（3）运价一律适用当地公布的货币。

（4）公布的运价是按每千克或每磅为单位计算的。

（5）航空货运单中的运价是按出具运单之日适用的运价。

7.声明价值费

《蒙特利尔公约》第22条第3款规定，如果托运人在向承运人交运包件时，特别声明在目的地点交付时的利益，承运人应当在声明金额范围内负责赔偿，但必要时可收取声明价值附加费。

8.4.4 航空运价的制定原则

为了鼓励大批量货物托运，在定价时，承运人执行量增价减原则，即托运货物数量越大，运价越优惠，其方法是：先将重量分段，然后为不同的重量段制定不同的运价，重量越高，运价越低。例如北京到首尔的运价见表8-8。

表8-8　　　　　　　　　　　　　北京到首尔的运价表

重量分级（KG）运价	（元/千克）（人民币）
N	23.95
45	18.00
100	17.17
300	15.38

"N"表示45千克以下范围的，其运价为23.95元/千克；45~100千克范围内的，其运价为18元/千克，依此类推。45千克以上的不同重量分界点用Q表示，如请输入批注"Q45"、"Q100"等。

运费计算一般是以货物的实际毛重或体积重量乘以相应的重量段运价。但是，如果计得的运费额大于按上一级重量段费率计算的运费额，则按较低的运费额收取。

例如，北京到斯特拉斯堡运价如下：N级，18.00元；45千克级，14.81元；300千克级，13.54元；500千克级，11.95元。

现运普通货物一件38千克，从北京到斯特拉斯堡。比较：

18.00×38=684（元）

45×14.81=666.45（元）

故应按照 666.45 元计收。

再如，20 件机械设备从北京到斯特拉斯堡，重为 450 千克，比较：

13.54×450=6 093（元）

11.95×500=5 975（元）

二者比较取其低者，故该批货物的运费可按 500 千克计得的运费 5 975 元收取。

此外，对特殊货物，实行差别价格原则。

8.5　　　　　　　　　　航空货物托运流程

国际航空货物运输中的一个显著特点是：航空公司主要通过航空货运代理人代其接受货物运输委托。因此，本节通过介绍航空货物运输代理的出口业务程序来学习航空货物托运流程。

航空出口货物托运程序概括地包括以下几个环节：委托代理→审核单证→订舱与包租→制单→接收货物和标签→出口报关→装板和装箱→货物入仓与发送→航班跟踪与结算费用。

8.5.1　委托代理

委托代理是指实际托运人委托航空货运代理人办理出口货物航空运输的行为。委托代理时，实际托运人应当填写"国际货物托运书"（shipper's letter of instruction），并签字盖章。国际货物托运书是托运人与航空货运代理人之间的委托合同，也是代理人向航空公司办理货物托运的依据，也是填制航空货运单的依据，在航空货运代理人作为集中托运商时，该委托书是实际托运人对集中托运商发出的正式要约，因此托运人必须正确填写。国际货物托运书的内容与国际航空运单的内容和填写方法基本一致，在此不再赘述。

8.5.2　审核单证

为履行出口和过境法定手续，发货人应当向航空代理人提交以下文件：

（1）货物发票、装箱单。

（2）国际货物托运书。

（3）报关单。报关单需注明经营单位的海关注册号、贸易性质、收汇方式，并加盖出口单位的公章。

（4）出口许可证、进料加工/来料加工核销本。

（5）商品检验证书。

（6）到付保函。如果运费到付，托运人需向承运人提供相关保函。

货代公司取得托运书后，核对托运书上的资料是否完整，并打印分运单和客户核对单证。

（7）根据需要，提供危险品托运人申报单、活体动物托运人声明书、动植物检疫证明书等。

8.5.3　订舱与包租

1. 班机订舱

订舱是指空运代理人向航空公司提交货物运输申请并获得确认的行为。一般情况下，大宗货物、紧急物资、鲜活易腐物品、危险品、贵重物品等必须预订舱位。

订舱的一般做法是：

（1）航空代理人在接到托运人提交的"国际货物托运书"后，依照托运人的要求，选择最佳的运输线路和承运人，争取最合理的运价。

（2）通过航空公司电子订舱系统或其他方式，向航空公司的吨位控制部门预订舱位。预订舱位时需提供以下信息：货运单号码、货物品名、包装、重量、件数、尺寸、体积、始发站和目的站、运输要求、订舱人名称及联系方式、集装器的编码和集装货物的外形代码、危险品的联合国或国际航协编号及其运输专用名称、净重，鲜活易腐货物的最长运输时限及途中特殊要求等。

（3）航空公司根据航班的运载能力和舱位情况接受订舱。航空公司在规定的时限内对预订舱位进行确认，签发舱位确认书（舱单），并发给装货集装器领取凭证，以表示舱位订妥。

货物订舱通知单（cargo booking advice，CBA）是指航空公司根据航班订舱情况制作的通知单，由吨控室开具，是配载人员进行配载工作的依据，配载人员一般应严格按照CBA要求配货。

2. 包机申请

托运人要求包用飞机运输货物，应填写包机申请书，经承运人同意接受并签订包机运输协议书以后，航空包机货物运输合同即告成立。签订协议书的当事人，均应遵守民航主管机关有关包机运输的规定。包机人和承运人执行包机合同时，每架次货物包机应当填制托运书和货运单，作为包机的运输凭证。包用飞机的吨位由包机人充分利用，承运人如需利用包机剩余吨位，应与包机人协商。

8.5.4　制单

制单是指航空代理人填制航空货运单的行为。如果航空代理人作为集运人收取众多小票货物，然后再向航空公司集中托运，则需要分别填制总运单和分运单。

制单的依据是托运人提交的国际货物托运书，填妥之后如有修改，必须加盖代理公司的修改章。

如果是直接发运给国外收货人的单票货物，则填开航空公司的航空货运单；如果是集中托运的货物，则需先为每票货物填开航空货运代理人的分运单，然后再填开航空公司的总运单，以便国外代理公司对总运单下的各票货物进行分拨。总运单上的运费一栏应当按所使用的公布运价填写，分运单的运费一栏则按照协议运价填写。总运单的件数与分运单的件数总和应当一致。总运单下有数份分运单的，还应制作航空货物清单。最后还应当制作"空运出口业务日报表"，供制作标签使用。

8.5.5　接收货物和标签

接收货物是指航空货运代理人接收欲发运的货物并暂存在自己的仓库的行为，一般与接收单证同时进行。对于通过空运或铁路从内地运往出境地的出口货物，货运代理按照发货提供的运单号、航班号及接货地点日期，代其提取货物。如货物已在始发地办理了出口海关手续，发货人应同时提供始发地海关的关封。

航空代理人在接收货物时，应当丈量和过磅货物，并根据发票和装箱单核对货物品名、数量、合同号、运输标志与航空货运单的记载是否一致，了解是否属于特定条件下运输的货物，特别应注意交运的货物是否属于危险品，或其中可能含有危险品。如属于或含有危险品，应按承运人与代理人的有关协议及国际航协危险物品规定中的有关规定办理。托运人不得谎报品名或者在货物内夹带限制运输或禁止运输的货物。

托运的货物包装还应符合运输要求，包装方式应能保证包装完整、内部填充充分、无异味散发、不污损飞机和其他货物、便于装卸；包装材料应保证清洁干燥、无突出棱角、无病虫害；运输标志应保证完整、清晰。另应检查货物的体积是否符合装载机型的要求，对于联程货物，则应考虑其中转航站所使用的机型。

每件货物的外包装上都应当清楚地喷刷、书写托运人名称、收货人名称、详细地址、联系电话、合同号以及操作注意事项等内容。为保证顺利运输和交付货物，还应将上述内容做成标签，贴在或挂在货物的外包装上。危险品和特种货物应当贴挂规定的特殊标签。如果是集中托运的货物，还必须有分运单标签。

8.5.6　出口报关

出口报关指发货人或航空货运代理人向海关办理货物出口申报的行为。根据区域通关改革内容，托运人或空运代理人可以通过海关电子申报平台，在任何地点向海关申报货物空运出口，在收到海关申报电子平台反馈的"通过"回复后，即完成了出口报关手续。

8.5.7　装板和装箱

除托运行李外，航空货物均是以"集装板"或"集装箱"形式装运的。小于2立方米的货物通常交予航空公司拼装，大于2立方米的货物，一般由航空货运代理人装板或装箱。代理人根据订舱计划，在履行出口报关手续后，凭航空公司吨控部门发放的航空集装板、集装箱凭证，领取集装板或集装箱。

货物装板或装箱时应注意以下几点：

（1）正确使用板型或箱型。各航空公司都有自己的集装板和集装箱，一般不许转用于其他航空公司，板型和箱型也不尽相同，所以如果错用板型或箱型，可能发生误机现象。

（2）不同型号的板、箱适用于不同型号的飞机，因此，不能误用。

（3）板上、箱内应堆放整齐、牢固，并绑紧网索，防止运输途中倒垛。

8.5.8 货物入仓与发送

上述准备工作完成后，航空货运代理人应当向航空承运人交付单据和货物。交付的单据是指随机单据，包括第二联航空货运单正本、发票、装箱单、产地证明、品质证书等。交付的货物应与运单相符，整箱、整板货物按箱、板交付，拼箱、拼板货物按称重计件交付。交付的货物包装和标签必须符合规定。航空承运人收运货物时，应认真检查货物的包装与尺寸，核对货物的品名，特别是是否为特种货物，如危险品、活动物、鲜活易腐货物，是否为相关国家禁止进出口的货物等，清点货物的件数，有不符合航空运输规定的，应要求托运人改进。还应检查交付的文件是否书写正确、完整、有效等。航空公司接收货物后，将根据托运单要求，确定航班、机型和中转站，编制货物发送顺序。此后，航空公司会编制货物装机计划，准备货邮舱单（包括航班信息和货物信息，用于通报目的站和承运人之间的运费结算）和装机指令，并在规定的时间将货物装机，将随机文件交付机长。

8.5.9 航班跟踪和费用结算

单证和货物付运后，航空货运代理人应当密切跟踪航班信息，及时掌握航班取消、延误、溢载、错运等信息，并反馈给货主。

货物发运后，代理人将向托运人收取航空运费、地面费用和其他各种服务费和手续费。如果运费为到付，在收货人提货时，收取航空运费和目的地的各种费用。

□ 复习思考题

1.关键概念：集中托运、HAWB、MAWB、华沙法律体系、《蒙特利尔公约》、指定商品运价、普通货物运价、等级货物运价 航空运单 国际航空货运业务手册

2.航空运输中的集中托运有何特点？（8.1.6）

3.航空集中托运时有哪两种运输合同关系？（8.1.6）

4.根据《蒙特利尔公约》规定，航空货运单的性质与作用是什么？（8.2.1）

5.《蒙特利尔公约》关于承运人的责任、归责原则及责任期间是如何规定的？（8.2.1）

6.《蒙特利尔公约》关于承运人的赔偿责任限制是如何规定的？（8.2.1）

7.《蒙特利尔公约》关于托运人、收货人的权利和义务规定是什么？（8.2.1）

8.航空货运单的正面内容主要有哪些？（8.3.2）

9.航空货运单背面条款的主要内容有哪些？（8.3.3）

10.航空运费是如何计算的？（8.4）

第9章 /国际道路及其他形式货物运输

—— 学习目标 ——

　　了解国际道路货运、邮政、内河和管道运输的基本概念和知识，重点掌握国际道路货物运输的法律规定以及合同中承运人和托运人的基本义务，国际道路货物运输的实施、程序与技能。

　　作为一种货物运输方式，虽然跨国道路货物运输在国际货物运输中占比较小，但是，由于具有机动灵活、简捷方便等特点，它在陆路接壤国家和地区间的货物运输中发挥着重要作用。特别是，随着我国"一带一路"倡议的实施，陆路对外开放口岸的增加，运输线路和道路条件的改善，我国道路跨国货物运输量越来越大，目前港澳与内地的货物运输主要是通过道路运输来完成的，我国与中亚，甚至西亚、俄罗斯等地区的货物越来越多地选择经过新疆的阿拉山口、霍尔果斯、吉木乃、伊尔克什坦等道路口岸完成运输。国际道路货物运输在国际货物联运中也发挥着重要作用，以往往返于我国与欧洲、中西亚、波斯湾等地区之间的"海运+陆运货物"运输模式，逐步被欧亚大陆桥上的联合运输取代，运输时间和费用大大减少。随着物流公司运输组织技能的不断成熟，"一带一路"倡议的各国"物流畅通"合作不断加深，未来我国道路跨国货物运输规模还将越来越大，国际道路货物运输相关法律、组织形式、合同签订与履行等知识已经成为学习国际货物运输的重要内容。

　　道路货物运输涉及运输工具、经营方式、合同双方主要义务、运输合同条款、合同履行等几个方面内容，本章分别进行介绍。

9.1　　国际道路货物运输基础知识

9.1.1　运输工具种类

　　与其他运输方式相比，道路货物运输中的车辆种类较多，操作方式也不同。

　　（1）按载重吨位的不同，可将车辆分为大件车和普通货车。大件车是指用来装载重大件货物的拖挂车。这种车型一般根据车头的牵引力配备不同轴线的拖挂来运载超大型货物。根据需要，有时需要配备专业人员负责货物绑扎的紧固、路上排障、运输秩序维持等。

普通货车是指用来装载普通货物的各类货车。普通货车主要包括普通槽车、箱式货车、集卡车、挂车和半挂车、工程翻斗车等。这些车型承运各种散杂货、适箱货、特种货，成为道路货物运输的主体。

（2）按运输货物的性质不同，可将车辆分为一般货车和特种货车。一般货车主要承运无毒、无放射性的固体货物。对于那些通过包装可以装入箱式货车和采用集装箱运输的货物称为适箱货物。许多以往采用普通槽车运送的散杂货和大宗货物，如矿砂、粮食、机电设备由于采用了集装箱运输方式，陆上便以集卡车运输为主，导致集卡车和箱式车在各类货车中的比例迅速提升。

特种货车主要承运危险品、化学品及液态化工制品等，这些货物具有易燃、易爆、易污染和有毒的特征。这类车辆装备和运输过程都有严格的规定和限制，对承运人的资质要求较高，专业性也较强。

此外，车辆在运营管理中还可分为境内海关监管车辆和跨境运输车辆等。跨境运输车辆除了需要取得海关特许外，还需要取得运输监管部门的特许，从事跨境货物运输的均为这类车辆。

9.1.2　国际道路运输的形式

运输形式不仅涉及运输车辆的选择、运输的组织、运输的经济性和快捷性，还涉及运输合同的订立方式、海关监管的方式等问题。采用何种运输形式是依据货物种类和货物批量大小确定的。根据我国《汽车货物运输规则》，道路货物运输分为以下运输形式：

1.零担货物运输

零担货物运输通常是指承运人在固定的线路和时间上，按照固定的费率运输零担货物的运输形式。如同海上班轮货物运输，在零担货物运输中，承运人公布运输线路和时间表，接受零担货主的托运，在海关监管仓库集中收货，货物装运后签发国际道路货物运单。零担货物运输多数采用厢式货车，它能够有效保护货物，减少货损、货差。零担运输的托运手续也较简单，可以实现一次托运、一次交费、一票到底、全程负责、送货到门。由于其灵活性和便利性，这种运输形式在许多情况下要比铁路、水路等运输方式快捷。

2.包车货物运输

包车货物运输也称整批货物运输，是指租车人就整批货物、整车货物或大件货物的运输与承运人订立包车运输合同，由租车人按照时间或里程支付运费完成货物运输的运输形式。采用包车运输的通常为以下情形：

（1）货物重量或体积能够装满整车。

（2）不足整车的，但其体积、形状需要一辆汽车运输。

（3）不能拼装的特种货物，为防止对其他货物造成不良影响。

（4）货主为自身货物或运输便利考虑而特别提出整车运输。

包车运输的计费有两种形式：一是按时间计费，如按小时或天数；二是包干运费。

3.特种货物运输

特种货物运输是指由于货物的特别性质，需要特种车辆运送的运输形式，这类运输通常受运输监管部门和海关的特别监管。特种货物运输可分为三大类：承运《危险货物品名表》列名的易燃、易爆、有毒、有腐蚀性、有放射性等危险货物和虽未列入《危险货物品名表》但具有危险货物性质的新产品，为危险货物汽车运输，这类货物要由罐车或经过特殊改造加工的符合危险品运输条件的车辆运输；因货物的体积、重量的要求，需要大型或专用汽车（如平板、桥式板拖车）运输的，为大型特型笨重物件运输；鲜活货物，如冷冻品、鲜花、鲜活水产品等，一般要由冷藏车、保温车运输。

4.集装箱汽车运输

采用集装箱为容器，使用汽车运输的，称为集装箱汽车运输。目前集装箱汽车运输已成为道路运输的重要组成部分，成为海运、铁路、国际多式联运等运输方式中不可缺少的组成部分。标准拖车与集装箱船、火车、仓储场站的装卸设施相匹配，使货物的管理、运输、仓储、装卸等机械作业和海、铁、路全程联运效率得到了空前的提高。

5.快件货物和搬家货物运输

在规定的距离和时间内将货物运达目的地的，为快件货物运输；应托运人要求，采取即托即运的，为特快件货物运输；为个人或单位搬迁提供运输和搬运装卸服务，并按规定收取费用的，为搬家货物运输。由于这类运输的即时性要求，海关通常提供特殊的快捷便利监管模式。

9.1.3 我国至邻国的道路口岸

道路口岸是指国家在陆上边境设立的供人员和货物出入境及运输工具停站的通道。在我国，有经国务院批准设立的一类开放口岸和经省级政府批准设立的二类开放口岸。道路口岸设有海关、检验检疫、边检机构，一些口岸由于气候等原因由双边政府协议季节性开放。边境开放口岸既是边境贸易的重要场所，也是与邻国跨境货物运输的重要通道。目前经国务院批准的一类对外开放陆路口岸基本信息见表9-1，其中，新疆的一类开放口岸最多（见表9-2）。

表9-1   中国对外开放主要一类陆路口岸分地区概览

省份	口岸	对应邻国或地区
内蒙古	二连浩特、阿日哈沙特、珠恩嘎达布其、甘其毛道、满都拉、乌力吉、策克	蒙古国
吉林	珲春、圈河、临江	朝鲜
黑龙江	绥芬河、东宁、密山	俄罗斯
广东	文锦渡、拱北、沙头角、皇岗	中国香港、中国澳门
广西	友谊关、东兴、龙邦	越南
云南	河口、瑞丽、畹町、金水河、猴桥、磨憨	越南、缅甸、老挝
西藏	樟木、亚东	尼泊尔、印度
新疆	霍尔果斯、阿拉山口、巴克图、伊尔克什坦、吉木乃、吐尔尕特、老爷庙、红山嘴、塔克什肯、红旗拉甫、都拉塔、卡拉苏	哈萨克斯坦、塔吉克斯坦、吉尔吉斯斯坦、巴基斯坦、蒙古国

表9-2   新疆一类开放口岸分布

名　称	位　置	类　型	开放对象	对方口岸
老爷庙口岸	哈密巴里坤哈萨克自治县	道路	蒙古国	布尔嘎斯台
乌拉斯台口岸	昌吉回族自治州奇台县	道路	蒙古国	—
塔克什肯口岸	阿勒泰清河县	道路	蒙古国	布尔干口岸
红山嘴口岸	阿勒泰福海县	道路	蒙古国	
吉木乃口岸	阿勒泰吉木乃县	道路	哈斯克斯坦	
巴克图口岸	塔城市	道路	哈萨克斯坦	
阿拉山口口岸	博尔塔拉蒙古自治州	道路、铁路	哈萨克斯坦	多斯特克口岸
霍尔果斯口岸	伊犁哈萨克自治州霍尔果斯市	道路、铁路	哈萨克斯坦	
都拉塔口岸	伊犁哈萨克自治州察布查尔锡伯自治县	道路	哈萨克斯坦	—
吐耳尕特口岸	克孜勒苏柯尔克孜自治州乌恰县	道路	吉尔吉斯斯坦	图鲁噶尔特口岸
伊尔克什坦口岸	克孜勒苏柯尔克孜自治州乌恰县	道路	吉尔吉斯斯坦	—
卡拉苏口岸	喀什塔什库尔干塔吉克自治县	道路	塔吉克斯坦	
红其拉甫口岸	喀什塔什库尔干塔吉克自治县	道路	巴基斯坦	苏斯特口岸
乌鲁木齐国际空港	乌鲁木齐市	航空	—	
喀什国际空港	喀什市	航空	—	

9.2　　　　　　有关国际道路货物运输的法律法规

9.2.1　关于国际道路货物运输合同的国际公约

为协调国际道路运输有关问题，联合国下属欧洲经济委员会负责起草了《国际道路货物运输合同公约》，简称CMR，并于1956年5月19日在日内瓦召开的由欧洲17个国家参加的会议上一致通过。该公约共有12章51条，主要就道路货物运输合同中的承运人责任、合同签订与履行、索赔和诉讼，以及续运承运人的责任等作出规定。

为适应道路集装箱运输需要，使集装箱能够不经开箱检查即能免税通过过境国，欧洲21个国家和欧洲以外的7个国家于1956年签署了关于集装箱的关税协定，并随后缔结了《国际道路车辆运输规定》（transport international routier，TIR）。1959年，在联合国欧洲经济委员会主持下，欧洲23个国家在前述两个协定基础上，制定了《根据TIR手册进行国际货物运输的有关关税协定》（customs convention on the international transport of goods under cover of tir carnets），简称《TIR协定》，该协定也称《国际货物运输的有关关税协定》或《国际运输车辆规则担保下国际货物运输的有关关税协定》，并于1960年正式生效，1975年修订。根据这些规定，集装箱的道路运输承运人，如持有TIR手册，各协定签字国允许集装箱的道路运输车辆在启运国海关的铅封下，中途不经过境国海关检查，不支付过境关税，即可到达目的地国。TIR手册由有关国家政府批准的运输团体发行，这些团体大都是国际道路联合会的成员，它们必须保证监督其所属运输企业遵守海关法规和其他规则。

CMR和TIR是我国跨境道路货物运输合同中常被引用的法律，特别是来往哈萨克斯坦、塔吉克斯坦、吉尔吉斯斯坦和蒙古国的道路货物运输合同。现将CMR的主要内容归纳如下：

1.公约的强制性

该公约第1条规定，本公约适用于使用道路车辆载运货物获取报酬的合同，该合同中指明的装货地和交货地位于两个不同的国家，其中至少有一个是本公约的签约国，而不管合同双方的居住地点和国籍如何。签约各方不能通过双方或多方面达成的协议来改变本公约，除非在他们的边境运输中废止本公约。

2.运输合同的订立

该公约第4条规定，运输合同因道路运单的签订而订立。道路运单正本一式三份，由发货人和承运人签字，发货人和承运人各持第一、三联，第二联交运货司机带到目的地。当一张道路运单下托运不同货物时，应当提交货物清单。

3.道路运单的内容

该公约第6条规定，道路运单应当包括以下内容：签发日期和地点；发货人、承运人、收货人的名称和地址；货物交接地点和日期；货物品名、重量或数量、包装方法和运输标志；运输费用（运输成本费、辅助费、关税以及从签订合同到货物送达之时产生的其他费用）；海关报关须知；运输条件。必要时道路运单还应包含：不允许换装转运的说明；由发货人支付的费用；到付运送费用的金额；货物的价值；发货人对承运人关于货物保险的指示；商定的完成运输的期限；交给承运人的文件清单等。

4.道路运单的性质

该公约第9条规定，道路运单应是制定运输合同、合同条件和承运人收到货物的原始证据。但道路运单不是议付或可转让的单据，也不是所有权凭证。如果道路运单没有载明承运人的保留条款或签注，那么，就可以认为承运人在收到货物时，货物及其包装是处于良好的状态，货物的数量、标志是与运单的说明相符合的，除非存在与此相反的证据。

5.托运人的责任

该公约第7条规定，由于发货人在道路运单中提供的信息不精确或不适当，或由于发货人填入的指示给承运人造成损失，发货人应承担赔偿责任。第10条规定，由于货物包装不当而产生的人员、设备或其他货物的损坏，以及由此造成的任何费用，发货人应对承运人负责，除非包装的缺陷，在承运人接收货物时是明显的，或者承运人是知道的，但他没有作出与此有关的保留条款。第11条规定，为履行海关和其他手续，发货人应将必要的文件附在道路运单上，或交给承运人处理，并向承运人提供他所要求的所有信息。承运人没有义务检查上述文件和信息的准确性与完整性。由于这类文件和信息的短缺、不适当或不准确而造成的任何损失，发货人应对承运人负责，除非承运人方面有某些错误行动或疏忽。

6.发货人和收货人的货物处置权

该公约第12条规定，发货人有权在运输途中要求承运人停运，改变货物发送的地点，或将货物发送给道路运单以外的收货人，除非道路运单有相反规定。该项权利在道路运单第二联已经交付给收货人的情况下终止。此时，承运人应按照收货人的指令行事，但运单收货人只允许改变一次实际收货人。承运人如不能执行处置货物指令，应立即通知指令人，否则应承担违约责任。

发货人或收货人处置货物的权利应以下列条件为前提：①处置指令必须是明确的和可执行的，也不可干扰承运人的正常业务，或不会对其他发货人或其他运单接收人产生不公平的做法；②发货人或收货人承担承运人所有因执行其指令而产生的费用、损失和损坏责任。

7.收货人的权利

该公约第13条规定，在货物到达指定的送交地点后，收货人有权要求承运人交付道路运单和货物，但应当在道路运单承运人联上签收并向承运人交清道路运单上载明的到付运输费用。如发生货物灭失、损坏，或者延期交付，收货人有权以他本人的名义根据合同规定向承运人提出赔偿要求。

8.承运人的责任

该公约第8条规定，在承运货物时，承运人必须检查道路运单上关于货物描述的准确性，以及货物的外观及其包装的状况。如有不符，应当在道路运单上注明保留条款及其理由。但该项保留只有当发货人在运单上明确同意才对其产生约束力。

该公约第17条规定，承运车辆应当适合运输。承运人在从收到货物时起到交付货物时止的期间内，应承担货物的全部或部分损失以及延期交付货物责任。但上述损失是由于索赔人本身的错误行为或疏忽造成的，或是由于承运人执行索赔人的指令，而不是由于承运人错误行为或疏忽造成的，或是由于货物潜在缺陷造成的，或是因不可抗力原因造成的除外。

9.承运人的权利

承运人运输合同下的权利包括运输责任的免责权和运输受阻情况下的货物处置权。

该公约第17条第4款规定，因下列一种或多种原因造成的货物损失或损坏，可以免除承运人的责任：①在道路运单上明确同意和规定使用没有遮盖的车辆；②没有包装，或包装状况不好，在这种情况下，由于货物性质的关系，货物就容易损坏；③货物的装卸、储存是由发货人、托运人或其代理人、受雇人执行的；④由于货物的某种特性，特别是由于破损、锈蚀、腐蚀、脱水、泄漏、正常耗损或虫害作用产生的全部或部分损失或损坏；⑤包装标志或数量不适当；⑥运输牲畜。

关于运输受阻情况下承运人的货物处置权利，该公约第14条、第15条和第16条规定，如遇货物无法按照运单上的条件执行合同，那么，承运人应向托运人或收货人请求指令。如在合理时间内没有收到该项指令，承运人有权采取他认为是对货物有处置权人最为有利的步骤处置货物，包括必要时按照货物所在地法律或习惯出售货物。承运人有权收取因要求指令和由于执行该指令而产生的任何费用，除非这类费用是由于承运人的错误行为或疏忽造成的。

10.索赔和诉讼（第18~32条）

（1）举证责任。承运人应对货物损失、损坏或延误产生的原因承担举证责任。

（2）货物灭失的认定。在规定的期限之后30天内，或如无协议期限，在承运人接收货物之后60天内，货物没有送达，即可认为货物灭失。

（3）赔偿金额的确定。货物灭失的赔偿金额应参照接运地点、时间、货物的价值进行计算。货物的价值应根据商品交易所价格，或无此种价格则根据现行市价，若无现行市价，参照同类、同品质货物的通常货价确定。短少的赔偿金额毛重每公斤不超过25法郎。赔偿时，应扣除应付的运输费用、关税及其他费用。

（4）赔偿限额。在延迟情况下，如索赔人证明损坏是由此引起的，承运人应支付该损坏不超过运输费用的赔偿。如道路运单中有声明价值，按照声明价值赔偿。

如货物全部损坏，承运人应对全部货物价值进行赔偿；如货物部分损坏，承运人应对货物降低价值部分进行赔偿。

（5）承运人免责权利及赔偿限额权利的丧失。如货物损坏和延迟抵达属承运人的故意不当行为或疏忽所致，则承运人无权援引该公约规定的承运人免责权利和赔偿责任限额权利。承运人的代理人或受雇人的故意不当行为或疏忽行为导致货物损坏或货物延迟抵达的，结果相同。

（6）损坏通知时限及违反后果。收货人应当在接管货物时与承运人及时检验货物状况，并做好交接记录。如无此种交接，当有明显的灭失或损坏时，收货人应在交货时，或如灭失或损坏不明显，在交货后7日内（星期日和例假日除外）应向承运人提出货物灭失或损坏的书面通知；否则，接收货物的事实应视为他收到运单货物的初步证据。延迟交付索赔应在收到货物时起的21天内书面作出，否则丧失延期交付赔偿权。

（7）法院管辖及诉讼时效。原告可在双方协议约定的缔约国的任何法院提起，也可在被告的通常住所或主要营业所、经手订立合同的分支机构或代理机构的所在地、承运人接管货物的地点或指定的交货地点提起。按照本公约运输引起的诉讼，其时效期限为1年，故意不当行为的诉讼时效期限为3年；如货物系部分灭失、损坏或交货延迟，自交货之日起算；如系全部灭失，以议定的交货期限届满后第30天，或如无议定的交货期限，则从承运人接管货物之日起第60天开始起算。

9.2.2　我国有关国际道路货物运输合同的法律法规

除上述CMR和TIR规则外，在我国的国际道路货物运输合同中，特别是在内地与港澳地区的跨境道路货物运输合同中，或在国际道路货物运输中的国内段运输合同中，也经常适用我国的相关法律，其原则与CMR基本一致。此外，相关的运输监管和海关监管的法规也涉及运输合同双方的义务。这些相关法律法规主要有《合同法》、2016年2月6日国务院发布的经第二次修订的《中华人民共和国道路运输条例》（以下简称《道路运输条例》）、2000年1月1日交通部公布的最新修订的《汽车货物运输规则》以及交通部、海关总署关于国际道路货物运输的其他相关规定。

根据上述法律法规，将托运人和承运人在国际道路货物运输合同中的主要义务归纳如下。

1.托运人的主要义务

（1）支付运费以及其他相关费用。

（2）谨慎、妥善地提供运输信息。托运人办理货物运输，应当向承运人准确表明收货人的名称或者凭指示的收货人，货物的名称、性质、重量、数量，收货地点等有关货物运输的必要情况。因托运人申报不实或者遗漏重要情况，导致承运人损失的，托运人应当承担赔偿责任。

（3）提供运输文件。货物运输需要办理审批、检验等手续的，托运人应当将办理完有关手续的文件提交承运人。委托承运人报关、清关的，应当向承运人提供准确的必要单证和信息。托运人应当保证进出境货物符合进出境国海关的规定，如实申报，符合海关货物监管规定。否则，给承运人造成损失的，应当负责赔偿。

（4）妥善包装货物。托运人应当按照约定的方式包装货物，托运危险品时，应严格按照危险品运输规定妥善包装，作出运输标志和标记。对一般货物的包装方式没有约定或者约定不明确的，应保证包装适合运输。托运人违反上述规定的，承运人可以拒绝运输。

（5）提供危险品信息。托运人托运易燃、易爆、有毒、有腐蚀性、有放射性等危险物品的，应当按照危险物品运输的规定，将有关危险物品的名称、性质和防范措施的书面材料提交承运人。托运人违反此项规定的，承运人可以拒绝运输，也可以采取相应措施避免损失的发生，因此产生的费用由托运人承担。

（6）保证收货人及时接收货物。货物运输到达后，承运人知道收货人的，应当及时通知收货人，收货人应当及时提货。收货人逾期提货的，应当向承运人支付保管费等费用。收货人提货时应当按照约定的期限检验货物。收货人在约定的期限或者合理期限内对货物的数量、毁损等未提出异议的，视为承运人已经按照运输单证的记载交付的初步证据。

为保证托运人的处理货物权利，《合同法》还规定，在承运人将货物交付收货人之前，托运人可以要求承运人中止运输、返还货物、变更到达地或者将货物交给其他收货人，但应当赔偿承运人因此受到的损失。

2.承运人的主要义务

承运人包括契约承运人和实际承运人，前者主要是各类具备资质的不具备运输工具的物流公司，后者是指接受实际托运人或契约承运人委托，实际实施货物运输的企业。

（1）应当具备国际货物运输资质。根据《道路运输条例》，从事国际道路货物运输的企业应当依法向工商行政管理机关办理有关登记手续，取得道路运输经营许可证和车辆营运证，并需经省、自治区、直辖市道路运输管理机构批准，同时向国务院交通主管部门备案；货运经营者应具备合格的车辆、驾驶人员和健全的安全生产管理制度。驾驶员应当持有机动车驾驶证。从事危险品运输的，应有5辆以上合格的运输专用车辆、设备和有资质的驾驶员。运输车辆的显著位置，应标明中国国籍识别标志。外国国际道路运输经营者的车辆在中国境内运输，应当标明本国国籍识别标志。

（2）保证运输工具适合约定的货物运输。《汽车货物运输规则》第5条和第6条规定，承运人应根据承运货物的需要，按货物的不同特性，提供技术状况良好、经济适用的车辆，并能满足所运货物重量的要求。使用的车辆、容器应做到外观整洁，车体、容器内干净无污染物、残留物。承运特种货物的车辆和集装箱运输车辆，需配备符合运输要求的特殊装置或专用设备。货运经营者应当根据《道路运输条例》要求，加强对车辆的维护和检测，确保车辆符合国家规定的技术标准。

（3）履行海关有关企业、车辆和驾驶员的备案，监管运输工具和货物的承运人义务。根据我国海关的监管规定，从事跨境道路货物运输的境内、境外企业及其车辆和驾驶员应在海关备案，海关对其实行联网备案管理。《企业法人营业执照》《道路运输经营许可证》《海关验车记录表》《车辆及驾驶人员进出境批准通知书》《机动车辆行驶证》《机动车辆登记证书》《车辆及驾驶人员进出境批准通知书》《机动车辆驾驶员驾驶证》和身份证、回乡证或者护照复印件等证书是备案的必备文件。海关备案后核发的《货运企业备案登记证》《车辆进出境签证簿》是必要的通关证件。

根据海关的监管规定，货运车辆需由在海关备案的驾驶员驾驶，驾驶员需按照海关指定的路线和规定的时限，将承运的货物完整地运抵指定的监管场所，并确保承运车辆、海关封志、海关监控设备及装载货物的箱（厢）体完好无损。货运车辆进出境时，企业或者驾驶员应当按照海关规定如实申报，交验单证，并接受海关监管和检查。承运海关监管货物的车辆从一个设立海关地点驶往另一个设立海关地点的，企业或者驾驶员需按照海关监管要求，办理转关手续。货运车辆完成当次运输后，需由原驾驶员驾驶原车辆复出境。对构成走私或者违反海关监管规定的行为，海关将依照《中华人民共和国海关法》《中华人民共和国海关法行政处罚实施细则》等有关法律、行政法规的规定予以处理。

中国和境外海关都对跨境的货物运输车辆和运输的货物制定申报、查验、运输等监管规定，承运人应当严格履行不同国家、地区海关的规定。对违反规定导致的货物损失、罚款和延迟运输导致的经济损失应当承担赔偿责任。

（4）履行运输期限、运输线路和运输地点保证的义务。运输期限，是由承托双方共同约定的货物起运、到达目的地的具体时间。按照《汽车货物运输规则》的规定，未约定运输期限的，从起运日起，按200千米为1日运距，用运输里程除每日运距，计算运输期限。承运人应当在约定期间或者合理期间内，按照约定的或者通常的运输路线将货物运输到约定地点。跨境道路货物运输应按照中国政府与有关国家政府签署的双边或者多边道路运输协定确定的国际道路运输线路进行。外国国际道路运输经营者应按照规定的运输线路行驶，不得擅自改变运输线路，不得从事起止地都在中国境内的道路运输经营。

（5）谨慎和妥善地管理货物。承运人、其代理人和受雇人（包括其雇用的续运承运人）应当妥善、谨慎地管理货物，保证货物安全。承运人对运输过程中货物的毁损、灭失承担损害赔偿责任，但承运人证明货物的毁损、灭失是因不可抗力、货物本身的自然性质或者合理损耗以及托运人、收货人的过错造成的，不承担损害赔偿责任。货物的毁损、灭失的赔偿额，当事人有约定的，按照其约定；没有约定或者约定不明确，按照交付或者应当交付时货物到达地的市场价格计算。法律、行政法规对赔偿额的计算方法和赔偿限额另有规定的，依照其规定。

（6）承担全程运输责任。两个或两个以上承运人以同一运输方式联运的，与托运人订立合同的承运人应当对全程运输承担责任。损失发生在某一运输区段的，与托运人订立合同的承运人和该区段的承运人承担连带责任。《汽车货物运输规则》规定，道路货物运输的承运责任期间，是承运人自接受货物起至将货物交付收货人（包括按照有关规定移交有关部门）止，货物处于承运人掌管之下的全部时间。承运人与托运人可以就货物装车前和卸车后的责任达成协议。

（7）货物灭失时应返还运费。货物在运输过程中因不可抗力灭失，未收取运费的，承运人不得要求支付运费；已收取运费的，托运人可以要求返还。

为保护承运人利益，《合同法》还规定，托运人或者收货人不支付运费、保管费以及其他运输费用的，承运人对相应的运输货物享有留置权，但当事人另有约定的除外。收货人不明或者收货人无正当理由拒绝受领货物的，承运人可以提存货物。

9.2.3 我国有关运输工具监管以及舱单管理的海关规定

为加强海关对进出境运输工具及其载运货物、物品的实际监管，规范进出境运输工具管理系统、舱单管理系统使用，保证传输数据完整、有效，自2014年10月15日起，中国海关总署就进出境运输工具及货物、物品舱单的管理作出如下规定：

（1）企业应在规定时限内按照进出境运输工具和舱单数据项准确、规范、完整填制，向海关申报、传输运输工具及其载运货物、物品的舱单电子数据。

（2）如舱单传输人自行发现舱单电子数据传输错误，可以在原始舱单和预配舱单规定的传输时限以前，重新申报传输电子数据；货物、物品所有人已向海关办理货物、物品申报手续的除外。

（3）企业应在进口货物、物品于境外港口启运前或出口货物、物品于境内港口发运前，将总运单及分运单的纸质或电子数据准备齐全，并在规定时间内向中国海关完整传输电子数据。

（4）企业向海关申报电子数据时，应确保每一份报关单都有相对应的单一运单。

（5）对于需凭"重量证书"确认实际发货数量的出口非集装箱货物，监管场所经营人或理货部门应当根据国家法律规定的检验机构或其授权部门出具的"重量证书"向海关传输理货报告电子数据。

（6）舱单传输人应向海关传输调拨进出境空箱电子数据。

（7）进出境航空器地面代理企业应按照相关法律法规要求向海关备案。

（8）企业通过中国电子口岸平台进行数据传输。

9.2.4　我国海关关于国际道路货物运输《载货清单》的规定

作为对区域通关一体化改革中电子报关单货物信息的补充，中国海关总署要求与国际道路货物运输相关的企业（进出口公司、承运人、货运代理人、报关行等）应当按照规范，通过中国海关电子申报系统传送《载货清单》。目前，为加快通关速度，实现信息共享，我国海关已与中国香港海关、中国澳门海关、哈萨克斯坦海关、蒙古国海关分别就使用统一的《载货清单》达成协议，相互承认和使用统一的纸质或电子《载货清单》。

1.内地与香港陆路运输的进出境《载货清单》

为加强内地海关与香港海关执法互助，方便两地贸易往来，提高载货清单的准确性，内地海关与香港海关共同制定了统一的《内地海关及香港海关陆路进/出境载货清单》，自2004年1月1日起在内地、香港同时启用。该清单作为进出口货物报关单的随附单证，一式六联，第一、二联交内地海关，第三至五联交香港海关，第六联为司机留用副本。该清单有内地载货清单编号、车牌号码、进/出境日期、装货地点、卸货地点、货物名称及规格、标记及编号、包装方式及数量、重量、价格、付货人、收货人、总件数、总重量/总体积、货柜箱编号、运输公司、合同（协议）号、监管方式、原产国（地区）/最终目的国（地区）、进（出）境地/指（启）运地和车辆海关编号等20多项内容，必须按照有关规范完整、准确地填制。

2.中蒙边境口岸的统一《载货清单》

为进一步推进我国海关与蒙古国海关间的有效合作，方便两国贸易往来，简化有关监管模式，两国海关共同制定了统一的《载货清单》，作为相关承运人向两国海关申报的单证，并在两国的陆路开放口岸启用。根据两国海关的规定，《载货清单》是进出境货物承运人向海关申报的必需单证。货物进出境通过边境开放口岸时，承运人应当以中蒙双语填写《载货清单》，并向中国海关申报。其中，进境运输工具载运出境货物复出境时，按出境运输工具申报并递交《载货清单》。《载货清单》的“货物价格”栏由承运人或其代理人自愿填写。《载货清单》一式三联，第一联交出境地海关，第二联交入境地海关，第三联由承运人留存。该《载货清单》样本如图9-1所示。

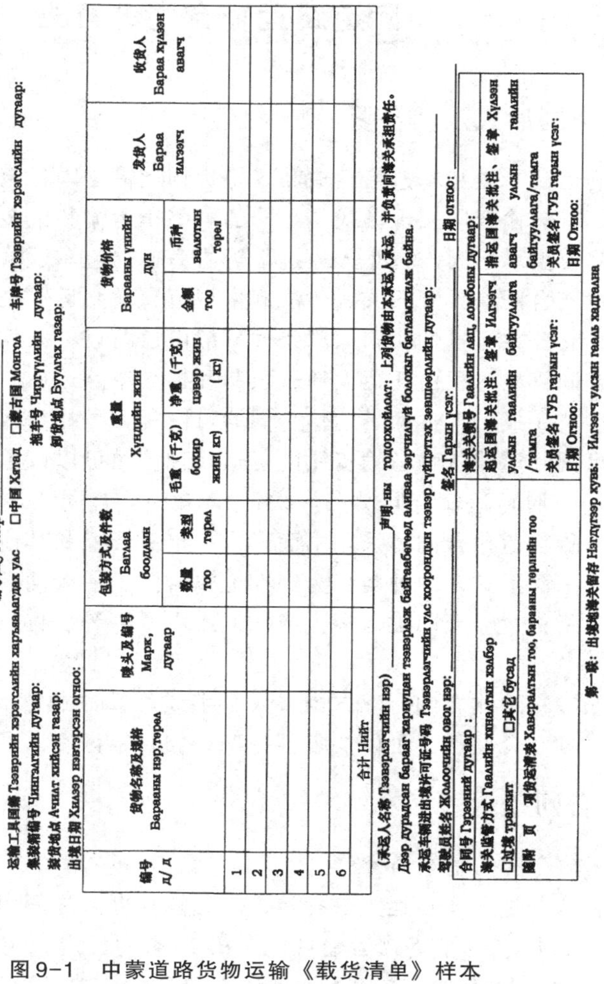

载 货 清 单 Манифест

编号 Дугаар______

运输工具国籍 Тээврийн хэрэгслийн харъяалагдах улс　□中国 Хятад　□蒙古国 Монгол　车牌号 Тээврийн хэрэгслийн дугаар:

集装箱编号 Чингэлгийн дугаар:　拖车号 Чиргүүлийн дугаар:

装货地点 Ачилт хийсэн газар:　卸货地点 Буулгах газар:

出境日期 Хилээр нэвтэрсэн огноо:

编号 Д/Д	货物名称及规格 Барааны нэр,төрөл	唛头及编号 Марк, дугаар	包装方式及件数 Баглаа боодлын		重量 Хүндийн жин		货物价格 Барааны үнийн дүн		发货人 Бараа илгээгч	收货人 Бараа хүлээн авагч
			数量 тоо	类型 төрөл	毛重（千克）бохир жин(кг)	净重（千克）цэвэр жин (кг)	金额 тоо	币种 валютын төрөл		
1										
2										
3										
4										
5										
6										
	合计 Нийт									

(承运人名称 Тээвэрлэгчийн нэр) ______ 声明-ны тодорхойлолт：上列货物由本承运人承运，并负责向海关承担责任。

Дээр дурьдсан барааг хариуцан тээвэрлэж байгаа бөгөөд аливаа зөрчилгүй болохыг батламжилж байна.

承运车辆进出境许可证号码 Тээвэрлэгчийн улс хоорондын тээвэр гүйцэтгэх зөвшөөрлийн дугаар:______

驾驶员姓名 Жолоочийн овог нэр:______　签名 Гарын үсэг:______　日期 огноо:______

合同号 Гэрээний дугаар：	海关关锁号 Гаалийн лац, ломбоны дугаар:
海关监管方式 Гаалийн хяналтын хэлбэр □过境 транзит □其它 бусад	起运国海关批注、签章 Илгээгч улсын гаалийн байгууллага /тамга 关员签名 ГУБ гарын үсэг: 日期 Огноо:
随附 页 项货运清单 Хавсралтын тоо, барааны төрлийн тоо	指运国海关批注、签章 Хүлээн авагч улсын гаалийн байгууллага/тамга 关员签名 ГУБ гарын үсэг: 日期 Огноо:

第一联：出境地海关留存 Нэгдүгээр хувь: Илгээгч улсын гааль хадгална

图9-1　中蒙道路货物运输《载货清单》样本

3.中哈边境口岸的统一《载货清单》

我国海关与哈萨克斯坦海关商定，双方使用统一的《载货清单》（其格式与内容与图9-1基本一致）。中俄文本的《载货清单》作为进出中哈边境口岸的承运人向双方海关申报的单证，是双方海关联合监管的重要内容。《载货清单》一份3联，其中，第一联是出境国海关留存联；第二联是进境国海关留存联；第三联是承运人留存联。该制度的实行避免了以前进出中哈边境的运输工具及货物的承运人，须按中哈各自通关规定分别向中、哈海关申报，中哈海关也只办理各自通关手续而不与对方联系的繁琐手续的弊病。启用统一的《载货清单》后，承运人在一次填写后即可完成向双方海关的申报，强化了中哈海关监管进出境货物及运输工具的一致性，提高了双边通关效率。

9.3　　国际道路运输合同的订立

9.3.1　合同形式及其签署

整批货物运输、集装箱整箱运输和零担货物运输是国际道路货物运输中最主要的三种形式，其运输合同表现形式是不同的。整车运输和集装箱整箱运输具有车辆包租性质，需要由承运人与包车人通过平等协商订立包车运输合同，确定双方的权利义务，并由《合同法》等相关法律法规来规范，道路运单是运输合同的补充。零担货物运输具有公共运输性质，运输条件一般由道路运单条款反映，由相关的法规来规范。其合同订立过程由托运人通过填制和提交道路运单向承运人提交委托，由承运人签署确认完成。上述两类运输合同均可由货方委托货运代理公司与承运人订立。具有从事国际道路货物运输资质的货运代理公司可以以承运人的名义与委托方订立运输合同，履行运输合同义务。根据CMR和《合同法》《汽车货物运输规则》的规定，汽车货物运输合同可采用书面形式、口头形式和其他形式，但一般都应采用书面形式。书面形式合同种类分为定期运输合同、一次性运输合同、汽车货物运输合同。汽车货物运输合同由承运人或托运人本着平等、自愿、公平、诚实、信用的原则签订。

书面道路货物运输合同自双方当事人签字或盖章时成立。当事人采用信件、数据电文等形式订立合同的，可以要求签订确认书，签订确认书时合同成立。

9.3.2　合同条款

1.定期运输合同的基本内容

定期运输合同适用于承运人、托运人、货运代办人之间商定的一定时期内的批量货物运输。根据《汽车货物运输规则》第25条的规定，定期运输合同应包含下列基本内容：（1）托运人、收货人和承运人的名称（姓名）、地址（住所）、电话、邮政编码；（2）货物的种类、名称、性质；（3）货物重量、数量或月、季、年度货物批量；（4）起运地、到达地；（5）运输质量；（6）合同期限；（7）装卸责任；（8）货物价值，是否保价、保险；（9）运输费用的结算方式；（10）违约责任；（11）解决争议的方法及适用法律。

2.一次性运输合同的基本内容

一次性运输合同适用于每次货物的包车运输。《汽车货物运输规则》第26条规定，一次性运输合同应包含以下基本内容：（1）托运人、收货人和承运人的名称（姓名）、地址（住所）、电话、邮政编码；（2）货物名称、性质、重量、数量、体积；（3）装货地点、卸货地点、运距；（4）货物的包装方式；（5）承运日期和运到期限；（6）运输质量；（7）装卸责任；（8）货物价值，是否保价、保险；（9）运输费用的结算方式；（10）违约责任；（11）解决争议的方法及适用法律。

3.运单合同的基本内容

根据CMR的规定，运单的基本内容应当包括9.2.1节中第3项提及的基本内容；《汽车货物运输规则》第26条的规定，运单合同的基本内容与前述一次性运输合同的基本内容一致。

9.3.3　运输费用的确定

1.运费的确定

通常，汽车货物运输价格按不同运输条件分别定价。整车货物运输和集装箱整箱运输的，运费率或包干价由托运人与承运人商定，零担货物运输的，运费率一般由承运人单方面公布。

2.计费重量的确定

整车货物运输以吨为单位，零担货物运输以千克为单位，轻泡货物按每立方米折算重量333千克。特殊重大件货物运输可以商定包干运费。按重量托运的货物一般按实际重量（含货物包装、衬垫及运输需要的附属物品）计算，以过磅为准。由托运人自理装车的，应装足车辆额定吨位，未装足的，按车辆额定吨位收费。统一规格的成包成件货物，以每一标准件重量计算全部货物重量。

3.计费里程的确定

货物运输计费里程以千米为单位，尾数不足1千米的，进为1千米，计费里程以运输行政主管部门核定的营运里程为准，未经核定的里程，由承托双方商定。

4.附加费

除运费外，汽车货物运输费用还包括以下常见的附加费，计算运输费用时一并计算在内：（1）调车费，应托运人要求，车辆调出所在地而产生的车辆往返空驶，计收的费用；（2）延滞费，车辆按约定时间到达约定的装货或卸货地点，因托运人或收货人责任造成车辆和装卸延滞，计收的费用；（3）装货落空损失费，因托运人要求，车辆行至约定地点而装货落空造成的车辆往返空驶，计收的费用；（4）排障费，运输大型特型笨重物件时，需对运输路线的桥涵、道路及其他设施进行必要的加固或改造发生的费用，由托运人负担；（5）车辆处置费，因托运人的特殊要求，对车辆改装、拆卸、还原、清洗时，计收的费用；（6）在运输过程由国家有关检疫部门对车辆的检验费以及因检验造成的车辆停运损失，由托运人负担；（7）装卸费，货物装卸费由托运人负担；（8）通行费，货物运输需支付的过渡、过路、过桥、过隧道等通行费由托运人负担，一般由承运人代收代付；（9）保管费，货物运达后，明确由收货人自取的，从承运人向收货人发出提货通知书的次日（以邮戳或电话记录为准）起计至若干日后开始核收货物保管费；应托运人的要求或托运人的责任造成的，需要保管的货物，计收货物保管费。

5.运输费用的结算

汽车货物运输的运输费用结算方式应由双方协商确定。常见的方式有在货物托运或起运时一次结清、预付费用、随运随结、运后结清。托运人或者收货人不支付运费、保管费以及其他运输费用的，承运人对相应的运输货物享有留置权，但当事人另有约定的除外。根据相关法规规定，货物在运输过程中因不可抗力灭失，未收取运费的，承运人不得要求托运人支付运费；已收取运费的，托运人可以要求返还，但合同双方可以协商作出相反规定。

9.3.4 运输责任划分

运输责任是货物运输合同中的基本内容，应根据不同的运输形式具体确定。对于整车货物运输和集装箱整箱运输，合同双方的责任应根据《国际汽车货物运输公约》或《合同法》《道路运输条例》《汽车货物运输规则》及相关的海关监管法规的规定，通过协商一致后在合同中约定。对零担货物运输，应根据上述法律法规的强制性规定，确定合同双方的权利义务。除本章9.2节提及的承运人、托运人和收货人的主要义务外，还应按照以下原则约定若干具体事项：

（1）承运人未遵守承托双方商定的运输条件或特约事项，由此造成托运人的损失，应负赔偿责任。

（2）货物在承运责任期间和站、场存放期间内，发生毁损或灭失，承运人、站场经营人应负赔偿责任，但经承运人、站场经营人举证证明非其过失导致的除外。

（3）托运人未按合同规定的时间和要求备好货物、提供装卸条件，以及货物运达后无人收货或拒绝收货，而造成承运人车辆放空、延滞及其他损失的，托运人应负赔偿责任。

（4）因托运人在托运的货物中夹带危险货物和其他易腐蚀、易污染货物以及禁、限运货物等行为，或托运人错报、匿报货物的重量、规格、性质，或货物包装不符合标准，包装、容器不良而从外部无法发现，或错用包装、储运图示标志，造成承运人、站场经营人、搬运装卸经营人的车辆、机具、设备等损坏、污染或人身伤亡以及因此而引起的第三方的损失，应由托运人负责赔偿；

（5）托运人未如实填写运单，错报、误填货物名称或装卸地点，造成承运人错送、装货落空以及由此引起的其他损失，托运人应负赔偿责任。

（6）货运代办人以承运人身份签署运单时，应承担承运人责任，以托运人身份托运货物时，应承担托运人的责任。

（7）搬运装卸作业中，因搬运装卸人员过错造成货物毁损或灭失，站场经营人或搬运装卸经营者应负赔偿责任。

9.3.5　争议的处理、法律适用和司法管辖

国际汽车货物运输路途较长、环节较多，很可能发生合同对具体事项约定不清、货物灭失或损坏、延迟抵达等问题，还涉及不同的法律制度和司法管辖等问题。合同中应当对争议的解决方式、法律适用和司法管辖等问题作出约定。

9.3.6　国际道路货物运单

1.国际道路货物运单的概念

国际道路货物运单（简称"道路运单"）是由托运人填制并交由承运人完善签署的表明承运人已收取货物以及确立国际道路货物运输合同关系的单证。因此，道路运单可以作为计算运输费用、交付货物和货物索赔的证据。CMR道路运单由内容相同的三联组成，分别交托运人、承运人和随车携带交收货人。我国的道路运单目前由内容相同的5联组成，分别交托运人、始发地海关、口岸海关、其他口岸监管机构及随车携带交收货人。

2.道路运单的主要内容及填制

由于道路运单的属性意义重大，相关法规一般都对道路运单的内容及其填制方法作出了指导性的规定。根据CMR的规定，道路运单应当包括9.2.1节中第3项提及的内容。我国《汽车货物运输规则》第26条规定了道路运单的主要内容，第29条规定托运人应按以下要求填写道路运单：（1）准确表明托运人和收货人的名称（姓名）和地址（住所）、电话、邮政编码；（2）准确表明货物的名称、性质、件数、重量、体积以及包装方式；（3）准确表明运单中的其他有关事项；（4）一张运单托运的货物，必须是同一托运人、收货人；（5）危险货物与普通货物以及性质相互抵触的货物不能用一张运单；（6）托运人要求自行装卸的货物，经承运人确认后，在运单内注明；（7）应字迹清楚，内容准确，需要更改时，必须在更改处签字盖章。此外，已签订定期运输合同或一次性运输合同的，运单由承运人按第29条的规定填写，但运单托运人签字盖章处填写合同序号；托运的货物品种不能在一张运单内逐一填写的，应填写"货物清单"。上述要求同样适用于CMR合同下所签发的道路运单的填制。道路运单样本见附录10。

9.3.7　合同的变更与解除

但凡货物运输合同，为维护托运人在特殊情况下的货物权利，相关法律法规都规定了承运人在未将货物交付收货人之前，托运人可以要求承运人中止运输、返还货物、变更到达地或者将货物交付给其他收货人等权利，但应当赔偿承运人因此受

到的损失，道路货物运输也不例外。

托运人欲变更合同，应当向承运人提交"运输变更申请书"，载明申请人及联系方式、原运单号、申请日期、变更事项及原运单记载事项、托运人及承运人签署及特约声明等内容。

《汽车货物运输规则》第51条规定，在发生下列情况之一时，允许托运人变更和解除合同：（1）由于不可抗力致使运输合同无法履行；（2）由于合同当事人一方的原因，在合同约定的期限内确实无法履行运输合同；（3）合同当事人违约，使合同的履行成为不可能或不必要；（4）经合同当事人双方协商同意解除或变更，但承运人提出解除运输合同的，应退还已收的运费。

在货物运输过程中，因不可抗力造成道路阻塞导致运输阻滞，承运人应及时与托运人联系，协商处理，发生货物装卸、接运和保管费用按以下规定处理：（1）接运时，货物装卸、接运费用由托运人负担，承运人收取已完成运输里程的运费，退回未完成运输里程的运费；（2）回运时，收取已完成运输里程的运费，回程运费免收；（3）托运人要求绕道行驶或改变到达地点时，收取实际运输里程的运费；（4）货物在受阻处存放，保管费用由托运人负担。

9.4　　　　　出口道路货物运输合同的履行

我国与邻国的跨境道路货物运输及海关手续一般都由分别在两国海关备案的物流公司及运输车队来完成。他们在国内外设有办事机构和仓库，经营或租用货车，为进出口人提供上门收货、货物打包、报检、报关、缴税、运输、派送等货物跨境运输服务和国际中转服务，有的还为个人提供搬家、港澳包税代购业务。现将出口道路货物运输合同履行的主要业务环节分述如下，进口道路货物运输合同的履行环节与出口类似，不再赘述。

9.4.1　备货、备车

运输合同关系确定之后，托运人应当根据整车运输合同约定或零担运输托运申请书，按照有关法律法规的强制性要求，在约定的时间和地点备妥货物。具体地，托运人应当完成以下事项：

（1）备妥货物。托运货物的名称、性质、件数、质量、体积、包装方式等，应与运输合同约定或运单记载的内容相符。托运的货物中，不得夹带危险货物、贵重货物、鲜活货物和其他易腐货物、易污染货物、货币、有价证券以及政府禁止或限制运输的货物等。我国通关制度改革后，出口货物可在国内任何地点一次完成报检报关。因此，对于整车运输的货物，可以与承运人约定在内陆启运地备妥交付给承运人。但对于零担货物，仍需要按照约定，由托运人或承运人发运到口岸的库房，由承运人分拣拼装。

（2）备妥运输文件。完成国家有关部门规定的准运或审批、检验等手续，以便提交承运人，并随货同行。此类文件应在运单中注明。

（3）妥善包装和标记货物。货物应当按照约定的方式、通用的方式或足以保证运输及搬运装卸作业安全和货物完好的原则包装。危险品的包装应当按照强制性规则要求包装。应当正确使用运输标志和包装储运图示标志。

（4）特种货物应当在运单中注明运输条件和特约事项。托运需冷藏保温的货物，应注明冷藏温度；托运鲜活货物，应提供最长运输期限及途中管理、照料事宜的说明书；托运危险货物，应当按我国交通部的《汽车危险货物运输规则》办理；托运采用集装箱运输的货物，按我国交通部《集装箱汽车运输规则》办理；托运大型特型笨重物件，应提供货物性质、重量、外廓尺寸及对运输要求的说明书。

（5）运输途中需要饲养、照料的有生物、植物、尖端精密产品、稀有珍贵物品、文物、军械弹药等，应准备派人押运，并经承运人同意。

承运人应当根据约定，备妥符合相关国家交通及海关当局管理规定的和符合货物安全运输要求的运输车辆和驾驶员，并将车辆送到约定的装货地点。

9.4.2　承运人收货、收费与运输

托运人向承运人交付货物和承运人运输过程中，双方应当做好如下工作：

（1）承运人受理需有关审批、检验证明文件的货物后，应当在有关文件上注明已托运货物的数量、运输日期，加盖承运章，并随货同行，以备查验。

（2）承运人受理整批或零担货物时，应根据运单记载货物名称、数量、包装方式等，核对无误后编制货物清单，办理交接手续。

（3）承运人应当根据受理货物的情况，合理安排运输车辆，货物装载重量以车辆额定吨位为限，轻泡货物以折算重量装载，不得超过车辆额定吨位和有关长、宽、高的装载规定。

（4）承运人应按照与托运人约定的运输路线运输。起运前运输路线发生变化必须通知托运人，并按最后确定的路线运输。承运人未按约定的路线运输增加的运输费用，托运人或收货人可以拒绝支付增加部分的运输费用。

（5）货物运输中，在与承运人非隶属关系的货运站场进行货物仓储、装卸作业，承运人应与站场经营人签订作业合同。

（6）运输期限由承托双方共同约定后应在运单上注明。承运人应按照运单上表明的约定的运输期限将货物运达。

（7）整批货物运抵前，承运人应当及时通知收货人做好接货准备；零担货物运达目的地后，应在 24 小时内向收货人发出到货通知或按托运人的指示及时将货物交给收货人。

（8）货物启运之前，汽车司机应当签署货物交接单，目的地交付货物时，收货人应当在货物交接单的结款凭证一联签字，然后交给汽车司机。

（9）按照约定，在运输开始前，托运人应付清运输费用。运费到付的，应在运

单中注明。

9.4.3 报检、报关

货物和车辆备妥后，应当根据相关国家的检验检疫部门和海关部门的监管规定，完成货物和运输车辆的报检和报关手续。具体来说：

（1）整车货物可在内陆启运地一次性完成货物的报检和报关手续。托运人应当按照当前检验检疫局和海关的规定，无纸化地完成电子报检和报关，或委托具有报检报关资质的承运人完成上述手续。

（2）零担货物发运至承运人口岸海关监管库房，经分拣、称重、配货、装箱和施封，具备装车条件以后由承运人派车进监管库，然后报检。此种情况下，托运人应当向承运人提供报检报关需要的诸如货物装箱单、货物清单、发票、买卖合同、原产地证等申报要素和报检报关委托书。

（3）由托运人或承运人完成无纸化报关及电子载货清单的录入，清关后，开始装车及过境运输。

（4）承运人根据相关规定完成运输车辆的通关手续。

9.4.4 装卸与向收货人交付

在货物装卸与最后交付等环节，双方应当做好如下工作：

（1）货物搬运、装卸由承运人或托运人承担，应在货物运输合同中约定。承运人或托运人承担货物搬运装卸后，委托站场经营人、搬运装卸经营者进行货物搬运装卸作业的，应签订货物搬运装卸合同，委托后果由委托人承担。

（2）搬运装卸人员应对车厢进行清扫，发现车辆、容器、设备不适合装货要求，应立即通知承运人或托运人。

（3）搬运装卸作业应当轻装轻卸，堆码整齐；清点数量；防止混杂、撒漏、破损；严禁有毒、易污染物品与食品混装，危险货物与普通货物混装。对性质不相抵触的货物，可以拼装、分卸。搬运装卸过程中，发现货物包装破损，搬运装卸人员应及时通知托运人或承运人，并做好记录。搬运装卸危险货物，按交通部《汽车危险货物运输、装卸作业规程》作业。

（4）搬运装卸作业完成后，货物需绑扎苫盖篷布的，搬运装卸人员必须将篷布苫盖严密并绑扎牢固；由承、托运人或委托站场经营人、搬运装卸人员编制有关清单，做好交接记录；并按有关规定施加封志和外贴有关标志。

（5）承、托双方应履行交接手续，包装货物采取件交件收；集装箱重箱及其他施封的货物凭封志交接；散装货物原则上要磅交磅收或采用承托双方协商的交接方式交接。交接后双方应在有关单证上签字。

（6）货物在搬运装卸中，承运人应当认真核对装车的货物名称、重量、件数是否与运单记载相符，包装是否完好。包装轻度破损，托运人坚持要装车启运的，应征得承运人的同意，承托双方需做好记录并签章后，方可运输，由此产生的损失由托运人负责。

（7）货物运达约定的地点后，收货人应凭有效单证提（收）货物，无故迟提、拒提（收）货物，应赔偿承运人因此造成的损失。货物交付时，承运人与收货人应当做好交接工作，发现货损货差，由承运人与收货人共同编制货运事故记录，交接双方在货运事故记录上，签字确认。货物交接时，承托双方对货物的重量和内容有质疑，均可提出查验与复磅，查验和复磅的费用由责任方负担。

（8）货物运达目的地后，承运人知道收货人的，应及时通知收货人。收货人不明或者收货人无正当理由拒绝受领货物的，依照《中华人民共和国合同法》第101条的规定，承运人可以提存货物。

9.5　　　　跨境道路货物运输的通关

近年来，中国海关总署一直在推行区域通关一体化改革实验，在此基础上，2017年年底，进一步实现了全国通关一体化。

9.5.1　全国通关一体化改革的主要内容

此次通关制度改革的主要内容是：全国海关设立风险防控和税收征管两个中心，统一风险分析防控和实施税收征管，实现统一智能处置。同一企业在不同海关将面对统一的海关监管政策和要求，享受统一的通关便利待遇，全国是一关。同时实行三项制度：一是"一次申报、分步处置"，海关在收到报关单位在全国任意地点录入的货物进出境电子报关单信息后，首先进行安全准入风险排查，对于涉税的其他事项分步进行后续处置，大大缩短企业的通关时间，让货物能够顺畅地在短时间内通关。二是企业报关纳税自报自缴。把过去的企业申报、海关审核，尤其是价格、归类、原产地等税收申报要素在口岸上逐一审核，变为企业自己向海关申报、自主缴税，海关抽查审核，重点放在后续的审查和处理上，在海关卡口实行无纸化通关，现场不再提交纸质报关单，压缩货物在口岸的滞留时间，降低了通关成本。三是协同监管。口岸型海关主要负责对货物进行通关现场监管，属地型海关主要是对企业进行后续的稽查和信用管理。

就来往港澳地区的道路运输货物而言，今后，非保税货物经深圳市各口岸进出境的，可以区域通关一体化方式通关；快件、邮件经深圳市各道路口岸进出境的，可以跨境快速通关方式通关；保税物流货物经深圳市各口岸进出境，也可以区域通关一体化方式通关。

9.5.2　道路舱单电子数据申报

为配合区域通关一体化制度的推行，配合无纸化的"进/出口货物报关单"使用，中国海关总署要求道路舱单电子数据传输义务人（道路货物承运人、货运代理企业、邮政企业及快件经营人等）需向海关传输道路舱单电子数据并经海关审核后才能通关。

具体地，要求在向海关申报"进/出口货物报关单""进/出口货物集中申报清单"前，道路舱单电子数据传输义务人应当向海关传输道路原始舱单（进境）或预配舱单（出境）电子数据（空车和空载集装箱车进出境的无须传输此项内容）。报关单审结后，道路舱单传输人应当向海关传输进境确报或出境确报（装载舱单）电子数据。在收到海关反馈的"接受申报，该确报报文处理成功"的回执后，方可安排车辆进出境。

电子数据申报表应当按照《进出境道路运输工具货运舱单电子数据格式》和《中华人民共和国海关进出境公路车辆载运货物舱单数据项填制规范》填写。其中，"运输方式"项填写道路运输；"运输工具名称"项免于填报；"航次号"项填写道路舱单的"货物运输批次号"（《载货清单》的13位编号）；"提单号"项填写道路舱单的"提（运）单号"（运输企业自行编制）；对于"海关通关代码"项，不同的通关模式有不同的要求。口岸报关货物、集中申报货物的填写RD01；进出口转关货物的填写RD02；空车确报填写RD10；空载集装箱车确报填写RD11；跨境提前报关和跨境直转业务的填写RD09，跨境过境业务的填写RD16；非贸易货物、物品的填写RD13。非贸易货物的收发货人、进出境物品的所有人在运输车辆抵达进出境地海关监管场所前，应当向海关办理非贸货物、物品的申报手续。上述申报手续办结后，海关人工办理道路舱单放行手续。

道路舱单传输人可使用中国电子口岸预录入系统（QP）或地方电子口岸舱单采集系统向海关传输道路舱单及进出境确报电子数据，也可通过道路舱单系统移动客户端软件传输。

9.5.3　转关货物运输的通关

按照中国海关总署关于道路运输转关货物的通关办法规定，道路运输转关货物应由已在海关注册登记的承运人承运。海关对转关限定路线范围，限定途中运输时间，承运人应当按海关要求将货物运抵指定的场所。转关货物的指运地或启运地应当设有经海关批准的监管场所。转关货物的存放、装卸、查验应在海关监管场所内进行。

1.提交资料要求

（1）运输进口转关货物的，在指运地提前报关的转关货物收货人或代理人，应向进境地海关提供"进口转关货物申报单"编号、"进口转关货物核放单"、"进境汽车载货清单"、"中华人民共和国海关境内汽车载运海关监管货物载货登记簿"（简称"汽车载货登记簿"）或"船舶监管簿"、提货单。

在进境地办理直转的转关货物（指进境货物在进境地海关办理转关手续，货物运抵指运地再在指运地海关办理报关手续的货物），货物收货人或代理人应持以下单证向进境地海关办理转关手续："进口转关货物申报单"、"进境汽车载货清单"、"汽车载货登记簿"或"船舶监管簿"。

（2）运输进口中转转关货物的，运输车辆代理人应持以下单证向进境地海关办理转关手续："进口转关货物申报单"、"进口货物中转通知书"、进口中转货物的按指运地目的港分列的纸质舱单；以空运方式进境的中转货物，提交联程运单。

（3）运输出口转关货物的，提前报关和直转的出口转关货物发货人或代理人应持以下单证在启运地海关办理出口转关手续："出口货物报关单"、"汽车载货登记簿"或"船舶监管簿"、"出境汽车载货清单"。

（4）运输出口中转货物的，其发货人或代理人向启运地海关办理出口通关手续后，运输车辆代理人向启运地海关录入并提交下列单证："出口转关货物申报单"、按出境运输工具分列的电子或纸质舱单、"车载货登记簿"或"船舶监管簿"。

2.办理程序

（1）提前报关的进口转关货物，进口货物收货人或其代理人在进境地海关办理进口货物转关手续前，向指运地海关录入"进口货物报关单"电子数据，计算机自动生成"进口转关货物申报单"并传输至进境地海关。指运地海关提前受理电子申报，货物运抵指运地海关监管场所后，办理转关核销和接单验放等手续。转关货物应在电子数据申报之日起的5日内，向进境地海关办理转关手续。超过期限的，指运地海关撤销提前报关的电子数据。

（2）直转的转关货物，货物收货人或代理人在进境地录入转关申报数据，直接办理转关手续。

（3）具有全程提运单、需换装境内运输工具的中转转关货物，收货人或其代理人向指运地海关办理进口报关手续后，由境内承运人或其代理人，批量办理货物转关手续。

（4）出口提前报关的转关货物，由货物发货人或其代理人在货物未运抵启运地海关监管场所前，向启运地海关填报录入"出口货物报关单"电子数据，启运地海关提前受理电子申报。货物应于电子数据申报之日起5日内，运抵启运地海关监管场所，办理转关和验放等手续。超过期限的，启运地海关撤销提前报关的电子数据。

（5）出口直转的转关货物，由货物发货人或其代理人在货物运抵启运地海关监管场所后，向启运地海关填报录入"出口货物报关单"电子数据，启运地海关受理电子申报，办理转关和验放等手续。

提前报关和直转的出口转关货物到达出境地后，发货人或代理人应持"汽车载货登记簿"或"船舶监管簿"和启运地海关签发的"出口货物报关单"和"出口转关货物申报单"或"出境汽车载货清单"（广东省内道路运输），向出境地海关办理转关货物的出境手续。

（6）具有全程提运单、需换装境内运输工具的出口中转货物，发货人向启运地海关办理出口报关手续后，由承运人或其代理人按出境运输工具分列舱单，批量办理货物转关手续。

对需运抵出境地后才能确定出境运输工具，或原定的运输工具名称、航班（次）、提单号发生变化的，可在出境地补录或修改相关数据，办理出境手续。

3.注意事项

海关对转关货物的查验，由指运地或启运地海关实施。进出境地海关认为必要时也可查验或者复验。转关货物未经海关许可，不得开拆、提取、交付、发运、调换、改装、抵押、质押、留置、转让、更换标记、移作他用或者进行其他处置。转关货物运输途中因交通意外等原因需更换运输车辆或驾驶员的，承运人或驾驶员应通知附近海关；附近海关核实同意后，监管换装并书面通知进境地、指运地海关或出境地、启运地海关。转关货物在国内储运中发生损坏、短少、灭失时，除不可抗力外，承运人、货物所有人、存放场所负责人应承担税赋责任。

9.5.4　深港两地边境管制站的快速通关

目前深港两地海关已经实现边境管制站（关卡）通关的全面电子化管理，建立了道路口岸物流监控体系，实现了电子化管理和自动验放。企业可以通过海关认可的预录入端口传输电子舱单数据、接收海关的审核回执，实现电子数据的互通互联，关卡通关环节无须递交纸质载货清单。海关可以对申报货物信息进行提前预判分析，加快了货物通关效率。

深港两地的道路货物运输采用香港海关研发的"道路货物资料系统"（ROCAR）快速通关方式向香港海关申报通关。在该系统下，发货人或货运代理公司在货车运载货物进入或离开香港前的规定时间内，通过该系统以电子方式向香港海关提交指定的货物数据，系统向发货人或货运代理公司发出货物编号，以确认收到货物资料。发货人随后将货物编号交给有关卡车司机，卡车司机应在货车通过关卡30分钟之前，通过该系统向海关提供货物编号及其车辆登记号码。当载有货物的车辆在香港关卡通关时，司机在海关通道按下指模，通道上的海关视频摄像系统自动录入车牌，从而会在现场的显示屏上显示海关是否需要查验货物，整个过程只需几秒钟。而空载卡车无须办理上述手续，司机只需在过关时按下设在每条通道旁控制面板上的"空载车键"就可立即通关。

为与香港海关的"道路货物资料系统"相配合，海关总署开发了"跨境快速通关系统"，实现来往粤港道路运输车辆在关卡的自动快速核放。为满足该系统下的监管需要，道路货物承运人的车辆应当经深圳海关备案并使用海关认可的卫星定位管理设备和电子封志。

应当注意的是，在快速通关方式下，虽然道路口岸海关不再对相关纸质载货清单和《来往香港汽车进出境签证簿》办理人工签注手续，司机也无须在口岸通道投递纸质载货清单，但司机仍需随身携带备查。中国电子口岸预录入系统（QP）道路舱单录入功能提供载货清单打印功能。

9.6　深港两地的快件报关进口的物品运输

由于香港与内地的特殊贸易制度安排，除烟酒等少数商品外，多数货物进口到内地实行零关税制度，由此带来香港货物（包括国外进口至香港的货物）以快件报关方式进口规模的快速增长。

快件报关进口运输是指经营快件的物流公司按照海关特殊规定，向海关递交快件报关单清关，以快件形式进行进口货物运送派发的运输方式。快件报关进口有如下特点：

1. 手续特简

《中华人民共和国海关对进出境快件监管办法》和《中华人民共和国海关对进出口货样、广告品监管办法》等法规规定，为满足速度上的要求，相对于普通货物报关，快件在海关监管条件以及报关、清关手续上，作了一系列简化手续、加快速度的特殊安排。所以，一般情况下，不需要货主专门提供报关单、通关单证、许可证/批文（比如：3C认证、环保证书、进口配额等）。

2. 费用低

海关相关法规规定，快件进境可以享有一定的税费减免优惠，与一般货物报关不同，无须《海关关税缴款书》和《海关代征增值税缴款书》即可通关。再加上深圳靠近香港的地缘优势，操作方便、税率低、运送费用低，从而降低了物流成本。因此，少量单次货量较大者，也可以分车分批次按照快件报关方式进口。

3. 速度快

由于监管条件少、手续简单，节省了通关时间，物流公司对快件运输建立了业务信息系统和快运系统，货物在各个运输环节实现无缝对接，缩短了运输时间。

适合采用快件报关进口的物品包括小件散货、少量货样和广告品等；缺乏某些单证（比如没有3C认证）的各种产品；来不及办理贸易报关通关手续的紧急货品（如工厂生产材料、机器设备、配件等）；不需要增值税发票的各种产品；个人自用物品（无须提供报关资料）；特殊物品国际快递（如鲜货、食品、药品）；加工贸易合同中指标不足，或合同未及时批下来，而又急需要进口的货物等。

从事快件进出口业务的物流公司必须在香港和内地注册，在深港两地建立业务网络，拥有在海关备案的货物监管运输车队。物流公司对于种类繁多的适合快件报关的小件货物分类，以公斤为单位公布运价标准，采用类似国内物流公司小件物品快递的方式收揽从港澳地区进口到内地的小件物品，然后采用密闭厢式货车，以快件集中报关的模式报关和清关，货物运抵深圳仓库后，再分别派送。物品托运时应声明是否购买货物运输险，物流公司对遗失或损坏的货物一般只按运费的3倍赔偿。

9.7　国际邮政运输基本知识

9.7.1　国际邮政运输的概念

国际邮政运输（international parcel post transport）是国际小件贸易运输的重要方式。世界各国的邮政业务均由国家办理，而且均兼办邮包运输业务。国际上，各国邮政之间订有协定和公约，通过这些协定和公约，使邮件包裹的传递畅通无阻，四通八达，形成全球性的邮政运输网，从而使国际邮政运输成为国际贸易小件运输中普遍采用的方式之一。

国际邮政运输不同于其他运输方式，有其自身的特点。

9.7.2 国际邮政运输的特点

1.具有广泛的国际性

国际邮政是在国与国之间进行的，在多数情况下，国际邮件需要经过一个或几个国家经转。各国相互经转对方的国际邮件，是要在平等互利、相互协作配合的基础上，遵照国际邮政公约和协定的规定进行的。我国发往世界各国的邮件需要经过很多国家经转，同样我国也要经转外国输往其他各国的邮件，相互为邮件的经转提供服务，这是国际邮政共同遵守的准则，所以它具有广泛的国际性。为确保邮政运输安全和准确传送，在办理邮政运输时，各国必须熟悉并严格遵守本国和国际的各项邮政规定和制度。

2.具有国际多式联合运输性质

国际邮政运输过程一般需要经过两个或两个以上国家的邮政局和两种或两种以上不同运输方式的联合作业才能完成。但从邮政托运人来说，它只要向邮政局照章办理一次托运，一次付清足额邮资并取得一张邮政包裹收据，全部手续即告完备。至于邮件运送、交接、保管、传递等一切事宜，均由各国邮政局负责办理。邮件运抵目的地，收件人即可凭邮政局到件通知和收据向邮政局提取邮件。所以，国际邮政运输就其性质而论，是一种国际多式联合运输性质。

3.具有"门到门"运输的性质

各国邮政局如星斗密布于全国各地，邮件一般可在当地就近向邮政局办理，邮件到达目的地后，收件人也可在当地就近邮政局提取邮件。所以，邮政运输基本上可以说是"门到门"运输。它为邮件托运人和收件人提供了极大的方便。

但国际邮政运输与其他运输方式还是不同。国际邮政运输主要任务是通过国际邮件的传递，沟通和加强各国人民之间的联系，促进相互间的政治、经济、文化交流。这与国际贸易大量货物运输在业务性质上是存在差别的。

国际邮政运输对邮件重量和体积均有限制，如每件包裹重量不得超过20千克，长度不得超过1公尺。所以邮政运输只适宜重量轻、体积小的小商品，如精密仪器、机器零件、金银首饰、药品以及各种样品和零星物品等。

世界上最大的国际邮政运输组织是万国邮政联盟（Universal Postal Union），简称邮联。其宗旨是根据邮联组织法规定，组成一个国际邮政领域，以便交换邮件；组织和改善国际邮政业务，以利于国际合作的发展；推广先进经验，给予会员国邮政技术援助。

邮联的组织机构有：大会，为邮联的最高机构，每5年举行一次；执行理事会，为大会休会期间的执行机构；邮政研究咨询理事会，研究邮政技术和合作方面的问题，并就此问题提出改进建议以及推广邮政经济和成就；国际局，为邮联的中央办事机构，设在瑞士伯尔尼，其主要任务是对各国邮政进行联络，提供情报和咨询，负责大会筹备工作和准备各项年度工作报告。我国于1972年加入邮联。

9.8　内河运输、管道运输基本知识

9.8.1　内河运输（inland water transportation）

1.内河运输的特点和作用

内河运输是水上运输的重要组成部分，同时，也是连接内陆腹地和沿海地区的纽带。它具有运量大、投资少、成本低、耗能小的特点，它对一个国家的国民经济和工业布局起着重要作用，故世界各国无不重视本国内河运输系统的建设。

内河运输适宜装运大宗货物，如矿砂、粮食、化肥、煤炭等，而且由于航运平稳，在运送石油等危险货物时也较安全。

2.内河运输船舶

由于内河吃水浅、河道狭、弯度多、水位涨落幅度大等特点，内河运输使用的船舶结构和要求与海上船舶有所不同。内河使用的船舶主要有以下四种：

（1）内河货船。内河货船是指本身带动力，并有货舱可供装货的船舶，这是内河运输的主要工具之一。内河货船的载重吨位、长度和吃水深浅，视河道条件而异，但一般都比海船小。内河货船具有使用方便、调度灵活的特点，但载重量小、成本大，一般多数作为内河定期经营船使用。

（2）拖船和推船。拖船和推船都是动力船，本身一般不装载货物，而起拖带和推动驳船的作用。以前内河运输的驳船主要使用拖船带动，称为拖带法。目前，推船已逐渐取代拖船，成为内河运输主要发展方向。这是因为顶推法具有阻力小、推力大、操纵性能强的优越性。

（3）驳船。内河驳船按有无动力可分为机动驳船和非机动驳船，按拖带和顶推方法分为拖驳和推驳。推驳船是一种一定尺度的标准型驳船，便于编队分节，所以又称为分节驳。分节驳上没有舵、锚以及生活设施和救生设备，整个驳船是一个长方形的货舱，以供装货。近年来，驳船的发展具有标准化、系列化和专业化的特点。

（4）河/海型船。这类船既可在内河航行，又可在沿海航行，现已发展成为一种独立的船型。在结构上，除了吃水较浅外，基本上与沿海船相似，它的好处是可以河海直达。

我国有5 000多条大小河流和众多湖泊，这些是发展我国内河运输十分有利的自然条件。截至2016年年底，我国内河航道通航总里程达12.7万公里，过货量约20亿吨，居世界第一位，其中，长江三角洲和珠江三角洲的航道运力占80%以上。

9.8.2 管道运输

管道运输（pipeline transportation）是随着石油的生产而产生和发展的。它是一种特殊的运输方式，与普通货物的运输形态完全不同：普通货物运输是指随着运输工具的移动，货物被运送到目的地；而管道运输的运输工具本身就是管道，是固定不动的，只是货物本身在管道内移动，换言之，它是运输通道和运输工具合二为一的一种运输方式。

1.管道运输的产生和发展

管道运输是货物在管道内借高压气浆的压力向目的地输送的一种运输方式。现代管道运输起源于美国，1861年美国宾夕法尼亚州最初使用木制油槽，从油矿把原油输送到聚油塔，因木制油槽阻力大、易渗漏，随后改以铁制管道代替。直至20世纪初，管道运输得到了迅速发展。为了增加运量，加速周转，现代管道管径和气压泵功率都有很大增加，管道里程愈来愈长，最长达数千千米。现代管道不仅可以输送原油、各种石油成品、化学品、天然气等液体和气体物品，而且可以输送矿砂、碎煤浆等。资料显示，截至2016年年末，我国长输油管道总里程已达12.6万公里，我国70%的原油和99%的天然气依靠管道运输，中哈、中俄、中缅油气管道从西北、东北、西南三个方面为我国的原油和天然气进口提供了重要的运输保障。

2.管道运输的种类

管道运输就其铺设工程可分为架空管道、地面管道和地下管道，其中以地下管道应用最为普遍。视地形情况，一条管道也可能三者兼而有之。

管道运输就其地理范围可分为从油矿聚油塔至炼油厂，称为原油管道；从炼油厂至海港或集散中心，称为成品油管道；从海港至海上浮筒，称为系泊管道。

管道运输就其运输对象又可分为液体管道、气体管道、水浆管道。此外，管道运输同铁路运输、道路运输一样，也有干线、支线之分。

3.管道运输的优缺点

管道运输与其他运输方式不同，概括起来有以下特点：

（1）运输通道与运输工具合二为一。

（2）高度专业化，适于运输气体和液体货物。

（3）永远是单方向运输。

由于管道运输有上述特点，可以概括出管道运输的优点：

（1）不受地面气候影响可以连续作业。

（2）运输的货物无须包装，节省包装费用。

（3）货物在管道内移动，货损、货差少。

（4）费用省、成本低。

（5）单向运输，无回空运输问题。

（6）经营管理比较简单。

但管道运输也存在如下局限：

（1）运输货物过于专门化，仅限于液体和气体货物。

（2）永远单向运输，机动灵活性差。

（3）固定投资大。

□ 复习思考题

1.重要概念：零担货物运输 包车货物运输 特种货物运输 道路运单 道路舱单 CMR 国际邮政货物运输　管道运输

2.道路运输在国际货物运输中的地位如何？（9.1）

3.道路运输有哪些业务种类？（9.1.2）

4.《国际道路货物运输合同公约》的主要内容有哪些？（9.2.1）

5.根据我国对国际道路货物运输的相关规定，托运人的主要义务有哪些？（9.2.2）

6.根据我国对国际道路货物运输的相关规定，承运人的主要义务有哪些？（9.2.2）

7.国际道路运单的性质与作用是什么？（9.3.1）

8.我国对进出境道路运输工具有哪些监管规定？（9.2.3）

9.我国对国际道路货物运输中的载货清单有何规定？（9.2.4）

10.国际道路货物运输出口有哪些业务环节？（9.4）

11.我国海关对跨境道路货物运输通关的主要规定有哪些？（9.5）

12.我国海关对深港两地的快件物品进口有何特殊规定？（9.6）

13.国际邮政运输与其他运输方式相比主要区别是什么？（9.7）

14.管道运输具有哪些特点？（9.8.2）

第10章 /国际多式联运合同

———— 学习目标 ————

了解国际多式联运的含义、特点，重点掌握国际多式联运经营人的责任，以及国际多式联运单据的作用。

10.1　　　　　　　　国际多式联运概述

10.1.1　国际多式联运的概念

国际多式联运（international multimodal transportation，IMT）是联合运输形式中的特殊形式，它与传统的联合运输相比有许多不同之处。《联合国国际货物多式联运公约》对国际多式联运的定义是：国际多式联运是指多式联运经营人按照多式联运合同，以至少两种不同的运输方式，将货物从一国境内接管的地点运到另一国境内的指定交货地点的运输方式。

国际多式联运是为了适应集装箱运输而发展起来的一种新型运输方式。这种运输方式的主体不再是各运输区段运输工具的拥有者，而是多式联运经营人。多式联运经营人可以是没有运输工具的"契约承运人"（contracting carrier），或称"无船承运人"（non-vessel operating common carrier，NVOCC），也可以是拥有某种运输工具的承运人。在承运人责任制度上，它打破了传统上的承运人分段责任制度，采用了由多式联运经营人对全段运输承担总责任的所谓"统一责任制度"，这对维护货方利益提供了极大的保障。由于国际多式联运是一种新型运输方式，经营人的法律地位发生了根本性变化，所以，联合国于1980年5月制定并通过了《联合国国际货物多式联运公约》（简称《多式联运公约》），规范多式联运经营人与其他当事人的合同行为。

我国《合同法》第17章第4节对多式联运合同做了特别规定。其中，第317条的"多式联运经营人负责履行或者组织履行多式联运合同，对全程运输享有承运人的权利，承担承运人的义务"文句是对多式联运经营人的法律地位和权利义务的规定；第318条的"多式联运经营人可以与参加多式联运的各区段承运人就多式联运合同的各区段运输约定相互间的责任，但该约定不影响多式联运经营人对全程运输承担的义务"文句是对多式联运经营人根本义务的规定;第319条的"多式联运经营人收到托运人交付的货物时,应当签发多式联运单据。按照托运人的要求,多式联运单据可以是可转让单据,也可以是不可转让单据"文句是对多式联运经营人签发运输单据的规定,目的是为了进一步明确多式联运经营人的总承运人主体地位;第320条的"因托运人托运货物时的过错造成多式联运经营人损失的,即使托运人已经转让多式联运单据,托运人仍然应当承担损害赔偿责任"文句是对多式联运经营人合同权利的规定;第321条的"货物的损毁、灭失发生于多式联运的某一运输区段的,多式联运经营人的赔偿责任和责任限额,适用调整该区段运输方式的有关法律规定。货物损毁、灭失发生的运输区段不能确定的,依照本章规定承担损害赔偿责任(即过失赔偿责任,编者注)"文句是对多式联运赔偿制度的规定。

我国《海商法》为了将多式联运合同纳入调整范畴,规定:"本法所称多式联运合同,是指多式联运经营人以两种以上的不同运输方式,其中一种是海上运输方式,负责将货物从接收地运至目的地交付收货人,并收取全程运费的合同。"这一规定,将陆陆、陆空的多式联运形式排除在调整范围之外。但鉴于海陆、海空联运是国际货物多式联运的主要形式,在国际多式联运公约尚未生效条件下,《海商法》的有关规定仍具有重要意义。

10.1.2　国际多式联运的特征及优点

1.国际多式联运的特征

根据《多式联运公约》的规定,国际多式联运应当具备以下特征:

(1)多式联运经营人必须与托运人签订多式联运合同。该合同是多式联运经营人与托运人之间权利、义务、责任及豁免的法律依据,这是区别于一般联运合同的主要依据。

(2)多式联运经营人必须对全程运输承担责任。多式联运经营人自己可以拥有运输工具,也可以是无船承运人;多式联运经营人可以与各区段的实际承运人签订区段运输合同,或者委托仓储经营人负责货物的仓储,但其对托运人来说是总的承运人,多式联运经营人与货物运输过程中各环节的实际任务执行人签订的运输合同、仓储合同、装卸合同、倒运合同等不得影响其对托运人所承担的货物全程运输责任。这是国际多式联运的根本特征。

(3)必须是国际货物运输。国内的多式联运不在国际多式联运公约的管辖范围之内,原因是各国的政治、经济、法律制度存在很大差异,运输管理又属于一国主权范围内的事务,所以,国际上所有的国际运输公约都不适用于纯粹国内运输。

(4)必须使用多式联运单据(multimodal transport document,MTD)。多式联运单据的作用如同海上运输中的提单,其上载有多式联运合同条款,规定了运输合同双方权利义务,体现了多式联运的统一责任,对货物的记载也是交付货物和处理货物索赔的重要依据，因此，国际多式联运经营人必须签发多式联运单据。

（5）必须使用两种或两种以上的运输方式完成货物全程运输。国际货物运输有陆运、海运、空运三种基本形式，其中陆运又可分为铁路运输和道路运输，各种运输形式中都存在同一运输方式下的联运，例如铁路运输中的转运、海运中的转船运输等，但这种联运不是国际多式联运范畴内的运输形式。国际多式联运必须是两种不同运输方式的任意联合，例如陆海联合、海空联合、陆空联合等。

在《多式联运公约》中排除同一种运输形式中的联运方式，目的主要是尊重和维持现存的有关国际公约和国内法律规定。例如，道路运输有1956年由欧洲17个国家参加的《国际道路货物运输合同公约》（CMR）、铁路运输有《国际铁路货物联运协定》和《国际铁路货物运送公约》、航空运输有1999年的《统一国际航空运输某些规则的公约》（简称《1999年蒙特利尔公约》），这些公约分别对不同运输形式下与运输合同有关的法律问题作出了统一规定。由于国际多式联运是上述不同运输方式的结合，又采取了与传统不同的法律制度，为了避免法律冲突和新的立法能够被广泛接受，非常有必要只将联合两种或两种以上运输方式的运输形式定义为国际多式联运，并受国际多式联运公约约束。

2. 国际多式联运的优点

国际多式联运与传统的联运方式相比具有明显的优越性。

（1）统一、简单。在国际多式联运形式下，不论运输全程分几个区段，经过几种运输形式转换，一切运输事项均由多式联运经营人负责办理；托运人只需一次性订立运输合同，办理一次性托运，按同一费率支付运费，购买一次性保险。如果运输过程中出现责任问题，不论其发生在哪个运输区段，都由多式联运经营人负责。这种一个合同、一种单据、一种运费率的形式，为货主提供了明显的便利。

（2）缩短了运输时间，降低事故率。多式联运经营人拥有广泛的全球性经营网络，可以实现不间断的门到门运输服务，各运输环节衔接紧凑，配合较好，因此可以安全、快速、准时地完成货运服务。

（3）降低了运输成本，节约运输费用。多式联运经营人通常与各区段承运人及运输相关人订有长期服务合同，因而能以优惠的运费率完成运输任务。以一种运输单证完成运输，又可以使托运人在内陆交货地点托运时便可取得运输单证，提早议付，回笼资金，也节省了制单方面的人力物力。

（4）有利于提高运输组织水平，实现合理运输。多式联运经营人拥有广泛的全球性业务网络，使其可以在与货物运输有关的运输、仓储、代理、港口、保险等方面进行最合理的组织，选择最佳的运输线路及方式，从而实现合理运输，加快货物周转，节省运输费用。

10.2　多式联运经营人

10.2.1　多式联运经营人的法律地位

根据《多式联运公约》的规定，多式联运经营人（multimodal transport operator，MTO）是指其本人或通过其代表订立多式联运合同的任何人。多式联运经营人是运输合同主体之一，是货物的总承运人，承担履行总运输合同的义务，而不是托运人的代理人或多式联运中承运人的代理人，我国《合同法》和《海商法》对此也作了类似规定。对于多式联运经营人的这种法律地位，应从以下几个方面理解：

1.多式联运中的复杂法律关系网

国际多式联运是由不同运输方式组合进行的，其运输全过程需要各种代理人、实际承运人等多方共同完成，从而形成了多种法律关系。

（1）多式联运经营人与托运人的法律关系。多式联运中的托运人分为两种：一种是实际托运人；另一种是契约托运人。实际托运人（actual shipper）是指将货物实际交给多式联运经营人或其代理人的人。不论在 FCA 条件下，还是在 CPT、CIP 条件下，实际托运人总是买卖合同中的卖方。在 FCA 条件下，把本来非运输合同当事人定义为托运人且将其适当地纳入合同关系中的作用有两方面：一方面有助于其根据运输合同和有关法律规定有效保护自己的利益；另一方面也使其承担相应的合同或法律义务。在 CIP 或 CPT 条件下，卖方根据买卖合同约定的义务与多式联运经营人订立运输合同，并实际向第一承运人交付货物。此时，它既具有实际托运人的特征，又具有契约托运人的特征。

契约托运人（contracting shipper）是指与多式联运经营人订立运输合同的人。通常法律规定的托运人即是这种契约托运人，《海牙规则》和《海牙-维斯比规则》就是通过定义"承运人"而间接对托运人作出这种定义的（承运人是指与托运人订立合同的人）。在 FCA 条件下，契约托运人为买卖合同中的买方，在 CIP 和 CPT 条件下，契约托运人为买卖合同中的卖方。

由此可见，多式联运经营人与契约托运人存在着运输合同关系，与实际托运人也存在着不完全的运输合同关系，处理二者的关系适用有关合同约定和运输合同法律规定。

（2）多式联运经营人与实际承运人的法律关系。多式联运的核心是要求多式联运经营人对货物运输的全程承担责任，但并不要求其一定拥有运输工具。因此，多式联运经营人被称为"契约承运人"或"无船承运人"。作为无船承运人，为履行货物运输义务，多式联运经营人需要与实际承运人签订各区段的运输合同，与这些实际承运人形成运输合同关系。在这一层次的运输合同中，多式联运经营人作为托运人出现，依法享有托运人权利，承担托运人义务。

（3）多式联运经营人与其代理人、受雇人的法律关系。为履行多式联运合同义务，多式联运经营人需要委托各地的代理人或雇用其他人完成各区段的必要辅助工作，如委托代理安排不同运输区段转换时的货物交接、装卸、存储等工作；雇用装卸公司完成货物的装卸、存储、短途倒运等工作。这些安排，有的是根据委托合同进行的，有的是根据雇佣合同进行的。无论是委托合同还是雇佣合同，多式联运经营人都与这些人形成了辅助层次的代理或雇佣合同关系。

2.多式联运经营人的法律地位

国际多式联运中的上述三类法律关系是处于不同层面的，如图10-1所示。根据国际多式联运定义和我国《合同法》《海商法》的规定，国际多式联运法律关系网络中的核心是多式联运经营人与托运人的多式联运合同关系；多式联运合同是主合同，而多式联运经营人与实际承运人、代理人及受雇人间的法律关系是附着在前述主合同关系之上的，处于从属地位。只有正确区分这些法律关系，才能准确识别多式联运经营人在国际多式联运中的法律地位。

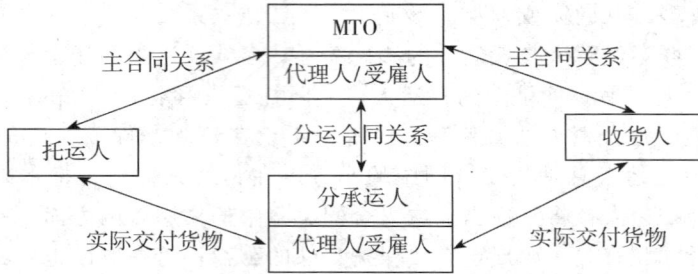

图10-1 多式联运中的法律关系图解

在国际多式联运合同中，多式联运经营人是总承运人，除了负责组织完成全程运输外，还需要根据多式联运合同对托运人或收货人承担合同或法定义务。

在各区段运输中，多式联运经营人向各区段的实际承运人托运货物，形成了一般意义上的运输合同关系；多式联运经营人委托各区段代理安排货物接运、存储、倒运等事项，或雇用装卸公司、运输公司装卸、倒运货物，形成了一般意义上的代理或雇佣关系。

托运人将货物交给上述这些人掌管应当视为交给了多式联运经营人掌管。所以，多式联运经营人对实际承运人、受雇人、代理人的行为或不行为承担责任，亦如他本人的行为或不行为一样。多式联运经营人委托实际承运人及代理人或其他受雇人完成货物运输并不改变其与托运人订立的多式联运合同法律关系。

对实际承运人、代理人或其他受雇人在履行委托合同中存在过失，导致货物灭失或损坏的，多式联运经营人必须依据多式联运合同对货方承担责任。多式联运经营人在向货方作出赔偿后，可以向各受托方追偿。由于目前国际上对不同种运输方式制定了相应国际公约或国内法，这些法律所规定的赔偿原则存在差异，所以，追偿的结果很难与多式联运形式下的赔偿结果相同。

此外，虽然发货人、收货人与多式联运经营人的代理人、受雇人没有合同关系，但由于这些人实际参与了货物运输，对由他们的过失导致的货物灭失或者损坏，发货人、收货人可以依据侵权责任提起诉讼。为使这些运输参与人与多式联运经营人处在同一法律地位，多式联运公约秉承了《海牙-维斯比规则》和《汉堡规则》的法律原则，规定多式联运经营人的代理人、受雇人可以享受与多式联运经营人同样的抗辩理由和责任限制，从而保证了不同形式的诉讼都得到同一法律结果，避免了起诉方投机取巧，维护了法律的统一性和公正性。

综上所述，在多式联运的全过程中或某个阶段，虽然多式联运经营人可能以多重身份出现，但无论如何，他都必须以本人的身份，而不是以货方或承运人的代理人身份对货物全部运输承担责任。这就是定义中所说的"事主"而不是代理人的含义。

10.2.2 多式联运经营人应具备的条件

国际多式联运是国际货物运输中最复杂的一种运输方式。为了能够全面履行合同义务，多式联运经营人必须具备以下主要条件：

（1）必须依法注册。多式联运经营人必须是具有经营管理的组织机构、业务章程和具有企业法人资格的负责人，以使之能够与托运人或其代表订立多式联运合同。2016年修订的《中华人民共和国国际海运条例》（简称《海运条例》）第7条规定："在中国境内经营无船承运业务，应当在中国境内依法设立企业法人。"

（2）必须签发多式联运单据。多式联运经营人从发货人或其代理人手中接收货物后，即应签发自己的多式联运单证，用以证明合同的订立、执行并开始对货物负责。为确保该单证的可转让性，多式联运经营人必须在国际运输中具有一定的资信或令人信服的担保。《海运条例》第7条规定："经营无船承运业务，应当向国务院交通主管部门办理提单登记，并交纳保证金。"

（3）必须具有充足的自有资金。多式联运经营人要完成或组织完成全程运输，并对运输全程的货物灭失、损害和运输延误负责，就必须具有开展业务所需的流动资金和足够的赔偿能力。因此，在申请国际货物多式联运经营执照时，各国的工商注册登记机关大多规定了较高的注册资金门槛。《海运条例》第8条规定："无船承运业务经营者应当在向国务院交通主管部门提出办理提单登记申请的同时，附送证明已经按照本条例的规定交纳保证金的相关材料。前款保证金金额为80万元人民币；每设立一个分支机构，增加保证金20万元人民币。保证金应当向中国境内的银行开立专门账户交存。保证金用于无船承运业务经营者清偿因其不履行承运人义务或者履行义务不当所产生的债务以及支付罚款。"

（4）必须具备经营能力。为保证履行多式联运合同义务，多式联运经营人必须具备足够的经营、技术能力，主要包括：

①建立自己的多式联运线路。从理论上讲，多式联运路线可以遍及全世界，从任何国家的任何地点到另一国的任何地点，但事实上各经营人即使实力再强也很难做到，许多多式联运经营人业务只集中在一条或几条联运线路上。

通常，在对国际贸易物流全面调查的基础上，选择运量最大且比较稳定的路线作为重点线路，而且应确保路线的全线（各区段、各方式）及各环节都具有足够的通过能力和集装箱货物运输所需要的条件，特别是集疏运条件。

②拥有一支具有国际货物运输法律和专业知识、经验丰富的专业队伍。该队伍应当能够有效地完成或组织完成全程运输，要与运输中所涉及的各方（包括货方、承运人、代理人、港口码头、货运站、仓库、海关、保险等）建立良好的业务关系。

③在各条联运线路上建立完整的网络机构。多式联运经营人要在各经营线路的两端和途中各转接点设分支机构、派出代表或委托适当的代理人来办理货物接收、交付和完成各区段的运输、衔接、服务事宜。

④能够制定各线路的多式联运单一费率。采用单一费率是多式联运的必要条件和特点之一。由于国际多式联运涉及的环节众多，不仅涉及不同的运输方式，而且涉及不同的国家和地区，因此按各运输环节的业务成本来确定单一费率是一个较为复杂的问题，需要在了解大量信息、做大量工作的基础上才能解决。《海运条例》第17条规定："经营国际班轮运输业务的国际船舶运输经营者的运价和无船承运业务经营者的运价，应当按照规定格式向国务院交通主管部门备案……备案的运价包括公布运价和协议运价。公布运价，是指国际船舶运输经营者和无船承运业务经营者运价本上载明的运价；协议运价，是指国际船舶运输经营者与货主、无船承运业务经营者约定的运价……国际船舶运输经营者和无船承运业务经营者应当执行生效的备案运价。"

⑤具有必要的设备和设施。多式联运经营人可以是无船承运人，自己不拥有任何运输工具，但必须有起码的业务设备和设施，如信息处理、传递的设备（电话、电传、计算机等）、集装箱货运站、接受及保管货物的仓库、一定面积的堆场、拆卸箱设备、堆场作业机械等，同时一般还应配备一定数量的集装箱和吊机等设备。

10.2.3 多式联运经营人的赔偿责任制度

1.责任期间

多式联运经营人的责任期间是指其根据多式联运合同应当在多长时间内对货物的运输承担责任。

《多式联运公约》采取了与《汉堡规则》的类似做法，在第14条将多式联运经营人的责任期间规定为"自接收货物时起到交付货物时止"的全部掌管货物期间。我国《合同法》和《海商法》对此也作了类似规定。考虑到各国法律的不同规定和集装箱业务的特点，《多式联运公约》进一步规定，如果收货人不向多式联运经营人提取货物，则多式联运经营人按照多式联运合同或按照交货地点的法律或特定行业惯例，将货物置于收货人的支配之下；或者根据交货地点的法律或规章将货物交给有关当局或其他第三人，即为交付了货物，其运输合同责任到此终止。

根据上述规定，无论货物的灭失或者损坏发生在哪一个运输区段，只要是在多式联运经营人的责任期间，货方即可向多式联运经营人提出损害赔偿。由于集装箱运输形式下货物的交付有整箱接收、整箱交付，拼箱接收、拼箱交付，整箱接收、拼箱交付，拼箱接收、整箱交付四种基本形式，所以在不同的交接方式下，多式联运经营人的责任期间长短需视交接货物方式而定。在整箱接收、整箱交付即门—门交接方式中，多式联运经营人的责任期间最长。

2.责任形式

（1）承运人责任形式的含义。承运人的责任形式是关于承运人的赔偿责任范围及法律适用的综合制度。多式联运中的货物运输一般是由多式联运经营人及其代理人和各区段的实际承运人共同完成的。如果货物在运输中发生灭失、损坏或延迟，谁应当对此负责？对损害的赔偿，应当对各区段按照同一标准，还是按照损害发生区段所适用的法律规定的标准？这是多式联运经营人责任形式所要解决的问题。

（2）承运人责任形式。目前，国际货物联合运输中承运人的赔偿责任形式主要有以下三种：

①统一赔偿责任制。这是指多式联运经营人对全程运输统一承担责任，各承运人只对其区段运输承担责任，但赔偿责任都适用同一种法律规定的责任制度。该责任制度的确定，可以由合同约定，也可以由强制性的国际公约或国内法确定。

②网状赔偿责任制。这一法律制度的含义是：多式联运经营人对全程运输负责，各承运人只对其区段运输负责，但不论二者谁来承担责任，赔偿责任都按照该运输区段所适用的法律规定确定。如果无法确定货物损害发生区段，则由多式联运经营人按照适用的法律或合同规定的赔偿原则赔偿。例如，当海空联运中发生了货物损坏，如果损坏发生在海运区段，联运经营人将按照《海上货物运输法》的规定进行赔偿；如果货物损坏发生在空运区段，联运经营人将按照华沙公约体系或《1999 年蒙特利尔公约》的规定进行赔偿。如果不能确定损坏发生在哪个区段，则由多式联运经营人按照应当适用的法律进行赔偿；例如按照《多式联运公约》的赔偿原则，或我国《海商法》规定的原则，或合同约定的原则进行赔偿。在这种责任原则下，索赔人可选择向联运经营人索赔，也可以选择向区段承运人索赔。

我国《合同法》和《海商法》关于多式联运的特别规定中，对多式联运经营人实行网状赔偿责任制。在不能确定损坏发生在哪个区段时，由多式联运经营人按照《合同法》和《海商法》规定的赔偿原则赔偿。

③独立赔偿责任制。这是指多式联运经营人和实际承运人仅对自己完成的区

段负责，各区段承运人的赔偿责任按照该区段的有关法律确定。这种责任制不适合国际多式联运，因而不宜采用。

（3）《多式联运公约》中的"经修订后的统一责任制"。《多式联运公约》对多式联运经营人赔偿责任制度采用了统一责任制的基本内容，但又作了适当修订，因而被称为"经修订后的统一责任制"，也可称为"混合责任制"。这一责任制度的基本内容为：国际多式联运经营人对全程货物灭失、损坏或延迟交付按照《多式联运公约》规定的或运输区段适用法律规定的赔偿原则进行赔偿，就高不就低。该公约第16条规定："多式联运经营人对于货物的灭失、损坏或延迟交付所引起的损失，如果造成灭失、损坏，或延迟交付的事故发生于第14条规定的货物由其掌握期间，应负赔偿责任……"，这一规定具有典型的统一责任制特征。但是，该公约第19条又规定：如果货物的灭失或损坏发生于多式联运的某一特定区段，而对这一区段适用的一项国际公约或强制性的国家法律规定的赔偿限额高于适用第18条第1款到第3款（关于赔偿限制的规定——编者注）所得出的赔偿限额，则多式联运经营人对这种灭失或损坏的赔偿限额，应按照该公约或强制性国家法律予以确定。这一规定又具有典型的网状责任制特征，目的是保护货物索赔人，有利于其获得较高的赔偿数额。

"经修订后的统一责任制"是发达国家与发展中国家在制定该公约时相互斗争和妥协的产物，其目的既是为了顺利通过为新型运输方式确定的统一的法律原则，又是为了维持现存的由各单一运输方式国际公约所确立的国际货物运输法律制度。但这种责任制度却使多式联运形式下的赔偿关系复杂化，这主要体现在以下几点：

第一，根据这一规定，在发生货物灭失、损坏或延迟交付导致损失赔偿时，首先需要确定适用的责任形式，这需要了解有关法律规定，而世界上真正能够掌握所有国家相关法律的人少之又少。

第二，使国际多式联运经营人面临两层赔偿关系，即多式联运经营人与货方的赔偿关系，以及多式联运经营人与其分包承运人的赔偿关系。由于《多式联运公约》的强制性规定，多式联运经营人在向货方赔偿时不能降低赔偿责任，也不能将赔偿责任转嫁给分包承运人。但是，该合约却没有对多式联运经营人与分包承运人的赔偿关系作出特别规定，这使得在具体业务中很容易因为赔偿问题引发纠纷。

第三，前述两种赔偿关系的存在极有可能使多式联运经营人陷入无力经营的境地。由于《多式联运公约》没有规定多式联运经营人与分包承运人的赔偿关系，所以在实际业务中只能适用具体运输区段的有关公约或国家法律规定。然而，当今世界上实行的有关道路运输、铁路运输、海上运输、航空运输的国际公约所规定的责任基础与多式联运公约的规定存在很大差别，其中有关海上货物运输的《海牙规则》规定的责任基础是最低的；试想，如果某项多式联运包括了海运，一旦海运承运人在驾驶船舶和管理船舶中存在过失导致货物全部损失，海运承运人可以根据《海牙规则》免除赔偿责任，但多式联运经营人根据《多式联运公约》却必须承担赔偿责任且不能向海运承运人追偿，这就会使多式联运经营人陷入困境。

正是由于上述原因，《多式联运公约》规定的这种责任制很难实行，这一问题只有当其他单一货运公约作出调整后才能逐步解决？仍未能生效的主要原因之一。

3.赔偿责任的归责原则

（1）承运人赔偿责任归责原则的含义。民法学中的归责原则是指认定民事责任的准则。承运人赔偿责任归责原则是指有关运输合同法律规定的，确定承运人赔偿责任的准则；该准则可用来确定承运人的责任。对承运人责任的归责原则，目前各单一运输公约规定不同，但大致可以分为"严格责任原则"和"过失责任原则"两种。

（2）严格责任原则。严格责任原则是英美法的概念，我国民法界称无过错责任原则或无过失责任原则。它是指除了不可抗力、情势变迁等有限的免责事件外，虽然承运人没有过失，但根据法律规定仍需承担民事责任的认定责任准则。

在这种制度下，除非承运人能够证明货物的灭失、损坏或延迟交付是由于合同或法律规定的不可抗力事件或由托运人原因造成的，否则，在其责任期间只要发生货物灭失、损坏或延迟交付，承运人就必须承担赔偿责任。《国际铁路货物运送公约》、《国际道路货物运输合同公约》和《华沙公约》下的《海牙议定书》采用的就是这种归责原则。

（3）过失责任原则。过失责任原则也称过错责任原则。它是指行为人只有存在过错时，才需承担民事责任，没有过错，就不需承担民事责任的认定责任准则。

在该种责任制度下，承运人只对因其本人的，或其受雇人、代理人的过失导致的货物灭失、损坏或延迟交付承担赔偿责任，这种过错需要由索赔人举证证明。

（4）推定过错责任原则。在过错责任原则下，还有一种被称作"推定过错责任原则"或"推定过失责任原则"的认定责任准则，即在行为人不能证明自己没有过错的情况下，推定他有过错，应当承担民事责任。

在这种法律制度下，如果发生货物灭失、损坏或延迟交付，首先推定承运人存在过失。只有承运人能够举证证明他根据运输合同或相关法律规定履行运输合同无过失，才可以免除赔偿责任。有关航空运输的《华沙公约》和有关海上货物运输的《汉堡规则》采用的就是这种责任制度。《海牙规则》《海牙-维斯比规则》采用的也是推定过失责任制度，但它规定了相当多的除外责任，如航行过失免责等，因此被称为"不完全推定过失责任制度"。

按照《多式联运公约》规定，对多式联运经营人责任的归责原则采用的是"推定过失责任原则"，与《汉堡规则》的规定基本相同。该公约第16条规定："多式联运经营人对于货物的灭失、损坏或延迟交付所引起的损失……应负赔偿责任。除非多式联运经营人能证明其本人、受雇人、其代理人或其他人为避免事故的发生和后果已采取了一切所能合理要求的措施。"同时，对延迟交付货物规定："如果货物未在约定的时间内交付，或若无此种协议，未按照具体情况对一个勤勉的多式联运经营人在合理要求的时间内交付，即为延迟交付。"

4.赔偿责任限制

在国际货物运输中，为适当保护承运人，各有关国际公约及国内法律一般都规定了承运人的赔偿责任限制，不同的责任制下赔偿责任限额是不同的。考虑到国际多式联运中运输形式的多样性和单一运输方式的国际公约的存在，《多式联运公约》采用了双重赔偿标准和单一赔偿标准相结合的承运人赔偿责任限制制度。为便于理解，下面我们通过与各单一运输公约规定相比较的方法来学习多式联运经营人的赔偿责任限制问题。

（1）货物灭失或损坏的赔偿责任限额。从现有的国际货物运输公约看，《海牙规则》对承运人的赔偿责任限制采用的是单一标准的赔偿方法，即只规定每件或每货运单位的赔偿责任，而未规定每重量单位的赔偿责任。这种规定方法在实践中存在很大缺陷，所以1968年制定的《维斯比规则》把双重赔偿标准纳入公约，即分别规定了每件或每货运单位和每千克毛重的赔偿标准，择其高者适用。同时，对集装箱、托盘或类似的装运工具的赔偿也作了规定。因其具有合理性，《汉堡规则》也采用了这种双重赔偿标准。

根据多式联运的特殊性，为维持现存的国际运输公约的有效性，《多式联运公约》第18条对多式联运经营人的赔偿标准作了如下规定：

第一，对包含有海运或内河运输的多式联运，即以海陆、海空方式联合运输时，多式联运经营人的最高赔偿责任按双重标准执行，即每件或每货运单位920特别提款权，或毛重每千克2.75特别提款权，两者以高者为准。制定这一标准主要考虑与《汉堡规则》的规定相协调。

第二，对未包括海运或内河运输的多式联运，即以陆空、陆陆方式联合运输时，多式联运经营人的最高赔偿责任只按每千克毛重8.33特别提款权这一单一标准计算。追加制定这一标准主要是为了协调与《华沙公约》、《国际道路货物运输合同公约》和《国际铁路货物运送公约》等国际公约的关系，避免问题复杂化，因为这些国际公约都采用了每千克毛重这一单一赔偿责任标准。

如果货物是由集装箱、托盘或类似装运工具集装，并在多式联运单据中列明这种装运工具中的件数或货运单位数时，该件数或单位数应视为计算限额的件数或货运单位数，否则装运工具与其中货物应视为一个货运单位；如果装运工具本身灭失或损坏且该工具并非多式联运经营人所有或提供，则应视为一个单独的货运单位。

为便于比较，表10-1列出了各国际货物运输公约的赔偿限额规定。

表 10-1   有关国际公约的赔偿限额对照

公约名称	包括海运或内河运输		不包括海运或内河运输	
	每件或每货运单位责任限额（SDR）	每千克毛重责任限额（SDR）	每件或每货运单位责任限额（SDR）	每千克毛重责任限额（SDR）
《多式联运公约》	920	2.75		8.33
《海牙规则》	161			
《维斯比规则》	666.67	2		
《汉堡规则》	835	2.5		
《鹿特丹规则》	875	3		
《国际道路货物运输合同公约》		8.33		8.33
《国际铁路货物运送公约》		16.67		16.67
《蒙特利尔公约》		17（2009 年 12 月 30 日改为 19）		17（2009 年 12 月 30 日改为 19）

从表 10-1 可以看出：在不包括海运或内河运输形式下，《多式联运公约》采用的赔偿责任限额是各种运输公约中最低的，与道路运输公约的规定相同，但不到《国际铁路货物运送公约》和《蒙特利尔公约》规定的 1/2。这意味着在陆空、陆陆的多式联运中，货方从多式联运经营人那里得到的赔偿低于其根据铁路、航空运输公约规定应当得到的赔偿。为此，该公约采取了补救措施，公约第 19 条规定："如果货物的灭失、损坏发生在某一特定区段，而对这一特定区段所适用的一项国际公约或强制性国家法律规定的赔偿限额高于上述限额时，多式联运经营人的赔偿责任应当按照那一区段所适用的国际公约或国家法律确定，但如无法确定货物的损害发生在哪一区段时，则仍然适用该公约的规定。"

上述补救方法是对统一责任制的一种背离，形成了所谓的"经修订后的统一责任制"，在某种程度上使《多式联运公约》受制于单一运输公约，形成了某些法律交叉。这在法律上和实践中都是有害的，有待将来进一步改善。

（2）延迟交付的赔偿责任限额。

《多式联运公约》中关于交付的定义，与其他国际货运公约规定是相同的，即指多式联运经营人没有按照合同约定的时间或在没有此项约定时，没有在合理的时间内交付货物的行为。

关于延迟交付货物导致的经济损失的赔偿责任，《海牙规则》和《海牙-维斯比规则》都没有涉及，但并不等于绝对排除这种责任。《海牙规则》和《海牙-维斯比规则》规定了承运人保证不得不合理绕航义务，在某种程度上对延迟交付货物作出了限制，但这是很不够的。因为，一方面收货人需要举证证明承运人存在不合理绕航的行为，但由于法律规定的众多免责事项，收货人实际上很难举证；另一方面，即使收货人能够证明不合理绕航事实，承运人应当在多大程度上进行此项损失赔偿也缺乏明确的法律规定。

鉴于上述原因，《多式联运公约》参照《汉堡规则》等其他国际货运公约，规定多式联运经营人对延迟交货造成的经济损失的赔偿责任限额为延迟交付的货物应付运费的 2.5 倍，但不得超过多式联运合同规定的运费总额。在货物的灭失、损害与延迟交付同时发生时，赔偿总额以货物全部灭失时应负的责任为限。

现将有关国际货运公约的相关规定列表进行比较，见表 10-2。

表 10-2　　　　　　　　　　关于延迟交付的有关规定对照

公约名称	赔偿责任限额	赔偿责任总额
《多式联运公约》	应付运费的 2.5 倍	合同应付运费总额
《汉堡规则》	应付运费的 2.5 倍	合同应付运费总额
《鹿特丹规则》	应付运费的 2.5 倍	合同应付运费总额
《蒙特利尔公约》	无限额规定	无限额规定
《海牙规则》	无规定	无规定
《国际铁路货物运送公约》	应付运费的 2 倍	无限额规定
《国际道路货物运输合同公约》	延迟货物运费总额	

5.责任限制权利的丧失

为了防止多式联运经营人滥用赔偿责任限制权利，在履行合同时未尽职责，使货物所有人遭受不必要的损失，《多式联运公约》作出了在某些条件下多式联运经营人丧失赔偿责任限制权利的规定。该公约第 21 条规定："如经证明货物的灭失、损坏或延迟交付系由多式联运经营人有意造成的，或明知有可能造成而又毫不在意的行为或不行为所引起的，多式联运经营人则无权享受本公约规定的赔偿责任限制权利。此外，对于多式联运经营人的受雇人、代理人或为履行多式联运合同而为其服务的其他人故意造成，或明知有可能造成而又毫不在意的行为或不行为所引起的货物灭失、损坏或延迟交付，则该受雇人、代理人或其他人无权享受本公约所规定的责任限制。"

10.3　　　　　　　　　　多式联运单据

根据《多式联运公约》的规定，在多式联运合同下，多式联运经营人必须向托运人签发 "多式联运单据"，也有人称其为多式联运提单（multimodal transport B/

L）。这种单据与传统的海运提单具有相似的作用。

10.3.1　多式联运单据的性质与作用

多式联运单据是指表明或证明多式联运合同和承运人在启运地点接管货物，以及保证在目的地据以交付货物的凭证。

多式联运单据与海上提单的性质和作用基本一致，主要有以下几个方面：

1.表明合同或证明合同功能

多式联运单据是多式联运经营人与托运人之间的多式联运合同的重要组成部分，是与多式联运单据持有人之间的运输合同。

2.货物收据功能

多式联运单据是多式联运经营人接管货物的证明。多式联运经营人向托运人签发多式联运单据，即表明其已经接管并临时占有单据货物。因此，多式联运单据具有货物收据和证明多式联运经营人开始对货物负责的作用。

3.货物交付凭证功能

多式联运单据是收货人提取货物和多式联运经营人交付货物的凭证。无论经营人签发哪一类多式联运单据，收货人或多式联运单据的持有人在目的地提货时，都必须出具多式联运单据才能换取提货单。同样，多式联运经营人或其代理人也只能把货物交付多式联运单据持有人。

4.可转让多式联运单据的物权证据功能

可转让的多式联运单据与传统提单相似，具有初步的物权凭证功能。商人通过转让多式联运单据可以实现货物所有权的转让；银行、承运人可以通过占有多式联运单据，取得有条件的货物占有权。

10.3.2　多式联运单据的种类

多式联运单据按是否可以转让分为两大类：可转让的多式联运单据和不可转让的多式联运单据。可转让的多式联运单据又可以分为指示交付和向持票人交付两类。不可转让的多式联运单据一般为记名多式联运单据。上述分类可归纳表述如下：

多式联运单据 { 可转让的 { 指示多式联运单据（order MTD） / 不记名多式联运单据（bearer MTD） / 不可转让的——记名多式联运单据（straight MTD）

10.3.3　多式联运单据的内容

多式联运单据是多式联运经营人、托运人、收货人等运输合同当事人权利义务的具体表现形式。作为货物收据和交货的凭证，它不仅能证明多式联运合同及其内容（包括经营人、发货人及收货人的名称、地址，货物交接日期、地点、期限，运费支付情况等），而且能够证明货物的情况（包括外表状况、数量、品质等）。因此，多式联运单据内容是否准确、清楚、完整，对保证货物正常交接、安全运输和划分责任具有重要的意义。同时，由于国际多式联运要使用两种或两种以上的运输方式，多式联运单据的内容与各种单一运输方式下的运单和提单的内容也有一定的区别。

《多式联运公约》规定多式联运单据应载明下列事项：

（1）由发货人提供的货物品类、运输标志、危险货物的危险特性声明，包括件数、货物的毛重或其他方式表示的数量等。

（2）由承运人标注的货物的外表状况。

（3）多式联运经营人的名称和主要营业场所。

（4）发货人、收货人（必要时包括通知人）名称。

（5）多式联运经营人接管货物的地点和日期。

（6）交付货物的地点。

（7）交付货物的时间、期限。

（8）表示该单据可否转让的声明。

（9）多式联运单据的签发地点和日期。

（10）多式联运经营人或其授权人的签字。

（11）有关运费支付的说明，包括应由发货人或由收货人支付的运费及币种。

（12）有关运输方式、运输路线、转运地点的说明。

（13）有关声明与保留。

（14）在不违背单据签发地国家法律的前提下，双方同意列入单据的其他事项等。

《多式联运公约》还规定，如果单据中缺少上述内容中的一项或数项，不影响多式联运单据的法律性质，不影响货物运输及各当事人之间的利益，这样的多式联运单据仍然有效。

10.3.4　多式联运单据的签发

《多式联运公约》规定多式联运经营人在收到货物后，必须向托运人签发多式联运单据，根据托运人的要求，多式联运单据可以是可转让的或不可转让的。多式联运单据签发前，托运人还应按照合同规定付清有关费用。现将多式联运单据的签发时间、地点以及注意事项分述如下：

1.多式联运单据的签发时间和地点

因多式联运方式运送的主要是集装箱货物，交货地点有集装箱码头堆场、内陆集装箱堆场（CY）、集装箱货运站（CFS）、发货人的工厂或仓库（door）等多种地点，多式联运单据的签发时间、地点及多式联运经营人承担的责任及起讫时间也就不同。

（1）在发货人工厂或仓库交付货物。发货人在自己的"门口"（door）交付货物，属 FCA、CPT、CIP 术语下"在卖方所在地交货"范畴，场站收据中应当注明具体交货地点。在这种交货方式下，发货人通常应当负责货物报关、装箱、制作装箱单、联系海关监装并加封，然后将外表状况良好、铅封完整的整箱货物交给多式联运经营人或其代理人。多式联运经营人在接收货物之后，就应当向托运人签发多式联运单据，并承担从发货人工厂或仓库到最终目的地交付地点的全程运输责任。

（2）在集装箱货运站交付货物。在集装箱货运站交付货物属 FCA、CPT、CIP 术语下"在卖方其他地点交货"范畴，多式联运经营人在其自己或由其委托的集装箱货运站接收货物。该货运站可以在港口附近，也可以在内陆地区，接收的货物一般是拼箱货物（也可以是整箱货物）。集装箱货运站接收货物后，签发场站收据，发货人凭此单据到多式联运经营人或其代理人处换签正本多式联运单据。多式联运经营人接管货物后，负责安排货物装箱、填制装箱单、联系海关加封等业务，并负责将拼装好的集装箱运至指定的最终目的地。

（3）在码头堆场交付货物。在码头堆场交付货物是"门至门"运输的特殊形式。在这种方式下，发货人需要负责货物装箱、报关、加封等工作，将封好的整箱货物运至多式联运经营人指定的码头堆场，由多式联运经营人委托的堆场代表其接收货物，并向发货人签发正本场站收据，发货人凭此收据到经营人或其代理人处换取多式联运单据。而多式联运经营人应负责完成货物由该堆场至目的地的运输。

在上述各地点签发的多式联运单据，多数属于"待装单据"。为了适应集装箱货物多式联运的这种需要，现行的《跟单信用证统一惯例》规定，银行可以接受注明货物已发运、接受监管或已装载的多式联运单据。

2.签发多式联运单据的注意事项

根据公约的规定，多式联运经营人在签发多式联运单据时，应注意以下事项：

（1）如签发可转让多式联运单据，应在收货人栏列明按指示交付或向持票人交付；签发不可转让的多式联运单据时，应列明收货人的名称。

（2）单据上的通知人应当是在最终交货地点由收货人指定的代理人。

（3）正本单据应注明正本份数，每份副本均应注明"不可转让"或"副本"字样。

（4）多式联运单据应由多式联运经营人或经他授权的人签字。如不违背所在国法律，签字可以使用任何形式，包括盖章、手签，或用任何其他机械或电子仪器打出。

（5）在接收货物时，如果对单据中载明的货物种类、标志、数量或重量、包件数等内容有疑问，又无适当方法进行核对、检查，则可以在单据中作出保留声明，注明不符之处和怀疑的根据。

（6）经发货人同意，可以签发不可转让电子单据。在这种情况下，应当使用任何方式保存公约规定的多式联运单据应列明的事项。多式联运经营人在接管货物后，应交给发货人一份可以阅读的单据，该单据应载有上述记录的所有事项。公约规定，这份单据应视为多式联运单据。多式联运公约中的这项规定，主要是为了适应电子单证的使用而设立的。

10.4	国际货物多式联运合同及运费

10.4.1　国际货物多式联运合同的含义

国际货物多式联运合同（contract of multimodal transport of goods）（以下简称"多式联运合同"）是指多式联运经营人负责以两种以上的不同运输方式将货物由一国境内的货物接收地点运至另一国境内交货地点，并统一收取全程运费的运输合同。

就合同形式而言，多式联运合同与传统的件杂货班轮货物运输合同相似，没有完整的形式。但就合同的实质内容而言，二者具有本质性的区别。多式联运合同涵盖了至少两种或两种以上的运输方式，全部运输过程分为若干运输区段，各区段由不同的承运人完成，因此会存在若干区段的运输合同。但是，这些单一运输合同都不是多式联运合同，也不是它的组成部分。多式联运合同是独立于这些区段运输合同之外的，由多式联运经营人与托运人订立的，并由订仓单及多式联运单据等文件共同体现，涵盖全程运输的总合同。

10.4.2　国际货物多式联运合同的订立

尽管国际多式联运合同也需要经过多式联运经营人与托运人双方平等协商订立，但由于多式联运具有公共运输的特征，因此较一般合同而言，其订立过程具有不同的特点。

国际多式联运经营人为了揽取货物，需要对自己的企业、经营范围（包括联运线路、交接货物地域范围、运价、双方责任、权利义务等）做广告宣传，并通过航线班期公告、运价本、提单条款等形式公开说明。托运人向经营多式联运的公司、其营业所或代理机构申请货物运输时，通常要提出货物运输申请，说明货物的品种、数量、起运地、目的地、运输期限等内容，多式联运经营人根据申请的内容，结合经营路线、所能使用的运输工具及班期等情况，决定是否接受托运。如果可以接受，双方则就运费率及支付方式、货物交接方式及时间、集装箱提取地点及时间等事项进行商定，然后由多式联运经营人向托运人或其代理人签发配舱回执，以证明接受委托，这时多式联运合同即告成立。

10.4.3　国际货物多式联运中的单一运费率

国际多式联运实行的是单一运费率制度，这是国际多式联运区别于其他运输方式的一个显著特征。单一运费率是指无论货物需要使用几段不同的运输方式、各区段运费率区别有多大，多式联运经营人都按单一的运费率向托运人计收全程的运费，这对托运人降低运输成本非常有利。

由于运输环节很多，多式联运经营人在制定单一费率时需要做很多的工作。制定单一运费率需要考虑运输成本、经营管理费用和经营利润，在计算各段运输成本时，又需要掌握各运输区段有关成本的变动情况。因此，多式联运经营人需要进行大量的信息采集工作。有的多式联运经营人规定，国外运输部分的费用向收货人计收，这种做法改变了多式联运的本质特性，也会影响到买卖双方贸易合同中的运输责任和费用的划分规则。

10.5　《联合国国际货物多式联运公约》简介

10.5.1　《联合国国际货物多式联运公约》的制定

20 世纪 70 年代末到 80 年代初，国际集装箱运输进入大规模发展阶段。此前，在国际货物运输方面已有几部单一运输国际公约：在海运方面，有《海牙规则》、《海牙－维斯比规则》和《汉堡规则》。铁路运输方面有 1938 年生效的由欧洲主要国家制定的《国际铁路货物运送公约》和原东欧国家 1951 年签订的《国际铁路货物联运协定》，道路运输方面有 1956 年签订的《国际道路货物运输合同公约》，航空运输方面有《1999 年蒙特利尔公约》。

上述各项公约都未考虑到集装箱运输的特点，而且它们都是为各单一运输方式制定的，不能满足集装箱国际多式联运的需要。于是，1980 年 5 月，联合国在日内瓦召开了有 84 个贸发会议成员国参加的国际多式联运会议，并最终通过了《联合国国际货物多式联运公约》。

10.5.2　《联合国国际货物多式联运公约》的主要内容

1.公约的适用范围

公约适用于两个国家之间的货物多式联运合同，但合同中规定的起运地或交货地必须位于缔约国境内。

2.多式联运经营人的赔偿责任

公约对多式联运经营人实行"经修正后的统一责任制"，即多式联运经营人对自接管货物到交付货物的全部运输过程中发生的货物灭失或损坏，不论发生在哪个运输区段，均统一按本公约规定的赔偿责任限制进行赔偿，但如果发生货损区段适用的国际公约或国内法规定的赔偿责任限额高于本公约规定的，则以高者为准。

多式联运经营人的责任期间自接管货物时起，至交付货物时止。

多式联运经营人的赔偿责任原则与《汉堡规则》一样，为完全的推定过错责任原则，即对于发生在其责任期间的货物灭失、损失或延迟交付所引起的损害，如果多式联运经营人不能证明其本人、受雇人、代理人或为履行合同而雇用的任何其他人为避免事故发生及后果已采取了一切合理措施，则推定多式联运经营人对上述损害负有责任。

3.多式联运经营人的赔偿限额

如果多式联运合同中有一种运输方式是海运或内河运输，则货损或灭失的赔偿责任限额为每件货物或每一运输单位920特别提款权，或按货物毛重计算，每千克2.75特别提款权，二者择其高者。延迟交付货物所造成的损害责任限额，为延迟交付货物的运费总额。

4.索赔与诉讼

对货物灭失、损坏或延迟交付的通知，收货人应在不晚于收货的次一工作日书面通知多式联运经营人。如果货物灭失或损坏不明显，可在收货后6日内提出。如果承运人与收货人对货损进行了联合检验，则无须作上述通知。对延迟交付造成的损害索赔，收货人应在收货后60天内书面提出。否则，免于赔偿。

诉讼时效为两年，自货物交付次日起算。对未能交付货物的，自应当交付货物的最后日期的次日起算。但如果在货物交付之日或应当交付货物之日起的6个月内没有提出索赔通知，该诉讼时效提前到该6个月期满之日。

上述时效也适用于仲裁。被索赔一方向第三者追偿的时效期间不应少于90日。

在管辖权方面，规定原告有权选择在有管辖权的法院提起诉讼，并规定对下列地点所在国法院有管辖权：①被告主营业地或其居所地；②合同订立地；③货物接管地或交付地；④合同指定并在多式联运单据中载明的其他地点。

5.海关事项

对于多式联运货物的过境，公约规定缔约国海关对运输途中的货物一般不作检查，以方便多式联运业务的顺利进行。

□ 复习思考题

1.重要概念：国际货物多式联运　多式联运经营人　多式联运单据　网状责任制 统一责任制

2.国际多式联运与传统的联运方式有什么不同？（10.1.1）

3.国际多式联运的主要特征有哪些？（10.1.2）

4.国际多式联运中有哪些法律关系，它们之间的关系是怎样的？（10.2.1）

5.多式联运经营人应具备哪些条件？（10.2.2）

6.统一责任制和网状责任制的基本含义是什么？（10.2.3）

7.《多式联运公约》规定的"经修订的统一责任制"的基本内容是什么？（10.2.3）

8.《多式联运公约》规定的MTO赔偿责任限制与其他公约的规定有何不同？（10.2.3）

9.多式联运单据的作用是什么？（10.3.1）

10.多式联运中发货人向MTO交付货物的地点通常有哪些？（10.3.4）

第11章 /货物运输索赔

——— 学习目标 ———

　　了解运输货物损失产生的原因，掌握事故责任的划分原则，重点掌握不同运输方式下索赔的法律原则与方法。

　　国际货物运输距离长、环节多、环境复杂，运输途中难免发生货物灭失、损坏，即通常所说的货物损失；因承运人过失致使运输时间延长还会导致货物延迟抵达，令收货人发生经济损失；货主就这些损失向承运人提出索赔，统称为货物运输索赔。本章主要介绍不同的运输方式下，常见货物损失和延迟交货的原因、确定损失责任人的原则以及索赔方法等知识。

11.1　　　　　　　　　海上损失与责任

　　海上损失是指在国际海上货物运输中发生的货物灭失、损坏和运输延迟导致的经济损失。海上损失形式多种多样，分析损失原因，明确事故责任，是处理索赔的首要任务。

11.1.1　海上损失原因

　　掌握海上损失产生的原因，对承运人、出租人、托运人、收货人或承租人都十分重要。货物损失产生的原因，主要有以下几个方面：

　　1.积载不当

　　正确积载是承运人的主要义务之一，在英国法下，如果因承运人未能合理地履行该项义务而破坏了船舶的适航性，可视为承运人违反船舶适航的保证义务。

　　许多货物损坏源于承运人违反了船舶货物积载的基本要求，因此发生货物损失后，应调查船舶是否合理安排配载顺序、是否合理安排货物舱位、是否合理隔离忌装货物、是否合理堆码货物、是否合理衬垫、是否合理安排了隔票等。

　　2.货舱不适货及货舱设备不符合要求

　　保证船舶货舱适货是承运人的主要义务之一。货舱适货是指货舱清洁、干燥、无异味、无害虫、水密和设备完好。

　　货舱不适货和设备不符合要求主要表现在以下两个方面：一是货舱不适货。装货前，货舱状况不适合所装货物的要求，如货舱不清洁、不干燥、有异味、未消毒、有虫害等，若勉强装货，势必造成货物污染、受潮、串味等货物损失。二是货舱设备不符合要求。舱内护板有缺陷、污水沟或污水井不畅通、通风设备控制失灵、人孔盖和舱口盖等漏水、舱内管系渗漏等，均是造成货物损失的原因。

3.装卸作业产生的货物损失

在装卸作业产生的货物损失中，除由于船舶吊货设备不良导致的损失由船方负责外，由装卸工人造成的货损责任应由雇佣方负责。

4.运输途中保管不当

运输途中的货物保管工作内容较多，不当的保管主要表现在以下三个方面：一是货舱通风不当。对于需要通风的货物，航行途中通风不及时或通风措施不当，都可能使舱内产生大量汗水、缺氧或聚集大量有害气体，导致货物受潮、发霉或积热不散引起货物自燃，甚至发生火灾、中毒等事故。二是防水、排水、绑扎、加固等措施不及时。不及时对污水沟或污水井内的积水测量并排除，会导致污水外溢，使货物遭受水湿；在大风浪中航行时，船舶摇摆加剧，货物绑扎索具极易松动，如不及时检查、加固，就可能引起货物倒塌或移动，不仅会造成货损，而且还会危及船舶安全。三是对冷藏货物、危险货物、特殊货物的检查和管理疏忽大意。

5.托运人原因

托运人原因主要是指托运人申报不实、包装不当，以及货物本身的特性或潜在缺陷等原因。例如，货物包装存在潜在的缺陷或外部包装完整而实际货物品名、数量与包装不符；标志脱落；货物自身变质；动植物病死等。

6.不可抗力的原因

海上航行遇恶劣海况，外板、甲板、舱口等水密设备遭受破坏，以致舱内进水，货物被淹；或因天气恶劣，无法进行正常通风，造成舱内货物严重汗湿、霉烂等，均属因不可抗力引起的货损事故。对此，根据提单条款或国际有关规则，船方若能提出不可抗力事件的充分证据，可以免除责任。遇此情况，船长应于船抵港后24小时内向有关机构提交海事声明，并取得签证（必要时还应申请舱口检验），以作为船方免责的证明文件。

根据长期实践，我们将海上货物损失的种类和产生的原因归纳在表11-1中。

表11-1   **海上货物损失的种类及产生的原因**

短少的原因	标志不清、误装误卸、理货错误、包装不良或破损、盗窃、泄漏、蒸发等
全损的原因	船只沉没、触礁、火灾、弃货、遗失、政府行为、盗窃、海盗、战争行为等
破损的原因	积载不当、装卸不当等
淡水水湿的原因	雨雪中装卸货物、救火过程造成的货损、舱内管系泄漏等
海水水湿的原因	海上风浪、船体破损、压载舱漏水等
汗湿的原因	通风不良、衬垫不当、隔离不当、积载不当等
污染的原因	混载，衬垫、隔离不充足等
腐烂变质的原因	积载不当，舱温、通风控制不当，制冷设备故障，货物本身原因等
混票的原因	标志不清、隔票不充分、倒垛、积载不当等
烧损的原因	货物自燃、火灾、漏电、温度过高、货物本身性质问题等

运输延迟损失是指因承运人过失，货物未在约定时间或未在合理时间到达目的地而导致的收货人经济损失，包括因运输时间延长导致的货物变质、市场价格不利变动、被迫高价临时购买替代品、待工等经济损失。导致货物延迟抵达的主要原因有各种船舶不适航导致的航行期间延长、船舶不合理绕航、承运人未尽尽速派遣船舶义务等。

11.1.2　货物损失的原始证据

货物损失的原始证据是处理损失事故的重要证据，索赔人应当了解有关证据，懂得如何收集这些证据。货物损失可能发生在运输的各个环节，有关当事人应当做好货物损失的原始记录。

在航行途中发生货物灭失或损坏时，船长有义务按照要求将损失事故情况连同当时的天气、海况及其他相关情况记录在航海日志中，并将情况报告船公司。船长还应在船舶抵达第一卸货港口时，将有关情况作出海事声明，并递交港务监督机关签证确认。因此，船长的海事声明，船舶的甲板航海日志、轮机日志、向船东发出的海事报告等都是处理海损事故的重要证据，承运人应当妥善保存这些证据，货物索赔人也应当在海损事故发生后船舶抵达的第一港口收集这些证据。海事声明的格式如下：

NOTE OF SEA PROTEST

Date：＿＿＿＿＿

Port：＿＿＿＿

To：Port Authority，or

　　　Diplomatic Representative or Notary Public

Dear Sirs，

Name of ship：　　Port of Registry：

Kind of Cargo：　　GRT/NRT：

Weight of Cargo：

My vessel sailed from Venice，Italy，on 15th May 2017，with the cargo mentioned above on board and arrived at Hamburg on 26th May 2017.

As fearing loss or damages to the vessel and cargoes owing to the vessel encountering boisterous weather and rough sea en route，with vessel rolling，pitching and shipping water and spray overall，I hereby note my protest against all losses，damages，etc.and reserving my right to claim against parties concerned and extend same at time and place convenient whenever necessarily.

I hereby affirm that report mentioned above is correct and true.

Yours faithfully，

Master's signature and ship's stamp

Witness on board：

Signature and position of the witness

Encl：Extracts from Deck Log Book

在多数情况下，货物损失是在船舶抵达卸货港时才被发现的，货方应当及早到达现场，收集证据。对程度较轻的事故，船方一般与理货机构共同对货物损失进行查验，作出短卸或损坏报告，并经双方会签。对严重事故，收货人或货物保险人应当到场，一同勘验并作出事故报告。当船货双方对事故程度或责任划分存在争议时，还应当聘请独立公证检验人进行检验并出具检验报告，作为确定事故责任和处理索赔的依据。

在卸货时，船方有责任将完好货物与受损货物分开堆放，以免将好坏货物混杂，人为扩大损失。对卸货中造成的新的损失，应分清原残与工残，对装卸公司造成的工残，应要求责任者签字确认。

11.1.3 货物损失的责任划分

货物损失发生后，货物利益关系人能否获得赔偿，以及如何获得赔偿，首先在于货物损失责任人的确定。货物损失的责任人可以分为货方（包括发货人和收货人）、承运人和第三人。

1.货方责任

对于货物损失，托运人的常见过失主要有：货物包装不良、标志不清、货物固有特性或内在缺陷、未如实申报危险品货物等。根据有关法律，托运人对上述原因造成的货物损失应当承担责任。我国《海商法》第66条第1款规定："托运人托运货物，应当妥善包装，并向承运人保证，货物装船时所提供的货物品名、标志、包装或件数、重量或者体积的正确性；由于包装不良或者上述资料不正确，对承运人造成损失的，应当负赔偿责任。"大多数提单条款都作了上述类似规定。如果有证据证明，货物的灭失或者损坏是由上述原因造成的，收货人只能根据买卖合同向托运人索赔。

而且，根据有关运输法律的"掌管期间"责任划分规定，承运人对其掌管货物期间之外的货物灭失或损坏不负责任。据此，在装运港货物交给承运人掌管之前，托运人应对货物的灭失或损坏负责。当根据运输合同规定，货物的装卸由承租人负责时，对装货过程中造成的货物灭失或损坏，承运人也无须负责。

收货人也可能承担货物灭失或损坏责任。例如，在船舶抵达卸货港后，收货人不及时收取货物，货物在船舶等待卸货期间由于非承运人过失发生灭失或损坏；或者在收货人负责卸货的情况下，货物在卸货过程中发生灭失或损坏；上述货物灭失或损坏应由收货人承担责任。

2.承运人责任

根据有关法律，承运人应对在其掌管期间的货物灭失或损坏承担责任。承运人首先应在开船前和开船当时保证船舶适航，还要在货物接收、装载、搬移、积载、保管、照料、运送、卸载和交付等环节上履行妥善和谨慎的管理货物义务。但是，有关法律也规定了承运人的免责事项，在因法律规定的承运人免责事项导致货物灭失或损坏时，承运人不必赔偿。

3.第三人责任

第三人责任是指运输合同关系人之外的人造成的货物灭失或损坏责任。在海上货物运输中，第三人主要是货物的装卸人和与货物装卸有关的其他人。其中，装卸人过失，如野蛮装卸、不合理使用装卸工具、吸烟等，都会引发装卸过程中的货物撞击、坠落、落水、火灾等，从而导致货物灭失或损坏。因仓库保管人未尽妥善保管义务，导致货物变质、短少、被盗、水湿、火损等也是货物灭失或损坏的常见情况。

对第三人责任导致的货物灭失或损坏，究竟应由运输合同中的哪一方来承担，应当根据不同运输方式下的运输合同来确定。

在杂货班轮运输方式下，承运人的责任区间通常是"钩至钩"，承运人需雇用装卸工人装卸货物。根据委托代理的法律原则，承运人应对装卸工人导致的货物灭失或损坏承担责任。但在实际工作中，有的装卸公司还负责货物从码头仓库到船边的倒载工作，此项工作是替承运人还是替托运人完成的，需要根据运输合同约定来判定装卸公司在此项工作中造成的货物灭失或损坏应由承运人还是托运人承担。

根据相关法律，在集装箱班轮运输方式下，承运人对集装箱装运的货物的责任期间是从接收货物时起到交付货物时止，承运人对此期间内的货物接收、拼箱货物装箱、集装箱堆存与保管、堆场至船边的短途倒运、集装箱装船与卸船、目的港的集装箱保管、拆箱、货物交付等工作往往委托第三人来完成。根据委托代理的法律原则，承运人需对第三人在上述运输环节中的过失导致的货方损失承担责任。

在航次租船运输方式下，绝大多数合同采用了FIO条件，即承租人负责装卸货物。如果在装卸货物过程中发生了货物灭失或损坏，承租人应当对由装卸工人造成的货物灭失或损坏承担责任。

在国际多式联运和现代集装箱运输方式下，承运人的责任期间通常是从接收货物时起到交付货物时止。其间的所有货物操作过程都是由承运人或其受雇人完成的，对承运人或其受雇人在此期间造成的货物灭失或损坏，应由承运人负责。

对上述第三人造成的货物灭失或损坏，承运人在向货物利益关系人作出赔偿后，可以根据雇佣或代理协议，向责任人索偿。

对于船舶发生碰撞事故，或其他事故导致的货物灭失或损坏，依照相关法律规定，承运人可以免责时，货物利益关系方只能向有关责任人直接进行侵权索赔。

迟期交付货物的经济损失责任应依据事实证据来认定。绝大多数迟期交付是承运人过失引起的，应由承运人承担赔偿责任；对于少数因货方原因引起的迟期交付，比如因危险品本身引起的火灾或其他危险的处理导致的航程延误等导致的经济损失，应由货方承担责任。

11.2 海上损失索赔

海上损失索赔主要是指就海上货物运输中货物的灭失、损坏或延迟抵达导致的经济损失，货物利益方对承运人提出赔偿请求的行为。海上货物损失发生的原因是复杂的，货物损失发生后，首先需要找出损失发生的原因；在存在多个原因时，还需要找出哪个或哪些是导致损失的主要原因，哪个或哪些是次要原因；然后，根据近因原则确定损失责任人。对由承运人原因造成的损失，还需要考虑哪些责任是其必须承担的，哪些责任是可以免除的。对发生的货物灭失、损坏或经济损失，还需要确定损害程度，对有争议的损失还需要委托公证人进行公正检验。因此，索赔时，受损害方应当根据有关法律规定，按照一定的程序，提供证据，证明损失原因、损失责任和损失的数额。

11.2.1　海上损失索赔人

索赔人应当是遭受损害的货物所有人，但是由于国际贸易中货物流转程序的复杂性，索赔人身份可能不同。

1.收货人

海上货物损失和迟期交货损失索赔通常由收货人提出。托运人在将货物装船后，取得了承运人签发的已装船提单，然后将该提单转让给买方，即收货人，使收货人（包括可转让提单的最终买受人）成为货物的所有人。根据有关法律规定，提单转让给收货人后，即构成承运人与提单持有人之间的运输合同。所以，在发生由承运人责任造成的货物损失时，收货人有权依据提单合同就海上损失向承运人提出索赔。

2.发货人

发货人向承运人的索赔事项包括在货物交给承运人接管后到货物装船时发生的货物灭失或损坏，以及在行使中途停运权的情况下货物运输途中发生的承运人责任货物损失和迟期交货的经济损失。发货人的索赔权利来自两个方面：一是发货人作为托运人与承运人签订的运输合同，在发生货物灭失或损坏时，发货人可以依据运输合同索赔损失。二是提单合同。当发货人没有转让提单，例如对寄售的货物，发货人欲控制货物而自己控制提单，或者当买方拒收货物，或银行议付时出现不符点，提单被退回发货人，发货人再次成为提单持有人，在发生货物损失和迟期交货经济损失时，发货人就可以依据提单合同向承运人索赔。

3.其他提单持有人

除上述发货人和收货人外，其他提单持有人也可以成为货物损失的索赔人。例如，银行或因议付了提单，或因融资成为提单质押权人，作为提单持有人向承运人主张货物交付时，如果提单货物发生灭失或损坏，银行就有权作为提单项下货物的占有权人或质押权人依据提单合同向承运人索赔损失。

4.无船承运人

在国际多式联运形式下，无船承运人以承运人身份接受托运人托运后，再以托运人身份与实际承运人签订运输合同，当发生实际承运人责任的货物损失时，无船承运人即可依据运输合同向实际承运人索赔，作为其向实际托运人或收货人赔偿后的追偿。

5.货物保险人

在发生海上货物损失后，货物被保险人常常直接向保险人提出索赔，然后将货物的索赔权，即代位求偿权，让渡给保险人。保险人在取得代位求偿权后，即有权向承运人索赔。

11.2.2　索赔程序

货物损失索赔应按照一定的程序进行，现就有关问题分述如下：

1.及时发出通知

根据有关国际公约、国内法规或合同的规定，在发生海上损失时，收货人或其他索赔人应在规定的时间内向承运人发出货物损失通知书，声明保留损失索赔权。我国《海商法》第81条规定："承运人向收货人交付货物时，收货人未将货物灭失或损坏的情况书面通知承运人的，此项交付视为承运人已经按照运输单证的记载交付，以及货物状况良好的初步证据……"按照此项规定，如货物索赔人未向承运人发出货物损失通知，事故的举证责任就由承运人转到收货人。如果收货人不能举证证明承运人存在过失，则可能在索赔中败诉。

货物索赔人发出货物损失通知是有时间限制的。我国《海商法》第81条规定："……货物灭失或损坏情况非显而易见的，收货人应当在货物交付的次日起连续7日内，集装箱货物交付的次日起连续15日内提交上述书面通知，否则，按照前款规定处理。货物交付时，收货人已经会同承运人对货物进行联合检查或检验的，无须就所查明的灭失或损坏的情况提交书面报告。"

应当指出，法律规定事故通知时限的目的只是为了防止收货人不合理延长货物索赔时间，避免或减少证据收集困难和案件处理困难，有利于案件的公正处理。该项规定的法律后果是，如果收货人不发出货物损失通知，举证责任将转到索赔人。因为，在《海牙规则》下，承运人负有举证责任，如果索赔人拖延通知，将不利于承运人举证，但是否发出货物损失通知与承运人可否免责无关，换言之，即使索赔人没有发出货物损失通知，也不影响其索赔权利。如果收货人能够举证证明货物损失是由承运人过失造成的，承运人仍应负赔偿责任；反之，即使收货人发出了货物损失通知，也并不说明承运人一定要对货物损失负有责任。如果承运人能够举证证明货物损失系由他人过失造成，或虽由其本人过失造成但可依法免责，则承运人仍无须对货物损失承担责任。但由于海上货物运输的复杂性，不论谁负责举证，举证都是一件困难的事情。因此，收货人为保留承运人的举证责任，还是应该按照法律规定及时发出货物损失通知。

对于货物延迟交付损失的索赔，货物损失通知则直接影响到索赔权利。我国《海商法》第82条规定："承运人自向收货人交付货物的次日起连续60日内，未收到收货人就货物因延迟交付造成经济损失而提交的书面通知的，不负赔偿责任。"

2.准备索赔文件

在收货人发出货物损失通知的情况下，因为货物损失的举证责任在承运人一方，所以，收货人在提出索赔时，出具的索赔文件比较简单，而迟期交货经济损失的举证责任在索赔方。通常，收货人在提出索赔时应出具以下文件：

（1）索赔申请书，也称索赔函。它是货物索赔人向承运人发出货物索赔的正式文件，该文件无固定格式，但应包括以下主要内容：索赔人的名称、地址；船名；装卸港口名称和船舶抵达卸货港的日期；提单号码及提单中的货物描述；货物灭失或损坏的情况，或迟期交货的情况；索赔日期、金额及理由等。

应当注意的是，索赔人按照法律规定向承运人提出的货物损失通知并不表示已经向承运人提出索赔，只有索赔人向承运人发出索赔申请书时，才表明索赔的正式开始。索赔人提出索赔请求后，应当抓紧催赔。如果在诉讼时效临近时承运人仍未赔付，或仍未就赔偿事宜作出正式承诺，索赔人应当在诉讼时效到期前依法提起诉讼，防止承运人故意拖延，错过诉讼时效，丧失索赔权利。

（2）提单。提单是海上货物索赔中的重要依据。提单作为货物收据，表明承运人收到货物的数量和外表状况；提单作为运输合同，表明了承运人应当承担的责任和义务，是处理索赔的重要法律性依据。索赔人提出索赔就是因为承运人交付的货物与提单记载不符，要么货物灭失，要么货物损坏，要么货物短少，要么延迟抵达导致经济损失，根据提单合同及相关法律规定，承运人必须对上述损失承担赔偿责任，除非承运人能够举证证明，根据提单合同及有关法律，它可以免除赔偿责任。

（3）卸货报告，理货报告，货物溢卸，短卸报告、货物残损单等卸货单证。上述各种单证是对船舶卸下货物的原始记录，由船方和理货人或装卸公司共同作出并会签。如果卸下的货物与提单或船舶载货清单（export cargo manifest）不符，会在此类报告中作出记录。此类单证是货物灭失或损坏的原始记录，所以是货物索赔时的重要依据。

（4）货物残损公正检验报告、重理单。当收货人和船方对货物的损坏程度、数量、损坏原因无法作出正确判断，或存在争议时，往往需要双方共同指定公正检验机构对残损货物进行检验，确定损坏程度、数量、价值，以及导致货物残损的原因等，并出具"货物残损检验证书"（inspection certificate for damage and shortage）。当船货双方对卸货数量发生争议时，可以对所卸货物重新理货，并出具重理报告。这两种报告同上述（3）中的报告性质一样，是货物索赔最直接的原始依据。

（5）商业发票、装箱单、重量单等。商业发票是由贸易合同中的卖方开给买方的商业票据。它记载了货物的单价和货物总值，是索赔时计算索赔金额的直接原始依据。如果发票中记载的是货物的CIF价值，索赔金额应当按此价值计算；如果发票是以FOB、CFR开具的，计算时还应加上运费或保险费，但索赔人应提供运费或保险费收据，以资证明。装箱单或重量单通常是商业发票的随附单证，用以证明提单项下货物品种和数量的详细情况，因此是提单中货物记载的辅助性证明。

海上货物损失多种多样，当发生货物灭失或损坏时，应根据事故的具体情况，收集、准备损失证明。除上述单证外，凡是能够确定货物损失的原因、损失程度、损失金额、货物损失责任的任何文件都应当准备齐全，与上述单证一起提供。

另外，我国《合同法》第113条规定："当事人一方不履行合同义务或者履行合同义务不符合约定，给对方造成损失的，损失赔偿额应当相当于因违约所造成的损失，包括合同履行后可以获得的利益……"因此，索赔金额除了货物本身的损失外，还可以包括因货物灭失或损害所丧失的合理合同利益。提供索赔证据时，应当包括与合同利益损失有关的证据。

11.2.3　海上索赔权利的保全

1.海上索赔权利保全的概念及目的

海上索赔权利保全也称海事请求保全，是指对海事请求具有管辖权的法院根据海事请求人的申请，为使其海事请求民事权利得以保障，对被申请人的财产或行为所采取的民事强制措施。这些强制性措施通常包括：强迫被申请人提供可信赖的担保，如书面担保、财产担保；扣押义务人的船舶；要求义务人实施某种作为或不作为等。海上货物索赔权利保全是海事请求保全的重要内容之一。

采取保全措施的目的是保证海事请求人民事权利的顺利实现。例如，在卸货港发生重大货物损失，金额巨大，此时如果不对卸货船舶采取海事请求保全，该轮一旦离去，收货人索赔可能就非常困难。即使实体案件得到了胜诉判决，也可能因为义务人经济能力有限（例如金额过大，或义务人经济困难），或者根本就很难找到（例如皮包公司）而无法实现请求人的索赔权利。如果可以依法对当事船舶或有关船舶依法扣押，不但可以获得索赔权利的保障，还可以逼出幕后的关系人，有利于案件的解决。所以，海事请求保全是海事请求人实现其索赔权利的重要、行之有效的措施，货物索赔人应当懂得运用这一措施保全自己的权利，顺利实现索赔。保全措施本身不是索赔行为，它只是日后成功取得赔偿的一种保障措施。在采取保全措施后，索赔人应当立即进行索赔，当责任人拒绝赔偿时，应当在法律规定的时间内，按照仲裁协议开始仲裁或依法进行诉讼。

由于海事请求保全与一般的民事请求保全相比具有特殊性，国际上试图通过专门立法对海事请求保全这种法律行为进行规范。1952年5月10日在布鲁塞尔召开的第九届海洋法外交会议上签订了《统一有关扣押海运船舶的若干规定的国际公约》（简称《1952年扣船公约》），1985年又对该公约提出了修正案（简称《1985年扣船公约》），对海事请求的范围、扣押船舶的范围，以及法律管辖权等有关问题作出规定。1999年，联合国和国际海事组织为了统一扣船行为，制定了《1999年国际扣船公约》。我国于1999年12月25日通过的《中华人民共和国海事诉讼特别程序法》也对海事请求保全及其审判程序作出了专门规定。

2.海上索赔权利保全的形式

根据相关法律和业内惯常做法，对海上货物索赔的权利保全可采取担保书和扣押船舶两种形式。

（1）货物赔偿担保书。

货物赔偿担保书（letter of undertaking，LOU），或赔偿担保函（letter of indemnity，LOI）是指承运人就其承运货物的灭失、损坏或延迟交付导致经济损失，向收货人提供的保证将按照仲裁机构的裁决或法院的判决作出赔偿的书面保证。为提高担保书的可信赖性和可执行性，担保书应由信誉卓著的机构作出，例如银行、船东互保协会、船舶保险人、具有足够经济实力的大公司等。

担保书应当具备以下主要内容：受益人、担保责任范围、担保金额、赔偿支付条件、时间和地点及有效期等。保函的形式可按照下列格式书写：

LETTER OF INDEMNITY

To：［insert the name of the owners of cargo or holder of the bills of lading］

Dear Sirs，

Vessel：［insert the name of the carrying vessel］

Voyage：［insert load and discharge ports as stated in the bills of lading］

Cargo：［insert description of cargo as shown in the bills of lading］

Bills of lading：［insert identification numbers，date and place of issue］

The above cargo were discharge at ［inset the discharge port］ on ［insert date］ and were alleged to be lost or damaged ［insert the extent of lost or damage］，we，the owners of the vessel hereby agree as follows：

1.To indemnify you，your servants and agents immediately in the sum that may be agreed by and between the owners of the vessel and the relevant owners of the cargo，or determined by the arbitrator or the court if proceedings being commenced.

2.To indemnify you，your servants and agents for the legal fees and/or any other expenses that may be agreed or determined in the above mentioned manner.

3.The liability of each and every person under this indemnity shall be joint and several and shall not be conditional upon your proceeding first against any person，whether or not such person is party to or liable under this indemnity.

4.The liability of each and every person under this indemnity shall in no circumstances exceed 200% of the CIF value of the above cargo.

5.This indemnity shall remain in force till the final agreement or determination in the proceedings but shall in no case exceed two years counting from this date.

6.This indemnity shall be governed by and construed in accordance with English law and each and every person liable under this indemnity shall at your request submit to the jurisdiction of the High Court of Justice of England.

Yours faithfully

For and on behalf of

［insert name of owners of the vessel］

Signature

For and on behalf of

［insert name of operator of the vessel］

Signature

For and on behalf of

［insert name of a bank or P&I Club］

Signature

（2）扣押船舶。

扣押船舶是海事请求保全中最主要、最典型的形式。船舶不同于一般财产，作为海上运输工具，船舶具有名称、国籍等拟人化特征，因此，扣押船舶是民事诉讼中的特殊海事诉讼制度。《1952年扣船公约》、《1999年国际扣船公约》以及《中华人民共和国海事诉讼特别程序法》都对扣船的有关问题作出了特别规定。

①船舶扣押的概念。

保全程序的船舶扣押分为诉讼前的扣押、诉讼中的扣押和仲裁保全扣押。

诉讼前的扣船属诉前保全措施，它是指在实体争议开始解决之前通过法律程序对船舶实施强制留置措施，其目的是迫使被申请人提供足够担保，保证将来海事请求权利的实现。

诉讼中的扣船是指在实体争议已经交由法院审理中，对船舶实施的强制留置措施，其目的是使实体争议的判决得以执行。

仲裁保全扣押是指为了使仲裁裁决得以实现，或者在仲裁开始之前，由申请人向海事法院申请扣押船舶，或在仲裁进行过程中由申请人向仲裁机构申请，再由仲裁机构向海事法院申请，由法院对船舶实施扣押。但是，不管为何目的扣押船舶，都必须向海事法院提出申请，由海事法院进行。

②船舶扣押的申请。

原告向具有海事案件管辖权的法院申请扣押船舶时，需提出书面申请。申请书应当说明拟扣押船舶的名称和船舶当前所处位置、扣押理由及相关证据、要求被执行人提供担保的种类和金额等项内容。海事法院在考虑接受扣船申请时，可以要求申请人提供担保，作为错误扣船给船舶带来经济损失时的赔偿担保。对申请人在申请扣船时是否必须提供担保，各国法律规定不尽一致。目前，在英国和与英国相关法律相似的国家，法院在接受扣船申请时一般不要求申请人向法院提供担保，只要法院审查申请人提交的文件，认为扣船理由充足时即可发出扣船令；其他国家的法院为保护船方利益，一般都谨慎地要求申请人提供担保。提供担保的要求增加了申请人申请扣押船舶的难度。但是，由于船舶具有很强的流动性，世界各国法律几乎都规定，扣押船舶的法律行为不受合同有关法律管辖权规定的限制，申请人可以在世界任一港口向当地的法院申请扣押船舶。申请人可实行"择地诉讼"（forum shopping），选择诸如英国、中国香港、新加坡等不要求提供担保和法律程序简单的地点向法院申请扣船。

③船舶扣押的范围。

因为围绕着船舶产生的法律关系非常复杂，所以尽管有关国际公约和法律都对可扣押的船舶范围作出了规定，但仍存在着差异。可扣押船舶的范围是指可以作为海事请求保全对象加以扣押的船舶范围，它是扣押船舶法律行为的核心问题。如果申请人错误扣押船舶，将承担错误扣押的法律后果。

根据《中华人民共和国海事诉讼特别程序法》的规定，可以扣押的船舶是：第一，当事船舶，但船舶所有人对海事请求需负有责任，并且在实施扣押时是该船的所有人，或者该船舶的光船租赁人，但光船租赁人需对海事请求负有责任，并且在实施扣押时仍是该船的光船租赁人。第二，可以扣押海事请求责任人所有的任何船舶，包括船舶所有人、光船租赁人、定期租船人或者航次租船人在实施扣押时所有的其他船舶。这一规定典型的具有对人诉讼特征，不同于英美法的对物诉讼。这与《1999年国际扣船公约》的规定是一致的。在英美的扣船法中，规定只要是当事船舶就可扣押，而不管船舶的所有人、承租人是否对海事请求负有责任。

④船舶扣押的后续措施。

在船舶被依法扣押后，被申请人一般会向申请人提供由银行、船舶保险公司或船舶保赔协会出具的赔偿保证书，在收到满意的担保书后，申请人应当立即向法院申请解除扣押，恢复船舶自由。如果被申请人没能提供上述担保，申请人应当在法律规定的扣押时限内（如我国法律规定，海事请求保全扣押船舶的期限为30日），提起诉讼或申请仲裁；否则，被申请人可以要求法院解除扣押。海事诉讼或仲裁开始后，上述时限不再适用。当扣押期届满，被申请人又不提供担保，而且船舶不宜继续扣押的，申请人可以在提起诉讼或仲裁后向法院申请拍卖船舶。

（3）海事证据保全。

海事证据保全是指法院根据海事请求人的申请，对有关海事请求的证据予以提取、保存或者封存的强制措施。

船舶上的航海日志、轮机日志、电台日志或其他文字记录通常是在发生货物灭失或损坏事故时确定承运人责任的重要证据，但是船舶的流动性强，对船舶上保存的这些证据如果不能及时提取，极可能被篡改、销毁，或在船舶离港后很难找到。因此，对船上的海事证据依法进行保全，对保障海事请求人权益非常重要。

海事请求人应当在起诉前向保全地法院提出书面申请，说明所要保全的证据、该证据与海事请求的关系，以及申请理由。采取海事证据保全应当符合下列条件：第一，请求人必须是海事请求的当事人；第二，请求保全的证据对该海事请求具有证明作用；第三，被请求人是与请求保全的证据有关的人；第四，情况紧急，不立即采取证据保全就会使该海事请求的证据灭失或难以取得。

11.2.4 索赔权利的让渡

如果货物已由保险人承保，并且保险人根据保险合同已对出险货物向被保险人作出了赔偿，根据保险法律的原则，货物被保险人应当将其对承运人的索赔权利转让给保险人。保险人在取得代位求偿权后，可以直接向承运人索赔。

货物被保险人在收到保险人赔偿后，应当向保险人签署"收款及权益转让书"（receipt and subrogation form），供保险人凭以向承运人索赔。"收款及权益转让书"的一般格式如下：

RECEIPT AND SUBROGATION FORM

To： Messrs ［insert name of the insurers］

In consideration of your having paid us in full amount in the settling of our claim for the cargo damage under your policy No. ［insert the insurance policy number］ insuring the goods mentioned below via ［insert name of carrying vessel］ from ［insert names of loading port and discharging port］.

We undertake to furnish you with all or any documents and correspondence relating thereto which you may call for to prove our title to the goods and value thereof.

We declare that we were the owners of the goods at the time of their loss or damage and we hereby transfer to you all our right title to and interest in the goods.

We further authorize you to use our name in any legal proceedings or claims which you may see fit to make for compensation for the loss or damage of the said goods against any firms or persons.

And we will， at your request and cost， make any affidavit or otherwise give any evidence which we can properly make or give in relation to any such proceedings or claims and we will produce all documents and correspondence relating thereto required for the purpose of such proceedings or claims and generally render you such assistance as you may from time to time require in connection with any such proceedings or claims with you indemnifying us against all liability and costs to be incurred in relation to our so doing.

Particulars or description of goods
［insert description of goods］
Date： ［insert date of issue of this letter］
Signature

被保险人在向保险人索赔前不得损害保险人的利益，并应积极协助保险人向责任方索赔。如果因被保险人的不当作为或不作为导致保险人索赔权利的丧失或损害，保险人有权向被保险人追偿损失，所以，被保险人有义务维护保险人对第三人的索赔权。

保险人在取得代位求偿权后，即可以被保险人的名义向承运人主张赔偿。如果获得的赔偿额大于其向被保险人支付的赔偿额，超出部分应当退还被保险人。

11.3　　　　　　　　　　海上损失理赔

承运人接受和处理货方所提出的索赔工作，称为理赔。

货方包括发货人、收货人、货物保险人、其他提单持有人等。索赔可以向契约承运人或实际承运人直接提出。

理赔工作是一项复杂、细致的工作，又直接影响承运人经济利益和信誉。所以，承运人或其代理人在接到索赔时，应认真审查，对应当赔偿的案件，及时、合理地作出赔偿，对不应当赔偿的，及时拒绝赔偿。

11.3.1　索赔案件的审核

当承运人或其代理人接到索赔后，应立即对索赔进行审核。审核的内容通常包括索赔文件是否齐全、文件内容是否合理。

1. 对索赔文件是否齐全的审核

前已述及，索赔人提出索赔时，必须提供充足的证据文件。然而，不同的案件索赔人提供的证据文件是不完全相同的，也没有统一的规定。因此，审查索赔文件是否完备，主要是审核索赔人提供的证明文件是否能够证明以下三个问题：

（1）证明索赔人的合法性。

索赔人是否具有索赔权是被索赔人理赔时首先应当审查的问题。索赔人的索赔权是建立在海上货物运输合同关系基础上的。因此，索赔人提出索赔时，应当提交证明运输合同关系的订舱单、提单、其他运输单证或者运输合同。委托其代理索赔时，该代理人还应提供委托人的委托证明。在货物保险人提出索赔时，还需要提供"收款及权益转让书"或"委托书"（power of attorney），用以证明保险人的代位求偿权。

（2）证明承运人的赔偿责任。

海上运输货物的灭失或损坏可由多种原因引起，有发货人、收货人或两者的受雇人过失导致的；也有承运人本人或其受雇人过失导致的。只有当承运人或其受雇人违反法律或运输合同规定，造成货物灭失或损坏，而且根据有关法律和运输合同规定，承运人不可以免除赔偿责任时，承运人才有责任进行赔偿。例如，承运人未提供适航船舶，船员在航行途中未履行妥善、谨慎管理货物的义务导致货物灭失或损坏；船舶发生不合理绕航或者未能尽速派遣船舶造成货物延迟抵达卸货港；在承运人负责货物装卸条件下，装卸工人造成货物灭失或损坏等。因此，承运人理赔时的第二项任务就是审查承运人是否对货物的灭失或损坏存在违约或侵权责任。

除运输合同另有规定外，根据民法的推定过失归责原则，如果承运人未按照提单记载交付货物，索赔人即可凭过驳清单、卸货报告、货物残损单和溢短卸单、由具有公证资格的检验人出具的检验报告（survey report），或者在集装箱运输的情况下，凭集装箱货物的交付记录（delivery record）和检验报告等表明交付货物不符的单证，向承运人索赔，而无须证明承运人对货物灭失或损坏是否负有责任。承运人欲免除赔偿责任，则需举证证明货物的灭失或损坏非系承运人或其受雇人过失所致，或虽然系他们的过失所致，但根据有关法律或合同规定他们可以免责。船舶的各种法定证书、年检报告、航海日志、气象报告、船长的海事声明、船员适任证书等是承运人主张免责的重要证明文件。

（3）证明索赔金额是合理的。

为证明索赔人提出的索赔金额的合理性，索赔人除需提交证明货物灭失、损坏程度或延迟交货的证明文件外，还应提交作为确定索赔金额依据的有关单证，如商业发票、货物损坏的修理单、运费及保险费收据、市场价格证明等。

如果索赔人提供的索赔单证不全或不能满足上述三项基本要求，应及时要求索赔人或他的委托人提供其他证明文件。

2.对索赔文件内容的审核

理赔人在对索赔文件内容进行审核时，要注意审核以下几个方面的内容：

（1）索赔时效或诉讼时效是否已过。

按照《海牙-维斯比规则》的规定，除非在交付货物之日或应交付之日起一年内提出诉讼（有的提单规定自发出货损通知之日起），承运人及其船舶在任何情况下都可解除对货物灭失或损坏所负的一切责任。我国《海商法》第257条规定："就海上货物运输向承运人要求赔偿的请求权，时效为一年，自承运人交付或者应当交付货物之日起计算。"就延迟交付货物造成经济损失的索赔时效，我国《海商法》第82条规定："承运人自向收货人交付货物的次日起连续60日内，未收到收货人就货物因延迟交付造成经济损失而提交的书面通知的，不负赔偿责任。"对超过规定时效的索赔，承运人即可拒绝赔偿。

（2）各种索赔文件上载明的日期、船名、航次、提单号、货物名称、标志等内容是否一致。

索赔人提供的索赔文件上记载的上述内容应该相同，而且还要与运输中编制的载货清单、运费清单等运输单证记载的内容相一致。

（3）索赔事件是否发生在承运人掌管期间。

理赔人应当审核货物的灭失或损坏是否发生在承运人的"责任期间"（period of responsibility）内。关于不同运输合同下承运人的责任期间规定，请参见本书第4章有关内容。

（4）证明货物残损或短缺的单证是否经过大副或船长的签字和批注。

作为货物残损或短缺的证明单证，如过驳清单、卸货报告、货物残损单和货物溢短单等都应有船上大副或船长的签字确认。对有相反批注的，索赔方还应对其所批注的内容提供否定性证据。

（5）核对理货计数单据，查明在装卸货物时理货数字是否正确。

（6）审核索赔清单中所列出 CIF 货价与发票所列明的价格是否相符。

11.3.2　承运人的拒赔举证

承运人经过文件审核、事实调查，如果确定货物的灭失或损坏非自己过失所引起，或虽为自己的过失引起但是可以免责，则应当通知索赔人，拒绝赔偿，即通常所说的"拒赔"。

承运人要想成功拒赔，需承担举证责任。承运人的举证，除了上述收货单、理货计数单、货物溢短单或货物残损单、过驳清单、卸货报告，以及货物残损检验证书等公证机关出具的证明文件外，根据需要，有时还需提供如下证明文件：

1.装船前检验报告（preloading survey report）

为明确托运人与承运人的责任，在装船前，承运人会对某些货物聘请公证人进行装船前货物检验。多数船东互保协会的保赔条款中也规定，对钢材等货物必须进行装船前货物状况检验。这些检验报告都是确定责任归属的重要证明文件。

2.积载检验报告（stowage survey report）

积载检验报告是由公证检验人出具的，说明货物的装舱位置、隔、垫、衬等积载方法和状态的证明文件。如果在卸货港发现货物损坏，它可作为承运人在积载方面是否已经履行"谨慎、妥善管理货物"义务的证明。特别是对于易腐烂货物、危险货物，以及其他容易发生损坏的货物更应在装船后申请检验，或者在装船时同时申请检验人进行监督装载，并取得相应的证明。

3.舱口检验报告（hatch survey report）

舱口检验报告是船舶在航行中遭遇恶劣天气，估计舱内货物可能受到湿损或其他损坏时，在船舶抵达目的港后，申请具有公证资格的检验人对舱口的水密状况、货物的积载情况进行检验所出具的检验报告。舱口检验报告的目的是证明货物损坏的真正原因。

检验人的检验内容一般包括：对船舶货舱舱口的实际情况进行检验，查阅航海日志，调查船舶在航行中是否履行了妥善、谨慎的货物管理义务。如果发现货物遭受的海水湿损确系极端恶劣海况破坏了船舶的水密性造成的，或淡水湿损、发霉、结块、发热变质、积热炭化等确系恶劣天气阻碍了船员进行正常的通风造成的，或者堆垛引起的货损确系大风浪造成的，承运人便可以根据法律规定或合同约定免除责任。

4.卸货事故报告（cargo discharge report）

卸货事故报告是船公司要求载货船舶编制的一种说明事故实际情况的书面报告。

为了明确货物损失是发生在装船以前，还是发生在运输过程中，从而确定事故的责任，有的船公司要求船舶编制事故报告（特别是在卸货时发生的各种事故），经船长签字后送交卸货港的船舶代理人和船公司。

卸货事故报告中应当记载货物的积载情况和卸货情况，特别是卸货时的天气状况（如为了缩短卸货时间，货主在雨中、雪中强行卸货的记载），借以表明船方的立场，并作为追查事故原因和明确各方责任的证明。

5.海事声明（sea protest or master's report）和海事报告（accident report）

海事声明是由船长作出的，声明船舶在航行途中遭遇异常天气或其他意外事故，造成或估计可能造成船、货损害，承运人或船方对此项损害不负责任和保留向有关方面索赔的权利的法律性文件。

海事声明应当在船舶进入第一卸货港后的一定时间内（通常为24小时），或到达目的港开舱卸货前递交有关机关，如本国驻外大使馆或领事馆、港口主管当局或公证机关，以求得公证。经过上述机构签证后的海事声明是一种具有证据效力的法律文件。

船长递交海事声明时，必须随附航海日志摘录。船、货损坏程度较大时，还应该随附船舶检验报告、值班人员报告、车钟记录以及船舶损坏部位的照片或简图。

由于船长在作出海事声明时，还不能确切地了解船、货的受损情况，因此，根据习惯，在递交海事声明后的一定期间内，根据受损的情况再作一次"延伸海事声明"（extended sea protest）。延伸海事声明也应该取得上述机构的签证。

关于海事声明的证据效力，各国的法律规定不尽相同。大陆法国家认为，海事声明是一项当然的证据。英国法则认为海事声明最终并不一定有利于提出声明的一方，在法律意义上并不存在着海事声明的必要性，即使船长没有提出海事声明，也不影响合同双方的权利。

在我国，虽然在实际业务的处理中往往把海事声明看作一项证据，但同时必须注意的是，海事声明的证据效力并不是不可否定的。例如，一艘意大利船舶在大连港卸伊拉克蜜枣时，因双层底空气管在甲板上的弯头锈蚀烂穿，海水从烂穿的管壁进入货舱，使大量蜜枣遭受海水湿损。船方为了推卸责任，以遇到坏天气为由提出海事声明，其后经船舶检验，证明船舶不适航是导致货损的直接原因，从而否定了本次事故中海事声明的证据效力。

在海上运输中，最常见的是船舶在海上遇到异常风浪时提出的海事声明。在这种情况下，即使船长递交了海事声明，承运人或船方仍需在如下两个方面负举证责任：

（1）承运人或船方必须证明船舶货损是在海上遇到了异常的、无法预料的天气情况。

（2）承运人或船方必须证明货损是由遭遇到这种异常恶劣天气直接造成的，其中并无承运人或船方的过失，更不是因为船舶不适航造成的。

海事报告与海事声明不同。海事报告是在发生海事后，船、货的损害已经造成，在损害情况、损害原因和程度已经清楚的情况下，船长向有关当局递交的书面报告。海事报告内容一般包括事故发生的时间、地点、详细经过、原因及损害程度，以及船方所采取的措施、处理经过等详细情况。在我国，根据有关规定，在发生海事事故后，船长应尽快地向港务监督机构递交海事报告，并随附：①有关船舶技术状况的记载；②航海日志和机舱日志摘录，必要时应随附航海日志和机舱日志；③有关原航线、记载船位的海图；④受损部分的简图、照片；⑤与海损事故有关的其他文件。

11.4　航空货运索赔

11.4.1　含义

货物索赔是托运人、收货人或其代理人对承运人在货物运输组织的全过程中所造成的货物毁灭、破损、遗失、变质、污染、延误、内容短缺等，向承运人提出赔偿的要求。进行索赔是货物托运人、收货人或其代理人遇到货物运输问题后采取的措施，但最好的情况是防范风险。

《蒙特利尔公约》规定，对于因货物毁灭、遗失或者损坏而产生的损失，只要造成损失的事件是在航空运输期间①（即货物处于承运人掌管之下的期间）发生的，承运人就应当承担责任。但是，承运人证明货物的毁灭、遗失或者损坏是由于下列一个或几个原因造成的，在此范围内承运人不承担责任：货物的固有缺陷、质量或者瑕疵；承运人或其受雇人、代理人以外的人包装货物的，货物包装不良；战争行为或者武装冲突；公共当局实施的与货物入境、出境或者过境有关的行为。

11.4.2　索赔人

（1）货运单上列明的托运人或收货人。向航空公司提出索赔的应是主运单上填写的托运人或收货人；客户或分运单上的托运人、收货人或其他代理人应向主运单上填写的托运人或收货人提出索赔。如果收货人在到达站已将货物提取，则托运人将无权索赔，除非有收货人出具的权益转让书。

（2）持有货运单上托运人或收货人签署的权益转让书的人员，如承保货物的保险公司、受索赔人之托的律师、有关的其他单位、集运货物的主托运人和主收货人等。

11.4.3　索赔对象

《蒙特利尔公约》规定，对实际承运人履行的运输提起的损害赔偿诉讼，可以由原告选择对实际承运人提起或者对缔约承运人提起，也可以同时或者分别对实际承运人和缔约承运人提起。损害赔偿诉讼只对其中一个承运人提起的，该承运人有权要求另一承运人参加诉讼，诉讼程序及其效力适用案件受理法院的法律。

---

① 航空运输期间，不包括机场外履行的任何陆路、海上或者内水运输过程。但是，此种运输是在履行航空运输合同时为了装载、交付或者转运而办理的，在没有相反证明的情况下，所发生的任何损失推定为在航空运输期间发生的事件造成的损失。承运人未经托运人同意，以其他运输方式代替当事人各方在合同中约定采用航空运输方式的全部或者部分运输的，此项以其他方式履行的运输视为在航空运输期间。

11.4.4　索赔的地点

托运人、收货人或其代理人在货物的始发站、目的站或损失事故发生的中间站，可以书面的形式向承运人（第一承运人、最后承运人或当事承运人）或其代理人提出索赔要求。索赔一般在到达站处理。

11.4.5　提出赔偿要求的时限

货物损坏（包括短缺）属于明显可见的赔偿要求，按照《蒙特利尔公约》规定，收货人应在发现时起立即提出，最迟延至收到货物之日起14天内提出。货物运输延误的赔偿要求，在货物由收货人支配之日起21天内提出。货物毁灭或遗失要求，应自填写货运单之日起120天之内提出。任何异议均按上述规定期限向承运人以书面形式提出。因承运人的过失或故意造成托运人或收货人损失，托运人或收货人要求赔偿的，应在填写货物运输事故记录的次日起180日内，以书面形式向承运人提出，并附有关证明文件。

除承运人有欺诈行为外，有权提取货物的人如果在规定时限内没有提出异议，将丧失对承运人诉讼的权利。对于提出索赔的货物，货运单的法律有效期为2年。保险索赔时效，从被保货物在最后卸载地卸离飞机后起计算，最多不超过2年。

收货人或托运人在超过法定索赔期限前未提出赔偿要求的，则视为自动放弃索赔权利。

11.4.6　索赔所需的文件

——正式索赔函两份（收货人/发货人向代理公司、代理公司向航空公司）；
——货运单正本或副本；
——货物商业发票、装箱清单和其他必要资料；
——货物舱单（航空公司复印）；
——货物运输事故记录（货物损失的详细情况和索赔金额）；
——商检证明（货物损害后由商检等中介机构所做的鉴定报告）；
——运输事故记录；
——来往电传。

11.4.7　索赔限额

对于内损货物，如无确实的证据证明是由于承运人的过错造成，则承运人不承担责任。但对于外包装破损或有盗窃痕迹的，则承运人应负责赔偿。《蒙特利尔公约》中规定，在货物运输中造成毁灭、遗失、损坏或者延误的，承运人的责任以每千克17特别提款权为限；除非托运人在向承运人交运包件时，特别声明在目的地点交付时的利益，并在必要时支付附加费。在此种情况下，除承运人证明托运人声明的金额高于在目的地点交付时托运人的实际利益外，承运人在声明金额范围内承担责任。

由于航空公司的原因货物超过约定和规定期限运出，航空公司应给予适当赔偿，但每延误一天的赔偿额不超过该票货物实付运费的5%，赔偿总额以全部运费为限。货物的一部分或者货物中任何物件毁灭、遗失、损坏或者延误的，用以确定承运人赔偿责任限额的重量，仅为该包件或者该数包件的总重量。但是，因货物一部分或者货物中某一物件的毁灭、遗失、损坏或者延误，影响同一份航空货运单所列的其他包件的价值的，确定承运人的赔偿责任限额时，该包件或者数包件的总重量也应当考虑在内。

投保航空运输险的货物，在运输过程中发生损失，由保险公司按照有关规定赔偿。

以上所述限额不妨碍法院按照其法律另外加判全部或者一部分法院费用及原告所产生的其他诉讼费用，包括利息。判给的赔偿金额，不含法院费用及其他诉讼费用，不超过承运人在造成损失的事情发生后6个月内或者已过6个月而在起诉前已书面向原告提出的金额的，不适用上述规定。

11.5 国际多式联运索赔

国际多式联运多采用集装箱方式运输，经过多区段的不同实际承运人完成全程运输，使得此种运输方式下的货物索赔处理与传统运输方式有所不同。

11.5.1 集装箱运输下货物损失的主要种类

根据国际海上保险联合会发表的有关集装箱货损事故的统计资料，集装箱运输中货损主要有以下主要种类：

1.破损、擦损

集装箱在运输过程中，经常受到各种撞击，它是发生货物破损、擦损的主要原因。

在内陆运输过程中，运载车辆速度的变化（特别是急刹车）或急转弯均会造成集装箱前后或左右移动或摇动，导致箱内货物与箱体之间或货物之间的撞击，或是将集装箱从车上甩落，从而导致货物损坏。在海上运输过程中，船体的摇动（横摇或纵摇）也会造成箱内货物与箱体发生撞击或货物互相撞击，造成货物损坏。

集装箱在中转、装卸作业、库场内搬运、存放过程中发生撞击的可能性也是很大的。例如，使用一般的装卸机械进行装卸、搬运操作，增加了损坏危险。野蛮作业，特别是集装箱落地（或落到车、船上）瞬间速度过快时，也会造成箱内货物的撞击，这不仅会引起货物损坏，还可能引起车辆的损坏。

为避免箱内货物损坏，必须做好货物的包装、箱内积载、衬垫或绑扎工作。箱内货物自身的包装必须有足够的强度，配、积载必须得当，货物间隔垫合适，用适宜的材料填充装货后剩余的空间，对箱内货物采取必要的固定措施，尽量减少货物在箱内移动的可能性，这是减少撞击造成货损的主要措施。

2.水渍损

集装箱货物水渍损是指由于外部的水（雨水、海水、河水等）进入集装箱内造成货物浸泡、水湿、受潮引起的损失。

造成水渍损的主要原因是集装箱不水密。虽然标准要求集装箱应具有水密性，但在长期使用过程中，箱门上的各种开关器具（如门把手、铁杆、锁、门钩、铰链等部件）突出箱体，易与其他物体碰撞，使端门部分很难保持完全的水密性；箱体在运输和装卸过程中经常会遭受到较为严重的撞击，可能在箱顶和侧壁造成小孔或裂缝，从而破坏箱子的水密性。统计表明，箱门和箱顶进水最为常见。

近年来制造的集装箱大都具有排水装置，可以将渗进箱内的海水、河水、雨水等排出箱外，从而减少水渍引起的损害。防止水渍损发生的根本措施有两个：一是装箱前对集装箱的水密性进行严格检查，特别是门和顶、侧、底部的检查，保证集装箱符合水密要求；二是在运输过程中尽可能减少箱子与其他物体的撞击，防止箱体破损。

3.汗渍损

集装箱货物汗渍损是指由于运输过程中温度变化，箱内湿气在箱顶、侧壁凝成水滴，滴落在货物上或沿侧壁流到箱底造成的货损。在使用密封箱运输含水量较大的货物（或使用隔垫、填充材料）时，经常会发生这种货损。

汗渍损不是由于外部水分进入集装箱造成的，而是由于集装箱内的货物、隔垫料、填充料含有水分，在温度升高时蒸发变成水气，或装箱时将湿度大的空气封闭在箱内，在气温下降时再次在箱的顶、侧壁凝结成水滴，落到或沿侧壁、箱底流到货物上使货物表面出现锈蚀、霉变、污脏和变色等损害。随着运输过程中温度的变化，这种情况会周而复始地发生。尽管目前使用的集装箱大都带有排水装置，但对滴落水滴及湿气造成的汗渍损没有明显效果。

减少和防止汗渍损应从减少箱内货物、材料的含水及使湿气能及时从箱内排出两方面着手，即装箱时应尽量使用干燥的隔垫、充填材料，当货物含水量较大时，应选用合适通风集装箱，不使用密封式集装箱。

与传统件杂货运输相比较，在集装箱运输下发生汗渍损的可能性要大一些。

4.污损

污损是指性质不同的货物互相污染，或集装箱内残留污物污染货物造成的损失。

造成污损的原因之一是由于箱内货物在物理、化学性质上不相容。例如有特殊气味的货物使其他货物染上异味；水果与其他杂货装在一起时，果味外逸造成其他货物串味；冷藏箱内壁隔热材料的黏结剂溶化造成货物污损等。另一原因是装箱时清扫不彻底，留有前次运输的残留物引起新装入货物的污损。

5.腐烂变质、冻结或解冻损失

该种损失指需要控制温湿度的货物因温湿度失控而造成的损失。

对于需要在通风、温湿度调节下运输的货物，在运输途中气温变化较大的情况下，可能腐烂变化、冻结或解冻从而导致货损。导致的原因是温湿度失控，例如使用密闭式集装箱运输容易发热的货物，货物在高温下容易腐烂、变质；在寒冷冬季的北大西洋航线上，装在甲板上运输的集装箱货物容易遭受冻害（例如一次从欧洲运往加拿大的啤酒，运到目的地时全部冻结）；在使用冷藏（冻）箱运输货物时，由于较长时间的停电或箱内制冷设备损坏等原因，造成箱内温度升高，冷冻货物解冻造成货损等。

6.盗损

在集装箱运输过程中，有时会发生集装箱门被砸开，或伪造铅封盗走箱内货物等事件。整箱交付货物时，还可能发生收货人提走重箱，掏出货物后却谎称货物短少的货主自盗事件。被盗事件可以发生在集装箱堆场集装箱暂存期间，更多的发生在内陆运输过程中，特别是较为贵重的货物。

7.自然灾害和意外事故造成的损失

由于自然灾害（如地震、台风、海啸、流冰、泥石流等）和意外事故（如战争或类似战争行为、驾驶失误等原因造成的碰撞、车辆倾覆、坠机、沉船或其他海难事故）所造成的货物损失。

11.5.2 国际多式联运形式下索赔的复杂性

由于国际多式联运在形式上包含了两种或两种以上的运输方式，面临的法律制度也不同，使得该运输形式下的货物索赔变得复杂起来，具体表现在以下几点：

1.索赔关系的多重性

在托运人与多式联运经营人的主运输合同关系下，如果发生货物灭失、损坏或延迟交付，就会产生托运人、收货人与多式联运经营人间的索赔关系；在多式联运经营人与各区段的实际承运人的分运合同关系下，如果发生实际承运人过失导致的货物灭失、损坏或延迟交付，就会产生多式联运经营人与实际承运人的索赔关系，也可以产生托运人、收货人与实际承运人之间的侵权性质的索赔关系；各运输区段中还存在着代理、仓储、短途倒运、装卸等委托或雇佣合同关系，如果因这些代理人或被雇用人过失导致货物灭失或损坏，就会产生这些合同下的违约诉讼或侵权诉讼。

在托运人购买了全程货物运输险，多式联运经营人、各实际承运人也购买了运输责任险、各受雇人也购买了责任保险的情况下，发生货物索赔时，还会产生货物保险人与多式联运经营人、各实际承运人、各受雇人、各责任保险人之间的索赔关系。

2.多式联运经营人责任形式与货物索赔

本书第10章已经述及，目前国际上对多式联运经营人的赔偿责任采用的责任形式有统一责任制和网状责任制之分。不同责任形式下多式联运经营人的赔偿责任和赔偿责任限制不同。因此，在多式联运的货物索赔中不得不研究多式联运经营人的责任形式。

在统一责任制下，多式联运经营人对全程运输负责，并采用统一的规定限额进行赔偿。由于统一赔偿限额与各区段的赔偿限额不一致，多式联运经营人可能会自己承担一部分无法追偿的责任。

在网状责任制下，多式联运经营人对全程运输负责，但赔偿的限额却按各区段所适用的法律规定的赔偿限额，从而多式联运经营人可与实际承运人按照相同的归责原则和责任限制进行赔偿，而不必承担可能的额外责任。采用什么样的责任制应当在运输合同中（通常体现在提单背面条款中）规定。由于统一责任制会加重多式联运经营人赔偿责任，目前保险业也按照单一运输形式的法规分段承保，因而当今的集装箱运输大多采用网状责任制。

3.多式联运经营人与隐藏损害

隐藏损害是指因为无法确定货物灭失、损坏或延迟交付发生的运输区段，因而多式联运经营人需独自承担对货方损失的赔偿。

对多式联运中发生的隐藏损害，多式联运经营人必须按照多式联运合同规定向货方作出赔偿。我国《海商法》第106条规定："对包含有海运方式的隐藏损害，多式联运经营人应当按照该法规定的承运人赔偿责任和责任限额进行赔偿。多式联运经营人作出赔偿后，可以根据他与区段实际承运人订立的分运输合同进行追偿。"但是，有时上述损失的发生区段难以确定，找不到责任者，多式联运经营人只好独自承担这部分赔偿责任。

对隐藏损害的分摊，目前处理的方法主要有两种：一是由所有的实际承运人共同分担，但这种方法不易被各实际承运人接受；二是由运输责任保险人承担。有的运输责任保险条款中规定，如果运输责任无法确定，便假定其发生在海运区段，保险人按照保险合同规定的海运区段的赔偿责任予以赔偿。

11.5.3　货物的索赔

发生货物灭失、损坏或者延迟交付导致经济损失后，货主应当根据有关法律及多式联运合同向多式联运经营人或相关责任人提出索赔。索赔应本着实事求是、有理有据、注重实效的原则，做好以下几方面工作：

（1）确定货物损失程度、价值及原因。

（2）确定多式联运经营人的赔偿责任。对多式联运经营人免责、减责事项导致的损失，还应考虑实际承运人是否应当承担责任（取决于适用的赔偿责任法律制度）。

（3）准备索赔清单及相关证据。索赔清单应列明货物品名、规格、损坏金额等内容，准备的单证主要有运输单证、运输合同、发票、残损报告、残损检验报告等。

（4）注意索赔时效。在货物索赔中应该注意两种时效：一种是提出索赔通知的时间限制，我们称其为索赔时效；第二种是向法院提起诉讼的时间限制，我们称其为诉讼时效。错过索赔时效和错过诉讼时效的后果是不同的。

关于索赔时效，《多式联运公约》第24条规定："对货物灭失或损坏明显的，应在收到货物的次日书面提出；对货物灭失或损坏不明显的，应在收货后连续6天内书面提出；双方就货损已有联合检验报告的，无须作出上述书面通知。"超过上述法定通知时效的后果是：交付被视为承运人已经按照运输单证交付货物的初步证据。如果索赔人在诉讼时效期间内再提起索赔，索赔人需要承担举证责任。对延期交货的索赔通知，应在收到货物后60天内书面提出，否则将丧失索赔权利。相关法律规定的索赔时效对照表见表11-2。

表11-2   **相关法律规定的索赔时效对照表**

名　　称	灭失或损坏明显的	灭失或损坏不明显的	延迟交付
《海牙–维斯比规则》	交付当时	收货后3个连续日	未规定
《汉堡规则》	收到货物次日	收货后15个连续日	
我国《海商法》	交付当时	收货后7个连续日；集装箱货物15个连续日	收货后60日
《蒙特利尔公约》与《民用航空法》	于发现时提出，最迟不超过14天，否则将丧失索赔权		收货后21日
《国际道路货物运输合同公约》	交付当时	收货后7个连续日	收货后21日
《国际货约》	收货后7个连续日。如终止日为非工作日，则顺延至下一工作日		收货后60日
《国际货协》	逾期交付，2个月内提出；其他索赔应在9个月内提出		
《多式联运公约》	交付当时	收货后6个连续日	收货后60日

《多式联运公约》规定的诉讼时效为两年，自交付货物次日起算，但如果在货物交付之日或应当交付货物之日起的6个月内没有提出索赔书面通知，该诉讼时效提前到该6个月期满之日失效。

11.6　　　　　　　国际铁路货物联运中的索赔

铁路货物运输，包括国际铁路货物联运，属于公共性质的运输活动，合同当事人的义务由强制性的国际公约以及国内法律法规约束，对于一方过失给另一方造成损失的赔偿也是这样。根据《国际货协》《中华人民共和国铁路法》《合同法》《合同实施细则》等法律法规的规定，现将有关索赔的问题分述如下。

11.6.1　承运人的赔偿责任

根据《国际货协》第37条的规定，承运人应当对"商务记录"中载明的自承运货物时起至交付货物时为止期间的货物灭失、短少、毁损、腐坏和货物运到逾期承担赔偿责任。根据《中华人民共和国铁路法》，承运人应保证货物运输安全。《合同实施细则》第18条也作了类似规定。

11.6.2 承运人的赔偿额及免责

承运人应当按照《国际货协》第39条确定的责任范围和第42~45条规定的赔偿额对发货人或收货人承担由运输合同产生的责任，免责事项导致的货方损失不承担赔偿责任。第42条和第43条规定，货物灭失或短少的赔偿额按照商品的价值计算，有声明价值的，按照声明价值赔偿，但货物短少的重量计算，应当扣除自然减量部分。第44条规定，货物损坏的赔偿额应当按照货物价格降低的部分计算。第45条规定，延迟交付的赔偿按照违约金的形式赔偿，该条对不同时间的延迟交付规定了不同的按运费百分比计算的违约金。

11.6.3 赔偿请求及举证责任

《国际货协》第46条规定，托运人的赔偿请求应当向缔约承运人提出，收货人的赔偿请求应当向交付货物的承运人提出。索赔时索赔人应当提供证据和金额，提供的运单和商务记录应为原件。承运人在收到赔偿请求后的180天内应当作出理赔答复，并对确认的损失予以赔偿。《合同实施细则》规定的理赔期限更加严格，承运人与托运人或收货人相互提出的赔偿要求，应自收到书面赔偿要求的次日起30日内（跨及两个铁路局以上运输的货物为60日内）答复赔偿要求人。索赔的一方收到对方的答复后，如有不同意见，应在接到答复的次日起60日内提出。

11.6.4 司法管辖及索赔时效

《国际货协》第47条和第48条规定，货方只有在提出赔偿请求后才可提起诉讼。对于货物迟期抵达的诉讼应在2个月内提出，自货物交付之日起算；货物短少、损坏的诉讼应在9个月内提出，自货物交付之日起算；对于货物灭失的诉讼应在9个月内提出，自货物运到期届满之日后30天起算。时效自索赔人提出赔偿请求时中止。诉讼应向被告地司法机关提出。《合同实施细则》对索赔期限的规定有所不同。具体地，承运人同托运人或收货人相互间要求赔偿或退补费用的时效期限为180日（运到期限违约金索赔为60日）。托运人或收货人向承运人要求赔偿或退还运输费用的时效期限，按下列日期起算：（1）货物灭失、短少、变质、污染、损坏的，为车站出具货运记录的次日；（2）货物全部灭失未编有货运记录的，为运到期限满期的第16日，但鲜活货物为运到期限满期的次日；（3）要求支付货物运到期限违约金的，为交付货物的次日；（4）要求退回多收运输费用的，为核收该项费用的次日；（5）承运人向托运人或收货人要求赔偿或补收运输费用的时效期限，由发生该项损失或少收运输费用的次日起算。

11.7　国际汽车货物运输货运事故的处理

我国目前没有参加国际道路货物运输协定，因此，处理国际道路货物运输争议只能依据《民法通则》《合同法》《汽车货物运输规则》等法律法规。

11.7.1　赔偿原则

货运事故是指货物运输过程中发生货物毁损或灭失。根据我国《汽车货物运输规则》的规定，货物运输途中，发生交通肇事造成货物损坏或灭失，承运人应先行向托运人赔偿，再由其向肇事的责任方追偿。货运事故处理过程中，收货人不得扣留车辆，承运人不得扣留货物。由于扣留车、货而造成的损失，由扣留方负责赔偿。承运人或托运人发生违约行为，应向对方支付违约金。违约金的数额由承托双方约定。货物赔偿费一律以人民币支付。

由托运人直接委托站场经营人装卸货物造成货物损坏的，由站场经营人负责赔偿；由承运人委托站场经营人组织装卸的，承运人应先向托运人赔偿，再向站场经营人追偿。

承运人、托运人、收货人及有关方在履行运输合同或处理货运事故时，发生纠纷、争议，应及时协调解决，调解不成的，可依仲裁协议向仲裁机构申请仲裁，当事人没有订立仲裁协议的，可以向人民法院起诉。

11.7.2　赔偿金额的确定

根据《汽车货物运输规则》的规定，货运事故赔偿数额应按以下规定处理：（1）货运事故赔偿分限额赔偿和实际损失赔偿两种。法律、行政法规对赔偿责任限额有规定的，依照其规定；尚未规定赔偿责任限额的，按货物的实际损失赔偿。（2）在保价运输中，货物全部灭失，按货物保价声明价格赔偿；货物部分毁损或灭失，按实际损失赔偿；货物实际损失高于声明价格的，按声明价格赔偿；货物能修复的，按修理费加维修取送费赔偿。保险运输按投保人与保险公司商定的协议办理。（3）未办理保价或保险运输的，且在货物运输合同中未约定赔偿责任的，按第（1）项的规定赔偿。（4）货物损失赔偿费包括货物价格、运费和其他杂费。货物价格中未包括运杂费、包装费以及已付的税费时，应按承运货物的全部或短少部分的比例加算各项费用。（5）货物毁损或灭失的赔偿额，当事人有约定的，按照其约定，没有约定或约定不明确的，可以协议补充；不能达成补充协议的，按照交付或应当交付时货物到达地的市场价格计算。（6）由于承运人责任造成货物灭失或损失，以实物赔偿的，运费和杂费照收；按价赔偿的，退还已收的运费和杂费；被损货物尚能使用的，运费照收。（7）丢失货物赔偿后，又被查回，应送还原主，收回赔偿金或实物；原主不愿接受失物或无法找到原主的，由承运人自行处理。（8）承托双方对货物逾期到达、车辆延滞、装货落空等都负有责任时，按各自责任所造成的损失相互赔偿。对承运人非故意行为造成货物迟延交付的赔偿金额，不得超过所迟延交付的货物全程运费数额。

11.7.3 货运事故的通知和事故记录

货运事故发生后，承运人应及时通知收货人或托运人。货运事故和违约行为发生后，承托双方及有关方应编制货运事故记录。收货人、托运人知道发生货运事故后，应在约定的时间内，与承运人签注货运事故记录。收货人、托运人在约定的时间内不与承运人签注货运事故记录的，或者无法找到收货人、托运人的，承运人可邀请2名以上无利害关系的人签注货运事故记录。

11.7.4 索赔时效的计算

货物索赔时效从收货人、托运人得知货运事故信息或签注货运事故记录的次日起计算。在约定运达时间的30日后未收到货物视为灭失，自31日起计算货物索赔时效。索赔时效按照我国《民法通则》的相关规定进行确定。

11.7.5 索赔证据

当事人要求另一方当事人赔偿时，应当提出赔偿要求书，并附运单、货运事故记录和货物价格证明等文件。要求退还运费的，还应附运杂费收据。按照《汽车货物运输规则》的规定，另一方当事人应在收到赔偿要求书的次日起，60日内作出答复。

11.8　　　　各类索赔赔偿金额的确定原则

货物运输索赔金额的确定涉及损害的性质、确定赔偿金额的原则以及赔偿责任的免除等问题。

11.8.1 关于损害性质

损害性质是指因承运人过错导致的货物灭失、损坏、延迟交付以及交货不到所造成的损害，是属于违约性的损害还是侵权性的损害。损害性质不同，确定赔偿的原则就不同。

违约性质的损害是由于承运人未履行运输合同义务导致的。如在提单合同下，承运人没能按照提单或相关法律规定提供适航船舶，或没能履行管理货物的义务造成了货物灭失、损坏、延迟交付等。对于违约性质的损害，承运人应当按照合同规定或有关合同的法律原则承担违约民事责任，使货物所有人的利益恢复到如同合同被严格履行的状态。

侵权性质的损害是指承运人违反民事法律原则造成货物所有人的利益损害。如承运人违反公平、诚实信用原则与托运人合谋出具虚假提单，以致在目的港交货时，所交付的货物与提单记载存在差异，或根本无货可交（例如预借提单下货物没有装船或承运人无单放货）使收货人受到损害。对这种侵权性质的损害，承运人应当按照民法的侵权责任原则向货物所有人进行赔偿，使货物所有人的利益恢复到如同未发生侵权时的状态。

某些损害行为既具有违约性质，又具有侵权性质，法律上称为民事责任的竞合。例如，承运人倒签提单、预借提单、无单放货等。对这类存在责任竞合的案件，可以按照法律规定选择提起违约之诉或侵权之诉。

11.8.2　不同性质损害下赔偿标准的确定

1.违约性损害下赔偿标准的确定

违约性损害赔偿金额应当按照运输合同或有关法律规定确定。因为货物的灭失或损坏情况千变万化，运输合同一般都只能规定确定损害赔偿的一般原则，而不便规定赔偿的具体金额。一般赔偿原则的确定是通过合同的法律适用条款实现的，例如合同法律适用条款规定：本提单适用《海牙-维斯比规则》，那么，《海牙-维斯比规则》中关于赔偿金额的确定方法和承运人赔偿责任免除的规定就成为确定该提单下货物灭失或损坏赔偿的标准。

关于赔偿金额的标准，《海牙规则》未作出具体规定。《维斯比规则》第2条（a）款规定："全部赔偿应参照该项货物，根据合同从船上卸载或应卸载的当时当地的价值计算。货物价值应按照商品交换价格确定，或如无此价格时，则按现时市场价格，或如无商品交换价格或现时市场价格时，则按该相似种类和质量货物的正常价值确定。"（The total amount recoverable shall be calculated by reference to the value of such goods at the place and time at which the goods are discharged from the ship in accordance with the contract or should have been so discharged.The value of the goods shall be fixed according to the commodity exchange price, or, if there be no such price, according to the current market price, by reference to the normal value of goods of the same kind and quality）

我国《海商法》第55条规定："货物灭失的赔偿金额，按照货物的实际价值计算；货物损坏的赔偿额，按照货物受损前后实际价值的差额或者货物的修复费用计算。货物的实际价值，按照装船时的价值加保险费和运费计算。上面所规定的货物实际价值，赔偿时应减去因货物灭失或损坏而少付或免付的有关费用。"这一规定与上述国际公约的规定基本相同，都是按照货物的CIF价格计算的，但我国《海商法》没有规定无货物实际价值时（如寄售的货物、援助性的货物、自用的货物等）应如何确定货物实际价值。

综合上述法律及我国《合同法》规定，在实际业务中，货物灭失或损坏赔偿金额应按下列原则计算：

（1）货物灭失、短少的索赔金额以CIF发票价格作为卸货地的价格。在FOB价格条件下，则以发票价格加上保险费、运费和卸货费（如果没有包括在运费内）的总额作为卸货地价格。如果遇到两种货币折算，则按照船舶到达目的港之日的汇率进行换算。但是，如果托运人在托运时申报了货物价值，则应按照申报价值加上货物运费（包括装卸费）和保险费计算。

（2）货物损坏赔偿金额应以货物受损前后目的港实际价值计算。其中，确定受损货物的残值十分重要。受损货物的残值可以按照当地市场的合理销售价格，或无此销售价格时，按照价格公证认定部门确定的价格确定。

（3）计算总赔偿金额时，应当按照合同或法律规定，对合理的预期利润损失予以计算。对符合免责和赔偿责任限制条件的，应当按照法律规定予以扣除。

（4）对延迟交付造成的直接经济损失应予以计算。

2.侵权性损害下赔偿标准的确定

按照民法的一般原理，侵权性损害赔偿与合同无关。换句话说，合同中或有关合同的法律规定的赔偿原则不能应用于侵权性损害赔偿的计算。侵权性损害赔偿应当按照民法中有关民事侵害的赔偿原则计算。侵权责任中的财产损害赔偿总原则是"恢复原状"，即通过赔偿使受害方恢复到如同损害没有发生的状态。根据这一赔偿原则，下列损失可以获得赔偿：

（1）对已发生的货物灭失、短少或损坏，按上述违约性损害中的第（1）、（2）项原则计算的损失。

（2）由于货物灭失、短少或损坏，所导致的受害方合理的预期利润损失。

预期利润损失也称期望损失（expectation loss），它是指受害方在合同下或在无侵害发生时本可以获得的利益。货物索赔中的预期利润主要是市场价与买卖合同价的差价。因为，当市场价格高于合同价格时，收货人本可以拥有高于合同价格的货物。货物灭失或损坏后，当收货人自己使用时，他将要支付额外金钱去市场上购买替代货物；当收货人转售货物时，它将会丧失应当赚取的市场差价。

为贯彻公正、合理的原则，在计算预期利润损失时，不应当包括遥远性损失（remote damage），有的国家法律称之为间接损失。期望损失是个复杂的概念，货物灭失可以使收货人丧失本可赚取的市场差价，或者使收货人丧失了一个极好的投资机会。例如用买来的建筑材料建造一个赌场，或者若转售合同中规定了违约赔偿金收货人还规定损失的赔偿金，甚至更严重的，转售合同规定若转售人不交付货物则应支付巨额的买受人工厂或工程的停工损失，诸如此类。从索赔人角度出发，这些损失都是货物灭失导致的后果，它们之间存在因果关系，加害人都应予以赔偿。但照此赔偿起来对被索赔人来说又显失公正。因此，为将预期利润限定在合理的范围之内，法律规定了对损害的"非一般后果"，即除非合同中有相反规定（如运输合同中明确了上述赔偿金或停工损失金约定，或明确规定了承运人的此种赔偿责任），遥远性损失通常不予赔偿。

在侵权性损害条件下，预期利润的损失赔偿也被限定在加害人能够合理地预见的损失内。例如，在承运人无单放货侵权索赔中，货物所有人不但可以索赔货物的CIF价值，还可以索赔合理的转售差价，但如果索赔人称因承运人未交付饲料货物导致了饲养场众多牲畜死亡并要求赔偿死亡损失，则是加害人无法合理预见的，应属于遥远性损失而不能获得赔偿。

（3）受害方因执行运输合同或贸易合同所发生的"浪费费用"（waste of expenditure）不得与预期利润损失重复索赔。根据"恢复原状"原则，索赔人只能索赔净利润损失；对于"浪费费用"，例如因未交付货物致使收货人浪费了开立信用证的费用或进口许可证费用等，这些费用是收货人获取净利润必须支出的成本，如果允许对此两种损失重复索赔，将使索赔人获得额外收益，这是法律所不允许的。

本来除不可抗力和情势变迁原则外，有关侵权的法律中没有关于承运人免责和赔偿责任限制的特殊法律规定。但是，考虑到海上货物运输事业的特殊性和对承运人的保护，《海牙-维斯比规则》和我国《海商法》都规定，对承运人的任何起诉，不论海事请求人是否为合同的一方，也不论是根据合同或者是根据侵权行为起诉，上述法律中规定的承运人抗辩理由和赔偿责任限制的规定都适用。这样，违约责任和侵权责任下的赔偿金额计算结果将趋于一致。

11.8.3　"因果关系"原则的运用

因果关系原则是处理任何损害赔偿时都应遵守的普遍原则。海上货物运输索赔中的因果关系原则是指加害方只对与其错误或过失有直接因果关系的损害承担赔偿责任的法律原则。例如，由于船舶不适航，导致货物损坏的后果；由于承运人在货物管理过程中未能妥善、谨慎通风，导致货舱内严重积热引起货物变质或燃烧的后果；在航次租船合同中，由于承运人未能使船舶在受载期内抵达装货港，导致托运人对积压在港口内的货物支付堆存费用或退关费用的后果；由于船舶不合理绕航延长了航程时间，导致易腐烂货物损坏的后果；在船舶已经抵达装货港情况下，由于租船人无法提供货物，导致承运人空驶浪费成本的后果等。

因果关系有时呈链状形式存在，一个因果关系中的结果成为下一个因果关系中的原因，这种连续的因果关系，我们称之为因果关系链（chain of causation）。例如，由于积载和通风不当使得货舱壁结汗，或因货舱水密性不良使得海水进入舱内，导致袋装鱼粉湿损；鱼粉湿损后加剧了氧化过程，温度逐步升高导致鱼粉燃烧炭化；鱼粉燃烧导致灭火费用的额外支出或船舶损坏；灭火行为不慎导致了其他货物的损坏。

在一方违约或侵权导致连续损害的情况下，只要因果关系链没有打断，或者说没有插入新的介入因素改变这种因果关系链，加害方就必须对这种连续的后果承担责任。例如，在上例中，承运人必须对鱼粉的湿损、燃烧炭化、灭火的额外费用以及其他货物的损失承担赔偿责任。

在处理"多因一果"的损害赔偿时，还必须贯彻"近因原则"。近因原则是指在损害赔偿中要求最主要责任人对其过失引起的损失进行赔偿的法律原则。

一种损害或连续的损害中可能会存在多种原因，根据近因原则，应当在众多原因中找出造成损害的直接或主要原因。介入因素可能打破原来的因果关系链而成为主要原因，也可能没有打破原来的因果关系而只是次要原因。

近因原则是对因果关系原则的补充。现实因果关系中存在着直接原因和间接原因，如不加以区别，对不论什么原因导致的后果都要责任人承担责任，将导致另一种不公平。所以，在考虑因果关系时，只能要求责任人对可"合理预见的"直接行为后果承担责任。例如，看见未成年的儿子殴打他人而不加劝阻，导致他人受伤，要求其母亲承担责任是合理的。因为这个母亲应当合理预见到儿子殴打他人可能会造成伤害。但是，要求一个母亲对儿子的加害后果承担责任，原因是她生下了他，并在生他的时候未能预见到他长大后会打人致伤，则是荒唐的，正常人都不会接受这种裁判。又如，在国际货物运输中承运人使船舶不合理绕航，导致货物因航程变长而变质，或导致延迟交付货物给收货人带来损失，此时因果关系原则适用，因为承运人应当合理预见到此种后果。但是，因船舶在绕航过程中被来自天外的陨石击中导致货物灭失或损坏，要求承运人承担赔偿责任就是不合理的，因为承运人无法合理预见绕行时会被陨石击中。此时，应当根据近因原则免除承运人的赔偿责任。

11.8.4　承运人赔偿限额的运用

为使承运人与货方的运输风险分担水平趋于均衡，鼓励承运人从事高风险的运输业，不同运输形式下的运输法规都规定了承运人对货物损失和延迟交付货物导致的经济损失的最低赔偿限额。在实际索赔处理中，这类本意是规定承运人最低赔偿义务的规定，实际上成为承运人的最高赔偿限额。在计算承运人应支付的赔偿金额时，应当按照相应的法律规定，确定承运人的实际赔偿金额。

□ 复习思考题

1.重要概念：海事请求保全　船舶扣押　海事证据保全　期望损失　因果关系原则　近因原则

2.海上货物损失产生的主要原因有哪些？（11.1.1）

3.海上货物损失中货方、承运人、第三人的责任是什么？（11.1.3）

4.海上货物索赔中的索赔人有哪几个？（11.2.1）

5.海上货物损失索赔的程序是什么？（11.2.2）

6.对海上货物索赔通知的发出时间有何规定？（11.2.2）

7.海上货物索赔通知的主要内容有哪些？（11.2.2）

8.海上货物索赔主要有哪些工作？（11.2.2）

9.海事请求保全的性质与目的是什么？（11.2.3）

10.根据有关法律，船舶扣押的范围是什么？（11.2.3）

11.海上货物理赔中应审核哪些主要内容？（11.3）

12.航空货物索赔中有何相关法律规定？（11.4）

13.集装箱运输中，常见的货损原因有哪些？（11.5.1）

14.国际多式联运中有哪些索赔关系？（11.5.2）

15.各类索赔金额应如何确定？（11.6）

第 12 章 /国际货物运输代理

———— 学习目标 ————

在本章学习中，应当了解国际货物代理的概念、掌握各种代理业务的基本流程，重点掌握国际货物代理人在代理性质的业务和独立经营人性质的业务中的不同法律地位。

随着运输实践的发展，国际货物运输中逐渐产生了运输代理人这一角色，他们为货主寻找合适的承运人，或为承运人承揽货物。这种代理人通常被称为"国际货物运输代理"。随着代理业务的发展，各国逐渐建立了国际货物运输代理业的管理制度，从运输代理公司的设立条件、业务范围、业务规范、合同义务到违规处罚，都制定了相应的法律法规实施管理，保障国际货物运输代理业的有序、规范发展。本章将阐述国际货物运输代理的概念、法律地位、业务范围及其操作方式等内容。

12.1　　　　　　　　　国际货物运输代理概述

12.1.1　国际货物运输代理定义

国际货物运输代理简称"国际货运代理"或"国际货代"，英文名称为 freight forwarder 或 forwarding agent。①关于国际货物运输代理的定义，目前国际上还没有权威的统一界定。

国际货运代理协会联合会（FIATA）的有关文件将货运代理定义为："根据客户的指示，并为客户的利益而揽取货物的人，其本人并非承运人。"

FIATA 的《货运代理服务示范法》（FIATA Model Rules for Freight Forwarding Service）将货运代理定义为"与客户达成货运代理协议的人"，代理服务可以包括"各类与运输、拼装、积载、管理、包装或分拨相关的服务，以及相关的辅助和咨询服务，包括但不限于海关和财政业务、官方的货物申报、货物保险、取得有关货物的单证及支付相关费用等"。

《中华人民共和国国际货物运输代理业管理规定实施细则》（2004 年 1 月 1 日由

———————————

① "国际货物运输代理"这个概念通常被用来指代"国际货物运输代理人"，除特别说明，本书亦同。事实上，"国际货物运输代理"还有"国际货物运输代理业"的含义。

中华人民共和国商务部颁发）第2条规定："国际货物运输代理企业（以下简称国际货运代理企业）可以作为进出口货物收货人、发货人的代理人，也可以作为独立经营人，从事国际货运代理业务。

国际货运代理企业作为代理人从事国际货运代理业务，是指国际货运代理企业接受进出口货物收货人、发货人或其代理人的委托，以委托人名义或者以自己的名义办理有关业务，收取代理费或佣金的行为。国际货运代理企业作为独立经营人从事国际货运代理业务，是指国际货运代理企业接受进出口货物收货人、发货人或其代理人的委托，签发运输单证、履行运输合同并收取运费以及服务费的行为。"

用发展的观点，从形式逻辑出发，考虑到国际货运代理业的本质特征及其业务范围，当今的国际货物运输代理的定义应当是：为货物运输，受货主或承运人委托，以委托人名义或以自己名义为委托人，或以独立经营人身份提供与国际货物运输相关服务的人。

为了理解这一定义，必须把握定义的两个重要属性：其一，国际货物运输代理作为运输代理人向委托人提供运输服务。为货主（即进出口货物的发货人或收货人）提供服务的货运代理被称为"货方货物运输代理"；为承运人提供服务的被称为"承运人货物运输代理"。有时两者可为同一人。其二，国际货物运输代理也可以作为独立经营人提供运输服务。此时，"代理"二字已经失去了法律上的代理意义。运输代理人和独立经营人的法律地位是截然不同的。国际货物运输代理的服务范围和服务地域限制构成了这一定义的外延。

12.1.2 国际货物运输代理的法律地位

准确界定国际货物运输代理的法律地位，对于规范国际货物运输代理行为和代理行为法律后果归责十分必要。

根据相关法律行为理论[①]，结合我国法律规定，国际货物运输代理的"代理行为"（业务行为）可分为三种性质：委托性质、居间性质和独立经营性质。相应地，其法律地位也各不相同。

从事委托性质和居间性质业务行为的国际货运代理人，在合同关系中其法律地位是代理人，其经授权的代理行为的法律后果由委托人承担。例如，出口人委托国际货物运输代理安排货物的仓储、转运、加工整理、报关报验、装船前检验等事项，或者，货运代理接受货方委托，向其提供船舶信息并帮助达成运输协议；只要货运代理人向第三人披露了委托人身份，委托人就应当承担该代理人行为的法律后果。

---

① 民法上，代理是指代理人在代理权限内，以被代理人的名义实施民事法律行为。被代理人对代理人的代理行为承担民事责任。大陆法系将代理分为直接代理和间接代理，近似地与之相对应，英美法系将其分为显名代理和隐名代理，我国《合同法》则将其分为委托、居间和行纪。在直接代理中，代理人以被代理人的名义实施民事法律行为，即代理人与第三人的商事行为中披露被代理人的身份，代理人的代理行为法律后果由被代理人承担。在间接代理中，代理人以自己的名义实施民事法律行为，代理人在与第三人的商事行为中可以披露也可以不披露被代理人的身份，但披露与不披露的法律后果不同。

从事独立经营性质业务的国际货物运输代理人，其业务行为的法律性质已经脱离了代理人的法律特性，此时的国际货物运输代理为自己的利益，以自己的名义与货主或运输工具所有人订立运输合同（表现形式可以不同），在法律上就已经将自己置于独立缔约承运人或缔约托运人的法律地位上，并因此需要独立或连带承担承运人或托运人的法律责任。例如，国际货物运输代理独立从事国际多式联运业务、无船承运人业务，就属于此类情况。

实践中，国际货物运输代理从事的两类不同法律性质的业务活动界限并非十分清楚，需要以一定的标准来判断。司法实践中常见的区分标准有以下三点：

（1）运输单据标准①。

（2）实际参与运输标准②。

（3）固定费用标准③。

《中华人民共和国国际货物运输代理业管理规定实施细则》第2条规定："国际货运代理企业作为代理人从事国际货运代理业务，是指国际货运代理企业接受进出口货物收货人、发货人或其代理人的委托，以委托人名义或者以自己的名义办理有关业务，收取代理费或佣金的行为。

国际货运代理企业作为独立经营人从事国际货运代理业务，是指国际货运代理企业接受进出口货物收货人、发货人或其代理人的委托，签发运输单证、履行运输合同并收取运费以及服务费的行为。"

12.1.3　国际货物运输代理的业务范围

国际货物运输代理的业务范围非常广泛，理论上说，它包括了与国际货物运输相关的一切运输方式和业务环节。例如，与货物本身相关的加工、包装、分拨、配送、存储、保管、保险等业务；与运输相关的货物国际运输、内陆运输、装卸等业务；与政府法令相关的进出口报关、报检等代理业务。

在我国，政府通过制定规则对国际货物运输代理行为进行管理。根据《中华人民共和国国际货物运输代理业管理规定实施细则》，国际货物运输代理业务可以包括以下几个方面：

（1）揽货、订舱（含租船、包机、包舱）、托运、仓储、包装。

（2）货物的监装、监卸、集装箱装拆箱、分拨、中转及相关的短途运输服务。

---

①　FIATA标准规则的第7.1部分中关于货代作为承运人出现的责任规定：货运代理……当其签发自己的运输单证，或以其他方式明示或默示地表示承担承运人的责任；《中华人民共和国国际海运条例》第7条第2款规定：前款所称无船承运业务，是指无船承运业务经营者以承运人身份接受托运人的货载，签发自己的提单或者其他运输单证，向托运人收取运费，通过国际船舶运输经营者完成国际海上货物运输，承担承运人责任的国际海上运输经营活动。

②　当根据运输单据仍无法明确货运代理在运输合同关系中的法律地位时，可以通过考查货运代理对货物运输过程的实际参与程度来确定。德国运输法（HGB）规定：货运代理组织集中不同来源的货物以同一运输工具进行运输时应被认定为承运人。全美货代和经纪人联合会（NCBFAA）标准条款：货运代理在占有货物的情况下，可以作为承运人、仓储人或包装人，从而对货物承担相应的责任。FIATA标准规则的第7.1部分中规定：当货运代理使用其自己的运输工具实际从事运输时，其应作为运输合同当事人而承担责任。

③　这条标准在各国司法实践中不被普遍接受。例如在我国，货运代理向货主收取包干费用形成了二者运输合同关系的主张不被法院采纳（太仓兴达制罐有限公司诉江苏中远国际货运有限公司太仓分公司货损纠纷案）。

（3）报关、报检、报验、保险。

（4）缮制签发有关单证、交付运费、结算及交付杂费。

（5）国际展品、私人物品及过境货物运输代理。

（6）国际多式联运、集运（含集装箱拼箱）。

（7）国际快递（不含私人信函）。

（8）咨询及其他国际货运代理业务。

各国际货物运输代理企业的具体业务范围由政府有关部门审批，在公司的营业执照中体现。

12.2　国际货物运输代理的代理业务

12.2.1　海运班轮代理业务

海运班轮代理业务是指国际货物运输代理以代理人的身份为委托人的进出口货物提供海运班轮订舱及其相关服务的业务。

1.海运班轮代理订舱业务种类

国际海运班轮订舱业务包括两类：一类是集装箱班轮的订舱业务。集装箱班轮运输已经成为当今国际海运班轮运输最主要和最典型的运输方式，也是国际货物运输代理海运班轮代理业务的最主要内容。另一类是传统的件杂货班轮订舱业务。在集装箱班轮运输开展之前，件杂货班轮运输是国际海运班轮业务的最主要方式。但随着集装箱班轮运输的快速发展，件杂货班轮运输已逐步让位于集装箱班轮运输，典型的传统杂货班轮运输几乎不复存在，留下的只是在某些固定航线上的船期不固定、运费率也不固定的不适箱货物的准班轮运输。但就数量而言，这类运输方式仍然不少，因此仍是国际货物运输代理的重要业务。

2.海运班轮代理订舱业务流程

下面以集装箱班轮出口业务为例说明订舱业务流程。

国际货物运输代理为托运人办理海运集装箱出口需要经过以下业务环节：揽货接单→制单订舱→货物保险→提取空箱→报检报关→货物装箱→送交场站→装船信息通告→缮制提单→交费取单→业务收尾。

拼箱货物出口与件杂货出口流程基本相同，只是根据业务特点，少了一些业务环节。

12.2.2　租船业务

租船业务是海上货物运输中，班轮运输以外的另一种主要业务方式，包括航次租船、定期租船和光船租船。作为国际货物运输代理从事租船业务，应当具备以下基本知识：

1.租船经纪人

租船业务是通过船舶出租人与承租人签订租船合同来实现的。一些租船合同是由船舶出租人与承租人直接签订的，但更多的租船合同是二者通过中间人即租船经纪人的牵线搭桥签订的。

租船经纪人（chartering broker）是在租船业务中代表船舶出租人或承租人磋商租船业务的人。他们通常拥有丰富的国际海运知识和灵敏的租船信息网络，与船东或货主保持密切的联系及良好的商业信誉。

租船经纪人根据委托人不同可以分为以下几种：

（1）出租人经纪人（owner's broker）。这是指接受船舶出租人委托，代表出租人出租船舶或为其船舶揽取货物的人。其代理费用常常以佣金形式体现。

（2）承租人经纪人（charterer's broker）。这是指接受船舶承租人委托，代表承租人在租船市场上洽租船舶的人。其代理费用也常常以佣金形式体现。

租船经纪人也可以同时接受出租人和承租人的委托，作为居间人帮助双方达成交易，赚取佣金。佣金通常为运费或租金的1.25%，由船东支付。若双方都委托经纪人时，船东就有可能要支付2.5%或更高的佣金。

（3）独立经纪人。这是指以独立经营人身份在租船业务中分别与出租人和承租人签订租船合同的人。独立经纪人赚取的是运费或租金的差价，此时在法律上他已经不再是经纪人了。

2.租船经纪人的法律地位

国际货物运输代理从事租船业务的形式多种多样，有的只接受一方的委托，从事租船代理业务；有的作为中间人帮助双方促成交易；有的以独立经纪人名义出租或承租船舶；有的经营期租船业务。为明确国际货物运输代理在业务活动中的法律义务，必须准确界定其在租船业务中的法律地位。

根据业务性质，可以将国际货物运输代理人的租船业务分为以下三类：

（1）委托代理型。上文中的出租人经纪人和承租人经纪人业务，就属于这一类型。他们的代理经纪活动应遵从有关代理的法律规定。

（2）居间人类型。同时接受出租人和承租人的委托，在出租人和承租人中间帮助促成租船交易并赚取佣金的，就属于这一类型。他们的业务活动应遵从有关居间人的法律规定。

（3）独立经营型。在法律上独立承担合同法定义务从事租船业务的货运代理人，就属于这一类型。这类业务范围较多，可以是以承租人身份与出租人签订运输合同；可以是以出租人身份与承租人签订运输合同；可以是以承租人身份签订租船合同，然后再以出租人身份签订航次运输合同。

3.租船经纪人的业务流程

以下我们以航次租船为例，来说明租船经纪人的租船业务流程。

（1）业务委托。出租人委托：出租人将船舶规范、船舶动态、航次目标提供给经纪人，委托其承揽合适货载。承租人委托：承租人将买卖合同、信用证主要条款提供给经纪人，主要包括货物描述（货种、数量、包装、积载因素）、装卸港口、装运日期、目标运价等，委托其寻找合适的船舶。

（2）相对人筛选。经纪人将有关信息发送给若干相对人，经附带条件初步洽商选定最终签约人。

（3）签订合同。经对航次租船合同的主要条款逐一洽商、达成一致意见后，签订洽租确认书，最后作出格式合同。

（4）协助合同履行。合同主体在履行合同过程中，经纪人常常协助履行各个环节，协调合同执行过程中出现的各种问题，最后完成合同履行，收取代理报酬。

12.2.3　空运代理业务

1.空运代理业务种类

根据《中华人民共和国国际货物运输代理业管理规定实施细则》、民用航空总局颁布的《民用航空运输销售代理业管理规定》等法律规定，我国的空运代理可分为以下三种：

（1）货主代理。这是指接受托运人或收货人的委托，为委托人办理货物航空运输的有关业务并收取代理费用的人。根据有关法律规定，这类代理在向委托人收取代理费的同时，也可从航空运输企业收取佣金。

（2）航空运输销售代理。这是指接受航空公司委托，以委托人的名义为委托人销售航空客运、货运舱位等有关业务并收取代理费用的人。只有取得货运代理资格的企业才能够取得航空运输销售代理资格。

（3）航空集运商（consolidator）。这是指将多个托运人的货物集中后，作为一票货物向航空公司托运的空运代理人。航空集运商分别向实际托运人签发分运单，航空公司向航空集运商签发一份主运单。关于航空集运商的法律地位，目前尚无明确的法律规定。其究竟为代理人还是无船承运人，视其在与实际托运人订立运输合同时是否表明其代理身份而定，不能简单地根据航空运单进行判断。

2.空运代理业务范围

空运代理的业务范围由政府有关管理部门核定，在其营业执照上显示，通常包括：接受托运人的订舱、包机委托，代其制单、包装，进口货物的提货、分拨，进出口的报关报验等。从事多式联运的国际货物运输代理，还以承运人的身份承揽空运业务。

3.空运代理业务流程

下面以空运出口为例，介绍空运代理的业务流程。

空运代理的主要业务流程为：接受委托→订舱→接单接货→制单报关→装箱出仓→空运公司签单→交货装机→善后工作。

上述业务流程可用图12-1作一般性表示。

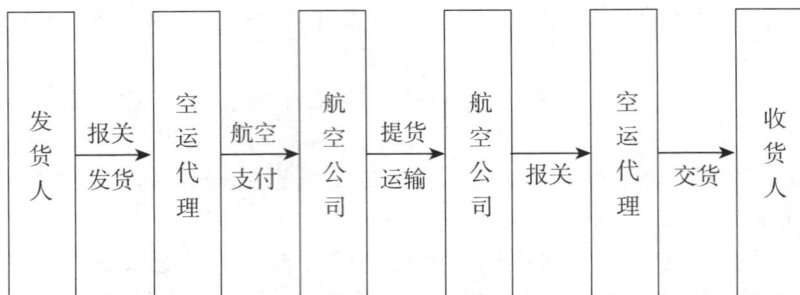

图 12-1　空运代理一般业务流程图

12.3　　国际货物运输代理的独立经营人业务

12.3.1　代理人与独立经营人的区别

国际货运代理的独立经营人业务是指国际货运代理企业以承运人的身份接受进出口货物收货人、发货人或其代理人的货载，签发运输单证、履行运输合同并收取运费以及服务费的行为。其业务范围主要有无船承运人业务（包括独立经营海运班轮、租船业务、空运集运业务）和国际多式联运业务。

独立经营人从事的国际货运代理业务，与纯代理人业务的主要区别在于：

第一，法律地位不同。纯代理人业务类型的国际货运代理，不论是直接代理行为还是间接代理行为，代理人的法律性质没有改变，委托人需要承担代理人的行为后果。而作为独立经营人的国际货运代理，其业务行为的性质已经发生改变，已经从代理人的性质转变为独立经营人，或者说无船承运人的性质，需要对托运人独立承担承运人的义务和责任；托运人也不再是委托人，而是独立经营人的运输合同的相对人。

第二，合同性质不同。合同性质不同决定了国际货运代理的合同义务不同。纯代理业务中，实际托运人与独立经营人之间的合同性质是代理合同，适用有关代理的法律规定；独立经营业务中，实际托运人与独立经营人的合同性质是运输合同，适用有关运输合同及无船承运人的法律规定。

第三，运输单证不同。纯代理业务中，国际货运代理一般不签发运输单证，代理货物的存储、国内运输、保管室签发的有关单证也不具有国际货物运输单证的性质。而在独立经营人业务中，独立经营人以自己的名义签发运输单证，此种单证在海运中被称为"货代提单"（house B/L），在空运中被称为"分运单"（house air waybill），该单证具有运输合同或运输合同证明的性质。

第四，服务费用性质不同。纯代理业务中，国际货运代理收取的服务费用为代理费；独立经营人业务中，国际货运代理收取的服务费用为运费。

第五，业务形式不同。纯代理业务中，国际货运代理无须以承运人身份参与运输，不一定需要建立全球的服务网络；而作为独立经营人的无船承运人需要组织货物的全程运输，需要建立全球的服务网络，其业务流程也更为复杂。

第六，执业条件不同。由于业务性质不同，世界上几乎所有国家都对作为独立经营人的无船承运人在执业条件上作出了特殊规定。例如，《国际海运条例》就对国际货运代理经营无船承运人业务提出了诸如特殊审批、提单备案、保证金缴付、运价管理等特殊规定。

12.3.2　无船承运人业务

1.无船承运人的含义

无船承运人有狭义与广义之分。狭义的无船承运人是指自己无运输船舶，却以承运人身份从事海上货物运输的人。广义的无船承运人是指自己无运输工具，却以承运人身份从事任何方式的货物运输的人，如国际多式联运经营人。按照我国《海运条例》的规定，狭义的无船承运人业务是指国际货运代理以承运人身份接受托运人的货载，签发自己的提单或者其他运输单证并向托运人收取运费，通过国际船舶运输经营者完成国际海上货物运输，承担承运人责任的国际海上运输经营活动。广义的无船承运人业务将在下文中讲述。

2.无船承运人的业务范围

根据《中华人民共和国国际海运条例实施细则》的规定，无船承运业务包括下列活动：

（1）以承运人身份与托运人订立国际货物运输合同。

（2）以承运人身份接收货物、交付货物。

（3）签发提单或者其他运输单证。

（4）收取运费及其他服务报酬。

（5）向国际船舶运输经营者或者其他运输方式经营者为所承运的货物订舱和办理托运。

（6）支付港至港运费或者其他运输费用。

（7）集装箱拆箱、拼箱业务。

（8）其他相关的业务。

此外，国际货运代理从事转租船业务，同样具有无船承运人的性质。

12.3.3　国际多式联运业务

国际多式联运业务是国际货运代理独立经营人业务中的广义无船承运人业务，其业务的根本性质为承运业务，国际多式联运经营人的法律地位为承运人。由于国际多式联运业务具有一定的特殊性，因而有关的法律规定、执业条件、业务程序等与一般的无船承运人业务均有很大的不同。有关详细内容请参阅本书的相关章节。

□ 复习思考题

1. 重要概念：国际货物运输代理　无船承运人　契约托运人　实际托运人运输独立经营人

2. FIATA 是如何定义国际货运代理的？（12.1.1）

3. 我国相关法律是如何定义国际货运代理的？（12.1.1）

4. 从事委托性质和居间性质的货运代理人的法律地位如何？（12.1.2）

5. 从事独立经营人的货运代理人的法律地位如何？（12.1.2）

6. 常见的区分货代两类性质业务的标准有哪些？（12.1.2）

7. 国际货运代理的主要业务范围有哪些？（12.1.3）

8. 海运集装箱出口代理的业务流程是什么？（12.2.1）

9. 如何判定租船经纪人在不同业务中的法律地位？（12.2.2）

10. 航空货运代理的业务流程是什么？（12.2.3）

11. 独立经营人货运业务与货运代理业务的主要区别是什么？（12.3.1）

12. 无船承运人的业务范围通常有哪些？（12.3.2）

附录1 集装箱班轮提单

中远海运集装箱运输有限公司
COSCO SHIPPING LINES CO., LTD.

COPY

TLX: 33057 COSCO SHIPPING
FAX: +86(21) 65458984

PORT TO PORT OR COMBINED TRANSPORT BILL OF LADING

1. Shipper　Insert Name Address and Phone/Fax	Booking No.　　　　　　　Bill of Lading No.
	Export References
2. Consignee　Insert Name Address and Phone/Fax	Forwarding Agent and References FMC/CHB No.
	Point and Country of Origin
3. Notify Party　Insert Name Address and Phone/Fax　(It is agreed that no responsibility shall attach to the Carrier or his agents for failure to notify)	Also Notify Party-routing & Instructions

4. Combined Transport*　Pre-Carriage by	5. Combined Transport*　Place of Receipt	
6. Ocean Vessel Voy. No.	7. Port of Loading	Service Contract No.　　　Commodity Code
8. Port of Discharge	9. Combined Transport*　Place of Delivery	Type of Movement

Marks & Nos. Container / Seal No.	No. of Container or Packages	Description of Goods (If Dangerous Goods, See Clause 20)	Gross Weight	Measurement

Declared Cargo Value US$　　　　　　Description of Contents for Shipper's Use Only (Not part of This B/L Contract)

10. Total Number of Containers and/or Packages (in words)
Subject to Clause 7 Limitation

11.　Freight & Charges	Revenue Tons	Rate	Per	Amount	Prepaid	Collect	Freight & Charges Payable at / by

Received in external apparent good order and condition except as otherwise noted. The total number of the packages or units stuffed in the container, the description of the goods and the weights shown in this Bill of Lading are furnished by the merchants, and which the carrier has no reasonable means of checking and is not a part of this Bills of Lading contract. The carrier has issued ___1___ original Bills of Lading, all of this tenor and date, one of the original Bills of Lading must be surrendered and endorsed or signed against the delivery of the shipment and whereupon any other original Bills of Lading shall be void. The merchants agree to be bound by the terms and conditions of this Bill of Lading as if each had personally signed this Bill of Lading.
*Applicable Only When Document Used as a Combined Transport Bill of Lading.
Demurrage and Detention shall be charged according to the tariff published on the Home page of LINES.COSCOSHIPPING.COM. If any ambiguity or query, please search by "Demurrage & Detention Tariff Enquiry". Other services and more detailed information, pls visit LINES.COSCOSHIPPING.COM.

9805

Date Laden on Board

Signed by:

大连中远海运集装箱运输有限公司
COSCO SHIPPING LINES (DALIAN) CO.,LTD

Signed for the Carrier, COSCO SHIPPING LINES CO., LTD.
AS AGENT

APL BILL OF LADING TERMS AND CONDITIONS

1. DEFINITIONS

"Carrier"includes APL Co. Pte Ltd, American President Lines, Ltd, the Vessel, its owner, operator, charterer (whether demise, time, voyage, space or slot), the master, and any connecting or substitute water carrier.

"Merchant" includes the Shipper, Consignee, Receiver, Holder of the Bill of Lading, Owner of the cargo or Person entitled to the possession of the cargo or having a present or future interest in the Goods and the servants and agents of any of these, all of whom shall be jointly and severally liable to the Carrier for the payment of all Freight, and for the performance of the obligations of any of them under this Bill of Lading.

"Person" means any natural person, company, firm, body corporate of unincorporated association or body, including any Government or governmental or statutory instrumentality or port authority.

"Sub-Contractor" includes owners and operators of vessels (other than the Carrier), stevedores, terminal and groupage operators, road and rail transport operators, longshoremen, warehousemen and any independent contractor employed by the Carrier in performance of the Carriage.

"Indemnify" includes defend, indemnify and hold harmless.

"Goods" means the cargo received from the Merchant and includes any equipment or Container not supplied by or on behalf of the Carrier.

An endorsement on this Bill of Lading that the Goods have been shipped "on board" means on board the Carrier's Vessel, or another mode of transport operated by or on behalf of Carrier en route to the Port of Loading for loading aboard Carrier's Vessel.

"Container" includes any open or closed container, van, trailer, flatbed, transportable tank, flat, pallet, skid, platform or any similar article used to consolidate Goods and any equipment associated or attached thereto.

"Carriage" means the whole or any part of the operations and services undertaken by the Carrier in respect of the Goods covered by this Bill of Lading.

"Combined Transport" arises if the Place of Receipt and/or the Place of Delivery are indicated on the face hereof in the relevant spaces.

"Port to Port Shipment" arises if the Carriage called for by this Bill of Lading is not Combined Transport.

"Vessel" includes the vessel named on the face of this Bill of Lading and any other vessel, lighter or watercraft owned, operated, chartered or employed by the Carrier or any connecting or substituted water carrier performing Carriage under this Bill of Lading.

"Freight" includes all charges payable to the Carrier in accordance with the Applicable Tariff and this Bill of Lading.

2. CARRIER'S APPLICABLE TARIFF

The terms of the Carrier's Applicable Tariff are incorporated herein. Particular attention is drawn to the terms therein relating to Container and Vehicle demurrage.

Copies of the relevant provisions of the Applicable Tariff are obtainable from the Carrier or its agents upon request. In case of inconsistency between this Bill of Lading and the Applicable Tariff, this Bill of Lading shall prevail.

3. WARRANTY

The Merchant warrants that in agreeing to the Terms and Conditions hereof, including the Applicable Tariff(s), it is, or has the authority of, the Person owning or entitled to the possession of the Goods and/or Container and this Bill of Lading, and that all prior agreements and Freight arrangements are merged in and superseded by the provisions of this Bill of Lading.

4. SUB-CONTRACTING

i) The Carrier shall be entitled to sub-contract on any terms the whole or any part of the Carriage, loading, unloading, storing, warehousing, handling and any and all duties whatsoever undertaken by the Carrier in relation to the Goods.

ii) The Merchant undertakes that no claim or allegation shall be made against any Person whomsoever by whom the Carriage is procured, performed or undertaken, whether directly or indirectly (including any independent contractors and any Sub-Contractors of the Carrier and their servants or agents), other than the Carrier which imposes or attempts to impose upon any such Person, or any Vessel owned by any such Person, any liability whatsoever in connection with the Goods or the Carriage of the Goods, whether or not arising out of negligence on the part of such Person and, if any such claim or allegation should nevertheless be made, to indemnify the Carrier against all consequences thereof. Without prejudice to the foregoing every such Person shall have the benefit of every right, defence, limitation and liberty of whatsoever nature herein contained or otherwise available to the Carrier as if such provisions were expressly for its benefit; and in entering into this contract, the Carrier, to the extent of these provisions, does so not only on its own behalf but also as agent and trustee for such Persons.

iii) The Merchant further undertakes that no claim or allegation in respect of the Goods shall be made against the Carrier by any Person other than in accordance with the terms and conditions of this Bill of Lading which imposes or attempts to impose upon the Carrier any liability whatsoever in connection with the Goods or the Carriage of the Goods, whether or not arising out of negligence on the part of the Carrier and, if any such claim or allegation should nevertheless be made, to indemnify the Carrier against all consequences thereof.

5. CARRIER'S RESPONSIBILITY

A. PORT-TO-PORT SHIPMENT

If the Carriage called for by this Bill of Lading is a Port-to-Port Shipment, the Carrier's liability, if any, shall be restricted to the period when the Goods are loaded on board the Vessel until discharged therefrom or transhipped to another Vessel tackle-to-tackle, to be determined in accordance with the provisions of Clause 6 hereof.

B. COMBINED TRANSPORT

i) If the Carriage called for by this Bill of Lading is a Combined Transport Shipment, the Carrier undertakes to perform and/or procure in its own name, performance of the Carriage from the Place of Receipt or the Port of Loading to the Port of Discharge or the Place of Delivery, whichever is applicable, and the Carrier's liability, if any, shall be determined in accordance with the provisions of Clause 6 hereof.

ii) During the period prior to loading onto the Vessel and after discharge from the Vessel, the Carrier shall be entitled as against the Merchant to all rights, defences, immunities, exemptions, limitations of or exonerations from liability, liberties and benefits contained or incorporated in the contract between the Carrier and any Person whomsoever by whom the Carriage is procured, performed or undertaken, whether directly or indirectly (and including such Persons mentioned in Clause 4 ii) hereof) and who would have been liable to the Merchant if the Merchant had contracted directly with such Person or contained in any compulsory legislation applicable to such Person. However, in no event shall the Carrier's liability exceed that determined in accordance with the provisions of Clause 6 hereof.

iii) If it cannot be proven where or when or at what stage of the Carriage the Goods or Containers or other packages were lost or damaged, it shall be conclusively deemed to have occurred whilst at sea and the Carrier's liability, if any, shall be determined in accordance with the provisions of Clause 6 hereof.

C. GENERAL PROVISIONS (APPLICABLE TO BOTH PORT-TO-PORT AND COMBINED TRANSPORT SHIPMENTS)

i) The Carrier does not undertake that the Goods or Containers or other packages shall arrive at the Port of Discharge or Place of Delivery at any particular time or to meet any particular market or use, and the Carrier shall in no circumstances be liable for any direct, indirect or consequential loss or damage caused by delay or any other cause.

ii) The terms of this Bill of Lading shall govern all responsibilities of the Carrier in connection with or arising out of the supply of a Container to the Merchant whether before or after the Goods are received by the Carrier for transportation or delivered to the Merchant.

iii) When a Container is supplied by the Merchant, the Merchant enters into this Bill of Lading contract for itself and as agent of the owner or lessee (if other than the Merchant) of the Container, and the owner or lessee, as the case may be, is bound by the Terms and Conditions of this Bill of Lading as a result.

The rights, defences, immunities, exemptions, limitations of and exonerations from liability, liberties and benefits shall apply in any action or proceeding whatsoever brought against the Carrier and/or any Person encompassed in Clause 4 ii) hereof, whether in contract, tort, equity or other theory of recovery.

6. PARAMOUNT CLAUSE

i) From loading of the Goods onto the Vessel until discharge of the Goods from the Vessel, the Carrier's responsibility shall be subject to the provisions of any legislation compulsorily applicable to this Bill of Lading:

a) which gives effect to the Hague Rules contained in the International Convention for the Unification of Certain Rules Relating to Bills of Lading, dated at Brussels, August 25, 1924, ("the Hague Rules") including adaptations thereof, such as the Carriage of Goods by Sea Act of the United States, 1936 ("US COGSA"), the provisions of which shall apply on all shipments to or from the United States whether compulsorily applicable or not, or

b) which gives effect to said Rules as amended by the Protocols to Amend the International Convention for the Unification of Certain Rules of Law Relating to Bills of Lading, dated at Brussels, February 23, 1968 (the "Hague-Visby Rules") and December 21, 1979 (the "SDR Protocol"), but where the Hague-Visby Rules or SDR Protocol are not compulsorily applicable, they shall not be given effect. Where the Hague Rules, adaptations thereof or the Hague-Visby Rules and SDR Protocol are not compulsorily applicable, except as to shipments to or from the United States, as provided in Clause 6 i) a), this Bill of Lading shall be governed by the Hague Rules, except that the limitation shall be US$500 per package or per shipping unit as stated in Clause 7, and without prejudice to the Carrier's right to rely upon the Terms and Conditions of this Bill of Lading, notwithstanding the fact that they may confer wider or more beneficial rights, defences, immunities, exemptions, limitations, exonerations, liberties or benefits upon the Carrier and third-party beneficiaries than those afforded by the aforesaid conventions or legislation.

ii) The applicable conventions or legislation shall apply to the Carriage by inland waterways and reference to Carriage by sea in such conventions or legislation shall be deemed to include inland waterways.

iii) The Carrier, notwithstanding which convention or legislation is applicable, shall be entitled to the benefit of Sections 4281 through 4287 of the Revised Statutes of the United States and amendments thereto, as if the same were expressly set out herein, including but not limited to the Fire Statute.

iv) Prior to loading onto the Vessel and after discharge from the Vessel or if the stage of Carriage during which the loss or damage to Goods occurred cannot be proved, the Carrier's liability shall be governed under the Hague Rules, except that the limitation shall be US$500 per package or per shipping unit as stated in Clause 7, and for this purpose the Hague Rules shall be extended to the periods before loading and subsequent to discharge and to the entire period of the Carrier's responsibility.

Notwithstanding Clause 6 iv), if the provisions of any contract between Carrier and any contractor or the provisions of any international convention or national law applicable to any such mode of Carriage employed at the time of such loss, damage, misdelivery, conversion or delay would result in liability to the modal carrier, and such liability is less than Carrier's liability determined in Clause 6 iv), then Carrier's liability shall not exceed such lesser amount.

v) It is hereby agreed by the Merchant that the Carrier qualifies and shall be regarded as a Person entitled to limit liability under the relevant Convention on the Limitation of Liability for Maritime Claims or similar legislation; except to the extent that mandatory law of the country applies in the appropriate jurisdiction (in which case such law shall apply), the size of the fund to which the Carrier may limit liability shall be calculated by multiplying the limitation fund of the carrying Vessel at the relevant time by the number of Twenty Foot Equivalent Units ("TEUs") aboard at that time for which the Carrier is the contracting Carrier and dividing that total by the total number of TEUs aboard at that time.

Nothing herein contained, expressed, implied or incorporated by reference, shall be deemed to waive or operate to deprive the Carrier of or lessen any of its rights, defences, immunities, exemptions, limitations, exonerations, liberties or benefits afforded by applicable legislation or by the Terms and Conditions hereof.

7. PACKAGE LIMITATION

i) For shipments to and from the United States, neither the Carrier nor the Vessel shall in any event become liable for any loss of or damage to or in connection with the Carriage of Goods in an amount exceeding US$500 (which is the package or shipping unit limitation under U.S. COGSA) per package or in the case of Goods not shipped in packages per customary freight unit.
ii) In all other trades the Carrier's maximum liability shall be as provided in clause 7 i) save that the words "£100 lawful money of the United Kingdom" shall substitute the word "US$500" wherever appearing therein.
iii) Notwithstanding Clause 7 i) and ii), where the nature and value of Goods have been declared by the Shipper in writing to the Carrier before shipment and inserted in this Bill of Lading and the Shipper has paid additional Freight on such declared values, the Carriers liability if any, shall not exceed the declared value and any partial loss or damage shall be adjusted pro-rata on the basis of such declared value.
iv) Shipping unit in this Clause 7 includes customary freight unit and the term "unit" as used in the Hague Rules and Hague Visby Rules.

This clause applies in addition to and shall not be construed as derogating from any defence or exclusion, restriction or limitation of liability available to the Carrier under the terms of this Bill of Lading or otherwise.

8. NOTICE OF LOSS, TIME BAR

i) The Carrier shall be deemed prima facie to have delivered the Goods as described in the Bill of Lading unless notice of loss or damage to the Goods, indicating the general nature of such loss or damage, shall have been given in writing to the Carrier at the time of removal of the Goods into the custody of the Person entitled to delivery thereof under this Bill of Lading or, if the loss or damage is not apparent, within three consecutive days thereafter .
ii) The Carrier shall in any event be discharged from all liability whatsoever in respect of the Goods, unless suit is brought in the proper forum and written notice thereof received by the Carrier within nine months after delivery of the Goods or the date when the Goods should have been delivered . In the event that such time period shall be found to be contrary to any law compulsorily applicable , the period prescribed by such law shall then apply but in that circumstance only.

9. SHIPPER-PACKED CONTAINERS

i) If a Container has not been filled, packed, stuffed or loaded by the Carrier, the Carrier shall not be liable for loss of or damage to the Goods and the Merchant shall indemnify the Carrier against any loss, damage, liability or expense incurred by the Carrier, if such loss, damage, liability or expense has been caused by:
    a) the manner in which the Container has been filled, packed, stuffed or loaded; or
    b) the unsuitability of the Goods for Carriage in Container; or
    c) the unsuitability or defective condition of the Container arising without any want of due diligence on the part of the Carrier to make the Container reasonably fit for the purpose for which it is intended; or
    d) the unsuitability or defective condition of the Container supplied by the Shipper.
ii) The Shipper shall inspect Containers before stuffing them and its use of the Containers shall be prima facie evidence of their being suitable and not in a defective condition.

10. CARRIER'S CONTAINERS

i) Each Merchant shall assume full responsibility and indemnify the Carrier for any loss of or damage howsoever caused to any Container or other equipment furnished by or on behalf of the Carrier which occurs while such Container or equipment is in the possession of any Merchant or any servant or agent of or contractor engaged by or on behalf of any Merchant.
ii) The Carrier shall not in any event be liable for and each Merchant shall be severally liable to indemnify and hold the Carrier harmless from and against any loss of or damage to property of other Persons or injuries to other Persons caused by Container(s) furnished by or on behalf of the Carrier or contents thereof while in the use or possession of any Merchant or any servant or agent of or contractor engaged by or on behalf of any Merchant.

11. INSPECTION OF GOODS

i) The Carrier shall be entitled, but under no obligation, to open any package or Container at any time and to inspect the contents.
ii) If by order of the authorities at any place, a Container has to be opened for the Goods to be inspected, the Carrier will not be liable for any loss or damage incurred as a result of any opening, unpacking, inspection or repacking. The Carrier shall be entitled to recover the cost of such opening, unpacking, inspection and repacking from the Merchant.

12.　DESCRIPTION OF GOODS

i)　No representation is made by the Carrier as to the weight, contents, measure, quantity, quality, description, condition, marks, numbers or value of the Goods, and the Carrier shall be under no responsibility whatsoever in respect of such description or particulars furnished or made by or on behalf of the Shipper.

ii)　If any particulars of any Letter of Credit and/or Import Licence and/or Sale Contract and/or Invoice or Order number and/or details or any contract to which the Carrier is not a party are shown on the face of this Bill of Lading, such particulars are included solely at the request of the Merchant for its convenience. The Merchant agrees that the inclusion of such particulars shall not be regarded as a declaration of value and in no way affects the Carrier's liability under this Bill of Lading. The Merchant further agrees to indemnify the Carrier against all consequences of including such particulars in this Bill of Lading.

iii)　The Merchant acknowledges that, except when the provisions of　Clause 7 iii) apply, the value of the Goods is unknown to the Carrier.

13.　SHIPPER'S/MERCHANT'S RESPONSIBILITY

i)　The Shipper warrants to the Carrier that the particulars relating to the Goods as set out overleaf have been checked by the Shipper on receipt of this Bill of Lading and that such particulars and any other particulars furnished by or on behalf of the Shipper are correct.

ii)　The Merchant shall indemnify the Carrier against all loss, damage, liability and expenses arising or resulting from inaccuracies in or inadequacy of such particulars.

iii)　The Merchant shall comply with all regulations or requirements of customs, port and other authorities, and shall bear and pay all duties, taxes, fines, imposts, expenses or losses (including, without prejudice to the generality of the foregoing, the full return Freight for the Goods if returned, or if on-carried, the full Freight from the Port of Discharge or the Place of Delivery nominated herein to the amended Port of Discharge or the amended Place of Delivery) incurred or suffered by reason of any failure to so comply or by reason of any illegal, incorrect or insufficient marking, numbering or addressing of the Goods, and shall indemnify the Carrier in respect of any such failure to comply or by reason of any such marking, numbering or addressing of the Goods.

14.　FREIGHT, INCLUDING CHARGES

i)　Freight　including charges shall be deemed fully earned on receipt of the Goods by the Carrier and shall be paid and non-returnable in any event.

ii)　The Freight has been calculated on the basis of particulars furnished by or on behalf of the Shipper. The Carrier may at any time open any Container or other package or unit in order to reweigh, remeasure or revalue the contents and if the particulars furnished by or on behalf of the Shipper are incorrect, it is agreed that a sum equal to either five times the difference between the correct Freight and the Freight charged or to double the correct Freight less the Freight charged, whichever sum is the smaller, and the expenses incurred in determining the correct particulars, shall be payable as liquidated damages to the Carrier.

iii)　Full Freight hereunder shall be due and payable at the place where this Bill of Lading is issued, by the Merchant without deduction on receipt of the Goods or part thereof by the Carrier for shipment. All charges due hereunder together with Freight　(if not paid at the Port of Loading as aforesaid) shall be due from and payable on demand by the Merchant (who shall be jointly and severally liable to the Carrier therefore) at such port or place as the Carrier may require, Vessel or cargo lost or not lost from any cause whatsoever.

iv)　All　other charges shall be paid to the Carrier before delivery of the Goods in full without offset, counterclaim or deduction, in the currency specified in the Carrier's Applicable Tariff, or, if no currency is so specified, in the lawful currency of the United States.

v)　The Merchant shall remain responsible for all Freight regardless whether the Bill of Lading be marked,　in words or symbols, "Prepaid", "To be Prepaid" or "Collect".

15.　LIEN

The Carrier shall have a lien on all Goods, Containers and any documents relating thereto for all sums due under this contract or any other contract of undertaking to which the Merchant was party or otherwise involved, which lien shall also extend to general average contributions, salvage and the cost of recovering such sums, inclusive of attorney fees, and shall survive delivery.　Such lien may be enforced by the Carrier by public auction or private treaty, without notice to the Merchant.

16.　OPTIONAL STOWAGE AND DECK CARGO

i)　By tendering Goods for Carriage without any written request for Carriage in a specialized Container, or for Carriage otherwise than in a Container, the Merchant accepts that the Carriage may properly be undertaken in a general purpose Container or similar article of transport used to consolidate Goods.

ii)　Goods may be stowed by the Carrier in Containers, and Containers whether stowed by the Carrier or received fully stowed, may be carried on or under deck without notice unless on the face hereof it is specifically stipulated that the Containers or Goods will be carried under deck.　The Merchant expressly agrees that cargo stowed in Containers and carried on deck is considered for all legal purposes to be cargo stowed under deck. Goods stowed in Containers on deck shall be subject to the legislation referred to in Clause 6 hereof and will contribute to General Average and receive compensation in General Average, as the case may be.

iii) Goods（not being Goods stowed in Containers other than flats, pallets, or similar units）which are stated herein to be carried on deck and which are so carried, are carried without responsibility on the part of the Carrier for loss or damage of whatsoever nature arising during Carriage by sea whether caused by unseaworthiness or negligence or any other cause whatsoever.

17. METHODS AND ROUTES OF TRANSPORTATION

i) The Carrier may at any time and without notice to the Merchant:
   a) use any means of transport or storage whatsoever;
   b) transfer the Goods from one conveyance to another;
   c) tranship the Goods;
   d) undertake the Carriage of the Goods on a Vessel or Vessels in addition to and/or other than that named on the face hereof;
   e) unpack and remove Goods which have been packed into Container and forward the same in a Container or otherwise;
   f) proceed by any route in its discretion (whether or not the nearest or most direct or customary or advertised route), at any speed, and proceed to or stay at any place or port whatsoever once or more often and in any order;
   g) load or unload the Goods at any place or port (whether or not such port is named overleaf as the Port of Loading or Port of Discharge) and store the Goods at any such place or port;
   h) comply with any orders or recommendations given by any government or authority, or any Person or body acting or purporting to act as or on behalf of such government or authority, or having under the terms of the insurance on the conveyance employed by the Carrier the right to give orders or directions;
   i) permit the Vessel to proceed with or without pilots, to tow or be towed, or to be dry-docked;

ii) The liberties set out in Clause 17 i) may be invoked by the Carrier for any purpose whatsoever, whether or not connected with the Carriage of the Goods, including loading or unloading other Goods, bunkering, undergoing repairs, adjusting instruments, picking up or landing Persons involved with the operation or maintenance of the Vessel in all situations. Anything done in accordance with Clause 17 i) or any delay arising therefrom shall be deemed to be within the contractual Carriage and shall not be a deviation.

18. MATTERS AFFECTING PERFORMANCE

i) If at anytime the Carriage is or is likely to be affected by any hindrance, risk, delay, difficulty or disadvantage of any kind （including by the condition of the Goods) whensoever and howsoever arising whether or not prior to the commencement of the Carriage or the making of the contract of Carriage, the Carrier may without notice to the Merchant:
   a) abandon the Carriage of the Goods or any part of them and where reasonably possible place the Goods or any part of them at the Merchant's disposal at any place which the Carrier may deem safe and convenient, whereupon the responsibility of the Carrier in respect of such Goods shall cease; or
   b) suspend Carriage of the Goods or any part of them and store them ashore or afloat upon the terms of the Bill of Lading and use reasonable endeavours to forward the Goods as soon as possible after the cause of the hindrance, risk, delay, difficulty or disadvantage has been removed, but the Carrier makes no representations as to the maximum period between such removal and the forwarding of the Goods to the Port of Discharge or Place of Delivery, whichever is applicable, named in this Bill of Lading.

ii) In any event the Carrier shall be entitled to full Freight on Goods received for Carriage and the Merchant shall pay any additional cost resulting from the circumstances mentioned in Clause 18 i) .

iii) If the Carrier elects to suspend the Carriage under Clause 18 i) b) , this shall not prejudice the Carrier's rights subsequently to abandon Carriage under Clause 18 i) a).

19. DANGEROUS, HAZARDOUS OR NOXIOUS GOODS

i) No Goods which are or may become inflammable, explosive, corrosive, noxious, hazardous, dangerous or damaging （including radio-active materials), or which are or may become liable to damage any property whatsoever, shall be tendered to the Carrier for Carriage without its express consent in writing and without the Container or other covering in which the Goods are to be carried as well as the Goods themselves being distinctly marked on the outside so as to indicate the nature and character of any such Goods and so as to comply with any applicable laws, regulations or requirements. If any such Goods are delivered to the Carrier without such written consent and marking, or if in the opinion of the Carrier the Goods are or are liable to become of a dangerous or noxious nature, the same may at any time be destroyed, disposed of, abandoned or rendered harmless without compensation to the Merchant and without prejudice to the Carrier's right to Freight and the Carrier shall be under no liability to make any general average contribution in respect of such Goods.

ii) The Merchant undertakes that such Goods are packed in a manner adequate to withstand the risk of Carriage having regard to their nature and in compliance with all laws or regulations which may be applicable during Carriage and handling.

iii) Whether or not the Merchant was aware of the nature of the Goods, the Merchant shall indemnify the Carrier against all claims, losses, damages, liabilities or expenses arising in consequence of the Carriage of such Goods.

Nothing contained in this Clause shall deprive the Carrier of any of its rights provided for elsewhere in this Bill of Lading.

20. TEMPERATURE CONTROLLED CARGO

i) Goods will not be provided temperature controlled, insulated or naturally ventilated stowage unless the Carrier has undertaken such special stowage in advance of the Carrier's receipt of the Goods, and in the absence of such agreement, the Merchant warrants that the Goods do not require such protection. The Carrier does not provide mechanically ventilated stowage, and does not furnish or maintain preservative gases in connection with temperature controlled stowage, and the Carrier assumes no responsibility for loss of or damage to Goods arising in whole or in part from any lack of such stowage.

ii) The Carrier shall not be liable for any loss of or damage to the Goods arising from latent defects, breakdown or stoppage of the refrigerating machinery, plant, insulation, or of any apparatus of the Container, Vessel, conveyance of other facilities, unless the Carrier shall, before or at the beginning of the carriage, have failed to exercise due diligence to maintain any such equipment (other than Shipper-provided equipment) in an efficient state. If the Goods have been packed into a refrigerated Container, by or on behalf of the Shipper, it is the obligation of the Shipper to stow the contents properly and set the thermostatic controls exactly; and the Carrier shall not be liable for any loss of or damage to the Goods arising out of or resulting from the Shipper's failure in such obligations. If the Carrier has packed the Goods into a refrigerated Container, and a temperature or temperature range has been disclosed to the Carrier by the Shipper or its authorized representative, Carrier will set the thermostatic control accordingly.

iii) With respect to both Carrier-and Shipper-packed Containers, where Carrier has undertaken, by special agreement, to carry the Goods at a particular temperature or temperature range, the Carrier undertakes only that the refrigeration equipment shall perform within the operating specifications of the equipment and makes no warranty or agreement with respect to the actual temperature of any commodity, fruit, vegetable, meat, fish or any perishable Goods within the Container.

21. DELIVERY

i) Any mention herein of parties to be notified of the arrival of the Goods is solely for information of the Carrier, and failure to give such notification shall not involve the Carrier in any liability nor relieve the Merchant of any obligation hereunder notwithstanding any custom or agreement to the contrary.

ii) If no Place of Delivery is named on the face hereof, the Carrier shall be at liberty to discharge the Goods at the Port of Discharge, without notice at or onto any wharf, craft or place, on any day and at any time, whereupon the liability of the Carrier (if any) in respect of the Goods discharged as aforesaid shall wholly cease, notwithstanding any charges, dues or other expenses that may be or become payable, unless and to the extent that any applicable compulsory law provides to the contrary (in which case the terms and conditions of this Bill of Lading shall continue during such additional compulsory period of responsibility). The Merchant shall take delivery of the Goods upon discharge.

iii) If a Place of Delivery is named on the face hereof, the Merchant shall take delivery of the Goods within the time provided for in the Carrier's Applicable Tariff (see Clause 2).

iv) If the delivery of the Goods is not taken by the Merchant when and where the Carrier is entitled to call upon the Merchant to take delivery thereof, the Carrier shall be entitled, without notice, to unpack the Goods if packed in Container and/or to store the Goods ashore, afloat, in the open or under cover, at the sole risk of the Merchant. Such storage shall constitute due delivery hereunder, and thereupon the liability of the Carrier in respect of the Goods stored as aforesaid shall wholly cease, and the costs of such storage (if paid or payable by the Carrier or any agent or Sub-Contractor of the Carrier) shall forthwith upon demand be paid by the Merchant to the Carrier.

v) If the Merchant fails to take delivery of the Goods within thirty days of delivery becoming due under Clause 21 ii) or iii), or if in the opinion of the Carrier they are likely to deteriorate, decay, become worthless or incur charges whether for storage or otherwise in excess of their value, the Carrier may, without prejudice to any other rights which it may have against the Merchant, without notice and without any responsibility whatsoever attaching to him and at the sole risk and expense of the Merchant, sell, destroy or dispose of the Goods and apply any proceeds of sale in reduction of the sums due to the Carrier from the Merchant in respect of this Bill of Lading.

vi) If, at the place where the Carrier is entitled to call upon the Merchant to take delivery of the Goods under Clause 21 ii) or iii), the Carrier is obliged to hand over the Goods into the custody of any customs, port or other authority, such hand-over shall constitute due delivery to the Merchant under this Bill of Lading.

vii) Failure by the Merchant to take delivery of the Goods in accordance with the terms of this Clause, notwithstanding his having been notified of the availability of the Goods for delivery, shall constitute a waiver by the Merchant to the Carrier of any claim whatsoever relating to the Goods or the Carriage thereof.

viii) In the event of the Carrier agreeing, at the request of the Merchant, to any change of destination, the terms of this Bill of Lading shall continue to apply until the Goods are delivered by the Carrier to the Merchant at the amended Port of Discharge or Place of Delivery, whichever is applicable, unless the Carrier specifically agrees in writing to the contrary.

ix) The Merchant's attention is drawn to the stipulations concerning free storage time and demurrage contained in the Applicable Tariff.

x) In the event that the consignee/receivers of the cargo require the Carrier to deliver the cargo at a port or place beyond the place of delivery originally designated in this Bill of Lading and the Carrier in its absolute discretion agrees to such further carriage, such further carriage will be undertaken on the basis that the Bill of Lading terms and conditions are to apply to such carriage irrespective of whether this Bill of Lading has been surrendered by the consignees/receivers or not, as if the ultimate destination agreed with the consignees/receivers had been entered on the front of this Bill of Lading as the place of delivery and is thereby considered to be the place of delivery for the purposes of the clauses on the reverse side of this Bill of Lading.

22. TRANSHIPMENT BILLS OF LADING

If the Goods are to be transhipped via a connecting carrier to a destination point beyond the place of delivery stated on the face hereof, Carrier may, on behalf of the Merchant and acting solely as their agent, arrange for such beyond Carriage consistent with instructions received from the Merchant at their risk and expense. In such event, the Carrier may deliver the Goods to the connecting carrier without surrender of the Carrier's original, properly endorsed Bill of Lading and upon request by the Merchant, shall obtain the connecting carrier's acknowledgment that delivery of the Goods shall be made only upon surrender of the Carrier's original, properly endorsed Bill of Lading.

23. BOTH-TO-BLAME COLLISION

The Both-to-Blame Collision Clause published by the Baltic and International Maritime Council and obtainable from the Carrier or its agents upon request is hereby incorporated into this Bill of Lading.

24. GENERAL AVERAGE & SALVAGE

i) General average shall be adjusted at any port or place at the option of the Carrier and subject to Clause 16 ii) in accordance with the York Antwerp Rules 1994, provided that where an adjustment is made in accordance with the law and practice of the United States of America or of any other country having the same or similar law or practice the following clause shall apply:-
New Jason Clause
   a) in the event of accident, damage, peril or disaster, before or after the commencement of the voyage resulting from any cause whatsoever, whether due to negligence or not, for which, or the consequence of which, the Carrier is not responsible, by statute, contract, or otherwise, the Goods and the Merchant shall jointly and severally contribute with the Carrier in general average to the payment of any sacrifices, losses or expenses of a general average nature that may be made or incurred and shall pay salvage and special charges incurred in respect of the Goods.
   b) if a salving Vessel is owned or operated by the Carrier, salvage shall be paid for as fully as if the said salving Vessel belonged to strangers.
ii) If the Carrier delivers the Goods without obtaining security for general average contributions, the Merchant by taking delivery of the Goods, undertakes personal responsibility to pay such contributions and to provide such cash deposit or other security for the estimated amount of such contributions as the Carrier shall reasonably require.
iii) The Carrier shall be under no obligation to exercise any lien for general average contribution due to the Merchant.
iv) In the event of the Master in his sole discretion or in consultation with owners considering that salvage services are needed, the merchant agrees that the Master may act as his agent to procure such services to Goods and that the Carrier may act as his agent to settle salvage remuneration, without any prior consultation with the Merchant.

25. WAR RISKS; GOVERNMENTAL ORDERS

The Carrier shall have liberty to carry Goods declared by any belligerent to be contraband and persons belonging to or intending to join the armed forces or governmental service of any belligerent; to sail armed or unarmed and with or without convoy; and to comply with any orders, requests or directions as to loading, departure, arrival, routes, ports of call, stoppage, discharge, destination, delivery or otherwise, howsoever given by the government of any nation or department thereof or any Person acting or purporting to act with the authority of such government or of any department thereof, or by any committee or Person having, under the terms of the war risk insurance on the Vessel, the right to give such orders, requests or directions. Delivery or other disposition of the Goods in accordance with such orders, requests or directions shall constitute performance of the Carrier's delivery obligations under the terms of this Bill of Lading, and all responsibility of the Carrier, in whatever capacity, shall terminate upon such delivery or other disposition.

26. VARIATION OF THE CONTRACT

No servant or agent of the Carrier shall have the power to waive or vary any term of this Bill of Lading unless such waiver or variation is in writing and is specifically authorized or ratified in writing by the Carrier.

27. VALIDITY

In the event that anything herein contained is inconsistent with any applicable international conventional or national law which cannot be departed from by private contract, the provisions hereof shall to the extent of each inconsistency but no further be null and void.

28. LAW AND JURISDICTION

i) Governing Law
Insofar as anything has not been dealt with by the terms and conditions of this Bill of Lading, Singapore law shall apply. Singapore law shall in any event apply in interpreting the terms and conditions hereof.
ii) Jurisdiction
All disputes relating to this Bill of Lading shall be determined by the Courts of Singapore to the exclusion of the jurisdiction of the courts of any other country provided always that the Carrier may in its absolute and sole discretion invoke or voluntarily submit to the jurisdiction of the Courts of any other country which, but for the terms of this Bill of Lading, could properly assume jurisdiction to hear and determine such disputes, but shall not constitute a waiver of the terms of this provision in any other instance.
iii) Notwithstanding Clause 28 i) and ii), if Carriage includes Carriage to, from or through a port in the United States of America, the Merchant may refer any claim or dispute to the United States District Court for the Southern District of New York in accordance with the laws of the United States of America.

附录2　GENWAYBILL 2016

BIMCO

Shipper	General Sea Waybill No.	Reference No.
Consignee (not to order)	Vessel	
Notify address	Port of loading	
	Port of discharge	

PARTICULARS DECLARED BY THE SHIPPER

Description of cargo	Marks and Nos.	Number and kind of packages	Gross weight (kg)	Measurement (cbm)

(of which   on deck at Shipper's risk; the Carrier not

being responsible for loss or damage howsoever arising)

Issued under Charter Party (Code name, place and date of issue):	**SHIPPED** on board the cargo specified above, according to Shipper's declaration in apparent good order and condition (unless otherwise stated herein) weight, measure, marks, numbers, quality, quantity, contents and value unknown, for delivery at the port of discharge or so near thereto as the Vessel may safely get, always afloat.
Freight payable in accordance therewith.	The cargo shipped under this Waybill will be delivered to the Party named as Consignee or its authorised agent, on production of proof of identity without any documentary formalities.
Freight payable at	Should the Shipper require delivery of the cargo to a party other than the Consignee stated in this Waybill, then written instructions must be given to the Carrier or its agent. The Shipper shall, however, be entitled to transfer right of control of the cargo to the Consignee, the exercise of such option to be noted on this Waybill and to be made no later than the receipt of the cargo by the Carrier.
Place and date of issue	The Carrier shall exercise due care ensuring that delivery is made to the proper party. However, in case of incorrect delivery, the Carrier will accept no responsibility unless due to fault or neglect on its part. FOR CONDITIONS OF CARRIAGE SEE PAGE 2

Signature:..(Master*/Agent*/Owner*/Charterer*)

*Delete as appropriate

If signed by an Agent indicate with a tick ☑ whether for and on behalf of:

☐ Master; or

☐ Owner ....(insert name); or

☐ Charterer ....(insert name)

Agent ....(insert name)

GENWAYBILL 2016
NON-NEGOTIABLE GENERAL SEAWAYBILL
Page 2

Conditions of Carriage

(1) All terms and conditions, liberties and exceptions of the Charter Party, dated as overleaf, including the Law and Arbitration Clause/Dispute Resolution Clause, are herewith incorporated and shall govern the transportation of the cargo described on the front page of this Waybill. In addition, the provisions set out below shall apply to this Waybill.

(2) **Paramount Clause**

a) This Waybill is a non-negotiable document. It is not a bill of lading and no bill of lading will be issued. However, it is agreed that the Hague Rules contained in the International Convention for the Unification of certain rules relating to Bills of Lading, dated Brussels the 25th August 1924 as enacted in the country of shipment shall apply to this Waybill. When no such enactment is in force in the country of shipment, the corresponding legislation of the country of destination shall apply, but in respect of shipments to which no such enactments are compulsorily applicable, the terms of the said Convention shall apply in exactly the same way.

b) Trades where Hague-Visby Rules apply
In trades where the International Brussels Convention 1924 as amended by the Protocol signed at Brussels on February 23rd 1968 - the Hague-Visby Rules - apply compulsorily, the provisions of the respective legislation shall also apply to this Waybill.

c) The Carrier shall in no case be responsible for loss of or damage to cargo howsoever arising prior to loading into and after discharge from the Vessel or while the goods are in the charge of another Carrier nor in respect of deck cargo and live animals.

d) It is agreed that whenever the Brussels Convention and the Brussels Protocol or statutes incorporating same use the words "Bill of Lading" they shall be read and interpreted as meaning "Waybill".

(3) **International Group of P&I Clubs/BIMCO Himalaya Clause for bills of lading and other contracts 2014**

(a) For the purposes of this contract, the term "Servant" shall include the owners, managers, and operators of vessels (other than the Carrier); underlying carriers; stevedores and terminal operators; and any direct or indirect servant, agent, or subcontractor (including their own subcontractors), or any other party employed by or on behalf of the Carrier, or whose services or equipment have been used to perform this contract whether in direct contractual privity with the Carrier or not.

(b) It is hereby expressly agreed that no Servant shall in any circumstances whatsoever be under any liability whatsoever to the shipper, consignee, receiver, holder, or other party to this contract (hereinafter termed "Merchant") for any loss, damage or delay of whatsoever kind arising or resulting directly or indirectly from any act, neglect or default on the Servant's part while acting in the course of or in connection with the performance of this contract.

(c) Without prejudice to the generality of the foregoing provisions in this clause, every exemption, limitation, condition and liberty contained herein (other than Art III Rule 8 of the Hague/Hague-Visby Rules if incorporated herein) and every right, exemption from liability, defence and immunity of whatsoever nature applicable to the carrier or to which the carrier is entitled hereunder including the right to enforce any jurisdiction or arbitration provision contained herein shall also be available and shall extend to every such Servant of the carrier, who shall be entitled to enforce the same against the Merchant.

(d) (i) The Merchant undertakes that no claim or allegation whether arising in contract, bailment, tort or otherwise shall be made against any Servant of the carrier which imposes or attempts to impose upon any of them or any vessel owned or chartered by any of them any liability whatsoever in connection with this contract whether or not arising out of negligence on the part of such Servant. The Servant shall also be entitled to enforce the foregoing covenant against the Merchant; and

(ii) The Merchant undertakes that if any such claim or allegation should nevertheless be made, it will indemnify the carrier against all consequences thereof.

(e) For the purpose of sub-paragraphs (a)-(d) of this clause the Carrier is or shall be deemed to be acting as agent or trustee on behalf of and for the benefit of all persons mentioned in sub-clause (a) above who are its Servant and all such persons shall to this extent be or be deemed to be parties to this contract.

(4) **General Average**
General Average shall be adjusted, stated and settled according to York-Antwerp Rules 2016 in London unless another place is agreed in the Charter Party.
Cargo's contribution to General Average shall be paid to the Carrier even when such average is the result of a fault, neglect or error of the Master, Pilot or Crew.

If the adjustment of General Average or the liability for any collision in which the Vessel is involved while performing the carriage under the terms of the Charter Party, as incorporated herein, which govern the transportation of the cargo described on the front page of this Waybill, falls to be determined in accordance with the law and practice of the United States of America, the following clauses shall apply:

(5) **New Jason Clause**
In the event of accident, danger, damage or disaster before or after the commencement of the voyage, resulting from any cause whatsoever, whether due to negligence or not, for which, or for the consequence of which, the Carrier is not responsible, by statute, contract or otherwise, the cargo, shippers, consignees or the owners of the cargo shall contribute with the Carrier in General Average to the payment of any sacrifices, losses or expenses of a General Average nature that may be made or incurred and shall pay salvage and special charges incurred in respect of the cargo. If a salving vessel is owned or operated by the Carrier, salvage shall be paid for as fully as if the said salving vessel or vessels belonged to strangers. Such deposit as the Carrier, or its agents, may deem sufficient to cover the estimated contribution of the goods and any salvage and special charges thereon shall, if required, be made by the cargo, shippers, consignees or owners of the goods to the Carrier before delivery.

(6) **Both-to-Blame Collision Clause**
If the Vessel comes into collision with another vessel as a result of the negligence of the other vessel and any act, neglect or default of the Master, Mariner, Pilot or the servants of the Carrier in the navigation or in the management of the Vessel, the owners of the cargo carried hereunder will indemnify the Carrier against all loss or liability to the other or non-carrying vessel or her owners in so far as such loss or liability represents loss of, or damage to, or any claim whatsoever of the owners of said cargo, paid or payable by the other or non-carrying vessel or her owners to the owners of said cargo and set-off, recouped or recovered by the other or non-carrying vessel or her owners as part of their claim against the carrying Vessel or the Carrier.
The foregoing provisions shall also apply where the owners, operators or those in charge of any vessel or vessels or objects other than, or in addition to, the colliding vessels or objects are at fault in respect of a collision or contact.

For particulars of cargo, freight,
destination, etc., see Page 1.

附录3　GENCON 1994 FORM[①]

1.Shipbroker	RECOMMENDED THE BALTIC AND INTERNATIONAL MARI- TIME COUNCIL UNIFORM GENERAL CHARTER(AS REVISED 1922,1976 and 1994) (To be used for trades for which no specially approved form is in force) CODE NAME:"GENCON" <div align="right">Part 1</div>
	2.Place and date
3.Owners/Place of business(Cl.1)	4.Charterers/Place of business(Cl.1)
5.Vessel's name(Cl.1)	6.GT/NT(Cl.1)
7.DWT all told on summer load line in metric tons(abt.)(Cl.1)	8.Present position(Cl.1)
9.Expected ready to load(abt.)(Cl.1)	
10.Loading port or place(Cl.1)	11.Discharging port or place(Cl.1)
12.Cargo(also state quantity and margin in Owners'option,if agreed;if full and complete cargo not agreed state"part cargo")(Cl.1)	
13.Freight rate(also state whether freight prepaid or payable on delivery)(Cl.4)	14.Freight payment(state currency and method of payment;also beneficiary and bank account) (Cl.4)
15.State if vessel's cargo handling gear shall not be used(Cl.5)	16.Laytime(if separate laytime for load.and disch.is agreed,fill in a)and b).If total laytime for load.and disch,fill in c)only(Cl.6)
17.Shippers/Place of business(Cl.6)	a)Laytime for loading
18.Agents(loading)(Cl/6)	b)Laytime for discharging
19.Agents(discharging)(Cl.6)	c)Total laytime for loading and discharging
20.Demurrage rate and manner payable (loading and discharging)(Cl.7)	21.Cancelling date(Cl.9)
	2.General Average to be adjusted at(Cl.12)
23.Freight Tax(state if for the Owners' account)(Cl.13(c))	24.Brokerage commission and to whom payable (Cl.15)
25.Law and Arbitration(state 19(a),19(b)or 19 (c)of Cl.19.if 19(c)agreed also state Place of Arbitration)(if not filled in 19(a)shall apply) (Cl.19)	
(a)State maximum amount for small claims/shortened arbitration(Cl.19)	26.Additional clauses covering special provisions,if agreed

It is mutually agreed that this Contract shall be performed subject to the conditions contained in this Charter Party which shall include Part I as well as Part II. In the event of a conflict of conditions,the provisions of Part I shall prevail over those of Part II to the extent of such conflict.

Signature(Owners)	Signature(Charterers)

Copyright.published by The Baltic and International Maritime Council(BIMCO),Copenhagen

---

① 资料来源：www.bimco.org。

1. It is agreed between the party mentioned in Box 3 as the Owners of the Vessel   1

   named in Box 5, of the GT/NT indicated in Box 6 and carrying about the   2

   number of metric tons of deadweight capacity all told on summer loadline   3

   stated in Box 7, now in position as stated in Box 8 and expected ready to load   4

   under this Charter Party about the date indicated in Box 9, and the party   5

   mentioned as the Charterers in Box 4 that: 6

   The said Vessel shall, as soon as her prior commitments have been   7

   completed, proceed to the loading port(s) or place(s) stated in Box 10 or so   8

   near thereto as she may safely get and lie always afloat, and there load a full   9

   and complete cargo (if shipment of deck cargo agreed same to be at the   10

   Charterers' risk andresponsibility) as stated in Box 12, which the Charterers   11

   bind themselves to ship, and being so loaded the Vessel shall proceed to the   12

   discharging port(s) or place(s) stated in Box 11 as ordered on signing Bills   13

   of Lading, or so near thereto as she may safely get and lie always afloat, and   14

   there deliver the cargo.   15

2. Owners' Responsibility Clause.   16

   The Owners are to be responsible for loss of or damage to the goods or for   17

   delay in delivery of the goods only in case the loss, damage or delay has been   18

   caused by personal want of due diligence on the part of the Owners or their   19

   Manager to make the Vessel in all respects seaworthy and to secure that she is   20

   properly manned, equipped and supplied, or by the personal act or default of   21

   the Owners or their Manager.   22

   And the Owners are not responsible for loss, damage or delay arising from any   23

   other cause whatsoever, even from the neglect or default of the Master or crew   24

   or some other person employed by the Owners on board or ashore for whose   25

   acts they would, but for this Clause, be responsible, or from unseaworthiness   26

   of the Vessel on loading or commencement of the voyage or at any time   27

   whatsoever.   28

3. Deviation Clause.   29

   The Vessel has liberty to call at any port or ports in any order, for any   30

   purpose, to sail without pilots, to tow and/or assist Vessels in all situations,   31

   and also to deviate for the purpose of saving life and/or property.   32

4. Payment of Freight.   33

   (a) The freight at the rate stated in Box 13 shall be paid in cash calculated   34

   on the intaken quantity of cargo.   35

   (b) *Prepaid*. If according to Box 13 freight is to be paid on shipment, it shall   36

   be deemed earned and non-returnable, Vessel and/or cargo lost or not lost.   37

Neither the Owners nor their agents shall be required to sign or endorse bills 38
of lading showing freight prepaid unless the freight due to the Owners has 39
actually been paid. 40
(c) *On delivery*. If according to Box 13 freight, or part thereof, is payable at 41
destination it shall not be deemed earned until the cargo is thus delivered. 42
Notwithstanding the provisions under (a), if freight or part thereof is payable 43
on delivery of the cargo the Charterers shall have the option of paying the 44
freight on delivered weight/quantity provided such option is declared before 45
breaking bulk and the weight/quantity can be ascertained by official weighing 46
machine, joint draft survey or tally. 47
Cash for Vessel's ordinary disbursements at the port of loading to be advanced 48
by the Charterers, if required, at highest current rate of exchange, subject to 49
two (2) per cent to cover insurance and other expenses. 50

5. Loading/Discharging. 51
(a) *Costs/Risks* 52
The cargo shall be brought into the holds, loaded, stowed and/or trimmed, 53
tallied, lashed and/or secured and taken from the holds and discharged by 54
the Charterers, free of any risk, liability and expense whatsoever to the 55
Owners. The Charterers shall provide and lay all dunnage material as required 56
for the proper stowage and protection of the cargo on board, the Owners 57
allowing the use of all dunnage available on board. The Charterers shall be 58
responsible for and pay the cost of removing their dunnage after discharge of 59
the cargo under this Charter Party and time to count until dunnage has been 60
removed. 61
(b) *Cargo Handling Gear* 62
Unless the Vessel is gearless or unless it has been agreed between the parties 63
that the Vessel's gear shall not be used and stated as such in Box 15, the 64
Owners shall throughout the duration of loading/discharging give free use of 65
the Vessel's cargo handling gear and of sufficient motive power to operate all 66
such cargo handling gear. All such equipment to be in good working 67
order. Unless caused by negligence of the stevedores, time lost by breakdown 68
of the Vessel's cargo handling gear or motive power-pro rata the total number 69
of cranes/winches required at that time for the loading/discharging of cargo 70
under this Charter Party-shall not count as laytime or time on demurrage. On 71
request the Owners shall provide free of charge cranemen/winchmen from the 72
crew to operate the Vessel's cargo handling gear, unless local regulations 73
prohibit this, in which latter event shore labourers shall be for the account of 74

the Charterers. Cranemen/winchmen shall be under the Charterers' risk and   75
responsibility and as stevedores to be deemed as their servants but shallalways   76
work under the supervision of the Master.   77
(c) *Stevedore Damage*   78
The Charterers shall be responsible for damage (beyond ordinary wear and   79
tear) to any part of the Vessel caused by Stevedores. Such damage shall be   80
notified as soon as reasonably possible by the Master to the Charterers or their   81
agents and to their Stevedores, failing which the Charterers shall not be held   82
responsible. The Master shall endeavour to obtain the Stevedores' written   83
acknowledgement of liability.   84
The Charterers are obliged to repair any stevedore damage prior to completion   85
of the voyage, but must repair stevedore damage affecting the Vessel's   86
seaworthiness or class before the Vessel sails from the port where such damage   87
was caused or found. All additional expenses incurred shall be for the account   88
of the Charterers and any time lost shall be for the account of and shall be   89
paid to the Owners by the Charterers at the demurrage rate.   90

6. Laytime.   91
   * (a) *Separate laytime for loading and discharging*   92
The cargo shall be loaded within the number of running days/hours as   93
indicated in Box 16, weather permitting, Sundays and holidays excepted,   94
unless used, in which event time used shall count.   95
The cargo shall be discharged within the number of running days/hours as   96
indicated in Box 16, weather permitting, Sundays and holidays excepted,   97
unless used, in which event time used shall count.   98
   * (b) *Total laytime for loading and discharging*   99
The cargo shall be loaded and discharged within the number of total running   100
days/hours as indicated in Box 16, weather permitting, Sundays and holidays   101
excepted, unless used, in which event time used shall count.   102
(c) *Commencement of laytime* (*loading and discharging*)   103
Laytime for loading and discharging shall commence at 13. 00 hours, if notice   104
of readiness is given up to and including 12. 00 hours, and at 06. 00 hours   105
next working day if notice given during office hours after 12. 00 hours. Notice   106
of readiness at loading port to be given to the Shippers named in Box 17 or if   107
not named, to the Charterers or their agents named in Box 18. Notice of   108
readiness at the discharging port to be given to the Receivers or, if not   109
known, to the Charterers or their agents named in Box 19.   110
If the loading/discharging berth is not available on the Vessel's arrival at or   111

off the port of loading/discharging, the Vessel shall be entitled to give notice   112

of readiness within ordinary office hours on arrival there, whether in free   113

pratique or not, whether customs cleared or not. Laytime or time on demurrage   114

shall then count as if she were in berth and in all respects ready for loading/   115

discharging provided that the Master warrants that she is in fact ready in all   116

respects. Time used in moving from the place of waiting to the loading/   117

discharging berth shall not count as laytime.   118

If, after inspection, the Vessel is found not to be ready in all respects to   119

load/ discharge time lost after the discovery thereof until the Vessel is again   120

ready to load/discharge shall not count as laytime.   121

Time used before commencement of laytime shall count.   122

  * *Indicate alternative (a) or (b) as agreed, in Box* 16.   123

7. Demurrage.   124

Demurrage at the loading and discharging port is payable by the Charterers at   125

the rate stated in Box 20 in the manner stated in Box 20 per day or pro rata   126

for any part of a day. Demurrage shall fall due day by day and shall be   127

payable upon receipt of the Owners' invoice.   128

In the event the demurrage is not paid in accordance with the above, the   129

Owners shall give the Charterers 96 running hours written notice to rectify the   130

failure. If the demurrage is not paid at the expiration of this time limit and if   131

the vessel is in or at the loading port, the Owners are entitled at any time to   132

terminate the Charter Party and claim damages for any losses caused thereby.   133

8. Lien Clause.   134

The Owners shall have a lien on the cargo and on all sub-freights payable in   135

respect of the cargo, for freight, deadfreight, demurrage, claims for damages   136

and for all other amounts due under this Charter Party including costs of   137

recovering same.   138

9. Cancelling Clause.   139

(a) Should the Vessel not be ready to load (whether in berth or not) on the   140

cancelling date indicated in Box 21, the Charterers shall have the option of   141

cancelling this Charter Party.   142

(b) Should the Owners anticipate that, despite the exercise of due diligence,   143

the Vessel will not be ready to load by the cancelling date, they shall notify   144

the Charterers thereof without delay stating the expected date of the Vessel's   145

readiness to load and asking whether the Charterers will exercise their option   146

of cancelling the Charter Party, or agree to a new cancelling date.   147

Such option must be declared by the Charterers within 48 running hours after   148

the receipt of the Owners' notice. If the Charterers do not exercise their option 149
of cancelling, then this Charter Party shall be deemed to be amended such 150
that the seventh day after the new readiness date stated in the Owners' 151
notification to the Charterers shall be the new cancelling date. 152
The provisions of sub-clause (b) of this Clause shall operate only once, and 153
in case of the Vessel's further delay, the Charterers shall have the option of 154
cancelling the Charter Party as per sub-clause (a) of this Clause. 155

10. Bills of Lading. 156

Bills of Lading shall be presented and signed by the Master as per the 157
"Congenbill" Bill of Lading form, Edition 1994, without prejudice to this 158
Charter Party, or by the Owners' agents provided written authority has been 159
given by Owners to the agents, a copy of which is to be furnished to the 160
Charterers. The Charterers shall indemnify the Owners against all 161
consequences or liabilities that may arise from the signing of bills of lading as 162
presented to the extent that the terms or contents of such bills of lading 163
impose or result in the imposition of more onerous liabilities upon the Owners 164
than those assumed by the Owners under this Charter Party. 165

11. Both-to-Blame Collision Clause. 166

If the Vessel comes into collision with another vessel as a result of the 167
negligence of the other vessel and any act, neglect or default of the Master, 168
Mariner, Pilot or the servants of the Owners in the navigation or in the 169
management of the Vessel, the owners of the cargo carried hereunder will 170
indemnify the Owners against all loss or liability to the other or non-carrying 171
vessel or her owners in so far as such loss or liability represents loss of, or 172
damage to, or any claim whatsoever of the owners of said cargo, paid or 173
payable by the other or non-carrying vessel or her owners to the owners of 174
said cargo and set-off, recouped or recovered by the other or non-carrying 175
vessel or her owners as part of their claim against the carrying Vessel or the 176
Owners. The foregoing provisions shall also apply where the owners, 177
operators or those in charge of any vessel or vessels or objects other than, or 178
in addition to, the colliding vessels or objects are at fault in respect of a 179
collision or contact. 180

12. General Average and New Jason Clause. 181

General Average shall be adjusted in London unless otherwise agreed in Box 182
22 according to York-Antwerp Rules 1994 and any subsequent modification 183
thereof. Proprietors of cargo to pay the cargo's share in the general expenses 184
even if same have been necessitated through neglect or default of the Owners' 185

servants (see Clause 2). 186

If General Average is to be adjusted in accordance with the law and practice 187
of the United States of America, the following Clause shall apply: "In the 188
event of accident, danger, damage or disaster before or after the 189
commencement of the voyage, resulting from any cause whatsoever, whether 190
due to negligence or not, for which, or for the consequence of which, the 191
Owners are not 1 responsible, by statute, contract or otherwise, the cargo 192
shippers, consignees or the owners of the cargo shall contribute with the 193
Owners in General Average to the payment of any sacrifices, losses or 194
expenses of a General Average nature that may be made or incurred and shall 195
pay salvage and special charges incurred in respect of the cargo. If a salving 196
vessel is owned or operated by the Owners, salvage shall be paid for as fully 197
as if the said salving vessel or vessels belonged to strangers. Such deposit as 198
the Owners, or their agents, may deem sufficient to cover the estimated 199
contribution of the goods and any salvage and special charges thereon shall, if 200
required, be made by the cargo, shippers, consignees or owners of the goods 201
to the Owners before delivery". 202

13. **Taxes and Dues Clause.** 203

(a) *On Vessel*—The Owners shall pay all dues, charges and taxes 204
customarily levied on the Vessel, howsoever the amount thereof may be 205
assessed. 206

(b) *On cargo*—The Charterers shall pay all dues, charges, duties and taxes 207
customarily levied on the cargo, howsoever the amount thereof may be 208
assessed. 209

(c) *On freight* —Unless otherwise agreed in Box 23, taxes levied on the 210
freight shall be for the Charterers' account. 211

14. **Agency.** 212

In every case the Owners shall appoint their own Agent both at the port of 213
loading and the port of discharge. 214

15. **Brokerage.** 215

A brokerage commission at the rate stated in Box 24 on the freight, dead- 216
freight and demurrage earned is due to the party mentioned in Box 24. 217
In case of non-execution 1/3 of the brokerage on the estimated amount of 218
freight to be paid by the party responsible for such non-execution to the 219
Brokers as indemnity for the latter's expenses and work. In case of more 220
voyages the amount of indemnity to be agreed. 221

16. **General Strike Clause.** 222

（a）If there is a strike or lock-out affecting or preventing the actual loading 223
of the cargo, or any part of it, when the Vessel is ready to proceed from her 224
last port or at any time during the voyage to the port or ports of loading or 225
after her arrival there, the Master or the Owners may ask the Charterers to 226
declare, that they agree to reckon the laydays as if there were no strike or 227
lock-out. Unless the Charterers have given such declaration in writing（by 228
telegram, if necessary）within 24 hours, the Owners shall have the option of 229
cancelling this Charter Party. If part cargo has already been loaded, the 230
Owners must proceed with same,（freight payable on loaded quantity only） 231
having liberty to complete with other cargo on the way for their own account. 232
（b）If there is a strike or lock-out affecting or preventing the actual 233
discharging of the cargo on or after the Vessel's arrival at or off port of 234
discharge and same has not been settled within 48 hours, the Charterers 235
shall have the option of keeping the Vessel waiting until such strike or lock- 236
out is at an end against paying half demurrage after expiration of the time 237
provided for discharging until the strike or lock-out terminates and thereafter 238
full demurrage shall be payable until the completion of discharging, or of 239
ordering the Vessel to a safe port where she can safely discharge without risk 240
of being detained by strike or lock-out. Such orders to be given within 48 241
hours after the Master or the Owners have given notice to the Charterers of 242
the strike or lock-out affecting the discharge. On delivery of the cargo at such 243
port, all conditions of this Charter Party and of the Bill of Lading shall apply 244
and the Vessel shall receive the same freight as if she had discharged at the 245
original port of destination, except that if the distance to the substituted port 246
exceeds 100 nautical miles, the freight on the cargo delivered at the 247
substituted port to be increased in proportion. 248
（c）Except for the obligations described above, neither the Charterers nor 249
the Owners shall be responsible for the consequences of any strikes or lock- 250
outs preventing or affecting the actual loading or discharging of the cargo. 251

17. **War Risks**（"Voywar 1993"）. 252

（1）For the purpose of this Clause, the words: 253

（a）The "Owners" shall include the shipowners, bareboat charterers, 254
disponent owners, managers or other operators who are charged with the 255
management of the Vessel, and the Master; and（b）"War Risks" shall 256
include any war（whether actual or threatened）, act of war, civil war, 257
hostilities, revolution, rebellion, civil commotion, warlike operations, the 258

laying of mines（whether actual or reported）, acts of piracy, acts of 259
terrorists, acts of hostility or malicious damage, blockades（whether 260
imposed against all Vessels or imposed selectively against Vessels of certain 261
flags or ownership, or against certain cargoes or crews or otherwise 262
howsoever）, by any person, body, terrorist or political group, or the 263
Government of any state whatsoever, which, in the reasonable judgement 264
of the Master and/or the Owners, may be dangerous or are likely to be or 265
to become dangerous to the Vessel, her cargo, crew or other persons on 266
board the Vessel. 267

（2）If at any time before the Vessel commences loading, it appears that, in the 268
reasonable judgement of the Master and/or the Owners, performance of the 269
Contract of Carriage, or any part of it, may expose, or is likely to expose, 270
the Vessel, her cargo, crew or other persons on board the Vessel to War 271
Risks, the Owners may give notice to the Charterers cancelling this 272
Contract of Carriage, or may refuse to perform such part of it as may 273
expose, or may be likely to expose, the Vessel, her cargo, crew or other 274
persons on board the Vessel to War Risks; provided always that if this 275
Contract of Carriage provides that loading or discharging is to take place 276
within a range of ports, and at the port or ports nominated by the Charterers 277
the Vessel, her cargo, crew, or other persons onboard the Vessel may be 278
exposed, or may be likely to be exposed, to War Risks, the Owners shall 279
first require the Charterers to nominate any other safe port which lies within 280
the range for loading or discharging, and may only cancel this Contract of 281
Carriage if the Charterers shall not have nominated such safe port or ports 282
within 48 hours of receipt of notice of such requirement. 283

（3）The Owners shall not be required to continue to load cargo for any voyage, 284
or to sign Bills of Lading for any port or place, or to proceed or continue on 285
any voyage, or on any part thereof, or to proceed through any canal or 286
waterway, or to proceed to or remain at any port or place whatsoever, where 287
it appears, either after the loading of the cargo commences, or at any stage 288
of the voyage thereafter before the discharge of the cargo is completed, that, 289
in the reasonable judgement of the Master and/or the Owners, the Vessel, 290
her cargo（or any part thereof）, crew or other persons on board the Vessel 291
（or any one or more of them）may be, or are likely to be, exposed to War 292
Risks. If it should so appear, the Owners may by notice request the 293
Charterers to nominate a safe port for the discharge of the cargo or any part 294
thereof, and if within 48 hours of the receipt of such notice, the Charterers 295

shall not have nominated such a port, the Owners may discharge the cargo 296
at any safe port of their choice (including the port of loading) in complete 297
fulfilment of the Contract of Carriage. The Owners shall be entitled to 298
recover from the Charterers the extra expenses of such discharge and, if the 299
discharge takes place at any port other than the loading port, to receive the 300
full freight as though the cargo had been carried to the discharging port and 301
if the extra distance exceeds 100 miles, to additional freight which shall be 302
the same percentage of the freight contracted for as the percentage which 303
the extra distance represents to the distance of the normal and customary 304
route, the Owners having a lien on the cargo for such expenses and freight. 305

(4) If at any stage of the voyage after the loading of the cargo commences, it 306
appears that, in the reasonable judgement of the Master and/or the 307
Owners, the Vessel, her cargo, crew or other persons on board the Vessel 308
may be, or are likely to be, exposed to War Risks on any part of the route 309
(including any canal or waterway) which is normally and customarily used 310
in a voyage of the nature contracted for, and there is another longer route to 311
the discharging port, the Owners shall give notice to the Charterers that this 312
route will be taken. In this event the Owners shall be entitled, if the total 313
extra distance exceeds 100 miles, to additional freight which shall be the 314
same percentage of the freight contracted for as the percentage which the 315
extra distance represents to the distance of the normal and customary route. 316

(5) The Vessel shall have liberty: 317
(a) to comply with all orders, directions, recommendations or advice as to 318
departure, arrival, routes, sailing in convoy, ports of call, stoppages, 319
destinations, discharge of cargo, delivery or in any way whatsoever which 320
are given by the Government of the Nation under whose flag the Vessel 321
sails, or other Government to whose laws the Owners are subject, or any 322
other Government which so requires, or any body or group acting with the 323
power to compel compliance with their orders or directions; 324
(b) to comply with the orders, directions or recommendations of any war 325
risks underwriters who have the authority to give the same under the terms 326
of the war risks insurance; 327
(c) to comply with the terms of any resolution of the Security Council of 328
the United Nations, any directives of the European Community, the 329
effective orders of any other Supranational body which has the right to issue 330
and give the same, and with national laws aimed at enforcing the same to 331

which the Owners are subject, and to obey the orders and directions of 332

those who are charged with their enforcement; 333

(d) to discharge at any other port any cargo or part thereof which may 334

render the Vessel liable to confiscation as a contraband carrier; 335

(e) to call at any other port to change the crew or any part thereof or other 336

persons on board the Vessel when there is reason to believe that they may 337

be subject to internment, imprisonment or other sanctions; 338

(f) where cargo has not been loaded or has been discharged by the Owners 339

under any provisions of this Clause, to load other cargo for the Owners' own 340

benefit and carry it to any other port or ports whatsoever, whether 341

backwards or forwards or in a contrary direction to the ordinary or 342

customary route. 343

(6) If in compliance with any of the provisions of sub-clauses (2) to (5) of 344

this Clause anything is done or not done, such shall not be deemed to be a 345

deviation, but shall be considered as due fulfilment of the Contract of 346

Carriage. 347

18. General Ice Clause. 348

Port of loading 349

(a) In the event of the loading port being inaccessible by reason of ice when 350

the Vessel is ready to proceed from her last port or at any time during the 351

voyage or on the Vessel's arrival or in case frost sets in after the Vessel's 352

arrival, the Master for fear of being frozen in is at liberty to leave without 353

cargo, and this Charter Party shall be null and void. 354

(b) If during loading the Master, for fear of the Vessel being frozen in, 355

deems it advisable to leave, he has liberty to do so with what cargo he has on 356

board and to proceed to any other port or ports with option of completing 357

cargo for the Owners' benefit for any port or ports including port of 358

discharge. Any part cargo thus loaded under this Charter Party to be 359

forwarded to destination at the Vessel's expense but against payment of 360

freight, provided that no extra expenses be thereby caused to the Charterers, 361

freight being paid on quantity delivered (in proportion if lumpsum), all 362

other conditions as per this Charter Party. 363

(c) In case of more than one loading port, and if one or more of the ports 364

are closed by ice, the Master or the Owners to be at liberty either to load the 365

part cargo at the open port and fill up elsewhere for their own account as 366

under section (b) or to declare the Charter Party null and void unless the 367

Charterers agree to load full cargo at the open port. 368

Port of discharge 369

(a) Should ice prevent the Vessel from reaching port of discharge the 370
Charterers shall have the option of keeping the Vessel waiting until the re- 371
opening of navigation and paying demurrage or of ordering the Vessel to a 372
safe and immediately accessible port where he can safely discharge without 373
risk of detention by ice. Such orders to be given within 48 hours after the 374
Master or the Owners have given notice to the Charterers of the 375
impossibility of reaching port of destination. 376

(b) If during discharging the Master for fear of the Vessel being frozen in 377
deems it advisable to leave, he has liberty to do so with what cargo he has 378
on board and to proceed to the nearest accessible port where he can safely 379
discharge. 380

(c) On delivery of the cargo at such port, all conditions of the Bill of 381
Lading shall apply and the Vessel shall receive the same freight as if she 382
had discharged at the original port of destination, except that if the distance 383
of the substituted port exceeds 100 nautical miles, the freight on the cargo 384
delivered at the substituted port to be increased in proportion. 385

19. Law and Arbitration. 386

*(a) This Charter Party shall be governed by and construed in accordance 387
with English law and any dispute arising out of this Charter Party shall be 388
referred to arbitration in London in accordance with the Arbitration Acts 389
1950 and 1979 or any statutory modification or re-enactment thereof for the 390
time being in force. Unless the parties agree upon a sole arbitrator, one 391
arbitrator shall be appointed by each party and the arbitrators so appointed 392
shall appoint a third arbitrator, the decision of the three-man tribunal thus 393
constituted or any two of them, shall be final. On the receipt by one party of 394
the nomination in writing of the other party's arbitrator, that party shall 395
appoint their arbitrator within fourteen days, failing which the decision of the 396
single arbitrator appointed shall be final. 397

For disputes where the total amount claimed by either party does not exceed 398
the amount stated in Box 25 ** the arbitration shall be conducted in 399
accordance with the Small Claims Procedure of the London Maritime 400
Arbitrators Association. 401

*(b) This Charter Party shall be governed by and construed in accordance 402
with Title 9 of the United States Code and the Maritime Law of the United 403
States and should any dispute arise out of this Charter Party, the matter in 404
dispute shall be referred to three persons at New York, one to be appointed 405

by each of the parties hereto, and the third by the two so chosen; their 406
decision or that of any two of them shall be final, and for purpose of enforcing 407
any award, this agreement may be made a rule of the Court. The proceedings 408
shall be conducted in accordance with the rules of the Society of Maritime 409
Arbitrators, Inc. . 410
For disputes where the total amount claimed by either party does not exceed 411
the amount stated in Box 25 * * the arbitration shall be conducted in 412
accordance with the Shortened Arbitration Procedure of the Society of 413
Maritime Arbitrators, Inc. . 414
* (c) Any dispute arising out of this Charter Party shall be referred to 415
arbitration at the place indicated in Box 25, subject to the procedures 416
applicable there. The laws of the place indicated in Box 25 shall govern this 417
Charter Party. 418
(d) If Box 25 in Part 1 is not filled in, sub-clause (a) of this Clause shall 419
apply. 420
* (a), (b) and (c) are alternatives; indicate alternative agreed in Box 25. 421
* * Where no figure is supplied in Box 25 in Part 1, this provision only shall 422
be void but the other provisions of this Clause shall have full force and remain in 423
effect. 424

附录 4　LAYTIME DEFINITIONS FOR CHARTER PARTIES 2013

PREAMBLE

Words, phrases, acronyms and abbreviations ("Words and Phrases") used in a Charter Party shall be defined, for the purposes of Laytime only, in accordance with the corresponding Words and Phrases set out below, when any or all such definitions are expressly incorporated into the Charter Party.

"Charter Party" shall include any form of contract of carriage or affreightment including contracts evidenced by bills of lading.

Singular/Plural

The singular includes the plural and vice versa as the context admits or requires.

List of Definitions

1. PORT shall mean any area where vessels load or discharge cargo and shall include, but not be limited to, berths, wharves, anchorages, buoys and offshore facilities as well as places outside the legal, fiscal or administrative area where vessels are ordered to wait for their turn no matter the distance from that area.

2. BERTH shall mean the specific place where the Vessel is to load or discharge and shall include, but not be limited to, any wharf, anchorage, offshore facility or other location used for that purpose.

3. REACHABLE ON ARRIVAL shall mean that the charterer undertakes that an available loading or discharging Berth be provided to the Vessel on arrival at the Port which the Vessel can reach safely without delay.

4. ALWAYS ACCESSIBLE shall mean that the charterer undertakes that an available loading or discharging Berth be provided to the Vessel on arrival at the Port which the Vessel can reach safely without delay. The charterer additionally undertakes that the Vessel will be able to depart safely from the Berth and without delay at any time before, during or on completion of loading or discharging.

5. LAYTIME shall mean the period of time agreed between the parties during which the owner will make and keep the Vessel available for loading or discharging without payment additional to the freight.

6. PER HATCH PER DAY shall mean that the Laytime is to be calculated by dividing the quantity of cargo by the result of multiplying the agreed daily rate per hatch by the number of the Vessel's hatches. Thus:

Laytime=Quantity of cargo Daily rate × Number of hatches=bays

Each pair of parallel twin hatches shall count as one hatch. Nevertheless, a hatch that is capable of being worked by two gangs simultaneously shall be counted as two hatches.

7. PER WORKING HATCH PER DAY or PER WORKABLE HATCH PER DAY shall mean that the Laytime is to be calculated by dividing the quantity of cargo in the hold with the largest quantity by the result of multiplying the agreed daily rate per working or workable hatch by the number of hatches serving that hold. Thus:

Laytime=Largest quantity in one hold Daily rate per hatch × Number of hatches serving

that hold=Days

Each pair of parallel twin hatches shall count as one hatch. Nevertheless, a hatch that is capable of being worked by two gangs simultaneously shall be counted as two hatches.

8. DAY shall mean a period of twenty-four (24) consecutive hours. Any part of a Day shall be counted pro rata.

9. CALENDAR DAY shall mean a period of twenty-four (24) consecutive hours running from 0000 hours to 2 400 hours. Any part of a Calendar Day shall be counted pro rata.

10. CONVENTIONAL DAY shall mean a period of twenty-four (24) consecutive hours running from any identified time. Any part of a Conventional Day shall be counted pro rata.

11. WORKING DAY shall mean a Day when by local law or practice work is normally carried out.

12. RUNNING DAYS or CONSECUTIVE DAYS shall mean Days which follow one immediately after the other.

13. RUNNING HOURS or CONSECUTIVE HOURS shall mean hours which follow one immediately after the other.

14. HOLIDAY shall mean a Day other than the normal weekly Day (s) of rest, or part thereof, when by local law or practice work during what would otherwise be ordinary working hours is not normally carried out.

15. WEATHER WORKING DAY shall mean a Working Day or part of a Working Day during which it is or, if the Vessel is still waiting for her turn, it would be possible to load / discharge the cargo without interruption due to the weather. If such interruption occurs (or would have occurred if work had been in progress), there shall be excluded from the Laytime a period calculated by reference to the ratio which the duration of the interruption bears to the time which would have or could have been worked but for the interruption.

16. WEATHER WORKING DAY OF 24 CONSECUTIVE HOURS shall mean a Working Day or part of a Working Day of 24 consecutive hours during which it is or, if the vessel is still waiting for her turn, it would be possible to load / discharge the cargo without interruption due to the weather. If such interruption occurs （or would have occurred if work had been in progress） there shall be excluded from the Laytime the period during which the weather interrupted or would have interrupted work.

17. WEATHER WORKING DAY OF 24 HOURS shall mean a period of 24 hours made up of one or more Working Days during which it is or, if the Vessel is still waiting for her turn, it would be possible to load / discharge the cargo without interruption due to the weather. If such interruption occurs （or would have occurred if work had been in progress）, there shall be excluded from Laytime the actual period of such interruption.

18. （WORKING DAY） WEATHER PERMITTING shall have the same meaning as WEATHER WORKING DAY OF 24 CONSECUTIVE HOURS.

19. EXCEPTED or EXCLUDED shall mean that the Days specified do not count as Laytime even if loading or discharging is carried out on them.

20. UNLESS SOONER COMMENCED shall mean that if turn-time has not expired but loading or discharging is carried out, Laytime shall commence.

21. UNLESS SOONER COMMENCED, IN WHICH CASE ACTUAL TIME USED TO COUNT shall mean that actual time used during turn-time shall count as Laytime.

22. UNLESS USED shall mean that if Laytime has commenced but loading or discharging is carried out during excepted periods, actual time used shall count as Laytime.

23. TO AVERAGE LAYTIME shall mean that separate calculations are to be made for loading and discharging and that any time saved in one operation is to be set off against any excess time used in the other.

24. REVERSIBLE LAYTIME shall mean an option given to the charterer to add together the time allowed for loading and discharging. Where the option is exercised the effect is the same as a total time being specified to cover both operations.

25. NOTICE OF READINESS shall mean the notice to the charterer, shipper, receiver or other person as required by the Charter Party that the Vessel has arrived at the Port or Berth, as the case may be, and is ready to load or discharge.

26. TIME LOST WAITING FOR BERTH TO COUNT AS LOADING OR DISCHARGING TIME or AS LAYTIME shall mean that if no loading or discharging Berth is available and the Vessel is unable to tender Notice of Readiness at the waiting-place then any time lost to the Vessel is counted as if Laytime were running, or as time on Demurrage if Laytime has expired. Such time ceases to count once the Berth becomes available. When the Vessel reaches a place where she is able to tender Notice of Readiness, Laytime or time on Demurrage resumes after such tender and, in respect of Laytime, on expiry of any notice

time provided in the CharterParty.

27. WHETHER IN BERTH OR NOT（WIBON）or BERTH OR NO BERTH shall mean that if the designated loading or discharging Berth is not available on arrival, the Vessel on reaching any usual waiting place at the Port, shall be entitled to tender Notice of Readiness from it and Laytime shall commence in accordance with the Charter Party.

28. WHETHER IN PORT OR NOT（WIPON）shall mean that if the designated loading or discharging Berth and the usual waiting place at the Port are not available on arrival, the Vessel shall be entitled to tender Notice of Readiness from any recognised waiting place off the Port and Laytime shall commence in accordance with the Charter Party.

29. VESSEL BEING IN FREE PRATIQUE shall mean that the Vessel complies with port health requirements.

30. DEMURRAGE shall mean an agreed amount payable to the owner in respect of delay to the Vessel once the Laytime has expired, for which the owner is not responsible. Demurrage shall not be subject to exceptions which apply to Laytime unless specifically stated in the Charter Party.

31. DESPATCH MONEY or DESPATCH shall mean an agreed amount payable by the owner if the Vessel completes loading or discharging before the Laytime has expired.

32. DESPATCH ON ALL WORKING TIME SAVED or ON ALL LAYTIME SAVED shall mean that Despatch Money shall be payable for the time from the completion of loading or discharging until the expiry of the Laytime excluding any periods excepted from the Laytime.

33. DESPATCH ON ALL TIME SAVED shall mean that Despatch Money shall be payable for the time from the completion of loading or discharging to the expiry of the Laytime including periods excepted from the Laytime.

****

BIMCO

10 September 2013

E-mail: documentary@bimco.org

附录 5　NYPE 2015

Printed by BIMCO's IDEA-2

ASBA

BIMCO

SMF Singapore Maritime Foundation

NYPE 2015
TIME CHARTER
New York Produce Exchange Form©
November 6th, 1913 – Amended October 20th, 1921; August 6th, 1931; October 3rd, 1946;
Revised June 12th 1981; September 14th 1993; June 3rd, 2015.

© 2015, the Association of Ship Brokers and Agents (U.S.A.) Inc. (ASBA).
Jointly authored by ASBA, BIMCO and the SMF

1　**THIS CHARTER PARTY**, made and concluded in Click here to enter text.. this Click here to enter text.. day of Click here to
2　enter text. 20 Click here to enter text.

3　Between **Choose an item.** of **Click here to enter text.**

4　as *Registered Owners/*Disponent Owners/*Time Chartered Owners (the "Owners") of the Vessel
5　described below

6　*delete as applicable

7　Name: **Choose an item.**

8　IMO Number: Click here to enter text.

9　Flag: Click here to enter text.

10　Built (year): Click here to enter text.

11　Deadweight All Told: Click here to enter text. metric tons

12　(For Vessel's charter party description see Appendix A (Vessel Description)),

13　and **Choose an item.** Charterers of Click here to enter text. (the "Charterers")

14　This Charter Party shall be performed subject to all the terms and conditions herein consisting of this
15　main body including any additional clauses and addenda, if applicable, as well as Appendix A attached
16　hereto. In the event of any conflict of conditions, the provisions of any additional clauses and Appendix A
17　shall prevail over those of the main body to the extent of such conflict, but no further.

1

18 **1.   Duration/Trip Description**

19 (a)   The Owners agree to let, and the Charterers agree to hire, the Vessel from the time of delivery, for
20   Click here to enter text.. within below mentioned trading limits.

21 (b)   Trading Limits - The Vessel shall be employed in such lawful trades between safe ports and safe
22   places within the following trading limits Click here to enter text.. as the Charterers shall direct.

23 (c)   Berths - The Vessel shall be loaded and discharged in any safe anchorage or at any safe berth or
24   safe place that the Charterers or their agents may direct, provided the Vessel can safely enter, lie
25   and depart always afloat.

26 (d)   The Vessel during loading and/or discharging may lie safely aground at any safe berth or safe
27   place where it is customary for vessels of similar size, construction and type to lie at the following
28   areas/ports Click here to enter text. (*if this space is left blank then this sub-clause 1(d) shall not apply*), if
29   so requested by the Charterers, provided it can do so without suffering damage.
30

31   The Charterers shall indemnify the Owners for any loss, damage, costs, expenses or loss of time,
32   including any underwater inspection required by class, caused as a consequence of the Vessel
33   lying aground at the Charterers' request.

34 (e)   Sublet - The Charterers shall have the liberty to sublet the Vessel for all or any part of the time
35   covered by this Charter Party, but the Charterers remain responsible for the fulfillment of this
36   Charter Party.

37 **2.   Delivery**

38 (a)   The Vessel shall be delivered to the Charterers at Click here to enter text. (state port or place).
39

40 (b)   The Vessel on delivery shall be seaworthy and in every way fit to be employed for the intended
41   service, having water ballast and with sufficient power to operate all cargo handling gear
42   simultaneously, and, with full complement of Master, officers and ratings who meet the Standards
43   for Training, Certification and Watchkeeping for Seafarers (STCW) requirements for a vessel of her
44   tonnage.

45 (c)   The Vessel's holds shall be clean and in all respects ready to receive the intended cargo, or if no
46   intended cargo, any permissible cargo:

47   (i) On *delivery; or

48   (ii) On *arrival at first loading port if different from place of delivery. If the Vessel fails hold
49   inspection then the Vessel shall be off-hire from the time of rejection until the Vessel has passed a
50   subsequent inspection.

51 *(c)(i) and (c)(ii) are alternatives; delete as appropriate. If no deletion then Sub-clause (c)(i) shall apply.*

52 (d)   The Owners shall keep the Charterers informed of the Vessel's itinerary. Prior to the arrival of the
53   Vessel at the delivery port or place, the Owners shall serve the Charterers with Click here to enter text.
54   days' approximate and Click here to enter text. days' definite notices of the Vessel's delivery. Following
55   the tender of any such notice the Owners shall give or allow to be given to the Vessel only such
56   further employment orders, if any, as are reasonably expected when given to allow delivery to
57   occur on or before the date notified. The Owners shall give the Charterers and/or their local agents
58   notice of delivery when the Vessel is in a position to come on hire.

Printed by BIMCO's IDEA•2

© 2015, the Association of Ship Brokers and Agents (U.S.A.), Inc. (ASBA).
Jointly authored by ASBA, BIMCO and the SMF

2

This document is a computer generated NYPE 2015 published by BIMCO and jointly authored by ASBA, BIMCO and the SMF. Any insertion or deletion to the form must be clearly visible. In the event of any modification being made to the pre-printed text of this document which is not clearly visible, the original BIMCO approved document shall apply. BIMCO assumes no responsibility for any loss, damages or expenses as a result of discrepancies between the original BIMCO approved document and this computer generated document.

59   Vessel itinerary prior to delivery: Click here to enter text..

60   (e)   Acceptance of delivery of the Vessel by the Charterers shall not prejudice their rights against the
61   Owners under this Charter Party.

62   **3.**   **Laydays/Cancelling**

63   If required by the Charterers, time on hire shall not commence before Click here to enter text. (local time)
64   and should the Vessel not have been delivered on or before Click here to enter text. (local time) at the port
65   or place stated in Sub-clause 2(a), the Charterers shall have the option of cancelling this Charter
66   Party at any time but not later than the day of the Vessel's notice of delivery.

67   **4.**   **Redelivery**

68   (a)   The Vessel shall be redelivered to the Owners in like good order and condition, ordinary wear and
69   tear excepted, at Click here to enter text. *(state port or place)*

70   (b)   The Charterers shall keep the Owners informed of the Vessel's itinerary. Prior to the arrival of the
71   Vessel at the redelivery port or place, the Charterers shall serve the Owners with Click here to enter text.
72   days' approximate and Click here to enter text. days' definite notices of the Vessel's redelivery. Following
73   the tender of any such notices the Charterers shall give or allow to be given to the Vessel only such
74   further employment orders, if any, as are reasonably expected when given to allow redelivery to
75   occur on or before the date notified.

76   (c)   Acceptance of redelivery of the Vessel by the Owners shall not prejudice their rights against the
77   Charterers under this Charter Party.

78   **5.**   **On/Off-Hire Survey**

79   Prior to delivery and redelivery the parties shall, unless otherwise agreed, each appoint surveyors,
80   for their respective accounts, who shall not later than at first loading port/last discharging port
81   respectively, conduct joint on-hire/off-hire surveys, for the purpose of ascertaining the quantity of
82   bunkers on board and the condition of the Vessel. A single report shall be prepared on each
83   occasion and signed by each surveyor, without prejudice to his right to file a separate report setting
84   forth items upon which the surveyors cannot agree.

85   If either party fails to have a representative attend the survey and sign the joint survey report, such
86   party shall nevertheless be bound for all purposes by the findings in any report prepared by the
87   other party.

88   Any time lost as a result of the on-hire survey shall be for the Owners' account and any time lost as
89   a result of the off-hire survey shall be for the Charterers' account.

90   **6.**   **Owners to Provide**

91   (a)   The Owners shall provide and pay for the insurances of the Vessel, except as otherwise provided,
92   and for all provisions, cabin, deck, engine-room and other necessary stores, boiler water and
93   lubricating oil; shall pay for wages, consular shipping and discharging fees of the crew and charges
94   for port services pertaining to the crew/crew visas; shall maintain the Vessel's class and keep her in
95   a thoroughly efficient state in hull, machinery and equipment for and during the service, and have a
96   full complement of Master, officers and ratings.

97   (b)   The Owners shall provide any documentation relating to the Vessel as required to permit the
98   Vessel to trade within the agreed limits, including but not limited to International Tonnage

Printed by BIMCO's IDEA•2

© 2015, the Association of Ship Brokers and Agents (U.S.A.), Inc. (ASBA). Jointly authored by ASBA, BIMCO and the SMF

3

Certificate, Suez and Panama tonnage certificates, Certificates of Registry, and certificates relating to the strength, safety and/or serviceability of the Vessel's gear. Such documentation shall be maintained during the currency of the Charter Party as necessary.

Owners shall also provide and maintain such Certificates of Financial Responsibility for oil pollution to permit the Vessel to trade within the agreed limits as may be required at the commencement of the Charter Party. However, in the event that, at the time of renewal, a Certificate of Financial Responsibility is unavailable in the market place, or, the premium for same increases significantly over the course of the Charter Party, then Owners and Charterers shall discuss each with the other to find a mutually agreeable solution for same, failing such solution the port(s) that require said Certificate of Financial Responsibility are to be considered as added to the Vessel's trading exclusions. (See also Clause 18 (Pollution)).

(c) The Vessel to work night and day if required by the Charterers, with crew opening and closing hatches, when and where required and permitted by shore labor regulations, otherwise shore labor for same shall be for the Charterers' account.

7.   Charterers to Provide

(a) The Charterers, while the Vessel is on-hire, shall provide and pay for all the bunkers except as otherwise agreed; shall pay for port charges (including compulsory garbage disposal), compulsory gangway watchmen and cargo watchmen, compulsory and/or customary pilotages, canal dues, towages, agencies, commissions, consular charges (except those pertaining to individual crew members or flag of the Vessel), and all other usual expenses except those stated in Clause 6, but when the Vessel puts into a port for causes for which the Vessel is responsible (other than by stress of weather), then all such charges incurred shall be paid by the Owners.

(b) Fumigations ordered because of illness of the crew or for infestations prior to delivery under this Charter Party shall be for the Owners' account. Fumigations ordered because of cargoes carried or ports visited while the Vessel is employed under this Charter Party shall be for the Charterers' account.

(c) The Charterers shall provide and pay for necessary dunnage, lashing materials and also any extra fittings requisite for a special trade or unusual cargo, but the Owners shall allow them the use of any dunnage already aboard the Vessel. Prior to redelivery the Charterers shall remove their dunnage, fittings and lashing materials at their cost and in their time.

8.   Performance of Voyages

(a) Subject to Clause 38 (Slow Steaming) the Master shall perform the voyages with due despatch and shall render all customary assistance with the Vessel's crew. The Master shall be conversant with the English language and (although appointed by the Owners) shall be under the orders and directions of the Charterers as regards employment and agency; and the Charterers shall perform all cargo handling, including but not limited to loading, stowing, trimming, lashing, securing, dunnaging, unlashing, discharging, and tallying, at their risk and expense, under the supervision of the Master.

(b) If the Charterers shall have reasonable cause to be dissatisfied with the conduct of the Master or officers, the Owners shall, on receiving particulars of the complaint, investigate the same, and, if necessary, make a change in appointments.

9. Bunkers

(a) Bunker quantities and prices

*(i) The Charterers on delivery, and the Owners on redelivery or any termination of this Charter Party, shall take over and pay for all bunkers remaining on board the Vessel as hereunder. The Vessel's bunker tank capacities shall be at the Charterers' disposal. Bunker quantities and prices on delivery /redelivery to be Click here to enter text..

*(ii) The Owners shall provide sufficient bunkers onboard to perform the entire time charter trip. The Charterers shall not bunker the Vessel, and shall pay with the first hire payment for the mutually agreed estimated bunker consumption for the trip, namely Click here to enter text. metric tons at Click here to enter text. (price). Upon redelivery any difference between estimated and actual consumption shall be paid by the Charterers or refunded by the Owners as the case may be.

*(iii) The Charterers shall not take over and pay for bunkers Remaining On Board at delivery but shall redeliver the Vessel with about the same quantities and grades of bunkers as on delivery. Any difference between the delivery quantity and the redelivery quantity shall be paid by the Charterers or the Owners as the case may be. The price of the bunkers shall be the net contract price paid by the receiving party, as evidenced by suppliers' invoice or other supporting documents.

*(i), (ii) and (iii) are alternatives; delete as applicable. If neither Sub-clause (i), (ii) nor (iii) is deleted then Sub-clause (i) shall apply.

(b) Bunkering Prior to Delivery/Redelivery

Provided that it can be accomplished at ports of call, without hindrance to the working or operation of or delay to the Vessel, and subject to prior consent, which shall not be unreasonably withheld, the Owners shall allow the Charterers to bunker for their account prior to delivery and the Charterers shall allow the Owners to bunker for their account prior to redelivery. If consent is given, the party ordering the bunkering shall indemnify the other party for any delays, losses, costs and expenses arising therefrom.

(c) Bunkering Operations and Sampling

(i) The Chief Engineer shall co-operate with the Charterers' bunkering agents and fuel suppliers during bunkering. Such cooperation shall include connecting/disconnecting hoses to the Vessel's bunker manifold, attending sampling, reading gauges or meters or taking soundings, before, during and/or after delivery of fuels.

(ii) During bunkering a primary sample of each grade of fuels shall be drawn in accordance with the International Maritime Organization (IMO) Resolution Marine Environment Protection Committee (MEPC) MEPC.182(59) Guidelines for the Sampling of Fuel Oil for Determination of Compliance with the Marine Pollution Convention (MARPOL) 73/78 Annex VI or any subsequent amendments thereof. Each primary sample shall be divided into no fewer than five (5) samples; one sample of each grade of fuel shall be retained on board for MARPOL purposes and the remaining samples of each grade distributed between the Owners, the Charterers and the bunker suppliers.

(iii) The Charterers warrant that any bunker suppliers used by them to bunker the Vessel shall comply with the provisions of Sub-clause (c)(ii) above.

(iv) Bunkers of different grades, specifications and/or suppliers shall be segregated into separate tanks within the Vessel's natural segregation. The Owners shall not be held liable for any restriction in bunker capacity as a result of segregating bunkers as aforementioned.

5

182 (d) Bunker Quality and Liability

183 (i) The Charterers shall supply bunkers of the agreed specifications and grades: Click here to enter text.
184 The bunkers shall be of a stable and homogeneous nature and suitable for burning in the Vessel's
185 engines and/or auxiliaries and, unless otherwise agreed in writing, shall comply with the
186 International Organization for Standardization (ISO) standard 8217:2012 or any subsequent
187 amendments thereof. If ISO 8217:2012 is not available then the Charterers shall supply bunkers
188 which comply with the latest ISO 8217 standard available at the port or place of bunkering.

189 (ii) The Charterers shall be liable for any loss or damage to the Owners or the Vessel caused by
190 the supply of unsuitable fuels and/or fuels which do not comply with the specifications and/or
191 grades set out in Sub-clause (d)(i) above, including the off-loading of unsuitable fuels and the
192 supply of fresh fuels to the Vessel. The Owners shall not be held liable for any reduction in the
193 Vessel's speed performance and/or increased bunker consumption nor for any time lost and any
194 other consequences arising as a result of such supply.

195 (e) Fuel Testing Program

196 Should the Owners participate in a recognized fuel testing program one of the samples retained by
197 the Owners shall be forwarded for such testing. The cost of same shall be borne by the Owners
198 and if the results of the testing show the fuel not to be in compliance with ISO 8217:2012, or any
199 subsequent amendment thereof, or such other specification as may be agreed, the Owners shall
200 notify the Charterers and provide a copy of the report as soon as reasonably possible.

201 In the event the Charterers call into question the results of the testing, a fuel sample drawn in
202 accordance with IMO Resolution MEPC 96(47) Guidelines for the Sampling of Fuel Oil for
203 Determination of Compliance with Annex VI of MARPOL 73/78 or any subsequent amendments
204 thereof, shall be sent to a mutually agreed, qualified and independent laboratory whose analysis as
205 regards the characteristics of the fuel shall be final and binding on the parties concerning the
206 characteristics tested for. If the fuel sample is found not to be in compliance with the specification
207 as agreed in the paragraph above, the Charterers shall meet the cost of this analysis, otherwise
208 same shall be for the Owners' account.

209 (f) Bunker Fuel Sulphur Content

210 (i) Without prejudice to anything else contained in this Charter Party, the Charterers shall supply
211 fuels of such specifications and grades to permit the Vessel, at all times, to comply with the
212 maximum sulphur content requirements of any emission control area when the Vessel is ordered to
213 trade within that area.

214 The Charterers also warrant that any bunker suppliers, bunker craft operators and bunker
215 surveyors used by the Charterers to supply such bunkers shall comply with Regulations 14 and 18
216 of MARPOL Annex VI, including the Guidelines in respect of sampling and the provision of bunker
217 delivery notes.

218 The Charterers shall indemnify, defend and hold harmless the Owners in respect of any loss,
219 liability, delay, fines, costs or expenses arising or resulting from the Charterers' failure to comply
220 with this Sub-clause (f)(i).

221 (ii) Provided always that the Charterers have fulfilled their obligations in respect of the supply of
222 fuels in accordance with Sub-clause (f)(i), the Owners warrant that:

223 1. the Vessel shall comply with Regulations 14 and 18 of MARPOL Annex VI and with the
224 requirements of any emission control area; and

Printed by BIMCO's IDEA•2

© 2015, the Association of Ship Brokers and Agents (U.S.A.), Inc. (ASBA).
Jointly authored by ASBA, BIMCO and the SMF

225 2. the Vessel shall be able to consume fuels of the required sulphur content,

226 when ordered by the Charterers to trade within any such area.

227 Subject to having supplied the Vessel with fuels in accordance with Sub-clause (f)(i), the
228 Charterers shall not otherwise bear any loss, liability, delay, fines, costs or expenses arising or
229 resulting from the Vessel's failure to comply with Regulations 14 and 18 of MARPOL Annex VI.

230 (iii) For the purpose of this Clause, "emission control area" shall mean an area as stipulated in
231 MARPOL Annex VI and/or an area regulated by regional and/or national authorities such as, but
232 not limited to, the European Union (EU) and the United States (US) Environmental Protection
233 Agency.

234 **(g)** **Grades and Quantities of Bunkers on Redelivery**

235 Unless agreed otherwise, the Vessel shall be redelivered with the same grades and about the
236 same quantities of bunkers as on delivery; however, the grades and quantities of bunkers on
237 redelivery shall always be appropriate and sufficient to allow the Vessel to reach safely the nearest
238 port at which fuels of the required types are available.

239 **10.** **Rate of Hire; Hold Cleaning; Communications; Victualing and Expenses**

240 **(a)** The Charterers shall pay for the use and hire of the said Vessel at the rate of Click here to enter text. per
241 day or pro rata for any part of a day, commencing on and from the time of her delivery, as
242 aforesaid, including the overtime of crew; hire to continue until the time of her redelivery to the
243 Owners as per Clause 4 (Redelivery) (unless Vessel lost).

244 Unless otherwise mutually agreed, the Charterers shall have the option to redeliver the Vessel with
245 unclean/unswept holds against a lumpsum payment of Click here to enter text. in lieu of hold cleaning, to
246 the Owners (unless Vessel lost).

247 The Owners shall victual pilots and such other persons as authorized by the Charterers or their
248 agents. While on-hire, the Charterers shall pay the Owners along with the hire payments, Click here to
249 enter text. per thirty (30) days or pro rata, to cover all Communications, Victualing and Expenses
250 properly incurred by the Vessel under the Charterers' employment.

251 For the purpose of hire calculations, the times of delivery, redelivery or termination of this Charter
252 Party shall be adjusted to Coordinated Universal Time (UTC).

253 **(b)** Hold Cleaning/Residue Disposal

254 (i) The Charterers may request the Owners to direct the crew to sweep and/or wash and/or clean
255 the holds between voyages and/or between cargoes against payment at the rate of Click here to enter
256 text. per hold, provided the crew is able safely to undertake such work and is allowed to do so by
257 local regulations. In connection with any such operation the Owners shall not be responsible if the
258 Vessel's holds are not accepted or passed. Time for cleaning shall be for the Charterers' account.

259 (ii) Unless this Charter Party is concluded for a single laden leg, all cleaning agents and additives
260 (including chemicals and detergents) required for cleaning cargo holds shall be supplied and paid
261 for by the Charterers. The Charterers shall provide the Owners with a dated and signed statement
262 identifying cleaning agents and additives that, in accordance with IMO Resolution 219(63)
263 Guidelines for the Implementation of MARPOL Annex V, are not substances harmful to the marine
264 environment and do not contain any component known to be carcinogenic, mutagenic or
265 reprotoxic.

7

266 (iii) Throughout the currency of this Charter Party and at redelivery, the Charterers shall remain
267 responsible for all costs and time, including deviation, if any, associated with the removal and
268 disposal of cargo related residues and/or hold washing water and/or cleaning agents and
269 detergents and/or waste. Removal and disposal as aforesaid shall always be in accordance with
270 and as defined by MARPOL Annex V, or other applicable rules.

271 **11. Hire Payment**

272 (a) Payment

273 Payment of Hire shall be made without deductions due to Charterers' bank charges so as to be
274 received by the Owners or their designated payee into the bank account as follows Click here to enter text.
275 in the currency stated in Clause 10 (Rate of Hire; Hold Cleaning; Communications; Victualing and
276 Expenses), in funds available to the Owners on the due date, fifteen (15) days in advance, and for
277 the last fifteen (15) days or part of same the approximate amount of hire, and should the same not
278 cover the actual time, hire shall be paid for the balance day by day as it becomes due, if so
279 required by the Owners. The first payment of hire shall be due on delivery.

280 (b) Grace Period

281 Where there is failure to make punctual payment of hire due, the Charterers shall be given by the
282 Owners three (3) Banking Days (as recognized at the agreed place of payment) written notice to
283 rectify the failure, and when so rectified within those three (3) Banking Days (as recognized at the
284 agreed place of payment and the place of currency of the Charter Party) following the Owners'
285 notice, the payment shall stand as punctual.

286 (c) Withdrawal

287 Failure by the Charterers to pay hire due in full within three (3) Banking Days of their receiving a
288 notice from Owners under Sub-clause 11(b) above shall entitle the Owners, without prejudice to
289 any other rights or claims the Owners may have against the Charterers:

290 (i) to withdraw the Vessel from the service of the Charterers;

291 (ii) to damages, if they withdraw the Vessel, for the loss of the remainder of the Charter Party.

292 (d) Suspension

293 At any time while hire is outstanding, the Owners shall, without prejudice to the liberty to withdraw,
294 be entitled to withhold the performance of any and all obligations hereunder and shall have no
295 responsibility whatsoever for any consequences thereof, and Charterers hereby indemnify the
296 Owners for all legitimate and justifiable actions taken to secure their interests, and hire shall
297 continue to accrue and any extra expenses resulting from such withholding shall be for the
298 Charterers' account.

299 (e) Last Hire Payment

300 Should the Vessel be on her voyage towards port/place of redelivery at the time the last
301 payment(s) of hire is/are due, said payment(s) is/are to be made for such length of time as the
302 estimated time necessary to complete the voyage, including the deduction of estimated
303 disbursements for the Owners' account before redelivery. Should said payments not cover the
304 actual time, hire is to be paid for the balance, day by day, as it becomes due.

8

Printed by BIMCO's IDEA*2

305 306 Unless Sub-clause 9(a)(ii) or (iii) has been agreed, the Charterers shall have the right to deduct the value of bunkers on redelivery from last sufficient hire payment(s).

307 308 When the Vessel has been redelivered, any difference in hire and bunkers is to be refunded by the Owners or paid by the Charterers within five (5) Banking Days, as the case may be.

309 (f) Cash Advances

310 311 312 313 Cash for the Vessel's ordinary disbursements at any port may be advanced by the Charterers, as required by the Owners, subject to two and a half (2.5) per cent commission and such advances shall be deducted from the hire. The Charterers, however, shall in no way be responsible for the application of such advances.

314 **12. Speed and Consumption**

315 316 317 318 319 320 321 322 323 (a) Upon delivery and throughout the duration of this Charter Party the Vessel shall be capable of speed and daily consumption rates as stated in Appendix A in good weather on all sea passages with wind up to and including Force four (4) as per the Beaufort Scale and sea state up to and including Sea State three (3) as per the Douglas Sea Scale (unless otherwise specified in Appendix A). Any period during which the Vessel's speed is deliberately reduced to comply with the Charterers' orders/requirements (unless slow steaming or eco speed warranties have been given in Appendix A) or for reasons of safety or while navigating within narrow or restricted waters or when assisting a vessel in distress or when saving or attempting to save life or property at sea, shall be excluded from performance calculations.

324 325 326 327 (b) The Charterers shall have the option of using their preferred weather routing service. The Master shall comply with the reporting procedure of the Charterers' weather routing service and shall follow routing recommendations from that service provided that the safety of the Vessel and/or cargo is not compromised.

328 329 (c) The actual route taken by the Vessel shall be used as the basis of any calculation of the Vessel's performance.

330 331 332 333 334 (d) If the speed of the Vessel is reduced and/or fuel oil consumption increased, the Charterers may submit to the Owners a documented claim limited to the estimated time lost and/or the additional fuel consumed, supported by a performance analysis from the weather routing service established in accordance with this Clause. The cost of any time lost shall be off-set against the cost of any fuel saved and vice versa.

335 336 337 338 339 340 (e) In the event that the Owners contest such claim then the Owners shall provide copies of the Vessel's deck logs for the period concerned and the matter shall be referred to an independent expert or alternative weather service selected by mutual agreement, whose report shall take Vessel's log data and the Charterers' weather service data into consideration and whose determination shall be final and binding on the parties. The cost of such expert report shall be shared equally.

341 **13. Spaces Available**

342 343 344 345 (a) The whole reach of the Vessel's holds, decks, and other cargo spaces (not more than she can reasonably and safely stow and carry), also accommodation for supercargo, if carried, shall be at the Charterers' disposal, reserving only proper and sufficient space for the Vessel's Master, officers, ratings, tackle, apparel, furniture, provisions, stores and bunkers.

© 2015, the Association of Ship Brokers and Agents (U.S.A.), Inc. (ASBA). Jointly authored by ASBA, BIMCO and the SMF

Printed by BIMCO's IDEA∙2

© 2015, the Association of Ship Brokers and Agents (U.S.A.), Inc. (ASBA).
Jointly authored by ASBA, BIMCO and the SMF

346 (b) In the event of deck cargo being carried, the Owners are to be and are hereby indemnified by the
347 Charterers for any loss and/or damage and/or liability of whatsoever nature howsoever caused to
348 the deck cargo which would not have arisen had the deck cargo not been loaded. Bills of Lading
349 shall be issued as per Clause 31(c).

350 **14. Supercargo**

351 The Charterers are entitled to appoint a supercargo, who shall accompany the Vessel at the
352 Charterers' risk and see that voyages are performed with due despatch. He is to be furnished with
353 free accommodation and meals same as provided for the Master's table. The Charterers and the
354 supercargo are required to sign the standard letter of waiver and indemnity recommended by the
355 Vessel's Protection and Indemnity Association before the supercargo comes on board the Vessel.

356 **15. Sailing Orders and Logs**

357 The Charterers shall furnish the Master from time to time with all requisite instructions and sailing
358 directions, in writing, in the English language, and the Master shall keep full and correct deck and
359 engine logs of the voyage or voyages, which are to be patent to the Charterers or their agents, and
360 shall furnish the Charterers, their agents or supercargo, when required, with a true copy of such
361 deck and engine logs, showing the course of the Vessel, distance run and the consumption of
362 bunkers. Any log extracts required by the Charterers shall be in the English language.

363 **16. Cargo Exclusions**

364 The Vessel shall be employed in carrying lawful merchandise, excluding any goods of a
365 dangerous, injurious, flammable or corrosive nature unless carried in accordance with the
366 requirements or recommendations of the competent authorities of the country of the Vessel's
367 registry, and of ports of loading and discharge, and of any intermediate countries or ports through
368 whose waters the Vessel must pass. Without prejudice to the generality of the foregoing in addition
369 the following are specifically excluded: livestock of any description, arms, ammunition, explosives,
370 nuclear and radioactive material. Click here to enter text..

371 **17. Off-Hire**

372 In the event of loss of time from deficiency and/or default and/or strike of officers or ratings, or
373 deficiency of stores, fire, breakdown of, or damage to hull, machinery or equipment, grounding,
374 detention by the arrest of the Vessel, (unless such arrest is caused by events for which the
375 Charterers, their sub-charterers, servants, agents or sub-contractors are responsible), or detention
376 by Port State control or other competent authority for Vessel deficiencies, or detention by average
377 accidents to the Vessel or cargo, unless resulting from inherent vice, quality or defect of the cargo,
378 drydocking for the purpose of examination, cleaning and/or painting of underwater parts and/or
379 repair, or by any other similar cause preventing the full working of the Vessel, the payment of hire
380 and overtime, if any, shall cease for the time thereby lost. Should the Vessel deviate or put back
381 during a voyage, contrary to the orders or directions of the Charterers, for any reason other than
382 accident to the cargo or where permitted in Clause 22 (Liberties) hereunder, the hire to be
383 suspended from the time of her deviating or putting back until she is again in the same or
384 equidistant position from the destination and the voyage resumed therefrom. All bunkers used by
385 the Vessel while off-hire shall be for the Owners' account. In the event of the Vessel being driven
386 into port or to anchorage through stress of weather, trading to shallow harbors or to rivers or ports
387 with bars, any detention of the Vessel and/or expenses resulting from such detention shall be for
388 the Charterers' account. If upon the voyage the speed be reduced by defect in, or breakdown of,
389 any part of her hull, machinery or equipment, the time so lost, and the cost of any extra bunkers
390 consumed in consequence thereof, and all extra proven expenses may be deducted from the hire.

391 Bunkers used by the Vessel while off-hire and the cost of replacing same shall be for the Owners'
392 account and therefore deducted from the hire.

393 **18. Pollution**

394 The Owners shall provide for standard oil pollution coverage equal to the level customarily offered
395 by the International Group of P&I Clubs, together with the appropriate certificates to that effect.
396 (See also Clause 6 (Owners to Provide)).

397 **19. Drydocking**

398 The Vessel was last drydocked Click here to enter text..

399 Except in case of emergency or under Clause 52(b), no drydocking shall take place during the
400 currency of this Charter Party.

401 **20. Total Loss**

402 Should the Vessel be lost, money paid in advance and not earned (reckoning from the date of loss
403 or being last heard of) shall be returned to the Charterers at once.

404 **21. Exceptions**

405 The act of God, enemies, fire, restraint of princes, rulers and people, and all dangers and accidents
406 of the seas, rivers, machinery, boilers and navigation, and errors of navigation throughout this
407 Charter Party, always mutually excepted.

408 **22. Liberties**

409 The Vessel shall have the liberty to sail with or without pilots, to tow and be towed, to assist vessels
410 in distress, and to deviate for the purpose of saving life and property.

411 **23. Liens**

412 The Owners shall have a lien upon all cargoes, sub-hires and sub-freights (including deadfreight
413 and demurrage) belonging or due to the Charterers or any sub-charterers, for any amounts due
414 under this Charter Party, including general average contributions, and the Charterers shall have a
415 lien on the Vessel for all monies paid in advance and not earned, and any overpaid hire or excess
416 deposit to be returned at once.

417 The Charterers will not directly or indirectly suffer, nor permit to be continued, any lien or
418 encumbrance, which might have priority over the title and interest of the Owners in the Vessel. The
419 Charterers undertake that during the period of this Charter Party, they will not procure any supplies
420 or necessaries or services, including any port expenses and bunkers, on the credit of the Owners.

421 **24. Salvage**

422 All derelicts and salvage shall be for the Owners' and the Charterers' equal benefit after deducting
423 the Owners' and the Charterers' expenses and crew's proportion.

424 **25. General Average**

425 General average shall be adjusted according to York-Antwerp Rules 1994 and settled in US dollars
426 in the same place as stipulated in Clause 54 (Law and Arbitration). The Charterers shall procure

11

427	that all bills of lading issued during the currency of this Charter Party will contain a provision to the
428	effect that general average shall be adjusted according to York-Antwerp Rules 1994 and will
429	include the "New Jason Clause" as per Clause 33(c). Time charter hire will not contribute to general
430	average.

431 26. Navigation

432	Nothing herein stated is to be construed as a demise of the Vessel to the Charterers. The Owners
433	shall remain responsible for the navigation of the Vessel, acts of pilots and tug boats, insurance,
434	crew, and all other matters, same as when trading for their own account.

435 27. Cargo Claims

436	Cargo claims as between the Owners and the Charterers shall be settled in accordance with the
437	Inter-Club NYPE Agreement 1996 (as amended 1 September 2011), or any subsequent
438	modification or replacement thereof.

439 28. Cargo Handling Gear and Lights

440	The Owners shall maintain the cargo handling gear of the Vessel providing lifting capacity as
441	described in Appendix A (Vessel Description). The Owners shall also provide on the Vessel for
442	night work lights as on board, but all additional lights over those on board shall be at the
443	Charterers' expense. The Charterers shall have the use of any cargo handling gear on board the
444	Vessel. If required by the Charterers, the Vessel shall work night and day and all cargo handling
445	gear shall be at the Charterers' disposal during loading and discharging. In the event of disabled
446	cargo handling gear, or insufficient power to operate the same, the Vessel is to be considered to be
447	off-hire to the extent that time is actually lost to the Charterers and the Owners to pay stevedore
448	stand-by charges occasioned thereby, unless such disablement or insufficiency of power is caused
449	by the Charterers' stevedores. If required by the Charterers, the Owners shall bear the cost of
450	hiring shore gear in lieu thereof, in which case the Vessel shall remain on-hire, except for actual
451	time lost.

452 29. Solid Bulk Cargoes/Dangerous Goods

453	(a)	The Charterers shall provide appropriate information on the cargo in advance of loading in
454		accordance with the requirements of the IMO International Maritime Solid Bulk Cargoes (IMSBC)
455		Code to enable the precautions which may be necessary for proper stowage and safe carriage to
456		be put into effect. The information shall be accompanied by a cargo declaration summarising the
457		main details and stating that the cargo is fully and accurately described and that, where applicable,
458		the test results and other specifications can be considered as representative for the cargo to be
459		loaded.

460	(b)	If a cargo listed in the IMO International Maritime Dangerous Goods (IMDG) Code (website:
461		www.imo.org) is agreed to be carried, the Charterers shall provide a dangerous goods transport
462		document and, where applicable, a container/vehicle packing certificate in accordance with the
463		IMDG Code requirements. The dangerous goods transport document shall include a certificate or
464		declaration that the goods are fully and accurately described by the Proper Shipping Name, are
465		classified, packaged, marked and labelled/placarded correctly and are in all respects in proper
466		condition for transport according to applicable international and national government regulations.

467	(c)	The Master shall be entitled to refuse cargoes or, if already loaded, to unload them at the
468		Charterers' risk and expense if the Charterers fail to fulfil their IMSBC Code or IMDG Code
469		obligations as applicable.

30. BIMCO Hull Fouling Clause for Time Charter Parties

(a) If, in accordance with the Charterers' orders, the Vessel remains at or shifts within a place, anchorage and/or berth for an aggregated period exceeding:

(i) a period as the parties may agree in writing in a Tropical Zone or Seasonal Tropical Zone*; or

(ii) a period as the parties may agree in writing outside such Zones*

any warranties concerning speed and consumption shall be suspended pending inspection of the Vessel's underwater parts including, but not limited to, the hull, sea chests, rudder and propeller.

*If no such periods are agreed the default periods shall be 15 days.

(b) In accordance with Sub-clause (a), either party may call for inspection which shall be arranged jointly by the Owners and the Charterers and undertaken at the Charterers' risk, cost, expense and time.

(c) If, as a result of the inspection either party calls for cleaning of any of the underwater parts, such cleaning shall be undertaken by the Charterers at their risk, cost, expense and time in consultation with the Owners.

(i) Cleaning shall always be under the supervision of the Master and, in respect of the underwater hull coating, in accordance with the paint manufacturers' recommended guidelines on cleaning, if any. Such cleaning shall be carried out without damage to the Vessel's underwater parts or coating.

(ii) If, at the port or place of inspection, cleaning as required under this Sub-clause (c) is not permitted or possible, or if the Charterers choose to postpone cleaning, speed and consumption warranties shall remain suspended until such cleaning has been completed.

(iii) If, despite the availability of suitable facilities and equipment, the Owners nevertheless refuse to permit cleaning, the speed and consumption warranties shall be reinstated from the time of such refusal.

(d) Cleaning in accordance with this Clause shall always be carried out prior to redelivery. If, nevertheless, the Charterers are prevented from carrying out such cleaning, the parties shall, prior to but latest on redelivery, agree a lump sum payment in full and final settlement of the Owners' costs and expenses arising as a result of or in connection with the need for cleaning pursuant to this Clause.

(e) If the time limits set out in Sub-clause (a) have been exceeded but the Charterers thereafter demonstrate that the Vessel's performance remains within the limits of this Charter Party the vessel's speed and consumption warranties will be subsequently reinstated and the Charterers' obligations in respect of inspection and/or cleaning shall no longer be applicable.

31. Bills of Lading

(a) The Master shall sign bills of lading or waybills for cargo as presented in conformity with mates' receipts. However, the Charterers or their agents may sign bills of lading or waybills on behalf of the Master, with the Owners'/Master's prior written authority, always in conformity with mates' receipts.

508   (b)   All bills of lading or waybills shall be without prejudice to this Charter Party and the Charterers shall
509   indemnify the Owners against all consequences or liabilities which may arise from any
510   inconsistency between this Charter Party and any bills of lading or waybills signed by the
511   Charterers or their agents or by the Master at their request.

512   (c)   Bills of lading covering deck cargo shall be claused: "Shipped on deck at the Charterers', Shippers'
513   and Receivers' risk, expense and responsibility, without liability on the part of the Vessel or her
514   Owners for any loss, damage, expense or delay howsoever caused."

515   **32.**   **BIMCO Electronic Bills of Lading Clause**

516   (a)   At the Charterers' option, bills of lading, waybills and delivery orders referred to in this Charter
517   Party shall be issued, signed and transmitted in electronic form with the same effect as their paper
518   equivalent.

519   (b)   For the purpose of Sub-clause (a) the Owners shall subscribe to and use Electronic (Paperless)
520   Trading Systems as directed by the Charterers, provided such systems are approved by the
521   International Group of P&I Clubs. Any fees incurred in subscribing to or for using such systems
522   shall be for the Charterers' account.

523   (c)   The Charterers agree to hold the Owners harmless in respect of any additional liability arising from
524   the use of the systems referred to in Sub-clause (b), to the extent that such liability does not arise
525   from Owners' negligence.

526   **33.**   **Protective Clauses**

527   The following protective clauses shall be deemed to form part of this Charter Party and all Bills of
528   Lading or waybills issued under this Charter Party shall contain the following clauses.
529
530   (a)   **General Clause Paramount**

531   This bill of lading shall have effect subject to the provisions of the Carriage of Goods by Sea Act of
532   the United States, the Hague Rules, or the Hague Visby Rules, as applicable, or such other similar
533   national legislation as may mandatorily apply by virtue of origin or destination of the bill of lading,
534   (or if no such enactments are mandatorily applicable, the terms of the Hague Rules shall apply)
535   which shall be deemed to be incorporated herein, and nothing herein contained shall be deemed a
536   surrender by the carrier of any of its rights or immunities or an increase of any of its responsibilities
537   or liabilities under said Act. If any term of this bill of lading be repugnant to said Act to any extent,
538   such term shall be void to that extent, but no further.

539   and

540   (b)   **Both-to-Blame Collision Clause**

541   "If the ship comes into collision with another ship as a result of the negligence of the other ship and
542   any act, neglect or default of the master, mariner, pilot or the servants of the carrier in the
543   navigation or in the management of the ship, the owners of the goods carried hereunder will
544   indemnify the carrier against all loss or liability to the other or non-carrying ship or her owners
545   insofar as such loss or liability represents loss of, or damage to, or any claim whatsoever of the
546   owners of said goods, paid or payable by the other or non-carrying ship or her owners to the
547   owners of said goods and set-off, recouped or recovered by the other or non-carrying ship or her
548   owners as part of their claim against the carrying ship or carrier.

Printed by BIMCO's IDEA•2

© 2015, the Association of Ship Brokers and Agents (U.S.A.), Inc. (ASBA).
Jointly authored by ASBA, BIMCO and the SMF

549　The foregoing provisions shall also apply where the owners, operators or those in charge of any
550　ships or objects other than, or in addition to, the colliding ships or objects are at fault in respect to a
551　collision or contact."

552　and

553　(c)　**New Jason Clause**

554　"In the event of accident, danger, damage or disaster before or after the commencement of the
555　voyage, resulting from any cause whatsoever, whether due to negligence or not, for which, or for
556　the consequences of which, the carrier is not responsible, by statute, contract, or otherwise, the
557　goods, shippers, consignees, or owners of the goods shall contribute with the carrier in general
558　average to the payment of any sacrifices, losses or expenses of a general average nature that may
559　be made or incurred, and shall pay salvage and special charges incurred in respect of the goods. If
560　a salving ship is owned or operated by the carrier, salvage shall be paid for as fully as if salving
561　ship or ships belonged to strangers. Such deposit as the carrier or his agents may deem sufficient
562　to cover the estimated contribution of the goods and any salvage and special charges thereon
563　shall, if required, be made by the goods, shippers, consignees or owners of the goods to the
564　Carrier before delivery."

565　**34.**　**BIMCO War Risks Clause CONWARTIME 2013**

566　(a)　For the purpose of this Clause, the words:

567　(i) "Owners" shall include the shipowners, bareboat charterers, disponent owners, managers or
568　other operators who are charged with the management of the Vessel, and the Master; and

569　(ii) "War Risks" shall include any actual, threatened or reported:

570　war, act of war, civil war or hostilities; revolution; rebellion; civil commotion; warlike operations;
571　laying of mines; acts of piracy and/or violent robbery and/or capture/seizure (hereinafter "Piracy");
572　acts of terrorists; acts of hostility or malicious damage; blockades (whether imposed against all
573　vessels or imposed selectively against vessels of certain flags or ownership, or against certain
574　cargoes or crews or otherwise howsoever), by any person, body, terrorist or political group, or the
575　government of any state or territory whether recognized or not, which, in the reasonable judgement
576　of the Master and/or the Owners, may be dangerous or may become dangerous to the Vessel,
577　cargo, crew or other persons on board the Vessel.

578　(b)　The Vessel shall not be obliged to proceed or required to continue to or through, any port, place,
579　area or zone, or any waterway or canal (hereinafter "Area"), where it appears that the Vessel,
580　cargo, crew or other persons on board the Vessel, in the reasonable judgement of the Master
581　and/or the Owners, may be exposed to War Risks whether such risk existed at the time of entering
582　into this Charter Party or occurred thereafter. Should the Vessel be within any such place as
583　aforesaid, which only becomes dangerous, or may become dangerous, after entry into it, the
584　Vessel shall be at liberty to leave it.

585　(c)　The Vessel shall not be required to load contraband cargo, or to pass through any blockade as set
586　out in Sub-clause (a), or to proceed to an Area where it may be subject to search and/or
587　confiscation by a belligerent.

588　(d)　If the Vessel proceeds to or through an Area exposed to War Risks, the Charterers shall reimburse
589　to the Owners any additional premiums required by the Owners' insurers and the costs of any
590　additional insurances that the Owners reasonably require in connection with War Risks.

15

591 (e) All payments arising under Sub-clause (d) shall be settled within fifteen (15) days of receipt of
592 Owners' supported invoices or on redelivery, whichever occurs first.

593 (f) If the Owners become liable under the terms of employment to pay to the crew any bonus or
594 additional wages in respect of sailing into an Area which is dangerous in the manner defined by the
595 said terms, then the actual bonus or additional wages paid shall be reimbursed to the Owners by
596 the Charterers at the same time as the next payment of hire is due, or upon redelivery, whichever
597 occurs first.

598 (g) The Vessel shall have liberty:

599 (i) to comply with all orders, directions, recommendations or advice as to departure, arrival, routes,
600 sailing in convoy, ports of call, stoppages, destinations, discharge of cargo, delivery, or in any other
601 way whatsoever, which are given by the government of the nation under whose flag the Vessel
602 sails, or other government to whose laws the Owners are subject, or any other government of any
603 state or territory whether recognized or not, body or group whatsoever acting with the power to
604 compel compliance with their orders or directions;

605 (ii) to comply with the requirements of the Owners' insurers under the terms of the Vessel's
606 insurance(s);

607 (iii) to comply with the terms of any resolution of the Security Council of the United Nations, the
608 effective orders of any other Supranational body which has the right to issue and give the same,
609 and with national laws aimed at enforcing the same to which the Owners are subject, and to obey
610 the orders and directions of those who are charged with their enforcement;

611 (iv) to discharge at any alternative port any cargo or part thereof which may expose the Vessel to
612 being held liable as a contraband carrier;

613 (v) to call at any alternative port to change the crew or any part thereof or other persons on board
614 the Vessel when there is reason to believe that they may be subject to internment, imprisonment,
615 detention or similar measures.

616 (h) If in accordance with their rights under the foregoing provisions of this Clause, the Owners shall
617 refuse to proceed to the loading or discharging ports, or any one or more of them, they shall
618 immediately inform the Charterers. No cargo shall be discharged at any alternative port without first
619 giving the Charterers notice of the Owners' intention to do so and requesting them to nominate a
620 safe port for such discharge. Failing such nomination by the Charterers within forty-eight (48) hours
621 of the receipt of such notice and request, the Owners may discharge the cargo at any safe port of
622 their own choice. All costs, risk and expenses for the alternative discharge shall be for the
623 Charterers' account.

624 (i) The Charterers shall indemnify the Owners for claims arising out of the Vessel proceeding in
625 accordance with any of the provisions of Sub-clauses (b) to (h) which are made under any bills of
626 lading, waybills or other documents evidencing contracts of carriage.

627 (j) When acting in accordance with any of the provisions of Sub-clauses (b) to (h) of this Clause
628 anything is done or not done, such shall not be deemed a deviation, but shall be considered as due
629 fulfilment of this Charter Party.

630 **35.** **Ice**

631 The Vessel shall not be obliged to force ice but, subject to the Owners' prior approval having due
632 regard to its size, construction and class, may follow ice-breakers. The Vessel shall not be required

16

633 to enter or remain in any icebound port or area, nor any port or area where lights or lightships have
634 been or are about to be withdrawn by reason of ice, nor where there is risk that in the ordinary
635 course of things the Vessel will not be able on account of ice to safely enter and remain in the port
636 or area or to get out after having completed loading or discharging.

637 **36. Requisition**

638 Should the Vessel be requisitioned by the government of the Vessel's flag or other government to
639 whose laws the Owners are subject during the period of this Charter Party, the Vessel shall be
640 deemed to be off-hire during the period of such requisition, and any hire paid by the said
641 government in respect of such requisition period shall be retained by Owners. The period during
642 which the Vessel is on requisition to the said government shall count as part of the period provided
643 for in this Charter Party.

644 If the period of requisition exceeds ninety (90) days, either party shall have the option of cancelling
645 this Charter Party and no consequential claim in respect thereof may be made by either party.

646 **37. Stevedore Damage**

647 Notwithstanding anything contained herein to the contrary, the Charterers shall pay for any and all
648 damage to the Vessel caused by stevedores provided the Master has notified the Charterers
649 and/or their agents in writing within twenty-four (24) hours of the occurrence but in case of hidden
650 damage latest when the damage could have been discovered by the exercise of due diligence.
651 Such notice to describe the damage and to invite Charterers to appoint a surveyor to assess the
652 extent of such damage.

653 (a) In case of any and all damage affecting the Vessel's seaworthiness and/or the safety of the crew
654 and/or affecting the trading capabilities of the Vessel, the Charterers shall immediately arrange for
655 repairs of such damage at their expense and the Vessel is to remain on-hire until such repairs are
656 completed and if required passed by the Vessel's classification society.

657 (b) Any and all damage not described under Sub-clause (a) above shall be repaired, at the Charterers'
658 option, before or after redelivery concurrently with the Owners' work. In such case no hire and/or
659 expenses will be paid to the Owners except and insofar as the time and/or expenses required for
660 the repairs for which the Charterers are responsible, exceed the time and/or expenses necessary
661 to carry out the Owners' work.

662 **38. Slow Steaming**

663 (a) The Charterers may at their discretion provide, in writing to the Master, instructions to reduce
664 speed or Revolutions Per Minute (main engine RPM) and/or instructions to adjust the Vessel's
665 speed to meet a specified time of arrival at a particular destination.

666 (i) *Slow Steaming – Where the Charterers give instructions to the Master to adjust the speed or
667 RPM, the Master shall, subject always to the Master's obligations in respect of the safety of the
668 Vessel, crew and cargo and the protection of the marine environment, comply with such written
669 instructions, provided that the engine(s) continue(s) to operate above the cut-out point of the
670 Vessel's engine(s) auxiliary blower(s) and that such instructions will not result in the Vessel's
671 engine(s) and/or equipment operating outside the manufacturers'/designers' recommendations as
672 published from time to time.

673 (ii) *Ultra-Slow Steaming – Where the Charterers give instructions to the Master to adjust the speed
674 or RPM, regardless of whether this results in the engine(s) operating above or below the cut-out
675 point of the Vessel's engine(s) auxiliary blower(s), the Master shall, subject always to the Master's

676 obligations in respect of the safety of the Vessel, crew and cargo and the protection of the marine
677 environment, comply with such written instructions, provided that such instructions will not result in
678 the Vessel's engine(s) and/or equipment operating outside the manufacturers'/designers'
679 recommendations as published from time to time. If the manufacturers'/designers'
680 recommendations issued subsequent to the date of this Charter Party require additional physical
681 modifications to the engine or related equipment or require the purchase of additional spares or
682 equipment, the Master shall not be obliged to comply with these instructions.

683 *Sub-clauses (a)(i) and (a)(ii) are alternatives; delete whichever is not applicable. In the absence of
684 deletions, alternative (a)(i) shall apply.*

685 (b) At all speeds the Owners shall exercise due diligence to ensure that the Vessel is operated in a
686 manner which minimises fuel consumption, always taking into account and subject to the following:

687 (i) the Owners' warranties under this Charter Party relating to the Vessel's speed and consumption;

688 (ii) the Charterers' instructions as to the Vessel's speed and/or RPM and/or specified time of arrival
689 at a particular destination;

690 (iii) the safety of the Vessel, crew and cargo and the protection of the marine environment; and

691 (iv) the Owners' obligations under any bills of lading, waybills or other documents evidencing
692 contracts of carriage issued by them or on their behalf.

693 (c) For the purposes of Sub-clause (b), the Owners shall exercise due diligence to minimise fuel
694 consumption:

695 (i) when planning voyages, adjusting the Vessel's trim and operating main engine(s) and auxiliary
696 engine(s);

697 (ii) by making optimal use of the Vessel's navigation equipment and any additional aids provided by
698 the Charterers, such as weather routing, voyage optimization and performance monitoring
699 systems; and

700 (iii) by directing the Master to report any data that the Charterers may reasonably request to
701 further improve the energy efficiency of the Vessel.

702 (d) The Owners and the Charterers shall share any findings and best practices that they may have
703 identified on potential improvements to the Vessel's energy efficiency.

704 (e) For the avoidance of doubt, where the Vessel proceeds at a reduced speed or with reduced RPM
705 pursuant to Sub-clause (a), then provided that the Master has exercised due diligence to comply
706 with such instructions, this shall constitute compliance with, and there shall be no breach of, any
707 obligation requiring the Vessel to proceed with utmost and/or due despatch (or any other such
708 similar/equivalent expression).

709 (f) The Charterers shall procure that this Clause be incorporated into all sub-charters and contracts of
710 carriage issued pursuant to this Charter Party. The Charterers shall indemnify the Owners against
711 all consequences and liabilities that may arise from bills of lading, waybills or other documents
712 evidencing contracts of carriage being issued as presented to the extent that the terms of such bills
713 of lading, waybills or other documents evidencing contracts of carriage impose or result in breach
714 of the Owners' obligation to proceed with due despatch or are to be held to be a deviation or the
715 imposition of more onerous liabilities upon the Owners than those assumed by the Owners
716 pursuant to this Clause.

18

717 **39. BIMCO Piracy Clause for Time Charter Parties 2013**

718 (a) The Vessel shall not be obliged to proceed or required to continue to or through, any port, place,
719 area or zone, or any waterway or canal (hereinafter "Area") which, in the reasonable judgement of
720 the Master and/or the Owners, is dangerous to the Vessel, her cargo, crew or other persons on
721 board the Vessel due to any actual, threatened or reported acts of piracy and/or violent robbery
722 and/or capture/seizure (hereinafter "Piracy"), whether such risk existed at the time of entering into
723 this Charter Party or occurred thereafter. Should the Vessel be within any such place as aforesaid
724 which only becomes dangerous, or may become dangerous, after her entry into it, she shall be at
725 liberty to leave it.

726 (b) If in accordance with Sub-clause (a) the Owners decide that the Vessel shall not proceed or
727 continue to or through the Area they must immediately inform the Charterers. The Charterers shall
728 be obliged to issue alternative voyage orders and shall indemnify the Owners for any claims from
729 holders of the Bills of Lading caused by waiting for such orders and/or the performance of an
730 alternative voyage. Any time lost as a result of complying with such orders shall not be considered
731 off-hire.

732 (c) If the Owners consent or if the Vessel proceeds to or through an Area exposed to the risk of Piracy
733 the Owners shall have the liberty:

734 (i) to take reasonable preventative measures to protect the Vessel, crew and cargo including but
735 not limited to re-routeing within the Area, proceeding in convoy, using escorts, avoiding day or night
736 navigation, adjusting speed or course, or engaging security personnel and/or deploying equipment
737 on or about the Vessel (including embarkation/disembarkation);

738 (ii) to comply with underwriters' requirements under the terms of the Vessel's insurance(s);

739 (iii) to comply with all orders, directions, recommendations or advice given by the Government of
740 the Nation under whose flag the Vessel sails, or other Government to whose laws the Owners are
741 subject, or any other Government, body or group (including military authorities) whatsoever acting
742 with the power to compel compliance with their orders or directions; and

743 (iv) to comply with the terms of any resolution of the Security Council of the United Nations, the
744 effective orders of any other Supranational body which has the right to issue and give the same,
745 and with national laws aimed at enforcing the same to which the Owners are subject, and to obey
746 the orders and directions of those who are charged with their enforcement;

747 and the Charterers shall indemnify the Owners for any claims from holders of Bills of Lading or third
748 parties caused by the Vessel proceeding as aforesaid, save to the extent that such claims are
749 covered by additional insurance as provided in Sub-clause (d)(iii).

750 (d) Costs

751 (i) if the Vessel proceeds to or through an Area where due to risk of Piracy additional costs will be
752 incurred including but not limited to additional personnel and preventative measures to avoid
753 Piracy, such reasonable costs shall be for the Charterers' account. Any time lost waiting for
754 convoys, following recommended routeing, timing, or reducing speed or taking measures to
755 minimise risk, shall be for the Charterers' account and the Vessel shall remain on hire;

756 (ii) if the Owners become liable under the terms of employment to pay to the crew any bonus or
757 additional wages in respect of sailing into an area which is dangerous in the manner defined by the
758 said terms, then the actual bonus or additional wages paid shall be reimbursed to the Owners by
759 the Charterers;

19

760 (iii) if the Vessel proceeds to or through an Area exposed to the risk of Piracy, the Charterers shall
761 reimburse to the Owners any additional premiums required by the Owners' insurers and the costs
762 of any additional insurances that the Owners reasonably require in connection with Piracy risks
763 which may include but not be limited to War Loss of Hire and/or maritime Kidnap and Ransom
764 (K&R); and

765 (iv) all payments arising under Sub-clause (d) shall be settled within fifteen (15) days of receipt of
766 the Owners' supported invoices or on redelivery, whichever occurs first.

767 (e) If the Vessel is attacked by pirates any time lost shall be for the account of the Charterers and the
768 Vessel shall remain on hire.

769 (f) If the Vessel is seized by pirates the Owners shall keep the Charterers closely informed of the
770 efforts made to have the Vessel released. The Vessel shall remain on hire throughout the seizure
771 and the Charterers' obligations shall remain unaffected, except that hire payments shall cease as
772 of the ninety-first (91st) day after the seizure until release. The Charterers shall pay hire, or if the
773 Vessel has been redelivered, the equivalent of Charter Party hire, for any time lost in making good
774 any damage and deterioration resulting from the seizure. The Charterers shall not be liable for late
775 redelivery under this Charter Party resulting from the seizure of the Vessel.

776 (g) If in compliance with this Clause anything is done or not done, such shall not be deemed a
777 deviation, but shall be considered as due fulfilment of this Charter Party. In the event of a conflict
778 between the provisions of this Clause and any implied or express provision of the Charter Party,
779 this Clause shall prevail.

780 **40. Taxes**

781 Charterers are to pay all local, State, National taxes and/or dues assessed on the Vessel or the
782 Owners resulting from the Charterers' orders herein, whether assessed during or after the currency
783 of this Charter Party including any taxes and/or dues on cargo and/or freights and/or sub-freights
784 and/or hire (excluding taxes levied by the country of the flag of the Vessel or the Owners). In the
785 event the Owners/Vessel/her flag state are exempt from any taxes, the Owners shall seek such
786 exemption and filing costs for such exemption, if any, shall be for the Charterers' account and no
787 charge for such taxes shall be assessed to the Charterers.

788 **41. Industrial Action**

789 In the event of the Vessel being delayed or rendered inoperative by strikes, labor stoppages or
790 boycotts or any other difficulties arising from the Vessel's ownership, crew or terms of employment
791 of the crew of the chartered Vessel or any other vessel under the same ownership, operation and
792 control, any time lost is to be considered off-hire. The Owners guarantee that on delivery the
793 minimum terms and conditions of employment of the crew of the Vessel are in accordance with the
794 International Labour Organization Maritime Labour Convention (MLC) 2006, and will remain so
795 throughout the duration of this Charter Party.

796 **42. Stowaways**

797 (a) If stowaways have gained access to the Vessel by means of secreting away in the goods and/or
798 containers or by any other means related to the cargo operation, this shall amount to breach of this
799 Charter Party. The Charterers shall be liable for the consequences of such breach and hold the
800 Owners harmless and keep them indemnified against all claims; costs (including but not limited to
801 victualing costs for stowaways whilst on board and repatriation); losses; and fines or penalties,
802 which may arise and be made against them. The Charterers shall, if required, place the Owners in

803 funds to put up bail or other security. The Vessel shall remain on hire for any time lost as a result of
804 such breach.

805 (b) Save for those stowaways referred to in Sub-clause (a), if stowaways have gained access to the
806 Vessel this shall amount to a breach of this Charter Party. The Owners shall be liable for the
807 consequences of such breach and hold the Charterers harmless and keep them indemnified
808 against all claims; costs; losses; and fines or penalties, which may arise and be made against
809 them. The Vessel shall be off-hire for any time lost as a result of such breach.

810 **43. Smuggling**

811 (a) In the event of smuggling by the Master, other Officers and/or ratings, this shall amount to a breach
812 of this Charter Party. The Owners shall be liable for the consequences of such breach and hold the
813 Charterers harmless and keep them indemnified against all claims, costs, losses, and fines and
814 penalties which may arise and be made against them. The Vessel shall be off-hire for any time lost
815 as a result of such breach.

816 (b) If unmanifested narcotic drugs and/or any other illegal substances are found secreted in the goods
817 and/or containers or by any other means related to the cargo operation, this shall amount to a
818 breach of this Charter Party. The Charterers shall be liable for the consequences of such breach
819 and hold the Owners, Master, officers and ratings of the Vessel harmless and keep them
820 indemnified against all claims, costs, losses, and fines and penalties which may arise and be made
821 against them individually or jointly. The Charterers shall, if required, place the Owners in funds to
822 put up bail or other security. The Vessel shall remain on hire for any time lost as a result of such
823 breach.

824 **44. International Safety Management (ISM)**

825 During the duration of this Charter Party, the Owners shall procure that both the Vessel and "the
826 Company" (as defined by the ISM Code) shall comply with the requirements of the ISM Code.
827 Upon request the Owners shall provide a copy of the relevant Document of Compliance (DOC) and
828 Safety Management Certificate (SMC) to the Charterers. Except as otherwise provided in this
829 Charter Party, loss, damage, expense or delay caused by failure on the part of the Owners or "the
830 Company" to comply with the ISM Code shall be for the Owners' account.

831 **45. International Ship and Port Facility Security Code (ISPS Code)/Maritime Transportation**
832 **Security Act (MTSA)**

833 (a) (i) The Owners shall comply with the requirements of the ISPS and the relevant amendments to
834 Chapter XI of Safety of Life at Sea (SOLAS) (ISPS Code) relating to the Vessel and "the Company"
835 (as defined by the ISPS Code). If trading to or from the US or passing through US waters, the
836 Owners shall also comply with the requirements of the MTSA relating to the Vessel and the
837 "Owner" (as defined by the MTSA).

838 (ii) Upon request the Owners shall provide the Charterers with a copy of the relevant International
839 Ship Security Certificate (ISSC) (or the interim ISSC) and the full style contact details of the
840 Company Security Officer (CSO).

841 (iii) Loss, damages, expense or delay (excluding consequential loss, damages, expense or delay)
842 caused by failure on the part of the Owners or "the Company"/"Owner" to comply with the
843 requirements of the ISPS Code/MTSA or this Clause shall be for the Owners' account, except as
844 otherwise provided in this Charter Party.

845   (b)   (i) The Charterers shall provide the Owners and the Master with their full style contact details and,
846   upon request, any other information the Owners require to comply with the ISPS Code/MTSA.
847   Where sub-letting is permitted under the terms of this Charter Party, the Charterers shall ensure
848   that the contact details of all sub-charterers are likewise provided to the Owners and the Master.
849   Furthermore, the Charterers shall ensure that all sub-charter parties they enter into during the
850   period of this Charter Party contain the following provision:

851   *"The Charterers shall provide the Owners with their full style contact details and, where sub-letting*
852   *is permitted under the terms of the charter party, shall ensure that contact details of all sub-*
853   *charterers are likewise provided to the Owners".*

854   (ii) Loss, damages, expense or delay (excluding consequential loss, damages, expense or delay)
855   caused by failure on the part of the Charterers to comply with this Clause shall be for the
856   Charterers' account, except as otherwise provided in this Charter Party.

857   (c)   Notwithstanding anything else contained in this Charter Party all delay, costs or expenses
858   whatsoever arising out of or related to security regulations or measures required by the port facility
859   or any relevant authority in accordance with the ISPS Code/MTSA including, but not limited to,
860   security guards, launch services, vessel escorts, security fees or taxes and inspections, shall be for
861   the Charterers' account, unless such costs or expenses result solely from the negligence of the
862   Owners, Master or crew or the previous trading of the Vessel, the nationality of the crew, crew
863   visas, the Vessel's flag or the identity of the Owners' managers. All measures required by the
864   Owners to comply with the Ship Security Plan shall be for the Owners' account.

865   (d)   If either party makes any payment which is for the other party's account according to this Clause,
866   the other party shall indemnify the paying party.

867   **46.**   **Sanctions**

868   (a)   The Owners shall not be obliged to comply with any orders for the employment of the Vessel in any
869   carriage, trade or on a voyage which, in the reasonable judgement of the Owners, will expose the
870   Vessel, Owners, managers, crew, the Vessel's insurers, or their re-insurers, to any sanction or
871   prohibition imposed by any State, Supranational or International Governmental Organization.

872   (b)   If the Vessel is already performing an employment to which such sanction or prohibition is
873   subsequently applied, the Owners shall have the right to refuse to proceed with the employment
874   and the Charterers shall be obliged to issue alternative voyage orders within forty-eight (48) hours
875   of receipt of the Owners' notification of their refusal to proceed. If the Charterers do not issue such
876   alternative voyage orders the Owners may discharge any cargo already loaded at any safe port
877   (including the port of loading). The Vessel to remain on hire pending completion of the Charterers'
878   alternative voyage orders or delivery of cargo by the Owners and the Charterers to remain
879   responsible for all additional costs and expenses incurred in connection with such orders/delivery
880   of cargo. If in compliance with this Sub-clause (b) anything is done or not done, such shall not be
881   deemed a deviation.

882   (c)   The Charterers shall indemnify the Owners against any and all claims whatsoever brought by the
883   owners of the cargo and/or the holders of Bills of Lading and/or sub-charterers against the Owners
884   by reason of the Owners' compliance with such alternative voyage orders or delivery of the cargo in
885   accordance with Sub-clause (b).

886   (d)   The Charterers shall procure that this Clause shall be incorporated into all sub-charters issued
887   pursuant to this Charter Party.

国际货物运输————————512

47. BIMCO Designated Entities Clause for Charter Parties

(a) The provisions of this clause shall apply in relation to any sanction, prohibition or restriction imposed on any specified persons, entities or bodies including the designation of specified vessels or fleets under United Nations Resolutions or trade or economic sanctions, laws or regulations of the European Union or the United States of America.

(b) The Owners and the Charterers respectively warrant for themselves (and in the case of any sublet, the Charterers further warrant in respect of any sub-charterers, shippers, receivers, or cargo interests) that at the date of this fixture and throughout the duration of this Charter Party they are not subject to any of the sanctions, prohibitions, restrictions or designation referred to in Sub-clause (a) which prohibit or render unlawful any performance under this Charter Party or any sublet or any Bills of Lading. The Owners further warrant that the nominated vessel, or any substitute, is not a designated vessel.

(c) If at any time during the performance of this Charter Party either party becomes aware that the other party is in breach of warranty as aforesaid, the party not in breach shall comply with the laws and regulations of any Government to which that party or the Vessel is subject, and follow any orders or directions which may be given by any body acting with powers to compel compliance, including where applicable the Owners' flag State. In the absence of any such orders, directions, laws or regulations, the party not in breach may, in its option, terminate the Charter Party forthwith or, if cargo is on board, direct the Vessel to any safe port of that party's choice and there discharge the cargo or part thereof.

(d) If, in compliance with the provisions of this Clause, anything is done or is not done, such shall not be deemed a deviation but shall be considered due fulfilment of this Charter Party.

(e) Notwithstanding anything in this Clause to the contrary, the Owners or the Charterers shall not be required to do anything which constitutes a violation of the laws and regulations of any State to which either of them is subject.

(f) The Owners or the Charterers shall be liable to indemnify the other party against any and all claims, losses, damage, costs and fines whatsoever suffered by the other party resulting from any breach of warranty as aforesaid.

(g) The Charterers shall procure that this Clause is incorporated into all sub-charters, contracts of carriage and Bills of Lading issued pursuant to this Charter Party.

48. BIMCO North American Advance Cargo Notification Clause for Time Charter Parties

(a) If the Vessel loads or carries cargo destined for the US or Canada or passing through US or Canadian ports in transit, the Charterers shall comply with the current US Customs regulations (19 CFR 4.7) or the Canada Border Services Agency regulations (Memorandum D3-5-2) or any subsequent amendments thereto and shall undertake the role of carrier for the purposes of such regulations and shall, in their own name, time and expense:

(i) have in place a Standard Carrier Alpha Code (SCAC)/Canadian Customs Carrier Code;

(ii) for US trade, have in place an International Carrier Bond (ICB);

(iii) provide the Owners with a timely confirmation of (i) and (ii) above as appropriate; and

23

927   (iv) submit a cargo declaration by Automated Manifest System (AMS) to the US Customs or by ACI
928   Automated Commercial Information (ACI) to the Canadian customs, and provide the Owners at the
929   same time with a copy thereof.

930   **(b)**   The Charterers assume liability for and shall indemnify, defend and hold harmless the Owners
931   against any loss and/or damage whatsoever (including consequential loss and/or damage) and/or
932   any expenses, fines, penalties and all other claims of whatsoever nature, including but not limited
933   to legal costs, arising from the Charterers' failure to comply with any of the provisions of Sub-clause
934   (a). Should such failure result in any delay then, notwithstanding any provision in this Charter Party
935   to the contrary, the Vessel shall remain on hire.

936   **(c)**   If the Charterers' ICB is used to meet any penalties, duties, taxes or other charges which are solely
937   the responsibility of the Owners, the Owners shall promptly reimburse the Charterers for those
938   amounts.

939   **(d)**   The assumption of the role of carrier by the Charterers pursuant to this Clause and for the purpose
940   of the US Customs Regulations (19 CFR 4.7) shall be without prejudice to the identity of carrier
941   under any bill of lading, other contract, law or regulation.

942   **49.**   **BIMCO U.S. Census Bureau Mandatory Automated Export System (AES) Clause for Time**
943   **Charter Parties**

944   **(a)**   If the Vessel loads cargo in any US port or place, the Charterers shall comply with the current US
945   Census Bureau Regulations (15 CFR 30) or any subsequent amendments thereto and shall
946   undertake the role of carrier for the purposes of such regulations and shall, in their own name, time
947   and expense:

948   (i) have in place a SCAC (Standard Carrier Alpha Code);

949   (ii) have in place an ICB (International Carrier Bond);

950   (iii) provide the Owners with a timely confirmation of (i) and (ii) above; and

951   (iv) submit an export ocean manifest by Automated Export System (AES) to the US Census Bureau
952   and provide the Owners at the same time with a copy thereof.

953   **(b)**   The Charterers assume liability for and shall indemnify, defend and hold harmless the Owners
954   against any loss and/or damage whatsoever (including consequential loss and/or damage) and/or
955   any expenses, fines, penalties and all other claims of whatsoever nature, including but not limited
956   to legal costs, arising from the Charterers' failure to comply with any of the provisions of Sub-clause
957   (a). Should such failure result in any delay then, notwithstanding any provision in this Charter Party
958   to the contrary, the Vessel shall remain on hire.

959   **(c)**   If the Charterers' ICB is used to meet any penalties, duties, taxes or other charges which are solely
960   the responsibility of the Owners, the Owners shall promptly reimburse the Charterers for those
961   amounts.

962   **(d)**   The assumption of the role of carrier by the Charterers pursuant to this Clause and for the purpose
963   of the US Census Bureau Regulations (15 CFR 30) shall be without prejudice to the identity of
964   carrier under any bill of lading, other contract, law or regulation.

© 2015, the Association of Ship Brokers and Agents (U.S.A.), Inc. (ASBA).
Jointly authored by ASBA, BIMCO and the SMF

965 **50.** **BIMCO EU Advance Cargo Declaration Clause for Time Charter Parties 2012**

966 (a) If the Vessel loads cargo in any EU port or place destined for a port or place outside the EU
967 ("Exported") or loads cargo outside the EU destined for an EU port or place or passing through EU
968 ports or places in transit ("Imported"), the Charterers shall, for the purposes of this Clause, comply
969 with the requirements of the EU Advance Cargo Declaration Regulations (the Security Amendment
970 to the Community Customs Code, Regulations 648/2005; 1875/2006; and 312/2009) or any
971 subsequent amendments thereto and shall, in their own name, and in their time and at their
972 expense:

973 (i) have in place an Economic Operator Registration and Identification (EORI) number;

974 (ii) provide the Owners with a timely confirmation of (i) above as appropriate; and

975 (iii) where the cargo is being:

976 1. Exported: Submit, or arrange for the submission of, a customs declaration for export or, if a
977 customs declaration or a re-export notification is not required, an exit summary declaration; or

978 2. Imported: Submit, or arrange for the submission of, an entry summary declaration.

979 Unless otherwise permitted by the relevant customs authorities, such declarations shall be
980 submitted to them electronically.

981 (b) The Charterers assume liability for and shall indemnify, defend and hold harmless the Owners
982 against any loss and/or damage and/or any expenses, fines, penalties and all other claims of
983 whatsoever nature, including but not limited to legal costs, arising from the Charterers' failure to
984 comply with any of the provisions of Sub-clause (a). Should such failure result in any delay then,
985 notwithstanding any provision in this Charter Party to the contrary, the Vessel shall remain on hire.

986 **51.** **Ballast Water Exchange Regulations**

987 If ballast water exchanges are required by any coastal state where the vessel is trading, the
988 Owners/Master shall comply with same at the Charterers' time, risk, and expense.

989 **52.** **Period Applicable Clauses**

990 If the minimum period of this Charter Party exceeds five (5) months, the following Sub-clauses shall
991 apply:

992 (a) Should the Vessel at the expiry of the described employment period be on a ballast voyage to the
993 place of redelivery or on a laden voyage, reasonably expected to be completed within the
994 employment period when commenced, the Charterers shall have the use of the Vessel on the
995 same conditions and at the same rate or the prevailing market rate, whichever is higher, for any
996 extended time as may be necessary for the completion of the last voyage of the Vessel to the place
997 of redelivery.

998 (b) Drydocking

999 The Owners shall have the option to place the Vessel in drydock during the currency of this Charter
1000 Party at a convenient time and place, to be mutually agreed upon between the Owners and the
1001 Charterers, for bottom cleaning and painting and/or repair as required by class or dictated by
1002 circumstances. (see also Clause 19 (Drydocking)).

25

1003   (c)   Off-hire

1004   The Charterers to have the option of adding any time the Vessel is off-hire to the Charter period.
1005   Such option shall be declared in writing not less than one (1) month before the expected date of
1006   redelivery, or latest one (1) week after the event if such event occurs less than one (1) month
1007   before the expected date of redelivery.

1008   (d)   Charterers' Colors

1009   The Charterers shall have the privilege of flying their own house flag and painting the Vessel with
1010   their own markings. The Vessel shall be repainted in the Owners' colors before termination of the
1011   Charter Party. Cost and time of painting, maintaining and repainting those changes effected by the
1012   Charterers shall be for the Charterers' account.

1013 **53.**   **Commissions**

1014   A commission of Click here to enter text. per cent is payable by the Vessel and the Owners to Click here to
1015   enter text. on hire earned and paid under this Charter Party, and also upon any continuation or
1016   extension of this Charter Party.

1017   An address commission of Click here to enter text. per cent on the hire earned shall be deducted by the
1018   Charterers on payment of the hire earned under this Charter Party.

1019 **54.**   **Law and Arbitration**

1020   *(a)   **New York**. This Charter Party shall be governed by United States maritime law. Any dispute arising
1021   out of or in connection with this Charter Party shall be referred to three persons at New York, one
1022   to be appointed by each of the parties hereto, and the third by the two so chosen. The award of the
1023   arbitrators or any two of them shall be final, and for the purposes of enforcing any award, judgment
1024   may be entered on an award by any court of competent jurisdiction. The proceedings shall be
1025   conducted in accordance with the rules of the Society of Maritime Arbitrators, Inc. (SMA) current at
1026   the time this Charter Party was entered into.

1027   In cases where neither the claim nor any counter claim exceeds the sum of US$ 100,000 (or such
1028   other sum as the parties may agree), the arbitration shall be conducted before a sole arbitrator in
1029   accordance with the Shortened Arbitration Procedure of the SMA current at the time this Charter
1030   Party was entered into. (www.smany.org).

1031   *(b)   **London**. This Charter Party shall be governed by and construed in accordance with English law
1032   and any dispute arising out of or in connection with this Charter Party shall be referred to arbitration
1033   in London in accordance with the Arbitration Act 1996 or any statutory modification or re-enactment
1034   thereof save to the extent necessary to give effect to the provisions of this Clause.

1035   The arbitration shall be conducted in accordance with the London Maritime Arbitrators Association
1036   (LMAA) Terms current at the time when the arbitration proceedings are commenced.

1037   The reference shall be to three arbitrators. A party wishing to refer a dispute to arbitration shall
1038   appoint its arbitrator and send notice of such appointment in writing to the other party requiring the
1039   other party to appoint its own arbitrator within fourteen (14) calendar days of that notice and stating
1040   that it will appoint its arbitrator as sole arbitrator unless the other party appoints its own arbitrator
1041   and gives notice that it has done so within the fourteen (14) days specified. If the other party does
1042   not appoint its own arbitrator and give notice that it has done so within the fourteen (14) days
1043   specified, the party referring a dispute to arbitration may, without the requirement of any further
1044   prior notice to the other party, appoint its arbitrator as sole arbitrator and shall advise the other

1045 party accordingly. The award of a sole arbitrator shall be binding on both parties as if he had been
1046 appointed by agreement.

1047 Nothing herein shall prevent the parties agreeing in writing to vary these provisions to provide for
1048 the appointment of a sole arbitrator.

1049 In cases where neither the claim nor any counterclaim exceeds the sum of US$ 100,000 (or such
1050 other sum as the parties may agree) the arbitration shall be conducted in accordance with the
1051 LMAA Small Claims Procedure current at the time when the arbitration proceedings are
1052 commenced. (www.lmaa.org.uk)

1053 *(c) **Singapore.** This Charter Party shall be governed by and construed in accordance with
1054 Singapore**/English** law.

1055 Any dispute arising out of or in connection with this Charter Party, including any question regarding
1056 its existence, validity or termination shall be referred to and finally resolved by arbitration in
1057 Singapore in accordance with the Singapore International Arbitration Act (Chapter 143A) and any
1058 statutory modification or re-enactment thereof save to the extent necessary to give effect to the
1059 provisions of this Clause.

1060 The arbitration shall be conducted in accordance with the Arbitration Rules of the Singapore
1061 Chamber of Maritime Arbitration (SCMA) current at the time when the arbitration proceedings are
1062 commenced.

1063 The reference to arbitration of disputes under this clause shall be to three arbitrators. A party
1064 wishing to refer a dispute to arbitration shall appoint its arbitrator and send notice of such
1065 appointment in writing to the other party requiring the other party to appoint its own arbitrator and
1066 give notice that it has done so within fourteen (14) calendar days of that notice and stating that it
1067 will appoint its own arbitrator as sole arbitrator unless the other party appoints its own arbitrator and
1068 gives notice that it has done so within the fourteen (14) days specified. If the other party does not
1069 give notice that it has done so within the fourteen (14) days specified, the party referring a dispute
1070 to arbitration may, without the requirement of any further prior notice to the other party, appoint its
1071 arbitrator as sole arbitrator and shall advise the other party accordingly. The award of a sole
1072 arbitrator shall be binding on both parties as if he had been appointed by agreement.

1073 Nothing herein shall prevent the parties agreeing in writing to vary these provisions to provide for
1074 the appointment of a sole arbitrator.

1075 In cases where neither the claim nor any counterclaim exceeds the sum of US$ 150,000 (or such
1076 other sum as the parties may agree) the arbitration shall be conducted before a single arbitrator in
1077 accordance with the SCMA Small Claims Procedure current at the time when the arbitration
1078 proceedings are commenced. (www.scma.org.sg)

1079 (d) This Charter Party shall be governed by and construed in accordance with the laws of the place
1080 mutually agreed by the parties and any dispute arising out of or in connection with this Charter
1081 Party shall be referred to arbitration at a mutually agreed place, subject to the procedures
1082 applicable there.

1083 *Sub-clauses (a), (b), (c) and (d) are alternatives; indicate alternative agreed. If alternative (d)
1084 agreed also state the place of arbitration. If no alternative agreed and clearly indicated then Sub-
1085 clause (a) shall apply by default.

1086 **Singapore and English law are alternatives; if Sub-clause (c) agreed also indicate choice of
1087 Singapore or English law. If neither or both are indicated, then English law shall apply by default.

27

1088 **55. Notices**

1089 All notices, requests and other communications required or permitted by any clause of this Charter
1090 Party shall be given in writing and shall be sufficiently given or transmitted if delivered by hand,
1091 email, express courier service or registered mail and addressed if to the Owners, to Click here to
1092 enter text. or such other address or email address as the Owners may hereafter designate in
1093 writing, and if to the Charterers to Click here to enter text. or such other address or email address
1094 as the Charterers may hereafter designate in writing. Any such communication shall be deemed to
1095 have been given on the date of actual receipt by the party to which it is addressed.

1096 **56. Headings**

1097 The headings in this Charter Party are for identification only and shall not be deemed to be part
1098 hereof or be taken into consideration in the interpretation or construction of this Charter Party.

1099 **57. Singular/Plural**

1100 The singular includes the plural and vice-versa as the context admits or requires.

1101 Clauses Click here to enter text. to Click here to enter text., both inclusive, as attached hereto are fully incorporated in
1102 this Charter Party.

1103 **OWNERS:**   **CHARTERERS:**

1104 Name: **Choose an item.**   Name: **Choose an item.**
1105 Title: Click here to enter text.   Title: Click here to enter text..

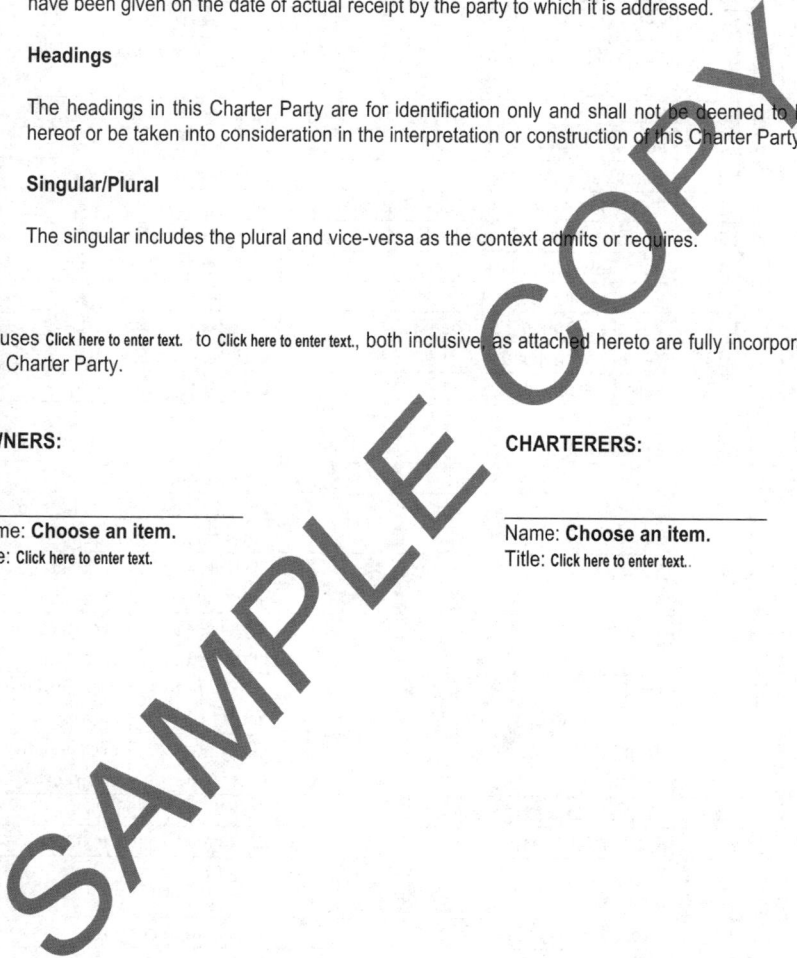

NYPE 2015 APPENDIX A (VESSEL DESCRIPTION)

GENERAL INFORMATION

1.1	Vessel's name	Choose an item.
1.2	Type of vessel	Click here to enter text.
1.3	IMO number	Click here to enter text.
1.4	Year of build	Click here to enter text.
1.5	Name of shipyard/where built	Click here to enter text. / Click here to enter text.
1.6	Flag	Click here to enter text.
1.7	Port of Registry	Click here to enter text.
1.8	Classification Society	Click here to enter text.
1.9	Protection & Indemnity Club – full name	Click here to enter text.
1.10	Hull & Machinery insured value	Click here to enter text.
1.11	Date and place of last drydock	Click here to enter text.
1.12	Vessel's Call Sign	Click here to enter text.
1.13	Vessel's INMARSAT number(s)	Click here to enter text.
1.14	Vessel's fax number	Click here to enter text.
1.15	Vessel's email address	Click here to enter text.

LOADLINE INFORMATION

2.1	Loadline	Deadweight	Draft	TPC
	Winter	Click here to enter text.	Click here to enter text.	Click here to enter text.
	Summer	Click here to enter text.	Click here to enter text.	Click here to enter text.
	Tropical	Click here to enter text.	Click here to enter text.	Click here to enter text.
	Fresh Water	Click here to enter text.	Click here to enter text.	Click here to enter text.
	Tropical Fresh Water	Click here to enter text.	Click here to enter text.	Click here to enter text.
2.2	Constant Excluding Fresh Water	Click here to enter text.		
2.3	Freshwater Capacity	Click here to enter text.		

TONNAGES

3.1	Gross Tonnage (GT)	Click here to enter text.	
3.2	Net Tonnage (NT)	Click here to enter text.	
3.3	Panama Canal Net Tonnage (PCNT)	Click here to enter text.	
3.4	Suez Canal Tonnage	Gross (SCGT)	Net (SCNT)
		Click here to enter text.	Click here to enter text.
3.5	Lightweight	Click here to enter text.	

29

DIMENSIONS

4.1	Number of holds	Click here to enter text.		
4.2	Hold dimensions	1. Click here to enter text.	2. Click here to enter text.	3. Click here to enter text.
		4. Click here to enter text.	5. Click here to enter text.	6. Click here to enter text.
		7. Click here to enter text.	8. Click here to enter text.	9. Click here to enter text.
4.3	Height of holds	Click here to enter text.		
4.4	Number of hatches	Click here to enter text.		
4.5	Manufacturer and type of hatch covers	Click here to enter text.		
4.6	Hatch dimensions	1. Click here to enter text.	2. Click here to enter text.	3. Click here to enter text.
		4. Click here to enter text.	5. Click here to enter text.	6. Click here to enter text.
		7. Click here to enter text.	8. Click here to enter text.	9. Click here to enter text.
4.7	Is vessel strengthened for the carriage of heavy cargoes?	Click here to enter text.		
4.8	If yes, state which holds may be left empty	Click here to enter text.		
4.9	Main deck strength	Click here to enter text.		
4.10	Tanktop strength	Click here to enter text.		
4.11	Strength of hatch covers	Click here to enter text.		
4.12	Cubic grain capacity, by hold	1. Click here to enter text.	2. Click here to enter text.	3. Click here to enter text.
		4. Click here to enter text.	5. Click here to enter text.	6. Click here to enter text.
		7. Click here to enter text.	8. Click here to enter text.	9. Click here to enter text.
4.13	Cubic bale capacity, by hold	1. Click here to enter text.	2. Click here to enter text.	3. Click here to enter text.
		4. Click here to enter text.	5. Click here to enter text.	6. Click here to enter text.
		7. Click here to enter text.	8. Click here to enter text.	9. Click here to enter text.
4.14	Length overall	Click here to enter text.		
4.15	Length between perpendiculars	Click here to enter text.		
4.16	Extreme breadth (beam):	Click here to enter text.		
4.17	Keel to Masthead (KTM):	Click here to enter text.		
4.18	Distance from waterline to top of hatch coamings or hatch covers if side rolling hatches	No. 1 hatch Click here to enter text.	Midships Click here to enter text.	Last hatch Click here to enter text.
	Ballast condition (ballast holds not flooded, basis 50% bunkers)	Click here to enter text.	Click here to enter text.	Click here to enter text.

		Click here to enter text.	Click here to enter text.	Click here to enter text.
	Full ballast condition (ballast holds flooded, basis 50% bunkers)	Click here to enter text.	Click here to enter text.	Click here to enter text.
	Light condition (basis 50% bunkers)	Click here to enter text.	Click here to enter text.	Click here to enter text.
	Fully laden condition	Click here to enter text.	Click here to enter text.	Click here to enter text.
4.19	Vessel's temporary ballast hold(s)	Click here to enter text.		
4.20	Vessel's ballasting time/rate of ballasting	Click here to enter text.		
4.21	Vessel's de-ballasting time/rate of de-ballasting	Click here to enter text.		
4.22	If geared state manufacturer and type	Click here to enter text.		
4.23	Number & location of cranes	Click here to enter text.		
4.24	If vessel has power outlets for grabs – state number and power	Click here to enter text.		
4.25	Maximum outreach of cranes beyond ship's rail	Click here to enter text.		
4.26	Are winches electro-hydraulic?	Click here to enter text.		
4.27	If vessel has grabs on board, state:	Click here to enter text.		
	Type	Click here to enter text.		
	Number/Capacity	Click here to enter text.		
4.28	Are holds CO2 fitted?	Click here to enter text.		
4.29	Are holds vessel fitted with Australian type approved hold ladders?	Click here to enter text.		
4.30	Is vessel fitted for carriage of grain in accordance with Chapter VI of SOLAS 1974 and amendments without requiring bagging, trapping and securing when loading a full cargo (deadweight) of heavy grain in bulk (stowage factor 42 cubic feet) with ends untrimmed?	Click here to enter text.		
4.31	Is vessel logs fitted?	Click here to enter text.		
4.32	If yes, state number, type and height of stanchions on board and which stanchions are collapsible. Also state number and type of sockets on board	Click here to enter text.		

BUNKERS, SPEED AND CONSUMPTION

5.1	What type/viscosity of fuel is used for main propulsion?	Click here to enter text.
5.2	Capacity of main engine bunker tanks (excluding unpumpables):	Click here to enter text.
5.3	Number of bunker tanks	Click here to enter text.
5.4	What type/viscosity of fuel is used in the generating plant	Click here to enter text.
	Capacity of auxiliary (aux.)engine(s) bunker tanks (excluding unpumpables)	Click here to enter text.

31

	Speed on sea passage	Knots ballast	Knots laden	On tons (main)	On tons (aux.)
		Click here to enter text.	Click here to enter text.	Click here to enter text.	Click here to enter text.
		Click here to enter text.	Click here to enter text.	Click here to enter text.	Click here to enter text.
		Click here to enter text.	Click here to enter text.	Click here to enter text.	Click here to enter text.
	Consumption in Port	Tons (main)		Tons (aux.)	
	Working	Click here to enter text.		Click here to enter text.	
	Idle	Click here to enter text.		Click here to enter text.	

CREW

6.1	Number of Officers	Click here to enter text.
6.2	Number of Ratings	Click here to enter text.
6.3	Name and nationality of Master	Click here to enter text.
6.4	Nationality of Officers	Click here to enter text.
6.5	Nationality of Ratings	Click here to enter text.

CERTIFICATE EXPIRY DATES

7.1	P&I	Click here to enter text.
7.2	H&M	Click here to enter text.
7.3	Class	Click here to enter text.
7.4	Gear	Click here to enter text.
7.5	Document of Compliance (DOC)	Click here to enter text.
7.6	Safety Management Certificate (SMC)	Click here to enter text.
7.7	International Ship Security Certificate	Click here to enter text.

附录 6 TIME CHARTER PLACE OF DELIVERY/REDELIVERY DEFINITIONS OF GEOGRAPHICAL RANGES BY BIMCO

"Scandinavia"

shall mean ports or places situated in Norway, Denmark, Sweden and Finland, including islands within the Baltic Sea.

"Baltic"

shall mean ports or places situated in the Baltic and adjacent waters south of a line drawn from Falsterbo to the 55 deg. Latitude on the east coast of Moen, following the 55 deg. Latitude west to Jutland.

"U. K."

shall mean ports or places situated in Great Britain and Northern Ireland, excluding Hebrides, Shetland, Orkney, Jersey and Guernesey.

"Continent"

shall mean ports or places situated on the Coast of the European Continent, from Hamburg in the north to Bordeausx in the south, both inclusive, including Rouen.

"A. R. A."

shall mean the ports of Amsterdam, Rotterdam and Antwerp.

"Skaw/Cape Passeero"

shall mean ports or places situated on the Coast of the European Continent, from Skaw in the north to Cape Passero in the south east, Cape Passero being the easternmost point, thus including Western Mediterranean ports, Sardinia, Balearics and Corsica and including Rouen, but excluding the North African Coast and the Adriatic Sea.

"Mediterranean"

shall mean ports or places situated in the Mediterranean Sea, from the Dardanelles in the north east to the Strait of Gibraltar in the west, thus including the Adriatic Sea and the Aegean Sea, but excluding the Suez Canal. The dividing line in the north east shall be the western entrance to the Dardanelles. The dividing line in the west shall be a line drawn from Gibraltar in the north to Ceuta in the south, both inclusive.

"EastMed" ("EastMediterranean")

shall mean ports or places situated in the Mediterranean Sea, from the Dardanelles in the north east to Cape Passero in the west. The dividing line in the north east shall be the western entrance to the Dardanelles, thus including the Aegean Sea. The dividing line in the west shall be a line drawn from Cape Passero in the north to, and including, Misurata in the south, thus including the east coast of Sicily and the Adriaric Sea.

"West Med." ("West Mediterranean")

shall mean ports or places situated in the Mediterranean Sea, from Cape Passero in the east to the Strait of Gibraltar in the west. The dividing line in the east shall be a line drawn from Cape Passero in the north to, and excluding, Misurata in the south, thus including the north coast and the south west coast of Sicily. The dividing line in the west shall be a line drawn from Gibraltar in the north to Ceuta in the south, both inclusive.

"East Coast Africa"

shall mean ports or places situated on the East Coast of Africa, from Cape Guardafui in the north to, and including, Maputo in the south, including Zanzibar.

"Southern Africa"

shall mean ports or places situated on the South Coast of Africa, from Maputo in the east to Luderitz in the west, both exclusive.

"West Coast Africa"

shall mean ports or places situated on the West Coast of Africa, from Dakar in the north to Douala in the south, both inclusive, including Fernando Poo, but excluding Cape Verde Islands.

"Red Sea"

shall mean ports or places situated in the Red Sea, from Suez in the north to the Strait of Bab el Mandeb in the south, thus including the Gulf of Suez and the Gulf of Aquaba.

"PG" ("Persian Gulf") or "AG" ("Arabian Gulf")

shall mean ports or places situated in the Persian (Arabian) Gulf, including Shatt Al Arab, not above Bashra. The dividing line in the south shall be a line drawn from, and including, Bandar Abbas to the northernmost point of the Musandam Peninsular.

"Gulf of Oman"

shall mean ports or places situated in the Gulf of Oman, from the Arabian Sea in the east to the Strait of Hormuz in the west. The dividing line in the east shall be a line drawn from, and including, Chah Bahar to Ra's all Hadd. The dividing line in the west shall be a line drawn from, and including, Bandar Abbas to the northernmost point of the Musandam Peninsular.

"East CoastIndia"

shall mean ports or places situated on the Eest Coast of India, from, and including, Calcutta in the north to Cape Comorin in the south, excluding Sri Lanka.

"West Coast India"

shall mean ports or places situated on the West Coast of India, from, and including, Kandla in the north to Cape Comorin in the south.

"Far East"

shall mean ports or places situated on the Mainland Coast from, and including, Vostochny in north east to Burma in the south west, thus including Singapore and including Japan, the Philippines, Malaysia, Indonesia and Taiwan.

"Singapore/Japan"

shall mean ports or places situated in the Far East, from Singapore in the south through the South China Sea to Japan in north, thus including Singapore, the Philippines, Taiwan and the whole of Japan, but excluding Mainland ports, Malaysia and Indonesia.

"ECCAN" ("East Coast Canada")

shall mean ports or places on the East Coast of Canada situated on the Coast facing the Bay of Fundy, the Atlantic Ocean, the St. Lawrence River not above Montreal, and the Gulf of St. Lawrence from, and including, Battle Harbour in the north to Oak Bay in the south, also including Anticosti, Prince Edward, Magdalen, Cape Breton and New Foundland.

"USNH" ("United States North of Hatteras")

shall mean ports or places situated on the United States' East Coast, from Cape Hatteras in the south up to, and including, Clais in the north, including the Chesapeake Bay, the Delaware Bay and the Delaware River not above Philadelphia.

"WCSA" ("West Coast South America")

shall mean ports or places situated on the South American Pacific Coast, from Jurado in the north to Punta Arenas in the south, both inclusive.

"Taking Inward Pilot"-"dropping Outward Pilot"-"Arrival Pilot Station"

when describing delivery/redelivery/redelivery points, it should be noted that the delivery/redelivery terms "Taking Inward Pilot", "Dropping Outward Pilot" or "Arrival Pilot Station" may not be sufficiently clear and may cause difficulties at a later stage, taking into account that pilotage, at many ports or places, may be performed in two or three stages and that the employment of compulsory and/ or non-compulsory "port" pilots, "river" pilots etc. may be necessary.

The parties are accordingly recommended to describe the delivery/redeli-very points as exactly as possible and to check in advance whether the contractual arrangement matches the actual conditions.

附录 7　INTER-CLUB AGREEMENT 2011

Inter - Club New York Produce Exchange Agreement 1996 (as amended September 2011)

This Agreement, the Inter - Club New York Produce Exchange Agreement 1996 (as amended September 2011) (the Agreement), made on 1st September 2011 between the P&l Clubs being members of The International Group of P&l Associations listed below (hereafter referred to as "the Clubs") amends the Inter - Club New York Produce Exchange Agreement 1996 in respect of all charterparties specified in clause (1) hereof and shall continue in force until varied or terminated. Any variation to be effective must be approved in writing by all the Clubs but it is open to any Club to withdraw from the Agreement on giving to all the other Clubs not less than three months' written notice thereof, such withdrawal to take effect at the expiration of that period. After the expiry of such notice the Agreement shall nevertheless continue as between all the Clubs, other than the Club giving such notice who shall remain bound by and be entitled to the benefit of this Agreement in respect of all Cargo Claims arising out of charterparties commenced prior to the expiration of such notice.

The Clubs will recommend to their Members without qualification that their Members adopt this Agreement for the purpose of apportioning liability for claims in respect of cargo which arise under, out of or in connection with all charterparties on the New York Produce Exchange Form 1946 or 1993 or Asbatime Form 1981 (or any subsequent amendment of such Forms), whether or not this Agreement has been incorporated into such charterparties.

Scope of application

(1) This Agreement applies to any charterparty which is entered into after the date hereof on the New York Produce Exchange Form 1946 or 1993 or Asbatime Form 1981 (or any subsequent amendment of such Forms).

(2) The terms of this Agreement shall apply notwithstanding anything to the contrary in any other provision of the charterparty; in particular the provisions of clause (6) (time bar) shall apply notwithstanding any provision of the charterparty or rule of law to the contrary.

（3） For the purposes of this Agreement, Cargo Claim （s） mean claims for loss, damage, shortage （including slackage, ullage or pilferage）, overcarriage of or delay to cargo including customs dues or fines in respect of such loss, damage, shortage, overcarriage or delay and include:

  （a） any legal costs claimed by the original person making any such claim;

  （b） any interest claimed by the original person making any such claim;

  （c） all legal, Club correspondents' and experts' costs reasonably incurred in the defence of or in the settlement of the claim made by the original person, but shall not include any costs of whatsoever nature incurred in making a claim under this Agreement or in seeking an indemnity under the charterparty.

（4） Apportionment under this Agreement shall only be applied to Cargo Claims where:

  （a） the claim was made under a contract of carriage, whatever its form,

    （i） which was authorised under the charterparty; or

    （ii） which would have been authorised under the charterparty but for the inclusion in that contract of carriage of Through Transport or Combined Transport provisions, provided that

    （iii） in the case of contracts of carriage containing Through Transport or Combined Transport provisions （whether falling within （i） or （ii） above） the loss, damage, shortage, overcarriage or delay occurred after commencement of the loading of the cargo on to the chartered vessel and prior to completion of its discharge from that vessel （the burden of proof being on the Charterer to establish that the loss, damage, shortage, overcarriage or delay did or did not so occur） ; and

    （iv） the contract of carriage （or that part of the transit that comprised carriage on the chartered vessel） incorporated terms no less favourable to the carrier than the Hague or Hague Visby Rules, or, when compulsorily applicable by operation of law to the contract of carriage, the Hamburg Rules or any national law giving effect thereto; and

  （b） the cargo responsibility clauses in the charterparty have not been materially amended. A material amendment is one which makes the liability, as between Owners and Charterers, for Cargo Claims clear. In particular, it is agreed solely for the purposes of this Agreement:

    （i） that the addition of the words "and responsibility" in clause 8 of the New York Produce Exchange Form 1946 or 1993 or clause 8 of the Asbatime Form 1981, or any similar amendment of the charterparty making the Master responsible for cargo handling, is not a material amendment; and

        (ii) that if the words "cargo claims" are added to the second sentence of clause 26 of the New York Produce Exchange Form 1946 or 1993 or clause 25 of the Asbatime Form 1981, apportionment under this Agreement shal l not be applied under any circumstances even if the charterparty is made subject to the terms of this Agreement; and

    (c) the claim has been properly settled or compromised and paid.

(5) This Agreement applies regardless of legal forum or place of arbitration specified in the charterparty and regardless of any incorporation of the Hague, Hague Visby Rules or Hamburg Rules therein.

Time Bar

(6) Recovery under this Agreement by an Owner or Charterer shall be deemed to be waived and absolutely barred unless written notification of the Cargo Claim has been given to the other party to the charterparty within 24 months of the date of delivery of the cargo or the date the cargo should have been delivered, save that, where the Hamburg Rules or any national legislation giving effect thereto are compulsorily applicable by operation of law to the contract of carriage or to that part of the transit that comprised carriage on the chartered vessel, the period shall be 36 months. Such notification shall if possible include details of the contract of carriage, the nature of the claim and the amount claimed.

The apportionment

(7) The amount of any Cargo Claim to be apportioned under this Agreement shall be the amount in fact borne by the party to the charterparty seeking apportionment, regardless of whether that claim may be or has been apportioned by application of this Agreement to another charterparty.

(8) Cargo Claims shall be apportioned as follows:

    (a) Claims in fact arising out of unseaworthiness and/of error or fault in navigation or management of the vessel:

    100% Owners

    save where the Owner proves that the unseaworthiness was caused by the loading, stowage, lashing, discharge or other handling of the cargo, in which case the claim shall be apportioned under sub-clause (b).

    (b) Claims in fact arising out of the loading, stowage, lashing, discharge, storage or other handling of cargo:

100% Charterers

unless the words "and responsibility" are added in clause 8 or there is a similar amendment making the Master responsible for cargo handling in which case:

50% Charterers 50% Owners

save where the Charterer proves that the failure properly to load, stow, lash, discharge or handle the cargo was caused by the unseaworthiness of the vessel in which case:

100% Owners

(c) Subject to (a) and (b) above, claims for shortage or overcarriage:

50% Charterers

50% Owners

unless there is clear and irrefutable evidence that the claim arose out of pilferage or act or neglect by one or the other {including their servants or sub-contractors) in which case that party shall then bear 100% of the claim.

(d) All other cargo claims whatsoever (including claims for delay to cargo):

50% Charterers

50% Owners

unless there is clear and irrefutable evidence that the claim arose out of the act or neglect of the one or the other (including their servants or sub-contractors) in which case that party shall then bear 100% of the claim.

Security

(9) If a party to the charterparty provides security to a person making a Cargo Claim, that party shall be entitled upon demand to acceptable security for an equivalent amount in respect of that Cargo Claim from the other party to the charterparty, regardless of whether a right to apportionment between the parties to the charterparty has arisen under this Agreement provided that:

(a) written notification of the Cargo Claim has been given by the party demanding security to the other party to the charterparty within the relevant period specified in clause (6); and

(b) the party demanding such security reciprocates by providing acceptable security for an equivalent amount to the other party to the charterparty in respect of the Cargo Claim if requested to do so.

Governing Law

（10） This Agreement shall be subject to English Law and the exclusive Jurisdiction of the English Courts, unless it is incorporated into the charterparty （or the settlement of claims in respect of cargo under the charterparty is made subject to this Agreement）, in which case it shall be subject to the law and jurisdiction provisions governing the charterparty.

American Steamship Owners Mutual Protection & Indemnity Association, Inc.

Assuranceforeningen Gard

Gard P&I （Bermuda） Ltd

Assuranceforeningen Skuld

The Britannia Steam Ship Insurance Association Ltd.

The Japan Ship Owners' Mutual Protection and Indemnity Association

The London Steam-Ship Owners' Mutual Insurance Association Ltd.

The North of England Protecting and Indemnity Association Ltd.

The Shipowners' Mutual Protection and indemnity Association （Luxembourg）

Skuld Mutual Protection and Indemnity Association （Bermuda） Ltd.

The Standard Steamship Owners' Protection and Indemnity Association （Asia） Ltd.

The Standard Steamship Owners' Protection & Indemnity Association （Bermuda） Ltd.

The Standard Steamship Owners' Protection and Indemnity Association （Europe） Ltd.

The Standard Steamship Owners' Protection and Indemnity Association （London） Ltd.

The Steamship Mutual Underwriting Association Ltd.

The Steamship Mutual Underwriting Association （Bermuda） Ltd.

Sveriges Angfartygs Assurans Forening （The Swedish Club）

The United Kingdom Mutua! Steam Ship Assurance Association （Bermuda） Ltd.

United Kingdom Mutual Steam Ship Assurance Association （Europe） Ltd.

The West of England Ship Owners Mutual Insurance Association （Luxembourg）

附录8　国际货协运单正本

1 运 单 正 本 — Оригинал накладной
(给收货人) — (Для получателя)

210×297

29 批号—Отправка №
13×45

国际货协运单 — Накладная СМГС
缔约承运人 — Договорный перевозчик
45×12

1 发货人—Отправитель 5×20 23×94 签字—Подпись	**2 发站—Станция отправления** 5×20 10×94
4 收货人—Получатель 5×20 23×94	**3 发货人的声明—Заявления отправителя** 44×94
5 到站—Станция назначения 5×20 15×106	**8 车辆由何方提供—Вагон предоставлен / 9 载重量—Грузоподъёмность** **10 轴数—Оси / 11 自重—Масса тары / 12 罐车类型—Тип цистерны** 6×94

6 国境口岸站—Пограничные станции переходов　35×65

7 车辆—Вагон	8	9	10	11	12	换装后—После перегрузки
4×45						**13 货物重量** Масса груза　**14 件数** К-во мест
4×45	4×8	4×10	4×8	4×15	4×10	4×24　4×16

15 货物名称—Наименование груза	16 包装种类 Род упаковки	17 件数 К-во мест	18 重量 (公斤) Масса (в кг)	19 封印—Пломбы
				数量 К-во　记号—знаки
				5×10　5×35
65×95	65×20	65×20	65×20	**20 由何方装车—Погружено** 7×45
				21 确定重量的方法 Способ определения массы 13×45

10×95

22 承运人—Перевозчики	(区段自/至—участки от/до)	车站代码 (коды станций)
9×35	9×50	4.5×20

23 运送费用的支付—Уплата провозных платежей　35×95

24 发货人添附的文件—Документы, приложенные отправителем　34×95

25 与承运人无关的信息，供合同号码
Информация, не предназначенная для перевозчика, № договора на поставку
20×105

26 缔结运输合同的日期 Дата заключения договора перевозки 35×47.5	27 到达日期—Дата прибытия 35×47.5	28 办理海关和其他行政手续的记载 Отметки для выполнения таможенных и других административных формальностей 35×105

计算运送费用的各项 — Разделы по расчёту провозных платежей

	向发货人计算的费用 Расчёты с отправителем	向收货人计算的费用 Расчёты с получателем

A

37 区段—Участок 自—От	车站代码 Коды станций	38 里程（公里） Расстояние, км	39 计费重量（公斤） Расчётная масса, кг	44 运价货币 Валюта тарифа	45 支付货币 Валюта платежа	46 运价货币 Валюта тарифа	47 支付货币 Валюта платежа
至—До				48	49	50	51
40 杂费 Дополнительные сборы	= =			52	53	54	55
41 运价—Тариф	42 货物代码—Код груза	43 兑换率—Курс пересчёта	共计 Итого: ▶	56	57	58	59

Б

37 区段—Участок 自—От	车站代码 Коды станций	38 里程（公里） Расстояние, км	39 计费重量（公斤） Расчётная масса, кг	44 运价货币 Валюта тарифа	45 支付货币 Валюта платежа	46 运价货币 Валюта тарифа	47 支付货币 Валюта платежа
至—До				48	49	50	51
40 杂费 Дополнительные сборы	= =			52	53	54	55
41 运价—Тариф	42 货物代码—Код груза	43 兑换率—Курс пересчёта	共计 Итого: ▶	56	57	58	59

В

37 区段—Участок 自—От	车站代码 Коды станций	38 里程（公里） Расстояние, км	39 计费重量（公斤） Расчётная масса, кг	44 运价货币 Валюта тарифа	45 支付货币 Валюта платежа	46 运价货币 Валюта тарифа	47 支付货币 Валюта платежа
至—До				48	49	50	51
40 杂费 Дополнительные сборы	= =			52	53	54	55
41 运价—Тариф	42 货物代码—Код груза	43 兑换率—Курс пересчёта	共计 Итого: ▶	56	57	58	59

Г

37 区段—Участок 自—От	车站代码 Коды станций	38 里程（公里） Расстояние, км	39 计费重量（公斤） Расчётная масса, кг	44 运价货币 Валюта тарифа	45 支付货币 Валюта платежа	46 运价货币 Валюта тарифа	47 支付货币 Валюта платежа
至—До				48	49	50	51
40 杂费 Дополнительные сборы	= =			52	53	54	55
41 运价—Тариф	42 货物代码—Код груза	43 兑换率—Курс пересчёта	共计 Итого: ▶	56	57	58	59

Д

37 区段—Участок 自—От	车站代码 Коды станций	38 里程（公里） Расстояние, км	39 计费重量（公斤） Расчётная масса, кг	44 运价货币 Валюта тарифа	45 支付货币 Валюта платежа	46 运价货币 Валюта тарифа	47 支付货币 Валюта платежа
至—До				48	49	50	51
40 杂费 Дополнительные сборы	= =			52	53	54	55
41 运价—Тариф	42 货物代码—Код груза	43 兑换率—Курс пересчёта	共计 Итого: ▶	56	57	58	59

Е

37 区段—Участок 自—От	车站代码 Коды станций	38 里程（公里） Расстояние, км	39 计费重量（公斤） Расчётная масса, кг	44 运价货币 Валюта тарифа	45 支付货币 Валюта платежа	46 运价货币 Валюта тарифа	47 支付货币 Валюта платежа
至—До				48	49	50	51
40 杂费 Дополнительные сборы	= =			52	53	54	55
41 运价—Тариф	42 货物代码—Код груза	43 兑换率—Курс пересчёта	共计 Итого: ▶	56	57	58	59

| 64 计算和核收运送费用的记载—Отметки для исчисления и взимания провозных платежей | 总计 Всего: | 60 | 61 | 62 | 63 |

65 应向发货人补收的费用—Дополнительно взыскать с отправителя за

43×128

附录9 国际道路货物运单

国际道路货物运单

(CHN) Form for International Road Goods Transport №: 0760411

ГРУЗОВАЯ НАКЛАДНАЯ
на движение международных автодорожных перевозок

第五联 随车携带
Fifth page for Carrying with tyuck/car/ship
Экземпляр–сопровождает с автомобилей.

1. 发货人 Consigner ГРУЗООТПРАВИТЕЛЬ	2. 收货人 Consignee ГРУЗОПОЛУЧАТЕЛЬ
名称 Name наименование _____ 国籍 Nationality гражданство _____	名称 Name наименование _____ 国籍 Nationality гражданство _____
3. 装货地点 Place of loading МЕСТО ПОГРУЗКИ _____ 国家 Country гражданство _____ 市City город _____ 街道 Street улица _____	4. 卸货地点 Place of unloading МЕСТО РАЗГРУЗКИ _____ 国家 Country гражданство _____ 市City город _____ 街道 Street улица _____

5. 货物标记和号码 Marks & No.of goods МАРКА И.НОМЕР ТОВАРОВ	6. 件数 No.of Pieces КОЛИЧ. МЕСТ	7. 包装种类 Packing type ВИД УПАКОВКИ	8. 货物名称 Name of Goods НАИМЕНОВАНИЕ ТАВОРОВ	9. 体积(m³) Vol. m³ ОБЬЕМ (m³)	10. 毛重(kg) Gross weight(kg) ВЕС БРУТТО (kg)

11. 发货人指示 Consigner's indication УКАЗАНИЕ ГРУЗООТПРАВИТЕЛЯ _____

a. 进/出口许可证号码 Imp. / Exp. License No. 从 from 在 at 海关 customhouse
 номер ввозной/вывозной лицензии _____ от _____ в _____ таможне _____

b. 货物声明价值 Declared value of the goods
 объявленная стоимость грузов _____

c. 发货人随附单证 Consigner's attached certificate
 предложенные документы грузоотправителем _____

d. 订单或合同号 Order form or contract No. номер контракта или заказа №	包括运费交货点 Address of consignment inc transportation fee Франко
e. 其它指示 Other indication прочие указания	不包括运费交货点 Address of consignment ex transportation fee Нефранко
12. 运送特殊条件 Special terms of delivery СПЕЦИАЛЬНЫЕ УСЛОВИЯ ПЕРЕВОЗКИ _____	13. 应付运费 Transportation fee to be paid ОПЛАТА ЗА ПЕРЕВОЗКУ

14. 承运人意见 Carrier's recommendation МНЕНИЯ ПЕРЕВОЗЧИКОВ	发货人 Consigner отправитель	运费 Transportation fee стоимость перевозки	币种 Currency type валюта	收货人 Consignee получатель
15. 承运人 Carrier ПЕРЕВОЗЧИК	共 计 Totall Итого			

16. 编制日期 Date of fill of this form ДАТА СОСТАВЛЕНИЯ	17. 收到本运单货物日期 Date of receiving goods indicated on this form ДАГА ПОЛУЧАНИЯ НАСТОЯЩЕЙ НАКЛАДНОЙ
到达装货 Arrival time for loading 时 o'clock 分 min. время прибывания погрузку ____час ____мин. 离去 Departure time 时 o'clock 分 min. время отправления ____час ____мин. 发货人签字盖章 Consigner's signature подпись и штам грузоотправители _____ 承运人签字盖章 Carrier's signature подпись и штамп перевозчков _____	18. 到达卸货 Arrival time for unloading 时 o'clock 分 min. ВРЕМЯ РАЗГРУЗКИ ____час ____мин. 离去 Departure time 时 o'clock 分 min. время отправления ____час ____мин. 收货人签字盖章 Consignee's signature подпись и штамп получателя _____

19. 汽车牌号 No. plate of the vehicle 车辆吨位 Tonnage гос. № автомобилей _____ тоннаж _____ 司机姓名 Name of the driver 拖挂车号 trailer № plate фамилия водителей _____ гос.№прицепа _____ 行车许可证号 路单号 License No. of traveling vehicle No. of road form № бланков _____ № путёвого листа _____	20. 运输里程 Mileage of transportation РАССТОЯНИЕ ПЕРЕВОЗКИ _____ 过境里程 Mileage of transit транзитное расстояние _____ 收货人境内里程 Mileage within the country of consignee расстояние на территории получатели _____ 共计 totally итого
21. 海关机构记载: Notes of custom ОТМЕТКИ ТАМОЖНИ	22. 国际道路运输管理机构记载: Notes of international road transportation supervising organization ОТМЕТКА АДМИНИСТРАТИВНЫХ МЕЖДУНАРОДНЫХ АВТОПЕРЕВОЗНЫХ ОРГАНОВ

主要参考文献

［1］司玉琢.海商法专论［M］.北京：中国人民大学出版社，2015.

［2］姚新超.国际贸易运输［M］.3版.北京：对外经济贸易大学出版社，2014.

［3］胡正良.海事法［M］.北京：北京大学出版社，2012.

［4］胡正良.鹿特丹规则影响与对策研究［M］.北京：北京大学出版社，2014.

［5］杨良宜、杨大明.提单与其他付运单证［M］.大连：大连海事大学出版社，2016.

［6］杨良宜.程租合约［M］.大连：大连海事大学出版社，2006.

［7］杨大明.期租合同［M］.大连：大连海事大学出版社，2013.

［8］杨良宜.装卸时间与滞期费［M］.大连：大连海事大学出版社，2008.

［9］沈玉如.船舶货运［M］.大连：大连海事大学出版社，2006.

［10］王为.国际铁路货物联运［M］.北京：中国商务出版社，2007.

［11］田聿新.国际集装箱货物多式联运组织与管理［M］.大连：大连海事大学出版社，1999.

［12］斯图尔特.Scrutton租船合同与提单［M］.郭国汀，译.北京：法律出版社，2001.

［13］陈彦华.民航国际货运销售实务［M］.北京：中国民航出版社，2010.

［14］杨大明，范崴，王泽庆，等.论无正本提单交付货物——潜在的各种风险［J］.中国海商法年刊，2000（1）.

［15］TIBERG.The Law on Demurrage［M］.fourth edition.London：Sweet & Maxwell，1995.

［16］WILFORD，COGHLIN，KIMBALL.Time Charters［M］.fourth edition.London：LLP limited，1995.

［17］CHRISTOF，LUDDEKE，CONTRIBUTORS.Marine Claims［M］.second edition.London：LLP limited，1996.

［18］BOOLS.The Bill of Lading［M］.London：LLP limited，1997.

［19］COOKE，KIMBALL，YOUNG，et al.Voyage Charters［M］.third edition.London：LLP limited，2007.

［20］Law And Sea，http：//lawandsea.net.